Inhalt

Vorwort	7
1 Aus der Provinz in die Hauptstadt	11
Exkurs: Hitlers Vorfahren im Waldviertel	64
Exkurs: Kubizek und Jetzinger als Quellen	77
2 Das Wien der Moderne	87
Exkurs: Der Begriff »entartet«	119
3 Die Kaiserstadt	125
Exkurs: Märztage und Heldenplatz	160
4 Im Parlament	169
5 Die soziale Frage	195
6 Als Maler im Männerheim	229
Exkurs: Die Quellen zur Männerheimzeit	264
7 Rassentheoretiker und Welterklärer	285
Guido von List	293
Lanz von Liebenfels	308
Hans Goldzier	319
Hanns Hörbiger und die Welteislehre	322
Otto Weininger	325
Arthur Trebitsch	329
Wiener Beiträge zu Hitlers Weltanschauung	333
8 Politische Leitbilder	337
Georg Schönerer – der Führer	337
Franz Stein und die alldeutsche Arbeiterbewegung	364

Karl Hermann Wolf – der Deutschradikale	375
Dr. Karl Lueger – der Volkstribun	393

9 Tschechen in Wien 437

10 Juden in Wien 467
Exkurs: Zwei Beispiele 503

11 Der junge Hitler und die Frauen 513

12 Vor dem großen Krieg 541

Anhang
Anmerkungen	583
Abkürzungsverzeichnis	635
Archivverzeichnis	637
Verzeichnis der häufiger verwendeten Quellen und Literatur	639
Personenregister	643
Bildnachweis	652

Vorwort

Dieses Buch ist der Versuch einer Kultur- und Sozialgeschichte Wiens für die Jahre vor dem Ersten Weltkrieg, gesehen aus dem Blickwinkel eines alleinstehenden jungen Gelegenheitsarbeiters aus der Provinz: Adolf Hitler. Es ist gleichzeitig eine Biographie dieses jungen Mannes bis zu dem Zeitpunkt, als er 24jährig nach München zog.

Ich habe diese beiden Themen hier deshalb miteinander verbunden, um anschaulich zu machen, wie stark Hitler durch Wien geprägt wurde. Vor allem seine »Weltanschauung«, die er später zur Grundlage und zum Kernpunkt seiner Politik machte, stammt aus der von ihm gehaßten Hauptstadt des Habsburgerreichs.

Hitlers Wien ist nicht das künstlerisch-intellektuelle »fin de siècle Vienna«, also jenes längst zum Klischee erstarrte Wien, das durch Sigmund Freud, Gustav Mahler, Arthur Schnitzler oder Ludwig Wittgenstein repräsentiert wird – welch letzterer immerhin Hitlers Schulkamerad in Linz war. Hitlers Wien stellt eher ein Gegenbild zu dieser glanzvollen Kunstmetropole dar. Es ist das Wien der »kleinen« Leute, die der Wiener Moderne voll Unverständnis gegenüberstanden, sie als »entartet«, zuwenig volksverbunden, zu international, zu »jüdisch«, zu freigeistig ablehnten. Es ist das Wien der Einwanderer, der Zukurzgekommenen, der Männerheimbewohner, oft Menschen voller Ängste, die für alle möglichen obskuren Theorien anfällig waren, vor allem für jene, die ihnen das Gefühl vermittelten, trotz allen Elends in Wahrheit doch eine »Elite«, »etwas Besseres« zu sein. Dieses »Bessere« bestand für sie darin, im »Rassenbabylon« des Vielvölkerstaates dem »deutschen Edelvolk« anzugehören und eben nicht Slawe oder Jude zu sein.

Um diesem speziellen Wienbild nahezukommen, habe ich jene Stichworte aufgegriffen, die Hitler sowohl in MEIN KAMPF als auch in seinen Monologen und Erzählungen über Wien gegeben hat. So wurde etwa die Tatsache, daß er in seinem ersten Wiener Jahr häufig als Zuschauer ins Parlament ging, zum Anlaß genommen, dieses in der Welt einzigartige Vielvölkerparlament ausführlich zu schildern. Die von Hitler erwähnten Wiener Persönlichkeiten wurden nach Möglichkeit identifiziert und charakterisiert, wobei ich besonderes Gewicht auf die Darstellung der vielfältigen Beziehungen des jungen Hitler zu Juden legte. Angesichts des geradezu zeitungssüchtigen Hitler habe ich zur Illustrierung der Wiener Ereignisse vor allem aus jenen Zeitungen zitiert, die ihn beeinflußten, also eben nicht aus den berühmten intellektuellen Blättern, sondern den Blättern der Schönerianer, der Deutschradikalen und Christlichsozialen, wobei ich die Bezirksblätter in Hitlers Wohnbezirken besonders berücksichtigt habe – dies auch deshalb, um einen Eindruck von der ganz speziellen Ausdrucksweise dieser in der Hitler-Forschung bisher kaum bekannten Quellen zu geben.

Das Hauptproblem einer Biographie des jungen Hitler besteht in der desolaten Quellenlage. Dieser Mangel an Quellen geht darauf zurück, daß Hitler alle Spuren seiner Linzer und Wiener Zeit nach Kräften verwischte. Rigoros ließ er die schriftlichen Zeugnisse aus dieser Zeit beschlagnahmen, verbot Veröffentlichungen über seine Jugend und seine Familie. Die einzige Quelle zu seiner Biographie sollte MEIN KAMPF sein, also seine im nachhinein konstruierte Lebensgeschichte. Viele weitverbreitete Hitler-Anekdoten erweisen sich als Legenden. Die wenigen erhaltenen Augenzeugenberichte sind durchwegs problematisch. Erst auf der Basis einer kritischen Abklärung der Quellen ist es überhaupt möglich, sich an eine Hitler-Biographie zu wagen. Deshalb bildet die ausführliche Quellenkritik einen Schwerpunkt dieses Buches.

In voller Absicht habe ich eine deskriptive Methode gewählt, um zunächst eine solide Faktengrundlage für nötige weiterführende Arbeiten zu schaffen. Die zahlreichen Quellenzitate sollen auch den »Zeitgeist« Wiens vor dem Ersten Weltkrieg anschaulich machen.

Freilich: das Unternehmen, sich auf den jungen Hitler zu konzentrieren und ihn aus dem historischen Umfeld heraus zu sehen, birgt ein Problem. Denn der spätere Hitler, also der Diktator, der Politiker wie der Verbrecher, ist in diesen Jugendjahren nicht zu erkennen. Nichts, weder eine besondere Begabung noch ein Hang zum Verbrecherischen, hebt den jungen Hitler aus der Masse der Wiener Männerheimbewohner hervor. Im Gegenteil: er gehört selbst in diesem Kreis zu den Untüchtigen. Er läßt sich treiben und bringt kaum die Energie und Arbeitskraft auf, sich mit seiner Malerei auch nur notdürftig über Wasser zu halten, geschweige denn, sich für sein Lebensziel zu qualifizieren, einmal Baumeister zu werden.

Daß die sechs Wiener Jahre trotzdem Lehrjahre für den Politiker Hitler waren, zeigt sich erst im nachhinein. Denn als er ab 1919 in Deutschland in die Öffentlichkeit ging, tat er dies vor allem mit jenen Parolen, die er in Wien lernte, und mit jenen Methoden, die er von seinen Wiener politischen Leitbildern übernahm.

Bei meiner langen Arbeit habe ich manche Hilfe erfahren, für die ich herzlichen Dank sagen will, vor allem den Mitarbeitern der konsultierten Archive und Sammlungen. Hervorheben möchte ich Herrn Hermann Weiß vom Münchner Institut für Zeitgeschichte, der mir viele nützliche Ratschläge gab und einen Weg durch die Wirrnisse der Kujau-Fälschungen wies. Herr Amtsrat Herbert Koch vom Wiener Stadt- und Landesarchiv hatte besonders viel Mühe mit der Suche der für diese Arbeit so wertvollen Daten aus dem Wiener Meldearchiv.

Dann möchte ich zwei Augenzeuginnen danken: Frau Prof. Dr. Marie Jahoda in Sussex für ihre Erzählungen über das Haus ihres Onkels Rudolf Jahoda, das der junge Hitler besuchte. Und Frau Marianne Koppler, der Tochter des Hitler-Freundes Rudolf Häusler, die es mir ermöglichte, diesen in der Literatur so gut wie Unbekannten hier einzubringen.

Nicht zuletzt bin ich jenen Freunden dankbar, die sich der Mühe unterzogen, das werdende Manuskript kritisch zu lesen. Für besonders konstruktive Vorschläge in verschiedenen Phasen der Arbeit danke ich Herrn Prof. Dr. Hans Mommsen, Herrn Prof. Dr. Günter Kahle, Frau Dr. Gertrud Lütgemeier und meiner Tochter Sibylle. Mit dem sich heftig ändernden Manuskript hatte der Setzer, Herr Uwe Steffen, viel Mühe, der er sich aber mit großer Geduld bei gleichbleibender Präzision unterzog.

Um politischen Mißverständnissen in Österreich vorzubeugen, betone ich hier das eigentlich Überflüssige: Der Leser möge sich bitte bewußt sein, daß es sich in diesem Buch nicht um das heutige – vorwiegend deutschsprachige – Österreich handelt, sondern um ein

Vielvölkerreich mit nichtdeutscher Mehrheit. Die Volkszugehörigkeit wurde in diesem Staat laut Gesetz durch die Umgangssprache definiert. Wenn von Tschechen, Slowenen, Italienern, Deutschen und all den anderen die Rede ist, handelt es sich um verschiedensprachige Bürger der k.u.k. Monarchie. Der Begriff »deutsch« hat also hier nichts mit einem politischen Bekenntnis etwa zum Deutschen Reich zu tun. Denn die k.u.k. Deutschen waren in ihrer überwiegenden Mehrheit loyale Bürger der Vielvölkermonarchie, freilich mit Ausnahme der winzigen Partei der Schönerianer (Alldeutschen), der Hitlers Sympathien galten.

Wien   *Brigitte Hamann*

1 Aus der Provinz in die Hauptstadt

Der Traum von Linz

Eines der letzten Photos zeigt Hitler kurz vor dem Selbstmord im Keller der Reichskanzlei: Während draußen die Rote Armee in das zertrümmerte Berlin vorrückt, sitzt er sinnend vor dem pompösen Baumodell der oberösterreichischen Provinzhauptstadt Linz, dessen geplante Kolossalbauten er sich mit Scheinwerfern raffiniert ausleuchten läßt: Linz im Morgenlicht, bei Mittag, im Abendschein und bei Nacht. »Gleich zu welcher Zeit, ob Tag oder Nacht, sobald sich in diesen Wochen die Möglichkeit bot, saß er vor dem Modell«, berichtet der Architekt Hermann Giesler. Er habe darauf gestarrt wie auf »ein verheißenes Land, in das wir Eingang finden würden«.[1]

Besucher, denen oft zu ungewöhnlichsten Nachtzeiten das Modell vorgeführt wird, sind verwirrt und entsetzt über den Realitätsverlust des Mannes, der Europa in Schutt und Asche gelegt hat und kaum zur Kenntnis nimmt, wie viele Menschen in diesen letzten Wochen noch in seinem Namen und nach seinem Willen sterben. Denn weiterhin weigert er sich, dem Grauen durch die Kapitulation ein Ende zu machen.

H. träumt von Linz, seiner Heimatstadt, die er zur »Patenstadt des Führers« ernannt und zur Kulturhauptstadt des Großdeutschen Reiches hat machen wollen, zur »schönsten Stadt an der Donau«, zur »Weltstadt«, zur Stein gewordenen Verherrlichung seiner Person und seiner Politik: *Linz verdankt alles, was es hat und was es noch bekommt, dem Reich. Deshalb muß diese Stadt Trägerin des Reichsgedankens werden. Auf jedem Bau in Linz müßte stehen »Geschenk des Deutschen Reiches«.*[2]

Auf der linken Donauseite in Urfahr, gegenüber der Altstadt, soll ein Partei- und Verwaltungszentrum entstehen mit einem Aufmarschplatz für 100 000 und einer Festanlage für 30 000 Menschen, ein Ausstellungsgelände mit einem Bismarck-Denkmal, eine Technische Hochschule. Die geplante »Gauanlage« – mit einem neuen

Rathaus, dem Haus des Reichsstatthalters, der Gau- und Parteileitung, dem Haus der Linzer Bürgerschaft – soll um eine nationale Weihestätte gruppiert sein: das Grabmal von H.s Eltern mit weit sichtbarem Turm, dessen Glockenspiel, freilich *nicht für alltäglich*, ein Motiv aus der »Romantischen Symphonie« von Anton Bruckner spielen soll.³ Dieser Turm soll höher sein als der des Wiener Stephansdoms. Damit mache er ein altes Unrecht wieder gut, so H., denn zum Ärger der Linzer hätte Wien einst beim Bau des neugotischen Linzer Doms die Turmhöhe reduziert, *damit der Stephansturm der höchste Turm des Landes blieb*.⁴ Und ein Denkmal »zur Gründung des Großdeutschen Reiches« soll entstehen, verbunden mit einem großen Stadion. H. zum Gauleiter von »Oberdonau«, August Eigruber: *Die Steine hierfür liefert das K.Z. Mauthausen*.⁵

Am anderen Donauufer, in Alt-Linz, soll eine Prachtstraße unter Arkaden entstehen: »Hierbei hat der Führer festgestellt, daß die Straße in Linz unbedingt breiter als die Ringstraße in Wien sein muß.«⁶ Ein Hotel für mehr als 2 000 Gäste mit direkter U-Bahn zum Bahnhof soll gebaut werden, modernste Krankenhäuser und Schulen, darunter eine »Adolf Hitler Schule«, eine Gaumusikschule und eine Reichsmotorflugschule des NS-Fliegerkorps. Musterwohnsiedlungen für Arbeiter wie für Künstler sind geplant – und zwei Heime für SS- und SA-Invaliden. Natürlich neue Straßen, eine Zufahrt zur Autobahn. Um sein Linz reich zu machen, fördert H. die Industrialisierung, bringt Stahl- und Chemiewerke nach Linz. Diese Umstrukturierung der bäuerlichen Stadt in eine Industriestadt ist fast das einzige, was verwirklicht wird. Die »Hermann Göring Werke« existieren als VOEST-Werke noch heute.[7]

Weltstadtausmaße soll das geplante Kulturzentrum haben, laut Joseph Goebbels' Tagebuch »schon als Gegenpol gegen Wien, das allmählich etwas ausgeschaltet werden muß«.[8] H.s Lieblingsprojekt ist das Linzer Kunstmuseum, das er noch einen Tag vor seinem Tod in seinem Testament erwähnt: *Ich habe meine Gemälde in den von mir im Laufe der Jahre angekauften Sammlungen niemals für private Zwecke, sondern stets nur für den Ausbau einer Galerie in meiner Heimatstadt Linz a. d. Donau gesammelt. Dass dieses Vermächtnis vollzogen wird, wäre mein herzlichster Wunsch.*[9]

Tatsächlich ist für dieses Projekt immer Geld da, auch als die Devisen im Krieg knapp werden. Allein von April 1943 bis März 1944 werden 881 Kunstwerke angekauft, darunter 395 Holländer aus dem 17. und 18. Jahrhundert. Bis Ende Juni 1944 kostet das Museum 92,6 Millionen Reichsmark.[10] Goebbels: »Linz kostet uns viel Geld. Aber der Führer legt ja so großen Wert darauf. Und es ist auch wohl richtig, Linz als Kulturkonkurrenz gegen Wien zu unterstützen.«[11] Denn, so H. energisch: *Nach Wien gebe ich keinen Pfennig und auch das Reich wird nichts dorthin geben.*[12]

Die edelsten Stücke für das Linzer Museum werden in Privatgalerien, Museen und Kirchen des von Hitler-Truppen besetzten Europa beschlagnahmt, so der Veit-Stoß-Altar in Krakau oder der Van-Eyck-Altar in der Kathedrale von Gent. Mit besonderer Genugtuung transferiert H. Bestände aus Wien, so aus den großen »undeutschen« Wiener Sammlungen, etwa des Barons Nathaniel Rothschild oder des polnischen Grafen Karl Lanckoroński: Er hat immerhin zwei Rembrandts, darunter DIE JUDENBRAUT, und als Hans-Makart-Mäzen die bedeutendste Sammlung dieses von H. verehrten Malers. Auch das ehemals kaiserliche Kunsthistorische Museum steuert Werke für Linz bei, was *seinen lieben Wienern durchaus nicht in den Kram gepaßt* habe, meint H. 1942, *seine lieben Wiener, die er ja genau kenne,* seien *so krampfig, daß sie ihm bei der Besichtigung einiger beschlagnahmter Rembrandtbilder in ihrer gemütvollen Art klarzumachen versucht hätten, daß alle echten Bilder eigentlich in Wien verbleiben müßten, man diejenigen aber, deren Meister unbekannt seien, gerne Galerien in Linz oder Innsbruck zukommen lassen wolle.* Die Wiener hätten *große Kulleraugen* gemacht, als er anders entschieden habe.[13]

Auf dem Freinberg oberhalb der Altstadt plant H. seinen Alterssitz im Stil eines oberösterreichischen Vierkanthofes: *An diesen Felswänden kletterte ich in meiner Jugend. Auf dieser Kuppe hing ich, mit dem Blick über die Donau, meinen Gedanken nach. Hier möchte ich meinen Lebensabend verbringen.*[14] Und: *Außer Fräulein Braun nehme ich niemanden mit; Fräulein Braun und meinen Hund*.[15]

Angesichts dieser Aussichten meinte der Linzer Bürgermeister im November 1943 in einer Ratsherrenversammlung, der »Führer« liebe seine Heimat mehr »als irgendein anderer Deutscher seine engere Heimat« und habe das Ziel, aus Linz »die schönste Stadt an der Donau zu machen. Er kümmert sich um jedes Detail, er kümmert sich auch im Krieg um jede Einzelheit, er kümmert sich um jeden Splitterschutzgraben, Feuerlöschteich, genauso um kulturelle Veranstaltungen. Es kommen in der Nacht Fernschreiben, in denen er verbietet, daß Veranstaltungen im Volksgarten stattfinden, da der Volksgarten doch eine schlechte Akustik hat und daher besonders bekannte Künstler im Vereinshaus auftreten sollen.« Dann fügte der Bürgermeister hinzu: »Die Selbstverwaltung der Stadt ist in erheblichem Maße eingeschränkt.«[16]

Sosehr H. sein Linz liebt, so sehr zeigt er seine Abneigung gegen Wien, die alte Haupt- und Residenzstadt, die er zu entmachten gedenkt. Wien ströme *ein ungeheuerliches, geradezu kolossales Fluidum* aus. Es sei daher *eine ungeheure Aufgabe, Wiens Vormachtstellung auf kulturellem Gebiet in den Alpen- und Donaugauen zu brechen*.[17]

H.s übersteigerte Liebe zu Linz ironisiert Albert Speer, freilich erst nach 1945, als »provinziale Mentalität« und meint, daß H. »eigentlich immer ein Kleinstädter blieb, fremd und unsicher in den großen Metropolen. Während er politisch fast zwanghaft ins Gigantische dachte und plante, waren die überschaubaren Verhältnisse einer Stadt wie Linz, wo er zur Schule gegangen war, sein soziales Zuhause.« Diese Liebe habe »Fluchtcharakter« gehabt.[18]

Doch da spielt weit mehr mit als der Gegensatz zwischen Provinz und Hauptstadt: Es ist das national geschlossene, »deutsche« Linz hier und das multinationale Wien dort. Außerdem wird der bäuerliche Charakter der Provinzstadt als ehrlich-bodenständig empfunden gegenüber der raffinierten, intellektuellen und selbstbewußten Metropole. Goebbels meint denn auch als Sprachrohr seines Herrn nach einem Linzbesuch: »Echte deutsche Männer. Keine Wiener Schlawiner.«[19]

Biographisch betrachtet, ist Linz für H. der Schauplatz einer geordneten, sauberen, kleinbürgerlichen Jugend, zusammen mit der geliebten Mutter, Wien dagegen der Zeuge einsamer, erfolgloser, schmutziger Jahre. Von politischer Bedeutung ist aber vor allem H.s Ziel, die alte Hauptstadt des Habsburgerreiches zu entmachten und der Hauptstadt Berlin unterzuordnen.

Komplizierte Familienverhältnisse

Linz, die ländliche Hauptstadt Oberösterreichs, Bischofsresidenz und Schulzentrum, in einer heiteren Landschaft am rechten Donauufer gelegen, hatte in H.s Jugend knapp 68 000 Einwohner und war damit – nach Wien, Prag, Triest, Lemberg, Graz, Brünn, Krakau, Pilsen und Czernowitz – die zehntgrößte Stadt Cisleithaniens, wie der westliche Teil der Doppelmonarchie hieß.[20]

Ohne Stadtmauern fügt sich die Stadt in die hügelige Landschaft und wirkt trotzdem übersichtlich: Die lange Hauptstraße (»Landstraße«) durchquert die Stadt und endet im barocken Hauptplatz, dem »Franz Joseph Platz«, von 1938 bis 1945 »Adolf Hitler-Platz«, mit dem alten Dom und der barocken Dreifaltigkeitssäule.

Seit Römerzeiten ein Kreuzungspunkt von Handelswegen, erhielt Linz im 19. Jahrhundert Bedeutung durch die Eisenbahn, die »Kaiserin Elisabeth-Westbahn«, die Wien mit München, der Heimat der Kaiserin, verband. Zur alten Schiffswerft bekam Linz eine Lokomotivfabrik. Der Handelsakademie wurde eine Eisenbahnfachschule angegliedert. Die Eisenbahn brachte einen Hauch von Welt nach Linz: Dreimal wöchentlich fuhr der Orientexpreß Paris–Konstantinopel durch. Der Zuzug vieler Bahnarbeiter brachte den Sozialismus in die kleine Stadt.

H. wohnt nur kurz in seiner »Heimatstadt«, vom 16. bis zum 18. Lebensjahr, 1905 bis Februar 1908. Vorher führte er als Kind des k.k. Zollbeamten Alois Hitler ein unstetes Leben. Der Grenzort Braunau am Inn, wo er am 20. April 1889 geboren wird und den er als Dreijähriger verläßt, erhält erst später Bedeutung, als H. ihn in MEIN KAMPF als *glückliche Bestimmung* deuten kann: *Liegt doch dieses Städtchen an der Grenze jener zwei deutschen Staaten, deren Wiedervereinigung mindestens uns Jüngeren als eine mit allen Mitteln durchzuführende Lebensaufgabe erscheint!*[21]

Die Familienverhältnisse sind kompliziert. Adolf stammt aus der dritten Ehe des Vaters mit der um 23 Jahre jüngeren Klara, geborene Pölzl. Er ist das vierte und erste überlebende Kind seiner Mutter. Im Haushalt leben zwei Halbgeschwister aus der zweiten Ehe des Vaters, der 1882 geborene Alois jun. und die 1883 geborene Angela, außerdem noch die »Hanitante«, Johanna Pölzl, die bucklige und wahrscheinlich geistesschwache Schwester der Mutter, die im Haushalt hilft.[22]

Es ist kein friedliches Familienleben: Der Vater ist jähzornig und mißhandelt den ältesten Sohn Alois mit Prügeln. Dieser wiederum ist eifersüchtig auf Adolf, den die junge Mutter verhätschelt. Der Halbbruder über Adolf: »Er wurde vom frühen Morgen bis in die späte Nacht verwöhnt, und die Stiefkinder mußten sich endlose Geschichten anhören, wie wunderbar Adolf war.« Aber auch Adolf sei vom Vater geprügelt worden. Einmal habe der Vater sogar gefürchtet, den Buben getötet zu haben.[23]

1892 bis 1895 arbeitet der Vater in Passau, auf der deutschen Seite der Grenze. Der drei- bis sechsjährige Knabe erwirbt sich in dieser Zeit seinen speziellen bayrischen Tonfall: *Mein Deutsch der Jugendzeit war der Dialekt, den auch Niederbayern spricht; ich vermochte ihn weder zu vergessen, noch den Wiener Jargon zu lernen.*[24]

1895 geht der 58jährige Alois Hitler nach 40 Dienstjahren in Pension. Er kauft ein abgelegenes Gut im winzigen Ort Hafeld in der Gemeinde Fischlham nahe Lambach in Oberösterreich, um sich hier als Landwirt und Bienenzüchter zu versuchen. Der Sohn 1942: *Bienenstich war bei uns so selbstverständlich wie nur etwas. Die Mutter hat meinem alten Herrn oft 45, 50 Stacheln herausgezogen, wenn er vom Waben-Ausnehmen kam.* Der Vater habe sich lediglich durch Rauchen gegen die Bienen geschützt.[25] In Hafeld verläßt der 14jährige Alois jun. nach heftigem Streit mit dem Vater das Haus und wird enterbt. Es bleiben die 13jährige Angela, Adolf und der 1894

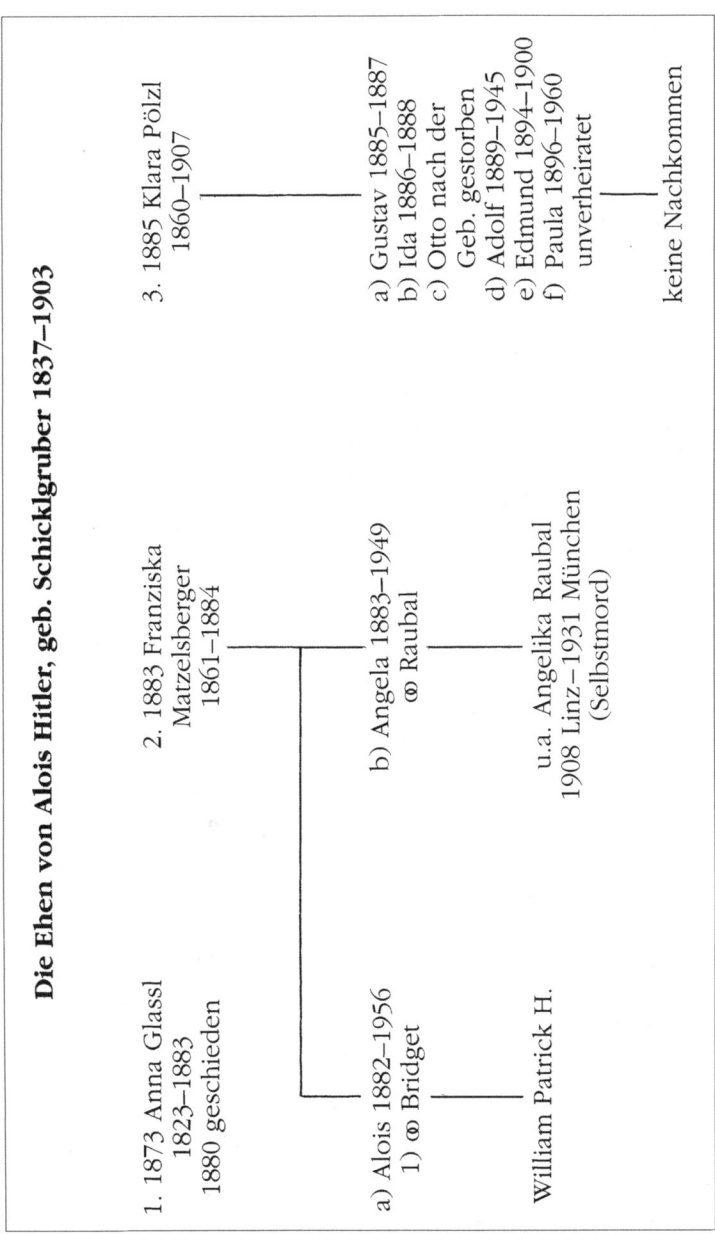

geborene Edmund. 1896 wird Paula, das jüngste Kind der Familie, geboren.

Im Mai 1895 kommt der sechsjährige H. in die einklassige Dorfschule von Fischlham, die nur aus einem etwa 60 Quadratmeter großen Raum und einem kleinen Vorraum besteht: *Ich hörte dort, als ich in der untersten Klasse war, schon immer bei den Schülern der zweiten Klasse mit, und später bei der dritten und vierten. Gott sei Dank, daß ich dann weg kam. Sonst hätte ich die letzte Klasse 2 bis 3 Jahre lang durchsitzen müssen.*[26]

Da das heruntergekommene Gut mit der Beamtenpension nicht zu finanzieren ist und die Fähigkeiten des Vaters als Landwirt nicht ausreichen, wird es 1897 wieder verkauft. Die Familie bezieht eine Übergangswohnung im Ort Lambach. Der Achtjährige kommt nun in die Volksschule von Lambach und besucht auch für kurze Zeit die Sängerknabenschule des Benediktinerstiftes. Dort habe er Gelegenheit gehabt, *mich oft und oft am feierlichen Prunk der äußerst glanzvollen kirchlichen Feste zu berauschen.*[27] Auch später rühmt er, trotz aller Kritik an der Kirche, daß diese *das natürliche Bedürfnis* der Menschen nach *etwas Übernatürlichem... wundervoll ausgenützt* habe. Sie habe es verstanden, *mit ihrem mystischen Kult, den großen erhabenen Domen, mit weihevoller Musik, feierlichen Riten und mit Weihrauch auf die Menschen zu wirken.*[28]

Fromm ist die Familie Hitler nicht. Nur die Mutter geht regelmäßig in die Sonntagsmesse. Der antiklerikale Vater hält sich zurück und begleitet seine Familie höchstens zu den Festtagen und an Kaisers Geburtstag, dem 18. August. Denn dies ist die einzige Gelegenheit, zu der er seine Beamtenuniform ausführen kann, die das übrige Jahr unbenutzt im Schrank hängt.[29]

Ende 1898 übersiedelt die Familie in das Dorf Leonding südlich von Linz, wo Alois Hitler für 7700 Kronen ein kleines Haus neben dem Friedhof ersteht.[30] Goebbels über seinen ersten Besuch in diesem zur »Ehrenstätte des ganzen deutschen Volkes« gewordenen Haus 1938: »Ganz klein und primitiv. Man führt mich in das Zimmer, das sein Reich war. Klein und niedrig. Hier hat er Pläne geschmiedet und von der Zukunft geträumt. Weiter die Küche, in der die gute Mutter kochte. Dahinter der Garten, in dem der kleine Adolf sich nachts Äpfel und Birnen pflückte... Hier also wurde ein Genie. Mir wird ganz groß und feierlich zu Mute.«[31]

H. als Volksschüler in Leonding

Der Neunjährige kommt nun in die Dorfschule von Leonding, verlebt im Kreis der Landbuben eine *sonnige Lausbubenzeit*[32] und sieht sich später stolz *als jungen Wildfang: Ich war eben schon als Junge kein »Pazifist«, und alle erzieherischen Versuche in dieser Richtung wurden zu Nieten.*[33] Einer der Leondinger Schulkameraden, der spätere Abt Balduin von Wilhering, meint dazu später, keineswegs unfreundlich: »Kriegspielen, immer nur kriegspielen, uns Buben wurde das schon langweilig, aber er fand immer wieder einige, insbesondere jüngere, die mittaten.«[34] Ansonsten betreibt der junge H. seinen »Lieblingssport«: Er schießt auf dem Friedhof neben dem Elternhaus mit dem Flobertgewehr auf Ratten.[35]

Um 1900 erregte der Burenkrieg die Gemüter, als die südafrikanischen Burenrepubliken sich gegen die Eroberung durch die Engländer wehrten. Der »Kampf Davids gegen Goliath«, der »Freiheitskampf der armen Bauern« gegen den britischen Imperialismus fand vor allem bei den Deutschnationalen große Zustimmung, ja Begeisterung. Es gab Unterschriftenaktionen, Geldsammlungen zur Unterstützung der Buren. Burenmärsche und -lieder wurden komponiert. Burenhüte, Burenheringe und – die heute noch in Wien beliebten – Burenwürste kamen in Mode.[36]

Für den jungen H. ist der Burenkrieg ein wahres *Wetterleuchten: Ich lauerte jeden Tag auf die Zeitungen und verschlang Depeschen und Berichte und war schon glücklich, Zeuge dieses Heldenkampfes wenigstens aus der Ferne sein zu dürfen.*[37] Die Buben bevorzugen nun das Spiel »Buren und Engländer«, wobei niemand Engländer und jeder Bure sein will. Noch 1923 meint H.: *Auf Burenseite gerechter*

Wunsch nach Freiheit, auf Englands Seite Gier nach Geld und Diamanten.[38]

Als der sechsjährige Bruder Edmund 1900 in Leonding an Masern stirbt, ist der elfjährige Adolf der einzige Sohn der Familie. Die Schwierigkeiten mit dem Vater nehmen zu. H.s Mitschüler schildern Alois Hitler als »wenig einnehmend, weder seiner äußeren Erscheinung noch seinem Wesen nach«.[39] »Der alte Herr Alois forderte unbedingten Gehorsam. Oft steckte er zwei Finger in den Mund, stieß einen scharfen Pfiff aus und Adolf, wo immer er gewesen sein mag, lief rasch zum Vater... Er beschimpfte ihn oft und Adolf litt sehr unter der Strenge des Vaters. Adolf las gern, der Alte aber war sparsam und gab kein Geld für Bücher her.« Alois Hitler habe als einziges Buch eines über den deutsch-französischen Krieg von 1870/71 besessen: »Adolf sah sich die Bilder in diesem Buch gern an und schwärmte sehr für Bismarck.«[40] H. selbst freilich erwähnt in MEIN KAMPF eine *väterliche Bibliothek*.[41]

Klara Hitler, geb. Pölzl   *Alois Hitler, geb. Schicklgruber*

Klara Hitler wird von allen Zeugen als ruhige, liebevolle Mutter und gute Hausfrau geschildert. Eine Leondinger Schülerin, die täglich am Hitler-Haus vorbeiging, erinnert sich, wohlgemerkt nach 1945: Wenn die kleine Paula in die Schule ging, habe die Mutter sie jedesmal »bis zum Zauntürl begleitet und ihr einen Kuß gegeben;

mir ist das deshalb aufgefallen, weil das bei uns Bauernmädchen nicht üblich war, es hat mir aber gut gefallen, ich habe die Paula fast etwas beneidet«.[42]

Der Vater bestimmt den Sohn für eine Beamtenkarriere und schickt ihn nach fünf Volksschuljahren im Herbst 1900 in die Linzer Realschule, die in einem rund einstündigen Fußweg von Leonding aus zu erreichen ist. Der täglich aus einem rauhen Landleben in die Strenge der kleinstädtischen Schule wechselnde Elfjährige fügt sich nicht ein und lernt nicht. Gleich im ersten Jahr bleibt er mit zwei Nichtgenügend in Mathematik und Naturgeschichte sitzen. Außerdem erhält er laut Konferenzprotokollen jedes Jahr einen Tadel, abwechselnd in Betragen und in Fleiß. Trotzdem ist er im Schuljahr 1902/03 als einziger seiner Klasse vom Schulgeld befreit, was auf Bedürftigkeit der Familie hindeutet.[43]

Der gutmeinende Französischlehrer Dr. Huemer meint 1924 über den ehemaligen Schüler: »Er war entschieden begabt, wenn auch einseitig, hatte sich aber wenig in der Gewalt, zum mindesten galt er als widerborstig, eigenmächtig, rechthaberisch und jähzornig, und es fiel ihm sichtlich schwer, sich in den Rahmen einer Schule zu fügen.« Er habe »von seinen Mitschülern unbedingte Unterordnung« verlangt, habe sich »in der Führerrolle« gefallen und sei offenbar »von den Karl-May- und Indianergeschichten angekränkelt« gewesen.[44]

Über seinen Lieblingsautor Karl May erzählt H. später gerne und häufig: *Ich habe ihn bei Kerzenlicht gelesen und mit einer großen Lupe bei Mondlicht!... Der erste Karl May, den ich gelesen habe, war »Der Ritt durch die Wüste«. Ich bin weg gewesen! Dann stürzte ich mich drauf. Was sich sofort mit dem Sinken meiner Noten bemerkbar machte!* May verdanke er seine *ersten geographischen Kenntnisse*.[45] 1943 zeigt er seinen Begleitern stolz das Linzer Hotel »Roter Krebs«, wo der verehrte Schriftsteller 1901 längere Zeit wohnte.[46]

Der junge H. macht keine Anstrengungen, in der Schule weiterzukommen. Die Mutter muß, so ein Mitschüler, oft in die Schule kommen, um »nachzufragen«.[47] In MEIN KAMPF erklärt H., er habe sich absichtlich in der Schule nicht angestrengt, um nicht Beamter werden zu müssen. Er kritisiert später jene Eltern, die ihre Kinder vorzeitig auf bestimmte Berufe festlegen *und, wenn dann etwas nicht klappe, sofort vom verlorenen oder mißratenen Sohn zu sprechen beginnen.* Man – das heißt der Vater – habe ihn mit 13 Jahren *in das Linzer Hauptzollamt, einen wahren Staatskäfig geschleppt, in dem die alten Herren aufeinander gehockt gesessen seien, so dicht wie die Affen.* So sei ihm die *Beamtenlaufbahn verekelt* worden.[48]

Die Beziehung zum Vater spitzt sich zu. Schwester Paula erinnert sich: »Adolf... hat jeden Abend seine Tracht Prügel gekriegt, weil er nicht pünktlich zu Hause war.«[49] Und H. über diese Zeit: *Zum ersten Mal in meinem Leben wurde ich... in Opposition gedrängt. So hart und entschlossen auch der Vater sein mochte in der Durchsetzung seiner einmal ins Auge gefaßten Pläne und Absichten, so verbohrt und widerspenstig war aber auch sein Junge.*[50]

Im privaten Kreis zeichnet H. später ein negatives Bild vom Vater. Goebbels in seinem Tagebuch: »Hitler hat fast genau dieselbe Jugend durchgemacht wie ich. Der Vater Haustyrann, die Mutter eine Quelle der Güte und Liebe.«[51] Zu seinem späteren Rechtsanwalt Hans Frank soll H. gesagt haben, er habe schon als zehn- bis zwölfjähriger Bub den betrunkenen Vater aus dem Gasthaus nach Hause bringen müssen: *Das war die gräßlichste Scham, die ich je empfunden habe. Oh, Frank, ich weiß, was für ein Teufel der Alkohol ist! Er war – über meinen Vater – eigentlich mein größter Feind in meiner Jugend.*[52]

Der pensionierte Alois Hitler ist unbeschäftigt und vertreibt sich die Zeit mit täglichen Gasthausbesuchen. Häufig trifft er den Bauern Josef Mayrhofer zur gemeinsamen Arbeit für die Deutschnationalen.[53] Es könnte sich hier um eine der »Tischgesellschaften« handeln, kleinste Parteigruppen im Familien- und Freundeskreis, wie sie manche deutschnationalen Parteien unterhielten. Mayrhofer über Hitler senior: »Er war ein griesgrämiger, wortkarger alter Mann, ein strammer Freisinniger und wie alle Freisinnigen in dieser Zeit stramm deutschnational gesinnt, ein Pangermane, dabei merkwürdigerweise doch kaisertreu.«[54]

Freisinnig, deutschnational und kaisertreu war in Oberösterreich damals die regierende DVP, die »Deutsche Volkspartei«. Aus dem Kreis um den extremen Deutschnationalen Georg Schönerer entstanden, vertrat sie nun eine gemäßigte deutschnationale Richtung und nahm auch Juden auf. Es gibt keinen Grund anzunehmen, daß H. in MEIN KAMPF die Unwahrheit sagt, wenn er über seinen Vater schreibt, dieser habe im Antisemitismus *eine kulturelle Rückständigkeit erblickt* und *mehr oder minder weltbürgerliche Anschauungen... bei schroffster nationaler Gesinnung* gehabt.⁵⁵

Politik in der Schule

Zweifellos ist die Atmosphäre in der Linzer Realschule politisch sehr bewegt. »Klerikale« und Habsburgtreue kämpfen gemeinsam gegen Freisinnige und Deutschnationale, »Germanen« und »Slawen« liefern sich Auseinandersetzungen. Eifrig wird gesammelt und politisch Farbe bekannt: Während die »kaisertreuen« Realschüler schwarzgelbe Bänder und Abzeichen sammeln, Photographien der Kaiserfamilie und Kaffeetassen mit den Abbildern der Kaiserin Elisabeth und des Kaisers Franz Joseph, so sammeln die »Deutschnationalen« Devotionalien wie Bismarckköpfe aus Gips, Bierkrügeln mit Heldensprüchen der deutschen Vergangenheit, vor allem Bänder, Bleistifte, Anstecknadeln in den »großdeutschen« Farben des Jahres 1848: schwarz-rot-gold. Auch er habe in seiner Jugend *am Nationalitätenkampf des alten Österreich* teilgenommen, schreibt H. in MEIN KAMPF: *Für Südmark und Schulverein wurde da gesammelt, durch Kornblumen und schwarzrotgoldene Farben die Gesinnung betont, mit »Heil« begrüßt, und statt des Kaiserliedes lieber »Deutschland über alles« gesungen, trotz Verwarnung und Strafen.*⁵⁶

Die deutschnationalen Vereine »Deutscher Schulverein« und »Südmark« verkaufen »Wehrschatzmarken« zur Finanzierung der »Abwehr gegen die Tschechisierung« und die »Bewahrung und Ausbreitung des Deutschtums«. Mit den erheblichen Erlösen dieser Sammlungen werden deutsche Kindergärten und Schulen in gemischtsprachigen Gebieten finanziert. Die Südmark unterstützt vor allem deutsche Bauern in Sprachinseln und kauft auch Land für Neuansiedlungen. Diese Sammelaktionen, die die ganze Bevölkerung einbeziehen, sind sehr populär – und dürften wohl auch Vorbild des späteren Winterhilfswerkes gewesen sein.

Kornblumen, der »Heil«-Ruf und die Farben Schwarz-Rot-Gold gehören eindeutig zu den Alldeutschen, jenen extremen Deutschnationalen unter Schönerer, die sich für den Anschluß Deutschösterreichs an das Deutsche Reich einsetzen und im Gegensatz zu den Parteigängern der DVP habsburgische Staatsfeinde sind. Dies weist darauf hin, daß die Realschüler in ihrem Deutschnationalismus radikaler sind als die Lehrer, die ja als Beamte kaisertreu sein müssen.

Die meisten Lehrer an der Realschule sind deutschnational. Sie begeistern die Jugend »für den Kampf um die deutsche Scholle an der Grenze gegen Böhmen« – und tun dies durchaus auch, so ein Mitschüler, »in pädagogischer Absicht: Ihr müßt ordentlich lernen, damit wir in Österreich unsere führende Rolle nicht verlieren müssen, und damit ihr euch im nationalen Kampf bewähren könnt!«[57] Ähnliches berichtet H. von seinem Lieblingslehrer Dr. Leopold Poetsch: *Unser kleiner nationaler Fanatismus ward ihm ein Mittel zu unserer Erziehung, indem er öfters als einmal, an das nationale Ehrgefühl appellierend, dadurch allein uns Rangen schneller in Ordnung brachte, als dies durch andere Mittel je möglich gewesen wäre.*[58]

Poetsch unterrichtet H. von der ersten bis dritten Klasse (1901 bis 1904) in Geographie und in der zweiten und dritten in Geschichte. Er verwaltet auch die Schulbibliothek, wo H. seine Bücher ausleiht. Als besondere Auszeichnung darf H. dem Lehrer die Landkarten bringen und ist so in besonders engem Kontakt mit ihm.[59]

Poetsch ist neben seinem Schuldienst ein gesuchter Festredner. Er spricht im »Oberösterreichischen Volksbildungsverein«, dem »Verein der Staatsbeamten«, der Turngemeinde Jahn, im Schutzverein »Südmark« der Ortsgruppe Linz, dessen Obmannstellvertreter er ist, aber auch zum Kaiserjubiläum von 1908.[60] Er ist also, wie H.s Vater, gleichzeitig deutschnational und habsburgtreu, was seiner gewählten Partei entspricht: 1905 zieht er für die Deutsche Volkspartei in den Linzer Gemeinderat ein. Der spätere Linzer Bürgermeister Ernst Koref über Poetsch: »Er war wohl ein national gesinnter, doch auch ein guter Österreicher, eine höchst ehrenwerte Persönlichkeit.«[61]

Beliebt sind Poetschs Lichtbildvorträge »Bilder zur deutschen Geschichte«. Hier betont er stark die germanische Zeit und die frühe deutsche Kaiserzeit, also die Zeit vor den Habsburgern, und arbeitet dann das »nationale Erwachen« der Deutschen bis zum Krieg von 1870/71 heraus: »Seit den großen Tagen der herrlichen deutschen Siege in den Jahren 1870/71 sind wir uns des Germanentums mehr bewußt geworden und blättern nun mit größerer Liebe in den Büchern deutscher Mythe, Sage und Geschichte.«[62]

Die »Sedanfeiern« in Erinnerung an Preußens Sieg über Frankreich waren in der Habsburgermonarchie freilich behördlich verboten. Die Schüler feiern dieses Fest heimlich, das stets mit der WACHT AM RHEIN, dem preußisch-deutschen Kampflied gegen den »Erzfeind« Frankreich, endet, der Hymne der Deutschnationalen.

12. Scharlied: „Die Wacht am Rhein".

Es braust ein Ruf wie Donnerhall,
Wie Schwertgeklirr und Wogenprall:
Zum Rhein, zum Rhein, zum deutschen Rhein!
Wer will des Stromes Hüter sein?
Lieb' Vaterland, magst ruhig sein,
Fest steht und treu die Wacht am Rhein!

Durch Hunderttausend zuckt es schnell
Und aller Augen blitzen hell:
Der Deutsche bieder, fromm und stark,
Beschützt die heil'ge Landesmark.
Lieb' Vaterland, magst ruhig sein,
Fest steht und treu die Wacht am Rhein!

Er blickt hinauf in Himmelsau'n
Wo Heldenväter niederschau'n,
Und schwört mit stolzer Kampfeslust:
„Du Rhein bleibst deutsch wie meine Brust".
Lieb Vaterland u. s. w.

So lang ein Tropfen Blut noch glüht,
Noch eine Faust den Degen zieht,
Und noch ein Arm die Büchse spannt,
Betritt kein Feind den deutschen Strand.
Lieb' Vaterland u. s. w.

Der Schwur erschallt, die Woge rinnt,
Die Fahnen flattern hoch im Wind:
Zum Rhein, zum Rhein, zum deutschen Rhein!
Wir alle wollen Hüter sein!
Lieb' Vaterland u. s. w.

Max Schneckenburger (1840).

Ein weiteres nationales Lied seiner Jugend erwähnt H. in seiner Rede nach dem »Anschluß« im März 1938: *Als diese Soldaten einzogen, da erlebte ich wieder ein Lied meiner Jugend. Ich habe es so oft gläubigen Herzens einst gesungen, dieses stolze Kampflied: »Das Volk steht auf, der Sturm bricht los.« Und es war in der Tat der Aufstand eines Volkes und das Losbrechen des Sturmes.*[63] Zitat aus diesem von Theodor Körner 1813 im Kampf gegen Napoleon gedichteten Lied: »Und schlägt unser Stündlein im Schlachtenrot, / Willkommen dann, seliger Wehrmannstod!« Und der Refrain für den »feige« daheim Gebliebenen lautet: »Stirbst als ein ehrlos erbärmlicher Wicht, / Ein deutsches Mädchen küßt dich nicht, / Ein deutsches Lied erfreut dich nicht / Und deutscher Wein erquickt dich nicht!...«

Eindeutig alldeutsch gefärbt sind auch die Schüleraktionen gegen den »schwarzgelben« Religionsprofessor Schwarz. Mit unverhohlenem Stolz erzählt H. später, wie er in der Religionsstunde Bleistifte in den großdeutschen Farben, also schwarz-rot-gold, ausgebreitet habe. Der Lehrer: »*Sie werden sofort diese Bleistifte mit den ab-*

scheulichen Farben weggeben!« »Huh!« machte die ganze Klasse. »Das sind die nationalen Ideale!« »Ihr habt keine nationalen Ideale, sondern nur ein einziges Ideal im Herzen zu tragen, das ist unser Vaterland und unser Erzhaus Habsburg. Wer nicht für das Erzhaus Habsburg ist, ist nicht für die Kirche, und wer nicht für die Kirche ist, ist nicht für Gott. Setz dich, Hitler!« In der Schule habe, so H. eine *allgemein revolutionäre Stimmung* geherrscht,[64] was von den ehemaligen Mitschülern bestätigt wird.

Schwarz-rot-gold waren die Farben der »Großdeutschen« des Jahres 1848, die damals die deutsche Einigung unter habsburgischer Führung erträumten. Nach Gründung des Deutschen Kaiserreiches von 1871 bedienten sich die Alldeutschen in Österreich dieser Farben und signalisierten damit ihr politisches – und unter diesen anderen Umständen hochverräterisches – Ziel: den »Anschluß« der deutschen Teile Österreichs an das Hohenzollernreich und damit die Aufteilung des Vielvölkerstaates.

Ein anderes Beispiel: Als die Linzer Schuljugend Kaiser Franz Joseph bei dessen alljährlicher Fahrt in die Ischler Sommerfrische zujubeln soll, glaubt ihnen ein Lehrer den Rat mitgeben zu müssen: »Ihr müßt aber ›Hoch!‹ rufen, daß mir keiner ›Heil!‹ schreit!«[65] »Heil« ist der Gruß der Deutschnationalen, »Hoch« der Ruf für das Haus Habsburg.

H. betont später gerne, daß die Deutschösterreicher durch die Erfahrung mit dem Vielvölkerreich einen viel wacheren und fortschrittlicheren Nationalismus entwickelt hätten als die »Reichsdeutschen«, und zwar schon in der Schule: *Der Junge wird dabei politisch geschult in einer Zeit, da der Angehörige eines sogenannten Nationalstaates meist noch von seinem Volkstum wenig mehr als die Sprache kennt... In kurzer Zeit war ich zum fanatischen »Deutschnationalen« geworden.* Schon mit 15 habe er den Unterschied *zwischen dynastischem »Patriotismus« und völkischem »Nationalismus«* erkannt.[66] Er stellt sich jedenfalls schon in der Schule eindeutig auf die Seite des radikalen »völkischen Nationalismus«, lehnt wie die Schönerianer den Vielvölkerstaat ab und unterscheidet sich damit in einem wichtigen Punkt von seinem Vater und seinem Lieblingslehrer Poetsch.

Verständlich ist denn auch Poetschs Unmut, als er, der österreichische Patriot, sich in MEIN KAMPF zwar als Lehrer hochgelobt, aber auch als angeblicher Feind Österreichs wiederfindet: *Wer konnte auch unter einem solchen Lehrer deutsche Geschichte studieren, ohne zum Feinde des Staates zu werden, der durch sein Herrscherhaus in so unheilvoller Weise die Schicksale der Nation beeinflußte? Wer endlich noch Kaisertreue bewahren einer Dynastie gegenüber, die... die Belange des deutschen Volkes immer und immer wieder um schmählicher eigener Vorteile wegen verriet?*[67]

Verärgert soll Poetsch die beiden ihm von H. gewidmeten MEIN-KAMPF-Exemplare dem Stift Wilhering weitergeschenkt haben.[68] Als sich 1936 einige Linzer Lehrer bei ihrem berühmt gewordenen Schüler mit Photos in Erinnerung bringen wollen und Poetsch bitten mitzutun, weigert sich dieser mit der Begründung, »daß er mit Hitler wegen seiner Schmähung Österreichs nicht einverstanden sei, er habe für Österreich einen Amtseid geschworen«.[69] Gegen ein Staatsbegräbnis kann sich der »geliebte Lehrer des Führers« freilich nicht mehr wehren.

Juden und Tschechen in Linz

Die Linzer Realschule muß einen guten Ruf haben, denn der Anteil der auswärtigen Schüler beträgt fast ein Drittel. 50 Schüler stammen aus Niederösterreich mit Wien, 21 aus Salzburg, Tirol, Steiermark, Kärnten, weitere 21 aus Böhmen, Mähren, Schlesien, je zwei aus Galizien und Ungarn, sieben aus dem Deutschen Reich, je einer aus Italien, Frankreich und Bosnien.

Einer der Wiener Schüler ist von 1903 bis zur Matura 1906 Ludwig Wittgenstein, der Sohn des Industriellen Karl Wittgenstein. Er ist nur um wenige Tage jünger als H., aber um zwei Klassen weiter: Der spätere Philosoph, bisher von Hauslehrern unterrichtet, besucht 1903/04 die fünfte, der spätere Politiker dagegen erst die dritte Klasse. Vom Sehen zumindest muß H. Wittgenstein kennen, denn dieser fällt in Linz als Sonderling auf: Er spricht ein außergewöhnlich reines Hochdeutsch, allerdings mit einem Anflug von Stottern, ist sehr elegant angezogen, dabei hochsensibel und extrem kontaktscheu. Zu seinen Marotten gehört, seine Mitschüler zu siezen und auch von ihnen – außer einem einzigen Freund – zu verlangen, mit »Sie« – »Herr Ludwig« – angesprochen zu werden. Er liebt die Schule nicht – sein erster Eindruck laut Notizheft: »Mist« –, fehlt häufig und ist nur ein mittelmäßiger Schüler. Seine Rechtschreibung ist, als er 1906 zum Studium nach Berlin geht, kaum besser als die H.s.[70]

Schüler jüdischer Abstammung wie Wittgenstein haben, wie H.s Mitschüler später bestätigen,[71] in der Linzer Realschule keine Probleme, vor allem nicht, wenn sie, wie Wittgenstein, als Katholiken am Religionsunterricht teilnehmen. Laut Statistik hat die Schule in dieser Zeit nur 17 jüdische Schüler neben 323 katholischen, 19 protestantischen und einem bosnischen Gastschüler, der griechisch-orthodox ist.[72]

Der Antisemitismus dürfte tatsächlich keine große Rolle gespielt haben und H.s Aussage in MEIN KAMPF zutreffen: *In der Realschule lernte ich wohl einen jüdischen Knaben kennen, der von uns allen mit Vorsicht behandelt wurde... irgendein Gedanke kam mir dabei so wenig wie den anderen.* Erst mit 14/15 Jahren sei er öfters auf das Wort Jude gestoßen, *zum Teil im Zusammenhange mit politischen Gesprächen*.[73]

Um 1900 lebten in ganz Oberösterreich nur 1102 Juden, davon in Linz 587, also weniger als ein Prozent der Einwohner, in Urfahr 184. Die Zahlen für 1910: 1215 Oberösterreich, Linz 608, Urfahr 172.[74] Die Linzer Juden stammten meist aus Fürth in Bayern oder aus Böhmen und waren assimiliert. Die damals 224 in Linz wohnhaften jüdischen Haushaltsvorstände hatten folgende Berufe: 63 waren Kaufleute, 23 Reisende, 15 Likörfabrikanten, elf Ingenieure, jeweils zehn Konfektionäre, Beamte und Handelsangestellte, jeweils sechs Fabriksbeamte, Trödler und Buchhalter, fünf Fabrikanten, jeweils vier Ärzte, Advokaten, Agenten, Besitzer von Lederhandlungen und Agenturen, drei Verzehrssteuernbeamte, je zwei Spiritusfabrikanten und Bankbeamte, dann noch je ein Richter, Bankdirektor, Redakteur, Photograph, Besitzer einer Kaltwasseranstalt, Tapezierer, Manipulant, Bäcker, Geschäftsführer, Tabaktrafikant, Versicherungsbeamter, Kanditenfabrikant, Schneider, Modistin.[75]

Manche von ihnen waren als Mäzene geschätzt und in staatlichen Ehrenämtern zu finden. So verlieh der oberösterreichische Statthalter am 7. April 1907 dem Rabbiner Moriz Friedmann im israelitischen Tempel den Franz-Josephs-Orden, in Würdigung für Friedmanns 25jährige Tätigkeit als Mitglied des k.k. Landesschulrates.[76]

Während die Zahl der Juden in Linz etwa gleich blieb und auch keine Ostjuden in die kleine Provinzstadt einwanderten, kamen mehr und mehr Tschechen in die Stadt. Die meisten waren Saisonarbeiter, die in den Statistiken nicht erfaßt waren. Jedenfalls beherrschte der »Kampf gegen die Slawisierung« und damit gegen die Tschechen die fast einheitlich deutschsprachige Stadt weit mehr als der Antisemitismus gegen die deutschsprachigen Juden. Die »Tschechenfrage« war in den zwei Jahrzehnten vor 1914 das Hauptthema im Linzer Gemeinderat wie in den Linzer Zeitungen – und den Schulen. Die Gemeinde Linz spendete auch großzügig für deutschnationale Vereine.[77]

Die Linzer Zeitungen schürten die Angst der Einheimischen vor Überfremdung, vor Verlust der Arbeit wegen billiger Konkurrenz, vor »Ausverkauf« des heimischen Bodens, vor wachsender Kriminalität. Der Linzer Hauptplatz sei bereits seit langem ein »Sammelort« der »Tschechen-Jungen«, so die alldeutschen LINZER FLIEGENDEN: »Allabendlich kann man auf dem Asphaltpflaster eine Anzahl Tschechen sehen – welche recht laut tschechisch sprechen und in geschlossenen Gruppen auf- und abmarschieren. Sie wollen damit eben beweisen, daß sie das Zentrum von Linz bereits erobert haben.«[78]

Der »Abwehrkampf gegen das vordringende Slawentum« sei unter den Schülern ein »zentrales Thema« gewesen, berichtet ein ehemaliger Mitschüler H.s: »Zwar betrachteten wir nicht die Slawen als minderwertige Volksgruppe, aber wir wehrten uns, daß unsere Rechte geschmälert werden sollten.«[79] Häufig sei es zu Rempeleien zwischen jungen »Slawen« und »Germanen« gekommen. Ein anderer Mitschüler: »Der Sprachenkampf, die Reibereien im Parlament machten einen großen Eindruck auf die Schüler. Wir waren radikal gegen die Tschechen und gegen das Völkerbabel eingestellt.«[80] Die Männer, die damals auf deutscher Seite im Parlament das große Wort führten, vor allem Georg Schönerer und Karl Hermann Wolf, wurden als nationale Helden verehrt.

H.s spätere Aussagen decken sich mit denen seiner ehemaligen Mitschüler. Zu Speer meinte er, das Nationalitätenproblem sei ihm zum erstenmal in der Schule bewußt geworden, und fast alle Linzer Mitschüler hätten »die Einwanderung der Tschechen nach Deutschösterreich« abgelehnt. Die »Gefahr des Judentums« dagegen sei ihm erst in Wien bewußt geworden.[81] Und 1929 in München: *Ich verlebte meine Jugend im Grenzkampf um deutsche Sprache, Kultur und Gesinnung, von dem die große Masse des deutschen Volkes in der Friedenszeit keine Ahnung hatte. Schon als ich 13 Jahre alt war, trat dieser Kampf ununterbrochen an uns heran, in jeder Mittelschulklasse wurde er ausgefochten.*[82]

Dabei hatte die Linzer Realschule kein wirkliches Nationalitätenproblem: Von 359 Schülern des Jahrgangs 1902/03 gaben 357 als Muttersprache Deutsch und nur zwei Tschechisch an.[83] An den anderen höheren Linzer Schulen sah es nicht viel anders aus. Denn die in Linz lebenden Tschechen waren durchwegs Eisenbahnarbeiter, die ihre Kinder nicht auf höhere Schulen schicken konnten, oder Saisonarbeiter, deren Kinder in Böhmen lebten.

H. ist 14, als 1903 in Linz ein Sprachenstreit ausbricht: Als der Bischof eine tschechische Predigt in einer Linzer Kirche genehmigt, fordert ihn der Gemeinderat in einem einstimmigen Dringlichkeitsantrag auf, »den zu tschechischen Demonstrationen mißbrauchten tschechischen Gottesdienst einzustellen«, und rät gleichzeitig den Linzer Geschäftsleuten, »in Hinkunft nur deutsche Gehilfen und Lehrlinge« einzustellen.[84] Der Bischof verteidigt sich mit dem Hinweis auf eine Tradition: Schon Erzherzog Maximilian d'Este, General und Hoch- und Deutschmeister, habe 70 Jahre zuvor tschechische Predigten für seine Bauarbeiter in Linz abhalten lassen. Wieder stehen Habsburger und Kirche als Schutzherren der Tschechen den Deutschnationalen als Feinde gegenüber.

Im März 1904 sprengen deutschnationale Schüler und Studenten ein Konzert des tschechischen Geigers Jan Kubelík. Es folgen Schikanen gegen tschechische Vereine. So zeigt zum Beispiel das Kommando des in Linz stationierten 2. Pionierbataillons einen kleinen tschechischen Verein in Urfahr bei der Bezirkshauptmannschaft wegen angeblicher antimilitaristischer Propaganda an. Als eine Hausdurchsuchung diesen Vorwurf nicht bestätigt, stellt sich das Innenministerium in Wien schützend vor den Verein.[85] Doch der Zweck dieser und ähnlicher Aktionen ist erreicht: Die Tschechen werden durch Polizeimaßnahmen eingeschüchtert und die Bevölkerung gegen die angeblich »protschechische« Politik der Wiener Regierung aufgehetzt. So wird die nationale Frage weiter hochgespielt.

Die Frage, ob jemand »Germane« oder »Slawe« sei, spielt auch bei den Linzer Realschülern eine große Rolle. Laut Aussage seines Mitschülers Josef Keplinger beschäftigt sich der junge H. intensiv mit den vermeintlichen Rassenunterschieden. Einmal habe er zu Keplinger gesagt: »Du bist kein Germane, du hast dunkle Augen und dunkle Haare!«, ein anderes Mal soll er seine Mitschüler am Eingang des Klassenzimmers nach rein äußerlichen Merkmalen nach rechts und links sortiert haben, in »Arier und Nichtarier«.[86] Ob und wo sich der dunkelhaarige H. selbst einreiht, ist unbekannt.

Der Tod des Vaters

Am 3. Januar 1903 stirbt der 65jährige Alois Hitler um zehn Uhr vormittags plötzlich im Wirtshaus an einer Lungenblutung.[87]

Im Nachruf der Linzer TAGESPOST wird er als »durch und durch fortschrittlich gesinnter Mann« und als »warmer Freund der freien Schule« gewürdigt, eine Anspielung auf die antiklerikalen Neigungen des Verstorbenen, sein Engagement im Verein »Freie Schule« und einen Streit mit dem Ortspfarrer. In Gesellschaft – also im Wirtshaus – sei er »stets heiter, ja von geradezu jugendlichem Frohsinn« gewesen, außerdem »ein Freund des Gesanges«. Und: »Fiel auch ab und zu ein schroffes Wort aus seinem Munde, unter einer rauhen Hülle barg sich ein gutes Herz.«[88] Diese vorsichtigen Formulierungen deuten auf ein zwar fröhliches Gasthausleben, aber einen rauhen häuslichen Ton hin. Das bestätigt auch H.s späterer Vormund Josef Mayrhofer: »Am Biertisch war er sehr rechthaberisch, leicht aufbrausend... Daheim war er streng, kein Feiner, seine Frau hat bei ihm nichts zu lachen gehabt.«[89]

Der Tod des tyrannischen Vaters muß zumindest für den 13jährigen Sohn eine Erleichterung gewesen sein. Seiner Sekretärin erzählte H. später viel »von der Liebe seiner Mutter«, an der er sehr hing. »›Meinen Vater habe ich nicht geliebt‹, pflegte er zu sagen, ›dafür aber um so mehr gefürchtet. Er war jähzornig und schlug sofort zu. Meine arme Mutter hatte dann immer Angst um mich.«[90]

Aber Schulerfolge stellen sich auch jetzt nicht ein. Wegen anhaltend schlechter Leistungen muß H. 1904 die Linzer Realschule verlassen. Die Mutter gibt noch nicht auf und schickt ihn in die nächstgelegene Realschule nach Steyr, einer Industriestadt mit 17 600 Einwohnern, wo er bei Kosteltern wohnt. Dies stellt für die Beamtenwitwe ein großes finanzielles Opfer dar. Sie verkauft das Leondinger Haus und zieht nach Linz in den dritten Stock des Hauses Humboldtstraße 31.

Die Trennung von der Mutter fällt dem 15jährigen schwer. Dazu Goebbels: »Der Führer erzählt von seiner Kindheit... Und wie er sich gesehnt und zergrämt hat, als seine Mutter ihn nach Steyr schickte. Und beinahe dabei krank geworden wäre... Und wie er heute noch Steyr als Stadt haßt.«[91]

In die Steyrer Zeit fällt der Ausbruch des russisch-japanischen Krieges. Die Schulklasse sei damals in zwei Lager geteilt gewesen, sagte H. später, die »Slawen« hätten zu Rußland gehalten und die übrigen für Japan Partei genommen: *Wie seinerzeit im russisch-japanischen Krieg die Nachrichten vom Erliegen Rußlands eintrafen, haben die tschechischen Knaben in meiner Klasse geweint, während wir anderen gejubelt haben.*[92] Auch hier verdächtigt H., ganz wie die Linzer Deutschnationalen, schon Schulkinder panslawistischer Überzeugungen.

Zu Pfingsten 1904 wird der pubertierende und weiterhin lernunwillige H. im Linzer Dom gefirmt. Sein Pate meint später: »Unter allen meinen Firmlingen hatte ich keinen derart mürrischen und verstockten wie diesen, um jedes Wort mußte man ihm hineinsteigen.« Der Bub habe sich über das Firmgeschenk, ein Gebetbuch, nicht gefreut. Auch die teure Spazierfahrt mit dem Zweispänner von Linz nach Leonding habe ihn nicht begeistert: »Ich hatte den Eindruck, daß ihm die ganze Firmung zuwider war.« In Leonding sei er schon von einem »Rudel Buben« erwartet worden und »schnell verduftet«. Die Frau des Firmpaten ergänzte: »Wie Indianer führten sie sich auf.«[93]

Freilich ist ein solches Benehmen nicht ungewöhnlich für einen 15jährigen. H. 1942 rückblickend: *Mit dreizehn, vierzehn, fünfzehn Jahren habe ich nichts mehr geglaubt, auch von meinen Kameraden hat doch keiner mehr an die sogenannte Kommunion geglaubt, das waren nur ein paar ganz blöde Vorzugsschüler! Nur war ich damals der Meinung, es müsse alles in die Luft gesprengt werden!*[94]

Mit drei »Nicht genügend« – in Deutsch, Mathematik und Stenographie – schafft H. die Versetzung wieder nicht: *Dieser Idiot von Professor hat mir die deutsche Sprache verekelt, dieser Stümper, dieser kleine Knirps: Ich würde nie richtig einen Brief schreiben können! Stellen Sie sich das vor! Mit einem Fünfer, ausgestellt von diesem Trottel, hätte ich nie Techniker werden können.*[95]

Der 15jährige H., gezeichnet vom Steyrer Mitschüler Sturmlechner

In dieser Situation sei ihm *plötzlich eine Krankheit* zu Hilfe gekommen, *mein schweres Lungenleiden*, die *die dauernde Streitfrage des väterlichen Hauses* entscheidet:[96] Er darf seine Schulkarriere aufgeben und zur Mutter zurückkehren.

Im folgenden Waldviertler Sommer läßt sich der kranke Sohn laut Aussage der Verwandten von der Mutter verwöhnen und jeden Morgen eine große Tasse warme Milch bringen. Er führt ein zurückgezogenes Leben und hat mit seinen Vettern und Cousinen kaum Kontakt.[97]

Die angebliche schwere Krankheit muß eine vorübergehende Unpäßlichkeit gewesen sein, denn sonst hätte der neue Linzer Hausarzt der Familie, Dr. Eduard Bloch, davon gewußt. Er versichert später in Berufung auf seine Unterlagen, der Knabe sei nur wegen Kleinigkeiten, Erkältung oder Mandelentzündung, von ihm behandelt worden und weder robust noch kränklich gewesen. Von einer schweren Krankheit oder gar Lungenkrankheit könne keine Rede sein.[98]

Dr. Bloch war Jude, 1872 in Frauenburg in Südböhmen geboren. Nach seiner Studienzeit in Prag diente er als Militärarzt, war seit 1899 in Linz stationiert und ließ sich nach Ablauf der Dienstzeit hier nieder. 1901 eröffnete er seine Ordination im Barockhaus Landstraße 12, wo er auch mit seiner Familie wohnte: seiner Frau Emilie, geborene Kafka, und der 1903 geborenen Tochter Trude. Dr. Bloch erfreute sich, so der spätere Linzer Bürgermeister Ernst Koref, »großer Wertschätzung und dies ganz besonders in den minderbemittelten und armen Bevölkerungsschichten. Es war allgemein bekannt, daß er auch zu jeder Nachtstunde zu Krankenbesuchen bereit war. Er pflegte mit einem auffallend breitkrempigen Hut versehen in einem Einspänner zu seinen Visiten zu fahren.«[99]

Dr. Bloch veröffentlichte als alter Mann im amerikanischen Exil seine Erinnerungen und zeichnete darin ein bemerkenswert positives Bild des jungen H. Dieser sei weder ein Raufbold noch unordentlich oder frech gewesen: »Das ist einfach nicht wahr. Als Bub war er ruhig, wohlerzogen und sauber gekleidet.« Er habe geduldig im Wartezimmer gewartet, bis er an die Reihe kam, dann wie jeder gut erzogene Knabe von 14 oder 15 Jahren seine Verbeugung gemacht und dem Arzt stets höflich gedankt. Er habe wie die anderen Linzer Buben kurze Lederhosen getragen und einen grünen Lodenhut mit Feder, sei groß und blaß gewesen und habe älter ausgesehen, als er war: »Seine Augen waren wie die der Mutter, groß, melancholisch und nachdenklich. In sehr hohem Ausmaß lebte dieser Bub nach innen. Welche Träume er träumte, weiß ich nicht.«

Das Auffallendste sei die Liebe des Knaben zur Mutter gewesen: »Obwohl er kein ›Muttersöhnchen‹ im gewöhnlichen Sinne war, habe ich niemals eine innigere Zuneigung gesehen.« Die Zuneigung sei gegenseitig gewesen: »Klara Hitler betete ihren Sohn an... Sie erlaubte ihm einen eigenen Weg, wo immer es möglich war.« So habe sie seine Aquarelle und Zeichnungen bewundert und seine künstlerischen Ambitionen gegen den Vater unterstützt: »zu welchem Preis, mag man ahnen«. Dies ist wohl als Andeutung auf eine wenig glückliche Ehe zu verstehen. Die Meinung, diese Mutterliebe sei krankhaft gewesen, bestätigte der Arzt aber ausdrücklich nicht.

Die finanziellen Verhältnisse der Familie waren laut Dr. Bloch beengt. Klara Hitler habe sich »nicht die kleinste Extravaganz« erlaubt und äußerst bescheiden und sparsam gelebt.[100] Über das Familienbudget der Familie Hitler gibt es einige Daten: Klara Hitlers Witwenpension belief sich auf 100 Kronen monatlich plus 40 Kronen Erziehungsbeiträge für Adolf und Paula. Der Leondinger Hausverkauf brachte 10 000 Kronen, wovon Hypothek, Steuern, Spesen und die – bis zum 24. Lebensjahr gesperrten – Erbteile der beiden Kinder Adolf und Paula von je 652 Kronen abgingen.[101]

Die verbleibenden rund 5500 Kronen könnten bei vier Prozent Zinsen rund 220 Kronen jährlich eingetragen haben. Außerdem darf die Mutter über die Zinsen von Adolfs und Paulas Erbteil bis zu deren 18. Lebensjahr verfügen, was weitere 52 Kronen jährlich einbringt. Die Zinsensumme von höchstens 23 Kronen monatlich deckt aber nicht die nun nötige Wohnungsmiete ab. Die vierköpfige Familie, die ja nun auch nicht mehr über ihren Leondinger Obst- und Gemüsegarten verfügt, muß sehr bescheiden leben, zumal um 1905 die Teuerung spürbar wird und die Mutter kränkelt. Selbst wenn die »Hanitante« sich an den Ausgaben beteiligt, muß Klara Hitler von nun an auf ihr Kapital zurückgreifen. Sie nimmt trotz der engen Wohnung noch einen Kostgänger ins Haus, den zwölfjährigen Wilhelm Hagmüller, Sohn des Bäckermeisters von Leonding, der an Schultagen mit der Familie zu Mittag ißt.

Der 16jährige Adolf, nunmehr »einziger Mann« der Familie, benimmt sich ganz so, als sei er ein Sohn aus besserem Hause. Er hat ein eigenes Zimmer, das Kabinett – was bedeutet, daß sich die drei Frauen das einzige verbleibende Zimmer und die Küche teilen. Seine Tage verbringt er mit Spazierengehen, abendlichen Vergnügungen, Lesen und Zeichnen. So preist er in MEIN KAMPF die beiden folgenden Linzer Jahre als *die glücklichsten Tage, die mir nahezu als ein schöner Traum erschienen*. Er habe als *Muttersöhnchen* in *der Hohlheit des gemächlichen Lebens*, in *weichen Daunen* gelebt.[102] Nach dem unerquicklichen Aufenthalt in Steyr genießt er die Attraktionen der Provinzhauptstadt. Mit 15 oder 16 sei er, so H. 1942, *in alle Panoptiken und überall hin* [gegangen], *wo stand: Nur für Erwachsene!*[103]

Linzer Parteienkämpfe

In dieser Zeit wird der junge Mann eifriger Zeitungsleser. Das kleine Linz hatte viele Zeitungen, darunter einige Ableger der großen Wiener Parteiblätter, die Wiener Themen nach Linz brachten, so den Antisemitismus. Die christlichsoziale LINZER POST etwa propagierte den Satz: »Kauft nicht bei Juden« und schrieb: »wenn dem Judentum die Geldzufuhr abgeschnitten wird, dann muß es selbst weichen und

Österreich wird von der ekligen Läuseplage befreit«. »Die Juden« wurden als Mädchenverführer hingestellt, als Gefahr für den Staat und als Sozialisten, denn »die Stammesgenossen dieser Arbeiterschinder sind immer und überall die erprobten Führer der Sozialdemokratie«.[104]

Die LINZER FLIEGENDEN dagegen, Untertitel: »Völkisches Witzblattl«, vertraten den Rassenantisemitismus im Stil der Alldeutschen. Das Blatt war antiklerikal, lehnte den Vielvölkerstaat ab, polemisierte gegen die Ungarn (»Hunnen«), die Tschechen und die Juden. Für das ALLDEUTSCHE TAGBLATT in Wien wurde eifrig Reklame gemacht und dessen Autoren viel zitiert, wie zum Beispiel Guido von List und Jörg Lanz von Liebenfels. Hier inserierte auch eine »unentgeltliche deutschvölkische Arbeits- und Stellenvermittlung«, organisiert vom Verband »Eisen« des Reichsbundes deutscher Arbeiter »Germania«, einer Gründung des alldeutschen Arbeiterführers Franz Stein.

Das Blatt vertrieb alldeutsche Broschüren, auch die Reden Schönerers, und »Judenmarken« – Bogen aus 40 markenähnlichen Klebezetteln für zehn Heller mit mehr oder weniger manipulierten antisemitischen Aussprüchen berühmter Leute, etwa Helmuth Graf von Moltke: »Die Juden bilden einen Staat im Staate; ihren eigenen Gesetzen gehorchend, wissen sie die des Landes zu umgehen«; oder gar Tacitus: »Die Juden sind der Abscheu des Menschengeschlechtes. Alles ist ihnen verächtlich, was uns heilig ist; während ihnen alles gestattet ist, was uns frevelhaft erscheint. Sie sind das niedrigste aller Völker (deterrima gens).«[105] Als sich diese Sprüche an Türen und

Fenstern jüdischer Geschäfte in Linz wiederfanden, wehrte sich die Linzer »Österreichisch Israelitische Union« am 16. Oktober 1907 mit einer Strafanzeige.[106]

Einer der Leser der LINZER FLIEGENDEN soll der junge H. gewesen sein.[107] Hier schon gerät er in den Einflußbereich der Alldeutschen, die sein Weltbild weit mehr prägen als die eher deutschliberalen Lehrer.

Im Frühjahr 1905 fanden in Linz Gemeindewahlen statt. Die drei großen politischen Lager lieferten einander einen heftigen Wahlkampf: die »Nationalen«, die »Klerikalen« und die »Roten«. Der Linzer Archivar Ferdinand Krackowizer hielt in seinem Tagebuch Einzelheiten fest: »Plakate mit Bordüre in deutscher Trikolore, Aufrufe an allen Straßenecken. Reges Straßenleben: Dienstmänner mit Plakattafeln, die Pferde der Fiaker und Einspänner mit dreifärbigen Bändern. Die Nationalen das trikolore, die Christlichsozialen das schwarzgelbe Bändchen, die Sozialdemokraten die rote Nelke im Knopfloch. Ein Omnibus mit roter Draperie und rotweißen Fähnchen bringt ›Eisenbahner‹ zum Wahllokal. Auf dem Trottoir haben die ›Sozi‹ während der Nacht Wahlaufrufe auf den Boden mit Ölfarbe patroniert. Vergeblich kehrt die Besengarde darauf. Die Wirte, Kaffeesieder schmunzeln! Wenn die Völker wählen, haben die Fiaker, Einspänner und Dienstmänner zu tun! Druckerschwärze fließt in Strömen.«[108]

Gewählt wurde in vier Kurien, vor allem nach der Höhe der Steuerleistung, was die ärmere Bevölkerung so gut wie ausschloß. Die dadurch benachteiligten Sozialdemokraten, die für das allgemeine gleiche Wahlrecht kämpften, gaben leere Stimmzettel ab.[109] Wahlsieger wurde die DVP, also die gemäßigten Nationalen, für die nun auch Dr. Poetsch in den Gemeinderat einzog.

Das öffentliche Leben der Provinzstadt war geprägt vom Kampf der drei politischen Kontrahenten, die einander auf jede mögliche Art ihre politische Macht zeigten, auch in Großveranstaltungen: Vier Tage dauerte das Kirchenfest zur 50-Jahr-Feier des Dogmas der Unbefleckten Empfängnis. Der Chronist Krackowizer am 30. April 1905: »Turm des Domes 9–10 Abends feenhaft beleuchtet; auch der Landhausturm. Bauerngewimmel, Gasthausgetümmel.« Am 1. Mai: »Große Prozession: 14 Bischöfe (1 Kardinal) 22 Prälaten... Viele Fremde in Linz.«

Dem Fest der »Klerikalen« antworteten die »Nationalen« am 10. Juni 1905 mit dem 25jährigen Gründungsfest des Deutschen Schulvereins. Krackowizer: »Linz beflaggt. 5h Abends Einzug des Wiener akademischen Gesangvereins und 7h Ständchen desselben vor dem Rathause. Ehrenjungfrauen in Landestracht rollen durch die Strassen, strahlend, vergnügt.« Am 24. Juni veranstalteten die Deutschnationalen ihre alljährlichen Sonnwendfeiern. Am 1. Oktober 1905 wurde das Denkmal des Turnvaters Jahn im Linzer Volksgarten feierlich enthüllt.[110]

Die Sozialdemokraten zeigten ihr wachsendes Selbstbewußtsein in Form von Streiks gegen die Teuerung, wie Krackowizer am 5. November notierte: »Das Verschubpersonale des Staatsbahnhofes Linz tritt in passive Resistenz, d. h. sie handhaben die veralteten, für die Gegenwart unbrauchbaren Verordnungen so wörtlich genau, daß der Verkehr gelähmt wird. Eine Streik-Nuance, von Italien gelernt.« Am 6. November brachten die Sozialdemokraten 10 000 Menschen zu einer Demonstration für das allgemeine gleiche Wahlrecht vor das Linzer Landhaus.

Politische Reibereien waren an der Tagesordnung. Krackowizer am 28. Dezember 1905: »Vormittags Bummel der klerikalen Wiener Verbindung Kürnberger, dessen kurze Wonne bald in eine Keilerei mit den durch sie provozierten Deutschnationalen sich wandelt. Polizei macht bald ein Ende. Hunderte Neugierige.«

Die untereinander verfeindeten »Nationalen« und »Klerikalen« hielten gegen die Sozialdemokraten zusammen. Dieser Kampf begann schon in den Schulen. H. rühmt sich später als frühen Kämpfer gegen die »Roten« in einer Rede 1929: *Als ich ein Junge war, habe ich die schwarz-rot-goldene Kokarde getragen und bin dafür wie ungezählte meiner Jugendgenossen von Marxisten schwer verprügelt worden. Die schwarz-rot-goldene Fahne wurde von ihnen zerrissen und in den Kot getreten.*[111]

Begeisterung für Schiller und Wagner

In Linz entdeckt der junge H. seine Liebe zum Theater. Das Linzer Landestheater brachte Oper, Operette und Schauspiel quer durch das übliche Bildungsrepertoire – von Mozarts ZAUBERFLÖTE bis zu Strauß-Operetten und Konversationsstücken. Das Wiener Gastspiel von August Strindbergs FRÄULEIN JULIE am 10. Mai 1905 war allerdings laut Krackowizer »matter besucht«. Ein Stehplatz auf der dritten Galerie kostete nur 50 Heller, kaum mehr als eine Karte für ein Militärkonzert oder das höchst beliebte Kino.[112]

1905, in Schillers 100. Todesjahr, feierten die Deutschnationalen ihren Freiheitsdichter. Im Landestheater standen Schiller-Dramen im Mittelpunkt, vor allem WILHELM TELL. Krackowizer am 4. Mai 1905: »Schiller-Todesfeier aller Orten, wo deutsche Herzen schlagen.« Beliebtester Festredner war Leopold Poetsch.

Gepflegt wurde auch das Werk Richard Wagners, denn der Linzer Musikdirektor August Göllerich hatte noch den Meister persönlich gekannt. Im Repertoire des Landestheaters war LOHENGRIN und seit dem 3. Januar 1905 auch die frühe Oper RIENZI. Sie wurde besonders beachtet, da beim berühmten »Schwertertanz« der Linzer Turnverein mitwirkte.[113]

Klara Hitlers Kostgänger Hagmüller erzählte später, daß der junge H. häufig ins Landestheater gegangen sei und Pläne für einen Neubau dieses Theaters skizziert habe. H. habe Wagner-Opern und Schiller-Dramen bevorzugt und gerne beim Auf- und Abgehen im Zimmer »Du Schwan zieh hin« aus LOHENGRIN gesungen.[114] Als ein Abgesandter des NSDAP-Archivs 1938 in Linz biographisches Material über den »Führer« sammelte, erfuhr er zu seinem Erstaunen, daß die Lieblingsschauspieler H.s in Linz, also seine Wagner- und Schiller-Helden, »Lustigerweise... fast lauter Juden« waren.[115]

Auf dem Stehplatz des Landestheaters lernt H. 1905 den fast gleichaltrigen August (Gustl) Kubizek kennen und freundet sich mit ihm an. Kubizek arbeitet als Tapeziererlehrling im Geschäft seines Vaters, und dieser ist froh über Gustls so gut erzogenen und höflichen Freund Adolf.[116] H. profitiert von Kubizeks guter musikalischer Ausbildung. Einig sind sich die beiden in ihrer Begeisterung für Wagner.

Kubizek schildert in seinen Erinnerungen ausführlich, welch herausragenden Eindruck RIENZI, DER LETZTE DER TRIBUNEN auf den jugendlichen H. macht.[117] Das pompöse Werk, das Wagner später seinen »Schreihals« nannte und ablehnte, zeichnet sich durch ein großes Orchester mit reichlich Blech und Schlagwerk, packende Massenszenen und effektvolle Aktschlüsse aus und ist voll brausender »Heil«-Rufe.

Die Geschichte des Cola di Rienzi, der im 14. Jahrhundert als Sohn eines römischen Schankwirts zum Volkstribun aufstieg, das zersplitterte Italien in einer mächtigen Republik nach klassischem Vorbild einigte, dann aber vom Volk gestürzt wurde und bei einem Aufstand starb, erfuhr im 19. Jahrhundert, dem Zeitalter der nationalen Einigungen, eine romantische Verklärung im vielgelesenen Roman von Edward George Bulwer-Lytton. Einer der zahlreichen jungen Leute, die das Thema bearbeiteten, war 1840 der 20jährige Friedrich Engels, der sich an einem Operntext über Rienzi versuchte.[118]

Im Vorfeld der Revolution von 1848 beschäftigte sich auch der junge Richard Wagner mit dem nationalen Stoff. Rienzi ist für ihn der Held, der das Volk erlöst und befreit, ein, so Wagner, »hochbegeisterter Schwärmer, der wie ein blitzender Lichtstrahl unter einem tiefgesunkenen, entarteten Volk erschien, welches zu erleuchten und emporzuheben er sich berufen hielt«.[119]

Der 16jährige H. sei nach der Oper im »Zustand völliger Entrückung« bis in die Morgenstunden mit ihm zum Linzer Freinberg gewandert, schreibt Kubizek: »In großartigen, mitreißenden Bildern entwickelte er mir die Zukunft des deutschen Volkes.« Ausführlich zitiert Kubizek Verse, die ihnen »zu Herzen« gegangen seien, so wenn Rienzi singt: »... doch wählet ihr zum Schützer mich / der Rechte, die dem Volk erkannt, / so blickt auf eure Ahnen hin: / Und nennt mich euren Volkstribun!« Die Massen antworten: »Rienzi, Heil! Heil dir, Volkstribun!«

H. legte später Wert darauf, als Reinkarnation Rienzis angesehen zu werden. In der Tradition der Familie Kubizek hielt sich gar sein angeblicher Ausspruch: »Ich will ein Volkstribun werden.«[120] Die schwungvolle RIENZI-Ouvertüre wurde zur heimlichen Hymne des Dritten Reiches, allbekannt als Einleitung der Nürnberger Parteitage. Am Ende jedenfalls wenden sich beide Volkstribunen enttäuscht von ihrem Volk ab. Rienzi schmäht angesichts des Todes das »elende« Rom, »unwert dieses Mannes«: »Verflucht, vertilgt sei diese Stadt! / Vermod're und verdorre, Rom! / So will es dein entartet Volk!«

Der 16jährige H. ist damals laut Kubizek ein schmächtiger, blasser, ernster Jüngling, stets einfach, aber ordentlich und sauber gekleidet: »Sehr viel hielt Adolf von einem guten Benehmen und exakter, sauberer Form.«[121] Zum einzigen, grau gesprenkelten (»Pfeffer und Salz«-) Anzug mit untadeliger Bügelfalte habe er von der Mutter gebügelte weiße Hemden und schwarze Glacéhandschuhe getragen,[122] außerdem als besondere Note ein schwarzes Ebenholzstöckchen mit einem Griff in Form eines zierlichen Elfenbeinschuhs, manchmal auch einen Zylinderhut. So habe er ausgesehen wie ein Student. Kubizek: »Da Linz keine Universität besaß, ahmten die jungen Menschen aller Schichten und Stände umso eifriger studentische Sitten nach.«[123]

H.s Sprache sei »sehr gewählt« gewesen. Das heißt, daß er im Gegensatz zu seiner Umgebung hochdeutsch und nicht Dialekt sprach. Dazu sei ein »ausgeprägter Sinn für Selbstdarstellung« gekommen. Dies äußert sich darin, daß der junge Mann viel und ausdauernd zu sprechen liebt, stets in Form von Monologen. Widerspruch duldet er nicht. »Manches Mal, wenn er sich gar zu weit in seinen Phantasien verlor, stieg in mir der Verdacht auf, daß alles, was er da sagte, bloß eine Redeübung sei.«[124]

Kubizek wundert sich darüber, daß sein Freund jeden Kontakt mit den ehemaligen Schulkollegen meidet. Einmal hätten sie auf der Linzer Promenade einen ehemaligen Mitschüler H.s getroffen. Auf die Frage, wie es ihm gehe, habe H. nur brüsk geantwortet, »daß ihn dies gar nichts angehe, ebenso wie es Adolf ganz gleich sei, was er selber treibe«.[125]

Wahrscheinlich im Frühjahr 1906 verliebt sich der 17jährige. Freilich: die um zwei Jahre ältere blonde Linzer Schönheit aus besseren Kreisen merkt nichts von ihrem schüchternen Bewunderer, der sie von Ferne beobachtet, wenn sie mit ihrer Mutter auf der Linzer Landstraße spazierengeht. Stefanie hat bereits maturiert, ist dann zur Ausbildung in München und Genf gewesen und nun wieder in ihrer Linzer Heimat.[126] Sie hat viele Verehrer, was H. bei den Promenaden eifersüchtig beobachtet, vor allem wenn es sich um Offiziere handelt. Diese bezeichnet er als »Tagediebe« und ereifert sich über ihre gesellschaftliche Stellung, »besonders aber über die Chancen, welche diese Hohlköpfe bei der Damenwelt hatten«. H. lebt laut Kubizek »nur dieser Frau..., welche seine ganze leidenschaftliche Zuneigung besaß, ohne daß sie es selber wußte«. Und: »Er sieht Stefanie als seine Frau vor sich, er baut das Haus, in dem sie mit ihm wohnt, umgibt es mit einem herrlichen Park« und so weiter.[127] Aber er wechselt mit dem »Wesen seiner Traumwelt«, so Kubizek, kein einziges Wort.

Zum erstenmal in Wien

Trotz des Drängens seines Vormunds Josef Mayrhofer, doch den mütterlichen Haushalt zu entlasten, nimmt der junge H. keine Arbeit an und beginnt auch keine Lehre. Er erklärt dagegen, Künstler werden zu wollen, und wird darin von der Mutter unterstützt. Sie ermöglicht ihm sogar eine Reise nach Wien, um dort die kaiserliche Gemäldegalerie zu besichtigen, recht ungewöhnlich und aufwendig für den Sohn einer Beamtenwitwe.

Für die Reise braucht H. eine Legitimation, einen »Heimat-Schein«, der ihm das Linzer Heimatrecht bestätigt und damit im Notfall eine Armenversorgung in Linz garantiert. Dieser Heimatschein wird am 21. Februar 1906 in Linz ausgestellt.

So kommt der 17jährige nach sechsstündiger Bummelzugreise im Mai 1906 zum erstenmal als Tourist in die Reichshaupt- und Residenzstadt Wien.

Die Größe, der Verkehrstrubel und die Helligkeit der Großstadt beeindruckten und verwirrten damals jeden, der aus der Provinz anreiste. Nirgendwo in der Doppelmonarchie war der Verkehr so stark wie in Wien. 1907 fuhren hier 1458, mehr als die Hälfte aller in der k.u.k. Monarchie zugelassenen, Automobile. Sie verursachten in der Hauptstadt – bei einer zulässigen Höchstgeschwindigkeit von 25 Kilometern pro Stunde – 354 Unfälle im Jahr. Wichtiger waren immer noch die Pferdefuhrwerke: Es gab 997 zweispännige Fiaker, 1754 Einspänner und 1101 Lohnkutschen, die insgesamt 982 Unfälle hatten.[128]

Alle zehn inneren Bezirke waren bereits elektrifiziert. Auf den Straßen gab es also keine Gaslaternen mehr. Elektrisch beleuchtet war auch der Westbahnhof, wo die Züge aus Linz ankamen. Die Elektrifizierung von Wohnhäusern ging rasch voran: Allein in nichtamtlichen Gebäuden gab es 1908 schon 176 Bogenlampen und 657 625 Glühlampen.[129] Damit kam auf jeden dritten Wiener eine Glühlampe. In Linz gab es dagegen seit 1905 nur sechs elektrische Bogenlampen auf dem Hauptplatz und eine auf der Brücke zwischen Linz und Urfahr, sonst nur Gas und Petroleum.[130]

Wo H. in Wien wohnte, ist unbekannt. Daß er bei seinem Taufpaten Johann Prinz Unterkunft fand, wie oft behauptet, ist kaum möglich. Denn das Ehepaar Prinz, das 1885 auf einer Urkunde als »Bademeistersehepaar im Wiener Sofienbad« erwähnt wird, wohnhaft im 3. Bezirk, Löwengasse 28,[131] ist 1906 nicht mehr an dieser Adresse nachzuweisen, und auch andere Informationen fehlen. Laut Kubizek besuchte H. niemals Verwandte, »auch später war nie die Rede davon«.[132]

Bei diesem ersten Besuch in Wien sei seine Begeisterung für die Architektur der Ringstraße erwacht, berichtet H. später in MEIN KAMPF: *Ich fuhr hin, um die Gemäldegalerie des Hofmuseums zu studieren, hatte aber fast nur Augen für das Museum selber. Ich lief die Tage vom frühen Morgen bis in die späte Nacht von einer Sehenswürdigkeit zur anderen, allein es waren immer nur Bauten, die mich in erster Linie fesselten. Stundenlang konnte ich so vor der Oper stehen, stundenlang das Parlament bewundern; die ganze Ringstraße wirkte auf mich wie ein Zauber aus Tausendundeiner Nacht.*[133]

Einzige Quellen für diesen ersten Wienbesuch sind vier Ansichtskarten an Kubizek. Sie stellen die frühesten bisher bekannten Autographe H.s dar.[134]

Die Dauer der Reise geht auch aus den Poststempeln nicht klar hervor. Eine Karte, laut Poststempel vom 7. Mai 1906, ist eine dreiteilige Ansicht des Karlsplatzes, auf dem H. das Musikvereinsgebäude im Hintergrund mit einem Kreuz markiert. Denn dort befand sich damals die Musikhochschule, Kubizeks erträumter späterer Studienplatz. Der Text: *Diese Karte dir sendend, muß ich mich zugleich entschuldigen, daß ich solange von mir nicht's hören lies. Ich bin also gut angekommen, und steige nun fleißig umher. Morgen gehe ich in die Oper in »Tristan« übermorgen in »Fliegenden Holländer« usw. Trotzdem ich alles sehr schön finde sehne ich mich wieder nach Linz. Heute ins Stadttheater. Es grüßt dich dein Freund Adolf Hitler.* Der von seiner Mutter zur Höflichkeit erzogene 17jährige vergißt auch nicht, Grüße an Kubizeks Eltern auszurichten.

Diese Angaben stimmen exakt mit dem Spielplan überein: Am Dienstag, dem 8. Mai 1906, wird TRISTAN gegeben, von 7 bis ½ 12 Uhr, mit Erik Schmedes als Tristan, Anna von Mildenburg als Isolde und Richard Mayr als König Marke. Am Mittwoch, dem 9. Mai, steht DER FLIEGENDE HOLLÄNDER auf dem Programm. Im

Stadttheater wird am 7. Mai 1906 die Bauernkomödie DER GWISSENSWURM von Ludwig Anzengruber gespielt.¹³⁵

Die zweite Karte zeigt die Bühne der Hofoper und hat den Text: *Nicht erhebend ist daß Innere des Palastes. Ist außen mächtige Majestät, welche dem Baue den Ernst eines Denkmales der Kunst aufdrück* [sic], *so empfindet man im Innern eher Bewunderung, den Würde. Nur wenn die mächtigen Tonwellen durch den Raum fluten und das Säuseln des Windes dem furchtbaren Rauschen der Tonwogen weichen, dann fühlt man Erhabenheit vergißt man das Gold und den Sammt mit dem das Innere überladen ist. Adolf H.*

Auf der dritten Karte, mit der Außenansicht der Oper, heißt es: *Heute 7 – ½ 12 Tristan,* was die Datierung auf den 8. Mai erlaubt, und: *Es zieht mich doch wieder zurück nach meinem lieben Linz und Urfar. Will oder muß den Benkieser wieder sehen: Was er wohl macht, also ich komme Donnerstag um 3.55 in Linz an. Wenn du Zeit hast und darfst, hole mich ab. Dein Freund Adolf Hitler.* Bei »Benkieser« handelt es sich zweifellos um einen Tarnnamen. Kubizek bezieht ihn auf Stefanie, die in Urfahr wohnt.¹³⁶

Jedenfalls erlebt der junge Mann zumindest an zwei Abenden in der Hofoper das Nonplusultra der zeitgenössischen Wagner-Interpretation: das von Hofoperndirektor Gustav Mahler und seinem Bühnenausstatter Alfred Roller erarbeitete moderne, von Tradition »entrümpelte« Wagnersche Gesamtkunstwerk. Vor allem: H. erlebte zum einzigen Mal in seinem Leben Mahler als Wagner-Dirigenten, im TRISTAN vom 8. Mai.¹³⁷

Eine weitere Karte mit der Ansicht des Parlaments hat keinerlei Hinweis auf ein Datum: *Dir und deinen werten Eltern sende ich hiemit die herzlichsten Glückwünsche zu den Feiertagen mit vielen Grüßen hochachtungsvoll Adolf Hitler.* Ob es sich bei den erwähnten Feiertagen um Ostern oder Pfingsten handelt, also um Anfang oder Ende der Reise, bleibt offen. H. gibt in MEIN KAMPF zwei Wochen an.¹³⁸

Seit diesem ersten Wiener Aufenthalt zieht die Hauptstadt den jungen Mann wie ein Magnet an. Kubizek: »In seinen Gedanken weilte er oft gar nicht mehr in Linz, sondern lebte bereits mitten in Wien.«¹³⁹

Aber auch wenn die Provinzstadt ihm eng geworden sein sollte, so hat sie doch allerhand Attraktionen aufzuweisen: Am 26. Mai

Hauptstiege der Wiener Hofoper

1906 bringt der amerikanische Reklamezirkus »Buffalo Bill« ein Spektakel namens »Wild-West«: 800 Personen in Kostüm treten dabei auf, darunter 100 Indianer, außerdem 500 Pferde. Am 7. Juni bestaunt die Linzer Jugend 150 Luxusautomobile und deren vornehme »Herrenfahrer«, die auf einer Wettfahrt Station in Linz machen. Am 5. August wird auf dem Pöstlingberg über Urfahr die – heute noch existierende – elektrische Grottenbahn eröffnet. Am 28. August gastiert ein Liliputanerzirkus auf dem Marktplatz von Urfahr. Am 28. September beginnen die Vorstellungen der amerikanischen Kinotruppe »The Royal Vio« in der Volksfesthalle, die Veranstaltung wird laut Krackowizer »täglich gestürmt und macht Bombengeschäfte«.[140]

Am 13. Oktober wird im Landestheater zum erstenmal der größte Musikschlager der Zeit aufgeführt, Franz Lehárs DIE LUSTIGE WITWE. Die Melodien – »Dann geh' ich ins Maxim«, »Ja, das Studium der Weiber ist schwer«, »Lippen schweigen, 's flüstern Geigen: hab mich lieb« – werden bis zum Überdruß über die Grammophone in Café- und Wirtshäusern verbreitet. Bis zuletzt bleibt H. dieser seiner Operettenvorliebe treu: 1943/44 – in der Wolfsschanze in Ostpreußen – hört er nicht etwa Wagner, sondern »immer nur die Lustige Witwe«, wie eine Ohrenzeugin seufzend berichtet.[141]

Am 18. Oktober gibt der gefeierte Wagner-Sänger Leo Slezak ein überlaufenes Konzert. Das Orchesterkonzert des Wiener Hofoperndirektors Mahler am 20. Januar 1907 dagegen bringt laut Krackowizer ein Defizit von 1700 Kronen.

Ab Oktober 1906 nimmt H. für immerhin fünf Kronen monatlich Klavierunterricht bei Kubizeks Lehrer. Weit kommt er nicht. Der Lehrer windet sich spürbar, als er 1938 dem Hauptarchiv der NSDAP seine Erinnerungen an den »Führer« erzählen soll: »Hinsichtlich des Unterrichts war er stets bei der Sache – und, für sonstige Gespräche, – vor oder nach dem Unterricht, – ziemlich reserviert... Kurz gesagt: Ich hätte damals wohl keine Ahnung gehabt, welch großer Staatsmann bei mir Unterricht nimmt.«[142] Jedenfalls gibt H. den Unterricht schon im Januar 1907 wieder auf, als sich eine Änderung seines Lebens ankündigt: Am 14. Januar 1907 konsultiert die von schweren Schmerzen gepeinigte Klara Hitler den Hausarzt Dr. Bloch. Dieser stellt einen Tumor in der Brust fest und rät zur Operation, die vier Tage später im Krankenhaus der Barmherzigen Schwestern in Linz vorgenommen wird.

Mangels einer Krankenversicherung stellt ein solcher Spitalsaufenthalt eine große finanzielle Belastung dar, zumal für Klara Hitler der teure Tagessatz von fünf statt des normalen Satzes von zwei Kronen gewählt wird. Dazu kommen noch verschiedene andere Rechnungen, so vom Chirurgen. Das Spital verrechnet für den 20tägigen Aufenthalt (17. Januar bis 5. Februar) 100 Kronen, die laut

Rechnung »der Sohn«, also der damals 17jährige Adolf, zahlt.[143] Außerdem ist eine nun immer aufwendiger werdende Nachbehandlung durch den Hausarzt Dr. Bloch nötig.

Offensichtlich trifft der 17jährige H. die nötigen Entscheidungen allein. Seine elfjährige Schwester Paula ist zu jung, die verheiratete Angela Raubal nicht mehr im gemeinsamen Haushalt und überdies nur Klaras Stieftochter. Die »Hanitante« ist solchen Anforderungen nicht gewachsen und hält sich so sehr im Hintergrund, daß weder Dr. Bloch noch Kubizek sie erwähnen.

Es ist das Frühjahr der ersten Reichsratswahlen nach der Einführung des allgemeinen, direkten und gleichen Wahlrechtes für Männer. Krackowizer am 2. Mai 1907: »Reichsratswahlen regen die Interessenten grimmig auf: Flugblätter, Versammlungen etc. in Menge.« Das Wahlrecht beflügelt die Sozialdemokraten, die nun den Nationalen und Klerikalen starke Konkurrenz machen. Sie gewinnen alle drei Linzer Reichsratsmandate. Es ist durchaus möglich, daß H.s Haß auf die »Roten« auch auf diesen erbittert geführten und schließlich verlorenen Wahlkampf der bisher maßgebenden Linzer Parteien – vor allem der Deutschen Volkspartei – zurückgeht.

Die 46jährige Klara Hitler hat nach kurzer Erholung Schwierigkeiten, die Stiegen in den dritten Stock zu steigen. Die Familie übersiedelt Anfang Mai 1907 nach dem kleinen Ort Urfahr am andern Ufer der Donau in die Hauptstraße 46. Finanzielle Probleme mögen mitgespielt haben. Jedenfalls gilt Urfahr, das erst 1917 nach Linz eingemeindet wird, als besonders preiswert, erstens wegen seiner Agrarmärkte, aber auch weil hier die Verzehrssteuer wegfällt, die in Linz alle Waren verteuert. Auch bisher hat H. laut Kubizek die größeren Einkäufe der Familie in Urfahr erledigt.

Schon nach zwei Wochen übersiedelt die Familie ein weiteres Mal, diesmal in die nahe Blütenstraße 9 in Urfahr. Die Miete im ersten Stock dieses freundlichen, ja eleganten Hauses ist für Linzer Verhältnisse mit knapp 50 Kronen sehr hoch,[144] macht fast die Hälfte von Klara Hitlers Witwenpension aus und übersteigt mit Sicherheit ihre finanziellen Verhältnisse. So muß weiter auf das kleine Kapital vom Hausverkauf zurückgegriffen werden. Die schwerkranke Klara Hitler verlebt hier noch einige behagliche Monate.

Laut Dr. Bloch besteht die Wohnung aus drei kleinen Räumen. Die Fenster geben einen herrlichen Blick auf den Pöstlingberg.

»Mein Haupteindruck von der einfach möblierten Wohnung war ihre Sauberkeit. Es glänzte: kein Stäubchen auf Stühlen oder Tischen, kein einziger Schmutzfleck auf dem gescheuerten Boden, keine Schmierspur an den Fensterscheiben. Frau Hitler war eine hervorragende Hausfrau.«

Das Haus gehört der Witwe eines Landesgerichtsrates, Magdalena Hanisch, die in der Nebenwohnung im ersten Stock lebt und großen Anteil an Klara Hitlers Schicksal nimmt. Außerdem wohnen im Haus noch ein pensionierter Postmeister mit seiner Frau, ein pensionierter Professor und (offenbar in den Kellerräumen) zwei Taglöhner.[145]

Laut Kassabuch Dr. Blochs[146] besucht Klara Hitler seine Ordination am 3. Juli und kommt erst am 2. September wieder. Es ist unklar, ob der Arzt im Sommer keine Ordination hat – dann freilich hätte er seinen Vertreter Dr. Kren vermerkt, was nicht der Fall ist – oder ob die Kranke nicht doch noch einmal mit der Familie ins Waldviertel fahren und sich dort erholen kann. Die Fahrt ist für damalige Verhältnisse eher bequem: Der Zug geht von Linz über Budweis nach Gmünd, von dort bringt ein Ochsengespann die Familie bis zu Klaras Elternhaus im Dorf Spital bei Weitra.

Die erste Akademieprüfung

Trotz der Einwände des Vormundes setzt H. bei der Mutter durch, ab Herbst 1907 an der Akademie für Bildende Künste in Wien studieren zu dürfen. Anfang September verläßt er Linz, *Immer das Bild des Vaters vor Augen, der sich einst vom armen Dorf- und Schusterjungen zum Staatsbeamten emporgerungen hatte.*[147]

Vorher verabschiedet er sich noch von Stefanie, die sich später mühsam erinnert: »Ich erhielt einstens einen Brief, worin mir einer mitteilte, er gehe jetzt auf die Kunstakademie, aber ich solle auf ihn warten, er werde wiederkommen und mich heiraten. Was sonst noch drin stand, weiß ich nicht mehr, auch nicht, ob und wie der Brief unterschrieben war. Ich wußte nur damals absolut nicht, wem ich denselben zuschreiben sollte.«[148] Stefanie Rabatsch verlobt sich 1908 mit einem Hauptmann des in Linz stationierten Hessenregimentes.[149] Sie erfährt erst Jahrzehnte später, wer der unbekannte Verehrer gewesen ist.

In Wien sucht sich H. ein Untermietzimmer, was nicht weiter schwierig ist: In ärmeren Bezirken vermietet so gut wie jeder Hauptmieter Zimmer und Betten, um die eigene Miete finanzieren zu können. An den Haustoren hängen Zettel mit Anpreisungen der freien Zimmer aus.

Im Hinterhof des Hauses Stumpergasse 31 in Mariahilf, zweite Stiege, Kellergeschoß, Tür Nummer 17,[150] bezieht er für zehn Kronen monatlich ein Kabinett, das rund zehn Quadratmeter klein ist.[151] Vermieterin ist die unverheiratete Kleidermacherin Maria Zakreys, eine typische Vertreterin des Wiener »Völkerbabylons«: Sie ist Tschechin, aus Polička in Böhmen eingewandert und spricht nur mühsam Deutsch. H. an Kubizek am 17. August 1908: *Die Zakreys dürfte sich wahrscheinlich mit dem Schreiben schwer tun (sie beherrscht das Deutsch so schlecht)*.

Die falsche Angabe, Maria Zakreys sei Polin gewesen, geht auf Kubizek zurück, der aus ihrem Akzent »auf eine Herkunft aus Stanislau oder Neutitschein« schloß, gleichzeitig aber diesen Akzent als »böhmakeln«, also tschechisch gefärbtes Deutsch, beschrieb und mährische Verwandte erwähnte. Zur Klärung: Neutitschein liegt in Mähren, Stanislau aber in Galizien – und aus keinem der beiden Orte stammt Frau Zakreys, deren Name überdies eindeutig tschechischen Ursprungs ist: Zakreys ist die Befehlsform von »zakrýt se« – sich bedecken, verhüllen.[152] Mit ihren 49 Jahren wirkt Maria Zakreys laut Kubizek wie »ein altes, verschrumpftes Weiblein«.[153] Da sie selbst für ihre Kleinwohnung – Zimmer, Küche, Kabinett – laut Statistik zwischen 320 und 491 Kronen jährlich Miete zahlen muß,[154] ist H.s Miete äußerst günstig.

Der Bezirk Mariahilf ist dicht verbaut mit hohen Mietshäusern, die durchwegs aus der Zeit der Jahrhundertwende stammen, also der Zeit der starken Industrialisierung und Zuwanderung. Das Haus Stumpergasse 31 besteht wie die meisten anderen aus einem ansehnlicheren Straßentrakt und einem sehr engen, dunklen Hinterhaus mit Kleinwohnungen, eine wie die andere bestehend aus Zimmer, Küche, Kabinett mit jeweils kaum mehr als 30 Quadratmetern, aneinandergereiht an einem langen Gang mit den gemeinschaftlichen Wasserstellen, »Bassena« genannt, und Toiletten.

Im Vorderhaus befindet sich die Bibliothek des St.-Vinzenz-Lesevereins. Mit mehr als 11 000 Büchern ist sie etwa so groß wie die

Zentralbibliothek des 6. Bezirks, aber mit einer Ausleihrate von 18 000 jährlich längst nicht so überlaufen wie diese, die 107 000 Ausleihen hat. Die Leihgebühr beträgt zwei Kronen pro Jahr oder zwei Heller pro Buch.[155]

Einige Häuser weiter, Stumpergasse 17, ist die Redaktion des ALLDEUTSCHEN TAGBLATTES. Das Blatt vertritt Schönerers Programm und kämpft für den »Anschluß« Deutschösterreichs an das Deutsche Reich, für die deutsche Staatssprache in Cisleithanien, die »Los von Rom«-Bewegung und nimmt Partei für alle Deutschen in nichtdeutscher Umgebung, vor allem die Deutschböhmen. Nachrichten und Berichte werden ausschließlich im alldeutschen Sinn gewertet und haben nur geringen Informationswert. Vor allem dient das Blatt als politische Diskussionsgrundlage für alldeutsche Sympathisanten. Die Druckerei des Blattes, Kalmus und Co., befindet sich in der Stumpergasse 7. Dort hängen wie üblich Schaukästen mit den jeweils neuesten Ausgaben. Das ALLDEUTSCHE TAGBLATT ist somit wahrscheinlich die erste Zeitung, die H. täglich liest.

Ob sich H. zufällig ausgerechnet in Rufweite dieser Postille der Schönerianer ansiedelt, ist nicht zu klären. Möglich ist es aber, daß seine Beziehungen zu den alldeutschen LINZER FLIEGENDEN diese Ortswahl zumindest erleichtern. Denn die Serviceleistungen der Alldeutschen erstrecken sich auch auf Hilfe bei der Wohnungssuche, Arbeitsvermittlung und ähnliches.

Im Geschäftsbezirk Mariahilf sind Einkäufe jeglicher Art schnell und billig zu erledigen. Gast- und Caféhäuser liegen in unmittelbarer Nähe, ebenfalls soziale Einrichtungen von der Volksküche in der nahen Liniengasse 9, wo es ein dreigängiges Mittagessen für 30 Heller gibt, über Wärmestuben bis zu dem damals hochmodernen Krankenhaus der Barmherzigen Schwestern in der Stumpergasse 13, das täglich eine kostenlose Suppe an Bedürftige ausschenkt. Um die Ecke in der Gumpendorfer Straße 59 befindet sich ein öffentliches Bad, das ein reinlicher Mensch mit hinlänglichem Einkommen einmal wöchentlich besucht. Ein Wannenbad kostet dort je nach Komfort zwischen 0,60 bis 1,20 Kronen, was sich ärmere Leute nur für besondere Anlässe leisten können.

Durch die nahe Mariahilfer Straße fährt die elektrische Straßenbahn zur Innenstadt. Da ein Fahrschein zum Tagestarif immerhin 12 Heller – ab 1909 14 Heller – kostet, geht der junge Mann zu Fuß und erreicht in knapp zehn Minuten die Akademie am Schillerplatz: Von der Stumpergasse biegt er in die Gumpendorfer Straße in Höhe des Hauses Nr. 100, geht 50 Häuser stadteinwärts, vorbei an den Caféhäusern, wo sich die Studenten und Professoren der Kunstakademie treffen.

Der pompöse historische Bau der Akademie für Bildende Künste, ein Hauptwerk Theophil Hansens, wurde 1877 eröffnet. Gleich am Eingang passiert man die prunkvolle Aula, die mit dem kopierten Parthenonfries an den Wänden, antiken Statuen und einem Säulengang den Eindruck eines antiken Tempels macht. Das Deckenfresko stammt von Anselm Feuerbach, für den noch der Reichskanzler H. schwärmte.

Wie der Bau, so war auch das Professorenkollegium vom Geschmack der Ringstraßenära geprägt – mit der großen Ausnahme der Architekturschule unter Otto Wagner. In der Malerschule hingegen dominierte noch die Historienmalerei. Weibliche Hörer waren nicht zugelassen, da sie angeblich mit ihrem Dilettantismus der Gesamtleistung schadeten.

Die Akademie war der Hort der Konservativen, den man besuchte, um, so Oskar Kokoschka, »in Samtrock und Barett als Künstler zu gelten«.[156] Der »Oberwildling« Kokoschka, drei Jahre älter als H., studierte am modernen Gegenpol der Akademie, der Kunstgewerbeschule. Hier verstand sich die Moderne in enger Zusammenarbeit mit der »Wiener Werkstätte« stolz als Handwerk. Daß H. die Akademie und nicht die Kunstgewerbeschule besucht, bedeutet also ein Bekenntnis zu den Konservativen.

Die nationale Zusammensetzung der Studentenschaft ist für k.u.k. Verhältnisse ungewohnt einheitlich: 245 der 274 Studenten im Wintersemester 1907/08 sind deutschsprachig. Nur neun geben Tschechisch oder Slowakisch als Muttersprache an, zwei Polnisch, einer Ruthenisch, drei Südslawisch, elf Italienisch und drei Ungarisch.[157]

Das Verfahren der Prüfung ist damals kaum anders als heute: Mitgebrachte Arbeiten entscheiden darüber, ob ein Kandidat überhaupt zur Klausur zugelassen wird. So tritt H. Anfang September 1907 als einer von 112 Kandidaten zur Zulassungsprüfung an: *Ausgerüstet mit einem dicken Pack Zeichnungen* und *überzeugt, die Prüfung spielend leicht bestehen zu können*.[158] Im Gegensatz zu 33 weniger glücklichen

Prüflingen besteht er diesen ersten Teil der Prüfung und wird damit zum Probezeichnen zugelassen.

In der Zeit vor der entscheidenden Prüfung nimmt H. noch wie andere Prüfungskandidaten Unterricht in der privaten und teuren Zeichen- und Malschule Rudolf Panholzer in Hietzing. Die Schule existiert erst seit 1906, hat zwei Lehrer und rund 20 ständige Schüler, darunter auch einige Mädchen. Zur Prüfungsvorbereitung werden auch Einzelstunden gegeben.[159]

Das Probezeichnen in der Akademie findet in zwei Gruppen am 1. und 2. Oktober 1907 in Klausur statt und dauert vormittags und nachmittags je drei Stunden. Acht »Kompositions-Aufgaben« sind zu lösen aus jeweils einer Themengruppe wie zum Beispiel: »1. Austreibung aus dem Paradiese 2. Jagd 3. Frühling 4. Bauarbeiter 5. Tod 6. Regen«.[160]

Diesmal genügen H.s Arbeiten den Anforderungen nicht. In der »Klassifikationsliste der Allgemeinen Malerschule 1905–1911« findet sich die Eintragung: »Adolf Hitler, geb. in Braunau/Inn, Oberösterreich am 20. April 1889, deutsch, kath. k.k. Oberoffizial (Vater), wenig Köpfe« mit dem Resultat: »Probezeichnung ungenügend«.[161] Von 113 angetretenen Kandidaten werden nur 28 in die Malerschule aufgenommen, was dem heutigen Prozentsatz entspricht.

Die Entscheidung trifft das Professorenkollegium: Rudolf Bacher, Franz Rumpler, Heinrich Lefler und Kasimir Pochwalski, vor allem aber die Direktoren der beiden Malerschulen, Christian Griepenkerl und Alois Delug, und als Sprecher des Kollegiums Rektor Siegmund l'Allemand. Die meisten von ihnen profilierten sich bei der Innenausstattung von Ringstraßenbauten. Nur der Direktor der zweiten Malerschule, der Südtiroler Delug, gehört zu den Modernen und war neben Gustav Klimt und Alfred Roller Gründungsmitglied der Künstlergemeinschaft »Sezession«. Delug befindet sich in ständigem Kampf mit seinen Kollegen und engagiert sich nicht sonderlich für die Hochschule. Sowohl 1907 als auch 1908 ist er zur Prüfungszeit nicht in Wien: Er hat deponiert, niemanden in seine Klasse aufnehmen zu können, und sich in seine Südtiroler Heimat zum Urlaub zurückgezogen.[162]

So kommt dem anderen Direktor, dem aus Oldenburg stammenden betagten Griepenkerl, besonderes Gewicht zu. Er und nicht etwa ein von H. so verachteter »Moderner«, entscheidet letztlich über den Ausgang der Prüfung. Spekulationen, die H.s Antisemitismus auf die Ablehnung durch jüdische Akademieprofessoren zurückführen,[163] entbehren jeder Grundlage: Keiner der bei der Prüfung maßgebenden Männer war Jude. L'Allemand, dessen Name zu einer solchen Deutung veranlassen könnte, stammte aus einer protestantischen, wahrscheinlich hugenottischen Familie aus Hanau in Hessen.[164]

Geschlagen verließ ich den Hanseschen Prachtbau am Schillerplatz, zum ersten Mal in meinem jungen Leben uneins mit mir selbst.[165] Freilich: mancher der Gescheiterten fand auch ohne Akademiestudium künstlerische Anerkennung: Robin Christian Andersen zum Beispiel, 1907 wie H. beim Probezeichnen durchgefallen, war von 1946 bis 1948 sogar Rektor der Akademie.[166] Später berief sich H. auch gerne auf den verehrten Feuerbach, *der von derselben Akademie in Wien, die ihn einmal als untalentiert abgelehnt habe, 10 Jahre später gefeiert und ausgezeichnet worden* war.[167]

Sein Leben lang polemisiert H. fortan gegen Professoren (»Profaxe«), Universitäten und Kunstakademien im speziellen, *denn die Professoren, die an ihnen tätig seien, seien entweder Künstler, die sich im freien Lebenskampf nicht durchsetzen könnten, oder es seien zwar Künstler von Format, die aber nur höchstens zwei Stunden ihres Tages für die Akademiearbeit opfern könnten oder die Akademiearbeit als reine Altersbeschäftigung ansähen.*[168]

Der Tod der Mutter

Bald nach seiner Niederlage kehrt H. nach Linz zurück, da, so Paula Hitler später, der Zustand der Mutter sich dramatisch verschlechtert habe und sie den Sohn »zu Hause haben« will.[169] Kubizek über die Kranke: »Die Freude über die Rückkehr des Sohnes und seine hingebende Sorge um sie verklärten das ernste, abgehärmte Antlitz.« Am 22. Oktober 1907 findet ein Gespräch in Dr. Blochs Ordination statt. Dort erfährt die Familie, daß der Zustand der Mutter hoffnungslos ist. Vom 28. Oktober an ist Klara Hitler bettlägerig.[170]

Laut Kubizek umsorgt der 18jährige H. die Mutter »auf das zärtlichste«. »Ich hatte diese sich so liebevoll einfühlende Zärtlichkeit noch niemals an ihm entdeckt.« Es habe »eine einzigartige seelische Harmonie zwischen Mutter und Sohn« geherrscht.[171] Das Krankenbett steht im einzigen heizbaren Raum, der Küche, und der Sohn verrückt die Möbel, um dort auch noch ein Sofa für sich unterzubringen: So ist er Tag und Nacht für die Mutter da. Kubizek: »Eine Atmosphäre gelöster, fast heiterer Zufriedenheit lag um die vom Tode Gezeichnete.«

Diese Aussagen decken sich mit denen Dr. Blochs, der ab 6. November täglich ins Haus kommt. Klara Hitler erhält an diesem Tag zum erstenmal Morphium und die erste Behandlung mit Jodoform.[172] Bei dieser damals üblichen äußerst schmerzhaften Behandlungsmethode werden jodoformhaltige Tücher auf die offene Wunde gelegt, um sie »auszubrennen«, was quälenden Durst auslöst bei gleichzeitiger Unfähigkeit zu schlucken. Während die Mutter die Schmerzen klaglos erträgt, scheinen sie laut Dr. Bloch den Sohn »zu foltern«. Er zeigt sich dem Arzt dankbar, daß dieser die Schmerzen mit Morphium lindert.[173]

Klara Hitler macht sich Sorgen: Paula ist erst elf Jahre alt, die Stieftochter Angela steht kurz vor der Geburt ihres zweiten Kindes. Vor allem aber: »Alle ihre Gedanken kreisen um ihren Sohn«, schreibt Dr. Bloch. Und unabhängig von ihm meint Kubizek: »Adolf aber steuerte völlig ins Ungewisse. Dieser Gedanke quälte die Mutter unausgesetzt.«[174]

Die 47jährige Klara Hitler stirbt um zwei Uhr früh am 21. Dezember 1907.[175] Dr. Bloch, der am nächsten Morgen den Totenschein schreibt, berichtet: »Adolf saß neben seiner Mutter, sein Gesicht zeigte die Müdigkeit einer schlaflosen Nacht. Um den letzten Eindruck festzuhalten, hatte er sie am Totenbett gezeichnet.«

Die Tote wird in der Wohnung aufgebahrt und zwei Tage später, am 23. Dezember, einem äußerst neblig-feuchten Tag,[176] von der Familie und wenigen Bekannten zur Einsegnung in die Kirche begleitet. Dem Leichenwagen, der den Sarg anschließend nach Leonding überführt, folgen nur zwei Einspänner. Im ersten sitzen Paula und Adolf, der laut Kubizek zu seiner Trauerkleidung schwarze Handschuhe und einen Zylinder trägt, im zweiten die hochschwangere Angela Raubal mit ihrem Mann.[177] Auf dem Friedhof von Leonding, der an ihr ehemaliges Wohnhaus grenzt, wird Klara Hitler gegen Mittag neben ihrem Ehemann begraben.[178] Welche Bedeutung H. diesem Tag gibt, betont er in MEIN KAMPF, wenn er ihn mit seiner Erschütterung bei der deutschen Kapitulation 1918 vergleicht: *Seit dem Tage, da ich am Grabe der Mutter gestanden, hatte ich nicht mehr geweint.*[179]

Vom Begräbnis sind einige Abrechnungen erhalten: Der Leichenbestatter berechnet mit Überführung und Beisetzung 369,90 Kronen,[180] wobei allein der schwere polierte Sarg mit Metalleinsatz 110 Kronen kostet, für die bescheidenen Verhältnisse Klara Hitlers eine riesige Summe. Wie schon bei der Wahl der teuren Pflegeklasse im Spital wählt der Sohn auch hier das Teuerste.

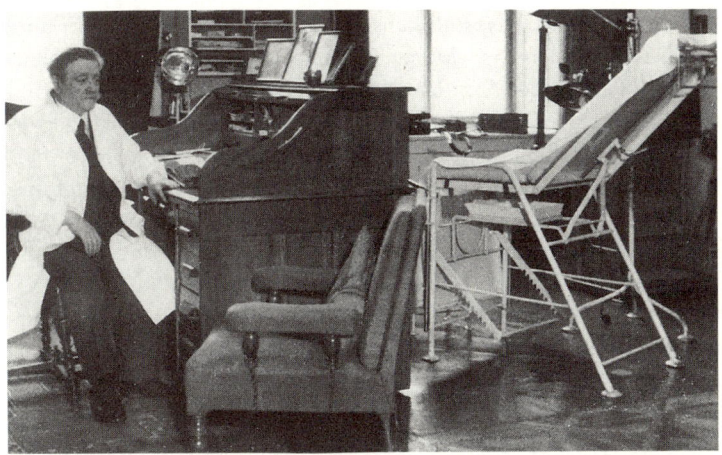

Dr. Eduard Bloch kurz vor der Schließung seiner Ordination 1938

Am 24. Dezember macht die Familie einen Dankbesuch bei Dr. Bloch, der sich erinnert: »Ich habe in meiner beinahe 40jährigen Tätigkeit nie einen jungen Menschen so schmerzgebrochen und leiderfüllt gesehen, wie es der junge Adolf Hitler gewesen, als er... kam, um mir mit thränenerstickter Stimme für meine ärztlichen Bemühungen Dank zu sagen.«

Der Sohn begleicht Dr. Blochs Rechnung über 300 Kronen. Da dies offenbar eine Pauschalsumme darstellt, ist aus Dr. Blochs Kassabuch nicht eindeutig zu ersehen, wie sich die Kosten auf Honorar und Arznei- und Verbandsmittel aufteilen. Seit der letzten Abschlagssumme im November 1907 sind 46 Hausbesuche verzeichnet, fast jedesmal mit der teuren Jodoformbehandlung. So macht jeder Hausbesuch mit Medizin und Verbandsmaterial rund sieben

Kronen aus, eine sehr niedrige Summe, bedenkt man, daß der Bezirksarzt, der die Verlötung des Sarges in Urfahr beaufsichtigt, allein für diese wenig zeitraubende Tätigkeit 20 Kronen in Rechnung stellt, sein Leondinger Kollege sogar 28 Kronen.[181] Spekulationen, daß eine falsche, zu teure und unnötig schmerzhafte Behandlung durch den jüdischen Arzt H.s Judenhaß ausgelöst habe, entbehren jeder Grundlage.[182]

Der junge H. zeigt dem Arzt deutlich seine Dankbarkeit und Verehrung mit selbstgemachten Geschenken, so einem großen gemalten Wandbild, das, so Blochs Tochter Trude Kren, »im Verlaufe der Zeit abhanden kam. Meiner Mutter gefiel es nicht.«[183] Zu Neujahr 1908 erhält der Arzt eine aquarellierte Postkarte mit dem Bild eines Kapuziners, wohl im Stil von H.s Lieblingsmaler Eduard von Grützner, und dem Text: *Die herzlichsten Neujahrswünsche Ihr stets dankbarer Adolf Hitler*.[184] Diese wie H.s erste Karte im September 1907 mit dem Text: *Von meiner Wiener Reise die herzlichsten Grüße. Ihr stets dankbarer Patient Adolf Hitler*[185] hebt der Arzt gegen seine Gewohnheit auf »als Andenken an einen braven, musterhaften Sohn, der in so innigster Liebe und Fürsorge an seiner teueren Mutter gehangen«.[186] Dr. Bloch hat offensichtlich eine besondere Zuneigung zur Familie Hitler.

Der Einmarsch der deutschen Truppen 1938 veränderte das Leben des nun 66jährigen Arztes radikal. Seine Ordination wurde am 1. Oktober 1938 geschlossen. Tochter und Schwiegersohn, der junge Arztkollege Dr. Franz Kren, flohen nach Übersee. Dr. Bloch vertraute auf H.s alte Anhänglichkeit. Immerhin hatte der »Führer« sich 1937 bei Linzer Parteigenossen nach ihm erkundigt und ihn einen »Edeljuden« genannt. Der Arzt versuchte mit mehreren Briefen über verschiedene Mittelsleute, an seinen ehemaligen Patienten heranzukommen und um Hilfe zu bitten, so am 16. November 1938. Er sei überzeugt, daß H. »den Arzt seiner Mutter nicht vergessen hat, dessen Thätigkeit stets von ethischen, nie von materiellen Gesichtspunkten geleitet wurde; ich habe aber auch die Überzeugung, daß Tausende meiner Glaubensgenossen von den gleichen Grundsätzen erfüllt sind, die gleich mir seelisch so viel leiden!«[187] (siehe Faksimile S. 57).

H. reagierte auf Blochs Hilferufe sofort und stellte den Arzt als einzigen Linzer Juden unter Gestapo-Schutz: Das Ehepaar durfte so lange unbehelligt in seinem Haus bleiben, bis die Formalitäten der Auswanderung erledigt waren. Sie konnten ihr Vermögen behalten – und auch selbst einen Käufer für ihr prachtvolles Haus suchen.

> *Ich habe die Überzeugung, daß es von Ärzt[en] meiner Mutter nicht vergessen hat, dessen Tätigkeit stets von ethischen, wie von menschlichen Gesichtspunkten geleitet wurde; ich habe aber auch die Überzeugung, daß Tausende meiner Glaubensgenossen von den gleichen Grundsätzen erfüllt sind; die gleichwie fast fast so viel leiden.*

Trotz dieser Bevorzugung bedeutete der »Anschluß« für Dr. Bloch das größte Unglück seines Lebens. Er verlor nach einem hochgeachteten, behaglichen Leben in Linz seine Existenz, seine Freunde, sein Haus, seine Heimat. 1940 emigrierte er mit seiner Frau in die USA. Da dort sein Medizinstudium nicht anerkannt wurde, konnte er seinen Beruf nicht mehr ausüben. Als gebrochener Mann starb Dr. Eduard Bloch 1945 in der Bronx in New York.

Letzte Wochen in Linz

Aus den wenigen Wochen zwischen dem Begräbnis der Mutter und der Abreise des jungen H. aus Linz im Februar gibt es einige Daten: Am 4. Januar 1908 kommt Angela Raubals Kind zur Welt, das den Namen Angelika erhält. Am 7. Januar 1908 wird H. für den hohen Jahresbeitrag von 8,40 Kronen Mitglied des Linzer Musealvereins; er reiht sich damit in die Linzer Bildungsgesellschaft ein und darf unentgeltlich das Landesmuseum mit Bibliothek besuchen. In dieser Zeit hat das Museum den größten Zulauf seines bisherigen Bestehens: Hunderte Besucher täglich bestaunen den »Fund von Schwanenstadt«, den ausgebreiteten gesamten Hausrat eines wohlhabenden Bürgers des 17. Jahrhunderts mit Kleidern und vielen Alltagsdingen.

Am 18. Januar 1908 findet in Urfahr die gerichtliche »Todfallaufnahme« statt. Vermögen ist keines aufgeführt,[188] was auf eine interne Aufteilung des vorhandenen Geldes hinweist. Eine außergerichtliche Lösung ist deshalb wichtig, weil nur so eine gerichtliche Sperre des Erbteils für die noch minderjährigen Kinder Adolf und Paula verhindert werden kann. Das väterliche Erbteil von jeweils 652 Kronen liegt ohnehin bis zu deren 24. Lebensjahr auf einem behördlichen Sperrkonto. Beide Kinder brauchen dringend sofort Geld für ihren Lebensunterhalt, da die amtliche Waisenrente von 25 Kronen monatlich nicht ausreicht.

Die Höhe des Erbes kann nur geschätzt werden: Der Erlös des Leondinger Hauses von etwa 5500 Kronen im Jahr 1905 ist inzwischen mit Sicherheit zusammengeschmolzen: durch Angelas Ausstattung, Adolfs teure Schulzeit in Steyr, seine beiden Wienreisen, drei Umzüge, vor allem aber durch die lange Krankheit und das Begräbnis der Mutter.

In Klaras letztem Lebensjahr hat die Teuerung den Wert der Rente von 100 Kronen monatlich stark gemindert. Die Lage von kleinen Beamten und Beamtenwitwen war besonders schlimm, weil ihre ohnehin niedrigen Gehälter nicht angehoben wurden. Krackowizer am 1. Dezember 1907: »Große Teuerung seit Wochen. Aller Orten dagegen Demonstrationen, Debatten in allen Korporationen sowie im Reichsrate. Trostlose Zustände für die ›kleinen‹ Leute.« Am 10. Dezember sind »Überall Protestversammlungen gegen die allgemeine Teuerung« notiert, am 14. Dezember »Passive Resistenz der Postbediensteten in ganz Österreich«, am 19. Januar 1908: »Streik der Sensenarbeiter in Österreich« und so fort.[189]

Vorsichtig geschätzt könnten höchstens rund 2000 Kronen als Erbe für Adolf und Paula übriggeblieben sein, für jeden etwa 1000 Kronen.

Das mütterliche Erbe und die Waisenrente zusammen ermöglichen im teuren Wien etwa ein Jahr Lebensunterhalt ohne Arbeit. Daß H.s *gesamter Barbetrag bei meiner Reise nach Wien... rund 80 Kronen* betragen habe, wie er 1921 klagt, trifft mit Sicherheit nicht die wahren Verhältnisse.[190] Daß der junge H. 1907 durch verschiedene Erbschaften zum »ausgesprochen vermögenden Mann« geworden sei,[191] ist erwiesenermaßen falsch (siehe S. 85f.).

Dem »Kunststudenten« und nunmehrigen Vollwaisen gelten in diesen Wochen viele Sympathien. Der benachbarte Postbeamte Presemayer bietet ihm an, sich für ihn um eine Stelle bei der Post zu verwenden. Aber der 18jährige lehnt ab: Er wolle »ein großer Künstler« werden. »Und als man ihm hierauf zu bedenken gab, daß hiezu die nötigen geldlichen Mittel und persönlichen Beziehungen fehlten, da gab er kurz zur Antwort: ›Makart und Rubens haben sich auch aus ärmlichen Verhältnissen hochgearbeitet!‹«[192]

Mehr Verständnis für die Ambitionen des jungen Mannes hat die Hausfrau der Blütengasse, Magdalena Hanisch. Am 4. Februar 1908 schreibt sie ihrer in Wien lebenden Freundin Johanna Motloch, genannt »Muki«, einen langen Brief und bittet sie um ein Empfehlungsschreiben an Alfred Roller, den prominenten Bühnen- und Kostümbildner der Hofoper, engsten Mitarbeiter Gustav Mahlers und Professor an der Kunstgewerbeschule, denn: »Der Sohn einer Partei von mir wird Maler, studiert in Wien seit Herbst, er wollte in die k.k. Akademie der Bildenden Künste, fand aber dort keine Aufnahme mehr und ging dann in eine Privatanstalt (Panholzer glaube ich.) Er ist ein ernster, strebsamer junger Mensch, 19 Jahr alt, reifer, gesetzter über sein Alter, nett und solid, aus hochanständiger Familie. Die Mutter ist vor Weihnachten gestorben, litt an Brustkrebs, war erst 46 Jahre alt, Witwe eines Ober-Offizials beim hiesigen Hauptzollamt; ich hatte diese Frau sehr gern; sie wohnte neben mir im ersten Stock; ihre Schwester und ihr Töchterl, das ins Lyzeum geht, behalten vorläufig die Wohnung. Die Familie heißt Hitler; der Sohn, für den ich bitte, heißt Adolf Hitler.«

Der junge H. verehrt den damals 44jährigen Roller, seitdem er 1906 in Wien zumindest zwei von dessen Wagner-Inszenierungen, TRISTAN und HOLLÄNDER, gesehen hat. Frau Hanisch an die Freundin in Wien: »Zufällig sprachen wir neulich über Kunst und Künstler, und er erwähnte unter anderem, daß Professor Roller eine Berühmtheit unter den Künstlern sei, nicht nur in Wien, sondern man kann sagen, sogar einen Weltruf besitze derselbe, und er verehre ihn in seinen Werken. Hitler hatte keine Ahnung, daß mir der Name Roller bekannt ist, und als ich ihm sagte, daß ich einen Bruder des berühmten Rollers gekannt habe, und ihn fragte, ob es ihm vielleicht nützlich sein könnte in seinem Fortkommen, wenn er eine Empfehlung an den Direktor des Ausstattungswesens der Hofoper bekäme, da leuchteten dem jungen Menschen die Augen; er wurde dunkelroth und sagte, das würde er als das größte Glück seines Lebens betrachten, wenn er mit diesem Mann bekannt werden könnte und eine Empfehlung an ihn bekäme! Gern wäre ich dem jungen Menschen behilflich; er hat eben Niemand, der ein Wort für ihn einlegt oder ihm mit Rat und Tat beisteht; er kam ganz fremd und allein nach Wien, mußte allein, ohne Anleitung, überall hingehen, um aufgenommen zu werden. Er hat den festen Vorsatz, etwas ordentliches zu lernen! Soweit ich ihn jetzt kenne, wird er sich nicht ›verbummeln‹, da er ein ernstes Ziel vor Augen hat; ich hoffe, Du verwendest Dich für keinen Unwürdigen! Thust vielleicht ein gutes Werk.« Der junge Mann sei noch in Linz, »geht aber in einigen Tagen wieder nach Wien. Er wartet nur einen Bescheid von der Obervormundschaft ab, wegen der Pension für sich u. seine Schwester.«[193]

> Der junge Hitler soll nur kommen und soll Arbeiten mitbringen, damit ich sehe, wie es mit ihm steht. Ich will ihm nach bestem Gewissen raten so gut ichs eben verstehe.

Die »liebste Muki« Johanna Motloch schreibt sogleich an Roller. Und dieser berühmte Mann, gerade mitten in der Vorbereitung für die Wiener Erstaufführung von Eugen d'Alberts TIEFLAND, antwortet umgehend, am 6. Februar 1908, mit einem dreiseitigen Brief: »Liebe verehrte gnädige Frau, herzlich komme ich Ihrem Wunsche nach. Der junge Hitler soll nur kommen und soll Arbeiten mitbringen, damit ich sehe, wie es mit ihm steht. Ich will ihm nach bestem Gewissen raten so gut ichs eben verstehe. Er trifft mich täglich in meinem Bureau in der Oper, Eingang Kärntnerstraße, Directionsstiege, um ½ 1 und um ½ 7 Uhr. Wenn ich gerade nicht im Bureau anwesend bin, so ruft mich der Diener telefonisch herbei. Es kommt selten vor, dass ich zu diesen Stunden nicht im Hause anwesend bin. Wenn Hitler es gerade so ungünstig trifft, so soll er sich nicht abschrecken lassen sondern am nächsten Tag wieder kommen.«

Rollers so überaus freundlichen Brief schickt »Muki« sofort nach Linz an Frau Hanisch weiter, die bereits am 8. Februar 1908 »für die so schnelle Erfüllung meiner Bitte« dankt und über die Reaktion in Linz berichtet: »Du wärst für Deine Mühe belohnt gewesen, wenn Du das glückliche Gesicht des jungen Menschen gesehen hättest, als ich ihn herüber rufen ließ und ihm sagte, daß Du so gnädig warst und ihn an Direktor Roller empfohlen hast, daß er sich bei ihm vorstellen darf! Ich gab ihm Deine Karte und ließ ihn Direktor Rollers Brief lesen! Da hättest Du den Jungen sehen sollen. Langsam, Wort für Wort, als ob er den Brief auswendig lernen wollte, wie mit Andacht, ein glückliches Lächeln im Gesicht, so las er den Brief, still für sich. Mit innigem Dank legte er ihn dann wieder vor mich hin. Er fragte mich, ob er Dir schreiben dürfe, um seinen Dank auszusprechen; ich sagte ihm ja!... Obwohl von der Obervormundschaft noch immer kein Bescheid da ist, will Hitler jetzt nicht mehr hier warten und in einer Woche doch nach Wien gehen. Der Vormund ist ein ganz einfacher Wirthschaftsbesitzer, ein sehr braver Mann, aber so wie ich glaube, versteht er nicht viel. Er ist nicht hier, sondern in Leonding ansäßig. Der Junge muß alle Gänge machen, die sonst einem Vormunde zukommen. Beiliegend folgt Direktor Rollers Brief zurück. Wenn Du den Herrn einmahl siehst, sage ihm meinen verbindlichsten Dank für seine Güte, daß er trotz vieler Arbeit in seiner Stellung doch den jungen Hitler empfangen und beraten will. Ein solches Glück hat nicht jeder junge Mensch, Hitler wird es wohl zu schätzen wissen!«

Am 10. Februar 1908 verfaßt der 18jährige in bemühter »Schönschrift« und fast korrekter Rechtschreibung seinen Dankbrief auf schwarzumrandetem Papier an Johanna Motloch in Wien:

Hochverehrte gnädige Frau!
Drücke Ihnen hiemit, hochverehrte gnädige Frau, für Ihre Bemühungen, mir Zutritt zum großen Meister der Bühnendekoration, Pr. Roller, zu verschaffen meinen innigsten Dank aus. Es war wohl etwas unverschämt von mir, Ihre Güte gnädigste Frau so stark in Anspruch zu nehmen, wo Sie dies doch einem für Sie ganz Fremden tun mußten. Um so mehr aber bitte ich auch meinen innigsten Dank für Ihre Schritte, die von solchem Erfolge begleitet waren, sowie für die Karte welche mir gnädige Frau so liebenswürdig zur Verfügung stellten,

entgegennehmen zu wollen. Ich werde von der glücklichen Möglichkeit soffort Gebrauch machen.

Also nochmals meinen tiefgefühltesten Dank, und ich zeichne mit ehrerbitigem Handkuß

Adolf Hitler.

Urfahr den 10. II. 09[194]

Am selben Tag beantragen Adolf und Paula Hitler bei der Finanzlandesdirektion Linz eine Waisenpension. Laut Gesetz haben bedürftige Vollwaisen bis zum 24. Lebensjahr einen gemeinsamen Anspruch auf die Hälfte der mütterlichen Witwenpension, also in diesem Fall zusammen 50, jeder 25 Kronen pro Monat – unter der Voraussetzung, daß sie eine Schule besuchen oder studieren. Der Antrag wird bewilligt und H. bald darauf zum erstenmal in Wien ausgezahlt.[195]

Wieder drängt der Vormund den fast 19jährigen, endlich eine Arbeit anzunehmen oder eine Lehre zu beginnen, um der Schwester die volle Rente von 50 Kronen monatlich zu sichern. Darüber kommt es zu Streitigkeiten, und H. scheidet im Februar 1908 im

Unfrieden aus Linz. Zu Kubizeks Mutter sagt er, »diese Quälereien habe er satt und entziehe sich denselben durch die Flucht nach Wien. Er verfüge über ein kleines Barvermögen, wodurch er sich einige Zeit über Wasser halten könne; er wolle Künstler werden und seinen spießbürgerlichen Verwandten beweisen, daß er recht habe, nicht sie.«[196]

Er überredet seinen Freund, bald nach Wien nachzukommen und am Konservatorium Musik zu studieren. Dazu habe er, so Kubizek, »große suggestive Kraft in seiner Rede« aufwenden müssen, um »meine Eltern dafür zu gewinnen, den einzigen Sohn nach Wien ziehen zu lassen«, mußten sie doch – neben allen finanziellen Opfern – damit rechnen, daß »mit mir die Stütze des damals schon 61 jährigen Vaters für das Geschäft... für immer verloren ging«.[197]

Über den Zeitpunkt der Abreise aus Linz gibt es einen Hinweis im Haushaltsbuch: Entgegen der späteren strikten Ordnung vom ersten bis letzten jeden Monats beginnt es erst am 12. Februar 1908. Die vorhergehenden Seiten dürften herausgerissen worden sein. Das deutet darauf hin, daß der bisherige »Haushaltsvorstand« an diesem Tag oder bald danach das Haus verläßt und alle seine Abrechnungen, und auch die von der Mutter geschriebenen Seiten des Haushaltsbuches, mit sich nimmt. Auch die anderen Familienpapiere, etwa Briefe der Eltern oder H.s eigene Briefe, tauchen nie mehr auf. Kubizek bringt den Freund mit vier schweren Koffern zur Bahn.

Am 18. Februar schreibt H. aus Wien eine Postkarte an Kubizek: *Warte schon sehnsuchtsvoll auf Nachricht von Deinem kommen. Schreib bald und bestimmt, damit ich alles zum feierlichen Empfange bereit mache. Ganz Wien wartet schon. Also komm bald. Hole Dich natürlich ab.* Und: *Also wie gesagt erst bleibst du bei mir. Werden dann schon beide sehn. Klavier bekommt man hier im sogenannten »Dorotheum«* [dem staatlichen Leihhaus] *schon wirklich um 50–60 fl.* Nachschrift: *Bitte nochmals komme bald!*[198]

Die »Hanitante« bleibt vorerst mit Paula in der Blütengasse. Da sie aber zur Haushaltsführung ebensowenig geeignet ist wie die Zwölfjährige, übernimmt nun die Halbschwester Angela Raubal die Einkäufe und verzeichnet sie ordentlich im Haushaltsbuch.[199]

Vom Bruder hören sie lange nichts mehr. Paula 1945 beim Verhör durch die Amerikaner: »Als die Mutter tot war, kam Adolf nicht mehr nach Hause.« Sie habe geglaubt, er sei tot. Als er 1921 plötzlich in Wien vor ihrer Tür stand, habe sie ihn gar nicht erkannt.[200]

Exkurs: Hitlers Vorfahren im Waldviertel

Die Wurzeln von H.s väterlicher wie mütterlicher Familie reichten in das nördlich von Linz gelegene niederösterreichische Waldviertel, von wo alle eruierbaren Vorfahren stammten. Klara Hitler hielt engen Kontakt mit ihrem Elternhaus im kleinen Ort Spital bei Weitra und verbrachte dort mit den Kindern jeden Sommer.

Das Waldviertel, an der böhmischen Grenze gelegen, mit rauhem Klima, schlechtem Boden, eine einsame Landschaft mit jenem Tannenhochwald, den Adalbert Stifter zu Dichtung machte, gilt noch heute als Armenhaus Österreichs. Aus dem Mittelalter stammende adelige Burgen, etwa Rosenburg, Rastenberg, Rapottenstein, Heidenreichstein, und reiche Stifte wie Zwettl, Altenburg, Geras prägen die herbe, hochromantische Landschaft.

Die Grenze zu Böhmen war seit Jahrhunderten offen und die Bevölkerung national gemischt. Viele Orts- und Familiennamen des Waldviertels sind slawischen Ursprungs. Daß auch der Name Hitler, dessen Schreibweise mit Hiedler, Hittler, Hüttler variiert, aus dem Tschechischen kommt, ist durchaus möglich, wurde aber von H.-Verehrern stets mit Eifer verneint.[1] Die wahrscheinlichste Deutung ist, daß der Name von »Hütte« kommt, also »Häusler« oder Bergmann bedeutet.[2] Unter den eruierbaren Vorfahren H.s befinden sich keine namentlich erkennbaren Tschechen.

Die Kleinbauern, Land- und Forstarbeiter, Handwerker, Taglöhner in den ärmlichen Dörfern waren wirtschaftlich von Klerus und Aristokratie abhängig und fristeten ein mühsames Leben. Die Familie Hitler, der auch die Großmutter mütterlicherseits entstammte, gehörte seit Generationen in das Herrschaftsgebiet der Landgrafen Fürstenberg, die auf der mittelalterlichen Burg von Weitra residierten und weite Wälder rundum bewirtschafteten.

Beide Eltern H.s wuchsen im Dorf Spital bei Weitra auf, und zwar in nebeneinanderliegenden Häusern: Der Vater Alois, geboren 1837

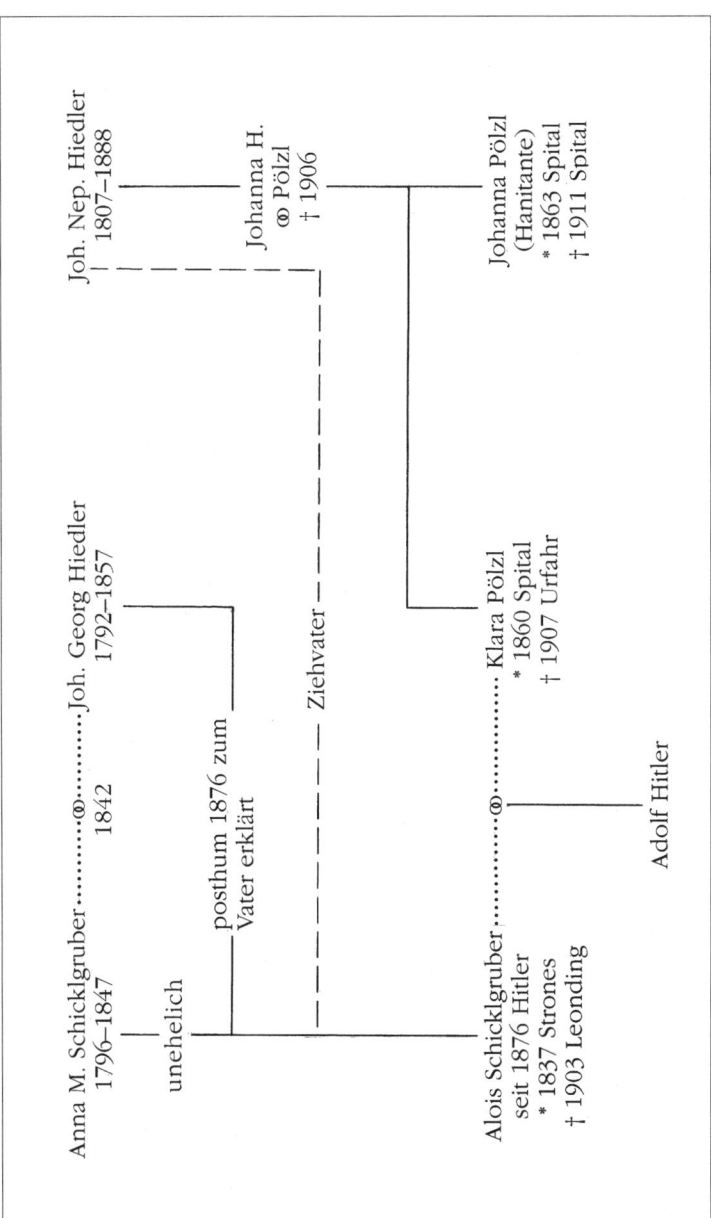

von der 41jährigen ledigen Maria Anna Schicklgruber in Strones bei Döllersheim, kam als fünfjähriges Ziehkind in den Haushalt des Bauern Johann Nepomuk Hiedler, nachdem dessen älterer Bruder Johann Georg die Mutter des Kindes geheiratet hatte. Johann Georg Hiedler war ein »vazierender«, also stellungsloser Müllergeselle, der das voreheliche Kind seiner Frau nicht legitimierte.

Maria Anna Schicklgruber starb 1847 50jährig, als ihr Kind zehn Jahre alt war, in der winzigen Ortschaft Klein-Motten bei Döllersheim an »Auszehrung infolge Brustwassersucht«.[3] Ihr Ehemann, von dem wenig bekannt ist, starb zehn Jahre später 65jährig an Schlagfluß als »Inwohner« in seinem Heimatdorf Spital, aber nicht bei seinem Bruder.

Alois Schicklgruber wuchs gemeinsam mit den drei etwa gleichaltrigen Töchtern Johann Nepomuk Hiedlers auf. Mit 13 Jahren verließ er das Waldviertel, um wie viele arme junge Leute sein Glück in der Hauptstadt zu suchen. In Wien lernte er zunächst das Schuhmacherhandwerk, strebte aber nach Höherem und hatte dabei trotz mangelhafter Schulausbildung beachtlichen Erfolg: 1855 trat er in die k.k. Finanzwache ein, wurde zunächst Grenzaufseher und machte – wegen seiner Tätigkeit vom Militärdienst befreit – eine stetige Karriere: 1864 wurde er Beamter, 1875 über verschiedene Zwischenstufen Zollamtsoffizial in Braunau am Inn, 1892 provisorischer Zollamtsoberoffizial in Passau, 1894 Zollamtsoberoffizial in Linz. 1895 ging er nach den vorgeschriebenen 40 Dienstjahren in Pension.[4]

Erst 1876 nahm der 39jährige Alois Schicklgruber den Namen Hitler an. Diese Namensänderung wurde im Taufbuch der Pfarre in Döllersheim eingetragen, als Zusatz zur Taufurkunde von 1837. Als Vater wurde der 19 Jahre zuvor gestorbene Georg Hiedler nachgetragen und damit aus dem unehelich geborenen Alois Schicklgruber der eheliche Alois Hitler gemacht – 29 Jahre nach dem Tod der Mutter. Sorgfältig vorbereitet und organisiert wurde dieser außergewöhnliche Vorgang von dem damals 69jährigen verwitweten Ziehvater Johann Nepomuk Hiedler.

Der Döllersheimer Pfarrer Zahnschirm war rechtlich abgesichert. Ihm lag ein Legalisierungsprotokoll dreier Zeugen vor, ausgestellt vom Notar der Stadt Weitra am 6. Juni 1876.[5] Darin versicherten die Zeugen, die alle aus Spital stammten, eidesstattlich, »daß der am 5./6. Jänner 1857... verstorbene... Georg Hitler in ihrer Gegenwart und zu ihnen wiederholt vor seinem Tod als seinen letzten und unabänderlichen Willen erklärte, seinen von ihm... mit seinem nachmaligen Eheweibe der damals ledigen Bauerntochter M. A. Schicklgruber erzeugten Sohn Aloys... als seinen ehlichen Sohn und vollberechtigten leiblichen Erben seines Namens sowohl als seiner gesamten Habe zu wissen und in aller Form rechtens zu legitimieren«.[6] Diese drei Zeugen erschienen nun mit Johann Nepomuk Hiedler in Döllersheim und bekräftigten ihre Aussage vor dem Pfarrer persönlich. Daraufhin änderte dieser die Eintragung im Taufbuch – und zwar in der Schreibweise »Hitler«.

Der amtliche Vorgang der Namensänderung wurde anschließend von der niederösterreichischen Statthalterei überprüft und für korrekt befunden, war also durchaus im Einklang mit den Gesetzen. Laut späterem juristischen Gutachten hätte die Legitimation nur dann bestritten werden können, wenn jemand bewies, »daß Aloys Hitler nicht von Georg Hitler gezeugt worden« sei – was schwer möglich und überdies aus finanziellen Gründen nicht nötig war: Der angegebene Kindesvater hatte ohnehin nichts zu vererben.[7]

Mit dieser Namensänderung war der 13 Jahre später geborene Adolf laut Kubizek hochzufrieden: »Keine Maßnahme seines ›alten Herrn‹ befriedigte ihn so vollkommen wie diese; denn ›Schicklgruber‹ erschien ihm so derb, zu bäurisch und außerdem zu umständlich, unpraktisch. ›Hiedler‹ war ihm zu langweilig, zu weich. Aber ›Hitler‹ hörte sich gut an und ließ sich leicht einprägen.«[8]

Die Gründe für die komplizierte Manipulation bleiben unklar. Immerhin kaufte sich der nunmehrige Alois Hitler im März 1889, sechs Monate nach dem Tod seines Ziehvaters, für 4000 bis 5000 Gulden, also 8000 bis 10000 Kronen, ein Haus mit Landwirtschaft in der Waldviertler Gemeinde Wörnharts (Nr. 9) nahe seinem Heimatort Spital.[9] Falls das Geld für den Kauf tatsächlich aus dem Erbe Johann Nepomuks stammte, wie vermutet, so muß dies freilich nicht unbedingt nur an Alois geflossen sein: Denn inzwischen war dieser in dritter Ehe mit Johann Nepomuks Enkelin, der damals 28jährigen Klara Pölzl, verheiratet. Sie war zur Zeit des Hauskaufs hochschwanger mit ihrem Sohn Adolf.

Unbekannt ist, ob H. über all diese Familiengeschichten informiert war. Alle Großeltern waren vor seiner Geburt schon tot. Alois

Hitler starb, als Adolf 13 Jahre alt war. So ist den Aussagen von H.s Schwester Paula Glauben zu schenken: »Über die Familie meines Vaters habe ich nichts erfahren. Eine Familiengeschichte ist nicht üblich gewesen.« Und: »Nur die Verwandten mütterlicherseits waren für uns eigentliche Verwandte... Ich habe niemand von den Verwandten meines Vaters gekannt, so daß wir, meine Schwester Angela und ich, öfter gesagt haben: ›Wir wissen gar nicht, der Vater muß doch auch Verwandte gehabt haben.‹«[10]

Wahrscheinlich sah sich H. erst als Politiker gezwungen, sich für seine verwickelten Familienverhältnisse im Waldviertel zu interessieren: als sie nämlich 1932 als gefährliche Wahlkampfmunition gegen ihn verwendet wurden. Dabei operierten seine Gegner mit dem plausiblen Argument, ein Politiker, der der Abstammung eines Menschen einen so entscheidenden Wert beimesse wie er, müsse es sich gefallen lassen, daß auch seiner eigenen Abstammung nachgespürt werde.

Gleich nach den ersten, noch diffusen Presseandeutungen über kompromittierende Fakten in H.s Stammbaum bot der renommierte und sehr geschäftstüchtige Wiener Genealoge Karl Friedrich von Frank am 8. Februar 1932 H. seine Dienste an: Er habe bereits eine Ahnentafel der Hitler-Familie bis zur vierten Generation, also der Achterreihe, lückenlos fertig und könne für 300 Mark einen noch eingehenderen Stammbaum herstellen. Als Postskriptum fügte er hinzu: »Es dürfte vielleicht nicht uninteressant für Sie sein, zu erfahren, daß ich bei meinen Erhebungen in jüngster Zeit darauf gestoßen bin, daß seitens der österreichischen politischen Behörden gleichfalls Erhebungen über Ihre Abstammung gepflogen worden sind.«[11]

Am 29. Februar gab H. den Auftrag. Am 8. April 1932 bereits schickte Frank seine Arbeit ab, am selben Tag, als in Wien Extrablätter in der riesigen Schlagzeile verkündeten: »Hitler heißt Schücklgruber«. Darin enthüllte der junge Reporter Hans Bekessi, der sich später Hans Habe nannte, die bis dahin unbekannte Geschichte der späten Namensänderung von H.s Vater – und hatte sensationellen Erfolg.[12] Zigtausende von Extrablättern schleuste man nach Deutschland ein, um noch in den Wahlkampf einzugreifen.

Frank hatte die Schicklgruber-Geschichte in der Ahnentafel ordnungsgemäß angeführt und verstand die Aufregung nicht, da uneheliche Geburten in ländlichen Gegenden nicht ungewöhnlich und auch nicht diskriminierend waren. Seiner Meinung nach war H.s Vater ohnehin durch die spätere Ehe der Maria Anna Schicklgruber mit Georg Hiedler legitimiert. Schon im Mai legte Frank seine Arbeit im Druck vor.[13] H. dankte dem Forscher am 25. Juni 1932 brieflich.[14]

Im Sommer 1932 aber ging ein weit heftigerer Pressesturm los. Zunächst brachte die NEUE ZÜRCHER ZEITUNG am 16. Juni einen Leserbrief zum Thema »Hitlers Vorfahren«: Der Schreiber bezweifelte Franks Meinung, der Stammbaum weise »mit Ausnahme des Namens Wallj, ausschließlich deutsche Namen« auf, und meinte, der »wiederholt auftauchende Familienname Salomon« könne doch »nicht bedenkenlos als deutscher Name anerkannt werden... Zum mindesten gehört es nicht zu den Gepflogenheiten Adolf Hitlers und seiner Anhänger, diesen Namen ohne weiteres als deutschen Namen aufzufassen.«[15] In dem von Frank veröffentlichten Stammbaum erscheint auf Nr. 45 als Ururgroßmutter eine katholische Katharina Salomon aus Nieder-Plöttbach, Pfarre Döllersheim, Tochter des katholischen Bauern Johann Salomon in Nieder-Plöttbach. Mit dem Auftauchen dieses jüdisch klingenden Namens begannen die Spekulationen über eine angebliche jüdische Abstammung H.s.

Ausgerechnet in diesem Punkt aber machte der Genealoge offenbar einen Fehler: In Wirklichkeit handelt es sich bei der Nr. 45 im Stammbaum nicht um Katharina Salomon, sondern um Maria Hamberger aus Nieder-Plöttbach (1709–1761) und bei deren Vater um Paul Hamberger aus Nieder-Plöttbach. Frank korrigierte den Fehler schon am 30. August 1932. Aber der fehlerhafte Sonderdruck war bereits ausgeliefert.[16]

Scharen von Reportern begaben sich nun auf die Suche nach H.s angeblicher jüdischer Verwandtschaft. Gefunden wurde der Name Hitler bei jüdischen Familien in der mährischen Kleinstadt Polna, in Polen und bei einem jüdischen Händler in der Leopoldstadt, der behauptete, mit H. über Polna verwandt zu sein. In Warschau suchten einige Judenfamilien namens Hitler mit Hinweis auf den antisemitischen deutschen Politiker um behördliche Namensänderung an.

Der Sommer 1933 brachte neue Schlagzeilen: LIDOVE NOVINÝ in Prag, 6. Juli: in Polna sei ein Abraham Hitler aus dem 18. Jahrhundert als H.s Vorfahre im Gespräch. Deutsche Freiheit, Saarbrücken, am 6. Juli: »Die jüdische Familie Hitler – mit Dokumenten«, Österreichisches Morgenblatt am 13. Juli: »Der braune Hitler mit dem gelben Fleck«. Vorarlberger Wacht: »Er hat halt doch eine jüdische Großmutter gehabt – der Herr Hitler.«[17]

Bekessi war inzwischen Redakteur beim Österreichischen Abendblatt und brachte hier ab 12. Juli neue Enthüllungen, so am 14. Juli 1933: »Sensationelle Spuren der Juden Hitler in Wien« mit Photos von Hitler-Gräbern in der jüdischen Abteilung des Wiener Zentralfriedhofs und eines hebräisch geschriebenen Kochbuchs einer Rosalie Hitler. Am 19. Juli brachte Bekessis Zeitung gar die Schlagzeile: »Hitlers Judentum notariell bestätigt!« Diesmal wurde der Stammbaum einer Familie Hiedler in Polna abgedruckt, mit einer Klara Hitler, geboren 1821, verehelichter Pölzl in Braunau in Österreich. Eine angeblich »amtliche« Aussage war beigefügt: »Es gibt kaum einen Juden, der einen so schönen jüdischen Stammbaum hat wie Adolf Hitler.«

Hitlers Judentum notariell bestätigt!
Sensationelles Ergebnis unserer Erhebungen — Direkte Linie von Polna nach Braunau amtlich bestätigt

Allerdings wäre diese jüdische Klara bei H.s Geburt schon 78 Jahre alt gewesen, und als Großmutter hätten die anderen Daten nicht gepaßt. Im klein gedruckten Teil zog sich das Blatt auf die Aussage zurück, diese jüdische Klara sei weder H.s Mutter noch Großmutter, aber mit der Großmutter eng verwandt – was auch nicht stimmte.

Diesmal hatte das antisemitische Wiener Konkurrenzblatt Neue Abendzeitung leichtes Spiel und wetterte am 20. Juli: »Der Grubenhund direkt aus Polna«. Das Blatt versprach seinerseits »Die Wahrheit über Hitlers Abstammung« und eine Widerlegung der »Phantasien des Schammes von Polna«: »Es wäre ein Frohlocken, ein

Hosiannarufen der Hebräer in der ganzen Welt gewesen, den Mann erledigt zu haben, dessen Vorbild und Lehre die größte Gefahr für ihren Weltherrschaftstraum geworden ist.« Es handele sich um die »ungeheuerlichste talmudistisch-rabulistische Verdrehung des Jahrhunderts«.

Als endlich 1933 die von Frank korrigierte und erweiterte Ahnentafel erschien – ohne den Namen Salomon –,[18] verstärkte dies nur die Vermutungen, hier werde absichtlich etwas vertuscht. Bald darauf nahm der Schriftsteller Konrad Heiden die Geschichte von der angeblich jüdischen Großmutter aus Polna in seine 1936 in Zürich erschienene H.-Biographie auf.[19] Die Legende ging in die wissenschaftliche Literatur ein. Aber obwohl sich Reporter wie Genealogen auf die Suche machten, brachten die Recherchen außer Namensgleichheiten mit jüdischen Familien nichts.

H. wechselte den Genealogen: Unter wütenden Protesten Franks erschien 1937 in Leipzig eine große illustrierte Ahnentafel, erarbeitet von Rudolf Koppensteiner. Dieser Familienforscher stammte aus dem Waldviertel, war mit den Hitlers versippt und fand deshalb leichter Zugang zu den brisant gewordenen Urkunden. Auch bei ihm fehlte der Name Salomon. Und auch er nahm als sicher an, daß der Vater des unehelichen Alois Schicklgruber der spätere Ehemann der Mutter war, also der Müllergeselle Georg Hiedler. Demnach war ein makelloser »arischer« Stammbaum vorhanden.[20] Bei der entscheidenden Schwachstelle in H.s Ahnenreihe, dem unehelich geborenen Vater Alois Schicklgruber mit ungewissem Erzeuger, setzten erstaunlicherweise weder Genealogen noch Journalisten an.

Nach dem »Anschluß« avancierte das Waldviertel zum »Ahnengau des Führers« und huldigte dem berühmten Sproß der Familie Schicklgruber mit Hitler-Eichen und Ehrenbürgerschaften. Auch die Vorfahren wurden geehrt: Der Kirchplatz von Döllersheim wurde in »Alois Hitler-Platz« umbenannt. Die angeblichen, gar nicht mehr identifizierbaren Geburtshäuser von H.s Vater und Großmutter in Strones wurden zu Wallfahrtszielen herausgeputzt. Da auf dem Döllersheimer Friedhof keine Gräber von H.-Vorfahren mehr gefunden wurden, erhielt die »Großmutter des Führers«, also Maria Anna Schicklgruber, ein nachträgliches Ehrengrab.[21]

Scharen von Journalisten machten sich auf die Suche nach rührenden Geschichten der Führerahnen. Als schließlich die Waldviertler um die Verwandtschaft mit dem »Führer und Reichskanzler« wetteiferten und an allen möglichen Stellen, vor allem in Wirtshäusern, mehr oder minder phantasievolle Ahnentafeln anbrachten, schritt H. im November 1938 ein: »Der Führer wünscht nicht, daß irgendwelche Ahnentafeln, die auf seine Person Bezug haben sollen, ausgehängt werden. Daher sind die jetzt angeschlagenen Ahnentafeln umgehend zu entfernen. Vorsorglich unterrichte ich Sie ferner davon«, so die Gauleitung Niederdonau an den Landeshauptmann, »daß gemäß Entscheidung des Führers das Anbringen von Gedenktafeln, die zur Erinnerung an Vorfahren des Führers oder an Aufenthalte des Führers selbst dienen sollen, verboten ist.«[22]

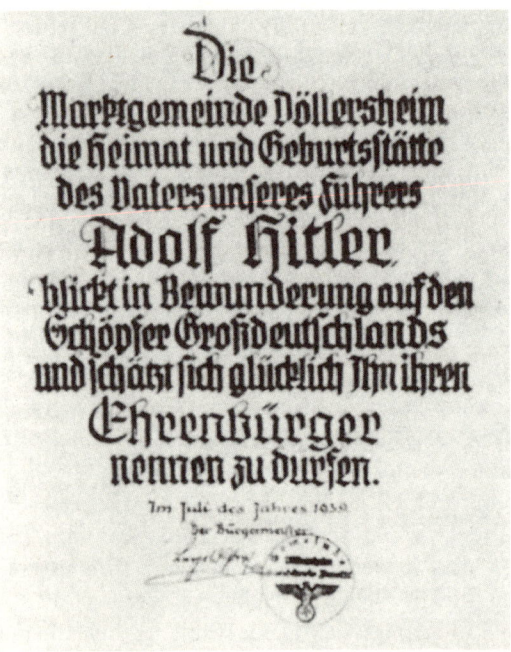

Im Gegensatz zu seinem geliebten Linz gewährte H. dem Waldviertel keine Vorrechte. Er verbot sogar im September 1938 der Stadt Döllersheim, einen Poststempel mit dem Zusatz »Vaterstadt des Führers« herauszubringen.[23]

Schon im August 1938 wurde ausgerechnet in der Gegend von Döllersheim, Zwettl, Allensteig ein Truppenübungsplatz errichtet, mit 162,5 Quadratkilometern der größte seiner Art in Westeuropa.[24] Die Bevölkerung dieser Gegend wurde ausgesiedelt, die Dörfer verfielen – einschließlich des Ortes Strones, wo H.s Vater und Großmutter geboren wurden (39 Häuser), und Klein-Motten (zehn Häuser), wo Maria Anna Hiedler, geborene Schicklgruber, gestorben war, und noch 1942 Döllersheim (120 Häuser). Das zeugte nicht gerade von H.s Pietät für seinen »Ahnengau« und nährte Gerüchte, er schäme sich seiner Vorfahren und wolle deren Spuren vernichten.

Die Döllersheimer Taufbücher, die einzige Quelle für die Schicklgrubersche Familiengeschichte, kamen in die Verwahrung der nächstgelegenen Pfarre Rastenfeld und existieren unversehrt bis heute.[25]

Von Verwandten wollte H. nichts mehr wissen: *Von Familiengeschichte habe ich gar keine Ahnung. Auf dem Gebiet bin ich der Allerbeschränkteste. Ich habe auch früher nicht gewußt, daß ich Verwandte habe. Erst seit ich Reichskanzler bin, habe ich das erfahren. Ich bin ein vollkommen unfamiliäres Wesen, ein unsippisch veranlagtes Wesen. Das liegt mir nicht. Ich gehöre nur meiner Volksgemeinschaft an.*[26]

Erst nach 1945 brachte H.s persönlicher Anwalt Dr. Hans Frank, ehemaliger Generalgouverneur in Polen, wirklichen Zündstoff für die Öffentlichkeit: Kurz vor seiner Hinrichtung schrieb er seine Erinnerungen – IM ANGESICHT DES GALGENS – und erwähnte hier folgende ganz neue Geschichte: Ende 1930 habe ihm H. einen Brief vorgelegt mit der Bemerkung, es handele sich hier um »eine ekelhafte Erpressergeschichte eines seiner widerlichsten Verwandten, die seine, Hitlers, Abstammung betreffe«. Der Verwandte habe Andeutungen gemacht, daß »im Zusammenhang mit gewissen Presseäußerungen ein Interesse daran bestünde, sehr gewisse Umstände unserer Familiengeschichte nicht an die große Glocke zu hängen«. Es gehe darum, daß »Hitler Judenblut in seinen Adern hätte, und er daher eine geringe Legitimation hätte, Antisemit zu sein«.[27]

H. habe ihn, Frank, beauftragt, der Sache vertraulich nachzugehen, und Frank wollte »aus allen möglichen Quellen«, die er nicht preisgab, folgendes erfahren haben: H.s Großmutter Schicklgruber sei vor der Geburt des Kindes Köchin bei einem Juden namens Frankenberger in Graz gewesen, vom Sohn des Hauses geschwängert worden und habe deshalb 14 Jahre lang Alimente für den kleinen Alois erhalten. Es habe »einen jahrelangen Briefwechsel zwischen diesen Frankenbergers und der Großmutter Hitlers« gegeben, »dessen Gesamttendenz die stillschweigende gemeinsame Kenntnis der Beteiligten war, daß das uneheliche Kind der Schicklgruber unter den Frankenberger alimentenpflichtig machenden Umständen gezeugt worden war«. Damit wäre H. nach seinen Rassegesetzen »Vierteljude« gewesen und hätte die erforderliche Eintrittskarte ins »Dritte Reich«, den »Ariernachweis«, nicht erbringen können.

Frank vermittelte in auffälliger Doppelzüngigkeit den Eindruck, daß er die These nicht für abwegig halte. H.s Dementi bei Frank wirkt – was offensichtlich beabsichtigt war – äußerst dürftig: H. habe gewußt, »daß sein Vater nicht von dem geschlechtlichen Verkehr der Schicklgruber mit dem Grazer Juden herstammte. Er wußte es von seines Vaters und der Großmutter Erzählungen.« Die Großmutter starb allerdings 42 Jahre vor Hitlers Geburt.

Aber, und jetzt kam Frank zu einer verwirrenden Erklärung, die angeblich aus H.s Mund stammte: »Die beiden waren arm. Der Jude zahlte die Alimente als höchst erwünschte jahrelange Zulage zum armseligen Haushalt. Man hatte ihn als den Zahlungsfähigen als Vater angegeben, und ohne Prozeß zahlte der Jude, weil er wohl einen prozessualen Austrag und die damit zusammenhängende Öffentlichkeit scheute.« Maria Anna Schicklgruber habe also dem mysteriösen Dienstgeber die Vaterschaft nur vorgeschwindelt und ihn zahlen lassen – eine beliebte Ausrede in der Nazizeit, wenn ein »Ariernachweis« an einem unehelichen jüdischen Vater zu scheitern drohte. Mit diesen Geschichten versuchte Frank, H.s Judenhaß »aus blutempörter Verwandtenhaßpsychose« zu erklären.

Freilich: in Graz gab es um 1830 gar keine ansässigen Juden. Seit der Vertreibung der Judengemeinde unter Maximilian I. um 1500 wehrten sich die steirischen Stände erfolgreich gegen eine neue jüdische Zuwanderung. Unter Josef II., also Ende des 18. Jahrhunderts, wurde den Juden zwar der Besuch in Graz gestattet, aber nur während der Marktzeit und für höchstens 24 Stunden. Erst die Grundrechte des Jahres 1849 erlaubten dann den Juden die Niederlassung in der Steiermark. 1856 begann die Grazer Judengemeinde mit ihrer Matrikelführung.

Außerdem: in der fraglichen Zeit 1836/37 gab es in Graz keine Familie Frankenberger, auch keine nichtjüdische. Familien mit Namen Schicklgruber gab es zwar, aber keine Maria Anna oder Anna Maria.[28] Der angeblich kompromittierende Briefwechsel tauchte nie auf, und niemand erwähnte ihn je. Es gab auch keinerlei Hinweise auf irgendwelche Alimentenzahlungen an die Kindesmutter, die den Sohn ja nach ihrer Heirat an den Schwager abgab und in Armut lebte und starb, als Alois zehn Jahre alt war. Vor allem: es gab nicht den geringsten Hinweis darauf, daß Maria Anna Schicklgruber das Waldviertel jemals verlassen hätte. Eine Beschäftigung im weit entfernten Graz wäre eine Besonderheit gewesen, die in der Waldviertler Verwandtschaft nicht hätte unbemerkt bleiben können. Übliche Ziele für Wanderarbeiter aus dem Waldviertel waren das rund 100 Kilometer entfernte Wien und das noch nähere Linz, kaum aber das doppelt so weit entfernte Graz jenseits des Semmerings – zumal für Dienstmädchen um 1830, die die Wege zu Fuß zurücklegten.

Die bitterarme Maria Anna Schicklgruber war zur Zeit der Geburt des Sohnes 41 Jahre alt, also für das 19. Jahrhundert schon ziemlich betagt, und sicherlich nicht gerade das, was man sich in manchen reichen Häusern leistete: ein junges und wegen der Infektionsgefahr auch möglichst unschuldiges armes Dienstmädchen vom Land, das den Sohn des Hauses in die »Liebe« einführen sollte – und auch gegenüber anderen Familienmitgliedern wehrlos war. Frank zeigte sich überdies derartig ahnungslos über H.s Familienverhältnisse, daß man sich H. als seinen Informanten kaum vorstellen kann.

Nun aber zu jenem erpresserischen Verwandten, dem angeblichen Anlaß für H.s Wißbegierde: Es handelt sich zweifellos um William Patrick Hitler, dem 1911 in England von einer irischen Mutter geborenen Sohn von H.s Halbbruder Alois jun. Alois machte sich kurz nach der Geburt des Kindes aus dem Staub, ließ Frau und Sohn jahrelang im Glauben, er sei tot – und heiratete in Deutschland wieder. Das brachte ihm 1924 eine Verurteilung wegen Bigamie ein.

Als H. berühmt wurde, sahen die ihm unbekannten armen irischen Verwandten eine Chance, zu Geld zu kommen, und gaben in

England Zeitungsinterviews als »Hitlers Verwandte«. Daraufhin zitierte H. den ihm bis dahin unbekannten 19jährigen Patrick 1930 zu sich nach München und machte ihm sowie dem Halbbruder Alois eine Szene: Er verbitte sich solche Aktivitäten. Die Familie solle nicht denken, auf seinen Rücken zu steigen und dadurch berühmt zu werden, soll er gesagt haben und: »Ihr Idioten!! Ihr werdet mich noch fertigmachen!... Mit welcher Vorsicht habe ich immer meine Person und meine persönlichen Angelegenheiten vor der Presse verborgen! Die Leute dürfen nicht wissen, wer ich bin. Sie dürfen nicht wissen, woher ich komme und aus welcher Familie ich stamme. Selbst in meinem Buch habe ich mir nicht ein Wort über diese Dinge erlaubt, nicht ein Wort! Und plötzlich entdeckt man einen Neffen! Einen Neffen! Man wird Untersuchungen anstellen. Man wird Spitzel auf die Fährte unserer Vergangenheit schicken.« Er habe sogar, so Patrick Hitler 1939 in einem Zeitungsinterview, geschluchzt und vor Wut Tränen vergossen.[29]

Dann versuchte H., die Verwandtschaft mit dem mehrfach vorbestraften Alois abzustreiten: Dieser sei gar nicht der Sohn seines Vaters, sondern ein Waisenkind, das die Familie aufgezogen habe. Doch Alois brachte die Taufurkunden zum Beweis: Danach war er ein voreheliches Kind der zweiten Ehefrau von Alois Hitler sen., der den Buben legitimierte.[30]

Patrick war nicht abzuschütteln. Nach 1933 reiste er arbeitslos nach Berlin und bat seinen Onkel um Unterstützung. Wie er später erzählte, genügte ein Hinweis auf die Taufpapiere des Vaters, um H. zum Zahlen zu bringen – was dieser offenbar als Erpressung verstand. H. verschaffte ihm eine Stellung und gab ihm gelegentlich auch Geld, ließ aber keinen Zweifel daran, daß er keinen Wert auf verwandtschaftliche Beziehungen lege.

Nach fast sechs Berliner Jahren kehrte Patrick Hitler im Januar 1939 nach England zurück und erlegte sich nun keinen Zwang mehr auf. Seine Interviews machten trotz spärlichen Inhalts Sensation: »Mein Onkel Adolf«, »Warum ich meinen Onkel hasse«[31] und ähnliches. 1939 emigrierte er mit seiner Mutter in die USA und verdiente seinen Unterhalt mit Vortragsreisen über seinen »Onkel Adolf«. Auch Patricks Mutter Bridget Hitler führte in den Zeitungen ihren »Privatkrieg gegen die Hitlerfamilie«, erst recht nach Kriegsausbruch.[32]

In allen diesen Interviews war nie die Rede von einem angeblich jüdischen H.-Großvater. Wieviel Geld hätten Patrick und Bridget Hitler mit dieser Story verdienen können! Auch gegenüber dem Secret Service in New York wies der Neffe 1943 energisch zurück, daß H.s Taufpaten Johann und Johanna Prinz Juden gewesen seien, wie gerade zuvor in einem Buch behauptet worden war.[33] Auch die postum veröffentlichten Memoiren Bridget Hitlers brachten nicht den leisesten Hinweis auf irgendwelche jüdische Verwandtschaft.[34]

Wie groß die Manipulation in diesem Zusammenhang ist, zeigt das Beispiel des Schriftstellers Franz Jetzinger: Er unterstützt Franks Frankenberger-These mit Hinweis auf ein Interview Patrick Hitlers im schwer zugänglichen PARIS SOIR: Nur habe der Neffe dort den Namen »Frankenreiter« statt Frankenberger genannt.[35] Dies jedoch ist eine reine Erfindung, denn im Interview ist weder die Rede von Frankenberger noch von Frankenreiter noch anderen angeblichen jüdischen H.-Großvätern.[36] Untersuchungen über den Namen »Frankenreiter« in Graz ergaben übrigens die Existenz eines verarmten katholischen Fleischermeisters dieses Namens. Der der Vaterschaft verdächtigte Sohn Franz war zur fraglichen Zeit zehn Jahre alt.[37]

Klarzustellen ist, daß die Frankenberger-Geschichte eine einzige Quelle hat: nämlich Hans Frank. Auf der Suche nach dem Motiv seiner doppelzüngigen Andeutungen kommt man auf den Verdacht, hier wolle der wütende Antisemit Frank den verhaßten Juden auch noch die Verantwortung für einen angeblich jüdischen H. zuschieben und sie jedenfalls durch Gerüchte verunsichern.[38]

Exkurs: Kubizek und Jetzinger als Quellen

H.s Linzer Jugendfreund August Kubizek, der dann auch in Wien einige Monate mit ihm ein Zimmer teilte, gab 1953 sein Erinnerungsbuch ADOLF HITLER. MEIN JUGENDFREUND heraus. Mangels anderer Augenzeugenberichte ist dieses Buch die Hauptquelle für die frühe H.-Biographie und bedarf einer Kritik.

Zunächst einige biographische Daten zu Kubizek: Nachdem er im Juli 1908 den Kontakt zu H. verloren hatte, setzte er in Wien sein

Musikstudium fort, das er 1912 abschloß. Er fand ein Engagement als zweiter Kapellmeister am Stadttheater Marburg an der Drau – zur selben Zeit, als sein Jugendfreund H. ohne Zukunftsaussichten armselige Jahre im Männerheim verbrachte. Der Ausbruch des Krieges hinderte Kubizek daran, das nächste Engagement am Stadttheater Klagenfurt anzutreten. Er heiratete am 1. August 1914 in Wien eine Geigerin aus Wien und wurde Soldat. Im galizischen »Karpathenwinter« 1915 überlebte er mit Mühe eine schwere Infektionskrankheit: »Aber meine Kraft war gebrochen für immer.« Nach dem Krieg brachte er sich mit Privatstunden durch, wurde 1920 Gemeindesekretär in Eferding bei Linz und organisierte dabei das Musikleben der Kleinstadt.[1]

Als er in den zwanziger Jahren zufällig in einer Illustrierten seinen Jugendfreund als politischen Redner erkannte, reagierte er mitleidig: »Ich bedauerte sehr, daß er ebensowenig wie ich seine künstlerische Laufbahn hatte vollenden können... Nun mußte er sich als Versammlungsredner seinen Lebensunterhalt verdienen. Ein bitteres Brot.«[2]

Als H. 1933 Reichskanzler wurde, gratulierte Kubizek schriftlich. In seiner Antwort (»Mein lieber Kubizek!«) schrieb H. am 4. August 1933: *Ich würde sehr gerne – wenn die Zeit meiner schwersten Kämpfe vorüber ist – einmal persönlich die Erinnerung an diese schönsten Jahre meines Lebens wieder wachrufen. Vielleicht wäre es möglich, daß Du mich besuchst.*[3] Doch Kubizek hatte weder Zeit noch Geld für die Reise und war wohl auch zu schüchtern.

Erst 1938 sahen die Jugendfreunde einander nach 30 Jahren wieder, im Linzer Hotel Weinzinger am 9. April 1938, einen Tag vor der Volksabstimmung über den bereits erfolgten »Anschluß«. H. empfing ihn mit dem Ausruf: *Der Gustl!*, sprach ihn aber mit »Sie« an. Am Fenster stehend, schauten sie auf die Donau, und H. ärgerte sich wie in alten Zeiten über die Donaubrücke: *Dieser häßliche Steg! noch immer steht er da. Aber nicht mehr lange, das sage ich Ihnen, Kubizek!*

H. ließ sich erklären, warum Kubizek kein großer Dirigent geworden war, fragte nach seiner Familie, den drei Söhnen – und erklärte sofort, die Kosten für deren Ausbildung zu übernehmen, was er auch einhielt.[4] 1939 bereitete H. dem bescheidenen Gemeindebeamten aus Eferding »die beglückendsten Stunden meines irdischen Daseins«: Er lud ihn nach Bayreuth ein.[5] Vier Aufführungen erlebte Kubizek. Am 3. August 1939 traf auch H. in Bayreuth ein und empfing Kubizek zu einem längeren Gespräch unter vier Augen. Wie früher drehte sich alles um Richard Wagner, dessen Grab sie gemeinsam besuchten. Vom jungen Wieland Wagner begleitet, besichtigten sie das Haus Wahnfried, vor allem Wagners Flügel. Schließlich stellte H. den Jugendfreund der Herrin von Bayreuth vor, Winifred Wagner, und erzählte ihr vom RIENZI-Erlebnis seiner Jugend mit dem bedeutungsschweren Kommentar: *In jener Stunde begann es.*[6]

Der Jugendfreund »Gustl« Kubizek

Auch 1940 trafen die beiden einander in Bayreuth, und zwar in der Pause der GÖTTERDÄMMERUNG. H. war nach den Siegen über Polen und Frankreich auf dem Höhepunkt seiner Macht. Angesichts des 52jährigen Jugendfreundes, der voll Sorge um seine Soldatensöhne war, gab er sich so nachdenklich, daß Kubizek den Eindruck hatte, als wolle er sich »rechtfertigen«. Dann sprachen sie über alte Zeiten. H.: *Arme Studenten, das waren wir. Und gehungert haben wir, bei Gott.* Und so weiter. Wie in alten Zeiten hörte sich Kubizek alles geduldig an.

Sofort nach Ende der Oper verließ H. Bayreuth durch ein Spalier jubelnder Menschen. Als er Kubizek am Straßenrand erkannte, ließ er die Wagenkolonne stoppen, fuhr auf ihn zu, schüttelte ihm die

Hand und winkte beim Weiterfahren noch einmal zurück, was erhebliches Aufsehen erregte. Es war das letzte Mal, daß die beiden einander sahen.[7]

Kubizek war nun als »Jugendfreund des Führers« eine Berühmtheit. Er blieb Gemeindebeamter, leitete das Standesamt und arbeitete für alle kulturellen Belange der Gemeinde. Erst 1942 trat er in die NSDAP ein und wurde »Propagandaleiter, Kulturhauptstellenleiter und Ortsverwalter« der Freizeitorganisation »Kraft durch Freude«, also eine unpolitische und wenig bedeutende Position.[8] H.s Privatsekretär Martin Bormann beauftragte ihn in dieser Zeit, für das Parteiarchiv der NSDAP die Erinnerungen an die gemeinsame Jugendzeit mit H. niederzuschreiben. Dafür erlebte Kubizek die einzige amtliche Bevorzugung: Er rückte 1943 außertourlich in eine höhere Besoldungsgruppe auf mit der Begründung: »Herr Kubizek ist ein Jugendfreund des Führers« und sei zur Zeit »mit der Ausarbeitung seiner Erinnerungen an die mit dem Führer gemeinsam verlebte Zeit beschäftigt.«[9] Kubizeks Hoffnungen, mit H.s Hilfe eine Stelle als Berufsmusiker zu bekommen, erfüllten sich nicht.

Das Schreiben fiel Kubizek schwer: »mit der Schriftstellerei ist es ein Kreuz, das liegt mir nicht«, zumal er »bei dem Conzept keinerlei Ruhe zur Sammlung hatte, im Büro fortgesetzt durch Parteienverkehr unterbrochen wurde«.[10] Um sich die Arbeit zu erleichtern, benutzte er einen Wiener Fremdenführer, schrieb daraus die Darstellungen von Wiener Sehenswürdigkeiten ab und schilderte, welche Bauwerke der junge H. schätzte und welche nicht. Er pries H.s soziales Denken, erwähnte dessen Abneigung gegen Habsburger und Sozialdemokraten.

Auch antisemitische Passagen kommen vor, so über den gemeinsamen Besuch der Mensa: »Es wimmelte in der Mensa von Juden. Man hatte tatsächlich das Gefühl, wie wenn man nach Palästina versetzt worden wäre, überall mauschelte es und Männlein wie Weiblein trugen die Zier der Krummnase.«[11]

Ansonsten schilderte er vor allem das breit, was er genau kannte: die Wiener Wagner-Inszenierungen und H.s musikalische Pläne, wie etwa die Wieland-Oper: »Ich war im Leben meines Freundes der musikalische Mitarbeiter und Sachbetreuer.«[12] Bewunderung für den Freund war unverkennbar: »Die schöpferische Kraft dieses Mannes ist unversiegbar groß und auch allseitig. Ich wüßte wirklich nicht, auf welchem Gebiete mein Freund schon damals nicht ganz universell beschlagen gewesen wäre.«[13]

Dieses erste Manuskript hat einen Umfang von rund 150 Druckseiten[14] und macht einen glaubwürdigen Eindruck, soweit es sich um persönliche Erlebnisse handelt, vor allem um Musik und Theater.

Nach Kriegsende wurde Kubizek wegen seiner privaten Beziehung zu H. verhaftet. Er verbrachte 16 Monate im Anhaltelager Glasenbach und wurde dort ständig – ergebnislos – verhört. Seine Erinnerungen und die H.-Briefe überdauerten in einer Mauer des Eferdinger Hauses.

Nach seiner Haftentlassung im April 1947 war Kubizek arbeitslos und brachte nur mit größter Mühe seine Familie durch. In dieser Notzeit lernte er den Bibliothekar der oberösterreichischen Landesregierung, Dr. Franz Jetzinger, kennen, der an einem Buch über H. arbeitete und von Kubizek Informationen wollte.

Jetzinger, geboren 1882, war katholischer Priester, aber 1921 exkommuniziert worden. Von 1919 bis zum Februar 1934 war er sozialdemokratischer Abgeordneter im oberösterreichischen Landtag, ab 1932 als Landrat Mitglied der oberösterreichischen Landesregierung in Linz. In dieser Funktion kam er auf verschlungenen Wegen in den Besitz von H.s Militärakt, den er auf seinem Dachboden versteckt hielt. Im Februar 1934 von der Regierung Dollfuß fünf Wochen inhaftiert, trat er 1935 wieder in die Kirche ein und wurde Amtsbibliothekar in Linz. 1944 wurde er von der Gestapo inhaftiert.[15] Doch H.s Militärakt, nach dem ab 1938 eifrigst gesucht wurde, blieb weiter versteckt.

Nach 1945 plante Jetzinger, dieses Dokument zum Anlaß für ein Buch über H. zu nehmen, und befragte Augenzeugen, so eben auch Kubizek. Kubizek erhoffte sich von Jetzinger amtliche Hilfe, um wieder seine alte Stelle zu bekommen. Er leistete für ihn erhebliche Arbeit, schrieb ihm lange Antworten auf seine Fragen, kopierte für ihn H.s Briefe und Karten, die noch völlig unbekannt waren – und gab die erste Fassung seiner Erinnerungen aus der Hand.

Jetzinger wiederum frischte durch seine gezielten Fragen Kubizeks Erinnerung auf und gab ihm im Verlauf langer Gespräche auch Informationen über seine eigenen Archivforschungen. Kubizek plante nun, einmal »ein eigenes Büchel« zu schreiben mit dem Titel:

»Hitler und die Frau«.[16] Im Mittelpunkt sollte die Linzer Stefanie stehen. Er weitete sein altes Manuskript aus und benutzte nun auch MEIN KAMPF als Orientierungshilfe. Beim Schreiben der ersten Fassung habe er zwar das Buch besessen, es aber, wie er versicherte, nicht gelesen.[17]

Wider Jetzingers Erwartungen erschien Kubizeks Erinnerungsbuch bereits 1953: ADOLF HITLER. MEIN JUGENDFREUND. Aus den rund 150 Seiten der ersten Fassung waren nun 352 geworden. Der Text ist weit lockerer und lesbarer als in den vorliegenden Entwürfen und offenkundig von einem geschickten Lektor gründlich überarbeitet. Die bewundernden Bemerkungen über den »Führer« fehlen, aber Kubizek läßt keinen Zweifel an seiner freundschaftlichen Bindung zu H., wie er auch im Brief an Jetzinger betonte: »Ich hatte nur einen Freund in meinem Leben: Adolf.«[18] Aber was die Aussagen über die gemeinsame Jugend mit H. betrifft, ändert Kubizek so gut wie nichts.

Manche Geschichten walzt er aus, so die Stefanie-Romanze. In den Daten ist er nicht sehr verläßlich, und manchmal trügt ihn seine Erinnerung. Einige seiner Fehler gingen als »Tatsachen« in die H.-Biographik ein, so daß die Wiener Vermieterin Frau Zakreys Polin statt Tschechin sein sollte. Da er die Hausnummer in der Stumpergasse mit 29 statt richtig 31 angab, wird bis heute auch stets das falsche Hitler-Wohnhaus photographiert. Aber alles in allem ist Kubizek glaubwürdig. Sein Buch stellt eine reichhaltige und – für die frühe H.-Zeit – einzigartige Quelle dar, ganz abgesehen von den hier publizierten Briefen und Karten des jungen H.

Freilich: die langen Passagen, die sich an MEIN KAMPF orientieren, verwirren statt zu informieren. Und Kubizeks Aussagen über den Antisemitismus sind vollends problematisch. Denn während nun keine eigene antisemitische Äußerung mehr zu finden ist, werden solche Bekundungen des jungen H. breit geschildert, und zwar auch in Episoden, die in der ersten Fassung des Manuskriptes nicht vorkommen. So bringt Kubizek die Schilderung, wie der junge H. angeblich einen ostjüdischen Hausierer wegen Bettelei bei der Polizei angezeigt hätte, und untermauert dies mit einem Zitat aus MEIN KAMPF.[19] Deutlich liegt ihm daran, seinen Freund schon in jungen Jahren als Antisemiten hinzustellen, der ihn, Kubizek, verführt habe: »Ich hatte in der Auffassung des Judenproblems schon in Wien mit meinem Freunde manche Auseinandersetzung gehabt, weil ich seine radikalen Ansichten durchaus nicht teilte.«[20]

Hier aber schreibt Kubizek deutlich in eigener Sache. Denn über seinen Antisemitismus ist er im Anhaltelager von den Amerikanern eingehend befragt worden und muß nun seine dortige Verteidigungslinie beibehalten. So schreibt er, H. sei 1908 in Wien in den Antisemitenbund eingetreten und habe ihn, Kubizek, ohne zu fragen gleich mit angemeldet: »Das war der Höhepunkt jener politischen Vergewaltigung, an die ich mich allmählich bei ihm gewöhnt hatte. Ich staunte um so mehr darüber, als Adolf es sonst ängstlich vermied, irgendwelchen Vereinen oder Organisationen beizutreten.«[21]

Aber: es gab vor 1918 in Österreich-Ungarn keinen Antisemitenbund. Die österreichischen Antisemiten waren politisch wie national derartig zerstritten, daß es zu einer solchen, dem »Deutschen Antisemitenbund« von 1884 ähnlichen Organisation nicht kam. Kubizek kann erst dem 1919 gegründeten Österreichischen Antisemitenbund beigetreten sein – und das freiwillig und ohne H.s Hilfe. Diese Frage ist deshalb so wichtig, weil Kubizek als einziger aller ernstzunehmenden frühen Augenzeugen den jungen H. als Antisemiten hinstellt (siehe S. 496ff.).

Kubizeks Buch hatte großen Erfolg und fand einen haßerfüllten Kritiker: Franz Jetzinger. Sein Zorn war insofern verständlich, als Kubizek Bilder und Dokumente abdruckte, die von Jetzinger stammten, so das Photo der Linzer Stefanie, und auch Informationen verwendete, die Jetzinger ihm gegeben hatte.

Jetzingers eigenes Buch, HITLERS JUGEND, erschien erst drei Jahre später, 1956. Jetzinger, der H. persönlich nicht kannte, seine Informationen aus zweiter Hand hatte und strenggenommen keine Quelle darstellt, fand einige bisher unbekannte Dokumente zur frühen H.-Biographie und Augenzeugen, etwa den Kostgänger Hagmüller oder H.s Schulkollegen und Nachbarn. Überdies machte sich Jetzinger um die weitere Forschung dadurch verdient, daß er Kopien seiner Arbeitsunterlagen in Archiven hinterlegte, darunter dem Oberösterreichischen Landesarchiv in Linz und dem Institut für Zeitgeschichte in München. Kubizeks erstes Manuskript kennen wir zum Beispiel nur durch Jetzingers Kopien.

Die große Schwäche des Jetzingers-Buches ist die ungerechte Polemik gegen den erfolgreicheren Kubizek, den er dessen ungeachtet seitenlang zitiert. Er wirft Kubizek fälschlich dessen angeblich tschechische Abstammung vor, schreibt abschätzig über den »Volksschüler vom Schlage Kubizeks«, nennt ihn »einen solchen anspruchslosen Menschen«[22] und ähnliches und stellt so gut wie alle Aussagen Kubizeks als unwahr hin. Dessen Buch enthalte »mindestens 90 Prozent Unwahrheiten und phantasievolle Märchen zur Verherrlichung Hitlers«.[23]

Das ist eindeutig falsch. Denn Jetzinger kreidet dem Rivalen Kubizek auch Aussagen als Fehler an, die sich bei neuerlicher Überprüfung als völlig korrekt herausstellen. So zum Beispiel hält er es für unmöglich, daß H. Mitglied des Linzer Musealvereins gewesen sei,[24] daß H. in der mit Kubizek verbrachten Zeit in Wien eine Demonstration erlebt habe und vieles dieser Art, das im einzelnen nicht bedeutsam ist, aber in seiner Fülle Kubizeks Glaubwürdigkeit zu Unrecht erschütterte. So verwirrte Jetzinger die ohnehin schwer einzuordnenden Quellen noch mehr.

Die meisten Historiker schenkten Jetzinger und nicht Kubizek Glauben. Denn Jetzinger, der zweifellos ein H.-Gegner gewesen war und damit politisch auf der richtigen Seite stand, verstand es geschickt, Kubizek als »Hitlers Freund« unglaubwürdig und politisch nicht tragbar zu machen. Und da dieser 1956, im Erscheinungsjahr von Jetzingers Buch, starb, konnte er sich nicht wehren.[25]

Verheerende Folgen in der Geschichtsschreibung haben bis heute vor allem zwei falsche Jetzinger-Aussagen: Die eine ist, H. habe seine Mutter auf dem Sterbebett allein gelassen. Das vertrug sich mit der politischen Stimmung besser als Kubizeks Aussage, daß H. ein treusorgender Sohn gewesen war – und wurde von H.-Biographen begierig aufgenommen. Jetzinger bezieht sich bei seiner Version auf die Aussage einer Hausbewohnerin in der Blütengasse, der Postmeisterswitwe. Diese machte sich im Alter mit vielen falschen Aussagen wichtig und wird selbst von Jetzinger als »senil« bezeichnet.[26] Die Aussagen Paula Hitlers und Dr. Blochs beweisen dagegen eindeutig, daß H. bei der kranken Mutter in Linz war und Kubizeks Aussagen der Wahrheit entsprechen. Die Geschichte vom lieblosen, ja grausamen Sohn ging auf dem Umweg über Bradley F. Smith[27] in die amerikanische H.-Literatur ein und regte den Psychiater Erich

Fromm zu seiner Theorie an, H. habe an »Nekrophilie« gelitten.[28] In der deutschen H.-Literatur ist dieser Wanderfehler bis zu Joachim Fests Biographie verbreitet.[29]

Einen zweiten Fehler setzte Jetzinger mit seiner Behauptung in die Welt, H. sei in Wirklichkeit nicht arm gewesen, wie er in MEIN KAMPF behauptet und Kubizek bestätigt, sondern wohlhabend. Um diese seine Theorie zu stützen, berechnet er das Familieneinkommen zu hoch und behauptet fälschlicherweise, daß das väterliche Erbteil von 652 Kronen bereits bei Vollendung des 18. und nicht, wie gesetzlich vorgeschrieben, des 24. Lebensjahres ausgezahlt wurde.

Der von Jetzinger gefundene Akt des Vormundschaftsgerichts vom 4. April 1903 besagt lediglich, daß Klara Hitler »die rechnungsfreie Verwendung der Zinsen von den väterlichen Erbteilforderungen ihrer minderjährigen Kinder Adolf und Paula Hitler bis zu deren vollendeten 18. Lebensjahr bewilligt« wurde.[30] Das bedeutete, daß den Kindern die Zinsen erst vom 18. bis 24. Lebensjahr gutgeschrieben wurden. Das Erbteil blieb nach gesetzlicher Vorschrift bis zur Erreichung des 24. Lebensjahres gesperrt. Tatsächlich erhielt der 24jährige H. erst im Mai 1913 die verzinste Summe seines väterlichen Erbteils von mittlerweile knapp 820 Kronen (siehe S. 567). Als 18jähriger konnte er also darüber nicht verfügen, und er verleugnete keineswegs 1908 sein väterliches Erbteil, wie Jetzinger kritisiert.[31]

Außerdem behauptet Jetzinger ohne jeden Nachweis, daß Johanna Pölzl ein Sparbuch mit einer Einlage von rund 3 800 Kronen besessen habe, das am 1. Dezember 1910 aufgelöst worden sei. Das Geld habe H. bekommen. Jetzinger reimt sich sogar zusammen, H. habe das Geld »in einem Sparinstitut deponiert«, muß aber zugeben: »Schwarz auf weiß zu dokumentieren, daß Adolf der Erbe war, ist mir leider nicht gelungen.«[32]

Auf dieser fadenscheinigen Angabe Jetzingers, die den Hauptzweck hat, den Intimfeind Kubizek der Lüge zu bezichtigen, baut dann Werner Maser weiter auf. Er verweist auf ein von ihm gefundenes undatiertes Testament von H.s bereits 1900 verstorbener Großtante Walburga Rommeder, die H.s Großmutter Johanna Hiedler zur Universalerbin eingesetzt habe. Selbst wenn dieses Testament nachweisbar wäre, ist doch unbekannt, ob es je in Kraft trat, welcher Art das Erbe war, was damit seit 1900 geschah und ob 1906, beim Tod von H.s Großmutter, überhaupt noch etwas davon vorhanden war. Trotzdem stellt es Maser ohne jeden Nachweis als Tatsache hin, daß H. »sehr hohe Beträge« aus dieser Erbschaft erhalten habe, die ihn »zu einem ausgesprochen vermögenden Mann« machten.[33]

So ging die Legende vom wohlhabenden jungen H. als angebliche historische Tatsache in die Welt.[34]

2 Das Wien der Moderne

Die k.k. Hofoper nach der Ära Mahler

Wohl gleich nach der Ankunft in Wien, jedenfalls noch im Februar 1908, macht sich der 18jährige H. auf den Weg zur Oper, um sich Professor Alfred Roller vorzustellen. Was dann geschieht, erzählt er später überraschend freimütig dem Wiener Gauleiter Alfred Eduard Frauenfeld: Mit Rollers Brief sei er »einmal bis zum Haus, dann habe ihn der Mut verlassen und er sei wieder umgekehrt. Nach inneren Kämpfen überwand er seine Schüchternheit, machte sich ein zweites Mal auf, kam bis ins Stiegenhaus, aber auch dann nicht weiter. Auch ein dritter Versuch mißlang.« Denn eine »Person« fragte den schüchternen Jüngling, was er dort wolle. »Er aber suchte mit einer Ausrede das Weite und, um einen Ausweg aus dieser ständigen Aufregung zu finden, vernichtete er den Brief.«[1]

Die Chance, von Roller als Künstler entdeckt zu werden, geht damit ungenutzt vorüber. Der junge H. riskiert keine Zurückweisung und kann sich sein Leben lang in der Illusion wiegen, ganz sicher Rollers Förderung bekommen zu haben, wenn er sich im Februar 1908 nur getraut hätte: *Ohne Empfehlung hat man in Österreich nichts erreicht. Als ich nach Wien kam, hatte ich eine Empfehlung zu Roller. Ich habe nur keinen Gebrauch gemacht davon. Wenn ich damals damit zu ihm gekommen wäre, so hätte er mich sofort genommen. Aber ich weiß nicht, ob das besser für mich gewesen wäre: Es wäre mir alles viel leichter geworden!*[2]

Ein anderes Mal meint er, ohne den Namen Roller zu nennen: »*Wie befangen sei er in seiner Wiener Zeit gewesen, obwohl er auf den verschiedensten Gebieten damals schon recht genau Bescheid gewußt habe. An einen großen Mann heranzutreten, habe er ebensowenig gewagt, wie etwa vor 5 Menschen zu reden.*«[3]

– Erst viele Jahre später, am 26. Februar 1934, kam es in der Berliner Reichskanzlei auf Einladung H.s zur ersten Begegnung des nunmehrigen Reichskanzlers mit dem 70jährigen kranken Professor

Roller. H. erzählte laut Roller »von den Eindrücken, die er im Jahre 1907 in Wien von meiner Tristan-Inszenierung erhalten habe: ›*Im 2. Akt, der Turm links in dem fahlen Licht*‹. ›*Und dann haben Sie ja noch ‚Walküre' gemacht. Im 2. Akt die steilen Halden... und ‚Rosenkavalier' und anderes von Strauss, ich glaube ‚Ägyptische Helena' und was noch alles ist ja auch von Ihnen...*‹« Dann habe H. lachend die Episode erzählt, »wie er mir seine Zeichnungen und Bühnenentwürfe vorlegen wollte, sich zu diesem Zweck durch eine Verwandte... ein Empfehlungsschreiben an mich verschafft, im letzten Augenblick aber doch sich nicht getraut habe, bei mir vorzusprechen.«[4]

Alfred Roller um 1910

Auf H.s Empfehlung inszenierte Roller 1934 in Bayreuth PARSIFAL. Richard Strauss dirigierte. Bei der Premierenfeier saß Roller neben H. Und wieder kam die Geschichte »von dem jungen Studenten aus Linz, der so gerne Künstler geworden wäre und den Mut nicht fand, an der Türe des Professor Roller zu klopfen«.[5]

In diesen Julitagen ermordeten in Wien österreichische Nationalsozialisten den Bundeskanzler Engelbert Dollfuß. H. hielt sich im nahen Bayreuth unauffällig bereit, um einzugreifen und die Macht in Österreich zu übernehmen. Nach dem Scheitern des Putsches gab es eine Verhaftungswelle gegen illegale Nationalsozialisten, darunter auch Rollers damals 23jährigen Sohn Ulrich, der an der Akademie für Bildende Künste Bühnenbild studierte. Alfred Roller starb 1935, ohne den Sohn noch einmal gesehen zu haben. –

Wenige Tage nach H.s mißglücktem Vorstoß bei Roller trifft H.s Linzer Freund August Kubizek in Wien ein. Sein erster Eindruck von der Unterkunft in der Stumpergasse: »Ein übler Geruch von Petroleum schlug mir entgegen... Alles sah trostlos und ärmlich aus.« Und: »Von der übrigen Welt konnten wir von unserer Behausung aus lediglich die kahle, verrußte Rückwand des Vorderhauses sehen. Nur wenn man ganz nahe an das freie Fenster herantrat und steil nach oben blickte, ließ sich ein schmaler Streifen Firmament entdecken, doch auch dieses bescheidene Stück Himmel war meistens von Rauch, Staub oder Nebel verhangen.«[6]

Noch am Abend seiner Ankunft führt H. den vom Verkehrstrubel verwirrten und ermüdeten Freund zur Ringstraße, um ihm die Hofoper von außen zu zeigen. Kubizek: »Auf die ärmliche Wohnung in der Stumpergasse hinauf kam es mir jetzt vor, als wäre ich auf einen anderen Planeten versetzt worden, so überwältigend war dieser Eindruck.«[7]

Da sie trotz langer Suche kein passendes Untermietzimmer für Kubizek finden – das Hauptproblem ist Kubizeks gemieteter Flügel –, kommen sie mit Frau Zakreys überein, ihnen für 20 Kronen Monatsmiete das »große« Zimmer zu geben und selbst mit Küche und Kabinett vorliebzunehmen. Die beiden jungen Männer organisieren ihr Leben: Adolf bleibt vormittags zu Hause und schläft lange, während Kubizek, der die Aufnahmeprüfung auf Anhieb schafft, das Konservatorium besucht. Nachmittags ist H. meist außer Haus, da »Gustl« in dieser Zeit Klavier und Viola übt. Nachts hält H. den Freund mit stundenlangen Monologen wach.

Im Mittelpunkt ihres Interesses steht auch in Wien die Oper. Das Werk Richard Wagners nimmt im Spielplan einen breiten Raum ein: Jährlich zwei- bis dreimal wird der ganze RING gespielt, außerdem TRISTAN UND ISOLDE, TANNHÄUSER mit Leo Slezak in der Titelrolle,[8] MEISTERSINGER, RIENZI, LOHENGRIN, FLIEGENDER HOLLÄNDER. Ein Beispiel aus dem Juni 1908: 2. Juni: HOLLÄNDER, 4.: TANNHÄUSER, 5.: LOHENGRIN, 7.: MEISTERSINGER, 9.: TRISTAN, 16.: RHEINGOLD, 17.: WALKÜRE, 19.: SIEGFRIED, 22.: GÖTTERDÄMMERUNG.[9]

Kubizek berichtet, sie hätten in ihrer gemeinsamen Zeit, Februar bis Juli 1908, jede Wagner-Vorstellung in der Hofoper miterlebt,

LOHENGRIN wie die MEISTERSINGER »gewiß zehnmal gesehen« und »natürlich« auswendig gekonnt.[10] Joseph Goebbels notierte 1935 in seinem Tagebuch: »Der Führer erzählt von den großen Wiener Sängern, besonders Slezak, den er sehr schätzte. Dort hat er zuerst Musik genossen. Wieder das alte Thema.«[11]

Um den geliebten Wagner zu hören, nimmt H. sogar die Volksoper in Kauf, obwohl ihm *der nüchterne »neusachliche« Stil des Gebäudes* mißfällt und er *die phantasielos öde Ausstattung des Hauses, der eine ebenso leere, nüchterne Inszenierung entsprach*, kritisiert. Kubizek: »Adolf nannte dieses Theater immer die ›Volksküche‹.«[12] Immerhin können sie sich hier sogar Sitzplätze leisten. Der billigste Platz im zweiten Rang kostet nur eineinhalb Kronen und damit weniger als der billigste Stehplatz in der Hofoper.

Kubizek: »Wagner zu hören, war für ihn nicht das, was man einen Theaterbesuch nannte, sondern eine Möglichkeit, sich in jenen außergewöhnlichen Zustand zu versetzen, in den er beim Anhören der Musik Richard Wagners geriet, in jenes Sichselbstvergessen, jenes in ein mystisches Traumland Entschweben, dessen er bedurfte, um die ungeheuren Spannungen seines eruptiven Wesens zu ertragen.«[13]

»Mit fieberndem Herzen« habe H. alles über den und von dem Meister gelesen und sich »mit unglaublicher Zähigkeit und Konsequenz« Wagners Werk und Biographie zu eigen gemacht, »als könnte dieser ein Teil seines eigenen Wesens werden«. »Es konnte geschehen, daß Adolf... mir auswendig den Text eines Briefes oder einer Aufzeichnung von Richard Wagner vortrug oder mir eine seiner Schriften, beispielsweise ›Kunstwerk der Zukunft‹ oder ›Die Kunst der Revolution‹ vorlas.«[14] Wagner wird auch weltanschaulich und politisch zu einem Leitbild des jungen H.

Ich war so arm in meinen Wiener Jahren, daß ich mir nur die allerbesten Vorstellungen hab' leisten können, und so erklärt sich, daß ich den Tristan damals schon dreißig bis vierzig Mal gehört habe in seiner allererstens Besetzung, dazu Verdi und einiges wenige andere, nicht aber, was drum und dran gespielt wurde.[15]

Die häufigen Opernbesuche in den ersten Wiener Monaten müssen auch bei noch so großer Sparsamkeit H.s finanzielle Möglichkeiten überstiegen haben. Eine Karte im Stehparterre kostete zwei Kronen, bei Sonderaufführungen, wie etwa einem Enrico-Caruso-

Gastspiel oder Premieren, sogar vier Kronen. Ein solcher Platz im Stehparterre unterhalb der Kaiserloge, mit ausgezeichneter Akustik und perfekter Sicht, war hochbegehrt und mußte durch stundenlanges Anstehen erkämpft werden. Laut Kubizek standen sie vor einer oft fünfstündigen Wagner-Oper zunächst drei Stunden in den Arkaden, also draußen, und dann zwei Stunden im Gang für einen guten Platz bei der Kartenausgabe.

Das Stehparterre war damals durch eine Bronzestange in zwei Hälften geteilt: Die eine Hälfte war für Zivil-, die andere für Militärpersonen. Frauen und Mädchen war der Zutritt verboten, laut Kubizek »ein Umstand, den Adolf sehr schätzte«. Die Militärs, die »weniger der Musik zuliebe als um das gesellschaftliche Ereignis zu genießen, in die Hofoper gingen«, mußten nur zehn Heller zahlen. »Darüber geriet Adolf immer wieder in Wut« – zumal die militärische Hälfte des Stehparterres im Gegensatz zur zivilen meist nur schütter besetzt war.[16]

Die billigeren Stehplätze auf der dritten (1,60 Kronen) und vierten (1,20 Kronen) Galerie schätzt der junge H. laut Kubizek gar nicht: Denn dort sind erstens Akustik wie Sicht viel schlechter als im Stehparterre, zweitens aber und vor allem sind dort auch Damen zugelassen, was H. Unbehagen bereitet.

Um die Garderobengebühr zu sparen, verzichten die beiden jungen Männer häufig auf Mantel und Hut und frieren beim Anstellen. Außerdem verlassen sie meist Punkt 21.45 Uhr die Oper, um noch vor der Schließzeit um 22 Uhr die Stumpergasse zu erreichen und den »Sperrsechser« (je 20 Heller) für den Hausmeister zu sparen, da im damaligen Wien die Mieter keinen Hausschlüssel hatten.[17] Den versäumten Opernschluß muß Kubizek dann zu Hause auf dem Klavier vorspielen.[18]

In der k.k. Hofoper war Ende 1907 die zehnjährige Direktion Mahler zu Ende gegangen. Der von Intrigen und Antisemitismus entnervte Gustav Mahler hatte aufgegeben und ein Angebot der Metropolitan Opera in New York angenommen. Damit stand sein Alter ego Alfred Roller als »Moderner« in der Wiener Hofoper auf verlorenem Posten. Auch in seinem Brief an Johanna Motloch erwähnte Roller »das mannigfaltige Unbehagen, das mir naturgemäß aus Mahlers Abgang und dem Eintritt ganz neuer Arbeitsbedingungen erwächst... Direktor von Weingartner behandelt mich zwar geradezu mit Auszeichnung, aber das zopfige Beamtenvolk macht mir recht oft das Leben nicht leicht. Jetzt ist natürlich die schärfste Zeit.«[19]

Am 25. Februar 1908 brachte Roller seine erste Inszenierung in der Direktion Weingartner heraus: TIEFLAND, komponiert vom Klaviervirtuosen und Liszt-Schüler Eugen d'Albert, nach dem Libretto Rudolf Lothars, eines Mitarbeiters der NEUEN FREIEN PRESSE. Das Werk war im Vorjahr erfolgreich in Berlin uraufgeführt worden und nun zum erstenmal in Wien zu sehen.

Die Wiener Kritiken waren, was Libretto und Musik anging, verhalten. Der dargestellte Gegensatz von Bergeshöhen und Tiefland sei einfältig: »Von der Schneegrenze an gibt es nur tugendhafte, einfältige, aber fromme Menschen, drunten im Tiefland aber nur Schmutz, Herrenrecht und Spottchöre«. D'Alberts »Cantilene ist ein wenig dürftig, seine Erfindung von Natur aus knapp, obendrein noch sparsam. Eindeutige Musik, conventionell zum Teil, mit einer leichten Knickung ins Gewöhnliche. Die heiteren Scenen leben vom Operettenschmiß, den tragischen fehlt der echte Aufschwung.«

Aber der Dirigent Franz Schalk, die Sänger, vor allem Erik Schmedes als Pedro, und Roller als Ausstatter hatten Erfolg: »Das Werk wuchs in dieser unvergleichlichen Darstellung und Inscenirung, es bekam förmlich Flügel, erzielte außerordentliche Wirkungen. Und so stimme ich denn gerne in den Jubel ein, der gestern zum Schlusse ausbrach«, so ein Kritiker.[20]

Noch als »Führer des Großdeutschen Reiches« zeigte H. seine Vorliebe für TIEFLAND. Jedenfalls wünschte er am 27. Oktober 1938 bei seinem offiziellen Besuch der Wiener Staatsoper die Aufführung dieser Oper. Der Dirigent Hans Knappertsbusch wie die Philharmoniker waren überrascht, da sie fest mit einem Wagner-Wunsch gerechnet hatten und nicht mit dieser uralten Roller-Inszenierung von 1908. Professor Otto Strasser, der diesen Abend als Philharmoniker miterlebte, erzählte der Autorin, daß Knappertsbusch mißmutig und unkonzentriert die ungeliebte Oper für einen ungeliebten Festgast dirigiert habe.

H.s Erinnerung an die Premiere unter Schalk im Jahre 1908 überstrahlte offenbar die Reprise. Gut möglich, daß seine Kritik am Dirigenten auf diese Aufführung zurückging: »Sich eine Opernaufführung Knappertsbuschs anzuhören, sei eine Strafe.«[21]

Auch unter dem neuen Operndirektor Felix von Weingartner blieben nicht weniger als 21 Inszenierungen von Mahler/Roller im Repertoire der Wiener Hofoper, vor allem die Werke Wagners. Weingartner bemühte sich jedoch, die Spuren seines ungeliebten Vorgängers zu verwischen, entließ viele von Mahlers bevorzugten Sängern und achtete unter dem Beifall der Antisemiten darauf, daß keine Juden mehr engagiert wurden. Das ALLDEUTSCHE TAGBLATT: »Früher, unter Mahler, vergleichbar dem bösen Zauberer Klingsohr aus ›Parzifal‹, wurden nur Rabbiners-, Ganselstopfers- und Hausiererstöchter angestellt«, eben »plattfüßige Rassegenossen«.[22]

Direktor Weingartner

Im Juni 1908 kam es in einer WALKÜRE zu Krawallen und Schlägereien auf der Galerie der Hofoper. Mahler-Anhänger und Wagnerianer protestierten gegen massive Streichungen in der Partitur und die Verfälschung des Mahler/Roller-Konzeptes und forderten die Aufführung der kompletten Oper wie zu Mahlers Zeiten. Für Weingartner und für die Kürzungen kämpften die Antisemiten und die zahlreichen Mahler-Feinde.

Hier die Schilderung im ALLDEUTSCHEN TAGBLATT unter dem Titel »Jüdische Frechheit in der Hofoper«: »Eine Anzahl krummnasiger Mahlerianer, die netten Dickschädel (Katzenköpfe) gar fein und lieblich mit schwarzer Negerwolle versehen (homo negroides), fand die Gelegenheit günstig, um sich in lärmenden Demonstrationen zu ergehen. Die Mitglieder des Orchesters, die Herrn Weingartner als Dirigenten ersten Ranges verehren und froh sind, daß sie den jüdischen Gaukler Mahler endlich losgeworden sind, feierten dagegen ihren Direktor wie ein Mann durch Aufstehen von ihren

Sitzen und herzlichen Beifall. Nach dem zweiten Akte erschien die Polizei auf der Galerie und hatte die namenlose Kühnheit, sechs Judenbuben zu verhaften, ohne vorher zu dieser völkerrechtswidrigen Brutalität von Herrn Oberrabiner Dr. Güdemann die Erlaubnis einzuholen.«

Es sei vorher schon einmal die Aufführung der MEISTERSINGER gestört worden, »denn der Germane Wagner war den Negerblütigen stets unsympathisch. Aber sie hatten die Rechnung ohne den Wirt gemacht, denn kaum hatte so ein Teufelsbraten den Rachen geöffnet und ein wenig gegröhlt, so saß ihm auch schon eine mächtige Schelle im Gesichte, verabreicht von einem Musensohne, der seine Körperkräfte auf dem Fechtboden gar mächtig gestärkt hatte. Einige Minuten hatten wackere Studenten nun viel zu tun, um alle Judengesichter zu zeichnen und die dazugehörigen Knochen regelrecht vor die Tür zu werfen; aber es ging so glatt vonstatten, daß sich selbst das scharfe Ohr des Dirigenten Herbeck täuschen ließ und das Aufklatschen wutentbrannter Studentenhände auf den verehrlichen Semitengesichtern als Beifallsklatschen einer durch den Genius Richard Wagners begeisterten Schar ruhig hinnahm.«[23]

Die »gute Gesellschaft« Wiens machte kaum Anstalten, den ungeliebten Mahler zu verteidigen. Allzu schroff hatte er als Direktor agiert, unzugänglich gegenüber Interventionen, kompromißlos in seinen künstlerischen Ansprüchen. Aus dem Rendezvousplatz der »Gesellschaft« hatte er einen Tempel des Musiktheaters gemacht, sehr zum Ärger jener, die nicht wegen der Musik, sondern wegen der Geselligkeit die Oper besuchten.

Die Kunst erfordere ernste Konzentration, meint der junge H. zu seinem Freund und entrüstet sich über jene Besucher, *die in die Oper kommen, um gesehen zu werden, schöne Toiletten und teuren Schmuck vorzuführen, dort zu flirten, oder womöglich Geschäfte abzuschließen, um dann natürlich noch vor Schluß der Vorstellung in einem Tanzlokal den Abend amüsant zu beschließen... Die Kreise solcher Provenienz gehören nicht in das erste Kunstinstitut des Reiches, sie sollen sich im Nachtlokal vergnügen.*[24]

Im Streit um Mahlers Wagner-Konzept stehen die beiden jungen Wagnerianer H. und Kubizek eindeutig nicht auf der Seite der Antisemiten. Kubizek versichert, H. habe Mahler »größte Bewunderung« entgegengebracht.[25] Selbst im unpublizierten, im Auftrag der

NSDAP geschriebenen Teil seiner Erinnerungen schreibt Kubizek zu Mahler, »welcher wohl auch ein Jude war, trotzdem aber von Adolf Hitler geachtet wurde, weil Gustav Mahler sich der Musikdramen Richard Wagners annahm und dieselben in einer für die damalige Zeit geradezu blendenden Vollendung herausbrachte«.[26] Mit ihrer Verehrung für Mahler und Roller stehen H. und Kubizek auf der Seite der »krummnasigen Mahlerianer« und »Hebräer«.

Trotz aller Proteste setzten sich freilich die Kürzungen auch an der Wiener Oper durch. An anderen Häusern waren sie ohnehin üblich. Bei einem Bayreuther LOHENGRIN 1936 habe H. sehr aufgeregt reagiert, so erzählte die neben ihm sitzende Winifred Wagner, als der Tenor in der Gralserzählung überraschend eine üblicherweise gestrichene Passage sang.[27] Was nur Kenner des Werkes bemerkten, war H. durch die ungekürzten Wagner-Fassungen seiner Wiener Zeit wohl vertraut.

Die Leidenschaft für Wagner war um diese Zeit schon politisch besetzt, spätestens seit der »Führer der Alldeutschen«, Georg Schönerer, den Trauerkommers der deutschen Studenten für den eben verstorbenen Wagner 1883 zu einer deutschnationalen Kundgebung gemacht hatte. Deutschnationale Feste waren stets von Wagner-Musik begleitet, so zum Beispiel das große Schulvereinsfest am 8. Dezember 1909 in Wien, das mit der Ouvertüre zu RIENZI begann und mit Musik aus den MEISTERSINGERN endete.[28]

Andererseits waren die jüdischen Wagnerianer und Mahler-Verehrer nicht willens, aus politischen Erwägungen ihre Liebe zu Wagner aufzugeben. Der H. bald wohlbekannte Brigittenauer Arbeiterführer Dr. Wilhelm Ellenbogen wetterte in Arbeiterversammlungen gegen »die neueste Wagnerverhunzung«: Wagners Kunst sei »breiten Schichten« »ein teures Gut, ein Heiligtum geworden. Und wir können nicht zugeben, daß jetzt eine plumpe Hand dazwischenfährt und den edlen Leib dieses Kunstwerks mit mörderischen Schnitten zerfleischt und verstümmelt.« Es gelte, »Kultur zu behüten und das Recht des Volkes auf seine Kunst unverkürzt zu erhalten. Die Hände weg von diesem Heiligtum!«[29]

Angeregt durch den von ferne angeschwärmten Roller, vielleicht auch immer noch mit dem Vorsatz, bei ihm vorstellig zu werden, macht sich H. in dieser Zeit mit Einzelheiten der Bühnentechnik vertraut. Laut Kubizek verfaßt H. Schauspiele und Dramen aus der deutschen Heldensage, zeichnet Bühnenbilder und Kostüme. Höhepunkt dieser Unternehmungen ist der verbissene Versuch, jenes germanische Weihespiel zu »vollenden«, das Wagner im Aufsatz DAS KUNSTWERK DER ZUKUNFT nur skizzierte: WIELAND DER SCHMIED. In der Sage schmiedet der gefangene Wieland sich Flügel, um damit in die Freiheit zu fliegen. Wagner am Schluß des Aufsatzes: »O einziges, herrliches Volk! Das hast du gedichtet und du selbst bist dieser Wieland; Schmiede deine Flügel und schwinge dich auf!«

A. H., Skizze zu einem Bühnenbild für »Lohengrin«

Der 19jährige H. habe nicht nur Text und Bühnenbild von WIELAND in Angriff genommen, sondern auch die Musik dazu komponieren wollen. Er habe ihm, Kubizek, beweisen wollen, »daß er, auch ohne das Konservatorium zu besuchen, musikalisch dasselbe, ja noch mehr zu schaffen vermöchte als ich, denn nicht auf die Weisheit der Professoren käme es an, sondern auf den genialen Einfall«.[30] Da H. weder die mindeste Ahnung von Harmonielehre hat noch genügend gut Noten lesen kann, soll der Musikstudent Kubizek die »Einfälle« des Freundes niederschreiben und – nach stümperhaftem Vorspiel auf dem Klavier – instrumentieren.

Der ergebene Kubizek schreibt später schönfärberisch von »weitverzweigter Polyphonie« der Komposition und klagt über H.s Eigenwilligkeit: Die Niederschrift habe schließlich von Vorzeichen geradezu gewimmelt. Außerdem habe »der metrische Taktwechsel zu den ständigen Erscheinungen gehört«.[31] H. habe »so fieberhaft« gearbeitet, »als hätte ihm ein ungeduldiger Operndirektor einen viel zu nahen Termin gestellt und würde ihm bereits das Manuskript in Teilen aus den Händen reißen«.[32] Das absonderliche Unternehmen zeigt die Verbissenheit wie die Selbstüberschätzung des jungen Mannes, dessen einzige musikalische Ausbildung in einem viermonatigen, wenig erfolgreichen Klavierunterricht bestand.

Bei solchen Bemühungen erwirbt sich H. jene Kenntnisse, mit denen er später Fachleute erstaunte. Mancher Theaterdirektor wunderte sich über H.s »Interesse für den Durchmesser von Drehbühnen, Versenkmechanismen und besonders für die verschiedenen Beleuchtungstechniken. Er kannte alle Steuerungssysteme und konnte sich bis ins Detail über die richtige Beleuchtung für bestimmte Theaterszenen verbreiten.« Laut Albert Speer habe H. noch als Reichskanzler Bühnenentwürfe für Wagner-Opern gezeichnet und sie seinem Lieblingsbühnenbildner Benno von Arent zur Anregung gegeben. Es seien »sauber ausgeführte und mit Farbstiften kolorierte« Entwürfe für alle Akte von TRISTAN UND ISOLDE gewesen und ein anderes Mal Entwürfe für sämtliche Szenen des RINGS DES NIBELUNGEN. Dabei habe er »voller Genugtuung« bei Tisch erzählt, *drei Wochen lang Nacht für Nacht darüber gesessen* zu haben, und das bei einem in dieser Zeit besonders gedrängten Terminkalender.[33]

Die in Wien erworbenen Kenntnisse fließen später deutlich in die bühnenreifen Inszenierungen der Nürnberger Parteitage und verschiedenster Feste und Weihestunden ein. Speers »Lichtdome« setzen dabei Rollers »Lichtregie« fort. Das rote Fahnenmeer, die Aufmärsche bei Trommelwirbel und Wagner-Musik, möglichst bei Dunkelheit, wenn die Zuhörer leichter in eine weihevolle, gefühlsträchtige Stimmung versetzt werden können: dies läuft alles wie in einer perfekt inszenierten Wagner-Oper ab, mit dem großen Höhepunkt, dem Auftritt und der Rede des Reichskanzlers.

Für Musik abseits der Oper interessiert sich H. wenig. Manchmal bekommt Kubizek vom Konservatorium Freikarten für Konzerte im »Goldenen Saal« des Musikvereins. Hier hört H. zum erstenmal die damals noch selten gespielte Musik seines oberösterreichischen Landsmannes Anton Bruckner, und zwar die vierte Symphonie, die »Romantische«, und ist laut Kubizek »in jeder Beziehung berauscht«.[34] H. erwähnt Bruckner später stets voller Stolz, so 1942 nach der Aufführung der siebten Symphonie: *Lauter Volksweisen aus Oberösterreich, nichts wörtlich übernommen, aber doch Stück für Stück Ländler und anderes, das mir aus meiner Jugend vertraut ist. Was der Mann aus dem an sich doch primitiven Stoff gemacht hat!... Man kann sich denken, was für einen schweren Stand das kleine Bäuerlein gehabt hat, als es nach Wien gekommen war, in diese großstädtisch verdorbene Gesellschaft!*[35]

Nichtdeutsche Komponisten interessieren H. laut Kubizek nicht: »Weder Gounod, dessen ›Margarete‹ er als kitschig bezeichnete, noch Tschaikowsky oder Smetana konnten ihm Eindruck machen... Nur die deutschen Meister ließ er gelten. Wie oft sagte er zu mir, er sei stolz, einem Volke anzugehören, das solche Meister hervorgebracht habe. Was kümmerten ihn die anderen. Weil er sie nicht gelten lassen wollte, redete er sich auch ein, daß ihm ihre Musik nicht gefiele.«[36]

Ausnahmen habe er nur bei Franz Liszt gemacht als »Schützer Richard Wagners« und bei Edvard Grieg als dem »nordischen Beethoven«.[37] Aber es habe ihm auch, so Kubizek, der Zugang zu Beethoven, Mozart, Gluck gefehlt wie auch jedes Verständnis für moderne Musik, worin er allerdings mit den meisten seiner Zeitgenossen einig ist.

Ringstraßenarchitektur

Der Musiker Kubizek erweckt den Eindruck, als hätte sich H.s Denken in Wien vor allem um die Oper gedreht, die sie ja abends gemeinsam erleben. Was H. tagsüber macht, weiß der Freund nicht so genau. So nimmt er auch keinen Anteil an H.s Hauptinteresse, der Architektur und hier vor allem der der Ringstraße. Sie war ihm schon bei seinem ersten Wienbesuch *wie ein Zauber aus Tausendundeiner Nacht* erschienen, und zeitlebens schwärmte er, die Ringstraße sei *der schönste Straßenzug, der je auf alten Befestigungsanlagen errichtet wurde, mit Bauten, die wohl in eklektischen Stilen, aber durch eigen-*

*willige gute Architekten gestaltet und daher nicht ins Epigonenhafte verfallen sind.*³⁸

Die 1865 eröffnete Ringstraße, ein vier Kilometer langer kreisförmiger Prachtboulevard rund um die Wiener Innenstadt, war die wichtigste städtebauliche Veränderung Wiens seit dem Mittelalter. Bis 1857, als Kaiser Franz Joseph den Befehl zum Abbruch der Stadtmauern gab, war Wien eine enge, dunkle, überfüllte Stadt, eingezwängt in die mittelalterlichen Mauern. Die Vorstädte ringsum waren noch durch das »Glacis« von der Stadt getrennt, einen weiten, unbebauten 450 Meter breiten Wiesengürtel, der als Exerzier- und Paradeplatz, aber auch als Erholungsgebiet genutzt wurde.

Die jahrzehntelangen Bauarbeiten waren um 1900 fast abgeschlossen, die Innenstadt seit 1890 mit den Vorstädten vereint. Wien war nun eine großzügige moderne Metropole, die Ringstraße Ausdruck kaiserlicher Macht, allerdings in einer Zeit, als diese Macht längst im Schwinden war. H. meinte in einer Rede 1929, der Ringstraße liege der politische Gedanke zugrunde, *der damals bereits von destruktiven Kräften zerrissenen Monarchie in einem großen, überragenden, herrlichen Mittelpunkt eine Zentralgewalt, eine Anziehungskraft zu geben... Der kleine Mann, der in die Großstadt kommt, der in die Residenz kommt, er soll das Gefühl haben, daß dort der König, daß dort der Herrscher lebt.*³⁹

Glanzpunkte der Straße sind die öffentlichen Gebäude in verschiedenen historischen Stilen: vom Hellenismus (Parlament) über die Neugotik (Votivkirche und Rathaus) bis zur Renaissance (Burgtheater, Hofoper, Börse, Universität). Dazwischen reihen sich die vornehmsten Hotels der Stadt, die Palais des neuen Geld- und Industrieadels, der »Ringstraßenbarone«, und Mietspaläste.

H. preist zeitlebens die Wiener Hofoper als das *prachtvollste Opernhaus der Welt mit einer großartigen Akustik* und erzählt häufig die Geschichte der beiden unglücklichen Opernarchitekten Eduard van der Nüll und August Siccard von Siccardsburg: Der eine beging aus Kränkung über die scharfe Kritik am Neubau Selbstmord, der andere starb kurz darauf. Ihre glänzende Rehabilitierung erlebten beide nicht.⁴⁰ H. studiert das neugotische Rathaus und schwärmt für den *herrlichen Bau* des hellenistischen Parlaments, des Hauptwerks des dänischen Architekten Theophil Hansen: *Ein hellenisches Wunderwerk auf deutschem Boden.*⁴¹

Vor allem bewundert H. Gottfried Semper, den Architekten des Burgtheaters,[42] und kopiert dessen Skizzen für seine eigenen Entwürfe eines Linzer Landestheaters.[43] Sempers berühmte Burgtheater-Prunkstiegen sind in H.s Plänen ebenso wiederzufinden wie der von Semper bevorzugte Baustil der Renaissance. 1940 noch nimmt sich H. vor, den alten Semper-Plan einer »Reichsoper« in Berlin auszuführen: *Das Schönste und Beste, das es geben kann.*[44] Auch mit Sempers nie verwirklichten Ausbauplänen des Heldenplatzes beschäftigt sich der junge H. eingehend (siehe S. 166f.).

Gottfried Sempers Burgtheater am Ring

H. habe sich an diesen Bauten »geradezu berauschen« können und sie bis ins Detail studiert, schreibt Kubizek: »Er konnte oft stundenlang so ein Bauwerk ansehen und behielt so alle auch ganz nebensächlichen Kleinarbeiten in seinem Gedächtnis.«[45] »Daheim zeichnete er mir dann die Grundrisse, die Längsschnitte auf oder versuchte irgendein interessantes Detail vorzunehmen. Er lieh sich Werke aus, die ihn über die Entstehungsgeschichte der einzelnen Bauten unterrichteten... Ich staunte immer, wie gut er über Seitenportale, Treppenanlagen, sogar über wenig bekannte Zugänge oder Hinterpforten orientiert war... So wurde ihm die Ringstraße zu einem lebendigen Anschauungsobjekt, an dem er seine architektonischen Kenntnisse messen und seine Ansichten demonstrieren konnte.«[46]

Laut Kubizek umgibt sich der 19jährige H. »in zunehmendem Maße mit Fachliteratur«, vor allem mit einem Buch über die Geschichte der Baukunst. Es habe ihm Spaß gemacht, »wahllos ein Bild darin aufzuschlagen, mit der Hand die darunter stehende Erklärung zu verdecken und mir auswendig zu sagen, was dieses Bild darstelle, etwa die Kathedrale von Chartres oder den Palazzo Pitti in Florenz. Sein Gedächtnis war geradezu bewundernswert«,[47] ebenso wie der Arbeitseifer: »einmal saß Adolf stundenlang über den Büchern, dann wieder schrieb er bis tief in die Nacht hinein und wieder einmal war der Flügel, der Tisch, sein Bett und das meine, ja sogar der Fußboden, mit Zeichnungen bedeckt«.[48] Laut Kubizek entwirft sein Freund nie »Profan- und Werksbauten... Immer schwebte seine Phantasie in höheren Regionen und in seinen Planungen wurde nie nach dem Kostenpunkt gefragt.«[49]

H. bedauert später den Verlust dieser frühen Zeichnungen: *das war mein kostbarster Besitz, mein Gehirneigentum, das ich nie hergegeben hätte, so wie ich die Bilder losgab... Wenn ich heute in der Lage bin, aus dem Handgelenk z. B. den Grundriß eines Theatergebäudes aufs Papier zu werfen, so mache ich das ja auch nicht im Trancezustand. Das ist alles ausschließlich das Ergebnis meines damaligen Studiums.*[50]

Spätere Zeugen bestätigen H.s Kenntnisse. Laut Speer konnte er die Ringstraße und die anliegenden Bezirke mit den großen Gebäuden maßstabsgerecht aus dem Gedächtnis zeichnen.[51] Dem Architekten Hermann Giesler erzählt H. später, er habe in seiner Jugend auch die großen Städteplanungen von Paris unter Haussmann und von München unter König Ludwig I. studiert.[52] Tatsächlich hatte er, was Augenzeugen in Paris 1940 erstaunt bemerkten, genaue Kenntnisse der großen Pariser Bauwerke, vor allem der Pariser Oper.[53]

Wie stark H.s Prägung durch Wien ist, zeigt sich auch, als er 1942 die mangelnde künstlerische Qualität mancher Denkmäler in Deutschland kritisiert: sie seien meist *Potentaten hoch zu Roß mit wallendem Helmbusch*. Von den sechs rühmlichen Beispielen, die er nennt, stehen vier in Wien – das gotische Grabmal Kaiser Friedrichs III. im Stephansdom, das klassizistische Reiterstandbild Josefs II. auf dem Josefsplatz und zwei Denkmäler des Heldenplatz-

Komplexes: die 1888 aufgestellte Gruppe um Maria Theresia zwischen den Hofmuseen und Anton Fernkorns Reiterdenkmal des Prinzen Eugen.[54]

Kubizek wundert sich, daß sein Freund keine Gelegenheit sucht, »seine Kenntnisse praktisch zu erproben oder doch an seminarmäßigen Übungen im Bauzeichnen teilnehmen zu können. Es war ihm gar nicht darum zu tun, mit Menschen gleicher beruflicher Interessen zusammenzukommen und sich über gemeinsam interessierende Probleme auszusprechen.«[55] Auf die besorgte Frage des Freundes, ob er denn sein Studium wirklich nur allein mit seinen Büchern bewältigen wolle, fährt H. ihn an: *Du brauchst natürlich Lehrer, das sehe ich ein. Für mich sind sie überflüssig.* Er nennt den Freund einen *geistigen Kostgänger* und *Schmarotzer, der an fremden Tischen sitze*.[56] Kubizek wehrt sich nicht.

Wie in der Musik, so geht H. auch in der Architektur äußerst selektiv vor: Dem modernen funktionellen Stil steht er verständnislos gegenüber und läßt laut Kubizek nur Otto Wagners Stadtbahn als »zweckentsprechend« gelten.[57] Obwohl das offizielle Wien weiter im Ringstraßenstil verharrte und noch 1909 bis 1913 das Kriegsministerium am Stubenring entstand, bauten die modernen Architekten längst bewußt schlicht. Adolf Loos prägte sein vielzitiertes Schlagwort »ornament ist verbrechen« und nannte die Ringstraßenarchitektur »eine unmoralische handlung«: »Über der wiener architektur dieses jahrhunderts schwebte der geist potemkins.« In bewußter Provokation baute Loos 1910 gegenüber der erst 1893 entstandenen pompösen Kuppel der neuen Hofburg am Michaelerplatz das Haus eines Herrenmodesalons, über das sich die Wiener bald als »Scheusal von einem Haus« und als »Haus ohne Augenbrauen« ereiferten. Denn es kam ohne den üblichen Zierat über den Fenstern aus und hatte eine glatte Fassade. Loos war über die Aufregung hocherfreut und hielt am 11. Dezember 1911 einen überlaufenen Vortrag mit dem Titel: »Ein Scheusal von einem Haus«.

H. reagiert auf das umstrittene prominente Haus auf spezielle Art: Als er in Männerheimzeiten den Michaelerplatz zeichnet, tut er so, als gebe es das Loos-Haus nicht, und kopiert eine historische Darstellung aus dem 18. Jahrhundert (siehe Abb. S. 235).

Bildende Kunst

Obwohl er sich auf eine neuerliche Prüfung in der Malerschule der Akademie vorbereitet, und trotz seiner Verehrung für Roller, läßt H. die zeitgenössische Malerei völlig außer acht. Auch hier orientiert er sich an altmodischen Kunstrichtungen und dem landläufigen Geschmack der Ringstraße. Er liebt den antikisierenden Anselm Feuerbach, Rudolf von Alt mit den berühmten Wienansichten – und Eduard von Grützner, den Darsteller der trinkfreudigen Mönche: *In Wien sah ich als junger Mann im Schaufenster einer Kunsthandlung einmal einen Grützner... Ich konnte mich nicht sattsehen vor Begeisterung. Etwas schüchtern betrat ich den Laden und erkundigte mich nach dem Preis. Er war für meine damaligen Verhältnisse märchenhaft hoch, unerschwinglich! Ob ich es wohl einmal im Leben so weit bringen werde, mir einen Grützner kaufen zu können? dachte ich!* Nach Angaben des Photographen Heinrich Hoffmann besaß H. später rund 30 »Grützners«.[58]

Aber auch die meisten Wiener – vom Kaiser bis zu den guten Bürgern – huldigten noch dem »Makart-Stil«: Die Möbel waren »altdeutsch«, die Bilder heroisch-schwülstig oder idyllisch-volksverbunden, jedenfalls gegenständlich. Die Bürger betrachteten, so Oskar Kokoschka, die Kunst als Wandschmuck, die Aristokraten »bedienten sich ihrer für den Ahnenkult, wie der Hof einen Hofphotographen beschäftigte«.[59]

Am 1884 gestorbenen Hans Makart schieden sich die Geister. Die Modernen lehnten ihn als schwülstig ab. H.s Meinung ist eindeutig. Er bewundert die Werke Makarts sein Leben lang. Die Wiener Polemiken rund um Makart sind noch beim Reichskanzler zu spüren: *Bei uns ist von den Drecksjuden fast alles, was gesund war, als Kitsch bezeichnet worden. Die letzten Bilder von Makart haben nichts getaugt, er war geisteskrank geworden. Das haben sie abgelehnt, während andere erst einen Wert bekommen haben, weil sie geisteskrank waren!*[60] 1908 jedenfalls kamen die Makart-Verehrer auf ihre Kosten – es gab eine große Ausstellung, die eine wahre Makart-Renaissance auslöste.

Die Wiener Moderne versuchte im selben Jahr, das Verständnis für moderne Kunst und Kunsthandwerk in der großdimensionierten »Kunstschau« unter der Präsidentschaft von Gustav Klimt zu fördern. Zur Eröffnung kamen rund 3000 Menschen auf das von Josef Hoffmann konzipierte weite Ausstellungsgelände, den Platz des heutigen Konzerthauses. In 54 Abteilungen – dazu künstlerisch gestalteten Gärten, Höfen, Brunnen, einem Landhaus, einem kleinen Friedhof und einem Kaffeehaus mit zwei Terrassen – zeigten Bildhauer, Maler, Goldschmiede, Stickerinnen und Glaskünstler ihre Werke. Die »Wiener Werkstätte« präsentierte auch Massenprodukte in schöner Form, Hausrat aller Art, Spielzeug, Puppenhäuser, eines gar mit elektrischer Beleuchtung, Bilderbücher, die neue Reformmode, Plakate, Stoffmuster und anderes. Kolo Moser zeigte Glasmalereien, Loos seine Schrift ORNAMENT UND VERBRECHEN.

Im Mittelpunkt der Malerei standen die neuen Werke aus Klimts »goldener Periode«: die DANAE, der KUSS, die DREI ALTER und erotische Zeichnungen. Für bürgerliche Empörung sorgte der 22jährige Kokoschka, Student an der Kunstgewerbeschule. Er stellte sein Buch DIE TRÄUMENDEN KNABEN vor, Gobelinentwürfe, vor allem aber ein Selbstporträt in Form einer Büste aus bemaltem Lehm, KRIEGER benannt – mit aufgerissenem Mund und dem Ausdruck eines heftigen Schreies. Kokoschka in seinen Erinnerungen: »Mein Raum wurde das ›Schreckenskabinett‹ für das Wiener Publikum, mein Werk zum Gespött der Leute. In dem aufgerissenen Mund meiner Büste fanden sich täglich Stückchen Schokolade oder sonst etwas, womit wahrscheinlich Mädchen ihren zusätzlichen Spott über den ›Oberwildling‹ äußerten.«[61]

Auch Roller war maßgebend an dieser Schau beteiligt, getreu seinem Grundsatz des »Gesamtkunstwerkes«, das nicht nur für die Bühne, sondern auch für den Alltag gelten sollte: »Also nicht nur Schauspiel, Oper, Tanz, Konzert, Pantomime, Ballett, sondern ebensowohl Marionettentheater, Kindertheater, Schattenspiel wie Zirkus, Festspiel und Festzug im Freien, Gartentheater, Naturtheater, jede Art zeremonieller Handlungen, die dekorativer Wirkung bedürfen, dann Volksfeste, Schauturnen, Tanzfeste, Sportfeste, Nachtfeste, Feuerwerk, Wasserwerk, Ausstellungen, Geschäftsauslagen und so fort.«[62] Roller, auch Lehrer und von 1909 bis 1934 Direktor der Kunstgewerbeschule, erstrebte in enger Zusammenarbeit mit der »Wiener Werkstätte« eine Verbindung von Kunst und Handwerk, ließ seine Studenten in Werkstätten arbeiten, propagierte die »Kunst fürs Volk« in einer »Galerie der Straße« und veranstaltete kostenlose öffentliche Vorträge und Kurse.

In den Zeitungen hoch gelobt wurde die von Roller gestaltete Theaterabteilung der Kunstschau mit Bühnen- und Kostümentwürfen. Gut möglich, daß diese den jungen H. veranlaßt, sich in die Hunderttausende von Besuchern der Kunstschau einzureihen. Es wäre dies seine erste Begegnung mit den Künstlern der Wiener Moderne gewesen.

Im folgenden Jahr präsentierte sich auf der Kunstschau ein vielversprechender Kunststudent, der 19jährige Egon Schiele. Und wieder einmal erregte Kokoschka die Gemüter, zunächst mit einem expressionistischen Plakat, das zu seinem Schauspiel MÖRDER, HOFFNUNG DER FRAUEN ins Gartentheater der Kunstschau einlud. Die WIENER ALLGEMEINE ZEITUNG: »Wer wäre nicht kopfschüttelnd vor dem exotischen Plakat gestanden, das in den letzten Tagen von allen Planken winkte?«[63] Zum Skandal kam es bei der Aufführung des Stückes, das Kokoschka bewußt provokativ »als Mittel gegen die Lethargie, die man im Theater heute meist empfindet«, einsetzte. Bei Fackellicht, untermalt von dumpfen Trommelschlägen und schrillen Pfeifentönen, improvisierten junge Schauspieler, die Körper wüst bemalt und mit Fetzen behangen, ein blutrünstiges Mörderspiel. Zuschauer empörten sich. Auf der Mauer zur Kunstschau saßen bosnische Soldaten aus der benachbarten Kaserne, bereit, »in das vermeintliche Morden einzugreifen«. Gegen Ende nahm »das Trampeln, Raufen, Umherhauen mit den Stühlen... gefährliche Dimensionen an«, und »schließlich geriet das Publikum mit den Soldaten ins Handgemenge«.[64]

Das alles war nicht mit der traditionellen bürgerlichen Vorstellung von »hoher Kunst« vereinbar. Der Provokation folgte ein Pressesturm gegen den »degenerierten Künstler«, »Bürgerschreck«, »Jugendverderber«, die »Zuchthauspflanze«. Laut Weisung des Ministeriums mußte Kokoschka die Kunstgewerbeschule verlassen.

Die Wiener Moderne liebte das Exotische, Fremdartige und hier vor allem das Primitive, Unverfälschte. Sie begeisterte sich für die Bilder Paul Gauguins, die auf der Kunstschau 1909 zu sehen waren. Als im Prater 1910 ein Abessinierdorf aufgestellt wurde und dort eine Ashantee-Familie ihr Leben »original« zur Schau stellte, delektierten sich nicht nur die üblichen Praterbesucher, sondern auch die Künstler am Familienleben der »Schwarzen« und an den Körpern dieser halbnackten Sehenswürdigkeiten. Der Wiener Poet Peter Altenberg, der schon 1897 einer ähnlichen Ausstellung ein glühend-schwärmerisches Buch gewidmet hatte, dichtete diesmal die junge Katidja aus Abessinien an.[65]

Dies alles war von der Moderne durchaus als Auflehnung gegen die nationalistische und »klerikale« Enge ringsum gemeint – und wurde von den Gegnern auch ergrimmt als solche verstanden. Sie nannten die Künstler des Expressionismus »entartet« und degeneriert und beriefen sich gerne auf Richard Wagner und seinen Aufsatz Das Kunstwerk der Zukunft. Hier beklagte Wagner den »häufigen, unruhigen Wechsel« der Moden und die Einbeziehung außereuropäischer Motive und Stilelemente und meinte, wahre Kunst könne erst nach der Überwindung der Moderne wieder aufblühen. Die »wahre«, nationale Kunst sei das Bleibende, die »Moderne« jeweils nur eine zeitweilige Verirrung.

Die Erfahrung mit dem Wiener Expressionismus seiner Jugend mag H.s Abscheu vor der modernen Kunst mitgeprägt haben, die er etwa 1942 *ein einziges verkrüppeltes Gekleckse* nennt.[66] Und auf dem Parteitag 1935: *Es ist nicht die Aufgabe der Kunst, im Unrat um des Unrats willen zu wühlen, den Menschen nur im Zustand der Verwesung zu malen, Kretins als Symbol der Mutterwerdung zu zeichnen und krumme Idioten als Repräsentanten der männlichen Kraft darzustellen.*[67]

Literatur

Dem jungen H. bleibt die Literatur als Kunst fremd. Daß er, wie Kubizek bewundernd schreibt, Goethe, Schiller, Dante, Lessing und Stifter gelesen habe, ist höchst zweifelhaft und auch, daß Schopenhauer wie Nietzsche in Wien »stets um ihn« gewesen seien.[68] Möglich, ja wahrscheinlich ist jedoch, daß H. sehr viele Zitate dieser Geistesgrößen kennt und Kubizek daraus auf eifrige Lektüre schließt. Die deutschnationalen Blätter sind in dieser Zeit voll mit Zitaten berühmter »deutscher Männer«. Vor allem die Alldeutschen lieben es, ihre Thesen mit kaum nachprüfbaren kurzen Zitaten zu untermauern, auf Klebemarken wie auf Postkarten und Kalendern.

H. hätte kein einziges Buch lesen müssen, um sich mit Hilfe solcher Zitate den Anschein eines Literaturkenners zu geben.

Schon in der Linzer Schulzeit war es eine »deutsche« Ehrensache, Schillers Biographie und Werke zu kennen, vor allem den WILHELM TELL, und stets auf klassische Art die Rechte der Deutschen einfordern zu können, so zum Beispiel mit den Zitaten: »Nichtswürdig ist die Nation, die nicht ihr Alles freudig setzt an ihre Ehre.« Oder: »Den Brüdern im bedrohten Land / Warmfühlendes Herz, hilfreiche Hand!« Oder: »Unser ist durch tausendjährigen Besitz der Boden!«

> Die meisten, größten Feinde hat das deutsche Volk allein!
> Deswegen noch kein Deutscher trauert oder weint!
> Doch schrecklich muß uns der Gedanke sein,
> Daß stets das deutsche Volk sich selbst sein ärgster Feind!
> F. S.

> „Wo einer Platz nimmt, muß der and're rücken,
> Wer nicht vertrieben sein will, muß vertreiben,
> Da herrscht der Streit und nur die Stärke siegt."
> Schiller.

Aus Anlaß von Schillers 150. Geburtstag veranstaltete die »Südmark« 1909 einen »National-Feiertag« und sammelte Spenden für den Bau von Schiller-Denkmälern. Diese sollten »deutsche Festungsbauten« und »unvergängliche Schöpfungen deutscher Schutzarbeit an der Sprachgrenze« darstellen.[69]

Glaubwürdiger sind Kubizeks Berichte, wenn er meint, H. sei Peter Rosegger »zu populär« gewesen, an Ludwig Ganghofer habe er nichts finden können, »dagegen trat er sehr für Otto Ernst ein, dessen Werke er genau kannte«.[70] Der damals viel gelesene Hamburger Otto Ernst, eigentlich Otto Ernst Schmidt, schrieb populäre humoristische Erzählungen und autobiographische Romane aus dem kleinbürgerlichen Milieu ohne künstlerischen Anspruch.

Näher als die Literatur ist dem jungen H. jenes politische Schrifttum, das die Parteien, aber auch die Zeitungen in Broschürenform herausgeben und häufig auch an Interessenten verschenken, etwa der Verlag des ALLDEUTSCHEN TAGBLATTES, der seine Schriften auch in den Schaukästen in der Stumpergasse zugänglich macht. Politisch Interessierte wie H. haben genug Gelegenheit, sich auch außerhalb der Universität zu bilden: in vielen kleinen politischen Leserunden,

den Bildungseinrichtungen der Parteien, den Volksbüchereien und Vereinsbüchereien.

Als Quell literarischer Bildung bleiben H. die Romane in den Zeitungen und spärliche Theaterabende. Laut Kubizek besuchen sie gemeinsam die berühmte Aufführung von FAUST II. Es muß sich um die Vorstellung am 25. April 1908 im Burgtheater gehandelt haben – mit Josef Kainz als Mephisto und der blutjungen Rosa Albach-Retty als Ariel.[71] Der Andrang ist so groß, daß sich die Stehplatzbesucher schon um 8 Uhr früh anstellen müssen. Nach der Kassenöffnung, um 17 Uhr, geht das Rennen um die Karten los, dann der Kampf um die besten Plätze. Die Vorstellung dauert bis 1.30 Uhr nachts. H. sei, so Kubizek, von dem Abend »sehr bewegt« gewesen und habe noch lange davon gesprochen.

Henrik Ibsen, zu dessen 80. Geburtstag das Burgtheater im März 1908 einen Ibsen-Zyklus veranstaltet, schätzt H. laut Kubizek nicht und keine anderen Modernen.

Doch zumindest ein modernes Drama sehen sich die beiden sicher an, aber wohl eher, um sich zu empören: das wegen angeblicher Pornographie skandalisierte FRÜHLINGS ERWACHEN von Frank Wedekind. Das Stück, 1891 erschienen, wurde 1906 von Max Reinhardt nach einigen Kämpfen mit der Zensurbehörde – so mußte zum Beispiel das Wort »Beischlaf« gestrichen werden – uraufgeführt. Nun ist es als Gastspiel im Deutschen Volkstheater in Wien zu sehen. Wedekind selbst spielt den »Vermummten Herrn«. Für den Besuch H.s und Kubizeks kommen die Aufführungen vom 13., 18., 20., 22. oder 28. Mai 1908 in Frage.[72]

An Wedekind schieden sich in Wien wie in Berlin die Geister. Ärgernis erregte er bei den Sittenstrengen. Die jungen Künstler dagegen waren begeistert, so der 23jährige Komponist Alban Berg, der später Wedekinds Lulu-Stoff zur Oper machte: »Wedekind ––– die ganze neue Richtung – die Betonung des sinnlichen Moments in modernen Werken!! – ... Wir sind endlich zur Erkenntnis gekommen, daß Sinnlichkeit keine Schwäche ist, kein Nachgeben dem eigenen Willen, sondern eine in uns gelegte immense Kraft – der Angelpunkt alles Seins und Denkens. (Jawohl: alles Denkens!) – Damit spreche ich zugleich fest und bestimmt die große Wichtigkeit der Sinnlichkeit für alles Geistige aus. Erst durch das Verständnis der Sinnlichkeit, erst durch einen gründlichen Einblick in die ›Tiefen der

Menschheit‹ (oder sollte es nicht viel eher ›Höhen der Menschheit‹ heißen?) gelangt man zum wirklichen Begriff der menschlichen Psyche.«[73]

Dem damals 19jährigen H. fallen bei Wedekind nur »Laster« und »Ansteckungsgefahr« ein. Der Theaterbesuch regt ihn an, Freund Kubizek zum Spittelberg zu führen, um ihm dort das Unwesen der Prostitution warnend vor Augen zu führen (siehe S. 522ff.).

Wie in ganz Europa, so stand auch in Wien die Moderne ganz im Zeichen des Aufstandes gegen die Prüderie des allzu »bürgerlichen« 19. Jahrhunderts. Die Künstler des Expressionismus kämpften für die Befreiung von moralischen Zwängen, gegen eine süßliche Idylle, für Wahrheit, Aufklärung und Bloßlegung körperlicher wie gesellschaftlicher Blößen und Häßlichkeiten. Zudem reizten sie die »braven Bürger« damit, daß sie die in ihren Werken propagierte Libertinage und Promiskuität auch praktizierten. In einer traditionell katholisch-konservativen Umwelt machten sie sich mit voller Absicht zum Ärgernis.

1900 wurde Arthur Schnitzlers REIGEN wegen Pornographie verboten. 1905 brachte Sigmund Freud die DREI ABHANDLUNGEN ZUR SEXUALTHEORIE heraus. 1906 erschien der Roman DIE VERWIRRUNGEN DES ZÖGLINGS TÖRLESS des damals 26jährigen Robert Musil, der die fatale Verbindung von Gewalt und Sexualität bei Jugendlichen darstellte. Leopold von Sacher-Masoch brachte seine erotischen Romane (VENUS IM PELZ) heraus, in denen Sklavenmänner sich von starken Damen im Pelz auspeitschen ließen. Mit dem aus seinem Namen geprägten Begriff »Masochismus« ging der Schriftsteller in die Sexualgeschichte ein. Klimt und Schiele provozierten mit höchst freizügigen erotischen Darstellungen.

1905 schloß Richard Strauss seine Oper SALOME ab, nach dem berüchtigten Text von Oscar Wilde. Jahrelang bemühte sich Mahler vergeblich für die Hofoper um die Uraufführung des Werkes, das von der höfischen Zensurbehörde »aus religiösen und sittlichen Gründen« verboten blieb.[74] Erst 1910 brachte die Wiener Volksoper, die nicht den Hofbehörden unterstand, das inzwischen in Dresden uraufgeführte Skandalstück in Rollers Inszenierung heraus. Salome – das Urbild der sinnlichen, männermordenden Frau – wurde rasch zu einer Kultfigur der Moderne.

Den Gipfelpunkt des öffentlichen Ärgernisses bildete um 1900 der modische Hurenkult mancher Literaten. Die Hure galt ihnen als Verkörperung einer sich angeblich nie erschöpfenden Sexualität. Karl Kraus beschwor in seinem steten Kampf gegen die allzu prüde Moral die Solidarität von Künstlern und Dirnen.[75] Altenberg und viele andere taten es ihm nach. Klimt illustrierte die Hetärengespräche nach Lukian.

Felix Salten schrieb nicht nur den höchst erfolgreichen Tierroman BAMBI, der durch Walt Disney weltberühmt wurde, sondern auch den Pornobestseller JOSEFINE MUTZENBACHER. DIE LEBENSGESCHICHTE EINER WIENERISCHEN DIRNE, VON IHR SELBST ERZÄHLT (Wien 1906). Unbeabsichtigt stellt das Buch auch eine sozialhistorische Quelle dar: Josefine, aufgewachsen in einer Ottakringer Zinskaserne, als Kleinkind mißbraucht vom Bettgeher, Inzest mit Bruder und Vater, Dutzende Männergeschichten vom Bierversilberer bis zum Katecheten, kann von Sex nicht genug bekommen und macht schließlich ihre reiche Erfahrung zu Geld. Hier wird deutlich aus männlicher Sicht die Geschichte einer Frau als sexuelle Erfolgsgeschichte erzählt. Josefine tut angeblich nur das, was sie am meisten liebt, wofür sie als »richtige« Frau geschaffen ist. Eine Thematisierung der Prostitution – mit den damit verbundenen Krankheiten, Gewalttätigkeit, Kinderelend und Alkoholismus – fand hier, wie in der Wiener Moderne überhaupt, nicht statt.

Gegen die »Prostituierten-Kultur« und die »Verhurung der Kunst« protestierten die Gegner der Moderne wütend und riefen nach Zensur. Schönerers UNVERFÄLSCHTE DEUTSCHE WORTE meinten zum Beispiel, das Volk, das »wie eine Schafherde hinter jedem Schmutzhammel« herlaufe, »auch wenn es durch die übelsten Pfützen geht«, müsse durch Zensur geschützt werden. »Schlaue Verführer« brächten es »Schritt für Schritt – leise und unmerklich – auf die abschüssige Bahn«. Es drohe »die sichere Vergiftung des jungen Geschlechts und die Preisgabe der nationalen Zukunft«.[76]

Ähnliche Töne kamen aus dem christlichsozialen Lager. Der prominenteste Prediger um 1900, Pater Heinrich Abel, wetterte gegen Bücher und Theater als Quellen der Unsittlichkeit: »Mädchen, ich bitte Dich, laß das Romanlesen, nimm lieber, ich bitte Dich, die Stricknadel in die Hand und arbeite was für meine Armen!« Und für die Männer hielt er gar Goethe für verderblich: »Ich allein kannte vier junge Männer, die durch Lesung von ›Werther's Leiden‹ unsittlich geworden sind und dann sich erschossen. Ich allein kenne vier! O Väter, o Mütter, wacht über die Lektüre Eurer Kinder!«[77]

Der christlichsoziale Schriftsteller Rudolf Vrba meinte: »Sezessionistische Verzerrungen, erfundene Fratzenbilder füllen heute die Stellen der einstigen Raphael, Van Dyk und anderer Genies-Kunstwerke aus. Eine divina comoedia wird belächelt, der Reigen von Artur Schnitzler, ein Werk für Hamburger Bordells von einst, wird ganz ernsthaft auf den poetischen Gehalt geprüft und besprochen. Aus dem Zeitungswald strömt der Geruch der Kloake.«[78]

Auch die Wissenschaft, vor allem die Medizin, bemühte sich, die Abgründe der Sexualität zu ergründen und darzustellen. Der Pionier war der Nervenarzt Professor Richard Krafft-Ebing mit seiner Psychopathia sexualis, die 1886 erschien und in den folgenden Jahrzehnten in ständigen Neuauflagen erweitert wurde: In schließlich 238 Krankengeschichten wurden verschiedenste sexuelle »Perversionen« beschrieben und als Degenerationen erklärt.[79] Freud brach dann die letzten Tabus, als er seine Thesen von der frühkindlichen Sexualität veröffentlichte und damit das traditionelle Bild des unschuldig-reinen Kindes zerstörte. Mehr denn je galt die Wissenschaft als Feind des Glaubens und die Universität als Bastion der Unmoral und Schamlosigkeit.

Zu diesen Gegensätzen kam der allgegenwärtige Kampf der Nationalitäten der Donaumonarchie. Die Wiener deutschnationalen Zeitungen um 1910 waren voller empörter Berichte über wirkliche oder angebliche Vorstöße der anderen Nationalitäten gegen die »deutsche« Kultur, verbunden mit der steten Aufforderung, jeder Deutsche müsse in seinem Bereich für die »reine deutsche Kunst« kämpfen. Dabei ging es nicht nur um »deutsche Kunstwerke«, sondern auch um »deutsche Künstler«, von Dirigenten bis zu Sängerinnen. Das Alldeutsche Tagblatt protestierte zum Beispiel gegen die Volksoper, da dort ein »Vollblutscheche« und »tschechischer Agitator« den Fliegenden Holländer dirigiert habe. Außerdem habe der Direktor seine Vorliebe für »Slawen und Juden« mit der Aufführung von Dvořáks Rusalka bewiesen. Es drohe dort eine »Tschechenkolonie«.[80] Das wiederum bewog die Tschechen und Ungarn, ähnliche Praktiken gegenüber den Deutschen anzuwenden.

Über H.s Position kann kein Zweifel sein. Er habe eine »bedingungslose Hingabe« für das deutsche Volk gehabt, schreibt Kubizek: »Allein in diesem Volke lebte er. Er kannte nichts anderes als dieses Volk.«[81] Im Untermietzimmer der Stumpergasse habe er sich nächtelang ereifert: »Er baute wieder am Reiche aller Deutschen, das die ›Gastvölker‹, wie er die übrigen Völker der Monarchie nannte, in die Schranken wies. Wenn diese Ausführungen zu sehr in die Breite gingen, schlief ich mitunter ein. Sobald er dies entdeckte, rüttelte er mich wach und schrie mich an, ob mich seine Worte etwa nicht mehr interessieren würden? Dann möge ich ruhig schlafen, wie alle in dieser Zeit schliefen, die kein nationales Gewissen haben. Ich aber setzte mich energisch auf und hielt mit Gewalt meine Augen offen.«[82]

Die »jüdische Moderne«

Schon Richard Wagner gebrauchte in seinem Aufsatz DAS KUNSTWERK DER ZUKUNFT den Ausdruck »jüdische Moderne« und bezeichnete sie als »etwas recht Erbärmliches und namentlich uns Deutschen sehr Gefährliches«. Sie zerstöre, »bis alle originalen Anlagen seiner deutschen Mitbürgerschaft gänzlich ruiniert sind«.[83] Und im Aufsatz MODERN prangerte er die angebliche Dominanz der Juden in Presse und Verlagswesen an, die die Unmoral und Sittenlosigkeit in der modernen Kunst propagierten.

Ganz ähnlich waren die Vorwürfe der Gegner der Moderne in Wien um 1900. Die Moderne entspräche ausschließlich dem jüdischen Geschmack, hieß es, dem »gout juif«, nicht aber dem der ehrenwerten katholischen und »arischen« Bürger.[84] Das ALLDEUTSCHE TAGBLATT kritisierte »die ganze verjudete Entkleidungsdramatik…, die ohne wohlgeformte Busen und Beine unmöglich wäre«.[85]

Beurteilten die Christlichsozialen die Moderne nach dem Maßstab der katholischen Sittenlehre, so ereiferten sich die Alldeutschen über eines der Hauptmerkmale der progressiven Kunst, die Internationalität. Sie bekämpften dies unter der Parole: »Die Kunst ist nicht international, sondern völkisch.«[86] »International« und »sitten- und glaubenslos« waren Vorwürfe, die unter Antisemiten wie Codewörter für eine bestimmte Gruppe benutzt wurden: für die Juden und deren Freunde, die »Judenknechte«. Die Wiener Moderne galt als jüdisch, die »Abwehr des Judentums« stand im antisemitisch regierten Wien im Mittelpunkt des Kulturkampfes.

Strenggenommen war die Wiener Moderne nur bedingt »jüdisch«, man denke nur an die vielen Nichtjuden wie Gustav Klimt, Alfred Roller, Oskar Kokoschka, Egon Schiele, Richard Strauss, Alban Berg, Otto Wagner, Josef Hoffmann, Adolf Loos und andere. Die Antisemiten suchten jedoch so lange in der Abstammung der modernen Künstler, bis sie fündig wurden. Unter Hinweis auf diese jüdischen Ahnen lehnten sie nun das betreffende Kunstwerk als »jüdisch« ab. Nach dem großen Erfolg der ELEKTRA von Strauss an der Hofoper erinnerte das ALLDEUTSCHE TAGBLATT daran, daß der Urgroßvater des Textdichters Hugo von Hofmannsthal Isaak Löw Hofmann geheißen hatte und Vorstand der Israelitischen Kultusgemeinde in Wien gewesen war. Damit sei klar, »daß sich hinter der ›Elektra‹-Begeisterung ein nicht unbeträchtlicher Teil jüdischer Solidarität verbirgt«.[87]

Tatsächlich war der jüdische Anteil an Kultur und Wissenschaft des Wiener Fin de siècle überproportional groß, sowohl was die Künstler als auch was die sozialen Träger der Moderne betraf: als Bauherren, Mäzene, Käufer und als Publikum, das die modernen Stücke sah, die Ausstellungen besuchte und die moderne Musik hörte. Aber der Begriff »jüdisch« bedeutete in Wien mehr als die Zugehörigkeit zur jüdischen Religion. Er stand vor allem für eine freisinnige, international ausgerichtete Geisteshaltung, die weder »klerikal« noch »national« war – und die sich nicht scheute, aus der Tradition auszubrechen, Neues zu wagen und Tabus zu verletzen. Glaubensjuden gehörten zu diesem Kreis ebenso wie längst Konvertierte, aber auch die sogenannten »Judenknechte«, also jene, die mit Juden befreundet waren, mit ihnen arbeiteten und ähnlich dachten wie sie.

Ein Beispiel für die enge Verschränkung ist der Industrielle Karl Wittgenstein, der Vater von H.s Linzer Schulkollegen Ludwig. Auf allen künstlerischen Gebieten engagierte er sich als Mäzen, von der Musik – Johannes Brahms, Clara Schumann, Gustav Mahler, Bruno Walter und Pablo Casals konzertierten in seinem Palais und fanden stete Förderung – bis zur bildenden Kunst. So finanzierte er zum Beispiel den Bau des Ausstellungsgebäudes der Sezession. Josef Hoffmann baute den Wittgensteinschen Sommersitz Hochreith in Niederösterreich, den die Wiener Werkstätte von den Möbeln über das Geschirr bis zu den Bildern einheitlich einrichtete. Wittgensteins Tochter Margarete Stonborough ließ sich von Gustav Klimt porträtieren und ihre Wohnung von Kolo Moser einrichten. Die Familie war völlig assimiliert, und Mischehen waren so häufig, daß die Familie Wittgenstein später, als ein »Ariernachweis« nötig wurde und das große Rechnen begann, in zwei Hälften zerfiel, da sich die eine um Spuren mehr »arisch« und die andere mehr jüdisch erwies.

Der Abgeordnete Dr. Karl Lueger im Reichsrat über die »Judenknechte«: »sie sündigen gegen ihr Volk, während der Jude, wenn er gegen uns kämpft, sein Volk, seinen Glauben, seinen Stamm verteidigt. Diejenigen Christen aber, die mit den Juden gemeinsame Sache machen,... sündigen gegen ihr Volk, ihren Glauben und verdienen nach meiner Meinung die größte Verachtung.«[88]

Der junge H. stellt bei seinen Opernbesuchen voll Mißbilligung für seine *deutschen Blutsgenossen* fest, *daß die jüdische Jugend an den Bildungsstätten... ständig vertreten war, ob männlich oder weiblich, während die arische Jugend fast überhaupt fehlte.* Die Wiener hätten *die Kulturstätten ihrer Heimatstadt nur von außen her* und *den Konzertsaal auch nur seinem Namen nach* gekannt, dafür hätten sie *aber wohl im Prater, im Gasthaus und beim Heurigen ihre ganze Seligkeit* gefunden, klagt er laut Kubizek. *Diese Sorte von Menschen bildet die große Herde der Spießer und Biertisch-Helden, welche von der Warte der Wirtshauspolitik aus das Wohlbefinden der Nation beurteilen... Es geht nicht länger an, daß sogar der Hochschüler aus der Provinz keine Ahnung hat von den Kunstwerken seines eigenen Blutes und daß er seine höchste Befriedigung in der Studentenkneipe sucht und findet.*[89]

Von populären Puccini-Opern abgesehen, die »speziell die weibliche Seite der Besucherschaft« anlockten, seien am Stehparterre der Oper kaum »Arier« zu finden gewesen, schrieb Kubizek: »alles, was das Stehparterre und die 4. Galerie anbelangt, war in der Hauptsache zusammengesetzt aus Juden und Jüdinnen, welche sich infolge ihrer überwiegenden Mehrheit auch dementsprechend anmaßend frech benommen haben.«[90]

Der 19jährige H. macht sich laut Kubizek Gedanken darüber, wie das offenkundige Bildungsdefizit und kulturelle Desinteresse der »Arier« gegenüber den »Juden« abgebaut werden könne. Einer seiner Lösungsvorschläge ist ein einzurichtendes mobiles »Reichssinfonieorchester« zur musikalischen Förderung der Provinz und der Schuljugend. An alles ist gedacht: Das Orchester müsse unabhängig von der Eisenbahn *mit eigenen Kraftwagen reisen*, die Musiker müßten einheitliche Kleidung haben – *aber nicht den häßlichen Frack oder Smoking der heutigen Kulturorchester*. Wenn kein genügend großer Saal vorhanden sei, sei die Ortskirche zu nehmen: *Ein Sinfoniekonzert ist eine Weihestunde, so daß die Heiligkeit der Kirche in keiner Weise herabgewürdigt wird.* Die technischen Vorarbeiten müsse der Bürgermeister besorgen. *Fachlich geschulte Vortragende* sollten dem Orchester vorausreisen und *die unsterblichen Werke der deutschen Kunst dem Volk vermitteln*, die Lehrer das gleiche für die Schüler tun. Auch der Tagesablauf war genau geplant: Gleich nach der Ankunft am Vormittag sollte das erste Konzert mit Kammermusik gegeben werden. Nachmittags ein Orchesterkonzert für die Schuljugend, am Abend das Festkonzert, *nach welchem sofort wieder die Abreise erfolgt.*

Kubizek läßt sich vom Eifer des Freundes mitreißen, erkundigt sich nach den Besoldungsvorschriften für Musiker, berechnet die Kosten der Uniformierung, der Instrumente und sorgt sich sogar um die Organisation eines Orchesterarchivs. Die errechneten Kosten des Unternehmens sind astronomisch, aber »schreckten meinen Freund in keiner Weise«. H. habe »eine derartig überzeugende Kraft in seiner Rede und Darstellung« gehabt, »daß irgendwelche Zweifel gar nicht aufkommen konnten«.[91] Das große Ziel war: das kulturell allzu bequeme »deutsche Volk« – freilich handelte es sich hier um die Wiener – für die klassische deutsche Musik zu gewinnen, um den Rückstand gegenüber den Juden aufzuholen.

Die großen liberalen Wiener Zeitungen unterstützten und propagierten im allgemeinen die Wiener Moderne und verstärkten damit die antisemitischen Vorurteile. Denn die »Judenpresse« war für alle Arten von Antisemiten gleicherweise ein Feindbild. Als letzte Bastion des einst so fruchtbaren, aber politisch längst entmachteten österreichischen Liberalismus gab sie gesellschaftlich und intellektuell immer noch den Ton an. Die NEUE FREIE PRESSE galt in ganz Europa als das Nonplusultra einer kosmopolitischen liberalen deutschen Zeitung für die Führungsschicht. Das NEUE WIENER TAGBLATT, die WIENER SONN- UND MONTAGSZEITUNG, dazu die Wochenzeitungen DIE ZEIT, DIE WAGE, dann DIE FACKEL von Karl Kraus, der freilich seinerseits gegen die liberale »Judenpresse« polemisierte: sie alle boten Intellektuellen wie Künstlern ein Forum, wo diese ihr Publikum verläßlich erreichten. Daraus entstand der weitverbreitete Vorwurf, die »jüdische Moderne« sei in Wirklichkeit überhaupt keine Kunst, sondern nur von der geschäftstüchtigen »Judenpresse« künstlich hochgepuscht.

Die Judenpresse und ihre christlichen Leser.

»Mit Tinte begossen, mit Geifer bespuckt, kauft sich der Goi das Gift noch gedruckt.« (Kikeriki)

In der politisch aufgeheizten Wiener Atmosphäre kam es zu regelrechten Presseschlachten zwischen den beiden großen Lagern: hier die »Judenpresse« – dort die »Antisemitenpresse«. Diese führte die »gesunde Volksmeinung« gegen die »jüdische Moderne« ins Treffen. Ganz im Jargon der antisemitischen Wiener Presse äußert sich H. noch 1942: *Durch Kunstkritiken, die ein Jude über den anderen zusammengeschmiert habe, sei dem Volke, das alles glaube, was es schwarz auf weiß lese, eine Kunstauffassung suggeriert worden, die alles, was ausgemachter Kitsch sei, als letzte künstlerische Vollendung ansehe... Es heiße dann, daß solch eine Kleckserei schwer verständlich sei, daß die ganze Tiefe des Inhalts nur erfaßt werden könne, wenn man sich ganz in das Bild versenke und so fort.* Schon in der Zeit, als er, H., auf der Akademie gewesen sei, seien *Schmierereien mit ähnlichem Wortgeklimper ohne jeden Sinn als Arbeiten »Suchender« lanciert worden.*[92]

Als Beispiel für die Macht der »jüdischen« Presse nennt H. 1929 die Kampagne der NEUEN FREIEN PRESSE und des (NEUEN) WIENER TAGBLATTS für den Dirigenten Bruno Walter. Der 36jährige Bruno

Walter – früher Walter Schlesinger –, Kapellmeister der Wiener Hofoper und glühendster Vorkämpfer für das Werk Gustav Mahlers, erhielt 1912 einen Ruf nach München. Die liberalen Wiener Blätter aber kämpften für seinen Verbleib an der Hofoper. H.: *Kein Mensch hatte bis dorthin Herrn Bruno Walter als etwas besonderes angesehen, aber im Verlauf von 3 Wochen war der Name Bruno Walter mit einer Gloriole umgeben.* Und: *So haben die Juden von Wien und München zusammengespielt und haben den Kapellmeister vierten Ranges, Herrn Schlesinger aus Wien, langsam in die Höhe jongliert.*[93]

Auch H.s Polemik gegen Max Reinhardt 1929 knüpft an alte Wiener Streitereien an. Er wettert gegen *den internationalen Theaterjuden*, gegen *Reinhardt alias Goldmann* – Reinhardt hatte seinen Namen Max Goldmann als junger Schauspieler geändert – und dessen geplante Münchner Festspiele, *diese Schmutziade und Religionsverhöhnung: Das Volk bekommt die Schweinereien, die Künstler jämmerliche Gagen, der jüdische Veranstalter ein sündhaftes Geld als Geschenk und die Steuerzahler eines Tages die Rechnung!*[94] Und: *wenn einmal eine Wiederauferstehung kommen soll, müssen wir doch zurückgreifen auf dieses anständige, ehrliche Reservoir deutscher Kunst und deutscher Künstler und können uns nicht einen internationalen, herumzigeunernden Theaterdirektor aussuchen.* Durch Künstler wie Reinhardt trete *eine Verpestung* ein, es werde ein Erbe zerstört, *das wir uns eben erhalten wollen.*[95] Ganz wie die Wiener Antisemiten um 1900 führt H. Reinhardts Erfolge auf die Machenschaften einer internationalen jüdischen Presse zurück.

Der Zorn des Reichskanzlers H. auf die »jüdische« Kunstkritik kommt in vielen seiner späteren Aussagen zum Ausdruck, etwa: *Diese Rasse habe nun einmal einen Hang zum Verächtlichmachen alles Schönen, und sie täten das häufig mit einer meisterhaften Satire. Dahinter aber stecke mehr: das sei der Hang zur Zersetzung und zur Verächtlichmachung der Obrigkeit.*[96] Er zeigte aber auch persönliche Abneigung gegen Kritiker: *Menschen, deren einzige Tätigkeit es ist, die Tätigkeit anderer zu kritisieren, ertrage ich nicht.*[97] Als Reichskanzler verbot er jegliche Kunstkritik in der Presse und verfügte, daß ausschließlich »Kunstbetrachtungen« und Berichte erlaubt seien.[98]

Auch der von H. so glühend verehrte Roller wurde als »Judenknecht« immer wieder von antisemitischen Zeitungen angegriffen, da er nicht nur der engste Mitarbeiter Mahlers, sondern auch Reinhardts war. Er brachte in Wien die skandalisierte SALOME heraus wie die ELEKTRA 1909. Die gemeinsame Arbeit mit Reinhardt und Strauss hatte ihren Höhepunkt in der bis heute modellhaften Uraufführung des ROSENKAVALIER 1911 in Dresden. In Wien stattete Roller im selben Jahr Reinhardts Theaterspektakel im Zirkus Busch aus: KÖNIG ÖDIPUS von Sophokles in der Bearbeitung Hofmannsthals, 1912 auch Hofmannsthals JEDERMANN. Diese Masseninszenierungen – »Theater der Fünftausend« – mit Großeinsatz von Licht und Ton brachen mit der Tradition der Guckkastenbühne, der engen Logen und Ränge, und richteten sich nicht mehr an ein elitäres Publikum. Jedermann wurde zu niedrigen Preisen ohne Kleidervorschrift eingelassen.

Die Kritiken dieser Theatersensation waren wieder konträr: hier die verdammende Antisemitenpresse, dort die zustimmenden bis jubelnden liberalen Blätter. Und wieder löckte Karl Kraus in der FACKEL gegen den Stachel und polemisierte gegen Reinhardt, einen »in den Wolken schwebenden Manager«.[99] Reinhardts »dramaturgisches Imperium« bedeute »bloß die allgemeine Tüchtigkeit eines Ellbogennaturells..., die sich ebensogut im Bankfach und im Feuilleton ausleben könnte«.[100] Der Spott über »diese Herren Mischmaschkünstler«[101] zielte auf das auch von Roller so leidenschaftlich verteidigte Konzept des Gesamtkunstwerks.

Mit gröberer Klinge kämpfte der den Christlichsozialen nahestehende Thronfolger Franz Ferdinand gegen Roller, dessen Bestellung zum Direktor der Kunstgewerbeschule er 1909 mit allen Mitteln zu verhindern versuchte. Als Roller trotzdem die Stelle bekam, befahl Franz Ferdinand dem renommierten Wiener Kunstgewerbemuseum »in äußerst leidenschaftlicher Weise«, »nie wieder Arbeiten des modernen Kunsthandwerks auszustellen, die er als Machwerke der Freimaurer, Juden und Republikaner« bezeichnete. Es dürften nur noch Arbeiten in alten Stilen vorgeführt werden.[102] Aber der Museumsdirektor behielt seine Linie bei.

Viele spätere H.-Zitate sind den kulturfeindlichen Äußerungen aus dieser Wiener Zeit zum Verwechseln ähnlich, so, wenn er in MEIN KAMPF fordert, *mit dem Unrat unserer sittlichen Verpestung der großstädtischen »Kultur« aufzuräumen, und zwar rücksichtslos und ohne Schwanken vor allem Geschrei und Gezeter... Dieses Reinemachen unserer Kultur hat sich auf fast alle Gebiete zu erstrecken. Theater, Kunst, Literatur, Kino, Presse, Plakat und Auslagen sind von den Erscheinungen einer verfaulenden Welt zu säubern und in den Dienst einer sittlichen Staats- und Kulturidee zu stellen.* Das öffentliche Leben müsse *von dem erstickenden Parfüm unserer modernen Erotik befreit werden.*[103]

Exkurs: Der Begriff »entartet«

»Entartet« war ein Wiener Modewort der Jahrhundertwende und wurde in so gut wie allen Lebensbereichen verwendet. Es hatte die Bedeutung von »aus der Art geschlagen« oder »artentfremdet« und bezeichnete ein nicht »artgerechtes« Verhalten. Wenn sich Frauen erkühnten, eine bessere Bildung oder gar das Wahlrecht einzufordern, wurde dies als »Emanzipationskoller entarteter Weiber« bezeichnet, da solche Wünsche nicht mit der angeblich naturgewollten Frauenrolle vereinbar seien. Die lockere Moral der Wiener Moderne wurde als »sittliche Entartung« bezeichnet, die Kunst des Expressionismus als »entartet« beschimpft.

Das Wort »entartet« war nicht neu, sondern wurde schon in der Klassik, wenn auch spärlich, verwendet. Richard Wagner benutzte es häufiger, sowohl in den theoretischen Schriften als auch in den Operntexten, so auch im RIENZI: Das Volk, das seinem Führer und Volkstribunen Rienzi die Treue aufkündigt, ist ein »entartetes Volk«.

Die häufige Verwendung des Wortes um 1900 zeigt die Popularität der großen Glaubenslehre dieser Zeit, Darwins Entwicklungslehre. Denn es bedeutet – im Sinne des 1882 gestorbenen Charles Darwin – die krankhafte Degeneration von Pflanzen und Tieren.[1] So war »entartet« auch all das, was Darwins Gesetz vom Fortschritt und von der ständigen Entwicklung zum Besseren widersprach.

Die Hinwendung der Wiener Moderne zum Primitiven etwa wurde als »entartet« bezeichnet, da sie als naturwidriger Rückschritt aufgefaßt wurde. Kunst aber müsse sich zu dem weiterentwickeln, was »schön« und »edel« sei, zur ewigen, vollendeten und dann nicht mehr wandelbaren Kunst. Die Wertschätzung Paul Gauguins für exotische, unzivilisierte Inselbewohner widersprach diesem angeblichen Naturgesetz, sei somit keine Weiterentwicklung oder selbständige Form der Kunst, sondern eine Degeneration, »Entartung«, modische Verirrung, ein Zeichen der Zersetzung, jedenfalls etwas, das sich ohnehin bald – wie alles Krankhafte – überholen werde.

Etwa in diesem darwinistischen Sinne stellte Max Nordau, der in Paris lebende Arzt und Korrespondent der NEUEN FREIEN PRESSE, die Bedeutung des Wortes in seinem 1892/93 erschienenen und mehrfach aufgelegten zweibändigen Buch ENTARTUNG dar und machte den Begriff damit populär. Nordau forderte vor allem von der französischen Moderne, sich künstlerisch und moralisch getreu Darwins Lehre in den Dienst des Fortschritts zu stellen. Kunst müsse erbauen, »gesund« sein. Der Künstler dürfe nicht wie ein »Irrsinniger« das Häßliche, Kranke verherrlichen. Nordau: »Die Entarteten lallen und stammeln statt zu sprechen. Sie stoßen einsilbige Schreie aus, statt grammatikalisch und syntaktisch gegliederte Sätze zu bauen. Sie zeichnen und malen wie Kinder, die mit unnützen Händen Tische und Wände beschmutzen. Sie machen Musik wie die gelben Menschen Ostasiens. Sie mischen alle Kunstgattungen durcheinander.«[2]

Nordau: »Wir stehen nun mitten in einer schweren geistigen Volkskrankheit, in einer Art schwarzer Pest von Entartung und Hysterie.« »Die ästhetischen Moderichtungen« seien »ein Ergebnis der Geisteskrankheit von Entarteten und Hysterikern«, »sie führen den Namen der Freiheit im Munde, wenn sie ihr faules Ich als ihren Gott ausrufen, und nennen es Fortschritt, wenn sie das Verbrechen preisen, die Sittlichkeit leugnen, dem Trieb Altäre bauen, die Wissenschaft verhöhnen, ästhetisierende Tagediebrei als einzigen Lebenszweck hinstellen. Aber ihre Anrufung der Freiheit und des Fortschritts ist freche Lästerung. Wie kann von Freiheit die Rede sein, wenn der Trieb allmächtig sein soll?«[3]

In seinen Strafpredigten wandte sich Nordau vor allem gegen den Hurenkult in der Nachfolge Charles Baudelaires und gegen die Pornographie: »Der Pornograph verseucht die Quellen, aus denen das Leben der künftigen Geschlechter fließt.«[4] Es gelte, »gegen die kotlöffelnde Schweinebande der berufsmäßigen Pornographen Partei zu ergreifen. Diese haben keinen Anspruch auf Mitleid.« Die Jugend müsse zum »Gesunden« erzogen werden. Die »Entartung« sei eine Degeneration, der Betroffene sinke »körperlich bis zur Stufe der Fische, ja der Gliedertiere und selbst der geschlechtlich noch nicht differenzierten Wurzelfüßler hinab«.[5]

Die entarteten Künstler und Schriftsteller hätten eine »Geistesstörung«. Die »Modewerke« seien »geschriebene und gemalte Delirien«.[6] Dagegen müsse angegangen werden mit »Kennzeichnung der führenden Entarteten und Hysteriker als Kranke, Entlarvung und Brandmarkung der Nachäffer als Gesellschaftsfeinde, Warnung des Publikums vor den Lügen dieser Schmarotzer«.[7]

Der aus Ungarn stammende deutschsprachige jüdische Autor Nordau, der bereits durch mehrere Bestseller bekannt war – PARIS UNTER DER DRITTEN REPUBLIK, DIE KRANKHEIT DES JAHRHUNDERTS, DIE CONVENTIONELLEN LÜGEN DER KULTURMENSCHHEIT –, meinte mit seiner Kritik freilich vor allem die »Entartung« durch den modernen »Mystizismus«, die Herrschaft des Gefühls über den Verstand und die Mißachtung der Werte der Aufklärung. Und hier verurteilte er die prominentesten Exponenten dieser Geisteshaltung: Richard Wagner und Friedrich Nietzsche.

Wagner sei, so Nordau, »mit einer größeren Menge Degeneration vollgeladen als alle anderen Entarteten zusammengenommen«. Er zeige »Verfolgungswahnsinn, Größenwahn und Mystizismus«. In seinen Werken herrsche eine »schamlose Sinnlichkeit«: »Es ist die Liebe der Entarteten, die in der geschlechtlichen Aufwallung zu wilden Tieren werden.«[8] Wagners Mystizismus sei »Ausdruck des Unvermögens zur Aufmerksamkeit, zu klarem Denken und zur Beherrschung der Emotionen« und beruhe auf der »Schwächung der höchsten Hirnzentren«. Ein »Mystiker« wie Wagner sei »das gesellschaftsfeindliche Ungeziefer«,[9] das gegen das Gesetz des Fortschrittes und der Weiterentwicklung der Menschheit verstoße.

Durch Nordaus Buch wurde »entartet« zum Modewort, änderte in Wien aber seine Bedeutung. Von der »Entartung« Wagners und Nietzsches war keine Rede mehr. Nun wurde Nordaus Theorie von den »entarteten« Schmarotzern auf die Juden bezogen und zum antisemitischen Schlagwort, das darwinistisch erklärt wurde: Die Degeneration, »Entartung«, zeige sich nach Darwin auch darin, daß Tiere und Pflanzen es aufgeben, sich selbständig Nahrung zu suchen, und beginnen, sich als Schmarotzer auf Kosten anderer Lebewesen durchzubringen.

Die Schmarotzertheorie spielte bei dem H. wohlbekannten Schriftsteller Hans Goldzier eine Rolle (siehe S. 319ff.), auch bei Guido von List, der meinte: »Diejenigen, welche entgegen dem Willen Gottes... nur genießen wollen, was Andere erworben und geschaffen haben, sind Schädlinge, entartete, böse und lasterhafte Menschen.«[10] Auch Otto Weininger nannte die Juden unproduktiv und nur bemüht, die Leistungen der Christen für sich auszunutzen, also auf Kosten der Nichtjuden zu leben.

Dieser Begriff »jüdisch-entartet« hatte größte Bedeutung vor allem bei den Rassetheoretikern, die mit Rezepten zur Stelle waren. Um gegen die Entartung und Degeneration des »deutschen Volkes« anzukämpfen und damit dessen Untergang zu verhindern, wurde strenge »Zuchtpflege« geraten, »Rassenentmischung«, Auslese der »Besten«, aber auch Hygiene, Sport, bis zu vegetarischer Kost, zur körperlichen Kräftigung: »Die Grundlage des Staates bildet die Volkskraft und Volksgesundheit der Rasse. Ob diese erhalten bleibt, gesteigert wird oder sinkt und entartet, ist die allerwichtigste Lebensfrage jedes Staatswesens. Eine kraftvolle Rasse erfüllt auch den Staatskörper mit vorwärtsdrängendem Leben, und umgekehrt zieht ein entartetes Staatsvolk auch unrettbar sein Staatsgebäude in den Abgrund.« Eine strikte staatliche Rassenpflege sei nötig: »Soll die Volkskraft erhalten bleiben, so dürfen nur Kräftige, Gesunde zur Fortpflanzung gelangen.«[11]

Die Alldeutschen legten den Begriff »entartet« in ihrer Zeitschrift UNVERFÄLSCHTE DEUTSCHE WORTE derart aus: »Kulturell ist die Entartung gegeben, wenn die Persönlichkeit sich ihrer Wurzel im Blut und Leben des Volkes nicht mehr bewußt ist. Der mangelhafte völkische Selbsterhaltungstrieb, der mangelhafte Sinn, Fremdes ins eigene Volkstum zu verarbeiten, ist in gleicher Weise eine Entartungserscheinung, hier zeigt sich, wie richtig es ist, wenn man von Entartung, d. h. von mangelndem Sinne für die eigene Art spricht.«[12]

In Berufung auf Darwins Entwicklungslehre diskutierten 1909 Wiener alldeutsche Zeitungen über eine Hierarchie der »Rassenästhetik«, wobei sie dem modernen Künstler als »degeneriert« und »entartet« die niedrigste Stufe zuwiesen: »Dem niedrigsten Menschentyp, wie etwa dem Buschmann, dem Australneger und wiederum unserem geborenen Verbrechertypus«, sei Schönheitssinn fremd. »Der tiefststehende Mensch reiht sich in dieser Hinsicht gewiß noch unter und hinter viele Tierarten an«, da zum Beispiel manche Vögel angeblich über mehr Farbensinn verfügten. Am Gebrauch der grellen Farben etwa seien die niedrigen Instinkte zu erkennen und so fort. Die Moderne bewege sich »sichtlich wieder dem Geschmacke der absteigenden Richtung des einstigen römischen Völkerchaos entgegen«. »Darum ist auch die vielberufene und beklagte Stillosigkeit oder vielmehr Stilverworrenheit unserer Zeit auf allen Gebieten schöpferischer Kultur und in Sonderheit unserer Künste nichts als ein treues Abbild unserer herrschenden Rassenzustände.« Eine Änderung könne nur »durch entsprechend lang andauernde Inzucht« zur Verbesserung der Rasse und damit der Kunst bewerkstelligt werden.[13]

Die winzige deutschradikale Gewerkschaftszeitung DER DEUTSCHE EISENBAHNER forderte, die Erzeugnisse einer »entarteten Afterkultur« der »Modernen« zu verbannen – ebenso wie die »verjudete« Wissenschaft: »sonst werden wir von innen heraus zerfetzt. Alles, was uns heilig ist, unseres Volkes Brauch, Urväter Sitte« stehe in Gefahr, »verjudet« zu werden. Und: »Was ist ihm [dem Juden] der Boden, was ist ihm unsere teure Heimatscholle, dampfende Wiesen, rauschender Wald? Was anderes als gleißendes Gold, das wieder Gold als Zinsen trägt.«[14]

Ein Beispiel aus Schönerers UNVERFÄLSCHTEN DEUTSCHEN WORTEN, diesmal bezogen auf die Frauenemanzipation: »An solchen entarteten Elementen ist im allgemeinen nichts mehr zu retten; da hilft weder Belehrung, noch Medizin, noch sonst etwas. Man tut gut, sie dem Untergang zu überlassen. Nur müssen die Gesunden darauf bedacht sein, sich vor der Ansteckung durch diese kernfaulen Elemente zu schützen.«[15]

All diese Äußerungen sind auch beim Politiker H. zu finden. Er verwendete das Wort »entartet« häufig und in ganz verschiedenen Zusammenhängen, so etwa 1941 bei Tisch mit falscher Ernährung, dann meinte er: *Eine Kröte ist ein entarteter Frosch*, und schließlich nannte er die Jäger *entartete Bauern*.[16]

In bezug auf die Kunst gebrauchte er »entartet« als primitivrückständig und zuwenig volksverbunden, so etwa 1937: Die *armseligen, verworrenen* Künstler der Moderne schüfen Werke, *die vielleicht vor zehn- oder zwanzigtausend Jahren von einem Steinzeitler*

hätten gemacht werden können. Sie reden von einer Primitivität der Kunst, und sie vergessen dabei ganz, daß es nicht die Aufgabe der Kunst ist, sich von der Entwicklung eines Volkes nach rückwärts zu entfernen... Wir werden von jetzt an einen unerbittlichen Säuberungskrieg führen gegen die letzten Elemente unserer Kulturzersetzung.[17]
Oder: *Fragen Sie doch die Massen, die abwechselnd in die »Entartete Kunst« und in die Ausstellungen der Deutschen Kunst hineingehen..., was auf sie mehr Eindruck macht. Fragen Sie diese gesunden Menschen, und Sie werden eine eindeutige Antwort bekommen.*[18]

3 Die Kaiserstadt

Die Metropole des Vielvölkerreichs

Bei all seiner Abneigung gegen Wien, vor allem gegen die Wiener, rühmte H. doch zeitlebens die Ausstrahlung dieser Stadt als Zentrum eines großen Reiches: *Eines könne man natürlich nicht künstlich erzeugen; das sei der ungewöhnlich eindrucksvolle Stimmungsrausch, den Wien in vergangenen Jahrhunderten ebenso wie heute biete und der wie ein immerwährendes Biedermeier anmute. Denn dieser Stimmungsrausch, den man bei jedem Gang durch die Anlagen von Schönbrunn und so weiter erlebe, sei einmalig.*[1] Sogar gegenüber Paris könne Wien bestehen, meinte er nach dem Frankreichfeldzug.[2]

Die Haupt- und Residenzstadt Wien spiegelte die große internationale Bedeutung der Doppelmonarchie Österreich-Ungarn wider. Immerhin war dieser Staat, gemessen an der Gesamtbevölkerung von knapp 50 Millionen um 1910, der zweitgrößte in Westeuropa, hinter dem Deutschen Reich mit knapp 65 Millionen und vor Großbritannien mit Irland (45), Frankreich (knapp 40), Italien (34,7) und Spanien mit knapp 20 Millionen.

H. sah die Bedeutung Wiens aber weniger in der Eigenschaft als Hauptstadt der Donaumonarchie, sondern in der historischen Bedeutung, in Wiens Mythos als jahrhundertelanger Residenz der römisch-deutschen Kaiser: *Wenn mir die Führer anderer Stämme des germanischen Raumes begegnen, so bin ich in einer wunderbaren Lage durch meine Heimat: Ich kann darauf hinweisen, daß sie ein großes mächtiges Reich war mit einer Kaiserstadt durch fünf Jahrhunderte.*[3]

In Kenntnis des aus der Geschichte gewachsenen starken Selbstbewußtseins dieser Stadt war H. nach 1938 bestrebt, keine Rivalität zweier Hauptstädte zuzulassen und Berlin als Hauptstadt des »Großdeutschen Reiches« mit allen Mitteln auszubauen. Daß dies keine leichte Aufgabe war, war ihm noch 1942 wohl bewußt: *Man könne es dem heute nach Berlin kommenden Wiener nicht verargen,* wenn er im Hinblick auf das grandiose Stadtbild seiner eigenen Heimatstadt von Berlin enttäuscht sei. Sogar ihm gegenüber hätten Wiener einmal erklärt, Berlin sei doch keine Hauptstadt; denn kulturell sei ihm Wien sowieso überlegen, und in seinem Stadtbild könne es doch auch nicht an Wien heran. An dieser Bemerkung sei insofern viel daran, als kaum eine andere Stadt in Deutschland über so zahlreiche kulturelle Schätze verfüge wie Wien.* Das stolze Wien müsse aber nun hinter Berlin zurücktreten: *eine der wichtigsten Aufgaben des Dritten Reiches sei, in Berlin eine wirklich repräsentative Hauptstadt zu schaffen. Schon der Bahnhof und die Zufahrt der Reichsautobahnen müsse so sein, daß selbst der Wiener überwältigt sei von dem Gefühl: das ist unsere Hauptstadt!*[4]

Während Berlin nach 1933 mit großem finanziellen Aufwand ausgebaut wurde, blieben Investitionen in Wien nach 1938 aus politischen Gründen aus: *Wien hat sonst eine zu große kulturelle Anziehungskraft. Das würde zu einer Steigerung der politischen Anziehungskraft führen, und das darf eben nicht sein. Das habe ich aus der Geschichte gelernt.* Neu gebaut wurde in Wien nicht; angeblich, weil es falsch gewesen wäre, *die Prachtbauten der Kaiserstadt... noch übertreffen* [zu] *wollen*.[5]

So wurde die alte Kaiserresidenz Wien systematisch ausgeplündert. Joseph Goebbels: »Besonders große Pläne für Wien hegt der Führer nicht... Im Gegenteil, Wien hat zu viel, und es könnte ihm eher etwas abgenommen als etwas zugegeben werden.«[6] Und: »Wien müsse wieder, wenn es auch eine Millionenstadt sei, in die Rolle einer Provinzstadt zurückgedrängt werden... Im übrigen habe Wien die österreichische Provinz früher immer so schlecht behandelt, daß man ihm schon deshalb nicht irgendeine Führungsrolle im Reich, nicht einmal in Österreich anvertrauen könne.«[7] Und noch am 9. April 1945: »Der Führer hat die Wiener schon richtig erkannt. Sie stellen ein widerwärtiges Pack dar, das aus einer Mischung zwischen Polen, Tschechen, Juden und Deutschen besteht.« Sie müßten besser »im Zaume gehalten werden«.[8]

Lediglich Sanierungen wurden Wien zugestanden: *Wien wird den Krieg anfangen gegen die Wanzen und gegen den Dreck. Die Stadt muß gesäubert werden. Das ist die Kulturaufgabe, die das Wien des 20. Jahrhunderts zu lösen hat; weiter braucht es nichts zu tun. Wenn es das macht, gehört es zu den schönsten Städten der Welt.*[9] Mit dieser

Kulturaufgabe meinte H. auch die »Säuberung« der national gemischten Bevölkerung nach »völkischen« Kriterien, also den Kampf gegen den »undeutschen« Charakter Wiens als Hauptstadt eines Vielvölkerreiches mit jahrhundertelanger Mischung der habsburgischen Völker.

Der Kaiser

Den Titel Kaiser Franz Josephs konnte jedes Schulkind der Donaumonarchie wie das Vaterunser auswendig – mit Sicherheit auch der junge H. in Linz. Dieser Titel zeigt die jahrhundertelange Geschichte und die Kompliziertheit dieses Vielvölkerreiches mit Eroberungen, Erbschaften und reichen Heiraten: »Franz Joseph I., von Gottes Gnaden Kaiser von Österreich, König von Ungarn und Böhmen, von Dalmatien, Kroatien, Slavonien, Galizien, Lodomerien und Illyrien; König von Jerusalem etc.; Erzherzog von Österreich; Großherzog von Toskana und Krakau; Herzog von Lothringen, von Salzburg, Steyer, Kärnten, Krain und der Bukowina; Großfürst von Siebenbürgen; Markgraf von Mähren; Herzog von Ober- und Niederschlesien, von Modena, Parma, Piacenza und Guastalla, von Auschwitz und Zator, von Teschen, Friaul, Ragusa und Zara; gefürsteter Graf von Habsburg und Tirol, von Kyburg, Görz und Gradisca; Fürst von Trient und Brixen; Markgraf von Ober- und Niederlausitz und Istrien; Graf von Hohenembs, Feldkirch, Bregenz, Sonnenberg etc.; Herr von Triest, von Cattaro und auf der windischen Mark; Großwojwod der Wojwodschaft Serbien etc. etc.«

Einige dieser Titel hatten nur noch historische Bedeutung, etwa der des »Königs von Jerusalem«. Auch die Titel Toskana, Lothringen, Schlesien, ja selbst die Schweizer Stammburgen Habsburg und Kyburg waren nur Überbleibsel von längst verlorenen habsburgischen Besitzungen. Ebenso täuscht der Eindruck eines einheitlichen habsburgischen Reiches. Denn das Reich war seit 1867 – nach der Niederlage gegen Preußen und dem »Ausgleich« mit Ungarn – zweigeteilt und hieß »Österreich-Ungarn«. Kaiser Franz Joseph residierte ab 1867 mehrere Wochen jährlich als König von Ungarn in der Residenzstadt Budapest und regierte dort in ungarischer Sprache, gekleidet in ungarische Uniform, mit ungarischen Ministern und dem ungarischen Reichstag.

Die Habsburgermonarchie bildete von 1867 bis 1918 den »k.u.k.« Staat, eine Bezeichnung, deren Erklärung etwas Mühe macht: k.u.k. hieß alles, was zum Gesamtstaat gehörte, also zu Österreich-Ungarn, zum Beispiel die gemeinsame k.u.k. Armee. Dabei bedeutete das erste »k.« die westliche Reichshälfte, also Cisleithanien mit Böhmen, das zweite »k.« Ungarn. War nur die westliche Reichshälfte gemeint, hieß es »k.k.« als Abkürzung für Kaiser von Österreich und König von Böhmen. War aber nur Ungarn gemeint, so hieß es nur »k.« für König von Ungarn. Auch diese Bezeichnungen lernten schon die Schulkinder deutlich zu unterscheiden.

Cis- und Transleithanien hatten zwar in der Person Franz Josephs ein gemeinsames Oberhaupt und auch ein gemeinsames Außen-, Kriegs- und Finanzministerium, ansonsten aber eigene Regierungen mit eigenen Ministerpräsidenten und Landesministern, eigenen Parlamenten und einer höchst unterschiedlichen Innenpolitik. Seit 1867 strebten die beiden Teile immer weiter auseinander: Hier das straff magyarisierte, von einer stabilen Mehrheit regierte Ungarn mit ungarischer Staatssprache – und dort das vielfach zersplitterte, heterogene, vielsprachige Cisleithanien mit einem meist arbeitsunfähigen Parlament und unstabilen Regierungen. Einvernehmliche politische Lösungen wurden zwischen den beiden gleichberechtigten Partnern immer schwieriger, ja fast unmöglich, vor allem 1906 nach der Einführung des allgemeinen gleichen Wahlrechtes in Cis-, nicht aber in Transleithanien.

Die westliche Reichshälfte mit der Hauptstadt Wien hatte um 1910 28,5 Millionen Einwohner: fast 10 Millionen Deutsche, fast 6,5 Millionen Tschechen, Mährer und Slowaken, fast 5 Millionen Polen, über 3,5 Millionen Ruthenen (Ukrainer), 1,25 Millionen Slowenen, fast 800 000 Serbokroaten, 770 000 Italiener, 275 000 Rumänen, knapp 11 000 Magyaren, außerdem rund 500 000 Ausländer, wozu auch ungarische Staatsbürger gezählt wurden. Eine »jüdische« Nation gab es nicht, da für die Anerkennung als Nation allein die Umgangssprache maßgeblich war und die Juden keine einheitliche Sprache hatten. Als Religionsgemeinschaft und Staatsbürger hatten sie aber seit 1867 alle bürgerlichen Rechte.

Ein staatliches Gemeinschaftsbewußtsein aufzubauen war in der Vielvölkermonarchie schwierig, vor allem in Cisleithanien, dessen Bewohner noch nicht einmal einen gemeinsamen Namen hatten. Der

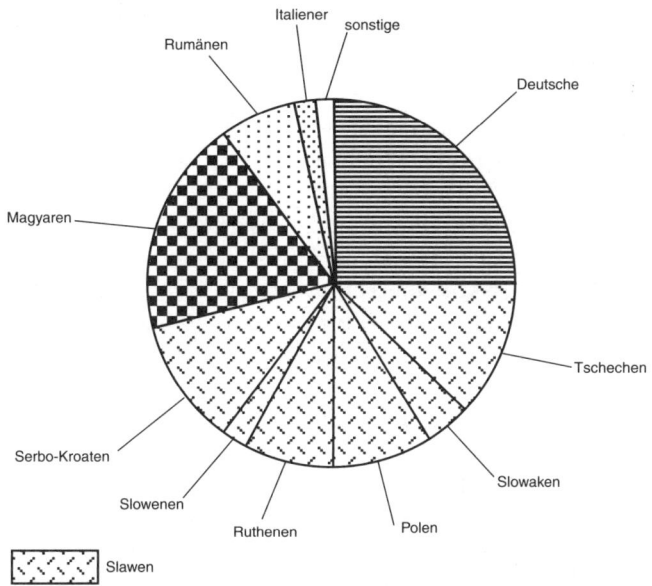

*Anteil der Nationalitäten an der Gesamtbevölkerung
Österreich-Ungarns 1900*

Ausdruck »Cisleithanier« war ungebräuchlich. Der Name »Österreicher« wurde zwar intern in den deutschen Teilen Cisleithaniens verwendet, war aber nicht legal. Denn sowohl Tschechen wie Polen, Italiener und die anderen Völker Cisleithaniens weigerten sich, den Namen Österreich als den ihren zu akzeptieren, empfanden ihn als diskriminierend und als Ausdruck der Vorherrschaft der Deutschen. Aus demselben Grund verweigerten sie die Einführung der deutschen Staatssprache. Strenggenommen gab es also keine »Österreicher«. Aus diesem Dilemma rettete man sich mit einem weiteren Provisorium: Die westliche Reichshälfte erhielt ihren offiziellen Namen nach dem Vielvölkerparlament und hieß korrekt: »Die im Reichsrate vertretenen Königreiche und Länder«.

Dr. Viktor Adler, Führer der cisleithanischen Sozialdemokraten, versuchte dies 1905 seinen »reichsdeutschen« Genossen zu erklären und konnte dabei seine Bitterkeit nicht verbergen: »Wir Österreicher... – wir haben ein Land, aber ein Vaterland haben wir nicht. Es gibt keinen Staat Österreich.«[10]

Die beiden Parlamente in Wien und Budapest arbeiteten völlig unabhängig. Um die für beide Landesteile gemeinsamen Gesetze zu beschließen, traten jährlich die »Delegationen« – je 60 Abgeordnete aus Cis und Trans – zur mühsamen Ausarbeitung von Kompromissen zusammen. Tagungsorte waren abwechselnd Wien und Budapest, Tagungssprache deutsch.

Die alle zehn Jahre fälligen neuen Ausgleichsverhandlungen, die den finanziellen Schlüssel für gemeinsame Ausgaben festlegten, lösten jeweils Staatskrisen aus. Nach dem letzten Ausgleich von 1907 zahlte Ungarn 36,4 Prozent der gemeinsamen Kosten, Cisleithanien den großen Rest – was hier allgemein als ungerecht empfunden wurde.

Durch die innere Geschlossenheit und mit Hilfe des alten Kurienwahlrechtes, das die Allgemeinheit von den Wahlurnen fernhielt, funktionierte die Politik in Ungarn weit reibungsloser als in Cisleithanien, wo die Regierung von einer bunt zusammengewürfelten Vielzahl von untereinander streitenden Parteien abhängig war. Die ungarische Reichshälfte gewann dadurch im Gesamtstaat an Einfluß und Macht. Das wiederum empörte in »Cis« und gab all jenen Auftrieb, die ein »Los von Ungarn« forderten.

Den alten verwitweten Kaiser umgab der Mythos des sich aufopfernden, unermüdlich arbeitenden und seine Pflicht erfüllenden Herrschers, der seine geerbten Länder bei strikter Wahrung der Verfassung noch immer im Stil eines aristokratischen Majoratsherrn zu regieren schien. Man bemitleidete ihn wegen der schweren Schicksalsschläge, die ihn vereinsamen ließen: 1898 wurde Franz Josephs geliebte »Engels-Sisi«, Kaiserin Elisabeth, von einem italienischen Anarchisten in Genf ermordet. Der einzige Sohn des Kaiserpaares, der hochbegabte Kronprinz Rudolf, endete 1889 in Mayerling als 30jähriger in einem skandalösen Selbstmord. Daß er ein 17jähriges verliebtes Mädchen, Mary Vetsera, mit sich in den Tod genommen hatte, war das bestgehütete Geheimnis der Monarchie. Die Schande von Mayerling lastete auf dem katholischen Haus Habsburg und dem gebeugten Vater.

Auch H. erzählte noch als Reichskanzler gerne die üblichen Geschichten um den einsamen alten Mann in der Hofburg, laut Goebbels-Tagebuch: »Führer schildert nochmal Brüchigkeit des ehemaligen Habsburger Reiches... Den schlichten und wehmütigen

Charakter Kaiser Franz Josephs. Die Tragödie von Mayerling. Die schöne Kaiserin Elisabeth.«[11]

Die Einsamkeit des Herrschers wurde durch sein ängstliches Bemühen verstärkt, den Nimbus seiner Majestät auch unter geänderten Verhältnissen zu bewahren. An seinem Hof wurden die Regeln höfischen Protokolls strikter denn je beachtet, der alte Hochadel hatte immer noch eine Machtstellung inne und bildete den innersten Kreis um den Herrscher.

Die strengen höfischen Ehegesetze verlangten seit alters her einen untadeligen hocharistokratischen Rang, nicht aber eine bestimmte Nationalität. So war die cisleithanische Aristokratie wie die hohen Beamten und Militärs zu einer übernationalen Schicht zusammengewachsen und alles andere als »deutsch«. Sie hatten ihre ererbten Landgüter meist in nichtdeutschen Kronländern und engagierten sich parteipolitisch, wenn überhaupt, für diese ihre angestammte Heimat. Im Reichsrat vertraten etwa Fürst Andreas Lubomirski, Graf Adalbert Dzieduszycki, Wladimir Ritter von Kozlowski-Bolesta und Kasimir Ritter von Obertyński die Polnischkonservativen, Graf Franz Bellegarde die Rumänen, Aurel Ritter von Onciul die Freisinnigen Rumänen, Nikolaj Ritter von Wassilko die Ruthenischnationalen Demokraten, Graf Jaroslaw Thun-Hohenstein die Tschechisch Klerikalen, und Graf Adalbert Sternberg trat als nicht parteigebundener, »wilder« Tscheche auf.

Franz Joseph stand als erster Aristokrat seines Reiches über den Parteien, mischte sich privat nicht unter nichtaristokratische Menschen und kannte das Leben abseits der höfischen Gepflogenheiten nicht. Die Klagen darüber waren vielfältig, so vom deutschliberalen Reichsratsabgeordneten Joseph Baernreither: »Ein Wall von Vorurteilen schließt den Kaiser von allen freien politischen Persönlichkeiten ab. Nicht nur jeder atmosphärische, sondern auch jeder frische politische Luftzug wird durch den oberhofmeisterlichen, hausmilitärischen und medizinischen Ring, der den Monarchen umgibt, von ihm ferngehalten. Das mit Macht dahinflutende Leben unserer Zeit dringt kaum wie ein fernes Rauschen an das Ohr unseres Kaisers. Jede wirkliche Teilnahme an diesem Leben ist ihm versperrt, er versteht die Zeit nicht mehr, und die Zeit geht über ihn hinweg.«[12]

Andererseits galt Franz Joseph als Symbol und fast einziger Garant des auseinanderstrebenden Reiches. Dem habsburgischen

Ideal getreu, bemühte er sich, ein »gerechter Vater seiner Völker« zu sein und alle seine Untertanen, gleich welcher Nationalität, gleich zu behandeln. Er vermittelte die Gewißheit, daß auch der ärmste Ruthene oder Jude in Galizien sicher sein konnte, im Notfall in Wien beim Kaiser sein Recht einfordern zu können. Solange dieser Kaiser lebte, schien ein Zusammenbruch Österreich-Ungarns undenkbar. »Das kann man dem alten Herrn doch nicht mehr antun«, war eine der festen Wendungen im öffentlichen Leben der Donaumonarchie.

In vielen Varianten ist die idealisierende Meinung bezeugt, die zum Beispiel der Nationalökonom Felix Somary als Rat seines Vaters überlieferte: »Dieses Reich ist ganz anders als die übrige Welt. Denke dir den Kaiser und seine Regierung auch nur für ein Jahr fort, und die Nationen werden übereinander herfallen. Die Regierung formt das Gitter, das den Zoo der wilden Tiere von der Außenwelt abtrennt, und es gibt nirgendwo anders so viele und so gefährliche politische Bestien wie bei uns.« Somary: »Die Monarchie war nicht ein historisches Überbleibsel, sondern die einzig mögliche Form für den Zusammenhalt von acht Nationen an Europas gefährlichster Grenze. Wer dafür eintrat, war allseits unpopulär, galt als ›Streber‹, als ›Reaktionär‹ – in einer Zeit des Fortschrittswahns ein vernichtendes Wort... Denn die Jugend warf dem Regenten gerade zwei Dinge vor, die seines Hauses größtes Verdienst waren: den Mangel an Aggressivität und die Überparteilichkeit... Man mochte über Monarchie sonst denken, was man wollte – hier, auf diesem Vulkanboden, war sie das einzig Mögliche, durch nichts anderes ersetzbar.« Die k.k. Regierung »erzwang gegen allen Fanatismus ein geordnetes Zusammenleben und sicherte der jeweiligen Minderheit politische und persönliche Freiheit.«[13]

Diese habsburgpatriotische und verschönende Sichtweise entsprach zwar den formalen Gesetzen seit 1867. Aber die alltägliche Realität, vor allem in ländlichen Gebieten, entsprach diesem Ideal keineswegs. Hier galten oft noch die alten Machtstrukturen von angeblichen »Herren« und »Sklaven«.

Soweit staatliche Behörden überhaupt eingreifen konnten, waren sie bemüht, den Grundsatz der Gleichberechtigung vor Gericht wie in der Verwaltung strikt durchzusetzen, auch gegen den Widerstand der Nationalisten. Aber jene Nationalitäten, die sich seit Jahrhunderten als »Führende« gefühlt hatten, akzeptierten die neue Gleichheit nicht, ob es sich nun um Polen gegenüber Ruthenen, Deutsche gegenüber Slawen, Italiener gegenüber Slowenen oder andere rivalisierende Volksgruppen handelte.

Die gesetzliche Grundlage, nach der die Völker der westlichen Reichshälfte vor 1918 zusammenlebten, war der Paragraph 19 des Grundgesetzes über die Rechte der Staatsbürger von 1867: »Alle Volksstämme des Staates sind gleichberechtigt, und jeder Volksstamm hat ein unverletzliches Recht auf Wahrung und Pflege seiner Nationalität und Sprache.« Für die strikte Wahrung dieses Gesetzes garantierte Kaiser Franz Joseph persönlich.

Da sich der Kaiser als Schutzherr der nationalen wie religiösen Gleichberechtigung fühlte, entzündete sich der Patriotismus vor allem an seiner Person. Die jahrhundertelang benachteiligten Minderheiten, etwa Ruthenen, Slowaken, Slowenen, wußten die gesetzliche Gleichberechtigung zu schätzen und standen deshalb loyal zum Staat. Vor allem die Juden empfanden die strikte Rechtsstaatlichkeit als sicheren Hort. In der verklärenden Rückschau schrieb Stefan Zweig über Wien vor 1918: »Wer dort lebte und wirkte, fühlte sich frei von Enge und Vorurteil. Nirgends war es leichter, Europäer zu sein, und ich weiß, daß ich es zum guten Teil dieser Stadt zu danken habe,... daß ich frühzeitig gelernt, die Idee der Gemeinschaft als die höchste meines Lebens zu lieben.«[14]

Mit diesem Phänomen des Ehrfurcht gebietenden alten Monarchen beschäftigte sich H. in MEIN KAMPF: *Der ganze Staat stand in den letzten Jahren schon so sehr auf den beiden Augen Franz Josephs, daß der Tod dieser uralten Verkörperung des Reiches in dem Gefühl der breiten Masse von vornherein als Tod des Reiches selber galt. Ja, es gehörte mit zu den schlauesten Künsten besonders slawischer Politik, den Anschein zu erwecken, daß der österreichische Staat ohnehin nur mehr der ganz wundervollen, einzigartigen Kunst dieses Monarchen sein Dasein verdanke; eine Schmeichelei, die in der Hofburg um so wohler tat, als sie den wirklichen Verdiensten dieses Kaisers am wenigsten entsprach.*[15]

Und ein anderes Mal: *Am schlimmsten sind die Könige, die alt geworden sind. Wenn man so einen anrührt, brüllt alles sofort. Franz Joseph war sicher viel weniger intelligent als sein Nachfolger, aber eine Revolution gegen ihn, das ging gar nicht. Er war ein Nimbus, obwohl* er der geprügeltste Monarch ist, den es gegeben hat. Er hat alles geschehen lassen und gar nichts gemacht.[16]

Wie wohl alle Wiener seiner Zeit, so nimmt auch der junge H. einen gewissen Anteil am Hofleben, vor allem im ersten Jahr, als er nahe bei der Mariahilfer Straße wohnt. Hier fährt zweimal täglich der alte Kaiser im Wagen durch, morgens von Schönbrunn zu Regierungsgeschäften in die Stadt und am Abend zurück. Stets stehen Schaulustige am Straßenrand, um dem Herrscher zuzuwinken oder ihn nur als Sehenswürdigkeit anzustaunen. Kubizek: »Wenn uns der Kaiser begegnete, machte Adolf weder ein Aufsehen darum, noch sprach er darüber, denn ihm ging es nicht um die Person des Kaisers, sondern um den Staat, den er repräsentierte: die k.u.k. Österreichisch-Ungarische Monarchie.«[17]

Aber die Attraktionen der Kaiserstadt sind H. und Kubizek wohlbekannt. So besuchen sie laut Kubizek auch einige Male die Hofburgkapelle, um dort wie die meisten Touristen die Sängerknaben zu hören, und schauen sich bei der Gelegenheit gleich die berühmte Wachablöse der Burgwache an.[18]

H. erlebt auch den spektakulärsten öffentlichen Auftritt des Kaisers, die Fronleichnamsprozession. Der Flügeladjutant Albert von Margutti erzählte, wie der Kaiser frühmorgens im sechsspännigen Galawagen nach St. Stephan fuhr, »ihm voraus die Erzherzöge in vierspännigen Galawagen... Die goldstrotzenden Glaswagen, die wertvollen Beschirrungen der Bespannungshengste – herrliche Schimmel spanischer Zucht – die Kutscher, Lakaien und Pferdehälter in den goldgestickten schwarzen Rokokoröcken, mit weißen Strümpfen, Schnallenschuhen und Perücken unter den großen, mit Goldborten und Straußfedern geschmückten Dreispitz- und Zweispitzhüten.« Es folgte die Ehrenbezeugung der farbenprächtig uniformierten Leibgarden vor der Stephanskirche.

Nach dem Hochamt fand der berühmte Umzug statt: Zuerst gingen die Angehörigen der Ritterorden im Ornat, die Geistlichkeit, der Kardinal-Fürsterzbischof mit der Monstranz unter dem Traghimmel. Gleich hinter dem »Himmel« schritt der alte Kaiser als demütiger Christ, entblößten Hauptes und mit einer Kerze in der Hand, gefolgt von den Erzherzögen, der Aristokratie, den Würdenträgern des Hofes, dem Wiener Bürgermeister Dr. Karl Lueger, dem Gemeinderat und vielen anderen. Alles zusammen, so Margutti,

»eine der eindrucksvollsten Sehenswürdigkeiten auf der ganzen Welt«.[19]

Der junge Mann aus Linz ist vor allem von den Arciere-Leibgarden beeindruckt, die in Wien prosaisch »Hartschiere« oder »Hatschiere« genannt wurden. Ihre Galauniform bestand aus einem silbernen Helm mit weißem Roßhaarbusch, goldbetreßtem roten Rock und weißen Hosen mit hohen schwarzen Lackstulpstiefeln.[20] H. erzählte noch 1942: *Wenn ich natürlich Hartschiere aufstelle; wenn die vor der Fronleichnamsprozession hermarschiert sind, das wackelte förmlich – das war ein Bild! Die waren so harmlos, daß ihnen nicht einmal die Revolution etwas getan hat.* Seine Folgerung: *Die Menschheit braucht ein Idol... Die Monarchie hat etwas sehr geschickt eingerichtet: Sie hat das Idol künstlich gezüchtet. Das ganze Theater, das Drum und Dran hat schon einen gewissen Sinn.*[21]

Gerne schilderte H. auch die Wagenauffahrt vor der Hofoper: *Welche Pracht, wenn bei den Galavorstellungen die Mitglieder des Kaiserhauses, die Erzherzöge in ihren goldstrotzenden Uniformen und die Damen mit ihren kostbaren Juwelen aus dem Wagen stiegen!*[22] Und: *Die Oper war vor dem Weltkrieg etwas Wunderbares! Auch da war eine Kultur drin, unerhört! Die Frauen mit ihren Diademen, eine einzige Pracht!... Die Kaiserloge hatte ich nie besetzt gesehen. Der Kaiser war wohl unmusikalisch.*[23] (Was freilich stimmte.) Und bei anderem Anlaß erwähnte er *den ganzen Irrsinn der erblichen Monarchie, die das pomphafte Zeremoniell brauche, um aus gekrönten Nullen wenigstens noch etwas zu machen.*[24]

Die Huldigung der »reichsdeutschen« Fürsten

1908, im ersten Jahr von H.s Wiener Aufenthalt, wurde der Kaisermythos so pompös gepflegt wie nie vorher oder nachher: Franz Joseph, der in der Revolution des Jahres 1848 als 18jähriger den Thron bestiegen hatte, beging das in der Habsburger Geschichte einmalige Jubiläum einer 60jährigen Regierung.

Der müde, depressive Kaiser wehrte sich lange gegen große Jubiläumsfeste. Doch die Befürworter führten wichtige Gründe an: Handel und Fremdenverkehr würden gefördert, die Arbeitslosigkeit verringert. Vor allem aber würden in festlicher Hinwendung auf die Ehrfurcht gebietende Person des alten Kaisers der Patriotismus gestärkt und dem Streit der Nationalitäten entgegengewirkt.

Lange hatte es in Wien kein patriotisches Fest mehr gegeben. Das letzte war der vom Malerfürsten Hans Makart gestaltete Festzug zur Silberhochzeit des Kaiserpaares 1879 gewesen. Die Feiern zum 50jährigen Regierungsjubiläum 1898 waren wegen der Ermordung der Kaiserin ausgefallen. Mit einem 70jährigen Regierungsjubiläum war nach menschlichem Ermessen kaum zu rechnen. – Die Planung der Feiern für das Jahr 1918 blieb Robert Musils Roman DER MANN OHNE EIGENSCHAFTEN vorbehalten.

Sehr spät, erst am 11. März 1908, beugte sich der Kaiser widerstrebend den Argumenten seiner Ratgeber und genehmigte Feiern und einen Festzug. Dieser sollte die Geschichte des Hauses Habsburg darstellen und außerdem allen Völkern der Monarchie in Deputationen Gelegenheit geben, ihrem Kaiser zu huldigen. Die Feiern sollten prächtiger werden als die zum 60jährigen Regierungsjubiläum der Königin Viktoria 1897.

Kaiser Franz Joseph empfängt Kaiser Wilhelm II. 1908 am Bahnhof

Um den ausdrücklichen Wunsch Franz Josephs zu erfüllen, über den Feiern nicht die Wohltätigkeit zu vergessen, wurden nun hektische Pläne gemacht: Jede auch noch so kleine Schule der Monarchie, jedes Waisen- und Krankenhaus, Kasernen und Ämter, Kaufhäuser und Schützenvereine bereiteten Feierstunden vor und sammelten Spenden für soziale Einrichtungen: Obdachlosenasyle, Kinderheime, Waisen- und Findelhäuser und – als besondere Sympathiebezeugung für den leidenschaftlichen Jäger Franz Joseph – auch ein Heim für kranke Jäger aller Kronländer.

Im Mai begann die lange Reihe der ausländischen Gratulationsbesuche mit einer politischen Sensation. Um Franz Joseph als dem ältesten deutschen Monarchen zu huldigen, reisten die deutschen Fürsten gemeinsam in Wien an, und zwar: Kaiser Wilhelm II., der Prinzregent Luitpold von Bayern, die Könige von Sachsen und Württemberg, die Großherzöge von Baden, Sachsen-Weimar, Oldenburg und Mecklenburg-Schwerin, der Herzog von Anhalt, die Fürsten von Lippe und Schaumburg-Lippe und als einziger Bürgerlicher der Bürgermeister von Hamburg als Vertreter der Hansestädte – dessen bürgerlicher Stand minder protokollarische Ehren nach sich zog. Der fehlende Großherzog von Hessen galt als entschuldigt: Er besuchte gerade die eng verwandte Zarenfamilie mit dem politischen Auftrag, das deutsch-russische Klima zu verbessern.

Kaiser Wilhelm II. hatte für die Verwirklichung dieser seiner Idee außerordentliche protokollarische Mühen aufwenden müssen. Denn viele Fürsten waren keineswegs begeistert von dieser Gemeinschaftsaktion und fürchteten politische Konflikte.[25] Der Kaiser von Österreich war schließlich kein »deutscher« Fürst im Sinne des deutschen Kaiserreiches. Auch daß die Donaumonarchie seit 1879 Bündnispartner im »Zweibund« war, rechtfertigte diesen Titel keineswegs. Die k.u.k. Monarchie war ein Vielvölkerreich und kaum »deutsch« zu nennen.

Mit politischen Schwierigkeiten war bei diesem Fürstenbesuch von mehreren Seiten her zu rechnen, zunächst von den k.k. Deutschen her: Die Wunden von Königgrätz waren noch nicht verheilt. Trotz aller Loyalität zum habsburgischen Staat schielten viele sehnsüchtig nach dem erfolgreichen Deutschen Reich, und dies um so mehr, als die Macht der Slawen in Cisleithanien zunahm und die der Deutschen überflügelte. Es lag nahe, daß mancher Deutschösterreicher diesen Fürstenbesuch als pangermanische, »großdeutsche« Demonstration mißverstehen und sich vom Pomp der deutschen Hymne und der deutschen Fahnen zu falschen Schlüssen verleiten lassen könnte. Die Alldeutschen zumindest bereiteten sich darauf vor, ihre Anschlußwünsche an das Deutsche Reich mit schwarzrotgoldenen Fahnen kundzutun, also den großdeutschen Farben des Jahres 1848, und »ihrem« Kaiser, also dem Hohenzoller und nicht dem Habsburger, zu huldigen.

Kaiser Franz Joseph war gegenüber jeder Art von Deutschnationalismus in seinem Reich höchst mißtrauisch. Er hielt daran fest, so der Flügeladjutant Margutti, »in den Deutschen Österreichs den Begriff des ›Österreichertums‹ verkörpert« zu sehen, und habe auf jeden Annäherungsversuch »seiner« Deutschen an Berlin äußerst ärgerlich reagiert. »Selbst unbedeutende harmlose Äußerlichkeiten in dieser Richtung konnten ihn ungemein verstimmen.« Schwarzrotgoldene Fahnen habe er »mit seinem Falkenblick« stets sofort erkannt: »und seine gute Laune verschwand sofort«. »Jedes derartige Hervorkehren des Deutschtums traf des Kaisers Achillesferse, weil er dahinter immer pangermanische Tendenzen witterte.«[26]

Politische Schwierigkeiten mit den nichtdeutschen Österreichern waren bei diesem hochpolitischen Fürstenbesuch vorherzusehen und traten prompt ein. Tschechische Zeitungen polemisierten wild gegen diese auch von ihnen als pangermanisch aufgefaßte Demonstration.

Die Aufregung vor dieser spektakulären Fürstenhuldigung war groß und die Organisation kompliziert. Deutschnationale Kundgebungen wurden mit einem starken Truppenspalier verhindert. Die Anzahl der »reichsdeutschen« Fahnen (schwarz-weiß-rot) wurde auf ein Mindestmaß reduziert, die verbotenen, aber immer wieder auftauchenden »großdeutschen« Fahnen (schwarz-rot-gold) wurden sofort eingezogen. Zigtausende Menschen säumten den Weg Wilhelms II., als er in Begleitung der Kaiserin, mit zwei Söhnen und 54 Begleitpersonen in Wien einfuhr und seinen Weg nach Schönbrunn nahm. Die Polizei wie das Protokoll waren überfordert, zumal am selben Tag ja auch alle anderen Fürsten aus Deutschland eintrafen, deren ständige Eifersüchteleien untereinander kein Geheimnis waren.

In seiner Ansprache ehrte der damals 49jährige Wilhelm II. den österreichischen Kaiser als Vorbild für »drei Generationen deutscher Fürsten« – und bezog damit den Habsburger, so als hätte es kein Königgrätz gegeben, wie selbstverständlich in die Reihe der deutschen Fürsten ein. Er berief sich dabei vor allem auf gemeinsame dynastische Interessen, verwandtschaftliche Beziehungen und den Zweibund.

Franz Joseph reagierte in dieser prekären Situation höchst sensibel. In seiner Dankrede ließ er den deutschnationalen Aspekt des hohen Besuches außer acht und beschränkte sich auf den dynastischen: Er sehe im hohen Besuch »eine feierliche Kundgebung des monarchischen Prinzips..., dem Deutschland seine Macht und Größe verdankt«. Dann pries er den Wert des nun bereits 30 Jahre währenden Zweibundes »in der frohen Erwartung, daß dieses nur friedliche Ziele« verfolge. Der aufregende Tag endete mit einem abendlichen Fest mit Militärmusik und 8000 Sängern im Schönbrunner Schloßpark. Der weitläufige und sonst stets offene Park war aus Sicherheitsgründen durch Polizei abgesperrt. Die 10000 persönlich geladenen Gäste wurden strengstens kontrolliert.

Im Ausland, vor allem bei den Westmächten, den Balkanstaaten und in Rußland, wurde die Fürstenhuldigung argwöhnisch beobachtet. Die russischen Zeitungen nannten den Besuch einhellig eine »pangermanische Demonstration«, die »die Abhängigkeit Österreich-Ungarns von der deutschen Politik besonders grell hervortreten« lasse.[27] Auch der prominente englische Journalist Lucien Wolf betonte, daß »der Gedanke der Vereinigung der Habsburgischen Monarchie mit dem Deutschen Reich noch nicht erloschen sei« – wohlgemerkt in Wien. Berlin dagegen sei an einem »Anschluß« des katholischen Deutschösterreich weniger interessiert und brauche Österreich-Ungarn vor allem als Bundesgenossen gegen Rußland.[28]

Jeder Wiener war in die wilden Polemiken dieser Tage einbezogen, und es ist nicht anzunehmen, daß ausgerechnet der junge H. sich hier fernhielt.

Nach der spektakulären Fürstenhuldigung erschienen weitere europäische Monarchen zu Gratulationsbesuchen, stets mit großem Gefolge und großem höfischen Zeremoniell, als erster der König von Schweden. Bei Galaempfängen und Galadiners wurde die strahlende Zukunft der Monarchien im allgemeinen und die der Donaumonarchie im besonderen beschworen. Die von demokratischen Bewegungen bedrängten Monarchen Europas rückten eng zusammen und scharten sich um ihren würdevollen Doyen in Wien.

Der Kaiser und die Huldigung der 82.000 Wiener Kinder.

Doch im »Publikum« gärten Not, Unzufriedenheit, nationaler und politischer Streit. Zur selben Zeit, als am 21. Mai 1908 82 000 Wiener Schulkinder im Park von Schönbrunn ihrem Kaiser huldigten und vor Hunderttausenden von Zuschauern Blumengirlanden schwangen und Lieder sangen, demonstrierten an der Wiener Universität freisinnige und deutschnationale Studenten für die »Freiheit der Wissenschaft« gegen Kirche, Klerikalismus und damit indirekt auch gegen das Haus Habsburg. Da die Polizei als Ordnungsdienst in Schönbrunn gebunden war, war die Situation gefährlich, konnte aber schließlich in einem wienerischen Kompromiß entschärft werden. Doch die Angst vor einer Revolution blieb.[29]

Der Jubiläumsfestzug als Zeitbild

Der Festzug, als Demonstration der Völkerharmonie gedacht, ließ schon in der Vorbereitungszeit so gut wie alle Probleme der k.u.k. Monarchie aufbrechen und zeigt damit auf sehr realistische Weise, in welchem Zustand sich das Reich in H.s Wiener Zeit befand, wie er es also schon in seinem ersten Wiener Jahr erlebte.

Zunächst gab es Streit ums Geld. Das Mammutprojekt sollte sich aus dem Verkauf teurer Tribünenplätze selbst finanzieren, was sich bald als Illusion herausstellte. Gegen die Gewährung einer Subvention stimmten die Sozialdemokraten im Wiener Gemeinderat erfolglos mit der Begründung, die Erinnerung an die vielen traurigen Ereignisse der Regierungszeit Franz Josephs seien »kein Anlaß« für solch ein teures Fest.[30]

Um die Organisation zu vereinfachen – schließlich blieben nur 89 Tage zur Vorbereitung –, schaltete das Komitee einige große Firmen als Helfer ein, vor allem zum Verkauf der Tribünenkarten. Unter diesen Firmen befand sich das größte Wiener Warenhaus Gerngroß, eine jüdische Firma, gegen die die Christlichsozialen protestierten: »Den Juden« gehe es beim Festzug nur um »Rebbach« und nicht um die Ehrung des Kaisers.[31] Gerüchte, daß große Aufträge an Berliner Firmen gegangen seien, wurden dementiert.

Auch die Künstler stritten angesichts der erheblichen Aufträge. Sollten die Traditionalisten oder die Progressiven den Festzug gestalten? Beide weigerten sich schließlich, darunter auch Alfred Roller, der eine farbenprächtige Eröffnungsgruppe konzipiert hatte.[32] So kamen als Kompromiß die »Gemäßigten« zu den begehrten Aufträgen.

Dann gab es Proteste gegen die allzu starke Teilnahme des Adels am Festzug. Das Komitee verteidigte sich damit, daß der Adel keine Kosten verursache, im Gegenteil: Viele der Aristokraten, die im Kostüm ihrer berühmten Ahnen über den Ring zogen, machten auf eigene Kosten mit, statteten kostümierte Gruppen aus, gaben kostbare Rüstungen und Waffen aus ihren Sammlungen, steuerten originale alte Uniformen und Prunkkutschen bei, Pferde und vieles andere. Aber diese übergroße unzeitgemäße Präsenz des Adels wurde als Provokation empfunden: Wieder einmal, so schien es, machten Hof und Aristokratie unter Ausschluß des »Volkes« alles unter sich aus. Karl Kraus spottete, für den einen Tag des Festzuges sei die soziale Frage gelöst: »Wie sollte der Adel zögern, mitzuspielen, das Bürgertum zu zahlen und das Volk, zuzuschauen?«[33]

Am gefährlichsten wurden wie gewöhnlich die nationalen Konflikte. Zuerst erklärten die Ungarn, am »Jubeljahr« nicht teilzunehmen. Für sie gelte nicht 1848 als Beginn von Franz Josephs Herrschaft, sondern erst 1867, als er sich mit der Anerkennung der ungarischen Verfassung und seiner Krönung zum König von Ungarn mit der ungarischen Nation »versöhnt« hatte. Sie wiesen darauf hin, daß zum 40jährigen Krönungsjubiläum 1907 in Ungarn kein offizieller Vertreter Cisleithaniens erschienen war. Damals hatte sich Franz Joseph angesichts der heftigen Streitereien sogar offizielle Gratulationen aus dem Ausland verbeten, »weil erstens kein eigentliches Jubiläum vorliegt, zweitens Kaiser Franz Joseph außer einer Messe in der Krönungskirche Feste abgelehnt hat und drittens die Situation in Ungarn zu einer derartigen Freudenfeier nicht besonders einladet.«[34]

Die Budapester Zeitung BUDAPESTI HIRLAP wünschte am Tag des Festzuges Seiner Majestät »Glück, Wohlergehen und Segen«, erklärte aber: »Trotzdem möchte niemand gerne am Festzug der Österreicher teilnehmen«, da diese »sich so grob, feindlich, haßerfüllt gegen uns« benähmen.[35]

Dann gab es Krach mit den Tschechen. Anlaß war ein geplantes Jubiläumsgastspiel des Tschechischen Nationaltheaters in Wien mit einem mährischen und einem russischen Volksstück und HAMLET in tschechischer Sprache. Bürgermeister Lueger ließ ausrichten, die Veranstaltung vertrüge sich nicht »mit dem deutschen Charakter der Stadt Wien«, und sagte »große Demonstrationen und Lärmszenen« voraus. Der Vizebürgermeister bekräftigte unter dem Beifall der christlichsozialen und deutschnationalen Presse: »Wien sei deutsch und müsse deutsch bleiben und in einer deutschen Stadt könne ein tschechisches Theaterensemble nicht auftreten.«[36]

Daraufhin sagten die Tschechen aus Protest nicht nur das Gastspiel, sondern auch ihre Teilnahme am Festzug ab. Die tschechischen Reichsratsabgeordneten ließen wissen: »Wenn man den Tschechen zeige, daß sie in Wien nur eine ihnen äußerst feindliche Stadt erblicken sollen, so möge man zur Kenntnis nehmen, daß von diesem Augenblicke an jeder Tscheche charakterlos wäre, der an irgendeinem Jubiläumsfeste oder an irgend etwas teilnehmen würde, was diejenigen Herren arrangieren, die sich nicht einmal gescheut haben, der Kunst ins Antlitz zu spucken, weil es tschechische Kunst war.«[37] Voll Genugtuung höhnte das christlichsoziale DEUTSCHE VOLKSBLATT, auch fürderhin werde »jeder ›Wiener‹, der sich den Genuß des tschechischen ›Hamlet‹ wird verschaffen wollen, eine Reise nach Prag antreten müssen«.[38]

Ohnehin brachte der Festzug den Tschechen berechtigten Grund zum Ärger, denn die böhmische Geschichte wurde hier als die Geschichte der Besiegten dargestellt. Gleich zu Beginn des Zuges sollte Rudolf von Habsburg reiten, der Österreich im 13. Jahrhundert im Kampf gegen den damaligen Landesherrn Ottokar Przemysl erobert hatte. Der Triumphator über den bei den Tschechen höchst populären Böhmenkönig war umgeben von 30 Mitgliedern der ältesten Adelsfamilien in Ritterrüstungen auf mittelalterlich gezäumten Schlachtrössern, mit Lanzen in der Hand, in alphabetischer Ordnung, von Auersperg bis Zedtwitz – also demonstrativ kriegerisch.[39] Auch die Darstellung des Dreißigjährigen Krieges mit dem Sieg der katholischen Habsburger über das protestantische Böhmen riß alte tiefe Wunden auf.

Dann verweigerten sich auch die Italiener: Sie ärgerten sich darüber, daß ausgerechnet die prominente Schlußgruppe des historischen Festzugs die Heldentaten des Feldmarschalls Radetzky feierte – wozu die Militärkapelle natürlich den Radetzkymarsch spielte, diesen Siegesmarsch gegen die unterlegenen italienischen Revolutionäre des Jahres 1848. H. könnte diese Streitigkeiten meinen, wenn er im Buhlen um einen künftigen Bündnispartner Italien in MEIN KAMPF meint: *Der Schlachtenruhm des österreichischen Heeres war zum Teil auf Erfolgen aufgebaut, die den unvergänglichen Haß des Italieners für alle Zeiten wachrufen mußten.* Und: *Ich habe die leidenschaftliche Verachtung sowie den bodenlosen Haß, mit dem der Italiener dem österreichischen Staat ›zugetan‹ war, öfter als einmal in Wien aufbrennen sehen.* Das Haus Habsburg habe sich jahrhundertelang *an der italienischen Freiheit und Unabhängigkeit* versündigt.[40]

Die Kroaten wiederum protestierten gegen diffamierende Passagen im gedruckten Festzugsprogramm. Dort hieß es zwar, der Kroate sei ein vorzüglicher Soldat, aber auch: »Besonderes Talent hatte er in der Aneignung fremden Eigentums. Wenn zum Beispiel wegen Verrates Plünderung gestattet war, enthielt sein Tornister alles mögliche: altes Eisen, Weiberkleider, Haartouren, ja selbst eine Standuhr, die im Heimatdorfe seinen Stolz bilden sollte.« Das Festzugskomitee mußte sich in einer Presseaussendung entschuldigen und zugeben, daß die Darstellung eine »schwere Verunglimpfung« der Kroaten darstelle und der historischen Wahrheit widerspreche. Die Kroaten ließen sich versöhnen.[41] Aber die Absenz der Ungarn, Tschechen und Italiener schmälerte den Wert des Festzuges beträchtlich.

All die Querelen waren Wasser auf die Mühlen der Alldeutschen, die ohnehin den Vielvölkerstaat ablehnten. Sie höhnten über das »an Jubiläumsstumpfsinn leidende Österreich, das Feste feiert, statt darüber zu sinnen, wem es seine Leiden eigentlich zu danken hat«.[42]

Inzwischen wurden die Tribünen aufgebaut. Wien war voll von Handwerkern, Holztransporten, erfüllt vom Lärm der Hämmer. Passanten schimpften über die Verkehrsbehinderungen und die Verschandelung der Stadt. Immer sichtbarer wurde, wie sehr die hohen Tribünen die innere Stadt geradezu mit Brettern vernagelten. Sogar auf dem Dach des Parlaments ragte eine hohe Tribüne empor. Immer weniger Wiener wollten den Festzug, vor allem als ihnen klar wurde, daß die Tribünenplätze für sie unerschwinglich waren und auf den Straßen zwischen den riesigen Holzaufbauten kaum Platz für nichtzahlende Zuschauer blieb.

Die organisatorische Arbeit war gewaltig: 52 000 auswärtige Teilnehmer und Mitarbeiter mußten in Wien untergebracht, verpflegt und ausgestattet werden, was allein rund 78 000 Kronen täglich kostete. Da die Hotelzimmer für Touristen reserviert waren, explodierten die Preise für Privatquartiere und erreichten rund 20 Kronen pro Nacht und Person[43] – was wiederum viele Fremde abschreckte. Zehntausende Pferde waren zusätzlich in der Stadt, nicht gerechnet die zahlreichen Ochsengespanne für die Kanonen und alle möglichen Maschinen, dann Maulesel und anderes Getier.

Wenige Tage vor dem Festzug passierte das, was das Festzugskomitee später als »Pressekampagne« beklagte: Fast alle Blätter brachten die Notiz, daß angeblich Arbeiter planten, die Tribünen umzustürzen. Der Komiteepräsident Hans Graf Wilczek: »Das hat den Festzug umgebracht... Die Nachricht ist nach München, Berlin, Paris hinausgeklungen. Es hat geheißen: ›Geht nicht nach Wien! Ihr werdet erschlagen werden!‹ Und von dieser Zeit an war keine Karte mehr anzubringen!«[44]

Tausende Tribünenkarten blieben unverkauft, selbst als sie zum Fünftel oder Zehntel des Preises angeboten wurden. »Gegen ein Trinkgeld an den Billetteur saß man an manchen Stellen in der ersten Reihe«, so die Zeitungen, ein wenig später habe man die Karten »wie die Küsse bei einem Wohltätigkeitsbasar« bekommen. Schließlich wurden auf der Ringstraße gutgekleidete Leute angesprochen und gebeten, auf der Tribüne kostenlos Platz zu nehmen, damit es nicht so leer aussah.[45]

Der 12. Juni 1908 war – zum Glück für die Veranstalter – ein strahlend schöner Sommertag. Schon in den Nachtstunden begann der Zustrom von Menschen aus den Vorstädten. Um drei Uhr früh traten die Tribünenordner ihren Dienst an, um fünf Uhr früh das Militär, das beide Seiten des 13 Kilometer langen Zuges sicherte. Eigens errichtete Trinkwasser- wie Polizeistationen öffneten. Die Freiwillige Rettungsgesellschaft war für Krankheitsfälle gerüstet. Wagen des Tierschutzverbandes bereiteten die Versorgung der Festzugstiere vor. Im 50-Meter-Abstand gab es Toilettenanlagen und – vor allem – Buschenschenken. Wasserfrauen und Brotmänner, Ansichtskarten- und Programmverkäufer hatten zu tun. Und Journalisten: Das Leben hinter den Tribünen lieferte ihnen buntere Geschichten als der Festzug selbst.

Drei Stunden lang zogen die »Völker« an ihrem »Jubelkaiser« vorüber: 12 000 Personen, darunter 4 000 in historischen Kostümen und 8 000 in Tracht, dazu Pferde, Ochsen, Wagen jeder Art, Kanonen. Der historisch aufgeputzte Festzug zog vorbei an den historistischen Ringstraßenbauten, die eine perfekte Kulisse geboten hätten, wären sie nicht hinter den hohen Tribünen fast unsichtbar gewesen.

In vielbewunderter aufrechter Haltung, in Feldmarschallsuniform mit Federhut, stand der 78jährige Franz Joseph in der Hitze vor dem eigens errichteten üppig beflaggten Kaiserzelt am Äußeren Burgtor, um die Huldigung entgegenzunehmen. Neben ihm waren die Ehrentribünen: links die Militärs – ein Meer von grünen Federhüten über feldgrauen Uniformen. Rechts herrschte Schwarz vor: Hier saßen die hochrangigen Zivilisten, laut Kleiderordnung in Frack und Zylinder. Die dazugehörenden Damen in eleganten Sommertoiletten aller Farben.

In chronologischer Reihenfolge und 19 Gruppen zog die kostümierte Geschichte des Hauses Habsburg durch Wien, zumeist militärische Ereignisse im Glanz der Uniformen und alten Waffen: Turnierritter aus der Zeit Maximilians I., Soldaten aus den Türkenkriegen, der Tiroler Landsturm von 1809 um Andreas Hofer mit alten Kanonen. Verkäuferinnen vom Wiener Naschmarkt stellten höchst glaubwürdig die Marketenderinnen dar.

Im zweiten Teil repräsentierten 8000 Teilnehmer die Gegenwart des Vielvölkerreiches in Trachtengruppen, geordnet nach der Reihenfolge der Kronländer im Kaisertitel; also Nieder- und Oberösterreich, Salzburg, Steiermark, Tirol, Vorarlberg, Mähren, Böhmen, die Iglauer deutsche Sprachinsel, Schlesien, Krain, Galizien, Bukowina, Krakau, Istrien, Dalmatien. Jede Trachtengruppe huldigte dem Kaiser in ihrer Muttersprache.[46]

Die großen deutschsprachigen Zeitungen erfüllten ihre patriotische Pflicht und priesen den Festzug als Ausdruck der Vielfalt und Größe des Reiches und als Zeichen der Liebe der »Völker« zu ihrem Herrscher.

Die Neue Freie Presse: »Das waren nicht die Nationalitäten, das war Österreich, das bunte Völkergemisch mit all den nationalen und kulturellen Abstufungen, und doch zusammengehalten durch ein einigendes Band.«[47] Das Neuigkeits-Weltblatt: »Wohin das Auge sieht, erblickt es andere Farben, andere Trachten, andere Gestalten. Und alle Landessprachen hört man. Von Grußworten schwirrt es durcheinander: ›Heil!‹, ›Grüaß Gott!‹, ›Zivio!‹, ›Evviva!‹, ›Niech!‹, ›Treasca!‹, ›Zyje!‹ usw. Man sieht, daß Cisleithanien ein vielsprachiges Reich ist und über ein Nationalitätenmosaik verfügt wie keines sonst.«[48]

Doch die beschworene Völkerharmonie war eine Illusion, da die größten nichtdeutschen Nationalitäten des Reiches fehlten. Und die Deutschnationalen zeigten deutlich, daß sie diese Demonstration eines übernationalen Reichscharakters nicht schätzten. Die Ostdeutsche Rundschau, das Blatt des »Deutschradikalen« Karl Hermann Wolf, schilderte den Zug so: »Wenn Deutsche... aus den Reihen der Zuschauer einen nichtdeutschen Gruß vernahmen, antworteten sie mit einem kräftigen *Heil*. Ja, man hörte sogar auch die Rufe: ›Heil dem Deutschen Volk, Heil Alldeutschland.‹« Die Kärntner hätten das Lied »O Deutschland, hoch in Ehren!« gesungen, und als einige tschechische Zuschauer die vorüberziehenden Südböhmen mit dem Ruf »Ma uzta« [»Meine Verehrung«] begrüßten, hätten diese geantwortet: »Da wird nicht gemauzert, das sind die Deutschen aus Budweis!«, und das Publikum habe geschrien: »Heil Budweis.« Da die Slowenen die allslawischen Trikoloren trugen, hätten die Kärntner und Steirer ungestüm schwarzrotgoldene Abzeichen für die Deutschen gefordert.[49]

Karl Kraus in der FACKEL: »Die österreichischen Nationalitäten vereinigen sich zu einer Huldigung und streiten deshalb über den Vorrang beim Huldigen.«[50]

Zudem stimmten beim Festzug weder die nationalen noch die sozialen Proportionen des Vielvölkerreiches: Aus den reichen Provinzen waren nur wenige Volksvertreter erschienen, dagegen aus den armen östlichen und südöstlichen Kronländern mehr als doppelt so viele wie geplant. Allein aus Galizien kamen statt 1000 Personen 2000, aus Niederösterreich dagegen nur 70 bis 80 Personen.[51]

Die günstige Gelegenheit, einmal im Leben die Hauptstadt zu besuchen, lockte besonders die Ärmsten aus den entlegensten Gebieten der Monarchie. Immerhin zahlte das Komitee Fahrgeld, Verpflegung, Unterbringung – meist in Zelten und auf Strohsäcken – und für jeden Festzugsteilnehmer drei Kronen zusätzlich. Das war den wohlhabenden Teilnehmern zuwenig. Die ärmsten aber kamen in Scharen, vor allem aus Galizien und der Bukowina.

In vorher nie erlebtem Ausmaß bekamen die Wiener diese fremden Landsleute zu Gesicht, die sich in der Großstadt ungelenk, schüchtern und hilflos bewegten. Sie konnten sich nicht verständigen und waren außerdem häufig Analphabeten. Das Bildungs- und Wohlstandsgefälle innerhalb des Riesenreiches war enorm: 513 000 der 730 000 Einwohner der Bukowina konnten weder lesen noch schreiben. Die Rate der Analphabeten lag bei den Ruthenen, Serbokroaten und Rumänen bei über 60 Prozent, bei den Deutschen bei nur 3,12 Prozent und den Tschechen gar bei nur 2,38 Prozent.[52]

Die fremden Landsleute erregten in Wien keineswegs nur Begeisterung, sondern auch Entsetzen. Häßlich, primitiv, kulturell zurückgeblieben seien sie, hieß es sogar bei Kraus: »Wenn aber die österreichischen Nationalitäten so aussehen, wie die Proben, die uns noch heute auf den Wiener Straßen die Passage sperren, dann, glaube ich, könnte der Einheitsgedanke der Häßlichkeit zu einer Verständigung führen.«[53]

Der Journalist und Mahler-Biograph Paul Stefan schrieb, der Festzug habe in seiner Unechtheit und seinem falschen Glanz einen »Schreck vor dem hemmungslosen Spießer« ausgelöst: »Ihre Stickereien, ihre Blusen, ihren Goldschmuck sah man sonst nur bei Wertheim in Berlin«, als das Billigste vom Billigen. »Ja, Österreich hat brave Leute, geduldige, willige Völker. Sie lieben den Kaiser... und müßten bloß noch europäisch erzogen werden.«[54]

Der Architekt Adolf Loos meinte: »Es ist ein unglück für einen staat, wenn sich die kultur seiner einwohner auf einen so großen zeitraum verteilt... im jubiläumsfestzuge gingen völkerschaften mit, die selbst während der völkerwanderung als rückständig empfunden worden wären. glücklich das land, das solche nachzügler und marodeure nicht hat. Glückliches Amerika!«[55]

Der Wiener Festzug

»Nach den Deutschen kamen die farbenfrohen Gruppen der wilden Völker Österreichs. Da kamen die Kroaten und Rastelbinder, die Schlawiner und Mausfallenhandeler, die Hanaken, Scherenschleifer, die Betyaren, Huzulen und die Magyaren. Sie führten Tänze auf, musizierten, fraßen Feuer und Schlangen und zeigten Sr. K.K. Apostolischen Majestät ihre bekannte Anhänglichkeit.« (Simplicissimus; Ausschnitt)

Auch die Karikaturisten ließen sich die »Wilden«, die »Primitiven« nicht entgehen und waren sich des Beifalls der meisten Wiener sicher. Der »Simplicissimus« brachte eine ganzseitige farbige, im höchsten Maß diffamierende Karikatur von Festzugsteilnehmern, wahren Verbrechertypen und zerlumpten Barbaren.[56]

Die Begegnung mit so zahlreichen Vertretern der »unterentwickelten«, »barbarischen« Völker in der hocheleganten Haupt- und Residenzstadt geschah in einer von Darwins Lehren geprägten Zeit, die an eine gesetzmäßige Entwicklung des Menschen aus der Primitivität der Urzeit hin zu dem »Edelmenschen« der Zukunft glaubte.

Aus den unterschiedlichen Entwicklungsgraden, gemessen an Aussehen, Benehmen, Sprache und Reinlichkeit, resultierte der Glaube an die Ungleichheit der Menschen: Die »zivilisierten« fühlten sich gegenüber den »primitiven« als höherwertig. In Wien waren es die Deutschen, die sich als das »Edelvolk« gegenüber den »minderen« Völkerschaften der Monarchie fühlten.

Auch die Nachspiele des Festzuges hielten die Öffentlichkeit lange in Atem, zunächst im Parlament. Dort protestierte der zionistische Abgeordnete Dr. Benno Straucher wegen der diskriminierenden Darstellung eines Ostjuden im Festzug: Es ging um einen Mann, der als Clown hinter der Gruppe der Türkenbelagerung lief, Purzelbäume schlug und wiehernden Lacherfolg erntete. Er trug Kaftan, Zylinder und Schmachtlocken, stellte also deutlich einen Ostjuden dar. Straucher: »Wir Juden stehen zumeist schutz- und wehrlos den Verfolgungen gegenüber, die oft geradezu mittelalterliche, immer aber fast häßliche Formen annehmen.« Den Zwischenruf, die Szene sei doch historisch, wies er empört zurück: »Verzeihen, das ist nicht historisch; zur Zeit der Türkenbelagerung gab es keine Juden mit Kaftan und Zylinder.« Man hätte ja im Festzug auch die Juden positiv darstellen können. Aber seine Rede ging im Wirbel der altbekannten Zwischenrufe unter: Die Juden seien in der Geschichte immer Spione und Vaterlandsverräter gewesen.[57]

Kritik am Festzug kam auch von den Pazifisten. Bertha von Suttner, Friedensnobelpreisträgerin von 1905, an Alfred Hermann Fried, Friedensnobelpreisträger von 1911: »Über den Festzug ärgere ich mich intensiv. Ein Waffenhoch-Rummel. Eine Stockblindheit gegen den modernen Geist. Verherrlichung aller Wildheiten.« Zehn Jahre vorher habe sie noch gehofft, »daß der Kaiser das Fest benützen sollte, ein allgemeines europäisches Bündnis und dadurch Rüstungsentlastung herbeizuführen. Damals glaubte ich noch, er könne solchen Ideen zugänglich sein. Heute glaub ich's nicht mehr.«[58] Immerhin traten sogar die Wiener Turner im Festzug martialisch auf, als »Huldigung der wehrhaften Jugend des Reiches«. Den Schlußpunkt des Zuges bildeten die militärisch gedrillten Zöglinge der Knabenhorte der Stadt Wien: Sie defilierten in weißen Uniformen im Stechschritt – und erhielten Extraapplaus von den Tribünen.

Es folgte die Enthüllung eines finanziellen Desasters. Statt des erhofften Überschusses erwirtschaftete der Festzug ein Defizit von etwa einer Million Kronen. Viele Händler und Handwerker warteten vergeblich auf ihr Geld. Schließlich mußten staatliche Stellen das fehlende Geld aufbringen, das an anderen Stellen dringend nötig gewesen wäre. Das unrühmliche Ende dieses Festzug-Abenteuers bildete ein Korruptionsprozeß 1909.

Von H. ist über den Festzug nur die Bemerkung bekannt, dort hätten sich massenhaft Zigeuner aus Ungarn als Taschendiebe betätigt (siehe S. 191). Daß dieses Wiener Mammutspektakel sehr wohl auch auf ihn Eindruck machte, zeigen jedoch jene Festzüge, die er als Reichskanzler 1937, 1938 und 1939 in München veranstalten ließ. In einer Zeit, als historisierende Festzüge wahrlich antiquiert waren, muten sie wie kleinere Kopien des Wiener Jubiläumszuges von 1908 an. Auch sie waren Instrumente politischer Propaganda mit dem Ziel, Patriotismus zu stärken. Auch hier defilierte eine Geschichte von Helden und Kriegern über die Straßen – nur, daß nun statt der Türkenkrieger, der Hoch- und Deutschmeister und der militärischen Knabenhorte kostümierte Truppen Friedrichs II. von Preußen neben Wehrmacht, SA und SS marschierten.

Der VÖLKISCHE BEOBACHTER hob 1938 die Gruppe »Die neue Zeit« hervor, die zu Ehren der »Angliederung der Ostmark in Rot und Silber gehalten« war. Mittelpunkt dieser Gruppe war ein großer Wagen, die Donau bildend, »auf dem das Donauweibchen in Silber thront. Auf den den Wagen ziehenden sechs Pferden reiten Donaufischer und umrahmt wird die Gruppe der Donau von den einzelnen Landschaften der Ostmark.«[59]

Die pathetisch-patriotischen Kommentare in den Wiener Zeitungen von 1908 ähnelten jenen in München: »Es galt so oft, das Theuerste zu verteidigen! Im Kampf ist dieses Reich geworden, was es heute vorstellt, eine große Gemeinschaft von Völkern, die ihre eigenen Wege gehen und die der Gedanke an ein ungeteiltes Schicksal aufeinander anweist.«[60]

Die Annexion Bosniens und der Herzegowina

Gefährliche militärische Stärke demonstrierte die Donaumonarchie am 5. Oktober 1908: Zur Überraschung der europäischen Mächte annektierte sie die türkischen Provinzen Bosnien und Herzegowina. Dieses Gebiet, 51 200 Quadratkilometer groß mit weniger als zwei

Millionen Einwohnern, bettelarm und kulturell wie wirtschaftlich höchst rückständig, war schon seit 30 Jahren, seit dem Berliner Vertrag von 1878, von k.u.k. Truppen besetzt und verwaltet. Es stand aber formell noch, wie im Berliner Vertrag ausgemacht, unter türkischer Hoheit. Diese türkische Herrschaft schüttelte Österreich-Ungarn nun ab und nahm das Land auch formell in Besitz.

Diplomatische Beobachter erklärten sich die plötzliche Großmachtpolitik als Versuch, »dem Lande durch eine kräftige Betätigung in der auswärtigen Politik über die innere Misere hinweghelfen zu können, um die innere Politik in gesundere Bahnen lenken zu können«.[61] Der wahre Grund war freilich ein patriotischer: Die Inbesitznahme Bosniens und der Herzegowina sollte ein Jubiläumsgeschenk für den alten Kaiser sein. Das Reich hatte sich ja in Franz Josephs Regierungszeit in verlustreichen Kriegen stets verkleinert. 1859 ging die Lombardei verloren, 1866 Venetien und die Vorrangstellung im Deutschen Bund. Nun sollte sich das Reich auf vermeintlich einfache Weise endlich einmal vergrößern. Die Auswirkungen eines solchen Schrittes auf die europäische Politik wurden kraß unterschätzt, die Annexion international mangelhaft vorbereitet. Sogar der deutsche Bündnispartner wurde zu spät informiert, das Zarenreich höchst ungenau.

Die Aufregung bei den überraschten europäischen Großmächten war ungeheuerlich. Denn immerhin handelte es sich um einen alten Krisenherd, den vielzitierten »Wetterwinkel Europas«, der nun durch den habsburgischen Vorstoß in Unruhe geriet und den Frieden Europas gefährdete. England wie Rußland drohten, der Türkei militärisch zu Hilfe zu kommen. Das bedeutete akute Kriegsgefahr.

Der ganze Balkan mit den angrenzenden Ländern war in Alarmstimmung, vor allem das Königreich Serbien. Es fühlte sich als Schutzmacht der Südslawen am Balkan und strebte langfristig ein »großserbisches Reich« an, natürlich mit Bosnien, der Herzegowina und anderen habsburgischen und türkischen Balkanprovinzen. Seit 1906 herrschte ohnehin Kriegsstimmung, nachdem Wien im »Schweinekrieg« die Grenzen für die Einfuhr serbischen Fleisches gesperrt und damit die serbische Wirtschaft ruiniert hatte. Vor allem die ländliche Bevölkerung in Serbien und damit die große Mehrheit der Bevölkerung war seither voller Haß gegen Österreich-Ungarn. Ein Handelsboykott gegen die Donaumonarchie war nun auch die erste Konsequenz der Türkei nach der Annexion. Da andere Balkanstaaten diesem Beispiel folgten, erlitt der k.u.k. Orienthandel großen Schaden.

Über die Stimmung in Serbien berichtete ein vielbeachteter Experte: »In einzelnen Dörfern wurden sogar bewaffnete Frauenabteilungen gebildet. Siebzigjährige Greise sowie zwölf- bis fünfzehnjährige Burschen melden sich zum Kriegsdienste. Ein serbisch-österreichisch-ungarischer Krieg wäre schauerlich und so wild und blutig, daß die ganze Welt erzittern würde. Die Serben seien Fanatiker und zu allem entschlossen. Sie würden viele Bundesgenossen haben, ganze Scharen Freiwilliger aus Rußland tragen Serbien ihre Dienste an. Italien überhäufe Serbien mit Freundschaftskundgebungen. Offiziere und Garibaldianer bieten der serbischen Regierung ihre Dienste an.«[62] Das deutete auf eine Art Guerillakrieg Serbiens auf bosnischem Boden gegen die habsburgische Herrschaft.

Auch innenpolitisch spitzte sich die Situation durch die Annexionskrise dramatisch zu. Die »Völker« freuten sich durchaus nicht so über den Machtzuwachs, wie sich der k.u.k. Außenminister Graf Aehrenthal vorgestellt hatte – im Gegenteil. Die Kriegsgefahr brachte den Nationalisten gewaltigen Auftrieb, den Ungarn ebenso wie den Tschechen, den Italienern, natürlich den Südslawen und den Deutschen, die wieder einmal das Schlagwort von der »Slawisierung Österreichs« strapazierten. Das ALLDEUTSCHE TAGBLATT: »Das ist keine deutsche, sondern eine slawische Eroberung und für eine solche haben doch Deutsche keinen Grund sich einzusetzen... Jede Stärkung des Slawentums bedeutet eine Schwächung des Deutschtums.«[63] Die Bevölkerung Österreich-Ungarns brauche diese bitterarmen Provinzen nicht, die Annexion gefährde den Frieden Europas und nütze nur der Dynastie.[64]

Die Sozialdemokraten opponierten im Reichsrat durch ihren Sprecher Dr. Karl Renner gegen die verfehlte Großmachtpolitik: Seit 30 Jahren habe Österreich-Ungarn die beiden Balkanprovinzen verwaltet aufgrund eines europäischen Mandates, gesichert durch die Unterschriften von sieben Großmächten. Nun aber habe es ganz Europa in Kriegsgefahr gebracht für nichts als den »bloßen Titel«, also das Souveränitätsrecht der Krone, »wobei wir noch nicht einmal wissen, ob das unsere Krone oder die Krone Ungarns oder die Krone irgend eines Vizekönigs ist, der erst heruntergeschickt werden soll... Dieser neue Rechtstitel ist einfach völkerrechtlich nicht gegeben, wir verwalten Bosnien auf Grund der Bajonette und vorläufig erst auf Grund eines Rechtsbruches« – eine Meinung, die auch der Prager Philosophieprofessor Tomáš G. Masaryk vom böhmischen Standpunkt aus in derselben Sitzung vertrat. Mit der Annexion übernehme Österreich-Ungarn nichts als Lasten, vor allem die Verpflichtung, diese beiden Provinzen »gegenüber jedem Angriff von außen und bei inneren Unruhen zu verteidigen«.

Renner: »Wegen dieses juristischen Kunstwerkes also, wegen eines bloßen Rechtstitels statt des sicheren Rechtes auf Grund des Mandates der Großmächte, ja wegen dieser unserer eigenen Rechtsminderung, wegen dieses juristischen Kretinismus Aehrenthals sind wir mit ganz Europa in Konflikt geraten!« Schon 1878, bei der Okkupation, sei gesagt worden, »man werde Bosnien mit einer Musikkapelle erobern; aber diese Musikkapelle hat uns 5000 Mann gekostet.«. Die Mobilisierungskosten und der Wirtschaftsboykott brächten Arbeitslosigkeit und »eine Katastrophe für Tausende und Tausende von Familien«.[65] Alle Parlamentsparteien waren verärgert darüber, daß das Parlament vor der Annexion nicht informiert, geschweige denn gefragt worden war.

Ohnehin gab es in diesen hektischen Monaten nationale Krawalle in Wien, so an der Universität zwischen deutschen und zionistischen Verbindungen und zwischen italienischen und deutschen Studenten. Dabei fielen auch Schüsse (siehe S. 390ff.). Kämpfe zwischen Slowenen und Italienern in Laibach kosteten zwei Todesopfer und mehrere Verletzte.

Am gefährlichsten entwickelten sich die Krawalle zwischen Deutschen und Tschechen in Prag, eine Folge der nationalen Streitereien im Jubiläumsjahr. Im Sommer 1908 hatte überdies der »Panslawische Kongreß« in Prag größtes politisches Mißtrauen in Wien erregt. Denn hier demonstrierten die Tschechen ihre politische Stärke.

Organisator des Kongresses war der Reichsratsabgeordnete Karel Kramář, der Führer der Jungtschechen. Er stand zu russischen Politikern in persönlichem Kontakt, polemisierte häufig gegen die enge Bindung Österreich-Ungarns an das Deutsche Reich und nannte den Zweibund – ein in Wiener Zeitungen immer wieder zitiertes Wort – verächtlich ein »überspieltes Klavier«.⁶⁶ Kramař galt in deutschnationalen Kreisen als Seele des Panslawismus und wurde ständig verdächtigt, mit Russen wie Serben im geheimen Einverständnis zu sein – was freilich antitschechische Propaganda war.

Die Prager Unruhen mitten in der Annexionskrise griffen auf andere Städte, so Brünn, Teplitz, Olmütz, über und drohten in offenen Aufruhr umzuschlagen. Barrikaden wurden gebaut, deutsche Geschäfte demoliert, die Polizei mit Steinen attackiert. Der Aufruhr vermischte sich auch hier mit aktueller Außenpolitik: Schwarzgelbe Fahnen wurden unter den Rufen »Nieder mit Österreich!« und »Hoch Serbien!« zerrissen und in die Moldau geworfen. Gerüchte gingen um, daß die österreichischen Slawen mit Russen und Serben unter einer Decke stecken könnten.

Alle Appelle zur Mäßigung verhallten. Da weder die Polizei noch die Kavallerie die Lage in den Griff bekam, wurde schließlich in Prag das Standrecht, das schwerste Mittel gegen Aufruhr, verhängt – ausgerechnet am 2. Dezember, dem Jubiläumstag. Dieser verschärfte Ausnahmezustand setzte wichtige persönliche Freiheiten außer Kraft und ermöglichte eine rasche Aburteilung öffentlicher Gewalttäter bis zur Hinrichtung. In Wien war das Standrecht zuletzt im Revolutionsjahr 1848 angewandt worden, in Prag auch 1897 bei den revolutionsähnlichen nationalistischen Krawallen der Badeni-Krise (siehe S. 378ff.).

Das Standrecht machte zwar den aktuellen Krawallen ein gewaltsames Ende, verstärkte aber den Nationalitätenhaß und die tschechische Opposition gegen Wien und das Kaiserhaus. (Überdies ist dieses von den Tschechen als so schmählich empfundene Standrecht außerordentlich gut dokumentiert: Sämtliche Jubiläumszeitungen des 2. Dezember 1908, die wegen ihrer luxuriösen Aufmachung meist aufbewahrt und in den Familien vererbt wurden, dokumentieren nicht nur das Fest, sondern ebenso, freilich unvorhergesehen, die Krawalle in Prag und somit die Brüchigkeit dieses so patriotisch umjubelten Festtages.)

Am 10. Dezember hielten die Serben in der Kathedrale von Belgrad ein Requiem für die »Opfer der für die slavische Sache in Prag und Laibach gefallenen Stammesbrüder« ab, wie der deutsche Gesandte in Belgrad nach Berlin berichtete. Ein Student hielt eine

Ansprache voll »Mitgefühl für die unterdrückten Slaven in Österreich und vom Kampfe gegen den germanischen Feind, von der Solidarität aller Slaven und dergleichen mehr«.[67] In manchen »reichsdeutschen« Zeitungen wiederum wurde »die leidensreiche Passionsgeschichte der in dieser Stadt des Hasses [Prag] versprengten deutschen Stammesminderheit« geschildert. Unter dem Titel »Hussiten über uns!« hieß es, es gehe »nicht um Sieg oder Niederlage, nein, um Sein oder Nichtsein wird in Prag gerungen«.[68]

In dieser Atmosphäre, am milden und geradezu frühlingshaften Vorabend des 2. Dezember 1908, dem 60. Jahrestag der Thronbesteigung Kaiser Franz Josephs, wurde das Jubiläumsjahr mit dem Glockenläuten aller Wiener Kirchen, einem riesigen Feuerwerk und einer Illumination der Stadt Wien abgeschlossen: Das neue Wien der Ringstraße mit seinen Prachtbauten erstrahlte im elektrischen Licht. Im Wettstreit um die effektvollste Beleuchtung siegte das strahlend helle nächtliche Rathaus.

Riesige Menschenströme zogen aus den Vorstädten in die Innenstadt. Am frühen Abend kam es am Burgtor zunächst zu einem Gedränge, dann zur Panik. Es gab vier Tote, 22 Schwerverletzte und 84 Leichtverletzte.[69] Das Jubiläumsjahr endete mit einem Trauertag.

Die Strapazen des Jubiläums erschöpften Kaiser wie Untertanen. Masaryk sprach im Parlament aus, was viele dachten: »Wir müssen mit der Dynastie als einer von den Kräften Österreichs rechnen. Das tue ich. Allein, meine Herren, Dynastie, Monarchismus ist nicht Byzantinismus und ich habe das Gefühl und bin überzeugt, daß dieser spanische Firlefanz, der fortwährend aufgeführt wird, speziell hier in Wien, eigentlich dem Monarchismus schadet.«[70]

Am 29. März 1909 beendete der deutsche Reichskanzler Bülow die Annexionskrise mit einer Erklärung im Reichstag: Das Deutsche Reich sei entschlossen, »kein österreichisch-ungarisches Lebensinteresse preiszugeben«. Zum erstenmal fiel hier das Wort von der »Nibelungentreue«.[71] Zur Bekräftigung der Bundestreue besuchte Kaiser Wilhelm II. im Mai 1909 Wien und wurde so stürmisch umjubelt »wie nie ein Monarch vor ihm«, wie der amerikanische Gesandte nach Washington berichtete.[72]

Trotz des glimpflichen Ausgangs änderte die Annexionskrise die europäische Politik grundlegend: Seit 1908 herrschten Vorkriegsstimmung und fieberhafte Aufrüstung für den mit Sicherheit erwarteten großen Krieg um den Balkan. Die Abhängigkeit Österreich-Ungarns vom Deutschen Reich war offenkundig geworden. Damit wuchs auch die Erbitterung bei den nichtdeutschen österreichischen Völkern.

Die Intention des Jubiläumsjahres, die politische und militärische Stärke des Vielvölkerstaates zu zeigen und die »Liebe der Völker« zum Herrscherhaus, verkehrte sich ins Gegenteil. Der Nationalismus wurde gestärkt statt abgeschwächt, und jene Stimmen erstarkten, die Österreich-Ungarn als unzeitgemäß empfanden. Der Vielvölkerstaat Türkei, allgemein als Relikt vergangener Zeiten und »kranker Mann am Bosporus« verspottet, wirkte nun kaum hinfälliger als der »kranke Mann an der Donau«. Mehr und mehr Nationalisten sahen einen Krieg als Lösung an und waren nicht nur bereit, den Zerfall des Habsburgerreiches in Kauf zu nehmen, sondern sie strebten ihn sogar an. Dies zeigte sich aktuell bei den Tschechen und Italienern, immer stärker bei den Südslawen, aber eben auch, wenn auch nur in der winzigen Minderheit der Alldeutschen, bei den Deutschen.

Hitlers Meinung über die Habsburger

Über H.s Abneigung gegen die Dynastie der Habsburger kann kein Zweifel bestehen. Wie die Alldeutschen sah auch er schon in der Linzer Realschule für die Deutschösterreicher keine Zukunft im habsburgischen Vielvölkerreich, sondern erhoffte einen baldigen Anschluß an das Deutsche Reich – was die Zerschlagung des multinationalen Reiches und die Absetzung der Habsburgerdynastie voraussetzte. Aus diesem Grund auch war er, wieder ganz wie die Schönerianer, für einen frühen Krieg und dagegen, daß Berlin dem Habsburgerstaat in »Nibelungentreue« politische und militärische Unterstützung bot.

In einem Aufsatz – und an vielen anderen Stellen ganz ähnlich – meinte er 1921: *Das Anhängen Deutschlands auf Gedeih und Verderb an diesen zerlumpten Habsburgerstaat war ein Verbrechen, für das die damaligen verantwortlichen Leiter der deutschen Politik noch heute aufgehängt gehörten... Nibelungentreue kann es nur der eigenen Rasse gegenüber geben.* Das Deutsche Reich habe *nur eine einzige Aufgabe gehabt: Sofortige Hereinnahme der 10 Millionen Deutschösterreicher in das Reich und Absetzung der Habsburger, der erbärmlichsten Dynastie, die jemals über deutsche Lande herrschte.*[73] Der Zweibund sei *ein Unsinn*[74] gewesen und habe nur den Habsburgern, nicht aber den Deutschen in Österreich geholfen. Die *Reichsdeutschen seien wie mit Blindheit geschlagen... an der Seite eines Leichnams gewandelt, hätten in den Anzeichen der Verwesung gar noch Merkmale »neuen« Lebens zu entdecken geglaubt.*[75] Berlin hätte nicht erkannt, daß die *inneren Verhältnisse dieses Reiches von Stunde zu Stunde mehr der Auflösung entgegendrängten.* Um zu sehen, wie wenig die nichtdeutsche Mehrheit in der Habsburgermonarchie hinter dem Zweibund stehe, hätte man, so H. später, doch nur Prager Zeitungen aufschlagen müssen: *Da war für dieses »staatsmännische Meisterwerk« schon nichts mehr vorhanden als blutiger Spott und Hohn.*[76]

Wenn er sich davon politische Vorteile versprach, stellte sich H. als Reichskanzler aber durchaus auch in habsburgische Tradition. Dabei rechnete er besonders gerne alte habsburgische Eroberungen fälschlich dem Heiligen Römischen Reich Deutscher Nation zu in der Gewißheit, daß kaum jemand seiner Zuhörer diese so recht voneinander unterscheiden konnte.

Als deutsche Truppen 1941 Belgrad eroberten, scherzte er, *daß seine Wiener Landsleute immer wieder fragten, ob wir denn auch diesmal Belgrad wieder aufgeben wollten. »Nachdem wir es nun zum dritten Male hätten erobern müssen«, sollten wir es doch endlich behalten!*[77] Die beiden früheren Eroberungen waren die des Prinzen Eugen 1717 und die im Ersten Weltkrieg 1915. Auch in den Plänen für die »Reichsfestung Belgrad« und einen »Prinz Eugen Gau« stellte sich H. in die österreichische Tradition.

1942 sprach er anerkennend von der *Art des Wieners, geschichtlich zu denken,* und meinte damit Arthur Seyß-Inquart, den aus Österreich stammenden Reichskommissar für die besetzten Niederlande. Dieser habe *bezüglich der künftigen Behandlung Belgiens ohne viel Nachdenken* gesagt: *Aber es war doch vor 150 Jahren noch unsere Provinz.* (Der katholische Teil der Niederlande, Belgien, gehörte seit 1477 zum burgundischen Erbe der Habsburger und löste sich erst infolge der Französischen Revolution heraus.) Außerdem meinten *alle Wiener*, daß er, H., das von den Österreichern *hochgezüchtete Ungarn zurückbringen* müsse.[78]

Beispiele dieser Art wären zu vermehren und zeigen, wie intensiv H. immer noch in den Maßstäben der österreichischen Geschichte dachte. Manchmal hatte er sogar auch Lob parat, wie Goebbels 1943 festhielt: »Der Führer schildert mir den Ostmärker als kolonisatorisch sehr begabt.«[79]

H. zu Hans Frank: *Wissen Sie, was Sie da von den Prinzipien der alten österreichischen Verwaltung fremdvölkischer Gebiete schreiben, ist absolut richtig. Die österreichische Verwaltung war die beste der Welt. Der österreichische Bezirkshauptmann war der Monarch seines Bezirks. Das war ein echtes, väterliches Führerprinzip. Nach dem Krieg werde ich es in dieser Form auf Deutschland übernehmen.*[80]

Und bei Tisch 1942: *Die Wiener werden eines Tages doch Recht kriegen. In zehntausend Kaffeehäusern von Wien wird das Thema Ungarn so behandelt: Die Berliner kennen die Ungarn nicht so. Das ist ein Vorland von uns. Wir haben sie befreit von den Türken. Da wird erst Ruhe werden, wenn das wieder befreit ist. Warum nehmen wir sie denn nicht? Auch die Slowaken – es ist ja schön, daß sie selbständig sind, aber letzten Endes gehören sie doch zu uns! Die Wiener werden da noch großdeutscher als alle anderen. Sie sind belebt von dem Gefühl, sie hätten eine Mission zu erfüllen.*[81]

Sogar die ihm in Wiener Zeiten so verhaßten Ungarn schienen ihm nun nostalgisch nach einem gemeinsamen deutschen Reich Ausschau zu halten: *wenn man heute von der Monarchie spricht, wird der Ungar plötzlich gänzlich gerührt. Sie haben heute noch die Meinung, der letzte Ausklang der alten deutschen Reichsherrlichkeit zu sein!*[82] Freilich: Ungarn gehörte nie zum »Ersten« Deutschen Reich, sondern von 1526 bis 1918 nur zu den habsburgischen Erbländern – eine Unterscheidung, die H. in diesem Zusammenhang nicht brauchen konnte.

Nicht müde wurde H. als Reichskanzler in dem Versuch, sein »Drittes Reich« durch die historische Tradition des Heiligen Römischen Reiches Deutscher Nation zu legitimieren. 1935 ließ er sich in Nürnberg eine Nachbildung des deutschen Reichsschwertes schenken und dankte für *das symbolische Zeichen deutscher Reichskraft*.[83] 1938 befahl er als nunmehriger »Führer des Großdeutschen Reiches«, die alten Reichsinsignien, also die sogenannte Krone Karls des Großen, Reichskreuz, -apfel, -schwert, das Pluviale des Hohenstaufen Friedrich II., die Heilige Lanze und anderes bis zu den Krönungsstrümpfen, aus der Wiener Schatzkammer nach Nürnberg zu übertragen.

Auch dies wurde mit dem Hinweis auf die historische Tradition zu rechtfertigen versucht. Seit alters her waren die Insignien in der Freien Reichsstadt Nürnberg verwahrt und jeweils zu den Krönungen nach Aachen oder Frankfurt gebracht worden. Nach Wien, in die Residenzstadt der Römisch Deutschen Kaiser, wurden sie erst in der napoleonischen Zeit gebracht, um sie vor den französischen Truppen zu schützen. Als das »erste« Kaiserreich 1806 aufgelöst wurde, blieben die Insignien in Wien als Museumsstücke.

Die Idee, die Reichskleinodien von Wien nach Nürnberg zu überstellen, übernahm H. von den Alldeutschen seiner Wiener Zeit. Sie provozierten schon 1906 die k.k. Regierung im Reichsrat mit dem Antrag, die Reichskleinodien zum 100. Gedenktag an das Ende des Römisch-Deutschen Reiches an Nürnberg zurückzugeben.[84] Dieser Antrag folgte dem alldeutschen Autor Harald Arjuna Grävell von Jostenoode und dessen Schrift DIE REICHSKLEINODIEN ZURÜCK NACH DEM REICH, 1906 erschienen in der Wiener Broschürenreihe OSTARA.

In pathetischen Sätzen wird hier die alte deutsche Reichsherrlichkeit beschworen: »die Kleinodien repräsentieren denn doch gewissermaßen die »Majestät des deutschen Gesamtvolkes«. Der 100. Jahrestag des Endes des Römischen Reiches sollte Anlaß sein, sie zurückzubringen: »Und wieder sollen deutsche Reichsherolde unter Trompetengeschmetter in Wien feierlich einreiten und die Zeugen unseres Ruhmes abholen. Denn nicht an die Peripherie gehören sie, sondern in den Mittelpunkt des deutschen Volkes. In der alten freien Reichsstadt Nürnberg, wo sie früher waren, sollen sie wieder ihre Stätte finden.« »Eine Ära der Annäherung und des Ausgleiches aller Stämme« sei die Folge: »Norden und Süden verschmilzt zu einem großdeutschen Stammvolke, wie in den Tagen Friedrich Barbarossas.«

»Kein Österreich, kein Preußen mehr! / Ein einig Deutschland hoch und hehr!

Der Heldengeist der Hohenstaufen wird dann wiederkommen wie der alte Barbarossa, der hinabgenommen hat des Reiches Herrlichkeit, einst wiederkommen wird mit ihr zu seiner Zeit. Und abermals wird unser Volk Europa beherrschen.«

»Durch eine Wiedergeburt des echten germanischen Heldengeistes«, so Grävell, würde sich das deutsche Volk wieder verjüngen. Nürnberg aber werde durch die Kraft dieser Symbole »zu einem heiligen Wallfahrtsort«, »ein Mittelpunkt alldeutscher Staatskunst«. »Unter dem Schutze der wiedererlangten Kaiserkrone und dem Segen der alten Herrscher« würden sich dann alljährlich »alle deutschen Stämme« in Nürnberg versammeln, »um über gemeinsame Angelegenheiten zu beraten«.[85]

Mit der Übertragung der Insignien nach Nürnberg, der Stadt der Reichsparteitage, in die Katharinenkirche, auch »Meistersinger«-Kirche genannt, wurde nach H.s Verständnis auch die Symbolkraft des alten Reiches, die er in MEIN KAMPF so pries – *Die zu Wien bewahrten Kaiserinsignien einstiger Reichsherrlichkeit scheinen als wundervoller Zauber weiter zu wirken als Unterpfand einer ewigen Gemeinschaft*[86] –, auf das »neue Reich« übertragen, das H. zu einem »Germanischen Reich deutscher Nation« machen wollte.[87] Das »Dritte« Reich wurde durch die Insignien quasi legitimiert, Wien aber, die ehemalige Residenzstadt der deutschen Kaiser, geschwächt.

Exkurs: Märztage und Heldenplatz

Daß die deutschen Truppen ausgerechnet am 12. und 13. März 1938 in Österreich einmarschierten, war kein Ergebnis exakter Planung. Aber H. nutzte – in gründlicher Kenntnis der österreichischen Geschichte und Mentalität – dieses Datum höchst geschickt aus und machte sich dessen Symbolik und historische Bedeutung politisch zunutze.

Am 13. März 1848, also 90 Jahre zuvor, war in Wien die Revolution ausgebrochen, als eine nationale, liberale und soziale Auflehnung gegen das starre Metternich-Regime. In Wien wurden damals die schwarzrotgoldenen Fahnen gehißt als Zeichen der gesamtdeutschen, »großdeutschen« Bewegung eines einheitlichen Deutschen Reiches unter habsburgischer Führung.

Die Tradition des Jahres 1848 wurde von vielen Gruppen, den Demokraten wie den Nationalen, als Verpflichtung angesehen, vor allem auch in H.s Wiener Zeit. In einem Gedenkartikel im März

1908 zum 60. Jahrestag der Revolution schrieb das ALLDEUTSCHE TAGBLATT, der Ausbruch der Revolution stelle sich »als ein berechtigter Aufschrei eines unterdrückten Volkes dar, ein Kettenrasseln von Sklaven, die die Polizeifaust in ihrem Nacken spürten«.[1]

Auch die Sozialdemokraten feierten den 13. März als jenen Tag, »an dem die Arbeiterklasse Österreichs zum erstenmal die Bühne der Geschichte betreten hat«.[2] Sie riefen die Arbeiter jährlich zum traditionellen »Gang zum Grabe der Märzgefallenen« auf dem Wiener Zentralfriedhof auf, und dieser »Gang« Zigtausender war eine Demonstration für die Werte des Jahres 1848.

Um 1910 beschäftigt sich der junge H. im Männerheim intensiv mit der 48er Revolution, auch im Zusammenhang mit seinen Idolen Richard Wagner und Gottfried Semper, die beide Revolutionäre in Dresden waren.[3] Er wußte 1938 sehr genau, daß er in Berufung auf den historischen 13. März keineswegs nur Deutschnationale ansprach, sondern auch die Oppositionellen gegen den österreichischen Ständestaat, vor allem die Sozialdemokraten. Tatsächlich hatte der österreichische Ständestaat viele Grundsätze, gegen die auch die Revolutionäre 1848 gekämpft hatten: Er war autoritär, hatte Parlament wie sozialdemokratische Opposition lange ausgeschaltet, benutzte den Katholizismus als politisches Instrument und strebte die Restaurierung der Monarchie an. In der kleinen Republik Österreich der dreißiger Jahre herrschten soziale Armut und größte Arbeitslosigkeit.

Im März 1938 huldigte H. dem Geist des Jahres 1848 auch in Frankfurt, der Krönungsstadt der deutschen Kaiser, wo sich 1848 die gesamtdeutschen Abgeordneten in der Paulskirche um den Reichsverweser Erzherzog Johann geschart und vergeblich um ein »einheitliches deutsches Vaterland« einschließlich Österreichs und Preußens gerungen hatten. Im Kaisersaal des Römer überreichte der Frankfurter Oberbürgermeister feierlich dem nunmehrigen »Führer des Großdeutschen Reiches« zwei geschichtsträchtige Geschenke: das Original der deutschen Niederschrift der Goldenen Bulle Kaiser Karls IV., des Grundgesetzes des alten Heiligen Römischen Reiches Deutscher Nation, und eine deutschbewußte Adresse der Wiener Bevölkerung an das Frankfurter Parlament aus dem Jahr 1848.

In seiner Frankfurter Rede ging H. 2000 Jahre zurück bis zu Hermann dem Cherusker, um die alte Sehnsucht der Deutschen nach einem großdeutschen Reich zu illustrieren – was übrigens schon der Linzer Geschichtslehrer Leopold Poetsch zu tun pflegte. Seit den Befreiungskriegen beteten, so H., *Millionen von Volksgenossen zum Herrgott... um ein einiges Reich. Märtyrer seien für diese Sehnsucht gefallen.* Dann nahm er Bezug auf die gescheiterte deutsche Einigungsbewegung von 1848 und stellte sich auch in Frankfurt als *Vollender einer Sehnsucht, die einst hier ihren tiefsten Ausdruck fand,* vor. Er pries Bismarcks erste, »kleindeutsche« Einigung als Vorbereitung der »Erfüllung«, die nun er, H., bringe. *Das Schicksal* habe ihn, H., *gesegnet: Das Werk, für das vor 90 Jahren unsere Vorfahren kämpften und bluteten, kann nunmehr als vollbracht angesehen werden.* Es sei *gegründet auf die unvergängliche Sehnsucht des deutschen Volkes nach einem Reich.* Er legte Wert auf den Anspruch, *nicht als Rechtsbrecher, sondern als Rechtswiederhersteller* Österreich an das Deutsche Reich angeschlossen zu haben, und berief sich dabei sowohl auf das Jahr 1848 als auch das Anschlußverbot von Versailles 1918.

Der VÖLKISCHE BEOBACHTER meldete: »Die Krönungsstadt Frankfurt empfing ihn begeisterter als je einen Kaiser.«[4]

Der 13. März war aber noch ein anderer wichtiger Gedenktag der österreichischen Geschichte, nämlich der Geburtstag des »Volkskaisers« Josef II., des Sohnes und Nachfolgers Maria Theresias, und auch durch ihn mit dem Jahr 1848 verbunden. Denn die Märzrevolution 1848 machte diesen Habsburger zu ihrem Schirmherrn und begann mit einer Kundgebung auf dem Wiener Josefsplatz. Die Revolutionäre schmückten das Denkmal ihres Idols mit Blumenkränzen und schwarzrotgoldenen Fahnen und sangen deutschnationale Lieder.

Die späte Anhängerschaft dieses Kaisers rekrutierte sich aus mehreren miteinander keineswegs harmonierenden politischen Lagern, von den Deutschnationalen über die Liberalen bis zu den Juden und den Bauern. Die Deutschnationalen sahen in ihm »Josef den Deutschen«, den »Germanisator«. Er – und nur er – hatte die so verschiedenen österreichischen Erbländer straff zentralistisch regiert und die deutsche Staatssprache durchgesetzt, um deren Wiedereinführung die Deutschnationalen von Josefs Tod 1790 bis 1918 vergeblich kämpften.[5] Aus dem Hofburgtheater, das bis-

her französische Stücke für den Adel spielte, machte Josef ein deutsches Nationaltheater. Er förderte statt der italienischen Oper die deutsche und gab Wolfgang Amadeus Mozart den Auftrag zum deutschen Singspiel DIE ENTFÜHRUNG AUS DEM SERAIL. Daß dies alles im 18. Jahrhundert keineswegs deutschnationale Gründe hatte, sondern eher mit der Aufklärung zu tun hatte, spielte bei der Vermarktung dieses Habsburgers durch die Deutschnationalen um 1900 keine Rolle.

Die Deutschböhmen um 1900 setzten das Klischee von »Josef dem Deutschen« ein, um die Tschechen zu ärgern. Sie bauten mit Spendengeldern Josef-Denkmäler in gemischtsprachigen Gebieten und in Grenznähe zu nichtdeutschen Kronländern – wie vor allem im Sudetenland, aber auch im Waldviertel oder in der Gegend von Linz – und schmückten sie bei Gedenktagen mit schwarzrotgoldenen Fahnen statt der habsburgischen schwarzgelben. Der Bedarf an solchen Denkmälern war um 1900 so groß, daß sie industriell in Gußeisen angefertigt wurden. Jeder »Deutsche Volkstag«, wie zum Beispiel der niederschlesische in Troppau 1909, endete mit Kundgebungen am örtlichen Josef-Denkmal und dem Absingen der WACHT AM RHEIN.[6] Josefs Wort »Ich bin stolz, ein Deutscher zu sein« wurde als Transparent bei Demonstrationen mitgeführt. Deutschvölkische Kalender verbreiteten seitenlang Aussprüche des Kaisers Josef gleich neben denen Bismarcks und Schönerers.[7]

Aber auch die Liberalen verehrten Josef II., vor allem als Reformator, der alte Vorrechte von Kirche und Adel abgeschafft und die Pressezensur gelockert hatte. Protestanten und Juden dankten ihm das »Toleranzpatent« für Nichtkatholiken von 1781. Die Armen verehrten Josef II. als den »Volkskaiser«, der die Leibeigenschaft abschaffte, gegen Korruption kämpfte und auch für den ärmsten Menschen ein offenes Ohr hatte. Nach dem Vorbild des glühend verehrten Friedrich II. von Preußen brachte Josef die Aufklärung nach Österreich. Durch seine energische Reformpolitik fing er nach allgemeiner Meinung den Ausbruch einer Revolution ab, der in Frankreich seine jüngere Schwester Marie Antoinette zum Opfer fiel.

Allbekannt war die Legende, wie Josef II. im mährischen Dorf Slawikowitz eigenhändig den Pflug führte und damit den Bauernstand ehrte. Das Bild des pflügenden Kaisers wurde um 1900 zum politischen Propagandamaterial auch für die Deutschnationalen. Georg Schönerer benutzte erfolgreich dieses Klischee, um die Bauern aus dem klerikalen Lager in das alldeutsche hinüberzuziehen. Er finanzierte im Waldviertel großzügig Denkmäler für »Josef, den Freund des Bauernstandes«.

Auch soziale Not beflügelte den Josef-Kult. So waren um 1900 im Prater Volksstücke hochbeliebt, in denen Kaiser Josef als Retter der Armen auftauchte: »Wer ich bin, das sollt ihr nie erfahren – ich bin der Kaiser Josef.«[8]

Josefs Geburts- und Todestage wurden in Zeitungen wie öffentlichen Versammlungen stets gewürdigt. So pries 1908 das liberale NEUE WIENER TAGBLATT Josefs Leistungen als Sozialreformer: »Wohin wir in Wien blicken, sehen wir die Spuren seiner Taten... die Paläste, die er baute, hießen: Allgemeines Krankenhaus, Irrenhaus, Findelhaus, Taubstummeninstitut, Militärchirurgisches Institut, Invalidenhaus, Allgemeines Waisenhaus, Allgemeines Armeninstitut, Allgemeines Versorgungshaus usw. Man braucht nicht mehr zu sagen von Kaiser Josef, als dies aufzuzählen, und sein Ruhm ist erklärt, seine Volkstümlichkeit begründet.«[9]

Der Kult Josefs II. blühte im Habsburgerreich in allen schwierigen Zeiten und war stets ein Zeichen der Kritik an der jeweiligen Herrschaft. In der Franz-Joseph-Zeit etwa wurde mit jeder Josef-Feier die allzu enge Bindung an die Kirche kritisiert, die politische Vorherrschaft von Aristokratie, Militär und Kirche ebenso wie die Bevorzugung von Ungarn und Tschechen gegenüber den Deutschen. Dementsprechend unbeliebt war Josef II. in der Familie Habsburg, als deren schwarzes Schaf er galt. Dem jungen Kronprinzen Rudolf wurde er gar als abschreckendes Beispiel eines Herrschers geschildert, dem er nicht nacheifern dürfe.[10]

Noch als Reichskanzler rühmte H. Josef II. häufig als einzige positive Ausnahme unter den ansonsten verhaßten Habsburgern und gebrauchte stets die gängigen Wiener Argumente der Zeit um 1910. So meinte er 1942 anerkennend und übertreibend: *Im früheren Österreich habe man... an die 1000 Klöster aufgelöst.*[11] Und in den Monologen: *Wenn Deutschland die Französische Revolution erspart geblieben ist, so nur, weil Friedrich der Große und Joseph II. da waren*[12] – ebenfalls eine stereotype Wiener Floskel.

Der Heldenplatz am 15. März 1938, gesehen vom Balkon der Neuen Hofburg; links das klassizistische Heldentor, rechts hinten das Parlament

Auch H. pries vor allem Josefs Verdienste um das »Deutschtum«, so in MEIN KAMPF: *Joseph II., römischer Kaiser der deutschen Nation, sah in fliegender Angst, wie sein Haus, auf die äußerste Kante des Reiches gedrängt, dereinst im Strudel eines Völkerbabylons verschwinden müßte, wenn nicht in letzter Stunde das Versäumte der Väter wiedergutgemacht würde. Mit übermenschlicher Kraft stemmte sich der »Freund der Menschen« gegen die Fahrlässigkeit der Vorfahren und suchte in einem Jahrzehnt nachzuholen, was Jahrhunderte vordem versäumten. Wären ihm nur vierzig Jahre vergönnt gewesen zu seiner Arbeit.*[13]

Was H. 1940 zu Joseph Goebbels sagte, stimmte also nur, was den ersten Teil betraf: »Die 48er Demokraten waren großdeutsche Idealisten. Nicht zu vergleichen mit den Novemberdemokraten.

Alle haßten die Dynastien und Österreich, weil es das Reich zerstörte.«[14]

Der Wiener Heldenplatz bildete am 15. März 1938 die prächtige Kulisse für H.s erste Großkundgebung in Wien. Die Wahl dieses Ortes ergab sich einerseits aus der Größe des Platzes. Andererseits aber hat dieser Platz eine starke historische Tradition, speziell für die Deutschnationalen. Die »Helden«, auf die sich der Name bezieht, sind die Kriegshelden der Befreiungskriege gegen Napoleon, die Helden der Türkenkriege und der »Unbekannte Soldat«, dessen Mahnmal sich heute noch im Heldentor befindet.

Es ist daher die erste Pflicht aller Deutschen einig zu sein!

Der gemeinsame Feind muß geringe Parteiunterschiede vergessen machen; denn die völkische Not trifft uns alle,

ob christlichsozial oder deutschnational.

Sowie unsere Väter vor hundert Jahren — nach langem Zwist und Hader untereinander — sich endlich innig zusammenfanden, um sich von französischer Fremdherrschaft zu befreien, so müssen auch wir, wollen wir ihrer würdig sein, zusammenstehen zum gemeinsamen Kampfe gegen übermütiges Slawentum, zersetzendes Judentum und internationale, glaubenslose Sozialdemokratie!

Das schwarz-rot-goldene Banner, unter dem im Jahre 1813 die Siege der Befreiungskriege erfochten wurden, darf kein Parteiabzeichen sein, sondern die Fahne des gesamten deutschen Volkes, die uns in gemeinsamem nationalem Kampfe gegen unsere Feinde voranflattern soll.

Die nationale Tradition der Befreiungskriege wurde 1913 intensiv gepflegt; Beispiel aus den christlichsozialen »Brigittenauer Bezirks-Nachrichten« vom 27. April 1913

Dieses klassizistische Heldentor, gebaut 1824 zur Erinnerung an die Völkerschlacht bei Leipzig, war nach Plänen des Architekten Peter von Nobile als äußeres Burgtor mit fünf Durchgängen in die Festungsmauern eingebaut worden. Beim Abriß der Stadtmauern für die neue Ringstraße blieb es als Siegeszeichen der Befreiung von der napoleonischen Fremdherrschaft allein stehen und erinnerte damit an die Zeit des frühen »gesamtdeutschen« Nationalismus.

Zwei große Reiterdenkmäler beherrschen den Platz: einerseits der siegreiche Feldherr gegen die Türken, Prinz Eugen von Savoyen, und andererseits der Sieger der Schlacht bei Aspern gegen Napoleon, Erzherzog Karl, mit geschwungener Fahne die österreichischen Grenadiere in die Schlacht führend. Auf dem Sockel dieses Denkmals steht der Spruch: »Dem beharrlichen Kämpfer für Deutschlands Ehre«.

Beide Denkmäler stammen aus der Zeit vor Königgrätz, als der Kaiser von Österreich noch der erste Fürst im Deutschen Bund war und sich Hoffnungen auf eine »großdeutsche« Lösung der deutschen Frage unter habsburgischer Führung machte. Die Denkmäler spiegeln den Geist der Zeit vor dem Frankfurter Fürstentag von 1863. Diese historischen Bezüge waren in H.s Wiener Zeit noch sehr präsent.

Laut Kubizek beschäftigt sich der junge H. schon 1908 damit, Ausbaupläne für den Heldenplatz zu zeichnen. Er plant eine Einbeziehung über die jenseits der Ringstraße liegenden beiden Hofmuseen hinaus bis zu den dahinterliegenden barocken Hofstallungen. Damit wäre das Heldentor in den Mittelpunkt des Platzes gerückt. An der Querseite des Heldenplatzes habe er »dem wundervollen Säulenhalbrund der neuen Burg ein entsprechendes Gegenstück« gegenüberstellen und über den Ring »zwei gewaltige Triumphbogen« bauen wollen.[15]

Der junge H. sieht laut Kubizek im riesigen Heldenplatz eine »geradezu ideale Lösung für Massenaufmärsche«, »nicht bloß, weil das Halbrund der Gebäudekomplexe die versammelten Massen in einzigartiger Form zusammenschloß, sondern auch, weil jeder einzelne, der in der Masse stand, wohin er sich auch wandte, große monumentale Eindrücke empfing«.[16]

Die von Kubizek ausführlich dargelegten Heldenplatz-Pläne des jungen H. brauchen hier nicht im einzelnen behandelt zu werden, denn sie entstanden ohnehin nicht in H.s Kopf. Eindeutig kopierte er das alte Kaiserforum-Konzept Gottfried Sempers, das nie verwirklicht wurde. H. muß dieses Konzept jedenfalls in seiner Wiener Zeit ausgiebig studiert haben.

Das Heldentor prägte seinen Geschmack so unübersehbar, daß es wie ein Muster für viele neoklassizistische Bauten der dreißiger Jahre wirkt. Allerdings ist das Original sehr viel kleiner und edler, ganz abgesehen von dem eingemeißelten Ausspruch auf der Stirnseite, dem Wahlspruch des Kaisers Franz: »Justitia regnorum fundamentum« – Gerechtigkeit sei das Fundament der Regierungen.

Zweifellos war der Heldenplatz für den ehemaligen Österreicher H. eine höchst vertraute Kulisse, als er am 15. März 1938 bei der »Befreiungskundgebung« auf dem Balkon der von Semper konzipierten Neuen Hofburg stand und verkündete: *Dieses Land ist deutsch* und: *Ich kann somit in dieser Stunde dem deutschen Volk die größte Vollzugsmeldung meines Lebens abstatten. Als Führer und Reichskanzler der deutschen Nation und des Reiches melde ich vor der Geschichte nunmehr den Eintritt meiner Heimat in das Deutsche Reich.*[17]

Virtuos spielte er auf dem Klavier der historischen Symbolik, benutzte die Geschichte zur Legitimierung seiner Herrschaft und zog damit viele deutschbewußte Österreicher in seinen Bann. Sehr bewußt stilisierte er Kaiser Josef II., die Befreiungskriege, das Jahr 1848 und Bismarck zu seinen Vorläufern und sich selbst zum »Erfüller« deutschnationaler Sehnsüchte.

4 Im Parlament

Der k.k. Reichsrat ab 1907

Noch nicht zwanzig Jahre alt sei er gewesen, so H. in MEIN KAMPF, als er zum erstenmal *in den Prachtbau am Franzensring* ging, also in das Parlament in Wien, präziser: in das Abgeordnetenhaus des k.k. Reichsrates. Diesmal interessierte ihn aber nicht das Bauwerk des verehrten Architekten Theophil Hansen, sondern das Parlament als politische Institution.

Das cisleithanische Parlament, mit 516 Sitzen das größte in Europa, zog ab 1907 die öffentliche Aufmerksamkeit auf sich. Denn zum erstenmal war es nach dem allgemeinen, direkten, gleichen und freien Wahlrecht gewählt worden. Dieses Wahlrecht galt freilich nicht für Frauen, aber für Männer über 24 Jahre, die einen mindestens einjährigen Wohnsitz im Wahlort nachweisen konnten. H. war also in seiner Wiener Zeit nicht wahlberechtigt, da er schon kurz nach Vollendung seines 24. Lebensjahres 1913 Österreich verließ.

Das neue Wahlrecht hatte einen starken politischen Erdrutsch ausgelöst. Das alte Kurienwahlrecht, das vor allem auf der Höhe der Steuerquote beruhte, hatte die armen Bevölkerungsschichten kraß benachteiligt, dagegen die Wohlhabenden und die bürgerlichen Deutschen bevorzugt. Nun, da jedermann wählen durfte und die Stimmen gleichwertig waren, gewannen die Parteien, die die ärmeren Schichten vertraten, in großem Ausmaß. Die Christlichsozialen, die Partei der Kleingewerbetreibenden und Handwerker, wuchsen von 25 auf 96 Mandate, die Sozialdemokraten von 10 auf 86 Mandate. Die extremste deutschnationale und eher bürgerliche Partei dagegen, die Alldeutschen unter Georg Schönerer, schrumpfte von 22 auf 3 Mandate.

Den einzelnen Kronländern stand folgende Anzahl von Reichsratssitzen zu: Böhmen 130, Galizien und Lodomerien mit dem Großherzogtum Krakau 106, Niederösterreich 64, Mähren 49, Steiermark 30, Tirol 25, Oberösterreich 22, Ober- und Niederschlesien 15, die Bukowina 14, Krain 12, Dalmatien 11, Kärnten 10, Salzburg 7, Istrien 6, Görz und Gradiska 6, Triest 5 und Vorarlberg 4.

Von den rund 30 Parteien und Gruppen verfügte keine über eine regierungsfähige Mehrheit. Bemerkenswert ist wohl auch, daß es trotz dieser Vielzahl von Parteien im Reichsrat keine einzige Partei gab, die sich »österreichisch« nannte.

Die Parteien und ihre Mandate im Reichsrat 1907:
96 Christlichsoziale
86 Sozialdemokraten
31 Deutsche Volkspartei, 21 Deutsche Agrarier, 17 Deutschfortschrittliche, 12 Deutschradikale (»Wolfianer«), 3 Alldeutsche (»Schönerianer«)
28 Tschechische Agrarier, 18 Jungtschechen, 17 Tschechisch Konservative, 7 Alttschechen, 2 Tschechisch-Fortschrittliche (»Realisten«); 1 »wilder« Tscheche – und als radikalste Gruppe 9 Tschechische Nationalsozialisten
25 Polnische Nationaldemokraten, 17 Polnische Volkspartei, 16 Polnisch Konservative und 12 Polnisches Zentrum
4 Zionisten und 1 Jüdischer Demokrat
10 Italienische Konservative und 4 Italienische Liberale
18 Slowenische Konservative und 5 Slowenische Liberale
25 Ruthenische Nationaldemokraten und 4 Altruthenen
12 Kroaten; 5 Rumänen; 2 Serben; 1 Radikaler Russe
1 Freisozialist, 1 »Selbständiger Sozialist«, 1 »Sozialpolitiker«, 2 Parteilose
2 Plätze 1907 vakant.[1]

Da keine Partei eine Mehrheit hatte, mußte sich die Regierung ständig neue Koalitionen suchen. Meistens fand sie Unterstützung vom Polenklub, von Rumänen, Italienern und wechselnden deutschen Parteien. In der Opposition blieben die Sozialdemokraten, die Tschechen, Slowenen, die Alldeutschen und andere. Angesichts der innenpolitischen Unsicherheit beschränkten sich die meisten der vom Kaiser ernannten und vom Parlament abhängigen Ministerpräsidenten darauf, die Staatsgeschäfte fortzuführen – oder »fortzuwursteln«, wie die Wiener sagten. Chancen, ein eigenes politisches Programm durchzusetzen, hatten sie ohnehin nicht.

H. erlebte von 1907 bis 1913 in Wien fünf Regierungen, nicht gerechnet die häufigen Ministerwechsel: Juni 1906 bis November 1908

Freiherr Dr. Max Wladimir von Beck; November 1908 bis Januar 1911 Freiherr Dr. Richard von Bienerth I; Januar bis Juni 1911 Bienerth II; Juni bis Oktober 1911 Freiherr Dr. Paul Gautsch von Frankenthurn III; ab November 1911 Reichsgraf Dr. Karl Stürgkh.

Eine Statistik der nationalen Zusammensetzung dieses Parlaments ist unmöglich angesichts der vielfach gemischten Bevölkerung und der unterschiedlichen Kriterien von Nationalität. Nach dem in der k.u.k. Monarchie üblichen Kriterium, daß die Nationalität durch die einbekannte Umgangssprache bestimmt war, ergab sich folgende nationale Zusammensetzung: 233 Deutsche, 107 Tschechen, 82 Polen, 33 Ruthenen, 24 Slowenen, 19 Italiener sowie 13 Kroaten und 5 Rumänen. Demnach standen 233 deutschen einer Mehrheit von 283 nichtdeutschen Parlamentariern gegenüber.[2]

Die Berechnungen, welche Nationalität nun wirklich wie viele Sitze hatte, fielen ohnehin je nach Intention und Partei verschieden aus und dienten hauptsächlich der nationalen Polemik. Denn zumindest die Sozialdemokraten traten ja noch 1907 dezidiert als übernationale Partei auf und entschlugen sich einer nationalen Zuordnung.

So ließen die Deutschradikalen weder Christlichsoziale noch Sozialdemokraten als »deutsch« gelten und rechneten auch die meisten anderen deutschen Parteien als nichtdeutsch ab: »Von den 86 deutschen Abgeordneten sind noch einige Juden, etliche waschechte Liberale, die den Vorschriften der Judenpresse Gehorsam leisten müssen, einige gemäßigte Deutschnationale, die gern in Judenblättern Aufsätze veröffentlichen.« Bei dieser Rechnung blieben nur die 13 Deutschradikalen als wahre Deutsche übrig. Prompt rechneten die Schönerianer nach – und kamen auf nur drei »wahre« Deutsche, eben die Alldeutschen.[3] Ähnliche Berechnungen stellten auch die übrigen Nationalisten an.

Wohl nie in der Geschichte gab es ein Parlament, in dem derartiger Streit herrschte wie im k.k. Reichsrat in der kurzen Zeitspanne vom Sommer 1907 bis zum März 1914, als das Haus wegen Arbeitsunfähigkeit geschlossen wurde. Es lagen nicht nur die Nationalitäten miteinander im Kampf, sondern es herrschte auch innerhalb der jeweiligen »Völker« Uneinigkeit. Die deutschen Parteien waren seit jeher zerstritten. Die nichtdeutschen Parteien hielten zwar gegen die Deutschen zusammen, stritten aber intern ebenfalls. Zwischen den Ruthenen (Ukrainern) kam es im Parlament sogar zu Handgreiflichkeiten. Denn die eine Gruppe war russophil, die andere dagegen war ukrainisch-national.

Alle nationalen Streitigkeiten der Monarchie schlugen sich im Reichsrat voll nieder, ob es sich nun um Probleme in Slowenien oder Galizien, in Triest oder in Lemberg handelte. Da in diesen Jahren der böhmische Landtag durch die deutschradikale Obstruktion lahmgelegt war, verlagerten sich auch sämtliche böhmischen Probleme mit besonderer Wucht nach Wien.

Eine Ausnahme bildeten die Polen, die meist eine geschlossene nationale Politik machten und staatserhaltend agierten. Die polnischen Politiker waren sich darüber einig, daß sie – solange sie keinen eigenen Staat durchsetzen konnten und ihr Land geteilt blieb – am ehesten mit der österreichischen Herrschaft zurechtkamen. Denn ihren Landsleuten in Rußland wie im Deutschen Reich ging es weit schlechter. Der »Polenklub«, bestehend aus fast allen im Reichsrat vertretenen polnischen Parteien, stellte stets einige Minister.

Die parlamentarische Geschäftsordnung milderte den Nationalitätenkampf nicht ab, sondern verschärfte ihn im Gegenteil durch schwere Mängel. Ungelöst war vor allem das Problem der Verhandlungssprache. Da es in Cisleithanien – im Gegensatz zu Ungarn – keine Staatssprache gab, hatte auch das Parlament keine einheitliche Sprache. Zehn Sprachen waren zugelassen: Deutsch, Tschechisch, Polnisch, Ruthenisch, Serbisch, Kroatisch, Slowenisch, Italienisch, Rumänisch und Russisch. Jeder Abgeordnete hatte das Recht, in seiner Muttersprache zu reden. Dolmetscher gab es aber nicht.

Dazu kamen Einschränkungen: Als 1907 ein polnischer Abgeordneter aus Galizien versuchte, russisch zu sprechen, wurde dies als Sympathie für den Panslawismus gewertet und sofort verboten. Andererseits durfte Dr. Dimitri Markow, »radikaler Russe« aus Galizien, seine Reden in Russisch halten, da es sich hier um seine Muttersprache handelte.[4] Aber meistens wurde er von den Ukrainisch-Nationalen am Reden gehindert.

Bei derart komplizierten Verhältnissen konnte über parlamentarische Verfahrensfragen tagelang debattiert und schon damit jede Parlamentsarbeit blockiert werden. Die immer wieder eingebrachten Anträge der deutschen Parteien, in Cisleithanien Deutsch als Verhandlungssprache festzusetzen, wurden von der nichtdeutschen Mehrheit des Hauses abgelehnt. Diese forderten im Gegenzug, die Protokollierung der Reden auf alle im Parlament zugelassenen Sprachen auszudehnen und Dolmetscher einzusetzen.[5] Diese Bestimmung wurde erst 1917 eingeführt, hatte aber keine praktische Bedeutung mehr.

Tatsächlich war Deutsch deutlich bevorzugt. Der Parlamentspräsident sprach deutsch. Die Parlamentsstenographen protokollierten nur in deutsch. Die Dringlichen Anfragen, die in der jeweiligen Muttersprache abgefaßt werden durften, mußten in deutscher Übersetzung vorgelegt werden. Nichtdeutsche Reden wurden nur dann protokolliert, wenn der Redner selbst eine schriftliche deutsche Übersetzung lieferte.

Außer einer Verhandlungssprache fehlte auch eine Redezeitbeschränkung. Die Bestimmung, Dringlichkeitsanträge stets vorrangig zu behandeln, gab außerdem noch der kleinsten Fraktion den willkommenen Hebel in die Hand, mit nebensächlichen, in die Länge gezogenen Anträgen die Parlamentsarbeit über Tage und Wochen zu blockieren.

Manche nichtdeutsche Abgeordnete nutzten das Fehlen von Dolmetschern und die fehlende Redezeitbeschränkung aus: Da die meisten anderen sie nicht verstanden, ihre Reden auch nicht protokolliert wurden, da es keine nichtdeutschen Stenographen gab, war eine Kontrolle schwierig, ob wirklich nur über den akuten Antrag gesprochen oder nicht etwa mit Gedichtaufsagen oder ständigen Wiederholungen Zeit geschunden wurde. Das öffnete der Obstruktion Tür und Tor und machte zügige Arbeit unmöglich. Die tagtäglichen Streitereien im Kauderwelsch von zehn Sprachen machten den k.k. Reichsrat zu einer internationalen Sehenswürdigkeit.

Besuche im Parlament seien bei den Wienern sehr beliebt, berichtete ein Berliner Beobachter erstaunt. Seiner Meinung nach war eine ernste Arbeit im cisleithanischen Parlament wegen der Vielzahl der dort vertretenen Parteien ohnehin unmöglich, und der »Einheimische« hätte sich bei den Besuchen vor allem eine »Hetz« vergönnt: »da kann er... an einer Unterhaltung ohne Entrée theilnehmen. Das persönliche ›Losfahren‹ der Abgeordneten aufeinander entschädigt die Wiener vollkommen für das Theater, für dessen Vorstellungen sie

173

immerhin bezahlen müßten, wenn sie sich unterhalten wollten. Im Parlamente können sie sich, ›durch Abgeordnetegnaden‹ einen vergnügten Tag verschaffen, durch dessen Früchte sie auch am Stammtische in die Lage versetzt werden, manchen Abend die guten Freunde zu unterhalten.«[6]

Die Wiener machten Witze: Die vier Quadrigen auf dem Dach des Parlaments, die in alle vier Himmelsrichtungen auseinanderstrebten, seien das Symbol für den auseinanderstrebenden Staat. Wenn H. ebendies in MEIN KAMPF[7] schreibt, so gibt er keineswegs einen eigenen Scherz, sondern nur einen Wiener Gemeinplatz wieder.

H. als Zuschauer im Parlament

Das Abgeordnetenhaus hatte zwei Galerien für Zuschauer. Der erste Rang war einem Elitepublikum vorbehalten, die zweite Galerie für jedermann zugänglich. Frühmorgens wurden unentgeltliche Zählkarten ausgegeben. August Kubizek wunderte sich über den Eifer seines Freundes: »denn daß Adolf schon um halb neun Uhr früh so munter und aktiv war, überraschte mich«.[8] In MEIN KAMPF meint H., er sei damals *als freiheitlich empfindender Mensch* durchaus kein Feind des Parlamentarismus gewesen, habe vielmehr eine *Bewunderung für das englische Parlament* gehabt und sich *eine andere Möglichkeit der Regierung... gar nicht vorstellen* können.[9]

Das, was er im Parlament in Wien erlebte, habe mit diesem Idealbild freilich nicht übereingestimmt. Schon nach kurzer Zeit sei er empört gewesen über *das jämmerliche Schauspiel* im Reichsrat. Er rügt Inhalt wie Form der mehrsprachigen und unverständlichen Debatten. *Eine gestikulierende, in allen Tonarten durcheinander schreiende, wildbewegte Masse, darüber einen harmlosen alten Onkel, der sich im Schweiße seines Angesichts bemühte, durch heftiges Schwingen einer Glocke und bald begütigende, bald ermahnende ernste Zurufe die Würde des Hauses wieder in Fluß zu bringen. Ich mußte lachen.* An einem anderen Tag dagegen sei das Parlament *nicht zum Wiedererkennen* und fast leer gewesen: *Man schlief da unten.*

Doch übt das Geschehen eine große Anziehungskraft auf ihn aus: *Nun lief ich, wenn mir die Zeit nur irgendwie die Möglichkeit bot, immer wieder hin und betrachtete mir still und aufmerksam das jeweilige Bild, hörte die Reden an, soweit sie zu verstehen waren, studierte die mehr oder minder intelligenten Gesichter dieser Auserkorenen der Nationen dieses traurigen Staates.*[10]

Gelegentlich nimmt H. den Freund Kubizek ins Parlament mit. Der politisch uninteressierte »Gustl« versteht den Sinn dieser Besuche nicht recht: »Wenn ich Adolf mitunter fragte, wie denn diese weitabliegenden Probleme, die uns beispielsweise bei unseren Besuchen im Parlament begegneten, mit seinem Berufsstudium zusammenhingen, bekam ich zur Antwort: ›Man kann erst bauen, wenn die politischen Voraussetzungen dafür geschaffen sind.‹«[11]

Kubizek: »Einmal, als mich Adolf wieder genötigt hatte, mit ihm dorthin zu gehen, ... hielt ein tschechischer Abgeordneter eine stundenlange Obstruktionsrede. Adolf erklärte mir, das sei eine Rede, bei der es nur darauf ankäme, die Zeit auszufüllen und zu verhindern, daß ein anderer Abgeordneter spräche. Es wäre dabei einerlei, was dieser Tscheche rede, er könne auch immer dasselbe wiederholen, nur dürfe er nicht aufhören... Nie habe ich mich über Adolf so gewundert wie damals... Aber wie er da, alle Nerven angespannt, auf diese Rede lauschte, die er doch nicht verstand, konnte ich ihn nicht begreifen.«[12]

Kubizek schildert verwundert das Schreien der Abgeordneten, das Klappern mit den Pultdeckeln, das Pfeifen: »und mitten in diesem heillosen Spektakel flogen deutsche, tschechische, italienische, polnische Schimpfworte – weiß Gott, was das alles für Sprachen waren – durch den Saal. Ich blickte auf Adolf. War dies nicht der beste Moment, um zu gehen? Aber, was war nur mit meinem Freunde los? Er war aufgesprungen, seine Finger ballten sich zu Fäusten, sein Antlitz brannte vor Erregung.«[13]

1908 und 1909, als H. das Parlament besuchte, herrschte im Reichsrat infolge der Feindseligkeiten im Jubiläumsjahr und der Annexionskrise besondere Aggressivität. All die vielen nationalen Krawalle wurden ins Parlament nach Wien gebracht und hier weiter geschürt, vor allem die Konflikte in Böhmen, aber auch in Laibach, wo Slowenen gegen die geplante Errichtung einer italienischen Universität in Triest demonstrierten.

Am gefährlichsten wurde die Obstruktion der »Tschechischen Nationalsozialisten«. Sie rächten sich im Reichsrat dafür, daß vorher die Deutschradikalen und Alldeutschen den böhmischen Landtag arbeitsunfähig gemacht hatten. Diese radikale Partei agitierte antideutsch, antisemitisch und antiparlamentarisch. Die Mehrheit des Hauses hatte keine Möglichkeit, sich gegen den Terror dieser Minderheit durchzusetzen.

Nach der Verhängung des Standrechtes in Prag am 2. Dezember 1908 machten die Proteste der tschechischen Parteien das Parlament vollends zu einem nationalen Hexenkessel. Schon bei den Einleitungsworten des Präsidenten drangen die tschechischen Nationalsozialisten Vinzenz Lisy, Václav Fresl und František Burival im Sturmschritt, auf Metallpfeifen und Kindertrompeten blasend, gegen die Präsidententribüne vor, von weiteren pfeifenden und »pfui« rufenden Abgeordneten gefolgt. Der mit einer Kindertrompete ausgerüstete Abgeordnete Dr. Anton Hajn blies dabei den Sturmmarsch. Der jungtschechische Prager Abgeordnete Václav Choc zum Präsidenten: »Da ist der Scharfrichter!« Darauf Lisy: »Wollen Sie das Prager Standrecht auf die böhmischen Abgeordneten in Wien übertragen?« und: »Sie sind kein Präsident. Sie sind ein Wachtmeister aus dem Rathaus!« Choc: »Der Oberkellner vom Lueger!«

Die tschechische Opposition in unserm Parlament

Der Präsident war machtlos. Laut KRONENZEITUNG beobachtete er »durch ein Opernglas die Szene und ließ die Mitglieder des Trompeten- und Pfeifchenkorps notieren. Es wurde, wie man im Abgeordnetenhause sagt, eine ›Pfeiferliste‹ statt einer Rednerliste angelegt.«[14]

Obwohl der Regierung inzwischen drei nationale »Landsmannminister« angehörten, je einer für die Deutschen, Tschechen und Polen, konnte sie sich nicht durchsetzen. Noch nicht einmal die Person des alten Kaisers vermochte die streitenden Parteien für kurze Zeit zu einigen: Bei der »Huldigungsfestsitzung« zum 60jährigen Regierungsjubiläum fehlten aus höchst unterschiedlichen Gründen die Sozialdemokraten, die Deutschnationalen, die Alldeutschen – diese »mit Rücksicht auf das deutschfeindlich betriebene Regierungssystem in Österreich«[15] – und die radikalen Tschechen.

Franz Josephs Hoffnungen, das allgemeine Wahlrecht werde die Nationalitätenkämpfe abmildern und eine politische Stabilisierung bringen, waren zu diesem Zeitpunkt schon längst zerstoben. Ernüchtert und verärgert sagte er zum ungarischen Ministerpräsidenten: »Wenn die Abgeordneten nichts besseres zu tun wissen, als sich fortwährend mit nationalen Streiten herumzustreiten, so sollen sie wenigstens mir damit vom Leibe bleiben.«[16] In seiner Rede zur Eröffnung des neuen Parlamentes hatte er noch bewegt von der Größe des Augenblicks gesprochen und gewünscht, »der versöhnende Geist der Liebe zum gemeinsamen Vaterlande« solle die Abgeordneten lenken.[17]

Im Frühjahr 1909 erhitzte die Vorlage eines Sprachengesetzes für die böhmischen Länder die Gemüter. Die Regierung schlug einen Kompromiß auf der Grundlage von Volkszählungen vor. Danach waren mit Ausnahme der Hauptstadt Prag 228 der 238 Gerichtsbezirke in Böhmen und Mähren einheitlich tschechisch oder deutsch und nur die übrigen gemischt: Fünf hatten Minderheiten über 20 Prozent und fünf weitere über 10 Prozent.[18] Demgemäß sollte auch die Verteilung der Amtssprachen geregelt werden. Der Kompromiß kam einerseits den Deutschböhmen entgegen, indem er ihnen die gewünschte nationale Abgrenzung ihrer deutschsprachigen Gebiete, vor allem der »Sudetenländer«, zugestand. Andererseits sollte den Tschechen die Gleichberechtigung beider Sprachen in ganz Böhmen verbrieft werden.

Gegen diesen Kompromiß opponierten vor allem die Tschechen. Denn sie lehnten eine Volkszählung als Grundlage für ein Sprachengesetz strikt ab und beharrten auf ihrer Forderung, die böhmischen Rechte in ganz Böhmen zur Geltung zu bringen entsprechend der Lösung in Ungarn. Das hätte zwingende Doppelsprachigkeit auch in rein deutschen Gebieten Nordböhmens bedeutet.

Doch während die meisten tschechischen Parteien gesprächsbereit waren, antworteten die Tschechischen Nationalsozialisten am 3. Februar 1909 bei Vorlage des Gesetzes mit Terror. Als Ministerpräsident Bienerth die Vorlage verlas, wurde er von Pfui-Rufen und allen möglichen Geräuschen übertönt: Pultdeckel schlugen, Trompeten und Kinderpfeifen wurden geblasen, Taschenglocken und Ratschen in Bewegung gesetzt.

Als erster Debattenredner trat der Prager Philosophieprofessor Dr. Tomáš G. Masaryk von der Zweimannfraktion der tschechischen Liberalen ans Rednerpult – und stand dort bis in den Nachmittag, ohne zu Wort zu kommen. Die Radikalen benutzten neue Lärminstrumente, eine Art »Ratschen, die an die Pulte befestigt waren und mit Hilfe des Drehens einer Kurbel einen fürchterlichen Lärm machten. Gleichzeitig wurde eine Art Ratsche ins Haus gebracht, welche ein ähnliches Geräusch wie im Theater der Bühnenregen verursacht. Alles zusammen mit den Kindertrompeten und dem Bühnenregen verursachte einen derartigen Krawall, daß sich die Abgeordneten und die Besucher der Galerie die Ohren zuhalten mußten.«[19] Am Nachmittag kam noch ein lauteres »nebelhornartiges« Instrument dazu.

Masaryk, die Stimme der Vernunft und des steten Dialogs, der stets versuchte, seine tschechischen Landsleute auf eine gemäßigte nationale Linie und konstruktive Arbeit einzuschwören, kam nicht zu Wort. Ein Versuch der Sozialdemokraten und Christlichsozialen, die Lärmenden zu beruhigen, endete in einem Handgemenge.

Am 4. Februar war für kurze Zeit eine Debatte möglich. Masaryk lehnte das Gesetz in ruhig-sachlichem Ton ab, erwähnte auch die Lage der Tschechen in Wien und forderte eine Gesamtlösung: »Wenn man nicht den Mut hat, in dieses Haus ein Rahmengesetz für alle Völker Österreichs zu bringen, wie kann Friede sein? Auch derjenige, der auf dem staatsrechtlichen, autonomistischen Standpunkt steht, kann die Tatsache nicht übersehen, daß in Wien Hunderttausende unserer Landsleute sind. Und die sollen wir einfach aus Mut zum Frieden opfern!« Sein Vorschlag: durchgehende Zweisprachigkeit als »ideale Lösung der Sprachenfrage«.[20] Das hätte auch ein zweisprachiges Niederösterreich und Wien bedeutet, also eben das, was die Deutschen unbedingt zu verhindern suchten.

Nach einigen weiteren Rednern war die Stimmung wieder so aufgeheizt, daß nur noch Lärm herrschte und die Sitzung abgebrochen wurde. Am 5. Februar ging der Sturm gleich nach der Eröffnung los und war bis auf die Straße zu hören, wo sich Schaulustige versammelten. Eine Debatte war unmöglich.

Daraufhin griff die Regierung zu einem starken Mittel: Sie erklärte die Session und damit das Abgeordnetenhaus für geschlossen. Die KRONENZEITUNG: »Zunächst gab es Beifall: Es schien wirklich, als sei das ganze Haus mit der leichtfertig herbeigeführten Zertrümmerung des Volksparlaments vollkommen einverstanden. Bald aber mengten sich in den Beifall Rufe des Vorwurfes, die besonders von Christlichsozialen und Sozialdemokraten gegen die Tschechen gerichtet wurden. Kein Abgeordneter verließ den Saal, und die Galerien harrten in atemloser Spannung der weiteren Entwicklung der Dinge.«[21]

Die Spannung mündete in Prügeleien. Das PRAGER TAGBLATT: »Plötzlich stimmen während der gewaltigen Lärm- und Raufszenen einige Christlichsoziale das ›Gott erhalte‹ an. Der Gesang der Christlichsozialen wird sofort von den Tschechen mit ›Kde domov muj?‹, von den Sozialdemokraten mit dem ›Lied der Arbeit‹ erwidert. Abg. Iro, der bei seinem Sitz allein steht, beginnt gleichfalls zu singen und zwar die ›Wacht am Rhein‹; seine helle Stimme übertönt den Gesang der übrigen Abgeordneten.«[22]

Mit der Schließung der Parlamentssession wurden alle vorliegenden Anträge und Gesetzentwürfe hinfällig, ebenso wie die seit Monaten geleistete Arbeit der Ausschüsse. Die Abgeordneten verloren ihre Immunität und ihre Diäten, was laut KRONENZEITUNG »ein harter Schlag ist, da etwa die Hälfte unserer Parlamentarier nur von den 20 Kronen lebt, die ihnen für die politische Arbeit gezahlt wird«.

Ratlosigkeit und Entrüstung beherrschte alle, die für das allgemeine Wahlrecht gekämpft hatten und sich von einer weiteren Demokratisierung Besserung erhofft hatten. Die Pazifistin Bertha von Suttner bemerkte erbost: »Pfeifen, Trommeln, Nebelhörner, gleichzeitiger Gesang von tschechischen, reichsdeutschen und österreichischen Hymnen, geschwungene Fäuste, abgerissene Rockkragen, gebissene Finger, wirklich, man muß schamrot werden... Es ist wirklich, als wollte der Parlamentarismus Selbstmord begehen! Warum ist man im Theater, im Hotelsaal, auf der Gasse, überall sicher gegen Katzenmusik und Raufereien, nur im ›hohen Hause‹ nicht, wo sie Gesetze machen, Gesetze für alle, nur für sich selber nicht?«[23]

Zur parlamentarischen Situation.

Zum Ministerpräsidenten: »Auf dem Dache sitzt ein Greis, der niemandem zu helfen weiß.« (Kikeriki)

Vor allem die Sozialdemokraten, die ja für dieses »Volksparlament« jahrzehntelang gekämpft hatten, setzten sich für eine Änderung der Geschäftsordnung ein, so etwa der Abgeordnete Dr. Wilhelm Ellenbogen: »Die Demokratie ist nicht nur eine höhere, sondern auch eine kompliziertere politische Einrichtung als der Absolutismus, sie bedarf daher auch einer sorgfältiger geregelten Ordnung.« Er sehe nicht ein, »warum gerade das österreichische Parlament das ordinärste der Welt sein muß. Wir Sozialdemokraten brauchen den rüpelhaften Ton wahrlich nicht und von den anderen wollen wir uns ihn nicht gefallen lassen«, ebensowenig wie »jenes eklige bubenhafte Geschrei«. Er trat deshalb für ein schärferes Zensurrecht des Präsidiums ein.[24] Aber eine Änderung der Geschäftsordnung war nicht durchzusetzen.

Auch der jungtschechische Abgeordnete František Udrzal rief zu Vernunft auf und beschwor das Ideal des multinationalen Staates: »Allen nichtdeutschen Völkern – man muß dazu die Courage haben, in der heutigen Stunde es zu sagen – liegt an der Erhaltung des Staates, in dem sie frei leben und die Bedingung zu ihrer individuellen Entwicklung finden können. Ein solcher Staat könnte Österreich sein. Die Mission dieser Monarchie wäre, diese Völker zu vereinigen, selbstverständlich auf Grund der vollkommensten, der idealsten Gerechtigkeit und Gleichheit. (Beifall und Händeklatschen.)« Jeder rechtlich Denkende wisse, »daß hier in der nächsten Zukunft etwas geschehen muß, um hier solche Verhältnisse zu schaffen, daß wir wenigstens nebeneinander leben können«.[25]

Die Deutschradikalen störten diese Rede mit wüsten antitschechischen Schimpfereien, worauf nun auch Udrzal scharf wurde und meinte, in der Weltgeschichte geschehe es oft, »daß die unterjochten Völker ihre guten Eigenschaften in weit höherem Maße entwickeln als die herrschenden«. Die Deutschen kämen eben gegen die starke slawische Evolution nicht auf. Damit war eine vernünftige Diskussion wieder unmöglich.

Dabei waren gerade diese Parlamentarier, was ihre Ausbildung und Berufe anging, honorige Herren. Neben 129 Landwirten gab es 60 Advokaten, 22 Universitätsprofessoren und -dozenten, 38 Geistliche, 54 Schriftsteller und Redakteure, dazu viele Beamte.[26] Im Privatleben waren sie, wie der christlichsoziale Prälat Joseph Scheicher schrieb, »liebenswürdige, traktable Menschen... zuvorkommend, rücksichtsvoll« – freilich nur »außer der Zeit der periodischen Reichsratsobsucht, der Abgeordnetenparanoia«.[27] Sie würden vom Terror der Radikalen beherrscht, so die Tschechen von den neun Tschechischen Nationalsozialisten. Scheicher: »Diese wurden zum Alp, welcher die Tschechen drückte, der Kutscher, der mit der Peitsche die ermüdeten Pferde immer wieder zum Galoppe antrieb.«[28] Die Deutschen wiederum standen unter dem Terror der Alldeutschen und Deutschradikalen. Laut Scheicher habe zehn, ja zwölf Jahre »eine Art Hunnenschlacht« im Parlament gewütet.[29]

Um den Reichsrat wieder an die Arbeit zu bringen, drohte die Regierung mit der Anwendung des Notstandsparagraphen 14. Damit hätte sie ohne das Parlament, also diktatorisch, Gesetze beschließen können, so die dringende Bewilligung höherer Rekrutenzahlen.

Geradezu flehentlich bat der Parlamentspräsident bei der Eröffnung der neuen Session im März 1909 die Parteien, ihre Arbeit zu tun. Mit Mühe wurde die Rekrutenvorlage durchgebracht. Die tschechischen Parteien stimmten dagegen, da sie nicht gewillt seien, »den Dünger für die germanische Weltherrschaft abzugeben« – was der deutsche Botschafter besorgt nach Berlin berichtete.[30]

Die Drohung mit dem Paragraphen 14 wirkte nur kurzfristig. Nach langen Kämpfen und ergebnislosen Verhandlungen wurde im Juli 1909 die Session erneut geschlossen. Diesmal gelang es monatelang nicht, das Parlament wieder einzuberufen. Der deutsche Botschafter berichtete, daß sich die Sache »in einem circulus vitiosus« bewege: »Die Tschechen verlangen für ihre Mitarbeit im Reichsrat die Flottmachung des böhmischen Landtages.« Den aber blockierten wiederum die Deutschböhmen mit ihrer Obstruktion. Dabei wünschten, so der deutsche Botschafter, eigentlich alle Parteien die Wiederaufnahme der Reichsratssitzungen, schon wegen der Diäten. Verkompliziert wurde die Lage in diesem Sommer durch die nationalen Krawalle zwischen Deutschen und Tschechen in Niederösterreich und Wien (siehe S. 446ff.).[31]

Durch die Untätigkeit des Parlaments stockte auch die Sozialgesetzgebung, zum Beispiel zur Alters- und Invaliditätsversicherung, und dies ausgerechnet in einer Zeit ärgster Teuerung, in der es zu Hungerdemonstrationen auf den Straßen kam. Als das Gesetz zur Besserstellung der Handelsgehilfen verschleppt wurde, hielten die Wiener Handelsangestellten eine Protestversammlung ab. Die ebenfalls auf Gesetze wartenden Postbeamten erklärten in einer Kundgebung, »daß die Bevölkerung fruchtbringende Arbeit vom Parlamente erwartet« und »daß wir des Streites zwischen Deutschen und Slaven müde sind«. Bei dieser Versammlung unterstützte auch der christlichsoziale Vizepräsident des Reichsrates die Vorwürfe.

Auch die »außerordentliche Teuerung der Lebensmittel« sei »nur eine Folge dieser Stockung des Parlamentes. Und all dies verschulden nur die nationalen Streitigkeiten, die jede Arbeitsbewegung hemmen. Welch ein herrliches Österreich könnte entstehen, welch ein mächtiges tatkräftiges Parlament, wenn die Parteien endlich die nationalen Streitigkeiten ruhen ließen und zu arbeiten begännen. Das ganze Volk müsse sich wie ein Mann erheben und die Arbeitsfähigkeit des Parlamentes verlangen.« Der Rede folgte »minutenlanger, tosender Beifall«.

Am selben Tag nahm der Führer der Sozialdemokraten, Dr. Viktor Adler, auf einer Parteiversammlung Stellung: »Das Parlament, das der Augapfel aller Parteien sein sollte, ist zum Spielball und Tummelplatz von Intrigen, zu einer wilden, frivolen Streitlust von Leuten geworden, die ohne Gewissen und Verantwortung sind.«[32] Im Oktober 1909 gab es in allen 21 Wiener Bezirken Massenversammlungen für die Arbeitsfähigkeit des Abgeordnetenhauses.

Als der Reichsrat nach Monaten wieder zusammentrat, stellten die Tschechischen Nationalsozialisten am 15. Dezember 1909 allein 37 Dringlichkeitsanträge. Damit wäre neuerlich jede Arbeit blockiert gewesen. So beschlossen die übrigen Parteien, die Obstruktion durch Dauersitzungen auszuhungern. Im Parlament wurden Feldbetten aufgeschlagen, Proviant gehortet. Ein Schichtdienst rund um die Uhr wurde organisiert, um bei passender Gelegenheit in die Obstruktion eingreifen zu können. Notfalls wollte man auch über die Weihnachtsfeiertage durchhalten.

Als der erste Redner kurz vor zwei Uhr nachts schloß, hatte er mit 13 Stunden den Obstruktionsrekord aus der Zeit der Badeni-Krawalle von 1897 überboten. Damals war es allerdings ein deutscher Redner gewesen, der gegen die angeblich die Tschechen begünstigende Sprachenvorlage obstruierte.[33] Der Rekord des Jahres 1909 wiederum wurde im Sommer 1911 um zwölf Minuten überboten, als ein Ruthene gegen die Wehrvorlage Obstruktion machte, um eine ruthenische Universität in Lemberg durchzusetzen.

Die Beratung des zweiten Dringlichkeitsantrages von 37 – über die Züchtung von Staatspferden – dauerte von sieben Uhr morgens bis halb neun Uhr abends. Vor dem Parlament fand eine Teuerungsdemonstration statt. Die REICHSPOST: »Fäuste wurden gegen das Parlament geballt und drohend Stöcke geschwungen.« Rufe wie »Massenstreik« und »Revolution« kamen aus der Menge.

Diplomaten berichteten über die Vorfälle in alle Welt. Der amerikanische Gesandte zum Beispiel schrieb nach Washington, daß die Aufregung im Parlament sich in zahlreichen Faustkämpfen zwischen Zuschauern und Parlamentsdienern entladen habe. Er sah den Grund für die große Unzufriedenheit der Bevölkerung vor allem in den steigenden Steuern und Preisen.[34]

Im Parlament hielt der Tschechischradikale Lisy weiter seine Dauerrede. Die KRONENZEITUNG: »Von Zeit zu Zeit nimmt er einen Bissen Schinkenbrot oder einen Schluck Cognac zu sich, ohne daß diese Unterbrechung der Rede im Hause auffallen würde. Hie und da schlägt Redner auf den Pultdeckel, um damit zu markieren, daß er spricht.« Dann schaut er während der Rede die neueste Zeitung durch. So vergeht eine Stunde nach der anderen. »Außer Lisy, der noch immer abwechselnd ißt, redet oder trinkt, sind nur der Präsident, die Stenographen und ein Diener im Saal. Die Galerien sind dicht gefüllt, doch seit Stunden kommen die Besucher nicht auf ihre Kosten. Plötzlich ertönt auf der zweiten Galerie ein lauter Pfuiruf gegen Lisy. Der eine Ruf findet Widerhall und minutenlang werden stürmische Entrüstungsrufe von der Galerie gegen die Obstruktionisten geschleudert. ›Tagediebe‹, ›Taschendiebe‹, ›Brotwucherer‹ sind die mildesten Ausdrücke, mit denen Lisy und seine Anhänger, die sich rasch wieder um ihn geschart haben, überschüttet werden.« Der Präsident befahl die Räumung der Galerie. »Noch aus dem Rundgang vor der Galerie hört man die erbitterten Schmährufe gegen die tschechischen Agrarier.«

Gegen Abend – Lisy redete seit sechs Stunden – ging der Krawall auch in der ersten Galerie los: »Nieder mit der Obstruktionspartei!« »Jagt sie aus dem Hause, das wir mit unserem Blut erkämpft haben!« »Diebsbande!« »Abzug Brotwucherer!« Die KRONENZEITUNG: »Dazu trampeln die Galeriebesucher mit den Füßen, andere pfeifen gellend, es herrscht oben ein heilloser Lärm, wie man ihn auf der Galerie noch nicht gehört hat.« Als schließlich auch diese Galerie gewaltsam geräumt wurde, stimmten die Besucher das LIED DER ARBEIT an, »und brausend durchhallt die Melodie und der Text der ersten Strophe das Haus. Als diese verklungen ist, sieht man, daß die Parlamentsdiener Gewalt anwenden müssen, um die Besucher zu entfernen. Einzelne derselben müssen förmlich hinausgetragen werden.« Um zwölf Uhr nachts mußte der Reporter seinen Bericht abliefern. Die Sitzung aber dauerte fort.

Die REICHSPOST am 18. Dezember: »Die Luft im Hause wird immer unerträglicher, ein schwerer Atem von Dunst, Tabakrauch mit Staub gemischt zieht durch die Gänge... Im Hause sammelt sich bereits eine unappetitliche Menge von Papierschnitzeln, von Schmutz und Staub an.« Weitere unverständliche Reden. Wieder Proteste von

Demonstration vor dem Parlament, 2. Oktober 1910

der Galerie und wieder Räumungen. Die Tschechischradikalen rufen im Chor: »Los von Wien!«

Ausgerechnet der als radikal geltende Jungtscheche Karel Kramař rettete an diesem Tag die gefährliche Situation: Nach Absprache mit den Sozialdemokraten und Christlichsozialen riß er mit einem Trick den nächsten Dringlichkeitsantrag zur Änderung der Geschäftsordnung an sich. Zur Überraschung der Tschechischen Nationalsozialisten forderte er, dem Parlamentspräsidenten das Recht zu geben, den Mißbrauch der Geschäftsordnung für die Dauer eines Jahres zu verbieten und jeden Abgeordneten, der sich widersetze, für höchstens drei Sitzungen auszuschließen. Der Antrag wurde mit großer Mehrheit – 331 gegen 72 Stimmen – angenommen. Der deutsche Botschafter schrieb erstaunt nach Berlin: »Herr Kramař, bisher der eifrigste Förderer der Obstruktion, wurde damit mit einem Schlage zum Retter des Parlaments und zum Herrn der Situation.«[35] Damit war ein Jahr Arbeit gewährleistet.

Die christlichsoziale REICHSPOST triumphierte: »Am Ende seiner Kräfte, in der tiefsten Erniedrigung, von der parlamentsfeindlichen Presse beschimpft und dem öffentlichen Spotte ausgesetzt, von der Geschäftsordnung hilflos der unbekehrbaren Bosheit einer radikalen Gruppe preisgegeben, von der Regierung mit der Heimschickung bedroht, überträgt das Abgeordnetenhaus, kurz entschlossen, für die Dauer eines Jahres alle disziplinäre Gewalt seinem Präsidenten und räumt so mit einer Handbewegung all den Plunder von veralteten Paragraphen... hinweg.« Es sei eine Maßnahme »für die Demokratie gegen die Demagogie«.[36]

Der deutsche Botschafter allerdings kritisierte, daß mit dieser Aktion »ein Schritt weiter auf der Bahn der Slavisierung Österreichs getan und eine Schwächung der Autorität der Regierung und der Krone zu Gunsten des Parlaments erreicht worden ist«. Handschriftlicher Kommentar Kaiser Wilhelms II. auf dem Akt: »unerhört!«[37]

Die parlamentarischen Exzesse zogen sich als ständiges öffentliches Ärgernis hin, bis im März 1914 Ministerpräsident Stürgkh endgültig den Notstandsparagraphen 14 anwendete und das Parlament wegen Arbeitsunfähigkeit nach Hause schickte. Wieder wurde keine grundlegende Reform der Geschäftsordnung versucht. So ging das Vielvölkerreich ohne parlamentarische Mitsprache und Mitverantwortung in der westlichen Reichshälfte in den Ersten Weltkrieg.

Die Schönerianer und das Volksparlament

Die Alldeutschen hatten das neue Wahlrecht am aggressivsten bekämpft und als Voraussetzung zumindest die deutsche Staatssprache und eine Umordnung des Reiches gefordert, um eine deutsche Mehrheit im Parlament zu sichern. Nun sahen sie sich durch die parlamentarischen Wirren bestätigt und deuteten sie als logische Konsequenz des Gleichheitsgrundsatzes und der Demokratie.

Sie beschuldigten die Regierung, »daß die ganze Wahlreform nur deshalb ›von oben‹ gefördert wurde, weil sie den Zweck hat, diesen von Deutschen geschaffenen, durch Jahrhunderte deutsch regierten Staat in ein slawisches Staatengebilde umzumodeln und ihm einen slawischen Stempel aufzudrücken.«[38]

Je unregierbarer sich das Vielvölkerreich erwies und je handlungsunfähiger das Volksparlament, desto lauter rühmten die Alldeutschen die einstige Führungskraft der Deutschen über die angeblich zurückgebliebenen anderen Nationalitäten, die »Sklavenvölker«. Zur Zeit, als die Deutschen im Reichsrat aufgrund des sie begünstigenden Kurienwahlrechtes noch die Mehrheit gehabt hätten, habe ja das Parlament funktioniert – was freilich übertrieben war.

Das Volksparlament wurde als »Diätenvertilgungsapparat« verhöhnt.[39] Und Schönerers Parteifreund Franz Stein schimpfte über »knieweiche, schlotterige Volksvertreter« und meinte: »Das ganze Heldentum dieser Volksvertreter wird zur komödienhaften Posse, würdig eines Kasperltheaters.«[40]

Und der alldeutsche Abgeordnete Vinzenz Malik: »Hohes Haus! Wir stehen vor einem Chaos, wie es Österreich überhaupt noch nicht gesehen und erlebt hat, und das alles, meine verehrten Herren, nach dem Universalpflaster, welches man auf diesen polyglotten Staat applizierte, welches lautete: ›Wahlreform‹, und welches den anständigen und einsichtigen Bewohnern dieses Reiches oktroyiert wurde durch die Hofburg und durch die Regierung im Verein mit den Sozialdemokraten. Die Wahlreform hätte die Nationalitätenstreitigkeiten mit Stumpf und Stil ausrotten sollen, und jetzt sind die Herren im Dreck. Jetzt schauen Sie, wie Sie herauskommen!«[41]

Dies alles ist mit den gleichen Argumenten auch bei H. in MEIN KAMPF nachzulesen: *Mit der Bildung eines parlamentarischen Vertretungskörpers ohne die vorhergehende Niederlegung und Festigung einer gemeinsamen Staatssprache war der Grundstein zum Ende der Vorherrschaft des Deutschtums in der Monarchie gelegt worden. Von diesem Augenblick an war damit aber auch der Staat selbst verloren.*

*Alles, was nun noch folgte, war nur die historische Abwicklung eines Reiches. Diese Auflösung zu verfolgen, war ebenso erschütternd wie lehrreich.*⁴² *Im Parlament wurde der vollkommene Zusammenbruch noch verhindert durch ein würdeloses Nachgeben und Erfüllen aber auch jeder Erpressung, die dann der Deutsche zu bezahlen hatte.*⁴³ Mit dem neuen Wahlrecht sei das Land *zu einem parlamentarisch regierten, undeutschen Wirrwarr herabgesunken.*⁴⁴

Reichskanzler H., stets bemüht, den »Reichsdeutschen« österreichische Geschichte nahezubringen, monologisierte 1942: *Der österreichische Staat...! Was war da nicht alles beisammen – und trotzdem! Die Zentralgewalt muß kaputtgehen, wenn man das allgemeine gleiche direkte Wahlrecht einführt... Bis dahin hat die deutsche Minderheit die anderen so sicher geführt, daß man nicht sagen darf: Das können nur Engländer! Nein, das brachten die genauso fertig.*⁴⁵

Das Scheitern des Vielvölkerparlaments lag aber keineswegs, wie die Alldeutschen triumphierend behaupteten, an der Unzulänglichkeit der Demokratie und des Gleichheitsgrundsatzes, sondern eindeutig an der mangelhaften parlamentarischen Geschäftsordnung. Sie machte die arbeitswillige Mehrheit macht- und hilflos gegenüber terroristisch-radikalen Minderheiten, vor allem der Tschechischen Nationalsozialisten einerseits und der Alldeutschen andererseits. Nirgendwo anders hätte der junge H. die Macht des Terrors einiger weniger und die Ohnmacht eines großen Apparates besser studieren können als hier im k.k. Reichsrat in Wien.

Die Parlamentsreden der alldeutschen Abgeordneten wurden in den Parteiblättern stets abgedruckt. Das ALLDEUTSCHE TAGBLATT brachte zum Beispiel eine Rede von Karl Iro unter dem von ihm stammenden Titel: »O Herr, erlöse uns von diesem österreichischen Übel! Amen«.⁴⁶ Iro wiederholte die alten Vorwürfe der Alldeutschen gegen die Regierung, kritisierte deren Untätigkeit bei sozialen Reformen. Die Staatseinkünfte würden »dem Militärmoloch in den Rachen geworfen«. Vor allem aber opponierte er gegen das angebliche »System der Bevorzugung der Slawen und der Benachteiligung der Deutschen«, das sich in der Sprachenfrage zeige: »noch nie wurden die Deutschen in Bezug auf die Zulassung und das Vorwärtskommen bei den Staatsämtern gegenüber den Slawen so zurückgesetzt wie heute, und noch nie vorher wurde die Forderung des deutschen Volkes, daß im deutschen Gebiete nur deutsch amtiert und ausschließlich von deutschen Richtern Recht gesprochen werde, so verächtlich und frivol beiseite geschoben.«

»Das neue Volkshaus« sei »in seiner regierungsergebenen Bedientenhaftigkeit vielfach noch schlechter als das alte Kurienparlament« und ein »scheinkonstitutioneller Popanz«: »Jedenfalls haben es sich die 1848er Freiheitskämpfer nicht träumen lassen, daß eine freiheitliche Einrichtung, für deren Durchführung sie in den Kerker wanderten, Freiheit, Blut und Leben lassen mußten, nach sechzig Jahren in solchem Maße entnervt und verfallen sein wird, wie dies tatsächlich heute der Fall ist.« Es drohe »die Erringung der vollständigen slawischen Vorherrschaft in Österreich, unter der die Deutschen als einfache Steuerheloten zu fungieren und das Schicksal der Siebenbürger Sachsen zu teilen hätten«. Diese Bestrebungen hätten »insgeheim die Unterstützung und Billigung der höchsten Machtfaktoren im Staate« – womit der Kaiser gemeint war.

Die Alldeutschen seien entschlossen, »das deutschfeindliche österreichische System... auf das entschiedenste zu bekämpfen und inmitten dieser österreichischen Wirrnisse, an denen nicht wir schuld sind, sondern die einer habsüchtigen Heiratspolitik ihre Entstehung verdanken, die alldeutsche Idee hochzuhalten, bis einmal andere bewegte Zeiten sie realisieren werden.« Die »alldeutsche Idee« bedeutete den Anschluß Deutschösterreichs an das Deutsche Reich.

Die alldeutschen Blätter hatten nur eine geringe Auflage und waren nur im engsten Kreis der Parteifreunde und -sympathisanten verbreitet. Die Öffentlichkeit nahm keine Notiz von ihnen, und die großen Wiener Zeitungen erwähnten sie höchstens zum Hohn. So verpufften all die vielen parlamentarischen alldeutschen Dringlichkeitsanträge wirkungslos, was die Aggressivität dieser sektiererischen Minderheit nur verstärkte.

H. ereiferte sich noch in MEIN KAMPF über dieses *Totschweigen der alldeutschen Reichsratsabgeordneten in der Wiener Judenpresse: Vor einem solchen »Forum« zu sprechen, heißt aber doch wirklich Perlen vor die bekannten Tiere werfen. Das lohnt sich wahrhaftig nicht!... Die alldeutschen Abgeordneten mochten sich die Kehlen heiser reden: die Wirkung blieb völlig aus. Die Presse aber schwieg sie entweder tot oder zerriß ihre Reden so, daß jeglicher Zusammenhang, ja oft sogar der Sinn verdreht wurde oder ganz verlorenging und dadurch die öffentliche Meinung ein nur sehr schlechtes Bild von den Absichten der neuen*

*Bewegung erhielt. Es war ganz bedeutungslos, was die einzelnen Herren sprachen: die Bedeutung lag in dem, was man von ihnen zu lesen bekam.*⁴⁷

Nach H.s Meinung hätten die Alldeutschen besser daran getan, außerparlamentarische Opposition zu machen, statt ihre drei Abgeordneten ins Parlament zu schicken, eine nach 1907 eifrig diskutierte Frage unter den Schönerianern: *Sollte man, um das Parlament zu vernichten, in das Parlament gehen, um dasselbe, wie man sich auszudrücken pflegte, »von innen heraus auszuhöhlen«, oder sollte man diesen Kampf von außen angriffsweise gegen diese Einrichtung an und für sich führen? Man ging hinein und kam geschlagen heraus.*⁴⁸

Das einzig Positive sah H. darin, daß das demokratische Wahlrecht das Ende des Habsburgerreiches besiegele: *Je mehr das Sprachentohuwabohu auch das Parlament zerfraß und zersetzte, mußte die Stunde des Zerfalles dieses babylonischen Reiches näherrücken und damit aber auch die Stunde der Freiheit meines deutschösterreichischen Volkes. Nur so konnte dann dereinst der Anschluß an das alte Mutterland wieder kommen.*⁴⁹ All diese Sätze könnten wortwörtlich aus dem ALLDEUTSCHEN TAGBLATT abgeschrieben sein.

Am Beispiel der Zigeuner

Wie weit der Einfluß der Alldeutschen auf die spätere Politik des Reichskanzlers H. ging, möge, mit aller Vorsicht und bewußt ohne Kommentar zitiert, das folgende Beispiel zeigen. Es illustriert die spezielle Art, wie die Schönerianer das Problem der Nichtdeutschen, in diesem Fall der Zigeuner, in der Monarchie zu lösen gedachten – und wie sie ihre Vorschläge im Parlament formulierten. Dabei muß berücksichtigt werden, daß sie im Reichsrat weit gemäßigter auftraten als in ihren »Volksversammlungen« in den Bierhallen. Die Roheit der Argumentation – es handelt sich hier notabene nur um ein Beispiel – erklärt auch, warum die Schönerianer von allen anderen Parteien gemieden wurden.

Das Thema der »Zigeunerplage« ging im Juni 1908 durch die alldeutsche Wiener Presse, ausgelöst durch eine parlamentarische Interpellation des alldeutschen Abgeordneten Iro am 5. Juni 1908, also eine Woche vor dem Jubiläumsfestzug. Iro forderte energische Maßnahmen zur »Beseitigung der Zigeunerplage«. Das Thema wurde wie gewöhnlich auch parallel in den alldeutschen Zeitungen breit diskutiert. Es war die Zeit, als der junge H. noch ins Parlament ging und in der Stumpergasse in Rufweite zur Redaktion des ALLDEUTSCHEN TAGBLATTES wohnte.

Iro nannte die Zigeuner »eine der ärgsten Landplagen für die bäuerliche Bevölkerung«. In Ungarn angeklagte »Zigeunerweiber« hätten offen erklärt, »daß sie nur vom Diebstahl leben«. Das »Raffinement der Durchführung« müsse Staunen erregen. Auch »viele der scheußlichsten Raubmorde« gingen auf das Konto von Zigeunern.

H. kam 1941 auf die Zigeuner im Zusammenhang mit dem Festzug zu sprechen und nannte sie *die größte Plage der bäuerlichen Bevölkerung*. *In ungarischen und rumänischen Zigeunerdörfern sei der Taschendiebstahl schulmäßig gelehrt* worden, und *1908 zum 60. Regierungsjubiläum Franz Josefs seien viele tausend solcher Taschendiebe nach Wien geströmt, die Polizei habe allein 3–4000 festgenommen.*[50] Mit Sicherheit beschäftigte sich der junge H. im Juni 1908 mit diesem Thema.

Zur Bekämpfung dieser »Plage« legte Iro im Reichsrat ein ausgeklügeltes System vor. Die Hauptschwierigkeit sei es, die Zigeuner zu identifizieren. »Die Kenntnis des Namens ist für die Justizpflege von ungeheurem Werte, da jeder Zigeuner, wenn er eingeliefert wird, höchstens nur einmal bestraft zu sein vorgibt. Das Gegenteil kann man ihm nicht beweisen, weil man eben seinen richtigen Namen nicht kennt.« Die verschiedenen Praktiken, die bisher angewendet würden, genügten laut Iro nicht.

Nach alldeutscher Ansicht »sollte jeder aufgegriffene Zigeuner auf eine Art und Weise bezeichnet werden, daß man ihn jederzeit erkennt. Er könnte beispielsweise am rechten Unterarm eine Ziffer tätowiert erhalten, dieser wäre der Name, den sich der Zigeuner beigegeben, anzufügen.« Nun »könnten den einzelnen Bezirksgerichten, ähnlich wie bei Automobilen (Verordnung des Ministeriums des Inneren vom 27. September 1905, R.G.Bl. Nr. 156, § 26 und 28) den Bezirkshauptmannschaften die Zahlen zugewiesen werden, die sie dann eintätowieren ließen«.

Die »Herumwanderung der Zigeuner« sei nur durch eine »zwangsweise Ansiedlung« zu steuern: »Natürlich müßten diese Zigeuneransiedlungen in der ersten Zeit bewacht und auch Nacht für Nacht von einer Gendarmeriepatrouille kontrolliert werden.

Man hat ja auch für die Straf- und Korrektionsanstalten eigene Wachen bestellt. Ein gleiches müßte auch bezüglich der zwangsweisen Zigeuneransiedlungen geschehen.«

Die Zigeuner müßten »als unter Polizeiaufsicht gestellt, behandelt werden«. Jenen, »die sich nicht fügen«, seien »die Kinder, zum Beispiel vom 5. bis 6. Jahre abzunehmen, in Schulen zu geben, wo sie dann nach entsprechender Entwicklung in verschiedenen Handwerken unterwiesen werden müßten und erst als Gesellen entlassen werden dürften. Es würden dies eine Art Besserungsanstalten sein. Allen Zigeunern wären die Lizenzen und Gewerbescheine in herumziehenden Gewerben zu entziehen.« Und: »Junge, kräftige Zigeuner, die planlos herumstreichen, wären auch, wenn ihre Heimatzuständigkeit nicht bekannt ist, in Zwangsarbeitsanstalten zu geben.«

Zur Deckung eines eventuell von ihnen verursachten Schadens, aber auch für die Verpflegung der (weggenommenen) Kinder müsse die Habe der Zigeuner eingezogen werden. Iro: »Es sind wohl drakonische Mittel, besonders der Entzug der Kinder.« Aber: »Gelindere Mittel erscheinen ganz wirkungslos.«[51]

Der Antrag der drei Alldeutschen im Parlament wurde von 15 weiteren Abgeordneten unterstützt. Darunter waren einige Tschechen, ein Ruthene und ein Pole, die ansonsten Todfeinde der Alldeutschen waren. Unter den Befürwortern befand sich auch ein Ordenspriester, Dr. Isidor Zahradnik, Abgeordneter der tschechischen Agrarier. Wie gewöhnlich, wurde der Antrag der Alldeutschen von der Mehrheit des Hauses abgelehnt.

Wie lange H. seine Galeriebesuche im Parlament fortsetzt, ist mit einiger Vorsicht durchaus zu rekonstruieren: Sicherlich geht er, wie auch Kubizek bezeugt, in seinem ersten Wiener Jahr, also 1908, häufig hin. Von der damaligen Wohnung in der Stumpergasse zum Parlament ist es zu Fuß nur wenige Minuten. H. ist noch gut gekleidet, er besucht in dieser Zeit ja auch häufig die Oper und dürfte ohne Schwierigkeiten auf die Galerie zugelassen worden sein.

Auch aus der nächsten Wohnung im 15. Bezirk, Felberstraße, die sich nicht weit von der Stumpergasse befindet, sind Parlamentsbesuche noch möglich. Im Herbst 1909 sinkt H. in die Obdachlosigkeit ab und wird sich wegen seiner schlechten Kleidung kaum noch in das Parlament getraut haben. Aus den Jahren im Männerheim sind keine Parlamentsbesuche bezeugt und auch unwahrscheinlich.

Demnach sind diese Parlamentsbesuche auf den Zeitraum von Februar 1908 bis höchstens Sommer 1909 beschränkt, was mit H.s Aussage in MEIN KAMPF übereinstimmt: *Ein Jahr dieser ruhigen Beobachtung genügte, um meine frühere Ansicht über das Wesen dieser Institution aber auch restlos zu ändern... nun konnte ich das Parlament als solches nicht mehr anerkennen.* Einige Seiten später ist von einem *zweijährigem Besuch des Wiener Parlaments* die Rede und: *Ich ging dann nicht mehr weiter hinein.*[52] Als eifriger Zeitungsleser bleibt er aber auch weiterhin über die Parlamentswirren informiert.

Seine Meinung über den Parlamentarismus ändert sich zeitlebens nicht mehr. Die parlamentarische Theorie, *die auf den ersten Blick so vielen verführerisch erscheint*, sei *nichtsdestoweniger zu den Verfallserscheinungen der Menschheit zu rechnen*, meint er in MEIN KAMPF.[53] *Es gibt gar kein Prinzip, das, objektiv betrachtet, so unrichtig ist wie das parlamentarische.*[54] Die Regierung werde als *Vollstreckerin des jeweiligen Mehrheitswillens... zu einer Bettlerin gegenüber der jeweiligen Majorität.*[55] Die Fähigkeit eines Staatsmanns liege in der modernen Demokratie nur noch in der Kunst, *die Genialität seiner Entwürfe einer Hammelherde von Hohlköpfen verständlich zu machen, um dann deren gütige Zustimmung zu erbetteln.*[56]

Die Parlamentarier nennt er *eine Schar geistig abhängiger Nullen* und *ebenso beschränkte wie eingebildete und aufgeblasene Dilettanten, geistige Halbwelt übelster Sorte... Maßnahmen von der schwersten Bedeutung für die Zukunft eines ganzen Staates, ja einer Nation werden da getroffen, als ob eine ihnen sicher zustehende Partie Schafkopf oder Tarock auf dem Tisch läge.*[57]

Daß die NSDAP später auf ihrem Weg zur Macht in das Parlament ging, bedeutete keine Meinungsänderung ihres Parteiführers, im Gegenteil. Er habe, sagte H. 1928, die zwölf Abgeordneten *nicht in den Reichstag gesandt, um dort zu wirken, sondern sie hätten ausdrücklich den Auftrag, mitzuhelfen, daß der Parlamentarismus recht bald sterbe.*[58]

5 Die soziale Frage

Trennung von Kubizek

Nach Ende des Sommersemesters, Anfang Juli 1908, fährt August Kubizek über den Sommer nach Linz. Die Freunde verabreden, weiterhin bei Frau Zakreys zu bleiben, und Kubizek zahlt seinen Mietanteil weiter. H. bleibt in Wien und schreibt dem Freund bis August immerhin zwei ziemlich lange Briefe und drei Postkarten. Er berichtet launig über sein Leben in Wien bei Frau Zakreys, das Wetter, die Wanzen, grüßt Kubizeks Eltern und gibt ihm Auftrag, den Linzer Stadtführer von Krackowizer mitzubringen.[1] Er erwähnt: *Schreibe jetzt ziemlich viel, gewöhnlich nachmittags und abends* und schimpft über die Linzer Entscheidung, nun doch kein neues Landestheater bauen zu wollen, für das er schon seit langem Baupläne macht.[2] Auf einer Karte vom 19. August (laut Poststempel) erwähnt er: *Heute »Lohengrin« den ich besuche.*[3] Nichts deutet auf einen Streit der Freunde hin.

H. kündigt Kubizek auch seine Reise ins Waldviertel an und erwähnt Unstimmigkeiten mit seiner Halbschwester Angela Raubal: *Habe gar keine Lust wenn meine Schwester auch kommt.*[4] Zwischen den Geschwistern gibt es Streit wegen der Waisenrente. Denn Angela Raubal verlangt von dem 19jährigen Bruder, sich endlich eine Arbeit zu suchen und damit zugunsten der zwölfjährigen Schwester Paula auf seinen Anteil an der Waisenrente zu verzichten.

Die Einsicht in das Haushaltsbuch der Familie Hitler macht die Sorgen der Schwester verständlich. Das Buch setzt im Februar 1908 ein, also zu der Zeit, als der Haushalt nach dem Tod der Mutter und Adolfs Abreise nur noch aus zwei Personen besteht, der zwölfjährigen Paula und der »Hanitante«. Allein diese beiden brauchen außer der Miete in Höhe von rund 50 Kronen für ihre Einkäufe, bestehend hauptsächlich aus Mehl, Zucker, Eiern, Milch – was auf häufige Mehlspeisen schließen läßt – und billigen Vorratskäufen an Fleisch, monatlich rund 60 Kronen.[5]

Aber auch der 19jährige H. muß inzwischen Geldsorgen haben, denn selbst bei größter Sparsamkeit im Essen müssen die häufigen Opernbesuche das mitgebrachte Kapital stark dezimiert, wenn nicht erschöpft haben. Die Waldviertelreise unternimmt er offensichtlich auch auf der Suche nach einer Geldquelle, der »Hanitante«, die wie üblich den Sommer in Spital bei Weitra bei ihrer Schwester Theresia Schmidt verbringt. Den Beweis für H.s Reise bildet eine Glückwunschkarte zu Kubizeks Namenstag am 28. August mit der Ansicht des Schlosses Weitra, der Residenz der Landgrafen Fürstenberg.[6]

H. hat bei der »Hanitante« mit seinem Anliegen Erfolg. Im Linzer Haushaltsbuch von 1908 befindet sich eine leider undatierte Eintragung der ansonsten sehr schreibfaulen »Hanitante«: Zweimal und sehr auffällig notiert sie hier in ihrer höchst ungelenken Schrift ein Darlehen an Adolf: »Adolf Hitler 924 Krone gelihen Johana Pölzl« und »Adolf 924 Kronen«.[7] Dieses Geld, ausdrücklich kein Geschenk, muß H. im August 1908 im Waldviertel übergeben worden sein.

So abgesichert, versucht der 19jährige im September 1908 ein zweites Mal die Aufnahmeprüfung an der Akademie, wird aber diesmal gar nicht erst zur »Probe« zugelassen. Offenbar befinden sich unter den Arbeiten viele Bauzeichnungen, da er sich auch nach Kubizeks Aussagen in diesem Jahr vor allem mit Architektur beschäftigt. Jedenfalls soll ihn der Rektor – das wäre Siegmund l'Allemand gewesen – bei einer Besprechung gefragt haben, *was für eine Bauschule ich besucht hätte?... Sie haben ersichtlich Talent für Architektur!* Für den Besuch der Bauschule ist allerdings die Reifeprüfung nötig. Fazit aller Enttäuschungen: *So stand bei mir der Entschluß fest, als Autodidakt weiterzuarbeiten.*[8]

Am 18. November 1908 zieht H. bei Frau Zakreys aus, ohne Kubizek zu benachrichtigen und ohne seine neue Anschrift zu hinterlassen. Der Grund der Übersiedlung liegt im dunkeln. H. taucht aber keineswegs in der Großstadt unter, sondern meldet sich vorschriftsmäßig am selben Tag polizeilich in der Felberstraße 22, Tür Nummer 16, bei der Vermieterin Helene Riedl, diesmal als »Student«. Er bleibt dort bis zum 20. August 1909, obwohl Frau Riedl laut Meldeamt bereits am 3. März 1909 knapp sechzigjährig stirbt. Ob er hier ein eigenes Zimmer hat oder vielleicht als Bettgeher unterkommt, ist unbekannt.

Als Kubizek im November 1908 wie geplant nach Wien zurückkehrt und den Freund bei Frau Zakreys nicht findet, ist er ratlos – und fragt bei seinem nächsten Besuch in Linz bei Angela Raubal nach. Er wird unfreundlich mit dem Vorwurf empfangen, »daß ich durch meine künstlerischen Bestrebungen mitschuldig sei, daß Adolf heute als Zwanzigjähriger noch keinen Beruf und keine Existenz habe«.[9] Das schlechte Familienklima muß mit dem alten Streit um die Waisenrente zusammenhängen – und dürfte auch der Grund für H.s Versteckspiel gegenüber Kubizek sein, der ja das einzige Bindeglied zur Linzer Verwandtschaft darstellt. Auf diese Art verhindert H. auch, daß die Schwestern über seinen neuerlichen Mißerfolg bei der Prüfung erfahren und nun die Rente einfordern. Jedenfalls kennt Angela Adolfs Adresse nicht. Er habe ihr nicht mehr geschrieben. Kubizek: »Alle seine Angehörigen hielten ihn für einen Taugenichts, der jede brotbringende Arbeit von vorneherein scheute.«[10]

Die große Teuerung

Über das Jahr 1909 gibt es keinerlei Quellen oder Augenzeugen zu H.s Biographie und nur ein einziges belegbares Datum: Am 4. März 1909 erklärt er nach einjähriger Mitgliedschaft schriftlich seinen Austritt aus dem Linzer Musealverein und spart so den fälligen Jahresbeitrag von 8,40 Kronen ein.[11] Ob dieser eklatante Quellenmangel für 1909 auch auf systematische Quellenvernichtung in der Zeit zwischen 1933 und 1945 zurückgeht, es hier also etwas zu vertuschen gab, ist unbekannt. Mit Sicherheit ist es für den jungen H. eine schwierige Zeit. Eben jetzt, in dem Moment, als das Geld der Tante zu Ende geht, muß er jene Not gelitten haben, die er später so gerne ausmalte. Aber, immerhin, er sei dieser Zeit dankbar, *daß sie das Muttersöhnchen aus den weichen Daunen zog und ihm Frau Sorge zur neuen Mutter gab, daß sie den Widerstrebenden hineinwarf in die Welt des Elends und der Armut und ihn so die kennenlernen ließ, für die er später kämpfen sollte*.[12] Schließlich seien seine Wiener Leiden, wie er 1941 monologisiert, *für die deutsche Nation zum größten Segen geworden*.[13]

H.s persönliche Notlage trifft zusammen mit einer starken Arbeitslosigkeit und Teuerung. Das Darlehen der Tante kann selbst bei größter Sparsamkeit nicht länger als etwa neun Monate gereicht haben. Zwar betrugen auch die staatlichen Stipendien für Studenten jährlich nur 800 Kronen,[14] aber ohne Nebenverdienst, etwa Stundengeben, war auch damit kein Auskommen. Das Existenzminimum, für das keine Steuern eingehoben wurden, betrug 1200 Kronen jährlich.

Die Staatsbeamten verfügten laut öffentlicher Liste über folgende Gehälter: In der niedrigsten, elften Gehaltsklasse (etwa Kanzlist, Brückenmeister, Bezirks-Tierarzt) 1600 bis 2200 Kronen – von 1600 Kronen gingen 13,60 Kronen jährliche Steuer ab. In der zehnten Klasse (zum Beispiel Bezirksarzt, Übungsschullehrer) gab es 2200 bis 2800 Kronen – Steuern von 2800 Kronen: 36 Kronen –, der neunten Klasse (Kunstschulprofessor, Archivar, Steuerinspektor) 2800 bis 3600 Kronen. Das höchste Staatsgehalt bezog der Ministerpräsident mit 24000 Kronen, wovon 790 Kronen Steuern abgezogen wurden.[15]

Die Einkommensteuer war also äußerst niedrig. Der Staat holte sich das nötige Geld vor allem aus Verbrauchersteuern, die die Mehrheit des Volkes unerbittlich trafen, in dieser Zeit hektischer militärischer Aufrüstung ständig angehoben wurden und einen starken Preisauftrieb bewirkten. Im Parlament tagte erfolglos ein Teuerungsausschuß. Eine »Ersparungskommission« wurde eingesetzt, alle möglichen neuen Steuern erfunden, so auf Zündhölzchen, Mineralwasser oder Schaumwein. Sogar die Einführung einer Junggesellensteuer wurde erwogen. Nicht nur Arbeiter, sondern auch kleine Beamte, die sich bisher mit Mühe durchbringen konnten, wurden nun in Hunger und Obdachlosigkeit getrieben, vor allem, wenn sie mehrere Kinder hatten. Die Teuerung wurde verschärft durch eine verfehlte Zollpolitik, da Ungarn im Interesse seiner Bauern die Einfuhrzölle für Nahrungsmittel hoch hielt und die Preise diktierte, vor allem für Fleisch, Zucker, Leder und Fett.

Die Sozialdemokraten wetterten in ihren Zeitungen, im Parlament, im niederösterreichischen Landtag und im Wiener Gemeinderat gegen die »Aushungerungspolitik«. Sie hatten aber in der Gemeinde Wien keine politische Macht, ihre Forderungen durchzusetzen, da sie durch das in Wien geltende Kurienwahlrecht keine entsprechende politische Vertretung im Gemeinderat hatten. Ohnmächtig polemisierten sie dagegen, daß der populäre Bürgermeister Lueger das Füllhorn der Sozialleistungen keineswegs für alle Wiener ausschüttete, sondern vorzüglich für seine christlichsoziale Klientel, vor allem für das Kleingewerbe und die Handwerker.

Wer im Verdacht stand, Sympathien für die vom Bürgermeister gehaßten Sozialdemokraten zu haben, bat vergeblich um Hilfe. So reichten zum Beispiel im November 1909 die Wiener Straßenarbeiter bei der Gemeinde Wien eine Petition ein: »Die Straßenarbeiter bitten, es möglich zu machen, daß sie von Fremden auf der Straße nicht für Vagabunden angesehen werden. Es sei nicht möglich, mit einem Taglohn von 2 K 50 h auszukommen. Die Straßenkehrer möchten wenigstens wie die Sträflinge im Landesgericht einmal wöchentlich einen Bissen Fleisch haben.« Sie forderten eine Erhöhung des Taglohns auf 3,50 Kronen, einen Ruhetag pro Woche und die Streichung der Bestimmung, daß die Partieführer abhandengekommene Geräte voll bezahlen müßten. Ein Straßenarbeiter richtete einen »Notschrei« an die KRONENZEITUNG, berichtete über ununterbrochene Nachtarbeit von zehn Stunden, bei schlechtem Wetter noch länger.[16] Auch über die fehlende Krankenversicherung für Aushilfskräfte wurde geklagt.[17]

Bürgermeister Lueger sah hinter dieser wie ähnlichen Forderungen vor allem politische Aktionen der Sozialdemokraten, die die Straßenarbeiter aufwiegelten. Er fertigte die Petition im Gemeinderat kurz ab und sagte, »daß er sich von den Straßenkehrern nichts erpressen lasse, daß er etwaige Demonstrationen auf das unbarmherzigste bestrafen werde und daß viele der Straßenarbeiter ihren Lohn ohnedies als Pfründe beziehen«.[18]

H. und Kubizek erlebten gleich zu Beginn ihrer Wiener Zeit eine Demonstration von Arbeitslosen, wie Kubizek glaubwürdig berichtet.[19] Es muß sich um die »wilde«, also nicht von den Sozialdemokraten organisierte Demonstration vom 26. Februar 1908 gehandelt haben. Die Arbeitslosen marschierten vor das Parlament, um hier die Verabschiedung von dringenden Sozialgesetzen einzufordern, die Anhebung der Mindestlöhne und eine neue Zollpolitik gegen die Teuerung. Sie veranstalteten zunächst eine »Promenade« auf dem Ring vor dem Parlament, das heißt: sie gingen unter Polizeiaufsicht ständig auf und ab, da Stehenbleiben verboten war. Damit erregten sie Aufsehen und fanden spontane Unterstützung von Gesinnungsgenossen. Gegen Mittag gab es erste laute Pfui-Rufe. Ein Mann besetzte lärmend mit dem Ruf »Hungerleider!« die

Straßenbahngleise vor dem Parlament und wurde von Polizisten fortgetragen und verhaftet. Das Neue Wiener Abendblatt: »Das zahlreich angesammelte Publikum verfolgte den Zwischenfall in großer Erregung.«[20]

In Kubizeks Erinnerungen nimmt das Ereignis breiten Raum ein: »Schlagartig verwandelte sich das Bild. An den eleganten Kaufläden wurden hastig die Rollbalken niedergezogen. Die Straßenbahn hielt an. Polizisten, zu Fuß und beritten, eilten den Demonstranten entgegen. Wir standen eingekeilt zwischen den Zuschauern in der Nähe des Parlamentes und konnten das erregende Bild gut überblicken... Einige Männer schritten dem Zuge voran und trugen ein großes, die ganze Straßenbreite einnehmendes Spruchband. Darauf stand ein einziges Wort: ›Hunger!‹«

Über H.s Reaktion berichtet Kubizek: »Er nahm den ganzen Vorgang so sachlich kühl und gründlich auf, als ginge es ihm, ähnlich wie bei den Besuchen im Parlament, nur darum, die Regie des Ganzen, sozusagen die technische Durchführung, einer derartigen Demonstration, zu studieren. Er dachte, sosehr er sich mit den ›kleinen Leuten‹ solidarisch fühlte, nicht im mindesten daran, sich etwa an dieser Kundgebung zu beteiligen.«

Kubizek weiter: »Immer neue Massen drängten heran. Der ganze Ring schien sich mit leidenschaftlich erregten Menschen zu füllen... Rote Fahnen wurden mitgeführt. Doch mehr noch als Fahnen und Parolen bewiesen die ausgemergelten, überaus ärmlich gekleideten Gestalten und die von Hunger und Elend gezeichneten Gesichter der Vorüberziehenden, wie ernst die Situation war. Erbitterte Rufe, Schreie wurden laut. Fäuste ballten sich im Zorne. Die Vordersten hatten den Platz vor dem Parlament erreicht und versuchten, das Haus zu stürmen. Plötzlich zogen die berittenen Polizisten, die den Zug begleitet hatten, blank und begannen, auf die ihnen am nächsten Stehenden mit dem Säbel einzuhauen. Als Antwort darauf flog ihnen ein Steinhagel entgegen. Einen Augenblick lang stand die Situation auf des Messers Schneide. Doch dann gelang es neu heranrückenden Verstärkungen, die Demonstranten auseinanderzutreiben und den Zug aufzulösen.«[21]

Erst am Abend habe der 19jährige H. über das Erlebnis gesprochen. Er habe, so Kubizek, zwar mit den Demonstranten sympathisiert, aber »auf das schärfste« jene abgelehnt, »die solche

Demonstrationen arrangierten«, also die Sozialdemokraten: *Wer führt dieses Volk des Elends? Nicht Männer, die selbst die Not des kleinen Mannes miterlebt haben, sondern ehrgeizige, machthungrige, zum Teil sogar volksfremde Politiker, die sich am Elend der Massen bereichern.* »Ein Wutausbruch gegen diese politischen Profitgeier schloß die erbitterte Anklage meines Freundes.«[22]

Diese Ausdrucksweise deckt sich nicht nur mit H.s Auslassungen gegen die Sozialdemokratie in MEIN KAMPF, woran sich Kubizek orientiert haben mag, sondern auch mit denen der christlichsozialen wie der alldeutschen Presse, vor allem der alldeutschen Kampfschrift gegen die Sozialdemokratie, DER HAMMER, herausgegeben vom alldeutschen Arbeiterführer Franz Stein. Das Blatt wurde nicht müde, die Hungerdemonstrationen als politisches Macht- und Terrorinstrument der Sozialdemokraten hinzustellen und die Probleme herunterzuspielen. Angesichts der Protestdemonstrationen gegen die Fleischteuerung riet etwa das ALLDEUTSCHE TAGBLATT den »Arbeiterkreisen«, doch Hülsenfrüchte und Mehlspeisen zu essen, da Fleisch ohnehin ungesund sei.[23] Die Christlichsozialen, deren Handelsminister der Hauptverantwortliche für die verfehlte Zollpolitik war, trafen keinerlei Anstalten, ausgerechnet sozialdemokratischen Forderungen Folge zu leisten.

Sicher im besten Glauben stimmten auch berühmte Mediziner in den Chor der Beschwichtiger ein und rieten den Wienern, die Fleischknappheit zum Anlaß zu nehmen, ihre Ernährungsgewohnheiten zu ändern. Zuviel Fett sei ungesund, schrieb der prominente Medizinprofessor Dr. Wilhelm Stekel unter dem Titel HYGIENE UND FLEISCHTEUERUNG und plädierte für gemischte Kost als »wichtigste Gewähr zur Erhaltung der Gesundheit«. Vegetarische Tage seien immer wieder einzuschieben, Fleisch manchmal durch Fisch zu ersetzen.

Diese Ratschläge waren für wohlhabende Kreise wohl angebracht, stellten aber für sozial Schwache keine Lösung dar. Denn Fisch war noch unerschwinglicher als Fleisch, außerdem bei den schlechten hygienischen Verhältnissen gefährlich. Solcherlei Gesundheitsappelle halfen den Armen nichts, deren Kinder dahinsiechten, weil sie auch nicht die geringste Spur von Fett, in welcher Form auch immer, zu essen hatten. Und auch die modischen Appelle für ein stärkeres Körperbewußtsein und die Notwendigkeit, Sport zu betreiben, vor allem sich mit Radfahren zu ertüchtigen, mußten auf einen Bauarbeiter oder eine Wäscherin zynisch und weltfremd wirken. Eine tiefe Kluft zwischen den sozialen Schichten wurde bei solchen Anlässen sichtbar.

Die satirische Zeitschrift KIKERIKI über die große Not: »Die beliebtesten Speiseanstalten sind derzeit die öffentlichen Parks. Dort sitzen zu Mittag gleich zu hunderten die Leute auf den Bänken, die sich die Sonne in den Magen scheinen lassen. Der Sonnenschein dürfte überhaupt jetzt bald eine der beliebtesten österreichischen Volksspeisen werden.«[25]

Die Teuerungsproteste hielten bis zum Kriegsausbruch 1914 an und gipfelten im Herbst 1911 in Massenkrawallen, die vom Militär blutig niedergeschlagen wurden.

Wohnungsnot

Boden- und Bauspekulation trieben zusätzlich zur Teuerung bei Lebensmitteln auch die Mieten in die Höhe und verschärften die Wohnungsnot. Alte Miethäuser wurden großflächig demoliert und wichen luxuriösen teuren Neubauten. Die Bodenpreise stiegen rasch, vor allem in den äußeren Bezirken. Während am teuersten Platz in Wien, dem Stephansplatz, zwischen 1880 und 1910 der Quadratmeterpreis von rund 1000 Kronen auf 2200 Kronen anstieg, gab es in den Vororten Preissteigerungen um 2650 Prozent, wie die ARBEITERZEITUNG ausrechnete.[26] Die Baugründe in den äußeren Bezirken waren deshalb so begehrt, weil hier, auf engstem Raum und mit billigsten Mitteln, mehrstöckige Zinshäuser mit Kleinstwohnungen gebaut wurden, die den höchsten Gewinn abwarfen. Allein in den drei Jahren von 1910 bis 1913 stieg der Mietenindex in Wien von 87,5 auf 101,8 Punkte.[27]

Die Wiener Hausherren wurden als die Kapitalisten schlechthin zum Feindbild der Armen. Es gab keinen gesetzlichen Mieterschutz. Der Hausherr konnte jederzeit, und ohne einen Grund anzugeben, dem Mieter kündigen, und dieser mußte innerhalb von 14 Tagen ausziehen. Es gab spektakuläre und von Zeitungen breit berichtete Fälle, wo Wohnungen zwangsgeräumt wurden und die Mieter mit ihren Habseligkeiten auf der Straße standen, mit Kleinkindern und Kranken – und nicht wußten wohin. Auch Kubizek empört sich darüber, wie sehr die »Berufshausherren... aus dem Wohnungselend der Massen ein Geschäft machen! Der arme Mieter kennt sie meistens gar nicht, denn sie wohnen nicht in ihren Zinskästen, Gott bewahre!, sondern draußen in Hietzing irgendwo oder beim Wein in Grinzing in vornehmen Villen, in denen sie das in reichem Überflusse haben, was sie anderen mißgönnen.«[28]

Trost im Unglück.

Die Wiener zwischen Wohnungswucher und Steuerdruck: »Es ist halt doch ein erhebendes Gefühl, zu wissen, daß wir eine starke Armee haben!« (Kikeriki)

Gegen die Hausbesitzer vorzugehen aber gab es kein Mittel. Denn sie stellten als frühe Förderer Luegers eine mächtige politische Gruppe dar und standen unter dem besonderen Schutz des Bürgermeisters. Vor allem brachten sie ihm verläßliche Wahlstimmen bei dem in Wien immer noch bestehenden Kurienwahlsystem, das die Reichen bevorzugte und die Massen der »Proletarier« benachteiligte. Der Wiener »Hausherr« wurde eine geradezu allmächtige Figur. Gemeindewohnungen waren für christlichsoziale Parteimitglieder und Sympathisanten bestimmt. Einen sozialen Wohnungsbau für Arbeiterfamilien gab es nicht, dafür aufwendige Musterheime wie den »Werkstättenhof« in Mariahilf, wo Handwerkern modernste Werkstätten und Wohnungen geboten wurden.

In seinem ersten Wiener Jahr kann H. das Obdachlosenproblem noch als Unbeteiligter studieren und als künftiger Baumeister über die »Lösung des Wohnungselendes in Wien« nachdenken. Einmal nimmt er Kubizek mit in den Arbeitervorort Meidling, um dort »die Wohn- und Lebensverhältnisse der Arbeiterfamilien aus eigener Anschauung« kennenzulernen. Allerdings sei es ihm, so Kubizek,

»nicht um ein Einzelschicksal« gegangen, sondern er »versuchte, einen unpersönlichen Querschnitt zu legen«.[29]

Nachts, »zwischen Tür und Klavier auf und ab schreitend«, habe ihm H. Vorträge »gegen Bodenspekulation und ausbeuterisches Hausherrenregime« gehalten[30] und mit Hilfe eines großen Stadtplans ganz Wien neu konstruiert: »Die alte Kaiserstadt wurde auf dem Zeichentische eines 19jährigen Jünglings, der in einem düsteren Hinterhause der Vorstadt Mariahilf wohnte, zu einer weit in das offene Gelände wachsenden, lichtdurchfluteten, lebenserfüllten Stadt, die sich aus Vier-, Acht- und Sechzehnfamilienhäusern zusammensetzte.«[31]

Die Wohnungsnot und der Preisauftrieb bei Mieten, Jahr für Jahr verstärkt durch nicht endende Ströme von Einwanderern, wurden schließlich auch für Besserverdiener, vor allem für Staatsbeamte, zum Problem, da die Gehälter lange nicht angehoben wurden. Kinderreiche Haushalte mußten sogar in den Kleinstwohnungen der Mietskasernen noch zusätzlich Untermieter aufnehmen, um die Miete aufbringen zu können. Im Arbeiterbezirk Favoriten kamen zehn Mieter auf eine Wohneinheit, bestehend aus Zimmer und Küche ohne Innenwasser. Fast alle Keller wurden zum Wohnen und außerdem für Heimarbeiten jeder Art genutzt. Tagsüber leerstehende Betten wurden an Bettgeher vermietet. Diese Bett- oder Schlafgeher durften jeweils zu bestimmten Tages- oder Nachtzeiten für rund acht Stunden ein Bett benutzen, durften sich aber in der übrigen Zeit nicht in der Wohnung aufhalten. In Wien gab es 1910 mehr als 80 000 »Bettgeher«,[32] darunter viermal so viele Tschechen wie Deutsche.

Vor allem in den eiskalten Wiener Wintern suchten Zigtausende von Menschen, die sich nur über Nacht in den überfüllten Wohnungen aufhalten konnten, tagsüber eine Bleibe. Wer noch ein wenig Geld hatte, ging ins Wirtshaus oder in die Kinos, die von zehn Uhr morgens bis acht Uhr abends spielten und sehr billig waren.

Die politischen Parteien bemühten sich, interessierte junge Männer an sich zu ziehen. Sie boten ihnen warme Aufenthalts- und Leseräume mit Zeitungen und Büchern, veranstalteten abendliche Diskussionsrunden und Vorträge im allerkleinsten Kreis, boten Kurse aller Art an – mit dem Ziel, neue Parteimitglieder zu werben und die bereits eingeschriebenen im Geist ihrer Partei zu erziehen, ob nun national, katholisch oder sozialdemokratisch. Alle boten Lebens- und Rechtshilfe, versuchten, die Lebensqualität des einzelnen zu verbessern, Kulturarbeit zu leisten, gegen den Alkoholismus anzugehen, Kenntnisse in Geschichte, Geographie, Kunst und Musik zu vermitteln. So konnte jedermann versäumte Schulausbildung nachholen und sich politisch bilden.

Die Vereinsmitglieder trafen sich meist in Hinterräumen billiger Gasthäuser, wo nur einige Tische und Bänke standen. Die »Volkslehrer«, engagierte Studenten oder Lehrer, brachten die Leute vor allem zum Lesen, empfahlen ihnen bestimmte Bücher, gaben ihnen Broschüren mit. Der Sozialdemokrat Julius Deutsch, fünf Jahre älter als H., schildert in seinen Erinnerungen, wie er sich über Arbeiterbildungsvereine vom Hilfsarbeiter bis zum Akademiker hinaufarbeitete. Laut Deutsch strebten diese Runden nicht an, »viel Wissensstoff in die Gehirne zu stopfen, als vielmehr ein Weltbild zu formen«. Der Weg ging »von den populären Broschüren, die man zu Dutzenden verschlang, zu ernsteren Büchern«. Die Arbeiterbewegung »nahm für sich in Anspruch, die ganze Gesellschaft neu zu gestalten und sie begann – als Voraussetzung hiefür – den einzelnen Menschen neu zu formen. Die Sozialisten bildeten eine selbstbewußte Gemeinschaft, die fast den Charakter einer religiösen Sekte trug.«[33]

Die anderen Parteien formten ihre Eleven nach dem gleichen Muster. Die Einrichtung der Lokale war bei allen Parteien ähnlich. Der Unterschied bestand vor allem im Text der Plakate und Schilder, die als Schmuck dienten. Hieß es bei den Sozialdemokraten etwa »Bildung macht frei!«, so bei den Schönerianern »Durch Reinheit zur Einheit«, und bei den Christlichsozialen, deren Bildungsangebot vergleichsweise schütter war, hing ein Ausspruch des Papstes. Wahrscheinlich besuchte auch der junge H. im Lauf der Wiener Jahre eine Reihe solcher Parteigruppen, schloß sich aber keiner fest an.

Auch das Wiener Caféhaus hatte eine wichtige soziale Funktion. Denn zum Preis von einem »kleinen Braunen« oder einer Schale Milchkaffee, die in den billigen Volkscafés nur sechs Heller kostete, und anschließend so vielen kostenlosen Gläsern Wasser, wie man wollte, konnte man hier stundenlang sitzen, Freunde treffen, Schachspielen und Zeitung lesen. Es gab Caféhäuser jeder Art, solche, die sich auf Geschäftsleute einstellten, auf Burschenschaftler, bürgerliche Damenkränzchen, Schach- oder Billardrunden. Aristokraten trafen einander im Caféhaus des Hotels Imperial oder des Sacher. Die Literaten der Wiener Moderne saßen im »Café Central« beieinander.

Jedes Caféhaus bot spezielle Zeitungen je nach dem politischen und nationalen Geschmack der Stammgäste. Es gab deutschnationale und sozialdemokratische, tschechische, italienische und polnische Caféhäuser, solche für Kunststudenten, wo teure Kunstzeitschriften auflagen, solche mit internationaler Presse und so fort.

Der junge H. gehört zu keiner der vielen geselligen Runden. Ihm bleiben die billigen Volkscaféhäuser in Mariahilf, wo auch die Ladenmädchen verkehren, und später die Cafés der Leopoldstadt: *Ich glaube, daß in Wien 1909/10 alle Mädel im Kaffeehaus Mittag gegessen haben, eine Tasse Kaffee und zwei Semmeln! Der Kaffee war in den kleinen Kaffeehäusern genau so gut wie in den berühmten!*[34]

Noch als Reichskanzler erzählte H. gerne von den Wiener Caféhäusern, die er als *eine Quelle der Ruhe, Beschaulichkeit und Belehrung* pries.[35] Hermann Göring meinte denn auch nach H.s Tod abschätzig, H. sei ein Landstreicher aus dem Wiener Caféhaus gewesen.[36]

Die Bauarbeiterlegende

Im Spätsommer 1909 muß die finanzielle Lage des 20jährigen H. trostlos sein: Er bezieht zwar als »Schriftsteller« am 22. August noch eine Unterkunft im entlegenen 15. Bezirk, Sechshauser Straße 58, 1. Stock, Tür Nr. 21, bei Frau Antonia Oberlechner,[37] zieht aber spätestens nach drei Wochen dort wieder aus. Der Meldezettel, ausgestellt am 16. September 1909, wird von fremder Hand ausgefüllt mit dem Vermerk: »unbekannt« verzogen. Die Vermutung, daß der 20jährige die Miete schuldig blieb und sich aus dem Staub machte, liegt nahe. Von nun an gibt es für die Zeitspanne von drei Monaten keinerlei Informationen. Das deutet auf Obdachlosigkeit hin.

Eigenartig und jedenfalls bemerkenswert ist, daß nach 1938 in den Wiener Zeitungen mit großem Aufwand eine Wohnung präsentiert wurde, in der der junge H. angeblich 1909 wohnte: im Haus Simon-Denk-Gasse 11 im eher bürgerlichen 9. Bezirk. Der Hauseingang wurde bekränzt und mit einem großen H.-Bild verziert,

In diesem Haus hat einst der Führer gewohnt.

Eine Gedenktafel an den seinerzeitigen Wiener Aufenthalt des Führers stellt das Wiener Haus Simon-Denk-Gasse 11 auf dem Alsergrund vor, wo einst der heutige Führer des deutschen Volkes als schlichter und unbekannter Arbeiter wohnte. Im dritten Stockwerk dieses Hauses hatte er damals — es war im Jahre 1909 — entsprechend der harten Zeit, die er hier durchmachen mußte und die er so eindrucksvoll in seinem Buch „Mein Kampf" schildert, eine kleine, bescheidenst eingerichtete Wohnung inne. Heute ist dieses Haus für jeden Deutschen ein denkwürdiges Gebäude geworden, und Hitler-Jugend hält vor seinem Tor die Ehrenwache. Ueber dem Tor selbst hat die dankbare Bevölkerung ein mit Blumen, Girlanden und Hakenkreuzen geschmücktes Bild des Führers angebracht.

Diese einzige offiziell gefeierte Hitler-Wohnung war falsch

Hitlerjugend hielt im Eingang die Ehrenwache. Das Bild kam auf die Titelseiten der illustrierten Zeitungen.[38] Der offizielle Bildband WIE DIE OSTMARK IHRE BEFREIUNG ERLEBTE von 1940 bringt sogar ein Innenphoto: »Die ärmliche Wohnung des Führers in seiner Wiener Zeit«.[39] Damit wird der Eindruck erweckt, als habe der junge H. nur hier und nirgendwo anders in Wien gewohnt. Andere Wohnungen bleiben unerwähnt.

Aber: es gibt für diese Adresse, die sich weitab von allen wirklichen Wohnadressen H.s befindet, keinerlei Nachweis.[40] Daß das Parteiarchiv der NSDAP 1938 dem Meldearchiv die originalen Meldezettel von H.s Wiener Wohnungen entnahm, sieht sehr nach bewußter Irreführung aus mit dem Ziel, Nachforschungen über H.s Wiener Aufenthalt unmöglich zu machen. Die Historiker leiden hier freilich keinen Mangel, denn die Originale blieben im Parteiarchiv erhalten, das Wiener Meldeamt fertigte außerdem wohlweislich Kopien an. Einen Meldezettel über H.s Zimmer in der Simon-Denk-Gasse gibt es weder hier noch dort.

Spätestens im Herbst 1909 dürfte der 20jährige H. gezwungen gewesen sein, sich eine Arbeit zu suchen, um zu überleben. *Ich suchte nur nach Arbeit, um nicht zu verhungern, um damit die Möglichkeit einer, wenn auch noch so langsamen, Weiterbildung zu erhalten.*[41] Erfolgreich kann die Arbeitssuche nicht verlaufen sein: *Daß es da irgendeine Arbeit immer gibt, lernte ich bald kennen, allein ebenso schnell auch, wie leicht sie wieder zu verlieren ist. Die Unsicherheit des täglichen Brotverdienstes erschien mir in kurzer Zeit als eine der schwersten Schattenseiten des neuen Lebens.*[42]

MEIN KAMPF bringt keine wirklichen Informationen, außer: Er sei *als noch nicht 18jähriger* – was nicht stimmt, er war schon 20 – *als Hilfsarbeiter auf einen Bau* gegangen *und habe nun im Verlaufe von 2 Jahren so ziemlich alle Arten von Beschäftigungen des gewöhnlichen Taglöhners durchgemacht.*[43] Seine Wiener Märtyrerzeit als Bauarbeiter malt H. in vielen späteren politischen Reden aus, so am 10. Mai 1933 in Berlin auf dem Kongreß der Deutschen Arbeitsfront: Er sei *durch meinen eigenartigen Lebensgang vielleicht mehr als jeder andere befähigt*, alle Schichten des Volkes zu verstehen, *weil ich mitten in diesem Leben stand, weil mich das Schicksal in seiner Laune oder vielleicht auch in seiner Vorsehung einfach in diese breite Masse Volk und Menschen hineingeworfen hat. Weil ich selber jahrelang als Arbeiter am Bau schuf und mir mein Brot verdienen mußte.*[44] Von jahrelanger Arbeit eines »Taglöhners« kann freilich keine Rede sein.

Die körperlichen Anforderungen an Bauhilfsarbeiter waren sehr hoch. Der Sozialreporter der ARBEITERZEITUNG, Max Winter, rechnete aus, welche athletische Dauerleistung etwa ein Steinträger aufbringen mußte. Er hatte täglich 3000 bis 4000 Pflastersteine zu schichten und brachte es damit je nach Steinsorte auf täglich 60000 bis 100000 Kilogramm. Die Arbeitszeit war von sechs Uhr früh bis sechs Uhr abends, unterbrochen durch drei einstündige Pausen. Dafür verdiente er sechs Kronen pro Tag. Hilfsarbeiter mit kaum weniger schwerer Arbeit kamen am Bau auf vier Kronen täglich.[45]

Warum hätte ein Polier aus der Menge der täglich ihre Arbeitskraft anbietenden Männer ausgerechnet den 20jährigen H. aussuchen sollen? Bisher hat er nie körperlich gearbeitet und immer nur über seinen Büchern und Zeichnungen gesessen. Er ist ungelenk und kraftlos, verfügt weder über handwerkliches, technisches, geschäftliches Geschick noch über irgendwelche besonderen praktischen Fähigkeiten. Er ist ein Stubenhocker, der nie Sport getrieben und überdies Kontaktschwierigkeiten hat. Nach Aussage der Waldviertler Verwandten arbeitete er in seiner Jugend noch nicht einmal im Sommer am Land auf dem Feld mit, sondern beschränkte sich darauf, ein wenig im Wald spazierenzugehen, und zog sich ansonsten zurück.[46] Ganz sicher hat er jene Eigenschaften nicht, die er später bei jungen Männern so liebte: *Flink wie Windhunde, zäh wie Leder und hart wie Kruppstahl.*[47]

Welche Leidensgeschichte hätte H. erzählen können, hätte er tatsächlich als Bauarbeiter gearbeitet! Aber auffälligerweise geht er in MEIN KAMPF gar nicht weiter auf die Art seiner Arbeit ein und meint nur: *Ich trank meine Flasche Milch und aß mein Stück Brot irgendwo seitwärts und studierte vorsichtig meine neue Umgebung oder dachte über mein elendes Los nach.* Da er sich geweigert habe, in eine Gewerkschaft einzutreten, sei es zu einem Streit mit sozialdemokratischen Bauarbeitern gekommen: *Einige der Wortführer der Gegenseite zwangen mich, entweder den Bau sofort zu verlassen oder vom Gerüst herunterzufliegen.*[48]

Der angebliche politische Streit mit Gewerkschaftlern dient H. in MEIN KAMPF als Stichwortgeber dafür, über die verhaßten Gewerkschaften und Sozialdemokraten und deren mangelnden Nationalstolz zu wettern: *Damals rang ich in meinem Innern: Sind dies noch Menschen, wert einem großen Volke anzugehören?*[49]

Abgesehen davon, daß kein Arbeitgeber es geschätzt haben wird, wenn ein neuer Hilfsarbeiter, statt zu arbeiten, die Kollegen mit politischen Reden von der Arbeit abhielt und ihnen von der Größe des deutschen Volkes predigte, so ist doch eines auffällig: Die Behauptung, die Gewerkschaften bekämpften auf den Baustellen alle nichtorganisierten Arbeiter, stellte im damaligen Wien ein weitverbreitetes Mittel dar, um der Bevölkerung Angst vor dem »sozialdemokratischen Terror« einzujagen.

Die christlichsozialen BRIGITTENAUER BEZIRKS-NACHRICHTEN schrieben zum Beispiel unter dem Titel: »Arbeiter, befreit Euch von dem Drucke, den die sozialdemokratischen Führer auf Euch ausüben!« Die »roten Führer« seien bestrebt, »jeden national oder christlich organisierten, ja selbst jeden nichtorganisierten Arbeiter mit Gewalt von seinem Arbeitsplatz zu vertreiben und dem Hunger und Elend preiszugeben. Und sie erfrechen sich, bei dieser schönen Tätigkeit noch zu behaupten, daß sie die Interessen der gesamten Arbeiterschaft vertreten!«[50] Oder: Die Sozialdemokratie sei »stets bereit, jene Arbeiter, die sich in die rote Organisation nicht pressen lassen wollen, bis aufs Blut zu verfolgen, dem Hunger und Elend preiszugeben.«[51]

Vor allem hat H.s Darstellung verdächtige Ähnlichkeit mit den Aussagen Paul Kunschaks, der 1913 den sozialdemokratischen Arbeiterführer Franz Schuhmeier erschoß. Dieser Mordfall war deshalb so spektakulär, weil der Täter, ein arbeitsloser Eisendreher, der Bruder des christlichsozialen Arbeiterführers Leopold Kunschak war. Er sagte im Mai 1913 im Prozeß aus, er habe einen sozialdemokratischen Führer erschießen wollen, um ihn zu bestrafen. Denn vor Jahren habe man ihn in einer Firma zwingen wollen, der sozialdemokratischen Gewerkschaft beizutreten. Als er sich weigerte, sei er entlassen worden. »Seither habe er viel von den sozialdemokratisch organisierten Arbeitern zu leiden gehabt.« Er hätte einen Arbeiterführer und keinen Gewerkschaftler ermordet, so Kunschak, weil die Arbeiterführer die Schuldigen seien, »welche die Arbeiter verhetzen«.[52]

Die Übereinstimmung dieser Aussagen mit H.s Bauarbeiterlegende zeigt einmal mehr, wie sehr MEIN KAMPF eine politische Propagandaschrift ist und wie wenig eine »Autobiographie«. Auch hier enthüllt H. keineswegs persönliche Erlebnisse, sondern erzählt politische Schlüsselgeschichten, die er dem reichen Fundus der Wiener antisozialdemokratischen Propaganda entnahm.

Daß H. in Wien als Bauarbeiter arbeitet, ist durch keine andere Quelle als ihn selbst bezeugt. Nie meldete sich ein Arbeitskollege, auch nicht während jener Zeit, als sich die Menschen darum rissen, den »Führer« in seiner Jugend gekannt zu haben.

Auch die folgende Geschichte geht auf H.s Erzählungen zurück: Bei einer Besichtigung der Antikensammlung des Kunsthistorischen Museums nach 1938 überraschte der nunmehrige Reichskanzler H. den ihn führenden Kustos mit der Frage nach einer bestimmten Gemme, der »Aspasionsgemme«. Sie war zu H.s Wiener Zeit im Museumsbestand gewesen, inzwischen aber 1921 als Teil der Reparationszahlungen an Italien abgegeben worden. Auf die erstaunte Frage des Kustos, woher er denn von dieser Gemme überhaupt wisse, antwortete H., er habe in seiner Jugend einmal in diesen Sälen bei Reparaturarbeiten geholfen und sich diese Gemme gemerkt. Laut mündlicher Überlieferung soll es sich um Vergolderarbeiten im Museum gehandelt haben.[53] Diese Geschichte gelangte 1940 in einige Zeitungen, mußte aber sofort korrigiert werden mit dem Hinweis, daß H. zur angegebenen Zeit der Restaurierung – 1906/07 – erst 16 Jahre alt war.[54] Wahrscheinlicher ist, daß H. sich die Gemme nicht als Arbeiter, sondern als Besucher des Museums merkte und mit seiner Erzählung 1938 wieder einmal unter Einsatz seines erstaunlichen Gedächtnisses die Fachleute verblüffte – und die Bauarbeiterlegende nährte.

Wiener Armenfürsorge

Sicher ist, daß es der nun 20jährige nicht schafft, wenigstens so viel zu verdienen, um sich notdürftig über Wasser zu halten. Immerhin hätte er für den Gegenwert einer Stehplatzkarte in der Oper fast sieben Stunden auf einer Baustelle Schwerstarbeit leisten müssen. Seit dem 17. September 1909, also vor dem Winter, ist er nicht nur arbeitslos, sondern auch ohne Obdach. Was er bisher als Unbeteiligter beobachtet und »studiert« hat, erfährt er nun am eigenen Leib. Er reiht sich in das Heer der Armen ein, die gezwungen sind, die Dienste wohltätiger Einrichtungen in Anspruch zu nehmen.

Wortreich beklagt H. 1914 gegenüber den k.k. Behörden diese seine Notlage im Winter 1909, es sei *dies eine für mich unendlich bittere Zeit gewesen. Ich war ein junger, unerfahrener Mensch, ohne jede*

Geldhilfe und auch zu stolz eine solche auch nur von irgend jemand anzunehmen geschweige denn zu erbitten. Ohne jede Unterstützung nur auf mich selbst gestellt, langten die wenigen Kronen oft auch nur Heller aus dem Erlös meiner Arbeiten kaum für meine Schlafstelle. Er übertreibt freilich, als er behauptet: *Zwei Jahre lang hatte ich keine andere Freundin als Sorge und Not, keinen anderen Begleiter als ewigen unstillbaren Hunger.* Noch fünf Jahre später, also 1914, habe er *Andenken in Form von Frostbeulen an Fingern, Händen und Füßen*.[55]

Die Armenfürsorge lag in Wien noch weitgehend in der Hand von Privaten. Almosen wurden gesammelt, eine Armenlotterie brachte regelmäßig Geld, Verlassenschaften verzinsten sich zugunsten Bedürftiger. Kirchen und Klöster gaben wie im Mittelalter Armensuppen aus und waren täglich von Hungernden belagert. Reiche Häuser hatten ihre »Hausarmen«, die regelmäßig verpflegt wurden. In Gasthäusern und Spitälern durften ausgewählte Bedürftige Essensreste abholen. Wenn ein Bäcker Brot verschenkte, kam es zu Volksaufläufen und Raufereien.

Es gab eine unüberschaubare Fülle an wohltätigen privaten Stiftungen: für Arbeiter, Blinde, Beamte, Bürgerswitwen, Kriegsversehrte, Studenten, Krüppel und andere, auch Geld für Ausstattungen, Tagesplätze für Schulkinder, Essensplätze für Studenten, Spitalsbetten und so weiter. Das Massenblatt ILLUSTRIERTE KRONEN-

Zeitung füllte regelmäßig eine eigene Spalte mit der Bekanntgabe solcher Stiftungen und gab wegen des großen Interesses sogar für 25 Heller ein eigenes Stiftungsbuch zur Information heraus.[56]

Die großzügigsten Stiftungen stammten traditionellerweise von jüdischen Philanthropen, so Baron Rothschild, Baron Königswarter, Baron Epstein. Der prominente Rechtsanwalt Dr. Moritz Singer leitete den Verein der Wiener Suppen- und Teeanstalten, wo nach 1900, wie in den Zeitungen erwähnt wurde, auch ein »der ärmeren Bevölkerung bisher noch wenig bekanntes Getränk, nämlich Kakao mit Milch«, und Gemüse zum Selbstkostenpreis ausgegeben wurden. Wiener Juden finanzierten Kinder- und Waisenhäuser, Wärmestuben und Tausende täglicher Essensplätze und Stipendien für bedürftige Studenten. Trotzdem blieben sie nicht von antisemitischer Häme verschont. Jüdische Wohltätigkeit sei nichts als Geschäftemacherei, meint ein christlichsoziales Blatt: »Interessant ist, daß die Geldgeber für die Arbeiterheime stets Brauereibesitzer sind und die Genossen zum Danke für das gegebene oder geliehene Geld dem Alkohol auf Jahrzehnte verpflichtet werden.«[57]

Manche dieser wohltätigen Einrichtungen muß nun auch der 20jährige H. in Anspruch genommen haben, darunter mit Sicherheit die kostenlose Suppenausspeisung im Krankenhaus der Barmherzigen Schwestern nahe seiner ersten Wiener Wohnung in der Stumpergasse. Eine Verwandte seiner ehemaligen Wirtin Maria Zakreys sieht ihn dort jedenfalls einmal, »wie er sich... um die Klostersuppe anstellte; er war in der Kleidung sehr herabgekommen und hat mir leid getan, er war doch früher gut angezogen.«[58]

Ein wenig Essen gab es auch in den Wärmestuben. Hier fand der Bedürftige »ohne Unterschied seines Alters, seines Geschlechtes und Herkunft, ohne daß er seine Notlage erst nachzuweisen braucht«, »Schutz vor Kälte, hier erhält er täglich, ohne jedes Entgelt, eine Schale kräftigende Suppe und ein Stück nahrhaften Brotes verabreicht, hier bietet sich eine Zufluchtstätte, die ihn vor den Unbilden der Winternacht bewahrt«, wie es in einer Zeitung blumig hieß.[59] Die »kräftigende Suppe« war hier eine Wassersuppe.

Die Wärmestuben öffneten meist Mitte November ihre Pforten und schlossen im nächsten Frühjahr. Zunächst waren sie nur tagsüber offen und boten damit außer Obdachlosen auch jenen Schutz, die zwar ein Nachtquartier hatten, sich aber tagsüber nicht dort aufhalten durften, wie zum Beispiel Bettgeher, manche Untermieter und Insassen der tagsüber geschlossenen Asyle. An kalten Tagen saßen hier auch Familien, die zwar eine Wohnung, aber kein Geld zum Heizen hatten. Das Büro des Wiener Bürgermeisters vergab jährlich nur 600 Brennholzanweisungen.⁶⁰

Als die Wohnungsnot immer drückender wurde, hielten die Wärmestuben ab 1909 auch über Nacht offen. Auf hölzernen Bänken, dicht nebeneinander sitzend, suchten ganze Familien Schutz vor der Kälte. Der Sozialreporter Emil Kläger berichtet über eine solche Wärmestube im Arbeiterbezirk Brigittenau: »Durch ein dunkles Tor stolperten wir nun und traten dann in einen großen, nur schwach erhellten Raum, der kreuz und quer von langen, mit Leuten dichtbesetzten Bänken durchzogen war. Der erste Eindruck war ein Erschrecken. Der Anblick, wie die Leute hier eng aneinandergedrückt in langen Ketten beisammensaßen, daß auch für die geringste Bewegung kein Raum blieb, verursachte uns physische Qual und wir empfanden es kaum, als uns der Aufseher mit einigen Ellbogenstößen so viel Raum verschaffte, daß wir uns in die Reihe der zusammengepferchten Menschen eindrängen konnten.«

Kläger: »Stundenlang saßen wir so in dieser martervollen Lage... Um uns herum aber war Totenstille. Wie unter einem Banne festgehalten, verhielten sich die Leute regungslos in dem Viereck der Bänke, sahen aus wie eine gespensterhafte Galerie von Toten, die jemand wie zu einem gräßlichen Spaß nebeneinander gesetzt hatte.«⁶¹

An Feiertagen, vor allem zu Weihnachten, wurden die Wärmestuben zur Bühne für huldvoll auftretende Wohltäter, so auch die Kaisertochter Erzherzogin Marie Valerie als Protektorin des Wiener Wärmestuben-Vereins. Reden wurden gehalten, Bäckereien und Obst verteilt, Kleider ausgegeben. Außer Suppe und Brot gab es nun auch Würsteln und Bier und ein »richtiges« Mittagessen gratis.⁶² Die Zeitungen hatten ihre rührende Weihnachtsgeschichte. Ebenso eifrig schrieben sie auch über jene Bälle und Soireen, die Aristokratinnen in ihren Palais zugunsten der Armen gaben.

Diese huldvolle Art, mit großer Eigenreklame und unter dem Beifall der Gesellschaftszeitungen ein Scherflein für die Hungernden bereitzustellen, löste bei vielen der sozial Deklassierten Erbitterung aus. Sie fühlten sich gedemütigt, auch wenn sie hungrig die Gaben annahmen. In ihrem Namen schrieb Kläger, daß »Wohlfahrtsinstitute mißglückte Versuche der Gesellschaft sind, ihrer Gewissensschulden ledig zu werden. Wie ein böses Traumbild erschienen sie mir, die unabsehbaren Gläubigerscharen, die draußen im kahlen Dunkel vor den lichten Toren unseres reichen Lebens harren, ganz geblendet von seiner äußeren Schönheit. Man muß sie gesehen haben, wie ich sie sah: bittend mit gierigen Augen, wutverzehrt in ihrer Ohnmacht drohend, tausende und abertausende von Feinden der Gesellschaft, die unsere Barmherzigkeit erzieht.«[63]

Und H. schimpft in MEIN KAMPF über *jene ebenso hochnäsige wie manchmal wieder zudringlich taktlose, aber immer gnädige Herablassung gewisser mit dem »Volke empfindender« Modeweiber in Röcken und Hosen.*[64] Und, diesmal sogar im Einklang mit den Sozialdemokraten: *Schon während meines Wiener Existenzkampfes war mir klar geworden, daß die soziale Tätigkeit nie und nimmer in ebenso lächerlichen wie zwecklosen Wohlfahrtsduseleien ihre Aufgabe zu erblicken hat, als vielmehr in der Beseitigung solcher grundsätzlicher Mängel in der Organisation unseres Wirtschafts- und Kulturlebens.*[65] Er betont, *daß eine soziale Tätigkeit... vor allem auf Dank überhaupt keinen Anspruch erheben darf, da sie ja nicht Gnaden verteilen, sondern Rechte herstellen soll.*[66]

Allerdings waren diese Privataktionen in Wien um 1900 aber dringend nötig, da die staatlichen und städtischen Behörden ebensowenig wie die Sozialgesetzgebung mit den Problemen fertig wurden.

Im unterirdischen Wien

Wer sich wenigstens hin und wieder eine warme Nacht gönnen wollte, war auf illegale private Unterkünfte in den Vororten angewiesen. Dort vermieteten geschäftstüchtige Wohnungsbesitzer praktisch jeden Quadratmeter Boden und machten damit ein gutes Geschäft: Eine Übernachtung, und sei es auf dem Fußboden, kostete 60 Heller, auf den Monat gerechnet also weit mehr, als H. an Frau Zakreys gezahlt hatte.

Über ein solches »Proletarierquartier« in der Brigittenau schrieb der Sozialreporter Winter: »Wer sehen will, braucht nur in eines der Häuser zu treten, fast ohne Wahl, und dann kann er, namentlich in den Hinterhäusern, von Wohnung zu Wohnung gehen und er wird überall gleich gräßliche Bilder schauen.« Als charakteristische Merkmale nannte Winter: »Überfüllung, viele Kinder und das Beisammenwohnen und Beisammenschlafen, oft in einem Bette, von Personen, die einander ganz fremd sind.« Ein einziger winziger Raum diene oft sechs oder acht Personen »zum Kochen, Waschen, Wohnen, Schlafen, Lernen und für gewerbliche Arbeiten«. Und: »Einen Stall, der für Tiere zu schlecht geworden ist, fand ich als Behausung für zehn Menschen, unter ihnen drei Kinder, die in wilder Unzucht unter völlig herabgekommenen Lumpenproletariern leben.«[67]

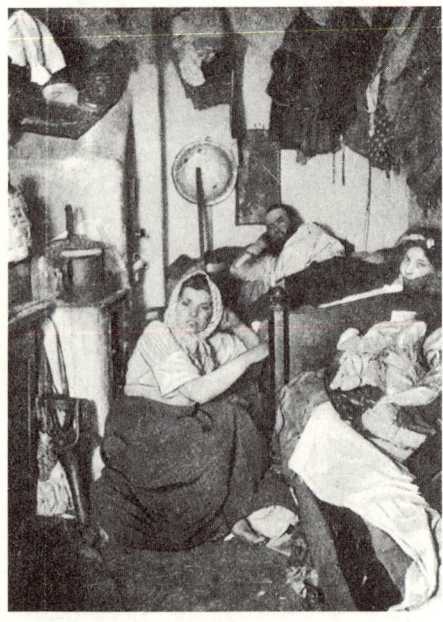

Nachtasyl in der Leopoldstadt, photographiert vom Sozialreporter Emil Kläger

Sanitätsbeamte unter Polizeischutz verhafteten bei ihren Razzien den einen oder anderen Vermieter, schlossen das eine oder andere illegale Quartier – und machten damit weitere Menschen obdachlos.

Der Reporter Kläger verbrachte einige Nächte in einem illegalen Massenquartier in der Leopoldstadt. Er berichtete, daß manche Leute erst nach drei- oder viertägiger Schlaflosigkeit die »nötige Bettschwere« hätten, »die sie gegen die furchtbare Ungezieferplage und die unerträgliche Atmosphäre unempfindlich machen muß«. In den drei- bis vierräumigen Wohnungen in alten, verfallenen Häusern waren 80 und mehr Menschen zusammengepfercht, Männer und Frauen, Kranke und Gesunde, Alkoholiker und Dirnen, dazwischen Kinder: »Alles um mich herum war ein Wust von Menschen, Fetzen und Kehricht. Wie ein ungeheurer Schmutzknäuel sah das Zimmer aus.« Am nächsten Morgen flüchteten alle aus dem Asyl, um »nach genossenem Schlaf so rasch als möglich dieser furchtbaren Luft zu entkommen.«[68]

Ratten und anderes Ungeziefer waren unter solchen Umständen zahlreich und höchst gefährlich in einer Zeit, wo sich mit den großen Wanderungsbewegungen und begünstigt durch Unterernährung in ganz Europa die Cholera ausbreitete. Überdies war die Tuberkulose, auch »Wiener Krankheit« oder »Proletarierkrankheit« genannt, allgegenwärtig, in den Massenunterkünften, aber auch den kleinen Handwerksbetrieben, wo Meister wie Gesellen in feuchten, dunklen Kellern arbeiteten und schliefen. Die Kindersterblichkeit in den Arbeiterbezirken war drei- bis viermal höher als in »besseren« Bezirken. In den Massenquartieren blühten Kriminalität, Alkoholismus, billigste Prostitution – und die Syphilis.

Der junge H., aufgewachsen in einem penibel sauberen Haushalt, litt laut Kubizek vor allem unter den schlechten hygienischen Verhältnissen, auch in der Stumpergasse bei Frau Zakreys: »Weniger vom Hunger als von der ihm zwangsweise auferlegten Unsauberkeit der Umgebung, in der er leben mußte, kam sein innerer Protest gegen diese sozialen Mißstände.«[69] Kubizek über die vergleichsweise harmlosen Zustände bei Frau Zakreys: »ein einziger Auslaufhahn draußen am Flur, zu dem acht Parteien mit Kübeln und Eimern hinlaufen müssen. Das für das ganze Stockwerk gemeinsame, höchst unhygienische Klosett, für das man, um es zu benützen, beinahe eine turnusmäßige Einteilung braucht. Und dazu überall – die Wanzen!«[70] H. sei Nacht für Nacht auf »Wanzenjagd« gegangen und habe ihm »am Morgen sorgfältig auf eine Nadel aufgespießte Exemplare entgegengehalten«.[71]

Alle Beobachter dieser Verhältnisse erwähnen außer der gesundheitlichen auch die moralische Gefährdung der Kinder. Manche kriminelle Karriere begann schon in der Kindheit. Da Betteln kaum einträglich und überdies verboten war, blieb oft die Kinderprostitution das einzige Mittel, um zu Geld zu kommen. Mit fühlbarem Abscheu

217

schildert H. in MEIN KAMPF diese Kinder und Jugendlichen: *Moralisch angegiftet, körperlich unterernährt, das arme Köpfchen verlaust, so wandert der junge »Staatsbürger« in die Volksschule... Wenn der junge Mensch nun mit vierzehn Jahren aus der Schule entlassen wird, ist es schon schwer zu unterscheiden, was größer ist an ihm: die unglaubliche Dummheit, insofern es sich um wirkliches Wissen und Können handelt, oder die ätzende Frechheit seines Auftretens, verbunden mit einer Unmoral schon in diesem Alter, daß einem die Haare zu Berge stehen könnten.*[72]

Die übliche Lösung des Problems war, daß die Gesundheitspolizei bei Razzien die verwahrlosten Kinder aufgriff und zwangsweise in Waisenhäuser einlieferte. Aber auch diese waren überfüllt und veraltet, da immer mehr Mütter gezwungen waren, ihre Kinder in öffentliche Pflege zu geben. Die Sozialdemokraten wiesen unermüdlich darauf hin, daß solche Zustände eine soziale Zeitbombe darstellten, und forderten eine Reform der Armenfürsorge als gesellschaftliche Notwendigkeit.

Als die Opposition im Gemeinderat im Januar 1908 forderte, beheizbare Baracken aufzustellen und außerdem die Stadtbahnbögen zu öffnen, um mehr Menschen vor der Winterkälte schützen zu können, wies die Stadtregierung auf die angeblich ohnehin hohen Zuwendungen für die Armen hin und behauptete wider besseres Wissen, es sei »undenkbar, daß Jemand in Wien schuldlos jetzt bei der kalten Jahreszeit ohne Obdach sein kann«.[73]

Die Stadt Wien ging also davon aus, daß »Unschuldige« nicht obdachlos sein könnten, und wies die Polizei an, aufgegriffene Obdachlose zwangsweise – wenn sie nicht gleich wegen irgendwelcher Delikte ins Gefängnis kamen – in das städtische Werkhaus zu überstellen. Dort mußten sie arbeiten, unter schlechtesten Verhältnissen zusammengepfercht: Tüten und Säcke kleben, Papierschleifen anfertigen, Haarnadeln zählen und packen, Strohsäcke füllen, Schuhe flicken, Wäsche waschen und das Asyl reinigen und ausbessern. Die Verpflegstage im Werkhaus stiegen von 13 300 im Jahr 1905 auf 67 100 im Jahr 1908 an, wobei die Kosten trotz der Teuerung von 59,92 Heller auf 43,10 Heller pro Person fielen. Davon waren nur 11 Heller für Essen, was nur für Wassersuppe und Brot reichte.[74]

Die unterste Stufe der Sozialleiter nahmen jene Obdachlosen ein, die trotz polizeilicher Verbote gezwungen waren, im Freien zu übernachten, in Fabrikhallen, unter den Stadtbahnbögen, im weitverzweigten, stinkenden Kanalsystem und in den warmen Misthaufen der Gärtnereien. Wenn sie von der Polizei aufgegriffen wurden, wurden sie ins städtische Werkhaus überstellt, inhaftiert oder abgeschoben.

H. in MEIN KAMPF: *Wien gehörte nach der Jahrhundertwende schon zu den sozial ungünstigsten Städten. Strahlender Reichtum und abstoßende Armut lösten einander in schroffem Wechsel ab... Vor den Palästen der Ringstraße lungerten Tausende von Arbeitslosen, und unter dieser via triumphalis des alten Österreich hausten im Zwielicht und Schlamm der Kanäle die Obdachlosen.*[75] Und in seinen Monologen: *In Wien haben vor dem Weltkrieg über achttausend Menschen in Kanälen gehaust. Das sind Ratten, die herauskriechen, wenn ein Umsturz naht.*[76] Max Winter über die Obdachlosen in den Ringöfen der Ziegeleien: »In Fetzen gekleidet, bloßfüßig die einen, angetan mit zerrissenem Schuhwerk die anderen. Alle unbedeckt, höchstens daß sie den regennassen Rock über ihre Schultern gebreitet haben, zwei Ziegelsteine und darauf der Hut als Kopfkissen, dem mit Ziegelstückchen und Mist besäeten Boden als Unterbett. Hier einer, um den Läusen zu entrinnen, splitternackt am Oberkörper, dort einer, der sich einen der Schiebkarren als Liegestatt erobert hat.«[77]

Doch die warmen Plätze, auch die im Kanalsystem, wurden von den »Alteingesessenen« wie ihr Besitz gegen Fremde verteidigt. In diesem UNTERIRDISCHEN WIEN, so der Titel von Sozialreportagen Winters, herrschte das Gesetz des Stärkeren. Obdachlose Frauen mit Kindern, Alte, Kranke und Schüchterne hatten nicht die mindeste Chance, sich hier durchzusetzen.

Wachsender Fremdenhaß

Wohnungsnot, Teuerung und drängende Arbeitslosigkeit fachten den Fremdenhaß in Wien an und verschärften die Nationalitätenprobleme. Denn die Einwandererströme rissen nicht ab und wurden durch die modernen Verkehrsmittel, vor allem die Eisenbahn, begünstigt. Der rasche Ausbau der Industrie zog immer mehr Arbeitskräfte an. Die Zahl der Fabriken in den Wiener Außenbezirken wuchs zum Beispiel zwischen 1880 und 1910 um 133 Prozent.[78] Der Bau von Wohnungen wie sozialen Einrichtungen hielt nicht Schritt.

Spitäler, Findelheime, Schulen, Universitäten waren überfüllt. Die Rufe wurden lauter, Einheimische in Spitälern und Waisenhäusern zu bevorzugen und bestimmte Gruppen auszuschließen, so Ostjuden und Slawen.

An der Wiener Universität packten deutsche Studenten ausgerechnet am Tag des Regierungsjubiläums, dem 2. Dezember 1908, »nichtdeutsche« Kommilitonen in der Mensa der Wiener Universität mitten beim Essen am Kragen und warfen sie hinaus. Der deutschradikale Abgeordnete Eduard von Stransky rechtfertigte dies im Parlament damit, daß die Slawen mit den Juden in dieser »von öffentlichen Geldern erhaltenen Humanitätsanstalt... Demonstrationen gegen den deutschen Charakter unserer Hochschule vorbereitet und angezettelt« hätten. Die deutschen Studenten seien der Meinung: »Wir haben nunmehr genug, wir wollen mit diesen Leuten nicht gemeinsam beisammen sein, es soll die Mensa geteilt werden, es sollen die nichtdeutschen Studenten und die Juden ihre Gelder zusammentun und eine nichtdeutsche Mensa gründen. Die Deutschen wollen ihre Mensa haben.«[79] Die Mensa blieb so lange Kampfort, bis dieses Ziel erreicht war. Der Mensa nur für Deutsche folgte eine Mensa nur für Juden, dann eine nur für Italiener und so fort.

Nach diesem zweifelhaften Erfolg wurden andere soziale Einrichtungen aufs Korn genommen: So beschloß der akademische Verein zur Pflege kranker Studierender, Ausländern, Juden und Tschechen die vierfachen Beiträge abzuverlangen. Dies kommentierte die zionistische NEUE NATIONAL-ZEITUNG erbost: »Ein sozialer Verein kann doch nicht dazu geschaffen worden sein, nationalen Gelüsten zu dienen... und noch dazu, wenn man arme Juden vom Verein ausschließt, nachdem man vorher bei reichen Juden mit Erfolg um Spenden angesucht hat!«[80]

Der alldeutsche Schriftsteller Jörg Lanz von Liebenfels tat sich 1907 mit einer Broschüre hervor – unter dem Titel RASSE UND WOHLFAHRTSPFLEGE, EIN AUFRUF ZUM STREIK DER WAHLLOSEN WOHLTÄTIGKEIT. Darin versuchte er nachzuweisen, »daß mindestens ein Drittel der Krankheiten verschuldet oder rassenhaft begründet« sei, einschließlich der Tuberkulose, da »besonders... Mischlinge sehr dazu hinneigen und vielfach geschlechtliche Exzesse die tiefere Ursache sind«. Und: »Alle die ekligen Hautkrankheiten sind östlichen...

Ursprungs und in ihrem Wesen eigentlich Schmutz- und Rassenkrankheiten. Auch der Hochrassige wird von ihnen befallen, weil ihn eben das moderne Leben, das keine Rassenschranken mehr kennt, zu dem Verkehr mit Minderrassigen zwingt.«

Eine »schlechte Rasse« sei auch für die Überfüllung der »Irren- und Trottelheime« verantwortlich, so Lanz: »Würde der Staat rationelle Rassenwirtschaft betreiben und die erblich belasteten Familien auf schonende Weise ausrotten, so wäre es möglich, von den 9 Millionen Kronen jährlich ein erkleckliches Sümmchen zu ersparen!« Es folgte die Empfehlung, Wohltätigkeitsspenden von der Rasse abhängig zu machen und »nur Menschen mit goldblonden Haaren, blauen (oder blaugrauen) Augen, rosiger Gesichtsfarbe, mit länglichem Schädel und länglichem Gesicht, mit länglichen anliegenden Ohren, hochsatteliger, schmaler gerader Nase, proportioniertem Mund, gesunden, weißen Zähnen, vollem Kinn, mit ebenmäßiger, hoher Körpergestalt, schmalen Händen, schmalen Füßen« zu berücksichtigen.[81] Wenn auch kein vernünftiger Mensch in Wien einen Mann wie Lanz ernst nahm, so zeigen seine Ergüsse doch den Geist dieser Zeit in perverser Zuspitzung.

Zigtausende von arbeitslosen Zuwanderern lebten aus Angst vor der Abschiebung im Untergrund – ein Schicksal, das jedem drohte, der unfähig war, sich in Wien ordentlich durchzubringen. Die Namen der mit Abschiebung Bedrohten und bereits einmal Verwarnten lagen in allen amtlichen Stellen in einem »Armeninstitut-Kataster« auf. Außerdem brachten die monatlich erscheinenden BLÄTTER FÜR DAS ARMENWESEN DER STADT WIEN in einer ständigen Rubrik neue Namen, die in diesen Kataster nachgetragen werden mußten, »zur Abwehr ungebührlicher Inanspruchnahme der Armenversorgung«. Hier ging es vor allem um jene »Einzelpersonen, die aus der Fremde auf gut Glück nach Wien gekommen sind, ohne hier feste Wurzel fassen zu können«, darunter »Vaganten«, also Obdachlose, wegen Alters oder Krankheit Erwerbsunfähige und jene Einwanderer, die in der Großstadt »dem wirtschaftlichen Kampfe trotz allfälliger wiederholter Unterstützungen nicht gewachsen sind und so nur einen bedenklichen Zuwachs zur ohnehin zahlreichen bodenständigen armen Bevölkerung bilden«. Hier sei »die in humaner Form erfolgende Wiederversetzung der Gefährdeten in ihre heimatlichen Verhältnisse« nötig. Die Stadt Wien könne nicht »die

Versorgung der Armen aus allen Ländern der Monarchie auf ihre Schultern nehmen«.[82]

Hitler im Meidlinger Obdachlosenasyl

Über Einzelheiten dieser für ihn schmachvollen Wochen und Monate schweigt sich der sonst so beredte H. aus. Sicher und sogar durch eine Bemerkung im Polizeiprotokoll von 1910 (siehe S. 247) amtlich bestätigt ist, daß es ihm im Herbst 1909 so schlecht geht, daß er im Meidlinger Obdachlosenasyl übernachten muß.

Ärztliche Untersuchung im Meidlinger Obdachlosenasyl

Dieses riesige Asyl, in Rücksicht auf die ordentlichen Bürger weitab von Anrainern hinter dem Meidlinger Friedhof errichtet, war erst 1908 eröffnet worden und bot rund 1000 Menschen pro Nacht kostenlos ein warmes Dach, Essen, Duschen und Bäder. Im Gegensatz zum alten städtischen Asyl und dem berüchtigten Werkhaus war es als Übernachtungsstätte sehr begehrt. Hunderte Obdachlose warteten im Winter Abend für Abend in langen Reihen auf Einlaß – und wurden nur zu oft wegen Überfüllung abgewiesen. Wachmannschaften standen allabendlich bereit, um bei Unruhen sofort eingreifen zu können.

Viele Menschen verbrachten hungernd und frierend die Nacht auf dem Straßenpflaster vor dem Asyl, um wenigstens für die nächste Nacht eine Chance zu haben. Die Zeitungen griffen diese Zustände immer erst dann auf, wenn wieder einmal ein Kind vor den Toren des Heimes erfroren oder verhungert, ein Selbstmord aus Verzweiflung geschehen oder ein Schwerkranker unversorgt vor den Toren gestorben war. Der junge H. kann also von Glück sagen, hier kurzfristig untergekommen zu sein.

Der Speisesaal für Männer im Meidlinger Obdachlosenasyl

Dieses Asyl und ein zweites im 3. Bezirk wurden vom privaten, sehr effizienten »Asylverein für Obdachlose« betrieben und fast ausschließlich mit Privatspenden und Beiträgen der Vereinsmitglieder finanziert. Der Hofbuchhändler Künast fungierte als Vereinsleiter, manche prominente Spender standen ihm zur Seite, so auch der Operettenkomponist Karl Millöcker. Der Verein gab Kleider- und Geldspenden aus und betrieb, unterstützt von den Sozialdemokraten, die bei weitem erfolgreichste Arbeitsvermittlung.

Geradezu verzweifelt warb der Verein angesichts der drängenden Not um neue Mitglieder und Spenden, als die Stadt Wien 1909 die versprochenen Subventionen von 50 000 auf 30 000 Kronen im Jahr kürzte.[83] Die ARBEITERZEITUNG: »So wird Monat für Monat der Bettelsack geschwungen und die Gemeinde Wien, deren soziale Pflicht es wäre, zu helfen, sieht müßig zu. Die Tatsache, daß im Monat März mehr als 3 000 Kinder – 100 täglich – im Asyl Zuflucht suchen mußten, rührt die Herren gar nicht. Ihre Kinder sind es ja nicht und die anderen mögen verderben und vergehen!«[84]

Es sei »die Schande Wiens, das für diese wichtige Pflicht kein Geld übrig hat. Für... Fürstenempfänge und für die Jagdausstellung war immer Geld da, für Bankette und Saufereien ebenso«, auch für den Festzug, »dafür aber, daß kein Bürger dieser Stadt im Freien nächtigen muß, daß nicht Frauen und Kinder von den Toren des Asyls gewiesen werden, dafür hat Wien kein Geld. Diese Schande muß ein Ende nehmen.« Dringend und vergeblich wurde der Bau städtischer Asyle gefordert.[85]

Das Problem wurde dadurch vergrößert, daß auch die Spitäler überfüllt waren und viele Kranke im Asyl Zuflucht suchten. In einer eigenen Rubrik unter dem Titel »Die Wiener Spitalsschande« prangerte die ARBEITERZEITUNG ständig neue Fälle an, wie Mütter mit fiebernden Kindern oder Verunglückte von einem Spital zum anderen geschickt und überall abgewiesen wurden.

Im Meidlinger Asyl herrschten strenge Hygiene und Ordnung. Die Aufnahme war mit einem Ritual verbunden: Der »Hausvater« empfing den anonym bleibenden Ankömmling und gab ihm einen Schein, der ihn zum Betreten des Desinfektionsraums und des Bade- und Waschraums ermächtigte. Kranke erhielten eine Notversorgung. Während sich die Asylanten wuschen, wurden ihre Kleider gereinigt und desinfiziert. Dann gab es an einem Schalter Suppe und Brot gratis. Mit dem Läuten der Schlafglocke wurden die Schlafsäle geöffnet, wo Seite an Seite Drahtpritschen standen. Am nächsten Morgen war das Asyl spätestens bis neun Uhr zu räumen.

Über Obdach und Erstversorgung hinaus hatte das Asyl eine wichtige soziale Funktion: Die Insassen halfen einander gegenseitig. Die Erfahrenen gaben den Neulingen gegen Geld oder Dienstleistungen oft lebenswichtige Ratschläge, etwa welches Heim und welche Wärmestube empfehlenswert war, wo es Arbeit gab, wo sich mit welchem Schmäh Betteln lohnte. Die großen Schlafsäle wurden allabendlich zu Basaren. Schneider und Schuster reparierten für wenig Geld oder eine Zigarette das Nötigste. Der Handel mit Tabak, Schnaps und allen möglichen Dingen florierte. Die begehrteste Ware waren Asylkarten für weitere Nächte. Denn der kostenlose Aufenthalt im Asyl war nur für jeweils eine Woche gestattet. Spezialisten aber hatten ihre Methode: Sie stellten sich um Karten an, nächtigten woanders und verkauften die begehrten Nachtplätze auf dem Schwarzmarkt.

Auch der junge H. findet im Asyl Hilfe eines erfahrenen Kollegen: des Pritschennachbarn Reinhold Hanisch. Dieser lebt unter dem falschem Namen Fritz Walter, ist eine zwielichtige Figur und so etwas wie ein Stadtstreicher. Er wechselt ständig das Quartier und macht auf den Meldezetteln immer andere Angaben: als Geburtsjahr 1884, 1886, 1889 und 1893, als Beruf Kaufmann, Bühnenarbeiter, Hilfsarbeiter, Diener oder Zeichner, als Herkunft verschiedene Geburtsorte in Böhmen, meist Grünwald bei Gablenz.[86] (Über den Quellenwert von Hanischs Aussagen siehe S. 265ff.)

Hanisch berichtete, welchen Eindruck er von dem 20jährigen H. hat: »Das Asyl bedeutete für ihn eine völlig neue Welt, wo er sich nicht zurechtfinden konnte.« Der junge Mann habe einen traurigen Eindruck gemacht, sei todmüde, ausgehungert gewesen, mit wundgelaufenen Füßen. Sein blaugemusterter Anzug habe durch Regen und die Desinfizierung eine lila Farbe angenommen. Die aus Linz mitgebrachten Habseligkeiten muß H. in seiner Geldnot längst verkauft haben. Denn im Asyl besitzt er nichts mehr außer den schäbigen Kleidern, die er am Leib trägt.

H. erzählt laut Hanisch, seine letzte Vermieterin habe ihm gekündigt. Dann habe er noch einige Abende in einem billigen Caféhaus in der Kaiserstraße im 7. Bezirk verbracht, bis das Geld ausging. So habe er mehrere Nächte auf Parkbänken verbracht, sei aber von Polizisten gestört und vertrieben worden. Eines Nachts habe er in seiner Not einen betrunkenen vornehmen Herrn um ein wenig Geld gebeten. Dieser aber habe ihm mit dem Stock gedroht und ihn beleidigt. Seit Tagen habe er nichts gegessen.

Die Kumpanen schenken ihm etwas Brot. Ein alter Bettler gibt ihm Tips, wo man kostenlose Suppe und unentgeltliche medizinische Hilfe bekommt. Hanisch macht sich mit Geschichten beliebt:

»Ich sprach damals den Berliner Dialekt, und alle hielten mich für einen Preußen.« In Wahrheit war er in Berlin 1907 drei Monate wegen Diebstahls und 1908 sechs Monate wegen Urkundenfälschung in Haft.[87] H. habe, so Hanisch, ständig etwas über Deutschland hören wollen, »weil er von Deutschland schwärmte«.[88]

Da sie im Meidlinger Asyl nur kurz bleiben dürfen, gehen sie, so Hanisch, gemeinsam in andere Heime, so nach Erdberg in die private Wärmestube des jüdischen Barons Königswarter, die auch nachts geöffnet ist, dann weiter nach Favoriten, dann wieder nach Meidling – und so fort.

Tagsüber suchen sie Arbeit. Nachdem er mehrere vergebliche Arbeitsversuche des jungen Mannes miterlebt hat, kommt der Augenzeuge Hanisch zu dem Schluß, daß der junge H. für schwere Arbeit viel zu kraftlos und unbeholfen ist. Einmal seien einige Männer zum Grabenschaufeln gebraucht worden. Er, Hanisch, aber habe H. davon abgeraten, denn: »Ich wußte, daß Hitler solche Arbeit höchstens eine Stunde durchhalten könnte.« Hanisch: »Ich habe ihn nie irgendeine schwere Arbeit tun sehen, noch hörte ich, daß er je als Bauarbeiter gearbeitet hätte. Baufirmen stellen nur starke und kräftige Leute an.«

H. versucht sich laut Hanisch manchmal am Westbahnhof als Kofferträger. Als der Winter einsetzt, stellen sich die Arbeitslosen zum Schneeschaufeln an. Aber H., der keinen Wintermantel besitzt, erbärmlich friert und hustet, habe auch das nur wenige Male gemacht. Kurz: der unselbständige und schwächliche junge Mann kann kaum Geld verdienen und ist deshalb, selbst für die Verhältnisse der Obdachlosen, sehr arm. Als Hanisch ihn fragt, was er sich denn von der Zukunft erwarte, habe er geantwortet: »Das weiß ich selbst nicht.« Hanisch: »Ich habe niemals eine solche hilflose Ergebung in das Unglück erlebt.«

Hanisch fragt den jungen Kollegen aus. H. sagt, er habe die Kunstakademie besucht. Ständig auf der Suche nach einer Geldquelle, macht nun Hanisch einen Vorschlag: Warum, wenn H. doch ein Künstler sei, male er nicht Ansichtskarten? Die könne man in Gasthäusern verkaufen. H. aber habe sich nicht getraut, als Verkäufer in Gasthäuser zu gehen. Er sei zu schlecht angezogen, und außerdem habe er gefürchtet, mit der Polizei Schwierigkeiten zu bekommen, weil er keine amtliche Genehmigung für solche Tätigkeit habe. So bietet sich Hanisch als Verkäufer an. Der Erlös soll 50:50 aufgeteilt werden.

Aber H. hat kein Geld, um Farben und Papier zu kaufen. Ob er denn gar keine Verwandten habe, die er um Geld bitten könne? Nach langem Zögern ist der junge Mann endlich bereit, einen Bittbrief zu schreiben, hat aber kein Briefpapier. Schließlich, so Hanisch, nötigen er und ein weiterer Asylkollege den jungen Mann in das Caféhaus Arthaber gegenüber dem Südbahnhof, dort einen Bittbrief an »seine Schwester« zu schreiben. Hier kann es sich weder um H.s Halbschwester Angela Raubal noch die 13jährige Schwester Paula gehandelt haben. Als Adressatin kommt nur die »Hanitante« in Frage, die inzwischen als »Dienstmagd« im Waldviertel bei ihrer Schwester Theresia Schmidt lebt. Sie hilft auch diesmal.

Kurz vor Weihnachten 1909 zieht H. in der Warteschlange vor dem Meidlinger Asyl einen 50-Kronen-Schein aus der Tasche. Hanisch: »Ich sagte ihm, er solle es nicht so zeigen, denn er könnte bestohlen werden oder es würde ihn jemand anpumpen.« Nun wird das nötige Material zum Aquarellieren angeschafft und außerdem ein Wintermantel. Da H. laut Hanisch fürchtet, bei einem der Altkleiderhändler im Judenviertel betrogen zu werden, ersteht er für zwölf Kronen einen Mantel im staatlichen Leihhaus, dem »Dorotheum«.

H. beginnt nun Postkarten zu bemalen. Als Arbeitsplatz bleiben, da die Wärmestuben überfüllt sind, nur billige Caféhäuser. Hanisch, der durch den jungen Freund selbst zu Geld kommen will, treibt ihn an die Arbeit – und erweist sich als geschickter Verkäufer. So haben sie Erfolg: Beide verdienen nun genügend Geld, um sich die demütigende Suche nach anstrengenden Gelegenheitsarbeiten zu ersparen, ebenso wie das tägliche stundenlange Schlangestehen vor irgendeiner schmutzigen Schlafstätte oder dem Obdachlosenasyl.

H.s dunkelste Zeit in Wien ist vorüber. Laut polizeilichem Meldezettel zieht er am 9. Februar 1910 im Männerheim der Gemeinde Wien im Arbeiterbezirk Brigittenau ein und bleibt dort bis Mai 1913, als er nach München ausreist.

Aus seiner sicheren, warmen Unterkunft im Männerheim kann er die schlimmen Nachrichten aus dem Meidlinger Asyl verfolgen: Dort kommt es am 3. April 1910 zu einem Aufruhr, als rund 200 abgewiesene Obdachsuchende das überfüllte Asyl stürmen wollen und daran von der Polizei gewaltsam gehindert werden. Die ARBEITERZEITUNG voll Zorn und Empörung: »So ist Wiens Schande verewigt, des reichen Wiens Schande, daß Nacht um Nacht Hunderte in elenden Höhlen unterkriechen müssen, für die man statt des Obdachs nur Polizeisäbel hat.«[89]

Im Herbst 1910 kommt es zu einer kleinen Demonstration: Als das Asyl 46 Familien nach Ablauf des einwöchigen Aufenthaltes wie üblich das Nachtquartier verwehrt, ziehen die betroffenen 108 Personen in ihrer Hilflosigkeit quer durch die Stadt zum Rathaus, um dort Hilfe zu suchen. Das Aufsehen hilft ihnen nichts. Die Stadtverwaltung tut das übliche: Die nach Wien zuständigen Obdachlosen werden in das Werkhaus eingeliefert, die Fremden in ihre Heimatgemeinden abgeschoben.[90]

Im Falle, daß H. obdachlos und arbeitslos aufgegriffen worden wäre, hätte die Polizei auch ihn nach einer Verwarnung zwangsweise in seine Heimatstadt Linz zu den Schwestern und dem Vormund zurückbefördert. Denn er besaß nicht das Wiener Heimatrecht und hatte hier keinen Anspruch auf Armenfürsorge.

6 Als Maler im Männerheim

Die Musteranstalt

Das sechsstöckige Männerheim in Wien-Brigittenau, Meldemannstraße 27, gehörte zu den modernsten Heimen Europas und war erst 1905 eröffnet worden. Es war finanziert vom privaten »Kaiser Franz Joseph I.-Jubiläumsfonds für Volkswohnungen und Wohlfahrtseinrichtungen«, der aus Spenden gespeist wurde und erhebliche Beträge von jüdischen Familien bezog, so vor allem von Baron Nathaniel Rothschild und der Familie Gutmann. Verwaltet wurde das Heim von der Stadt Wien.

Schon die ersten Baupläne erregten bei einer Ausstellung im Künstlerhaus Staunen. Es gab in diesem Heim keine Massenschlafsäle, sondern Einzelkabinen für jeden der 544 möglichen Gäste, vorbildliche hygienische Verhältnisse und viele Gemeinschaftseinrichtungen, um die Pflege von »Bildung und Geselligkeit« zu ermöglichen.

Die Brigittenau, an der Stadtperipherie gelegen, hatte viele neue Industriebetriebe, großen Arbeitskräftebedarf und den stärksten Bevölkerungszuwachs aller Wiener Bezirke. Die Zahl der Einwohner stieg von 37 000 im Jahr 1890 auf 101 000 im Jahr 1910.[1] Die meisten Zuwanderer waren alleinstehende junge Männer, die in den neuen Fabriken arbeiteten und, da es keine billigen Wohnmöglichkeiten gab, als Bettgeher in überfüllten Arbeiterwohnungen Unterschlupf fanden.

Zweck dieses neuen Männerheims war, die Zahl der Bettgeher zu verringern und die durch sie gefährdete Moral der Gastfamilien zu schützen. Darauf wies auch der Oberkurator der Stiftung, Fürst Carl Auersperg, anläßlich des Besuches Kaiser Franz Josephs 1905 hin: »Im Besonderen ist das Männerheim dazu berufen, praktisch zu demonstrieren, daß es... möglich sei, dem verderblichen Schlafgängerwesen wirksam entgegenzutreten, den alleinstehenden Arbeitern an Stelle der dumpfen und überfüllten Notquartiere ein Heim zu erstellen, welches nicht nur billige Unterkunft, sondern auch die Gelegenheit zur Pflege des Körpers und Geistes gewährt.«[2]

Die Miete für einen Schlafplatz orientierte sich an der eines Bettgehers und betrug nur 2,50 Kronen wöchentlich. Das konnte sich ein alleinstehender Hilfsarbeiter oder Handwerksgeselle mit Einnahmen von rund 1000 Kronen pro Jahr leisten.

Das Heim wurde in Wien als »Märchen von einer himmlischen Unterkunft auf Erden« und als »Wunder an Eleganz und Billigkeit« gepriesen. Um dies nachzuprüfen, verkleidete sich der schon erwähnte Wiener Journalist Emil Kläger als Obdachsuchender, verbrachte im Heim eine Nacht und schrieb darüber eine Reportage.

Der Weg von der Innenstadt in die Brigittenau jenseits des Donaukanals war trostlos. Kläger ging durch die Wallensteinstraße, »die Hauptstraße des Armeleutebezirkes. Es war etwa sechs Uhr, die Zeit, in der die Brigittenauer eine Art Korso abhalten. Heimgekehrte Arbeiter bummeln mit Weib und Kind die Straße auf und ab, vor arm beleuchteten Schaufenstern, in denen billiger Kram, mit Inschriften versehen, aufreizend arrangiert ist. An den bunten Straßenecken lehnen lichtscheue junge Burschen. Sie sind meist in Gesellschaft von Dirnen...« Weiter ging es durch Nebengassen und »unheimliches Düster. Die Pflasterung ist hier sehr vernachlässigt und die Laternen so spärlich, daß man ein Gefühl der Unsicherheit nicht los wird.«

Der Bezirk Brigittenau war noch nicht voll elektrifiziert. Während im 1. Bezirk 321396 und im 6. Bezirk, wo H. anfangs wohnte, 77076 Glühlampen brannten, hatte die Brigittenau nur 7523. Vielsagender noch ist die Anzahl der Glühlampen in Gast- und Caféhäusern: 1. Bezirk 11015; 6. Bezirk 3291; im großen 20. Bezirk dagegen mit mehr als 100000 Einwohnern gab es nur 17 Glühlampen in Gast- und Caféhäusern, was einerseits die geringe Anzahl gastlicher Stätten, andererseits auch die altertümlichen Verhältnisse in den bestehenden zeigt: Hier brannte noch Petroleum.[3]

Kläger fand endlich das neue Heim: »Eine große elektrische Bogenlampe, die über dem Tor hängt, dient den über Hügel aufgeworfener Erde stolpernden Leuten als Wegweiser. Im Vergleich zu den anderen kleineren Häusern ringsum und den nackten Fabriksbauten im Hintergrund macht das Heim einen stolzen Eindruck. Ich öffne das Tor und stehe, überrascht, in einem Vestibül, das einem guten

Hotel keine Schande machen könnte. Angenehme Wärme umfängt mich.« Das Männerheim hatte sowohl elektrische als auch Gasbeleuchtung und wurde mit einer hochmodernen zentralen Dampfniederdruckheizung geheizt.

Am Schalter löste der Reporter ohne Schwierigkeiten eine Karte für eine Nacht für 30 Kreuzer (60 Heller). Kläger über den Speisesaal im Hochparterre: »Wieder bin ich angenehm überrascht von der Eleganz des Raumes, der von zwei Bogenlampen erhellt wird und dessen Wände bis zur halben Höhe mit blaßgrünen Kacheln verkleidet sind.«

Dann testete er das Essen: »Ich sah einen tüchtigen Schweinsbraten mit Beilage vorübertragen, der laut Karte 19 Kreuzer kostet. Ein komplettes Mittagsmahl ist schon um 23 Kreuzer, eine Suppe mit Einlage um 4 Kreuzer erhältlich.« (1 Kreuzer der alten Guldenwährung wie 2 Heller der Kronenwährung.) Die von Kläger probierten Speisen »waren sämtlich sehr gut«. Im Durchschnitt gaben die Bewohner nur eine halbe Krone pro Tag für Essen im Heim aus, für Frühstück, Abendessen und Extras, monatlich also nur rund 15 Kronen – eine konkurrenzlos billige Grundverpflegung.

Kläger beobachtete die Heimgäste: »Jeden Augenblick öffnet sich die Tür und ein Mensch in schlechtem Anzug, zumeist eine Tasche unter dem Arm, tritt ein. Den meisten dieser Leute sah man es an, daß sie unsäglich müde waren.« Da die meisten Bewohner tagsüber arbeiteten, war es zu Mittag ruhig. Am Abend dagegen herrschte »in der Regel bis etwa ½ 11 Uhr nachts lebhaftes, geselliges, aber keineswegs lärmendes Treiben«.[4]

Für Selbstversorger gab es Kochnischen mit Gaskocher und Geschirr. Hier bildeten sich Kochgemeinschaften: Ein Arbeitsloser blieb im Heim, kaufte ein und kochte für einige Arbeiter – und hatte dafür sein Essen gratis. Auch H. versucht sich anfangs im Kochen, doch mit wenig Erfolg: Die voll Stolz angebotene oberösterreichische Milchsuppe glich, da sie geronnen war, laut Reinhold Hanisch eher einem Käse.

Kläger machte einen Rundgang durch das Heim und berichtete: »Gleich neben dem Speisesaal befindet sich ein geräumiges, sehr nett eingerichtetes Lesezimmer, das zwei Abteilungen, eine für Raucher, die andere für Nichtraucher, besitzt. Hier gibt es Tagesblätter und eine hübsche Bibliothek, die den Gästen zur Verfügung steht. Die meisten Bücher sind leichte Romane und populärwissenschaftliche Schriften.[5] Auch Schreibtische gibt es da, auf denen sich die nötigen Requisiten vorfinden, um Korrespondenzen erledigen zu können.« Sonntagnachmittags gab es Unterhaltung und Weiterbildung mit Konzerten und Vorträgen. Im Tiefparterre waren Kleider- und Schuhputzraum, Gepäckmagazine, Fahrradremisen, eine Schuster- und eine Schneiderwerkstatt.[6]

Die hygienischen Verhältnisse waren vorbildlich: Ein Hausarzt ordinierte unentgeltlich und behandelte leichtere Krankheitsfälle stationär in einem »Marodenzimmer«. Wie in allen Heimen gab es eine Desinfektionskammer zur Entlausung der Neuankömmlinge. Neben den Waschräumen waren noch eine Rasierstube eingerichtet und eine Badeanlage mit 16 Brausen, 25 Fußbädern und vier Wannenbädern. Ein Bad kostete 25 Heller, ungefähr ein Drittel des üblichen Preises in öffentlichen Bädern. Dies alles trug im Cholerajahr 1910 Früchte: Die gefürchtete Krankheit verschonte das vollbelegte Männerheim.

Der Schlaftrakt in den oberen vier Etagen wurde abends um acht Uhr geöffnet und mußte um neun Uhr morgens geräumt werden. Er bestand aus einer langen Reihe winziger abgetrennter Schlafabteile, jedes 1,40 mal 2,17 Meter groß. Hier fanden je ein Bett, ein Tischchen, ein Kleiderrechen und ein Spiegel Platz. Bei Dauergästen wurde das Bett alle sieben Tage neu bezogen, bei Tagesgästen wie im Hotel täglich. Als besonderen Komfort hatte jede Koje eine abschließbare Tür und eine Glühbirne. Es dürfte das erste Mal gewesen sein, daß H. in einem Zimmer über elektrisches Licht verfügte.

Die Belegschaft des Männerheims wechselte ständig, doch im Durchschnitt blieben Alter und soziale Herkunft der Insassen konstant: Rund 70 Prozent der Männer waren, bei einem Mindestalter von 14 Jahren, unter 35 Jahre alt. Arbeiter und Hilfsarbeiter stellten mit 70 Prozent die stärkste Berufsgruppe, wobei die aus der Eisenbranche überwogen, Schlosser, Schmiede, Eisendreher, Gießer.[7] Auch alle anderen Berufe waren vertreten: Kutscher, Geschäftsdiener, Kellner, Lehrlinge, Gärtner, viele Gelegenheitsarbeiter und Arbeitslose, aber auch einige verkrachte Adelige, erfolglose Künstler, Geschiedene und Bankrotteure. 80 Prozent der Männerheimbewohner hatten ein Jahreseinkommen von weniger als 1200 Kronen, blieben also unter der Einkommensteuergrenze.

Die Herkunft der Männerheimbewohner spiegelt im kleinen den Vielvölkerstaat wider: 43,5 Prozent kamen aus Niederösterreich und Wien, 23 Prozent aus Böhmen und Mähren, 11,6 Prozent aus Ungarn, jeweils zwischen 2 und 3 Prozent aus der Steiermark, aus Oberösterreich (darunter H.), Galizien und Schlesien; noch weniger aus Kroatien-Slawonien, Tirol, der Bukowina, dem Küstenland, Salzburg, Dalmatien und Bosnien. Was die Ausländer betraf, kamen 4,5 Prozent aus dem Deutschen Reich, 1,3 Prozent aus Italien und 0,9 Prozent aus Rußland.[8]

Wie uneinheitlich und kompliziert hier wie überall in der k.u.k. Monarchie die Fronten verliefen, sei an einem zufällig entdeckten Beispiel illustriert: Im August 1909 wurde bei deutschnationalen Krawallen gegen die Wiener Tschechen ein Bewohner des Männerheims verhaftet, als er einen Stein in eine Wachstube schleuderte.[9] Der angegebene Name, Wilhelm Mandl, ist im Wiener Meldearchiv zu finden. Es handelte sich hier um einen aus Ungarn zugereisten vorbestraften Photographen, drei Jahre älter als H., der jahrzehntelang ein Leben zwischen Männerheimen und Notunterkünften führte. Daß er jüdischen Bekenntnisses war,[10] aber als aggressiver Deutschnationaler in die Zeitungen geriet, gibt einen Einblick in die Vielschichtigkeit im »Völkerbabylon« der k.u.k. Monarchie. Dementsprechend turbulent muß auch das Leben in dieser multinationalen Männergemeinschaft gewesen sein.

Der Verwalter des Männerheims, zunächst Johann Kanya, ab Juni 1910 Robert Schaffer, war eine strenge und gefürchtete Autorität. Er wohnte im Heim und drang auf Disziplin, Sauberkeit und Ruhe. Frauenbesuche waren strengstens verboten, auch in den

Aufenthaltsräumen. Nichtbeachtung der Hausregeln wurde mit Hinauswurf bestraft.

Obwohl im Sommer 1910 noch ein ähnliches Heim im Arbeiterbezirk Hernals, Wurlitzergasse 89, eröffnet wurde – wo H. entgegen manchen Behauptungen nie wohnte –, deckten die beiden Heime mit zusammen 1434 Schlafplätzen bei weitem nicht den Bedarf ab. Wien hatte mehr als 80 000 Bettgeher[11] und noch weit mehr Obdachsuchende. Außerdem waren im Jahre 1911 die weitaus meisten Heimbewohner der Meldemannstraße – 514 von damals 560 – ohne Unterbrechung bereits länger als ein Jahr im Heim,[12] so daß für Neuankömmlinge kaum Platz blieb. Ohne Not gab niemand einen solchen Heimplatz auf.

Bilderproduktion

In der sicheren, peinlich sauberen Atmosphäre des Männerheims sitzt nun der knapp 21jährige H. in der Nichtraucherabteilung des Leseraumes und malt seine Bilder. Neben ihm sitzen andere Heimarbeiter: Notenkopierer, Adressen- und Preistafelschreiber. Einer schneidet aus Pappe Postkarten und verziert sie mit Wappen und Monogrammen, ein anderer schreibt Namen und Adressen von Verlobten aus den Zeitungen ab, um die Daten an Ausstattungsfirmen zu verkaufen. Manche vertiefen sich in Zeitungen und Bücher. Andere spielen Schach oder Domino, unterhalten sich, streiten, schauen den Arbeitenden über die Schulter. Es herrscht Kommen und Gehen.

Produktion und Verkauf der Bilder funktionieren. Zum erstenmal in seinem Leben ist H. fähig, seinen Lebensunterhalt durch Arbeit zu bestreiten. Künstlerischen Ehrgeiz hat er angeblich nicht. Kunst, die dem Brot nachgehe, meint er später – freilich nicht in bezug auf seine eigene –, sei *Lohnarbeit im Auftrag des Verbrauchers, nicht anders als die kunstvolle Torte eines Konditors oder die Brötchen, die der Bäcker zum Morgenkaffee schickt.*[13]

Hanisch[14] beschränkt sich bald nicht mehr darauf, gemalte Postkarten in Gasthäusern anzubieten, sondern fragt gezielt bei Handwerkern nach, etwa bei Rahmenhändlern, die kleine Aquarelle brauchen, um ihre Rahmen im Schaufenster besser zur Geltung zu bringen. Der Tapezierermeister Karl Pichler im Arbeiterbezirk Her-

Der Michaelerplatz in einer Ansicht des 18. Jahrhunderts, kopiert von »A. Hitler«; links stand in H.s Zeit bereits das Loos-Haus

nals, Hernalser Hauptstraße 30, bestellt im April 1910 je ein Bild einer Frühlings- und einer Herbstlandschaft als Kopien von vorgegebenen Gemälden und in genau vorgeschriebenen Maßen.[15] Die

Bilder sind für die Wandseite eines altdeutschen Diwans beiderseits des in der Mitte angebrachten Spiegels bestimmt. Später erhält H. auch Aufträge vom Glasermeister Samuel Morgenstern.

Was die Motive betrifft, so malt H. das, was Touristen wollen, vor allem Wien-Ansichten: Stephansdom, Minoriten- und Schottenkirche, Karlskirche, Rathaus und Parlament. Sozialromantik bringt der »Ratzenstadl«, ein heruntergekommenes Viertel des 6. Bezirks. Alle Bilder kopiert er nach Vorlagen, besonders gerne nach Kupferstichen von Schütz aus dem 18. Jahrhundert. »Nach der Natur« malen kann H. laut Hanisch nicht. Für eine bestellte Ansicht der Gumpendorfer Kirche, für die keine Vorlage zu finden war, seien sie frühmorgens schon aufgebrochen, um Skizzen zu machen. Aber H. habe nichts als Ausflüchte gehabt: Es sei zu kalt, seine Finger seien zu steif. Jedenfalls habe er auf diese Weise kein Bild zustande gebracht.

Über die schlechte Qualität von H.s Bildern klagte die Tochter des Rahmenhändlers Jakob Altenberg: »Es waren die billigsten Artikel, die wir jemals verkauften. Die einzigen Leute, die Interesse daran zeigten, waren Touristen, die nach billigen Wien-Souvenirs Ausschau hielten.«[16]

Zwischen 1933 und 1945 allerdings wurden H.s Bilder als große Kunstwerke gerühmt. Der Kult um die künstlerische Vergangenheit des »Führers« und die Preissprünge für seine Bilder nahmen solche Formen an, daß H. sich gezwungen sah, einzuschreiten, wollte er sich nicht vor Fachleuten blamieren. Zum befreundeten Photographen Heinrich Hoffmann sagte er 1944, als der Preis für einen »echten Hitler« bei bis zu 10 000 Mark lag: *Mehr als RM 150 oder 200 RM sollten diese Sachen auch heute nicht kosten. Es ist Wahnsinn, wenn man dafür mehr Geld hergibt. Ich wollte ja kein Maler werden, ich habe diese Sachen nur gemalt, damit ich meinen Lebensunterhalt bestreiten und studieren konnte.* Wichtig seien ihm nur seine alten Architekturzeichnungen, die fast alle verloren seien.[17] Am 28. März 1938 untersagte er jede Veröffentlichung seiner Werke.[18]

In der Wiener Zeit sind freilich nur drei bis fünf Kronen pro Bild zu erzielen, also zwei bis drei Kronen pro Person, wovon H. noch Farben und anderes Material finanzieren muß. Um das Leben für sich und Hanisch bestreiten zu können, müßte er also täglich mindestens ein Bild malen – was er nicht schafft. Die beiden Männer können sich nun zwar die Unterkunft im Männerheim und Essen leisten, aber sonst kaum etwas, vor allem keine neue Kleidung und Schuhe. Hanisch drängt den Widerstrebenden, rascher zu arbeiten – mit der Konsequenz, daß die Freundschaft stark abkühlt. H. schließt sich, von Hanisch wütend beobachtet, mehr und mehr an einen anderen Männerheimkollegen an: Josef Neumann. Laut den Akten des Wiener Meldearchivs ist dieser elf Jahre älter als H.: geboren 1878 in Vöslau in Niederösterreich, ledig, mosaisch, von Beruf Kupferputzer. Vom 29. Januar bis 12. Juli 1910 ist er im Männerheim Meldemannstraße gemeldet.[19] Neumann betätigt sich laut Hanisch als Händler für Waren aller Art und arbeitet mit einem anderen Juden zusammen, der mit alten Kleidern hausieren geht. Daß beide für H. auch Bilder verkaufen, ärgert Hanisch besonders, da er ja vom Verkauf der Bilder lebt.

Diskussionen im Leseraum

Hanisch kritisiert später wortreich, daß H. zu »faul« und nicht gewillt gewesen sei, von morgens bis abends zu arbeiten. Andere Interessen seien ihm wichtiger gewesen: »Morgens mußte er zuerst einige Zeitungen lesen, bevor er mit der Arbeit begann. Und wenn jemand eine andere Zeitung brachte, mußte er auch diese lesen.« Im Leseraum des Männerheims liegen einige Zeitungen auf, wahrscheinlich vor allem die unpolitischen Blätter wie die ILLUSTRIERTE KRONEN-ZEITUNG, das FREMDENBLATT, die amtliche WIENER ZEITUNG, auf jeden Fall aber, da das Heim unter Aufsicht der Stadt Wien stand, die christlichsozialen und katholischen Blätter, also DIE REICHSPOST, das DEUTSCHE VOLKSBLATT, der ÖSTERREICHISCHE VOLKSFREUND, die BRIGITTENAUER BEZIRKS-NACHRICHTEN und die Kirchenzeitungen.

Die meiste Arbeitszeit hätten H.s Reden und seine Mitwirkung an politischen Diskussionen verschlungen, meinte Hanisch: »Es war unmöglich, Hitler an die Arbeit zu bringen. Während ich mich abmühte, Rahmenhändler und Tapezierer zu bearbeiten, setzte er sich morgens im Heim hin, um zu zeichnen. Aber dann fing schon das Politisieren an, und für gewöhnlich wurde er der Wortführer. Wenn ich abends nach Hause kam, mußte ich ihm oft den Einspannrahmen aus der Hand nehmen, da er ihn über seinem Kopf schwang und dabei eine Rede hielt.«

H. bevorzugt im Männerheim die gleichen Themen, die auch August Kubizek für 1908 erwähnt. Voll Verehrung spricht er laut Hanisch von Gottfried Semper und Karl May, er eifert sich über die katholische Kirche und die Jesuiten, beschäftigt sich mit der Geschichte der Revolution von 1848 und doziert gerne über Arthur Schopenhauer, den Lieblingsphilosophen der Deutschnationalen. Ein älterer Männerheimkollege, genannt »der Professor«, habe ihn daraufhin gefragt, ob er denn jemals Schopenhauer gelesen habe. Hanisch: »Hitler wurde knallrot und sagte, er hätte etwas gelesen. Der alte Herr meinte, er solle nur über Dinge sprechen, die er verstehe.« Daraufhin sei H. vorsichtiger geworden.

Welche Politiker er schätzt, sagt H. im Männerheim offen. Hanisch: »Er war ein großer Verehrer von Schönerer. Auch Karl Hermann Wolf war sein Mann.« Schönerer als Führer der Alldeutschen und Wolf als Führer der Deutschradikalen repräsentieren die extremsten deutschnationalen Parteien der Habsburgermonarchie.

Auch H.s Verehrung für den populärsten Politiker Wiens, den christlichsozialen Bürgermeister Dr. Karl Lueger, ist offenkundig. Laut Hanisch erzählt H. zu Ostern 1910, also um die Zeit von Luegers Tod, »wie berauscht« von einem Film über einen Volkstribunen, der als Redner die Massen mit sich reißt: »Hitler war entflammt von der Idee, daß dies der Weg sei, eine neue Partei zu gründen. Ich lachte ihn aus und nahm ihn nicht ernst.« Hanisch: »Ich sagte ihm, er solle mit dem Reden aufhören, denn er sehe wirklich nicht wie der Gründer einer politischen Partei aus, und er müsse ernsthaft arbeiten.« Der Film DER TUNNEL, den Hanisch mit dieser Szene verbindet, wurde freilich erst 1915 fertiggestellt.[20]

Wie überall in der k.u.k. Monarchie wird auch im Männerheim über die Nationalitätenfrage diskutiert. H. nimmt hier, so Hanisch, einen streng zentralistischen Standpunkt ein, so wie ihn die Schönerianer vertreten. Er habe die Berliner Politik gegenüber der polnischen Minderheit im Deutschen Reich verteidigt und angeblich sogar Verständnis für die gewaltsame Entnationalisierung der deutschen Minderheit in Ungarn gezeigt. »Hitler sagte, dies sei nicht zu vermeiden. Ein Staat müsse versuchen, eine einheitliche Nationalität innerhalb seiner Grenzen zu schaffen.« Hanisch: »Ich war sehr ärgerlich darüber, daß Hitler sich immer auf die Seite des Staates stellte. Ob es sich in der Diskussion um die unbarmherzige Politik der Magyarisierung handelte oder die Politik in Posen oder Oberschlesien, Hitler billigte stets all diese gewaltsamen Maßnahmen als notwendig für das Wohl des Staates.« Er, Hanisch, habe in solchen Diskussionen stets gegenteilig argumentiert, »aber eine Opposition war nutzlos, weil Hitler so laut schrie«. Auch als Politiker kritisierte H. stets das föderalistische Prinzip der Habsburger gegenüber den höchst unterschiedlichen Kronländern. So meinte er 1923 in einer Rede in München: *Österreich fehlte der Geist, der notwendig ist, einen Staat zu erhalten... Warum hat Österreich Triest nicht deutschisiert? Dazu gehörte eine eiserne Faust, ein eiserner Wille, und das hatte man nicht. Warum? Weil die Presse Humanität und Demokratie predigte. Aber mit Humanität und Demokratie sind noch nie Länder kolonisiert worden.*[21]

Laut Hanisch gibt es 1910 auch eine Diskussion über Kaiserin Elisabeth, weil diese auf der Insel Korfu ein Heine-Denkmal aufgestellt habe. Diese Aussage irritiert zunächst, denn Elisabeth, Ehefrau Kaiser Franz Josephs, war schon 1898 ermordet worden. Trotzdem ist Hanisch hier glaubwürdig: 1910 wurde tatsächlich wieder eifrig über Elisabeth debattiert, da Kaiser Wilhelm II. ihr Schloß Achilleion auf Korfu aus dem Nachlaß kaufte und nun als wütender Heine-Gegner zuerst die von Elisabeth aufgestellte Heine-Statue wegschaffen ließ. Die österreichische Kaiserin wurde schon zu Lebzeiten heftig wegen ihrer Heine-Schwärmerei angegriffen und deshalb zu den »Judenknechten« gezählt.[22] Auch jetzt ging eine Welle von Heine-Beschimpfungen durch die antisemitische Presse. Wenn man Hanisch glauben kann, verteidigte der junge H. hier sogar Heine. Er fände es traurig, daß Deutschland Heines Verdienste nicht mit einem Denkmal würdige. Er stimme zwar nicht mit Heines Meinungen überein, aber seine Dichtungen geböten doch Respekt, soll der junge H. gesagt haben.

Aus weiteren ähnlichen Äußerungen des jungen H. ist auf eine intensive Beschäftigung mit dem Antisemitismus zu schließen – und auf einen starken Einfluß jüdischer Männerheimfreunde und nicht-antisemitischer Literatur. So habe H. laut Hanisch die Ringparabel aus Lessings NATHAN DER WEISE zitiert. Er habe die Juden als erste zivilisierte Nation dargestellt, weil sie als erste den Polytheismus für den Glauben an einen Gott aufgegeben hätten. Er habe sogar bestritten, daß jüdische Kapitalisten Wucher betreiben, und betont, daß das meiste Kapital in christlicher Hand sei. Der Adel dagegen wuchere und bediene sich dafür jüdischer Agenten. H. habe die Wohltätigkeit der Juden gepriesen und große Beispiele aus der Vergangenheit genannt, so Joseph von Sonnenfels, der unter Maria Theresia die Folter abschaffte. Als die Rede auf den üblichen Vorwurf kam, die Juden könnten keine Künstler sein, habe H. als Gegenbeispiele Felix Mendelssohn-Bartholdy und Jacques Offenbach genannt.

Am meisten bewundert H. angeblich, wie die Juden allen Verfolgungen zum Trotz überlebten. Er rühmt Rothschild, weil dieser sich weigerte, seine Religion zu wechseln, um bei Hof zugelassen zu werden. Bei abendlichen Spaziergängen hätten sie über Moses und die zehn Gebote debattiert, die H. als Basis der ganzen Zivilisation bewunderte.

Mit Neumann diskutiert H. durchaus freundschaftlich über den Zionismus. Hanisch: »Neumann sagte, wenn die Juden Österreich verlassen würden, wäre das ein großes Unglück für das Land, da sie das ganze österreichische Kapital mitnehmen würden. Hitler meinte aber, das werde nicht sein, da das Geld natürlich konfisziert werde, da es ja nicht jüdisch, sondern österreichisch sei. Dann machte Neumann immer einen Scherz: es würde trotzdem ein Unglück für Österreich sein, denn wenn die Juden das Rote Meer überquerten, würden alle Caféhäuser der Leopoldstadt verlassen sein.« Die Frage, was bei einem »Auszug« der Juden aus Europa nach Palästina mit ihrem Vermögen geschehen sollte, wurde in dieser Zeit öffentlich heftig diskutiert.

Als weiteres aktuelles Diskussionsthema seien im Männerheim auch die Ritualmordbeschuldigungen aufs Tapet gekommen. Mit Sicherheit handelt es sich hier um die damals wild umkämpfte Aktion einiger Liberaler, darunter Tomáš G. Masaryk und die Pazifistin Bertha von Suttner, den Ritualmordprozeß von 1899 gegen den jüdischen Schustergesellen Leopold Hilsner aus Mähren wiederaufzunehmen, um dessen Unschuld zu beweisen – und die Unsinnigkeit der Ritualmordbeschuldigungen überhaupt. Die liberale Presse und vor allem der »Verein zur Abwehr des Antisemitismus« unterstützten die Aktion. Die Antisemiten jeder Nationalität von den Alldeutschen bis zu den Tschechischen Nationalsozialisten bekräftigten dagegen die Rechtmäßigkeit des Urteils. Auch in diesem

Streit nimmt der junge H. laut Hanisch nicht Partei für die Antisemiten, sondern widerspricht dem Ritualmordvorwurf und bemerkt, »dies sei vollkommener Unsinn, eine unbegründete Verleumdung«.

Der deutlich eifersüchtige Hanisch vermittelt den Eindruck, daß der damals 21jährige H. ganz unter dem Einfluß seines engen jüdischen Freundes Neumann stand. Doch eindeutig ist diese Haltung des jungen H. nicht. Denn als ein Vorarbeiter aus Bayern sich darüber wundert, wieso die Juden immer Fremde in einer Nation blieben, antwortete H. laut Hanisch, »das sei, weil sie eine eigene Rasse seien. Auch, so sagte er, hätten die Juden einen anderen Geruch.« H. habe gemeint, daß Nachkommen von Juden oft sehr radikal seien und terroristische Neigungen hätten. »Und er sagte, daß nach dem Talmud es nicht sträflich sei, wenn ein Jude einen Nichtjuden übervorteile« – auch dies eine Meinung, die in so gut wie jeder antisemitischen Zeitung dieser Zeit zu finden ist. H. zitiert laut Hanisch gerne den Satz vom Ziel, das die Mittel rechtfertige, und baut in sein offenbar vieldiskutiertes »Parteiprogramm« den Antisemitismus als kräftigen Slogan ein.

Diese Äußerungen des 21jährigen H. bieten aber ein solch krauses Durcheinander – was auch an der Wiedergabe des politisch uninteressierten Hanisch liegen mag –, daß von einer festen Überzeugung offenbar noch nicht die Rede sein kann. Was auch immer von diesen Aussagen zu halten ist, so ist doch eines sicher: Der junge H. muß sich in dieser Zeit intensiv mit dem Judentum und dem Antisemitismus beschäftigt haben und bezieht seine Kenntnisse durchaus nicht nur aus antisemitischen Quellen.

Hanisch berichtet in den dreißiger Jahren mit starkem antisemitischen Unterton und mit dem deutlich erkennbaren Ziel, den inzwischen berühmtesten Antisemiten H. unglaubwürdig zu machen, H. habe damals ein langes Jackett getragen, das Neumann im jüdischen Viertel nicht habe loswerden können und ihm geschenkt habe – die Beschreibung deutet wohl mit Absicht auf ein kaftanähnliches Gewand. Andere Zeugen beschrieben dieses Gewand eher als alten Gehrock oder »Bratenrock«. Jedenfalls hat es hinten lange Rockschwänze, denn die Kollegen benutzen dieses ungewöhnliche Kleidungsstück manchmal, um sich mit dem heftig politisierenden H. einen Spaß zu machen, wie Hanisch berichtet: Der eine Kollege bindet H.s lange Rockschwänze an die Bank, während ein anderer mit ihm politisiert.»Nun pflegten ihm alle zu widersprechen, was er nicht ausstehen konnte. Er sprang auf seine Füße und schleppte die Bank mit großem Rumpeln hinter sich her... Wenn er sich aufregte, konnte sich Hitler nicht zurückhalten. Er schrie und gestikulierte wild mit den Händen.« Hanisch meint spöttelnd, H. habe mit seiner heftigen Politisiererei für manche Kollegen »eine Art von Unterhaltung« abgegeben: »Ständig wurde debattiert. Oft sah das Heim aus, als wenn gerade eine Wahlkampagne stattfände.« In ruhigem Zustand sei H. aber, so Hanisch, ganz anders gewesen: voll Selbstkontrolle, mit guten Manieren und im Sprechen eher steif.

Hanisch trägt noch dicker auf, wenn er schreibt, H. habe einen unglaublich schmierigen steifen Hut auf dem Hinterkopf getragen. Seine Haare seien lang und verwirrt gewesen, und er habe sich einen Kinnbart wachsen lassen, »wie ihn Christen selten tragen, der aber in der Leopoldstadt oder im Judenghetto nicht unüblich ist«. An anderer Stelle meint Hanisch mit überdeutlichem Gebrauch des antisemitischen Vokabulars, H. habe damals sehr jüdisch ausgesehen: »Auch hatte er große Füße, wie sie ein Wüstenwanderer haben muß.«

Laut Hanisch seien H.s neue Freunde im Männerheim lauter Juden gewesen. Da Hanisch auch Namen nennt, ist der Wahrheitsbeweis für diese Aussage mit Hilfe des Wiener Meldeamtes leicht zu erbringen: Bei dem von Hanisch genannten einäugigen Schlosser »namens Robinsohn«, der als Invalidenrentner H. oft geholfen habe, handelt es sich um Simon Robinson, geboren 1864 in Lisko, Galizien, Religion mosaisch, Schlossergehilfe. Vom 19. Januar 1912 bis zum 27. November 1913 wohnt er mit Unterbrechungen im Männerheim Meldemannstraße.

Auch Neumanns Freund, der, wie Hanisch berichtet, beim Verkauf der H.-Bilder hilft, ist in den Akten des Wiener Meldeamtes zu finden: Es handelt sich um Siegfried Löffner, geboren 1872 in Windig Jeniklau bei Iglau in Mähren, mosaisch, Vertreter. Er hat im böhmischen Teplitz eine Frau und zwei Kinder und gilt ab 1914 als geschieden. 30 erhaltene Meldezettel von 1914 bis 1936 dokumentieren ein Leben zwischen Wiener Männer- und Ledigenheimen. Aus unbekannten Gründen fehlen jedoch Eintragungen vor 1914.

Gemeinschaftsaktionen

Von geselligen Veranstaltungen hält sich H. meistens fern. Er nimmt nicht an den beliebten abendlichen Saufereien teil und ist offenbar schon damals Antialkoholiker, wie auch Kubizek bezeugt. Spätestens jetzt hört er aus Geldnot auch mit dem Rauchen auf: *Ich habe meine Zigaretten in die Donau geworfen und habe nie mehr danach gegriffen.* Stolze Schlußfolgerung 1942 in der Wolfsschanze: *Ich bin überzeugt, wenn ich Raucher wäre, ich würde den Sorgen nicht standgehalten haben, die mich seit so langer Zeit belasten. Vielleicht verdankt dem das deutsche Volk seine Rettung!*[23]

Da der junge Mann auch bei Gesprächen über Frauen nicht mithalten kann, gilt er als Sonderling, der überdies gerne signalisiert, etwas »Besseres« zu sein – trotz seiner jämmerlichen Kleidung. Abends nach acht Uhr, wenn die Schlafkojen geöffnet werden, zieht er sich zu seiner als luxuriös empfundenen Glühbirne zurück, beginnt sein zweites Leben, in das die anderen keinen Einblick haben, die Zeit seines nächtlichen »Studiums«, eine Gewohnheit, die H. sein Leben lang beibehält.[24] Man wird wohl glauben müssen, was H. in MEIN KAMPF über diese Zeit schreibt: *Ich malte zum Brotverdienen und lernte zur Freude.*[25]

Selten nimmt H. an Gemeinschaftsaktionen teil. Einmal seien sie gemeinsam im Prater gewesen, erzählte Hanisch, und hätten dort die damals hochmoderne amerikanische »scenic railway« besucht, eine Art Grottenbahn mit der Darstellung von Opernszenen mit jeweils passender Musik aus dem Grammophon, darunter auch eine Szene aus TANNHÄUSER. H. habe danach seinen Kollegen auf dem Heimweg die Handlung erklärt und einige Passagen vorgesungen. »In seiner aufgeregten Art konnte er nur einige Töne summen und dazu mit den Armen gestikulieren.« Hanisch: »Er war sehr begeistert von Wagner und sagte manchmal, daß Oper wirklich der beste Gottesdienst sei.«

In der »scenic railway« sei auch Mozarts ZAUBERFLÖTE vorgekommen. Aber H. habe gemeint, Mozart passe besser in alte sentimentale Zeiten und habe sich überlebt. Wagner dagegen sei ein Kämpfer gewesen – und außerdem beschäftige das größere Orchester mehr Leute. Diese Praterattraktion muß H. als schwacher Ersatz für vermißte Opernbesuche dienen.

Der Prater war der Treffpunkt und Vergnügungsort der kleinen Leute. Hier verlebten auch die böhmischen Dienstmädchen ihre rare Freizeit – laut Dienstbotenordnung hatten sie jede zweite Woche sieben Stunden Ausgang – und trafen beim Tanz ihre Verehrer: Soldaten, Arbeiter und Handwerker. Der Schriftsteller Felix Salten: »Eine ganze junge Menschheit, die in der ungeheuren Stadt kein Zuhause hat, die im Wirbel dieses brausenden Lebens verlaufen und einsam ist, findet hier, im rauchig-dunstigen Saal ein Stück Heimat... Einfach, wie nirgendwo sonst, enthüllen sich hier die einfachen, menschlichen Triebe. Die Lust des Weibes am Manne. Die Lust des Mannes am Weibe... Der ganze Saal dampft von Jugend, Begierde, Rausch und Taumel.«[26] H. habe sich, so Kubizek, über die im Prater herrschende »Weinseligkeit« wie die »Heurigenduselei« empört.

Wien: Im Prater.

Von einem gemeinsamen Praterbesuch erzählt auch Kubizek, Aber dem jungen H. habe es hier nicht gefallen: »Er begriff die Leute nicht, die ihre kostbare Zeit mit solch läppischen Zeug vertrödelten. Wenn vor einer Schaubude mit irgendeiner Attraktion das Volk in brüllendes Lachen ausbrach, schüttelte er nur empört den Kopf über so viel Dummheit und fragte mich zornig, ob ich begreifen könne, warum diese Menschen lachen.« Und: »Außerdem widerte ihn das bunte Gemisch von Wienern, Tschechen, Madjaren, Slowaken, Rumänen, Kroaten, Italienern und weiß Gott was noch, das sich durch den Prater drängte, auf das heftigste an.« Kubizek: »Die bunte Masse, die sich durch den Prater wälzte, war ihm rein physisch unerträglich. So sehr er mit den kleinen Leuten fühlte, konnte er sich diese nicht weit genug vom Leibe halten.«[27]

Streit mit Hanisch

Hanisch erzählte, daß er zu Ostern 1910 für einen großen Auftrag 40 Kronen kassiert und mit H. aufgeteilt habe. Daraufhin sei dieser mit Neumann aus dem Heim verschwunden und erst eine Woche später wieder aufgetaucht. Die Wiener Meldezettel bestätigen auch diese Aussage: Am 21. Juni 1910 meldet sich H. im Männerheim ab und am 26. Juni wieder an. Es handelt sich also nicht um Ostern, sondern um Pfingsten 1910. Neumann unterläßt die umständliche Prozedur des An- und Abmeldens und bleibt weiter gemeldet.

Wie und vor allem wo die beiden Männer diese Zeit verbringen, ist nicht bekannt. Auf Hanischs verärgertes Fragen, wo er gewesen sei, habe H. bei seiner Rückkehr nur geantwortet, er habe mit Neumann Stadtbesichtigungen gemacht und viel Zeit im Museum verbracht. Als Hanisch ihn zur Arbeit drängt, erklärt H., er müsse sich nun erholen, schließlich sei er kein Kuli. Von den 20 Kronen sei nichts mehr übrig gewesen.

Wahrscheinlich sagt H., dessen Beziehung zu Hanisch stark abgekühlt ist, hier nicht die Wahrheit. Möglich ist, aber nicht zu beweisen und von den Waldviertler Verwandten auch nicht bestätigt, daß er in diesen mysteriösen Junitagen mit oder ohne Neumann ins Waldviertel fährt, um die »Hanitante« zu besuchen. Sie hat ihm ja einige Monate zuvor mit der Überweisung von 50 Kronen aus ärgster Not geholfen, und er muß weiter mit ihr in brieflicher Verbindung sein. Die Tante, die einige Monate später an Diabetes stirbt, dürfte im Juni schon krank gewesen sein. Für einen Besuch im Waldviertel könnte auch eine aquarellierte Ansicht von Döllersheim sprechen, die H. später als Zeichen besonderer Huld an Joseph Goebbels verschenkte. Fälschungen sind dagegen die auf 1910 datierten Aquarelle HITLER-STAMMHAUS IN WALTERSCHLAG und FRIEDHOF ZU SPITAL MIT DEN GRÄBERN MEINER VERWANDTEN.[28]

Neumann, den Hanisch H.s wirklichen und engsten Freund nannte, verläßt Wien laut Meldezettel am 12. Juli 1910. Er habe, so

Hanisch, mit großem Enthusiasmus von Deutschland gesprochen und H. gebeten, mit ihm zu gehen. Doch H. habe sich nicht entschließen können. Dann habe man nichts mehr von Neumann gehört. – Laut Meldeamt kam Neumann Anfang August 1914 nach Wien zurück, offenbar wegen des Kriegsausbruches. Dann verliert sich seine Spur.

Nach Neumanns Abreise treibt die Beziehung zwischen Hanisch und H. auf einen Bruch hin. Laut Hanisch liefert H. immer weniger Bilder, was vielleicht auf eine andere Geldquelle weist, nämlich eine Überweisung von der Tante. Hanisch habe sich nun selbst im Malen und Radieren versucht, um die Aufträge erfüllen zu können. Das heißt, daß Hanisch nun vom Mitarbeiter zum Konkurrenten wird.

H. wird mißtrauisch und verlangt von Hanisch eine Liste der Auftraggeber. Dies verweigert Hanisch aus gutem Grund, da er, wie er später eingesteht, heimlich einen großen Auftrag von Altenberg angenommen hat, der eigentlich für H. bestimmt ist. Es handelt sich dabei, was H. nicht weiß, um das Schneiden von Silhouetten aus Goldglas, das für Hanisch bis in die dreißiger Jahre eine stete Einkommensquelle bilden sollte.[29]

Im Juli 1910 kommt es zum Streit. Hanisch: »Ich nannte ihn einen Hungerkünstler und er nannte mich einen Hausdiener, weil ich ihm einmal gesagt hatte, daß ich früher als Diener in Berlin gearbeitet hatte. Ich antwortete, daß ich wenigstens mich um keine Arbeit drücke.« Daraufhin habe er, Hanisch, beschlossen, nunmehr selbständig zu arbeiten, und das Männerheim verlassen.

Drei Wochen später trifft Hanisch im 4. Bezirk (Wieden) zufällig einen alten Bekannten: »einen Postkartenhändler namens Löffler [sic], ein Jude, der auch im Männerheim wohnte. Er war einer von Hitlers Bekanntenkreis. Ich fragte ihn, was es im Männerheim Neues gebe, und er warf mir vor, ich hätte ein Bild Hitlers unterschlagen.« Gemeint ist eine besonders sorgfältig gemalte Ansicht des Parlaments, von der sich H. einen größeren Erlös als gewöhnlich erwartet.[30] Die beiden dürften einander wahrscheinlich im Geschäft des Rahmenhändlers Altenberg auf der Wiedener Hauptstraße getroffen haben, das sie nun als Konkurrenten belieferten. Löffner, denn zweifellos handelt es sich hier um diesen Freund Neumanns, fungiert hier als H.s Verkäufer.

Hanisch weiter über sein Treffen mit Löffner: »Wir hatten eine heftige Auseinandersetzung. In diesem Moment kam ein Polizist vorbei und Löffler sagte ihm, worum es ging, und er nahm uns mit auf die Wache. Da ich keinen Ausweis hatte, wurde ich festgehalten.« Löffner jedenfalls steht auf H.s Seite – und zeigt Hanisch wegen Veruntreuung an. Dieser hat keine guten Karten, da sich herausstellt, daß er unter falschem Namen lebt. Laut Wiener Meldeamt ist Hanisch am 13. Juli 1910 unter dem Namen Fritz Walter im Männerheim Wurlitzergasse gemeldet. Als Begründung für die Falschmeldung gibt Hanisch an, er kenne H. als jähzornigen Menschen und habe befürchtet, dieser würde ihn finden und »ihm zur Last fallen, falls er wegen seiner Faulheit seine Unterkunft im Männerheim verliere«.

Das Polizeiprotokoll, ausgestellt am 4. August 1910 vom k.k. Bezirks-Polizei-Kommissariat Wieden, wird später den Akten des NSDAP-Parteiarchivs beigegeben: »Siegfried Löffner, Platzagent, XX., Meldemannstraße 27, gibt an: Ich habe von einem Maler im Männerheim erfahren, daß der Arretierte diesem Bilder verkauft und das Geld veruntreut habe. Ich kenne den Maler nicht mit Namen, nur vom Männerheim her, wo er mit dem Arretierten immer beisammen saß.«[31] Warum Löffner angab, H.s Namen nicht zu kennen, ist rätselhaft. Wahrscheinlich wollte er seine Aussage dadurch bekräftigen oder hatte eine Anweisung von H.

Am 5. August 1910 wird H. im Kommissariat Brigittenau vernommen. Auch dieses Protokoll ist erhalten: »Adolf Hitler, Kunstmaler, 20. 4. 1889 Braunau geb., Linz zuständig, kath, ledig, XX. Meldemannstraße 27 wohnhaft gibt an: es ist nicht richtig, daß ich dem Hanisch den Rat gegeben habe, er solle sich als Walter Fritz anmelden, ich habe ihn überhaupt nur als Walter Fritz gekannt. Da er mittellos war, gab ich ihm die Bilder, die ich malte, damit er sie verkaufe. Von dem Erlöse erhielt er von mir regelmäßig 50 %. Seit ungefähr zwei Wochen ist Hanisch ins Männerheim nicht zurückgekehrt und hat mir das Bild ›Parlament‹ im Werte von 50 K und ein Aquarellbild im Werte von 9 K veruntreut. Als einziges Dokument habe ich von ihm bloß das fragliche Arbeitsbuch auf den Namen Fritz Walter gesehen. Ich kenne den Hanisch vom Asyl in Meidling, wo ich ihn einmal traf. Adolf Hitler.«[32] (Dieses Protokoll beweist also, daß H. tatsächlich vorher im Obdachlosenasyl war.)

Hanisch rechtfertigt sich vor der Polizei damit, daß H. für seine Bilder überhöhte Preise erwartet habe – er, Hanisch, habe für das Parlamentsbild nur zwölf Kronen erzielt und davon H. die Hälfte abgegeben. Das bestreitet H.; Hanisch weigert sich auch mit gutem Grund, den Namen des Käufers zu nennen – es ist der Rahmenmacher Wenzel Rainer in der Liechtensteinstraße. Er habe H.s Aussage damals nicht entkräftet, so schreibt er 1933, »weil ich vom Privatkäufer des Parlaments eine mehrwöchentliche Bestellung erhalten hatte, die Hitler bekommen hätte, wenn ich den Ort des Verkaufes angegeben hätte«.[33]

Am 11. August 1910 wird Hanisch zu sieben Tagen Arrest verurteilt. Nach der Haft bezieht er laut Meldeamt am 25. August 1910 unter seinem richtigen Namen ein Quartier im 10. Bezirk und taucht schon am 10. Oktober 1910 – als Friedrich Walter, von Beruf diesmal »Bühnenarbeiter« – wieder in der Meldemannstraße auf, wo er eine Woche bleibt. Dann kommt er sporadisch immer wieder, bis er 1913 drei Monate lang bleibt (siehe S. 542). H. ist seinen nunmehrigen Todfeind also keineswegs los, und mit Sicherheit machte ihm dieser das Leben nach Kräften schwer.

Sehr wahrscheinlich revanchiert sich Hanisch auf dem Weg über einen Männerheimfreund bald für H.s Anzeige. Der Vorgang enthüllt sich erst in der Zusammenführung zweier unabhängiger Quellen: Ein späterer Männerheimkollege, der Brünner Anonymus, berichtet aus dem Frühjahr 1912, im Männerheim habe ein akademischer Maler gewohnt, der eine Staffelei besaß und Ölbilder malte. Dieser sei H.s Feind gewesen. Der Anonymus: »Wenn er zufällig und öfters auch absichtlich an dem Platz vorbeiging, wo Hitler saß, vergaß er nie, auf seine Arbeit einen Blick zu werfen, wobei man in seinem Gesicht einen boshaften Ausdruck beobachten konnte. Hitler mißtraute ihm gleich rein instinktiv und sagte mir, daß K. sicher nur sein Verderben wolle und zwar aus Konkurrenzneid. Es ging so weit, daß Hitler seine Arbeit bedeckte oder sie umdrehte, sobald er sah, daß K. kam.«[34]

Der Anonymus berichtet weiter, H. habe damals – also 1912 – eine Vorladung zum Polizeikommissariat Brigittenau bekommen und sich dort rechtfertigen müssen, da er wegen Führung eines falschen Titels – akademischer Maler – angezeigt worden sei. Angeblich wegen mangelhafter Schuhe habe er jedoch der Vorladung nicht

Folge geleistet. Daraufhin sei ein Polizist im Männerheim erschienen. H. habe zum Verwalter kommen müssen und sei ermahnt worden, nicht mehr den falschen Titel zu gebrauchen, sonst würde er bestraft. Als Denunzianten habe er den Maler verdächtigt.

Unabhängig vom Anonymus erwähnt Hanisch zwei Jahrzehnte später ebenfalls einen akademischen Maler im Männerheim, der H. gut gekannt habe. Dieser Maler mit Namen Karl Leidenroth war noch in den dreißiger Jahren ein so enger Freund Hanischs, daß er ihm einerseits Echtheitsgutachten für von Hanisch gefälschte H.-Bilder anfertigte, andererseits aber auch aussagte, er habe selbst erlebt, wie der junge H. im Männerheim Bilder gefälscht habe – ein eindeutiger Erpressungsversuch Hanischs und Leidenroths bei dem berühmt und reich gewordenen ehemaligen Männerheimkollegen (siehe S. 266f.). Laut Unterlagen des Wiener Meldearchivs handelt es sich hier um den akademischen Maler und Langzeitbewohner im Männerheim – November 1908 bis April 1911 – Karl Leidenroth, geboren 1882 in Oberölbingen in Sachsen, gestorben 1944 in Wien.

Die beiden Aussagen des Anonymus und Hanischs zusammen ergeben, daß Hanisch und Leidenroth schon in Männerheimzeiten unter einer Decke steckten. Damit wäre der »K.« Karl Leidenroth und seine Anzeige 1912 die Revanche für die Anzeige des H.-Freundes Löffner gegen Hanisch 1910.

Nach Neumanns Abreise und dem Streit mit Hanisch findet H. andere Kollegen, die für ihn verkaufen, wie eben Löffner. Er überwindet aber nun häufiger seine Hemmungen und liefert auch selbst Bilder aus, schon um Geld für den Verkäufer zu sparen. Dabei kann er an alte Geschäftsverbindungen anknüpfen, vor allem bei Altenberg und Pichler.[35]

Jakob Altenberg, 1875 als Sohn von Moses und Sarah Altenberg in Grzymatow, Sk(r)alat, Galizien, geboren, wanderte als junger Mann nach Wien ein und lernte hier das Vergolderhandwerk. Er legte seinen jüdischen Glauben ab, heiratete 1902 eine katholische Wiener Gastwirtstochter und wurde Vater zweier Kinder: Adele, geboren 1896, und Jakob jun., geboren 1902. Mit knapp 30 Jahren eröffnete er sein erstes Geschäft als Rahmenhändler und Vergolder in der Wiedner Hauptstraße, bald darauf ein zweites in der Mariahilfer Straße. In kurzer Zeit avancierte er vom kleinen Händler zum

Inhaber einer gutgehenden Bilderrahmenfabrik und von vier Rahmen- und Kunstgeschäften in Wien. Überdies kaufte er sich ein Haus im vornehmen 4. Bezirk.[36]

Die damals 14jährige Tochter Adele half um 1910 gelegentlich im Geschäft und erinnerte sich später an H.s »ungepflegte äußere Erscheinung«, »aber auch seine Schüchternheit und die Art, wie er den Blick starr auf den Boden gesenkt hielt, wenn er mit einem sprach«. Einmal habe er sich bei ihrem Vater zu einem politischen Monolog hinreißen lassen – worüber, ist unbekannt. Altenberg habe ihn jedoch energisch zum Schweigen gebracht.[37]

1911 oder 1912 knüpft H. ohne Vermittler die Geschäftsverbindung zum Glasermeister und Rahmenhändler Morgenstern an, einem aus Ungarn stammenden Juden, mit dem er einen sehr guten persönlichen Kontakt hat (siehe S. 506ff.).

Am 29. März 1911 stirbt H.s Tante Johanna Pölzl 48jährig in Spital bei Weitra und wird dort am 31. März beigesetzt.[38] Es bleibt auf jeden Fall zuwenig Zeit für H., noch rechtzeitig ins Waldviertel fahren zu können. Im Nachlaß der »Hanitante« müssen sich Hinweise gefunden haben, die auf Geldgeschenke an den Neffen Adolf hinweisen. Auf jeden Fall aber beweist das Linzer Haushaltsbuch der Familie Hitler, daß Adolf von der Tante 1908 ein Darlehen von 924 Kronen erhielt.

Da Paula offensichtlich leer ausgeht, hat Angela Raubal endlich eine Handhabe, um für die nun 15jährige den gesamten Betrag des Waisengeldes einzufordern. Die 27jährige Angela Raubal ist seit 1910 Witwe und muß mit einer winzigen Beamtenrente drei Kleinkinder und die Halbschwester aufziehen, die ein Linzer Lyzeum besucht. Angela veranlaßt den Vormund, Adolfs Waisenrente nicht mehr nach Wien zu schicken, sondern zurückzubehalten. Dann schaltet sie das k.k. Bezirksgericht Linz ein. Der 22jährige H. wird am 4. Mai 1911 vom k.k. Bezirksgericht Wien-Leopoldstadt vernommen. Dort bleibt ihm nichts anderes übrig, als zu Protokoll zu geben, »er könne sich selbst erhalten und sei mit der Verwendung der vollen Waisenpension für seine Schwester einverstanden«.

Das Bezirksgericht Linz stellt fest, da »überdies noch erhoben wurde, dass Adolf behufs seiner Ausbildung als Kunstmaler grössere Beträge durch seine Tante Johanna Pölzl ausgefolgt erhielt, somit vor seiner Schwester ohnehin bevorzugt erscheint, so besteht von

Seite des gefertigten Gerichtes als Vormundschaftsgerichtes der mj. Adolf und Paula Hitler kein Anstand, dass die Waisenpension von 600 K. nunmehr zur Gänze zur Bestreitung der Erziehungskosten der mj. Paula Hitler verwendet wird.« Der Vormund wird ermächtigt, »die von ihm bisher zurückbehaltenen monatlichen Pensionsraten des Adolf Hitler für dessen Schwester Paula Hitler zu verwenden«.[39]

Der Verlust der Waisenrente muß für H. ein schwerer Schlag sein, denn die 25 Kronen deckten immerhin die Miete und eine bescheidene Grundverpflegung.

Mit diesen Gerichtsprotokollen ist hinlänglich bewiesen, daß von H.s freiwilligem Verzicht aus lauter Liebe zur Schwester keine Rede sein kann, wie immer noch behauptet wird. Paulas anschließenden Brief läßt er unbeantwortet.[40] Dieses Gerichtsprotokoll ist für das Jahr 1911 die einzige Quelle zu H.s Biographie.

Der Wahlkampf von 1911 in der Brigittenau

Der Mangel an Quellen ist um so bedauerlicher, als diese Zeit politisch sehr bewegt war: 1911 wurde nach endlosen Konflikten und Krawallen der Reichsrat aufgelöst, was vorzeitige Neuwahlen erforderte. Ein wilder und gehässiger Wahlkampf folgte.

In Wien ging es bei dieser Wahl vor allem um den Kampf der beiden größten Parteien: der in Wien untereinander zutiefst verfeindeten Christlichsozialen und Sozialdemokraten, die nur in Reichsratswahlen, begünstigt durch das allgemeine gleiche Wahlrecht, die Chance hatten, gegen die in Wien herrschenden Christlichsozialen ihre Stärke zu beweisen.

Schon seit Monaten machten die Sozialdemokraten mit organisierten Massendemonstrationen gegen Teuerung und Wohnungsnot politischen Druck. Ausländischen Beobachtern, so auch dem deutschen Botschafter, fiel auf, daß »weite Kreise des Bürgertums sich solidarisch mit der Arbeiterschaft erklärten«.[41] Ungewohnt viele Frauen nahmen an den Demonstrationen teil (»Wir wollen für unsere Kinder billiges Brot!«) und mehr und mehr Staatsdiener in Uniform: Briefträger, Postbeamte und Straßenbahnschaffner. Längst hatte die Not auch die Beamtenschaft und den kleinen Mittelstand erreicht, also die Wähler der Christlichsozialen.

Die nach Luegers Tod 1910 aufgedeckten riesigen Korruptionsfälle der Christlichsozialen in Wien ließen die Stimmung vollends gegen die übermächtige Partei umschlagen. Der amerikanische Geschäftsträger in Wien berichtete nach Washington, die Verbitterung der Bevölkerung sei damit zu erklären, daß sich die Parteiführer schamlos bereichert hätten, ausgerechnet in einer Zeit, als ihre eigenen Stammwähler Not litten.[42] Auch das immer noch ungelöste Problem der Fleischteuerung wirkte sich gegen die Christlichsozialen aus: Denn sie stellten den Handelsminister, der Fleischimporte aus Argentinien in Absprache mit den ungarischen wie österreichischen Agrariern verhinderte. Dieses »betrügerische Spiel mit einer der großen Lebensnotwendigkeiten«, so der amerikanische Beobachter, habe viele Stimmen gekostet.

Dr. Wilhelm Ellenbogen, sozialdemokratischer Arbeiterführer in der Brigittenau

Dr. Viktor Adler, Führer der cisleithanischen Sozialdemokratie

Die Brigittenau war als Arbeiterbezirk eine Hochburg der Sozialdemokratie. Die Christlichsozialen kämpften hier – aber nur bei Reichsratswahlen – aus der Defensive. Der Brigittenauer Arbeiterführer Dr. Wilhelm Ellenbogen, Reichsratsabgeordneter des Bezirks von 1901 bis 1918, war auch diesmal haushoher Favorit. Andere Parteien spielten keine Rolle.

Ellenbogen, 1863 als Sohn eines jüdischen Volksschullehrers im mährischen Lundenburg geboren, aber aus dem Judentum ausgetreten, war ausgebildeter Arzt und engagierte sich wie Viktor Adler aus sozialem Interesse für die Arbeiterbewegung. Er war ein anerkannter Wirtschaftsfachmann, spezialisiert auf das Eisenbahnwesen, und schrieb zahlreiche Aufsätze über politische Grundsatzfragen. Vor allem aber war Ellenbogen, als Schöngeist der Partei und gründlicher Kenner der deutschen Klassik, ein begehrter Vortragender, ob es nun um politische oder literarische Themen ging. Sein großes Anliegen war, Werk und Leben Richard Wagners den Arbeitern näherzubringen.[43] Durchaus möglich, daß der junge H. den einen oder anderen dieser berühmten Ellenbogen-Vorträge in der Brigittenau besuchte und so auch von seinem politischen Feind Bildung bezog.

Da Ellenbogen jüdischer Abstammung war, setzten Christlichsoziale wie Deutschnationale im Wahlkampf ganz auf antisemitische Parolen. Wie angefeindet der kleingewachsene und rothaarige Ellenbogen war, zeigt ein Ausspruch des Deutschradikalen Karl Hermann Wolf, der den Arbeiterführer mit Vorliebe »die rote Kanalratte« nannte.[44]

Der Wahlkampf 1911 trieb in der Brigittenau wilde Blüten: Es kam zu Wahlschwindeleien, falschen Namen auf den Wahllisten und zur Irreführung der Wähler. Zwei Fronten standen einander haßerfüllt gegenüber, auf der einen Seite die Antisemiten in der Koalition von Christlichsozialen und Deutschnationalen, auf der anderen Seite die »Judenparteien«, Sozialdemokraten und »Deutschfreisinnige«, von den Antisemiten nur die »Judenliberalen« genannt. Auf der einen Seite wurde das Schreckgespenst einer »jüdischen« Herrschaft über die Stadt Wien beschworen, auf der anderen ein »Pfaffenregiment«.

Die Wahlen in Wien endeten, wie vorauszusehen, mit einem Desaster für die Christlichsozialen. In der Brigittenau siegte Ellenbogen im ersten Wahlgang: Bei einer Wähleranzahl von 18 577 und einer gültigen Stimmenzahl von 16 466 erhielt er im ersten Wahlgang 9 750 Stimmen gegen 6 114 für den christlichsozialen Kandidaten. Von den kleineren Parteien erhielten der tschechische Kandidat 413 und Georg Schönerer, der in allen Wiener Bezirken kandidierte, blamable 20 Stimmen.[45]

Am Abend des Wahltages fuhr der Wahlsieger Ellenbogen in einem Auto mit roter Fahne durch die Brigittenau und hielt Ansprachen an seine Anhänger. Vor einem der Wahllokale hatten sich zu seinem Empfang rund 8000 Menschen versammelt, rote Fahnen schwenkend, mit Tüchern winkend, Blumen werfend. Die Polizei war nervös. Aus ungeklärtem Anlaß entlud sich die aufgeheizte politische Atmosphäre in schweren Zusammenstößen zwischen der Polizei und der Menschenmenge. Es gab viele Verletzte durch Messerstiche, Steinwürfe, Stockhiebe, geworfene Biergläser und Säbelhiebe.[46] Diese Krawalle müssen im Männerheim starken Widerhall gefunden und auch dort die ohnehin gereizte politische Stimmung weiter aufgeheizt haben.

In anderen Städten und Kronländern, wo jeweils andere Probleme vorherrschten, kam es zu anderen Wahlausgängen, aber auch zu teils schweren Kämpfen. In Galizien endeten nationale Krawalle zwischen Polen und Ruthenen in einem Blutbad mit 26 Toten, als das Militär in die Menge feuerte.[47] In Böhmen prägten die nationalen Kämpfe zwischen Deutschen und Tschechen den Wahlkampf.

Landesweit gesehen, stärkte die Wahl die radikalen nationalen Parteien und schwächte die gemäßigten, auch die Sozialdemokraten. Insgesamt verloren die Christlichsozialen 20 Sitze (von 96 auf 76), die Sozialdemokraten 5 (von 86 auf 81). Dagegen legten etwa die Tschechischen Nationalsozialisten von 9 auf 16 Sitze zu, die Deutschradikalen von 12 auf 22, die Alldeutschen wuchsen von 3 auf 4, und die neue Deutsche Arbeiterpartei, die in den Sudetenländern kandidierte, kam erstmals auf 3 Sitze.

Dieses Ergebnis ließ für die Zukunft keine Mäßigung im Reichsrat erwarten, sondern eine weitere Verschärfung. Bereits bei der Eröffnungssitzung des neuen Parlaments am 5. Oktober 1911 gab es Raufereien zwischen deutschen und tschechischen Abgeordneten und ein Schußattentat auf den Justizminister, der zum Glück unverletzt blieb.

Teuerungsdemonstrationen

In der Zeit zwischen der Wahl und dem Zusammentritt des Parlaments im Oktober verschärften sich die soziale Not und die

Teuerung auch durch einen extrem trockenen Sommer und eine Mißernte. Im September 1911 organisierten die Sozialdemokraten eine Reihe von Großdemonstrationen gegen Wohnungsnot und Teuerung. Höhepunkt der Proteste war eine Massenkundgebung am Sonntagvormittag des 17. September 1911: Wiener Arbeiter zogen gegen die Fleischteuerung vor das Wiener Rathaus und anschließend durch die Stadt. Hauptorganisator war der damals 62jährige Arbeiterführer von Ottakring, Anton David. Dieser tatkräftige und populäre Gewerkschafter, Vater von zehn Kindern, hatte als junger Mann am Wiener Schlachthof von St. Marx gearbeitet und dort seine Kenntnisse über die Probleme der Lebensmittelversorgung einer Großstadt erworben, insbesondere die der Fleischversorgung.[48] Er leitete die Verwaltung der sozialdemokratischen Zeitung VOLKSTRIBÜNE, die weit radikaler war als die ARBEITERZEITUNG, und vertrat seit 1907 Ottakring im Reichsrat.

Demonstration gegen die Fleischteuerung auf der Ringstraße

David gehörte bei dieser Großdemonstration wie Ellenbogen zu jenen 30 Parteirednern, die an strategisch günstigen Stellen gegen den Handelsminister und die verfehlte Zollpolitik der Regierung Stimmung machten. Die Reden wurden von wilden Zwischenrufen und Parolen wie »Hoch die Revolution!« und »Generalstreik« übertönt. Die Nervosität der Demonstranten wurde durch ein übermäßiges Aufgebot von Polizei und Militär verstärkt. Außer der Polizei waren drei Abteilungen Kavallerie und sieben Bataillone Infanterie gegen die Demonstration eingesetzt. Das Militär riegelte auch sämtliche Zuwege zur Hofburg ab, um den Kaiser zu schützen.

Sehr wahrscheinlich erlebte der junge H. diese Massendemonstrationen vom Straßenrand aus mit. *Mit unruhiger Beklommenheit*, wie er in MEIN KAMPF berichtete, sah er *die Masse der nicht mehr zu ihrem Volke zu Rechnenden anschwellen zu einem bedrohlichen Heere... Fast zwei Stunden lang stand ich so da und beobachtete mit angehaltenem Atem den ungeheuren menschlichen Drachenwurm, der sich da langsam vorbeiwälzte.*[49]

Nach Ende der Demonstration setzte sich die Menge in großen Gruppen in Richtung der Vorstädte in Bewegung. Solidarisierungsversuche mit Polizisten scheiterten. Es kam zu ersten Krawallen von Jugendlichen. Fensterscheiben im Rathaus, in Geschäften, Caféhäusern, Straßenbahnwagen und Autos gingen zu Bruch, ebenso Gaslaternen. Die Parteifunktionäre versuchten verzweifelt, Ausschreitungen zu verhindern, auch in der Sorge, daß ein Exzeß die anfänglichen Sympathien für die Demonstranten schwinden lassen würde. Doch sogar die Arbeiterführer konnten die wütende Menge diesmal nicht beruhigen. David wurde beim Versuch, einen Stockhieb auf einen Polizisten abzuwehren, verletzt.

Dann griff das Militär ein, ausgerechnet ungarische Kavallerie und bosnische Fußtruppen, die gefürchteten »Bosniaken«. Die ILLUSTRIERTE KRONEN-ZEITUNG: »In allen Straßen, durch die der Zug sich bewegte, kam es zu ernsten Zusammenstößen und die Erbitterung der Menge stieg auf das Höchste, als ein Trupp Husaren heransprengte. Man hörte laute Rufe: ›Jetzt läßt man die Ungarn auf die Wiener los!‹ Und dann, als die Bosniaken vorgingen, ertönten schrille Pfiffe, Steine wurden geworfen und man hörte die Rufe: ›Die Bosniaken haben hier nichts zu suchen!‹« Von da an drohte die Demonstration in eine Revolution umzuschlagen, vergleichbar nur mit der des Jahres 1848.[50]

Am gefährlichsten wurde die Situation am Nachmittag im Arbeiterbezirk Ottakring. Die Randalierer bauten Barrikaden aus Bänken und Möbeln, die sie aus der Volksschule heranschafften, warfen Steine auf Polizisten und Soldaten. Wütende Hausfrauen der umliegenden Häuser ergriffen für die Demonstranten Partei und warfen Bügeleisen und Töpfe aus den Fenstern auf die Polizisten. Bajonette und Säbel kamen zum Einsatz. Gegen ein Uhr mittags fiel der erste scharfe Schuß.

Drei tote Arbeiter und etwa hundert Verletzte waren die Bilanz dieses »blutigen Sonntags«: Stichverletzte durch die Bajonette, Schnittverletzte durch die Säbel, Schußverletzte, Prügelopfer und Niedergetrampelte. Laut DEUTSCHEM VOLKSBLATT glich Ottakring »bei einbrechender Nacht... dem Bilde eines Heerlagers. Berittene Wache und Kavallerie durchzogen in Patrouillen die Straßen, an den Straßenkreuzungen stand Militär zu Fuße bereit oder Reiter bei ihren Pferden. Da die Beleuchtungskörper zerstört und das Gas abgesperrt war, lag der ganze Bezirksteil in tiefer Finsternis da.«[51]

Das Familienblatt WIENER BILDER berichtete »mit dem Gefühle der tiefsten Trauer«: »Wien, die geduldige, langmütige Stadt, ist in Aufruhr.« Sicherlich hätten sich unter den Demonstranten auch Mitglieder des »Lumpenproletariates« befunden, »die in der Tat nichts mehr zu verlieren haben. Aber auch andere Menschen, die nicht wissen, wo sie mit ihrer Familie die Nacht verbringen werden, gehorchen in so stürmischen Tagen nicht dem Rufe nach Mäßigung... Die blutigen Ereignisse des Sonntags sind ein Warnungssignal, das niemand, der in diesem Staate an verantwortlicher Stelle zu wirken berufen ist, überhören darf.«[52]

Zur Beisetzung des ersten Opfers kamen rund 40 000 Trauergäste auf den Ottakringer Friedhof, von einem Großaufgebot an Militär und Polizei bewacht.

Christlichsoziale wie Deutschnationale nutzten die Unruhen für parteipolitische Zwecke und schürten die Angst vor den Sozialdemokraten als Revolutionären und Feinden der Besitzenden und Kleingewerbetreibenden.

Klischees über Wiener Arbeiterführer

Spätestens seit diesem Wahlkampf und den Teuerungsdemonstrationen 1911 muß sich der junge H. eingehender mit der Sozialdemokratie befaßt haben. *Unter dem deprimierenden Eindruck der Demonstration* habe ihn *eine innere Stimme* angetrieben, die

ARBEITERZEITUNG zu kaufen *und gründlich zu lesen... Mehr als aus aller theoretischen Literatur konnte ich nun aus dem täglichen Lesen* das Wesen der Sozialdemokratie erkennen.⁵³

Die Brigittenau hatte als Hochburg der Sozialdemokratie eine Fülle von Volkslesehallen und Bildungseinrichtungen für Arbeiter. Dort lagen Bücher und sozialdemokratische Zeitungen aus, aber auch die gedruckten Parlamentsreden der sozialdemokratischen Abgeordneten und die Broschürenreihe LICHTSTRAHLEN.

H. muß sich auch mit den sozialdemokratischen Führern beschäftigt haben. Vier von ihnen erwähnt er namentlich in MEIN KAMPF: Adler, Austerlitz, Ellenbogen und David. Er erwähnt sie freilich, um eine politische These zu transportieren: daß die Sozialdemokratie in jüdischer Hand sei und bestrebt, die deutschen Arbeiter mit internationalen Parolen ihrem »Volkstum« zu entfremden: *Ich nahm die mir irgend erreichbaren sozialdemokratischen Broschüren und suchte die Namen ihrer Verfasser: Juden. Ich merkte mir die Namen fast aller Führer; es waren zum weitaus größten Teil ebenfalls Angehörige des »auserwählten Volkes«, mochte es sich dabei um die Vertreter im Reichsrat handeln oder um die Sekretäre der Gewerkschaften, die Vorsitzenden der Organisationen oder die Agitatoren der Straße. Es ergab sich immer das gleiche unheimliche Bild. Die Namen der Austerlitz, David, Adler, Ellenbogen usw. werden mir ewig in Erinnerung bleiben.* Und: *Das eine war mir nun klar geworden: die Partei, mit deren kleinen Vertretern ich seit Monaten den heftigsten Kampf auszufechten hatte, lag in ihrer Führung fast ausschließlich in den Händen eines fremden Volkes; denn daß der Jude kein Deutscher war, wußte ich zu meiner inneren glücklichen Zufriedenheit schon endgültig.*⁵⁴

Klarzustellen ist, daß H. diese Sätze zehn Jahre später als Politiker schrieb. Aus der Wiener Zeit sind zwar seine ständigen Schimpfereien über die »Roten« überliefert, aber keine antisemitische Aussage über einzelne Sozialdemokraten.

Auch diese Sätze über die Arbeiterführer entsprechen Wiener Klischees. Die Namen Adler, Ellenbogen und Austerlitz wurden von den Wiener Antisemiten stets gemeinsam genannt, wenn der »jüdische« Charakter der Sozialdemokratie bewiesen werden sollte. Die christlichsozialen BRIGITTENAUER BEZIRKS-NACHRICHTEN schrieben 1912: »wenn Adler, Austerlitz, Ellenbogen und Genossen zu ihrer unrühmlichen Wühlarbeit vom Auslande bestellt und bezahlt würden, sie könnten nicht wirksamer im Interesse der Feinde Österreichs handeln, als sie es tun.«[55] Nur Anton David kam bei diesen Aufzählungen gewöhnlich nicht vor. Daß H. ihn noch zehn Jahre später erwähnt, muß mit Davids führender Rolle bei den Teuerungsdemonstrationen 1911 zu tun haben.

Die vier von H. genannten Politiker waren keineswegs Glaubensjuden, sondern getauft und deutschbewußt. Der Parteiführer Dr. Viktor Adler, geboren 1852 in Prag, stammte wie Ellenbogen aus großbürgerlichem Haus und war im vornehmen katholischen Schottengymnasium in Wien erzogen worden. Als Medizinstudent war er Gründungsmitglied der Deutschen Burschenschaft »Arminia« in Wien und des Deutschen Schulvereins. Er gehörte zum Mitarbeiterkreis Schönerers und war Mitautor des sozialliberalen Linzer Programms von 1882 (siehe S. 343). Der von Schönerer nachträglich eingefügte Arierparagraph vertrieb Adler aus dem Schönerer-Kreis. Als Armenarzt und Psychiater mit den katastrophalen gesundheitlichen und sozialen Verhältnissen und fehlenden Arbeiterschutzparagraphen konfrontiert, wandte er sich aus sozialem Engagement der Sozialdemokratie zu. 1888 wurde er deren Einiger und Führer in hartnäckigem Bemühen, nationales Fühlen mit internationaler Solidarität der cisleithanischen Arbeiter zu vereinigen. Er machte die k.k. Sozialdemokratie zu einer geschlossenen, national föderativ organisierten Partei, stand aber dem auch hier wachsenden Nationalismus um 1910 hilflos gegenüber (siehe S. 458ff.).

Adler wie Ellenbogen gehörten zum inneren Kreis der Wiener Moderne und waren mit vielen Künstlern und Wissenschaftlern befreundet. Ihr großbürgerlicher Lebensstil wurde von den politischen Gegnern als Ausbeutung des Arbeiterstandes durch die jüdischen Funktionäre dargestellt, so als hätten die Arbeiterführer den armen Arbeitern das Geld abgenommen. Die BRIGITTENAUER BEZIRKS-NACHRICHTEN meinten 1912, die sozialdemokratische Partei lege »Parteisteuern auf, welche die Arbeiter schwer drücken, von denen jedoch die Führer gut leben. Sie will die Massen im Proletariate erhalten, die Führer jedoch bauen sich Villen, erwerben sich Vermögen und spielen die großen Herren. Den Arbeitern wird durch eine skrupellose Verführung der Gottesglaube aus dem Herzen gerissen; die Führer jedoch schicken ihre Kinder in Klosterschulen. Die Arbeiter müssen in die roten Organisationen, ob sie wollen oder nicht; die Führer aber brüllen Freiheit, Gleichheit und Brüderlichkeit!«[56] Und: »An der Wiege der Sozialdemokratie standen keineswegs Proletarier und Lohnarbeiter, sondern wohlhabende Kapitalistensprößlinge, von denen keiner sein Leben lang ›Mutter Sorge‹ kannte.« Marx, Engels und Lassalle seien ebensowenig Proletarier gewesen wie Adler oder Ellenbogen.[57]

Friedrich Austerlitz, Chefredakteur der »Arbeiterzeitung«

Der Ottakringer Arbeiterführer Anton David, Organisator der großen Teuerungsdemonstrationen

Das christlichsoziale Blatt meinte, daß die Sozialdemokratie »eigentlich nichts anderes ist, als eine Schutztruppe des jüdischen Großkapitals, trotzdem von ihnen bei jeder Gelegenheit über den Kapitalismus geschimpft wird. Denn in der Sozialdemokratie gibt es hunderte von Sekretären und sonstigen Gewerkschafts- und Parteifunktionären, welche durchwegs Politiker und Agitatoren sind und welche ausschließlich von den fetten Pfründen, welche die armen Arbeiter, jahraus, jahrein, an jedem Samstag unter allen möglichen Namen und Titeln bezahlen müssen, ein recht behagliches Leben führen.«[58]

Der vierte der von H. in MEIN KAMPF erwähnten »jüdischen« Arbeiterführer war Friedrich Austerlitz, der kämpferische und scharf-

züngige Herausgeber der von H. so gehaßten, aber gelesenen Arbeiterzeitung. Alldeutsche wie christlichsoziale Blätter ereiferten
sich tagtäglich über die »jüdische Arbeiterzeitungs-Clique«: »Wenn
irgend eine Presse mit Jauche und Schlamm arbeitet, so ist es die
jüdische, und die fast ausschließlich von jüdischen Schmierfinken re-
digierte sozialdemokratische Presse, denn diese Reptilien scheuen
vor nichts, ja nicht einmal vor der vollständigen Vernichtung von
Existenzen zurück und es ist nur bedauerlich, daß immer noch ein
Teil der christlichen Bevölkerung dieses Preßungeziefer kauft und
liest.«[59]

Die Parolen der Wiener Antisemiten wiederholt der Politiker
H. gerne und verfolgt damit den Zweck, die Arbeiter gegen die sozialdemokratischen Funktionäre aufzuhetzen. 1920 schreibt er unter dem Titel *Einige Fragen an den deutschen Arbeiter*: *Warum sind
die Führer unserer deutschen Arbeiter fast ausnahmslos Angehörige
einer Nation, die man niemals arbeiten sieht? Wieviel Prozent Juden
sind in der Gesamtbevölkerung, wieviel Prozent sind unter den Hand-
arbeitern, Schlossern, Schmieden, Bergarbeitern, Müllkutschern, Stra-
ßenfegern, Schustern usw. usw., wieviel Prozent aber sind an Juden in
der Führung der Arbeiterschaft?*[60]

Mit persönlichen Erfahrungen haben diese politischen Parolen jedenfalls in H.s Wiener Zeit nicht das geringste zu tun. Denn H.s
jüdische Freunde im Wiener Männerheim waren ja Arbeiter und
arme Leute, der Schlosser Robinson, der Kupferputzer Neumann,
der Vertreter Löffner. Auch der Glasermeister Morgenstern und der
Rahmenmacher Altenberg entsprachen dem Klischee des von Natur
aus arbeitsunwilligen Juden keineswegs.

Hitlers Meinung über die Arbeiter

In diesen mehr als drei Jahren im Männerheim lernt der junge H. im
täglichen Kontakt eine soziale Schicht kennen, die ihm bisher fremd
gewesen ist: eine reine Männergesellschaft von Einzelgängern, Arbeitern der umliegenden Fabriken, aber auch verkrachten und hei-
matlosen Existenzen, Gelegenheitsarbeitern und Arbeitslosen. Von
diesen Männerheimkollegen, darunter manche zwielichtige Gestalten, wird H.s Bild vom »Arbeiter« deutlich geprägt. Arbeiter als
Kollegen und während der Arbeit dürfte er kaum kennengelernt

haben und schon gar nicht eine Gemeinschaft von Arbeitenden, mit denen er sich hätte solidarisieren können. Die Probleme von Arbeiterfamilien lernt er höchstens durch die Zeitungen kennen, nicht aber in persönlicher Erfahrung.

Hanisch: »Er sagte wiederholt von den Arbeitern, sie seien eine indolente Masse, die sich nur um Essen, Trinken und Frauen kümmere. Eine Revolution könne seiner Ansicht nach nur von der studierenden Klasse bewerkstelligt werden – wie im Jahr 1848.« Dieser Aussage entspricht die aus den dreißiger Jahren in einem Privatgespräch: *die große Masse der Arbeiter will nichts anderes als Brot und Spiele, die hat kein Verständnis für irgendwelche Ideale.*[61] Und über die Bauarbeiter: *Ich weiß nicht, was mich nun zu dieser Zeit am meisten entsetzte: das wirtschaftliche Elend meiner damaligen Mitgefährten, die sittliche und moralische Roheit oder der Tiefstand ihrer geistigen Kultur.*[62]

Einen frühen Konflikt H.s mit sozialdemokratischen Männerheimkollegen beschreibt Hanisch für den 1. Mai 1910. Damals sei ein Fabrikarbeiter mit einer roten Nelke im Knopfloch ins Lesezimmer gekommen und habe vom Maiaufmarsch im Prater berichtet. H. sei aufgesprungen, habe wild mit den Händen gefuchtelt und geschrien: »Du solltest hinausgeworfen werden; du brauchst eine Lektion!« Hanisch: »Alle lachten über seine Aufregung.«

In seiner Ablehnung der Maiaufmärsche stimmt H. sowohl mit den Alldeutschen wie den Deutschradikalen und Christlichsozialen überein. Der Ausspruch Bürgermeister Luegers über »die Leute, die am 1. Mai in den Prater hinunterwandeln«, wurde immer wieder zitiert: »Das, meine Herren, sind lauter Lumpen.«

H. sei, so Hanisch, damals gegen jede Art von Terror gewesen, auch gegen Streiks. Diese beiden Begriffe deuten im Sprachgebrauch der Christlichsozialen wie der Alldeutschen eindeutig auf die Sozialdemokratie und deren wirksamstes politisches Druckmittel, die Massendemonstrationen.

Daß er in Wien heftigen Streit mit Sozialdemokraten hat, deutet H. auch in MEIN KAMPF an: *Ich war damals noch kindlich genug, ihnen den Wahnsinn ihrer Lehre klarmachen zu wollen, redete mir in meinem kleinen Kreise die Zunge wund und die Kehle heiser und vermeinte, es müßte mir gelingen, sie von der Verderblichkeit ihres marxistischen Irrsinns zu überzeugen; allein dann erreichte ich erst* *recht nur das Gegenteil.*⁶³ Diese Streitereien finden aber nicht auf einem Baugerüst statt, sondern im warmen Lesezimmer des Männerheims.

H.s spätere Bemerkungen über die Wiener Arbeiter sind abschätzig, von oben herab, aus der Warte des vermeintlich sozial Höhergestellten, so etwa in MEIN KAMPF: *Nur im kleinsten Kreise sprach ich von dem, was mich innerlich bewegte oder anzog. Dieses Sprechen im engsten Rahmen hatte viel Gutes an sich: ich lernte so wohl weniger »reden«, dafür aber die Menschen in ihren oft unendlich primitiven Anschauungen und Einwänden kennen. Dabei schulte ich mich, ohne Zeit und Möglichkeit zu verlieren zur eigenen Weiterbildung. Die Gelegenheit dazu war sicher nirgends in Deutschland so günstig wie damals in Wien.*⁶⁴

H. zählt sich offensichtlich zu den »Studierten« und keineswegs zu den Arbeitern. Er nennt sich »akademischer Maler« und macht keine Anstalten, sich mit Notleidenden zu solidarisieren. Darüber wunderte sich schon Freund Kubizek bei der Hungerdemonstration 1908: »Nahm er seine eigenen Lebensverhältnisse, die wirtschaftliche Lage, in der er sich befand, das soziale Milieu, in dem er lebte, als Maßstab, so gab es keinen Zweifel, daß er zu jenen Menschen zählte, die hinter den Hungerplakaten marschierten. Er hauste in einem elenden, verwanzten Hinterhaus, er aß mittags oft nicht mehr, als auf einer Bank in Schönbrunn ein trockenes Brot. Vielleicht erging es vielen unter diesen Demonstranten nicht einmal so schlecht, wie es ihm erging. Warum marschierte er trotzdem nicht im Zuge dieser Menschen mit? Was hielt ihn davon ab?«

Kubizek meint die Erklärung in H.s Bewußtsein zu sehen, »daß er seiner Herkunft nach doch einer anderen gesellschaftlichen Schichte angehörte. Er war der Sohn eines österreichischen Staatsbeamten. Wenn er an seinen Vater dachte, sah er ihn als den geachteten, angesehenen Zolloberamtsoffizial, vor dem die Leute den Hut zogen und der am Bürgertische ein gewichtiges Wort zu reden hatte. Der Vater hatte nach Ansehen und Haltung absolut nichts mit diesen Menschen auf der Straße zu tun. Wie er Angst hatte, von dem allgemeinen moralischen und politischen Verfall der führenden Kreise infiziert zu werden, hatte er eine noch viel größere Angst vor der Proletarisierung. Gewiß, er lebte als Prolet, aber er wollte unter keinen Umständen Proletarier sein.«[65] Und: H. habe auch deshalb gar nicht daran gedacht, persönliche Kontakte mit seinen Leidensgenossen aufzunehmen, weil, so Kubizek, »ihm einfach der Kontakt mit Menschen rein physisch schon zuwider war«.[66] Kubizek sieht in H.s »unerhörten Energieaufwand, mit dem er sein Selbststudium betrieb«, »instinktiv die Absicht, sich durch möglichst weitreichende und gründliche Bildung vor dem Absturz in das Massenelend zu bewahren«.[67]

Hanisch will gegen H.s negative Äußerungen eingewendet haben, H. kenne ja keine wirklichen Arbeiter, sondern nur die Junggesellen, die im Männerheim wohnten. »Nur Drückeberger, Säufer und ähnliche Leute« würden lange in einem solchen Heim bleiben, so Hanisch zu H. Ein wirklicher Arbeiter suche sich bald eine Wohnung, wo er ein Familienleben führen könne. Richtige Arbeiter hätten, so Hanisch, auch kaum an den Debatten im Lesezimmer teilgenommen – und wenn, dann hätten sie H. kaum beachtet, weil sie seine Erörterungen ganz albern fanden.

Wohlweislich verschwieg der Politiker H. seine Wiener Männerheimerfahrungen. Er berauschte sich an seinen eigenen Worten, wenn er über das arbeitende Volk meinte: *Ich habe mit ihm auf dem Bau gestanden, ich habe mit ihm als Arbeitsloser gehungert, ich lag mit ihm im Schützengraben, ich kenne es, dieses herrliche Volk!*[68] Und wenn er in einer NSDAP-Versammlung 1920 ausrief: *Ich bin Arbeiter und aus Arbeiterfleisch und -blut,*[69] so war dies nichts als politische Propaganda.

Exkurs: Die Quellen zur Männerheimzeit

Über den mehr als drei Jahre währenden Aufenthalt H.s im Männerheim, von Februar 1910 bis Mai 1913, gibt es fünf Berichte von Heimkollegen aus jeweils verschiedenen Zeiträumen: Reinhold Hanisch dokumentiert die Zeit vom Meidlinger Obdachlosenasyl im Herbst 1909 bis August 1910. Dann fehlt bis Anfang 1912 jeder Augenzeugenbericht. Über die Zeit von Februar bis April 1912 berichtet ein hier »Brünner Anonymus« genannter Heimbewohner, über die letzten Monate vor H.s Abreise nach München im Mai 1913

Karl Honisch. Von Februar bis Mai 1913 und darüber hinaus bis August 1914 in München reichen die hier zum erstenmal zitierten mündlich überlieferten Erinnerungen Rudolf Häuslers. Außerdem muß in diesem Zusammenhang das Buch Josef Greiners kritisch behandelt werden. Er versetzte seine »Freundschaft« mit H. im Männerheim in die Jahre 1907 und 1908, was jedoch eindeutig falsch ist.

Diese fünf Aussagen zeigen, wie dünn der Boden ist, auf dem sich der Historiker bewegt, der über die frühe H.-Biographie arbeitet. Denn sie betreffen einerseits nur einen kleinen Zeitraum von H.s Wiener Jahren, andererseits ist ihr Quellenwert durchwegs problematisch.

Zunächst zur ausführlichsten und wichtigsten Quelle: Reinhold Hanisch. Von ihm erschien postum in der amerikanischen Zeitschrift THE NEW REPUBLIC 1939 die dreiteilige Serie »Reinhold Hanisch: I was Hitler's Buddy«. Das Manuskript stammte sehr wahrscheinlich aus dem Besitz des H.-Forschers Konrad Heiden. Ob und wie dieser redigierend eingriff, ist nicht bekannt, da das Originalmanuskript nicht vorliegt.[1] Die Aussagen dieser Artikelserie stimmen jedenfalls mit jenen überein, die Heiden in seinem zuvor erschienenen Buch zitierte[2] – und ebenfalls mit dem zweiseitigen, also weit kürzeren handschriftlichen Text, den Hanisch im Mai 1933 verfaßte und der sich im Archiv der NSDAP erhalten hat.[3]

Hanisch bringt eine Fülle von Fakten und insgesamt ein sehr lebhaftes Bild des jungen H., das durchaus glaubwürdig ist. So lassen sich zum Beispiel fast alle von Hanisch erwähnten Namen in den Akten des Wiener Meldearchivs präzise für die von ihm angegebene Zeit nachweisen. Auch seine meist für unglaubwürdig gehaltene Aussage, daß der junge H. in seiner Umgebung Juden bevorzugt habe, wird durch die Meldeakten bestätigt. Außerdem decken sich die von Hanisch hier zitierten H.-Äußerungen durchwegs mit den – Hanisch ja unbekannten – Erinnerungen August Kubizeks. Auch die von ihm erwähnten Ereignisse des Jahres 1910 sind korrekt, auch wenn sie auf den ersten Blick falsch erscheinen, wie die Erwähnung der Kaiserin Elisabeth (siehe S. 239). Hanischs Glaubwürdigkeit etwa H.s Betrugsanzeige betreffend, wird durch das Polizeiprotokoll bestätigt.

Eindeutig die Unwahrheit sagt Hanisch meist dann, wenn es um H.s im Männerheim produzierte Bilder geht. Hanisch verfolgt hier handfeste finanzielle Interessen. Denn er lebte Anfang der dreißiger Jahre hauptsächlich vom Verkauf der von ihm gefälschten »Hitler-Originale«, deren gute Konjunktur er als eindeutig bester Kenner der Materie nach Kräften ausnutzte. Anfangs war er noch vorsichtig und signierte eigene Bilder einfach mit seinen Initialen »R. H.«, freilich so, daß sie von »A. H.« nicht zu unterscheiden waren und »irrtümlich« als H.-Bilder verkauft werden konnten. H. signierte gewöhnlich mit »A. Hitler«.

Seine Interviews mit Journalisten und eben auch den Text für Heiden nutzte Hanisch dazu, diese seine Fälschungen abzusichern, sich also selbst ganz beiläufig Echtheitsexpertisen auszustellen. In dieser Beziehung stellen seine Aussagen ein kaum entwirrbares Lügengewebe dar. Hanisch ging dabei so weit, H. der Fälschung zu bezichtigen, um dann eben diese, aber nicht von H., sondern von ihm selbst gefälschten Bilder besser verkaufen zu können. Falsche Expertisen des ehemaligen Männerheimkollegen Karl Leidenroth sicherten den Betrug zusätzlich ab.

Die Fälschungen, die Anfang der dreißiger Jahre aus Wien kamen, mußten H. auch deshalb peinlich sein, weil deren Qualität sichtbar primitiv und weit unter H.s ohnehin bescheidenem Niveau war. Ähnlich leicht machte es sich 50 Jahre später Konrad Kujau mit seinen Produktionen.

Der Reichskanzler H. setzte alles daran, diese Wiener Fälscherzentrale auszuheben. Wahrscheinlich war er es selbst, der 1933 über Mittelsleute den damals 19jährigen Innsbrucker Straßenbahnschaffner Franz Feiler[4] auf Hanischs Spur setzte. Feiler war begeisterter illegaler Nationalsozialist und kannte Hanisch als zeitweiligen Wohnungsnachbarn in Wien. Er gewann zunächst das Vertrauen des Notleidenden, indem er versprach, ihm bei der NSDAP einen Malauftrag zu verschaffen.

Jedenfalls verfaßte Hanisch im Mai 1933 einen schriftlichen Plan für ein Bild, das die Partei als sinniges Geschenk für den »Führer« ankaufen sollte: »Die Arbeit wäre so cirka 14 Tage mindestens Arbeitsdauer und würde sich mit cirka 150–170 Schilling stellen. Das ist sehr billig gerechnet. Vielleicht finden sich Freunde von ihm, die diesem Geschenk nahetreten möchten.« Das Bild nahm Bezug auf H.s Vorlieben: Semper, Liszt und Ludwig II. von Bayern, die Wiener Hofburg wie die Hofmuseen, die brennende Semper-Oper in

Dresden und Szenen aus Wagner-Opern. »Unten könnte in einem Feld eine Geschenkwidmung seiner Freunde oder der Gauleitung sein... Bildgröße cirka 75 zu 50 cm und müßte eine außergewöhnlich schöne Arbeit sein.«[5] Der Plan wurde nicht realisiert.

Dann kam Feiler zur Sache und bat Hanisch, ihm beim Ankauf von H.-Bildern zu helfen. Hanisch bot ihm zunächst ein echtes Bild aus dem Restbestand des Rahmenhändlers Jakob Altenberg für 950 Schilling an, außerdem zwei unsignierte Damensilhouetten aus Goldglas mit der Bemerkung, die derzeitige Besitzerin habe sie als Werke Rudolf von Alts gekauft. Eine Musikszene mit Franz Schubert, ebenfalls aus Goldglas, war mit dem Namen »Wiesinger-F« signiert. Gemeint war die Malerin Olga Wisinger-Florian, in deren Stil Hanisch auch Blumenbilder malte, die er als H.-Originale verkaufte.[6]

Diese drei Goldglasbilder seien von H. gefälscht, behauptete Hanisch, und drei Zeugen und er selbst könnten dies bestätigen. Als Zeugen gab Hanisch den ehemaligen Männerheimkollegen »Prof. Leidenroth« an, »der Hitler bei der Arbeit fallweise zugesehen hat«. »Die 3 Stück sind rückkäuflich für 300 Sch. und verlange ich 500 Sch. sofortige Provision für meine Mühe. Dieses Angebot müßte aber sofort in kürzestem Wege beantwortet werden, da ich durch andere Personen bereits Käufer suche, die auch das nötige Vertrauen mir entgegen bringen. Mich in anbetracht der Zeugen nicht als Fälscher der Sachen ansehen.«

Hanisch: »Sollte Hitler die Sachen als Eigenarbeiten leugnen, wäre er durch die Zeugen reichlich widerlegt. Insbesonders durch H. Prof. Leidenroth, der wirklicher Akademischer Maler, Schüler unter Stuck in München war, hochgestellter Staatsbeamter und Major der Preußischen Armee ist, Hitler so gut wie ich kenne. Diese drei Arbeiten haben tatsächlich durch uns Zeugen historischen Wert als Hitler Fälschungen, auch wenn Hitler nicht mehr die derzeitige Rolle spielen wird.«[7]

Der Vorwurf der Fälschung von Goldsilhouetten war mit großer Sicherheit ungerechtfertigt. Denn Hanisch hatte seinem Kompagnon H. ja im Jahr 1910 gerade diesen Auftrag bei der Firma Altenberg abgejagt und war auf diese Arbeiten jahrzehntelang spezialisiert, wie die Tochter Altenbergs bestätigte.[8] Daß Hanisch den Namen Altenberg verschwieg und statt dessen nur einen Auftraggeber namens Tausky erwähnte, beweist, daß er ein handfestes Interesse hatte, einiges zu vertuschen.

Jedenfalls muß die ganze Angelegenheit für den Reichskanzler H. höchst unangenehm gewesen sein. Denn auch der Name Leidenroth mußte ungute Erinnerungen wecken, da dieser H. einst im Männerheim wegen unerlaubten Führens eines akademischen Titels bei der Polizei angeschwärzt hatte. Mit dem Hinweis auf diesen Namen war klar, daß seine beiden Männerheimfeinde Leidenroth und Hanisch unter einer Decke steckten und sich gegenseitig in ihren Aussagen und Beschuldigungen gegen H. bestätigten.

Weitere Enthüllungen kündigte Hanisch gegenüber Feiler in drohendem Ton an: »In einer Broschüre, die in kürzester Zeit über Hitler und seine tatsächlichen einstigen politischen Anschauungen sowie sein Verhalten in Wien erscheinen wird, ist dieser Fälschungen erwähnt und Hitler reichlich Gelegenheit geboten abzuleugnen.« Es könnte sich dabei um jenes angeblich 1933 im Preßburger Verlag Novina erschienene Pamphlet mit dem Titel HITLER WIE ER WIRKLICH IST handeln, von dem nie ein Exemplar auftauchte.[9]

Diese eindeutige Erpressung verstärkte Hanisch noch mit dem Nachsatz, daß er in der Wiener Akademie für Bildende Künste über H.s angebliches Studium nachgeforscht habe: »Habe auch sonst viel Material gefunden sowie Zeugen.«[10]

Ob Feiler die Goldsilhouetten mitnahm, ist nicht klar. Auf jeden Fall kaufte er Hanisch eine Ansicht des Michaelerhauses ab. Das Bild war signiert mit »A. H. 1910« und kostete 200 Schilling. Feiler gab 50 Schilling als Anzahlung, nahm das Bild und fuhr damit am Ostermontag 1933 nach Berchtesgaden zu H.[11] H., derart an seinen alten Männerheimfeind erinnert, erkannte das ihm vorgelegte Aquarell als Fälschung und veranlaßte Feiler, gegen Hanisch in Wien Betrugsanzeige zu erstatten. Im Juli 1933 stand Hanisch wieder einmal vor Gericht, wurde mit Feilers Zeugenaussage konfrontiert, verurteilt und einige Tage ins Gefängnis gesperrt.

Über den Prozeß berichteten einige Zeitungen.[12] Damit war Hanisch für österreichische H.-Gegner zum wichtigen Zeugen geworden, zumal gerade in diesem Sommer 1933 die Sensationsberichte über H.s angebliche jüdische Verwandtschaft durch die Presse gingen. Am 21. August 1933 brachte die liberale WIENER

SONN- UND MONTAGSZEITUNG ein langes Interview mit Hanisch unter dem sensationellen Titel »Hitler als Bettler in Wien«.

Der Artikel enthält mehrere Fehler, die offenbar vom redigierenden Journalisten stammen. Im großen und ganzen aber stimmen die Aussagen mit jenen überein, die Hanisch auch gegenüber Heiden machte: wie er den jungen H. im Obdachlosenasyl kennenlernte – Zwischenüberschrift: »Er lebt vom Straßenbettel« –, wie er H. auf alle mögliche Weise half – Zwischentitel: »Adolf Hitler will nicht arbeiten« –, daß der junge Mann sein Geld für Zeitungen und für Schaumrollen, seine Lieblingsmehlspeise, ausgab, daß H. keineswegs antisemitisch eingestellt war, viel politisierte und so fort. Dann erzählt Hanisch von H.s Betrugsanzeige im Jahr 1910, verteidigt sich wortreich und verbreitet sich über die schlechte künstlerische Qualität der H.-Bilder – Zwischentitel: »Bilder von Hitler – nicht geschenkt!«.

Auch hier bezichtigt Hanisch H. der Fälschung: H. habe ihm im Männerheim erzählt, »daß er bereits in Linz kleine Landschaften mit Ölfarben malte, sie dann so lange im Bratrohr röstete, bis sie ganz braun wurden, und es gelang ihm wirklich einige Male, diese Bilder als alte, wertvolle Stücke bei Trödlern zu verkaufen«. Das Bilderrösten soll sich also im kleinen Haushalt der Klara Hitler abgespielt haben. Im Männerheim allerdings, so Hanisch, sei dieses Verfahren nicht unauffällig möglich gewesen.

Hanisch, als H.s einziger bekannter Wiener Kollege und erklärter persönlicher Feind eine wahre Berühmtheit, wurde häufig interviewt und verdiente damit offenbar auch Geld. Erst durch ihn wurde bekannt, daß H. jahrelang im Männerheim gewohnt hatte. Er erzählte auch dem Schriftsteller Rudolf Olden einiges, und dieser zitierte ihn breit in seiner 1935 in Amsterdam erschienenen H.-Biographie.[13]

Eine besondere Beziehung verband Hanisch aber mit dem Schriftsteller Konrad Heiden. Dieser, geboren 1901 in München, überzeugter früher Nazi-Gegner und bis zu seiner Emigration 1933 Münchner Korrespondent der FRANKFURTER ZEITUNG, beschäftigte sich seit den frühen zwanziger Jahren mit der Hitlerbewegung. 1932 erschien in Berlin sein Buch GESCHICHTE DES NATIONALSOZIALISMUS. Als nächstes plante er eine H.-Biographie. Bei der Materialsammlung kam er in Wien auch zu Hanisch. Er befragte ihn über die Erlebnisse im Männerheim und beauftragte ihn überdies, gegen

Entlohnung in Wien weiteres Material zu suchen. So fand Hanisch im Archiv der Akademie für Bildende Künste den Beweis, daß H. niemals Malerei studiert hatte, sondern zweimal bei der Prüfung durchgefallen war.[14]

Als H.-Gegner bekannt und gefährdet, emigrierte Heiden 1933 zuerst ins Saarland, dann nach Paris. 1936 erschien in Zürich der erste Band seines Buches ADOLF HITLER. EINE BIOGRAPHIE. Untertitel: »Das Zeitalter der Verantwortungslosigkeit«. Eine amerikanische Ausgabe folgte noch im selben Jahr in New York.

Auch hier wird Hanisch als Quelle zitiert. Heidens sensationelle Enthüllungen, fast gleichzeitig erschienen mit den Schicklgruber-Geschichten und den Falschmeldungen über angebliche jüdische H.-Verwandte, müssen H.s alten Zorn auf den Intimfeind aus Männerheimzeiten bis zur Weißglut verstärkt haben. Da Hanisch ohnedies durch seine Bilderfälschungen aufgefallen war, war nun sein Leben bedroht. Österreich war bereits von illegalen Nazis durchsetzt, die als H.s Befehlsempfänger einsetzbar waren.

Erstaunlicherweise blieb Hanischs Beziehung zu Feiler auch nach dem Prozeß intakt. Feiler erreichte schließlich sein Ziel, in den Besitz des echten Parlamentsbildes zu kommen, das im Betrugsprozeß von 1910 so eine große Rolle spielte und von unbezweifelbarer – relativer – Qualität war. Hanisch verkaufte das Bild für 200 Schilling an Feiler, der es für 2000 Reichsmark an das Hauptarchiv der NSDAP weiterverkaufte.[15]

Nach seiner Entlassung aus dem Gefängnis betätigte sich Hanisch erst recht als Fälscher von H.-Bildern in immer schlechterer Qualität. Ein Händler namens Jacques Weiss verkaufte die Bilder in ganz Europa.[16] Auf diese Art kamen so viele Fälschungen in Umlauf, daß in Berlin bald von einer »Wiener Fälscherzentrale« gesprochen wurde, die auszuheben sei.

Am 16. November 1936 wurde Hanisch verhaftet. Bei einer Durchsuchung seines Untermietzimmers wurden neben Manuskripten über H. auch handfeste Beweise in Form weiterer Fälschungen gefunden. Die Beweislast war erdrückend. Am 2. Dezember 1936 wurde Hanisch ins Wiener Landesgericht eingeliefert.[17] Dort starb er laut Gerichtsarzt am 4. Februar 1937, offenbar an Herzschlag. Laut Todfallaufnahme wurde er gratis beerdigt, da kein Nachlaß vorhanden war.[18]

Hanischs Tod wurde in Berlin nicht gleich bekannt. Feiler informierte erst nach dem »Anschluß« am 11. Mai 1938 seinen Vertrauensmann im NSDAP-Hauptarchiv, Reichsamtleiter Ernst Schulte-Strathaus, Hanisch sei bereits »vor 1 ½ Jahren« gestorben, und zwar »als Untersuchungshäftling im Inquisitenspital an einer Lungenentzündung«.[19]

Feiler gab der österreichischen Polizei der Regierung Schuschnigg die Schuld an Hanischs Tod: »Ich weiß, wie man mit einem armen Teufel – zumal wenn er schlecht gekleidet ist – auf der Polizei und bei Gericht mitunter verfährt. Wenn so ein Mensch dann noch all denen, in deren Gewalt er sich befindet, an Geist weit überlegen ist, so kann ich mir zu seinem völlig unerwarteten Ableben meine Gedanken machen.«

Hanisch sei, so Feiler, zwar »nicht fehlerlos« gewesen, »aber er war trotz seiner Armut und Not ein vornehmer Charakter und ich bin tief betrübt über seinen Tod. Er war einst ein Freund zu unserem Führer und auch ich schäme mich der Freundschaft mit Reinhold Hanisch nicht.« Was Hanischs Interviews angehe, so hätten ihn die Journalisten hineingelegt. Feiler bot an, in Wien weitere Nachforschungen nach H.-Bildern zu unternehmen. Das sei freilich mit Schwierigkeiten verbunden, denn: »Ich kann ja keine Hausdurchsuchung vornehmen. Mit behördlicher Unterstützung wäre vielleicht etwas aufzutreiben. Ich könnte dabei mit meinen Angaben nützlich sein.«[20]

Die Bilderfälschungen beschäftigten H.s Mitarbeiter noch jahrelang. Noch am 21. Oktober 1942 ordnete Heinrich Himmler auf H.s Weisung an, drei von Hanisch gefälschte H.-Bilder samt eidesstattlichen Erklärungen Hanischs und Leidenroths aus dem Jahr 1935 zu vernichten.[21]

Im Gegensatz zu Hanisch ist der nächste Augenzeugenbericht, über die Zeit von Februar bis April 1912, kürzer und bietet nur ein Problem: Der Verfasser, hier »Brünner Anonymus« genannt, bleibt aus verständlicher Vorsicht anonym. Der Bericht erschien 1935 in tschechischer Sprache in der Brünner Zeitschrift MORAVSKÝ ILUSTROVANY ZPRAVODAJ (Mährischer Illustrierter Beobachter)[22] und schildert H. kritisch und glaubwürdig. Die vorgebrachte Kritik an dieser Quelle fußt auf Unkenntnis des gesamten Textes und stützt sich auf einzelne, oft unkorrekte Zitate und Übersetzungen, die ungeprüft durch mehrere Federn gingen.

Sicher macht auch der Anonymus Fehler. Diese aber betreffen vor allem Einzelheiten aus H.s Familiengeschichte, also das, was H. dem Anonymus selbst erzählte und was dieser im Laufe der Jahre zwischen 1912 und 1935 verwechselt oder von vornherein falsch verstanden haben muß.

Immer dann aber, wenn der Anonymus eigene Beobachtungen und Erlebnisse mit H. erzählt, ist er glaubwürdig. Die angegebenen Namen und Daten halten einer Überprüfung stand. Aber auch die wiedergegebenen politischen Aussagen H.s stimmen mit den Aussagen anderer Quellen überein, etwa mit Kubizek. Interessant auch die beiläufige Bemerkung, H.s Familie stamme »aus dem germanisierten Teil Böhmens«, als Zeichen dafür, wie sehr die Tschechen das Waldviertel als nationales Streitgebiet betrachteten.

Ein weiterer, recht kurzer und nicht sehr ergiebiger Bericht über die ersten Monate des Jahres 1913 stammt von Karl Honisch. Dieser war der einzige Männerheimkollege, den das Parteiarchiv der NSDAP nach 1938 aufstöberte und über seine Erlebnisse mit H. befragte.[23] Honisch war zwei Jahre jünger als H., 1891 in Mähren geboren, ledig und von Beruf »Kontorist«. Er kam aus Brünn nach Wien und war hier nur im Jahr 1913 polizeilich gemeldet, meist im Männerheim Meldemannstraße, wo er sich kurz vor Weihnachten 1913 mit unbekanntem Ziel abmeldete.[24]

Der Text, den Honisch 1939 im Auftrag der NSDAP verfaßte, ist nur von begrenzter Objektivität. Verständlicherweise hütet er sich, Negatives über den nunmehrigen »Führer« zu enthüllen. Der junge H. wird höchst vorteilhaft dargestellt; so meint Honisch etwa, daß H. »kein Alltagsmensch war wie wir und uns trotz seiner 24 Jahre geistig alle überragte«. Auch beim Hauspersonal sei er »gut angeschrieben« gewesen »und wurde auch – wie ich mich gut erinnere – vom Verwalter öfters ins Gespräch gezogen. Und das war eine Ehre, die nur selten einem Heimbewohner zu teil wurde.« Das Honisch-Protokoll stellt einen wahren Drahtseilakt dar, um einerseits glaubwürdig zu sein, sich aber andererseits nicht in Gefahr zu bringen.

Honisch erwähnt auch H.s politische Interessen, seine Redelust und meint gewunden: »Wir verstanden seine Ansichten nicht immer.« »Erst heute«, also 1939, werde ihm, Honisch, »manches in seinem damaligen Wesen verständlicher. Es ist sicher, daß Hitler vieles, was er später verwirklichte, im Keime in sich trug, daß es in ihm arbeitete und gährte. Daher kamen wohl auch seine wechselvollen Stimmungen.« Er sei zwar mitunter »recht jähzornig« gewesen. Aber, so Honisch gegenüber dem Parteiarchiv: »Wir kannten diese Stimmungen und respektierten sie.«

Geschickt vermeidet Honisch konkrete Hinweise auf frühere Kollegen, die von der NSDAP ausgeforscht werden könnten. Er beschränkt sich auf den Hinweis, H. habe sich gerne mit Fachleuten verschiedener Art unterhalten: »So erinnere ich mich an einen damals 30jährigen Mann namens Schön. Dieser war ein stellenloser Gutsverwalter mit anscheinend höherer Fachschulbildung. Mit ihm unterhielt sich H. immer wieder über agrarische Fragen, wobei es H. so genau nahm, daß er oft Bleistift und Papier zur Hand nahm und Aufzeichnungen machte. Dann war ein gewisser Herr Redlich da, ein Akademiker... Und noch manche andere gab es, deren Name mir entfallen ist, darunter auch Arbeiter und Handwerksmeister, von denen sich H. immer wieder über ihre Berufsgebiete belehren ließ.«

Zwar ist wegen der Häufigkeit des Namens ein Schön in den Meldeakten nicht zu identifizieren, aber immerhin der erwähnte Redlich: Es handelt sich um Rudolf Redlich, geboren 1882 in Cejkowitz in Mähren, Religion mosaisch, ledig, Beamter. Er ist vom 30. Dezember 1911 bis zum 28. Juni 1914 im Männerheim Meldemannstraße polizeilich gemeldet, also gleichzeitig mit H. und Honisch.[25] Damit bestätigt Honisch – mit Sicherheit unbeabsichtigt – einen weiteren Juden in H.s engerem Kreis im Männerheim.

Ansonsten füllt Honisch viele Seiten mit der detaillierten Beschreibung des Männerheims, die er einfach aus einer offiziellen Broschüre abschreibt, nämlich dem 10. Jahresbericht der Kaiser-Franz-Joseph-Jubiläumsstiftung für 1905, erschienen 1906 in Wien.

Honisch ist die einzige Quelle, die berichtet, daß H. nicht alleine nach München ausreiste. Er war laut Honisch »in Begleitung eines Kameraden, der ebenfalls nach Deutschland auswanderte; sein Name ist mir entfallen«. Dieser Reisebegleiter war Rudolf Häusler, geboren 1893 in Aspang in Niederösterreich, in Wien aufgewachsen und mit Wiener Heimatrecht, katholisch, im Männerheim Meldemannstraße polizeilich gemeldet vom 4. Februar bis 25. Mai 1913, in dieser Zeit Drogerielehrling.[26] H.s Bindung zu dem um vier Jahre jüngeren Häusler war eine so enge, daß sie immerhin vom 25. Mai 1913 bis 15. Februar 1914 gemeinsam in einem winzigen Untermietzimmer beim Schneidermeister Popp in München wohnten, also länger, als H. in Wien mit Kubizek beisammen war.[27] Sie blieben in enger Verbindung bis zum Kriegsausbruch im August 1914 (siehe 12. Kapitel).

Häusler heiratete 1917 in Wien, 1918 wurde das einzige Kind, Marianne, geboren. 1929 wurde Häusler Witwer, zog das Kind selbst groß und heiratete nie mehr. Er arbeitete als Kaufmann in verschiedenen Branchen, leitete ein Hotel in der Tschechoslowakei mit tatkräftiger Hilfe der Tochter. Daß sein Freund Adolf mit dem deutschen Parteiführer identisch war, realisierte er erst spät. 1929 wurde er illegaler Nationalsozialist. Lediglich in internen Parteiakten erwähnte er 1939 kurz seine Beziehung zu H.

Über eine sechswöchige Berlinreise 1933 erzählte er der Tochter, er habe versucht, mit H. in persönlichen Kontakt zu kommen. Man habe ihn jedoch nicht vorgelassen und nicht geglaubt, daß er H.s Freund sei und von diesem nichts wollte, als ihn wiederzusehen. Ob Häusler seiner Tochter hier etwas verschwieg, ist nicht zu beweisen. Doch weist einiges auf ein Schweigeabkommen der einstigen Freunde hin. Häusler sagte bis 1945 kein Wort über seine Beziehung zu H. Und eigenartigerweise schwieg sich auch die Familie Popp über diesen zweiten Untermieter völlig aus, was auf H.s ausdrücklichen Wunsch geschehen sein muß.

Häusler machte ab 1938 eine recht gute, aber nicht glänzende Parteikarriere: Laut Parteiakten des Berlin Document Center war er von 1938 bis 1945 Hauptabteilungsleiter bei der Deutschen Arbeitsfront »DAF« und hier Leiter der Wohnungsvergabe. Außerdem war er von 1940 bis 1945 Hauptstellenleiter der NSDAP in Wien.[28] In den Wiener Gauakten liest sich die Parteikarriere freilich anders. Das österreichische Innenministerium stellte 1955 fest, daß Häusler zwar von 1938 bis 1944 Parteianwärter gewesen sei, nicht aber Parteimitglied und daher unbelastet.[29]

Häusler starb 1973 in Wien im Alter von 79 Jahren, ohne Aufzeichnungen über seine Beziehung zu H. zu hinterlassen. Es fanden sich bei ihm auch keine Briefe oder Schriften von H.

Aber im Poesiealbum von Häuslers jüngerer Schwester Milli fand sich eine eingeklebte kolorierte Ansichtskarte von H.s Hand (siehe S. 518). Und auch im Nachlaß von Häuslers Mutter Ida blieben Spuren in Form zweier eigenhändiger H.-Briefe an Frau Häusler aus München 1913. Von diesen Briefen hat wenigstens ein Torso in Photographie die Zeiten überdauert, der auf S. 571 in Faksimile abgedruckt ist. Der Inhalt dieser wenigen Zeilen bestätigt die Erzählungen der Häusler-Tochter Marianne Koppler, daß H. so etwas wie ein Mentor des um vier Jahre jüngeren Häusler war und volles Vertrauen auch von dessen Mutter genoß.

Da nie ein Historiker wenigstens versuchte, Kontakt mit Häusler aufzunehmen, dessen Name bis zu seinem Tod 1973 im Wiener Telephonbuch zu finden war, bleiben heute nur jene spärlichen Aussagen über H., die Häusler gegenüber seiner Tochter Marianne machte – und die diese der Autorin bereitwillig weitergab.

Somit muß die Glaubwürdigkeit dieser mit ihrem Vater engstens verbundenen Zeugin geprüft werden. Frau Koppler, tatkräftig, intelligent und nicht unkritisch gegenüber dem Vater, versucht in keinem Moment, eine Legende zu basteln, sondern beschränkt sich in ihren Erzählungen auf das wenige, das sie vom Vater und von der Großmutter weiß und an das sie sich erinnern kann. Der Vater sei tatsächlich auch im engsten Familienkreis sehr verschlossen gewesen, darüber hinaus aber auch so dominant, daß Tochter wie Enkel nicht gerne fragten, wenn er nicht von selber erzählen wollte. Als besonderer Glücksfall bei dieser Zeugin muß gewertet werden, daß sie, wie sie sagt, sich nie für H. interessierte, weil dieser ihren Vater schlecht behandelt habe – bei der Trennung 1914 wie nach 1933. Sie versichert überdies glaubwürdig, nie ein Buch über H. gelesen zu haben – was den Wert ihrer Aussagen zweifellos erhöht.

Natürlich ist eine solche Aussage aus zweiter Hand von geringerem Wert, als wenn Häusler selbst gezielt hätte befragt werden können. Aber Marianne Kopplers Aussagen bringen immerhin einige wichtige Einzelheiten über den jungen H. (siehe 12. Kapitel).

Im krassen Gegensatz zu den vier vorher genannten Aussagen steht das 1947 erschienene Buch von Josef Greiner: DAS ENDE DES HITLER-MYTHOS. Da es für die Öffentlichkeit der erste deutschsprachige

Bericht eines angeblich »Wissenden« nach 1945 war, war ihm der Erfolg sicher.

Greiner behauptet, H. 1907 und 1908 im Männerheim Meldemannstraße gekannt zu haben – also in einer Zeit, als dieser nachgewiesenermaßen noch in Linz und dann mit Kubizek bei Frau Zakreys wohnte. Greiner will gar von der todkranken Klara Hitler einen »mit zitternder Hand« geschriebenen Dankbrief für seine angebliche Hilfe bekommen haben, der freilich abhanden gekommen ist.[30]

Das Buch ist als Sensation angelegt: Greiner zeichnet ein schauerliches Bild vom jungen H. mit allen erdenklichen Geschmacklosigkeiten – so, wie man es nach 1945 hören will: So habe H. bei einer ostjüdischen Trödlerin gearbeitet, um dieser Lesen und Schreiben beizubringen, gleichzeitig aber auch mit dem Einsammeln von Wanzen Geld verdient. Diese Wanzen habe er eines Tages seiner Auftraggeberin ins Bett gelegt und sei darauf entlassen worden.[31] Dann habe H. »arische« Kinder mit Schokolade beschenkt, damit sie ihre jüdischen Spielkameraden mit »Saujud« beschimpften.[32] Im vornehmen Café Fenstergucker neben der Oper habe H. seinen Antisemitismus damit demonstriert, daß er einer festlich gekleideten »Jüdin« eine Fischblase voll roter Tinte unters Gesäß legte[33] – und so fort.

Greiners Sexualphantasien gipfeln in der breit ausgewalzten Geschichte, wie der junge H. angeblich versucht habe, eines seiner Malermodelle (!) zu vergewaltigen und zu mißhandeln.[34] Überdies habe sich H. in der Leopoldstadt bei einer Hure mit Syphilis angesteckt.[35] Eine solche Infektion ist eindeutig durch das negative Ergebnis des Wassermann-Testes 1940 widerlegt.[36] Greiner meint auch, H. habe gar nicht Selbstmord begangen, sondern sei am 30. April 1945 per Flugzeug geflohen: »ein Täuschungsmanöver, das wie ein antikes Heldenepos anmutet«.[37]

Ganz nebenbei verschafft sich Greiner mit seinem Buch eine politisch günstige Legende als angeblicher aktiver Widerstandskämpfer, der sogar ein Attentat auf H. versucht habe, aber leider damit gescheitert sei. Er will den ehemaligen Männerheimkollegen auf die Verwerflichkeit der Behandlung der Juden, aber auch etwa der Südtiroler hingewiesen haben und habe sogar einen Antrag H.s ausgeschlagen, als Wirtschaftsminister in die deutsche Regierung einzutreten. Zum »Beweis« druckt er drei lange Briefe ab, die er angeblich 1938 an H. geschrieben habe.³⁸ Doch diese wurden offensichtlich erst nach 1945 für das Buch verfaßt und zurückdatiert.

Sein Anti-H.-Buch verschickte Greiner an Politiker, so auch an »Seine Exzellenz Herrn Generalissimus Stalin« mit einem sechsseitigen Brief vom 14. Mai 1947. Darin stellte er sich als Präsident eines von ihm gegründeten und noch gar nicht konstituierten Vereins »Österreichischer Paneuropäischer Verband« und Mitglied der »Gesellschaft zur Pflege der kulturellen und wirtschaftlichen Beziehungen zur Sowjetunion« vor und bot der UdSSR eine selbst erfundene technische Neuerung an. Deren Ankauf sollte die gesamten österreichischen Reparationszahlungen an Rußland abdecken – und außerdem der Rettung Österreichs und der Sicherung des Friedens dienen.³⁹

Schon 1956 wies Franz Jetzinger in einer ausführlichen Untersuchung nach, daß Greiners Buch ein »handgreifliches Lügengewebe« darstellt.⁴⁰ Die wenigen wirklichen Informationen habe Greiner aus MEIN KAMPF, dem Buch Heidens – und damit auf Umwegen von Hanisch – und den Gesprächen mit ihm, Jetzinger, entnommen. Wegen der Fülle abstrusester Fehler meint Jetzinger, Greiner könne H. gar nicht gekannt haben. Und diesen Eindruck muß jeder haben, der sich mit dem Buch und seinen Hintergründen beschäftigt.

Aber: dem steht Hanischs Bericht in THE NEW REPUBLIC entgegen, daß sich H. im Männerheim 1910 an einen als sehr zwielichtig beschriebenen Mann angeschlossen habe, einen Schildermaler namens Greiner, der vorher Beleuchter im Kabarett »Hölle« gewesen sei. Greiner und H., so Hanisch, hätten absonderliche Pläne geschmiedet: So hätten sie alte Blechdosen mit einer Paste füllen und als Antifrostmittel für Fenster verkaufen wollen – allerdings im Sommer, damit niemand das Mittel ausprobieren könne. Auf Hanischs Einwände habe H. gemeint, zum Verkaufen brauche man eben Redetalent. Dann hätten die beiden die Idee gehabt, Geldnoten mit Zelluloidschachteln vor dem Abgenutztwerden zu schützen, die Scheine hätten dafür aber kleiner gemacht werden müssen – und so fort. Greiner sei, so Hanisch, ein Schwätzer gewesen und habe einen schlechten Einfluß auf H. ausgeübt.

Jetzinger meint nun in seiner Kritik, Hanisch habe gelogen und diesen Mann namens Greiner nur erfunden. Greiner seinerseits habe

Hanischs Phantasien über einen zufälligen Namensvetter im Männerheim für sich ausgenutzt und daraus seine Lügengeschichte konstruiert.

So einfach ist es leider nicht. Denn Hanisch wird auch hier wieder durch das Wiener Meldeamt bestätigt: Es gab wirklich einen Josef Greiner, geboren 1886 in der Steiermark, zwischen 1907 und 1911 in diversen Wiener Heimen wohnhaft, darunter im Männerheim Meldemannstraße vom 15. Januar bis 17. April 1910 und später noch viermal für kurze Aufenthalte. Und dieser Greiner ist mit dem späteren Buchautor identisch. Hanisch muß ihn gekannt haben.

Ein Rätsel bleibt, warum Greiner trotzdem gar nichts von H. weiß und ausschließlich Phantasien verbreitet. Eine Erklärung mag darin liegen, daß Greiner zwar ein gemeinsamer Männerheimkollege H.s und Hanischs war, zumindest vom 9. Februar (als H. im Männerheim einzog) bis 17. April 1910, ihn aber nicht näher kannte. Hanisch hätte dann den ihm verhaßten H. mit dem Hinweis auf eine angebliche Freundschaft mit diesem Phantasten und Betrüger kompromittieren wollen. Da aber nun Greiner im Buch Heidens 1936 als H.s angeblicher Männerheimkollege erwähnt war, hatte dieser einen willkommenen Anlaß, um aus seiner so bestätigten Freundschaft zu H. Kapital zu schlagen. Heidens Buch diente ihm zur Legitimation, und er erwähnt es auch gleich im ersten Satz seines Vorworts. Möglicherweise handelt es sich auch um ein Geschäft zwischen Hanisch und Greiner. Jedenfalls bleiben die Hintergründe unklar.

Das Buch von 1947 war schon Greiners zweiter Versuch, seine »Freundschaft« zu Kapital zu machen. Im März 1938 hatte er die Jubelschrift SEIN KAMPF UND SIEG. EINE ERINNERUNG AN ADOLF HITLER im Privatdruck herausgebracht. In dieser nur 39 Seiten langen, mit Führerbildern reich gezierten Schrift behauptet Greiner allerdings, H. im Jahre 1912 ein Jahr lang im Männerheim gekannt zu haben. Keine Rede also hier von 1907, dem Tod Klara Hitlers und allem anderen, was Greiner 1947 erzählte. Da diese Broschüre bisher unbekannt war, aber zur Einschätzung Greiners als Quelle wichtig ist, wird hier etwas reichlicher daraus zitiert.[41]

In dieser ersten Schrift bringt Greiner kein einziges Erlebnis mit H., nur die fadenscheinige Legende, daß der junge H. einem bettelnden Kind sein »Nachtmahl« hergegeben habe, »eine Semmel mit einem Stück Wurst, obwohl er kein Geld hatte, sich eine neue Wurstsemmel zu kaufen«.⁴² Greiner hält sich eindeutig an MEIN KAMPF und Heidens Buch und verteidigt H. gegen dessen Widersacher Hanisch: »Hanisch erhielt damals zufolge der Fürsprache Hitlers nur eine Woche Arrest. Dieser Hanisch ist es nun, der zum Dank für Hitlers Großmut horchenden gegnerischen Kreisen nicht genug Unwahres über Hitlers Jugend zu erzählen weiß.« In verherrlichendem Ton rühmt Greiner H. als »Messias« und stattet ihn »mit prophetischem Blick« aus: »Adolf Hitler hat ein Werk begonnen und in kurzer Zeit zu einer Entwicklung gebracht, das alles bisher in der Welt geschaffene in den Schatten stellt.«

Seitenlang und schwülstig preist er das angebliche Genie des mittlerweile zum Herrn der »Ostmark« aufgestiegenen Männerheimkollegen, aber auf eine Art, die nicht auf wirklicher Kenntnis beruht: »Bei religiösen Diskussionen zeigte er tiefstes Wissen, nicht nur um Abraham, Moses, Jesus, sondern auch um Konfuzius, Rama, Krischna, Buddha usw. Die Entwicklung der christlichen Kirchen, ihre Spaltungen in morgenländische und abendländische Richtungen, die Reformationsbestrebungen von Savonarola, Huß, Luther, Zwingli und Kalvin waren seine Lieblingsthemen.« Und: »Hitler selbst war gottesgläubig. Wo er stand und ging, bewunderte er die Unendlichkeit und Weisheit der Schöpfung sowie die Entwicklung ihrer Werke.«

Greiner: »Es muß der Wille des allmächtigen Gottes gewesen sein, daß er Adolf Hitler im wahrsten Sinne des Wortes die Not des Volkes erleben ließ, damit dieser befähigt sei, seinem Volke als wirklicher Führer zu dienen. Schon der junge Adolf Hitler hatte ein brennendes Herz, einen tiefen Verstand und einen eisernen Willen. Die Flamme, mit der er die deutschen Seelen entzündete, brennt lichterloh in allen deutschen Gauen. Heil Dir, Adolf Hitler!« Und über den »Anschluß« Österreichs: »So geschah denn ein Wunder, wie noch niemals in der Weltgeschichte ein ähnliches zu verzeichnen war. Das ganze Volk schrie um Hitler... Der Ruf: ›Heil Hitler‹ braust nun über heilige, deutsche Erde, von der Nordsee bis zur Drau. Der vielgelästerte deutsche Militarismus erwies sich als ein

Instrument des Friedens... Stand da nicht Gott selbst im Lager Adolf Hitlers?«

Diese Jubelschrift schickte Greiner mit Widmung an H., Mussolini, Goebbels und Göring. Er spekulierte darauf, daß die NSDAP sie als Werbepublikation drucken lasse und ihn, Greiner, damit als Autor reich mache. Außerdem erhoffte er sich, von H. zum Wirtschaftsminister des Deutschen Reiches ernannt zu werden.[43]

H. jedoch ließ das Machwerk einstampfen. In die Parteiakten wurde eine »Warnkarte« aufgenommen, wo Greiner als »gefährlicher, notorischer Erpresser« bezeichnet wurde, der für die »Partei nicht tragbar« sei. Greiners wiederholte Anträge seit Mai 1938, in die NSDAP aufgenommen zu werden, wurden stets mit der Begründung abgelehnt, er sei »ein ausgesprochener Konjunkturmensch und skrupelloser Geschäftemacher. Es besteht übrigens der Verdacht, daß er kriminell vorbestraft ist.«[44] Diese Ablehnung nutzte Greiner nach 1945 für seine Legende, ein Widerständler gewesen zu sein.

Fazit: Greiner produzierte jeweils, was Erfolg und politische Vorteile versprach: vor 1945 die Legende vom »Messias« H., nach 1945 die Legende vom Syphilitiker und Betrüger. Seine Bücher stellen jedenfalls keine zitierbare Quelle dar.

Das bedeutet, daß auch jene angeblichen »Tatsachen« über H. falsch sind, die in der H.-Literatur seit nunmehr fast 50 Jahren bereitwillig von Greiner, und meist ohne ihn zu zitieren, übernommen wurden. Künftige Biographen müssen fortan zuerst mühsam und sorgfältig die bisherige Literatur von Greiner »säubern«, um zu einem wahrheitsgetreueren Bild zu gelangen. Damit sind aber auch jene Theorien hinfällig, die auf Greiners Buch aufbauen, so auch seine berühmteste Geschichte von H.s angeblicher Syphilisansteckung bei einer jüdischen Hure.

Hitler-Legenden

Sehr energisch ließ der Reichskanzler H. jede Presseäußerung über sein Vorleben kontrollieren und bestand darauf, als einzige biographische Quelle MEIN KAMPF zu konsultieren. So wurde 1940 der Presse untersagt, »sich mit angeblichen persönlichen Erlebnissen und Erinnerungen aus dem Leben des Führers zu befassen... Das

Werk des Führers bietet so viel Stoff, daß es... eines Zurückgreifens auf angebliche Erlebnisse aus der Kindheit, der Jugend- und Militärzeit nicht bedarf.«[45] Tatsächlich stützen sich die zahlreichen Legenden über H.s Jugend meist auf die einzige Quelle, die in der Zeit bis 1945 bekannt war: H.s MEIN KAMPF. Zu dieser Legendenbildung trug H. selbst kräftig bei, da er mit zunehmendem Alter seine Wiener Leiden in vielen Reden und nächtlichen Monologen immer weiter ausschmückte.

Ob die folgende Geschichte, von H. dem Photographen Heinrich Hoffmann erzählt, stimmt und richtig weitergegeben ist, läßt sich nicht nachprüfen: Er sei einmal in Wien, so H., zu einer vornehm wohnenden Dame empfohlen worden, deren Mann eben gestorben war: »Eine charmante alte Wienerin!« Sie wünschte sich ein Aquarell vom Innenraum der Kapuzinerkirche, wo sie getraut worden war. Obwohl er normalerweise nur »fünfzehn bis zwanzig Kronen« für ein Bild erhalten habe, habe er diesmal 200 Kronen verlangen wollen, sich dann aber nicht getraut und auf ihre Frage nur gesagt: »Das überlasse ich Ihnen, gnä' Frau!« Die Dame sei »Mit wohlwollendem Lächeln« im Nebenzimmer verschwunden und habe ihm dann ein geschlossenes Kuvert übergeben. Als er auf der Stiege hastig den Umschlag aufriß, habe er »starr vor Staunen« fünf Hundertkronenscheine gefunden.[46] Wenn diese Geschichte stimmen sollte, hätte H. mit so viel Geld rund ein halbes Jahr leben können.

Eine weitere Geschichte stammt von der romantisch angehauchten Henriette von Schirach, der Frau des Reichsstatthalters Baldur von Schirach. Bei seinem letzten Wienbesuch 1941 habe H. sich abends an seinen ehemaligen »Lieblingsmotiven« vorbeifahren lassen: »Wir fuhren im Schrittempo durch den alten Stadtkern, Hitler erzählte uns von seiner Jugend als Kunstmaler. Vor dem Parlament ließ er halten und stieg aus. Ohne Umhang oder Hut zeigte er uns den Platz, von wo aus er das Gebäude gemalt hatte.« Keine Rede war also davon, daß er stets nur Vorlagen kopiert hatte. »Dann fuhren wir langsam weiter zur Oper, zum Schwarzenberg-Platz, zum oberen Belvedere, zum Helden-Platz... Die Straßen waren leer, es war eine helle Mondnacht. Wir fuhren weiter zum Stephansdom, und dann zur Karlskirche. Wie oft hatte er die Fassade und die hohen Säulen gemalt, sagte er. Über eine Stunde lang fuhren wir durch die stille

Stadt – zur Minoritenkirche, zu einem seiner Lieblingsmotive, der ›Maria am Gestade‹.«[47]

Von den vielen Legenden über H.s Wiener Zeit können hier nur wenige Beispiele gebracht werden. So ist nicht der geringste Hinweis in den Quellen zu finden, daß H. irgendwann, schon gar nicht wie angegeben 1912, als Zeichner im Architekturbüro Max Fabiani arbeitete.[48] Diese Legende geht auf ein Interview Fabianis in einer Florentiner Zeitung 1966 zurück mit dem reißerischen Titel »L'uomo che licenziò Hitler« (Der Mann, der Hitler entließ). Dort sagte Fabiani, der Architekt der Wiener Urania, über seinen angeblichen ehemaligen Angestellten: »Ich fand ihn so willig. Man verstand sofort, daß er ein Mann war, der es im Leben zu etwas bringen würde.« Trotzdem habe er H. nach drei Monaten wegen Starrsinns, Meinungsverschiedenheiten, geringer Leistungsfähigkeit und »weil er zu matt war« entlassen.[49]

Eine noch spektakulärere Geschichte erfand H.s englische Schwägerin Bridget Hitler: Sie behauptete, der heruntergekommene H. (»a shabby young man«) sei von November 1912 bis April 1913 in Liverpool gewesen, habe ihnen – also ihr, ihrem Mann Alois mit dem 1911 geborenen Patrick – auf der Tasche gelegen und nicht gearbeitet. Eine solche Reise ist freilich schon allein mit den penibel geführten Wiener Meldezetteln zu widerlegen.[50]

Die Hofburg-Schauspielerin Rosa Albach-Retty – und Großmutter Romy Schneiders – wiederum erzählt in ihren Erinnerungen, der frühere Direktor des »Theaters an der Wien« habe ihr erzählt, eines Tages habe »ein schmächtiger junger Mann« in einem »fadenscheinigen, vielfach geflickten Anzug« bei ihm als Chorsänger vorgesungen und – ausgerechnet – Danilos Auftrittslied aus Franz Lehárs LUSTIGER WITWE geschmettert, die als H.s Lieblingsoperette hinlänglich bekannt war: »Da geh ich ins Maxim…« Er habe das sehr gut gemacht. Ein Engagement sei aber daran gescheitert, daß der junge Mann keinen Frack besessen habe. Damals mußten Schauspieler und Sänger noch für ihre Bühnengarderobe selbst sorgen.

Kaum glaubwürdiger ist die Anekdote, die Rosa Albach-Retty im »Frühsommer 1910 oder 1911« beim Tee von einer Freundin erfahren haben will. Diese hatte gerade Handwerker im Haus und erzählte, wie »einer der Arbeiter, ein junger, blasser Mensch«, zu ihr gekommen sei und höflich angefragt habe, ob sie ihm wohl zwei Bände von Friedrich Nietzsches Werken leihen würde. »Ich verspreche Ihnen, gnädige Frau, daß ich die Bücher wie meinen Augapfel hüten werde!« habe er »fast feierlich« gesagt und versprochen, sie spätestens in drei Tagen zurückzubringen. Die Freundin: »Ein merkwürdiger Mensch. Trinkt nur Milch und interessiert sich für den Zarathustra.« Im pünktlich zurückgegebenen Buch habe sie eine handgeschriebene Visitenkarte gefunden. »Ein Maurer verteilt Visitenkarten! Hast du so etwas schon erlebt?« »Wie heißt er denn?« wollte Rosa wissen. »Warte nur, gleich fällt's mir ein. Adolf..., ja, Adolf Hitler!«

Als die beiden im März 1938 auf dem Balkon des Burgtheaters standen und den »Anschluß« erlebten: »Wer fuhr da aufrecht stehend, im offenen Wagen, wild umjubelt, an uns vorüber? Der Maurer meiner Freundin Vally! Nun allerdings unser Führer Adolf Hitler.«[51]

Geschichten solcher Art spiegeln vor allem eines wider: wie erfolgreich H. mit seiner rührenden Geschichte vom armen, aber sauberen und bildungsbeflissenen Wiener Bauarbeiter war.

7 Rassentheoretiker und Welterklärer

Privatstudium

In seiner Wiener Zeit habe er *gelernt wie nie zuvor*, schreibt H. in MEIN KAMPF. *Ich las damals unendlich viel, und zwar gründlich. Was mir so an freier Zeit von meiner Arbeit übrigblieb, ging restlos für mein Studium auf. In wenigen Jahren schuf ich mir damit die Grundlagen meines Wissens, von denen ich auch heute noch zehre.*[1]

Tatsächlich muß H. das Fakten- und Detailwissen, mit dem er später seine Gesprächspartner verblüffte, großteils in seiner Wiener Zeit angehäuft haben, vor allem auf dem Gebiet der Architektur, der deutschen Geschichte, der Bühnentechnik, der Opern Richard Wagners und auch der Politik. »Er las niemals Bücher zur Zerstreuung, zum Zeitvertreib. Bücherlesen war ihm eine todernste Arbeit«, berichtet August Kubizek: »Was er sich einmal auf diese Weise angeeignet hatte, das saß sorgfältig eingeordnet und registriert in seinem Gedächtnis. Ein Griff – und es stand wieder bereit, und zwar so getreu, als hätte er es eben erst gelesen... Fast schien es so, daß mit der Menge des aufgenommenen Materials das Gedächtnis immer besser wurde.«[2]

H. lernt unsystematisch, ohne Anleitung, voll Haß auf Schulen und Universitäten, ohne Einbindung in eine Burschenschaft, einen Arbeiterverein oder ähnliches. Er lernt aus Büchern der Leihbüchereien und aus billigen Broschüren, die die Parteien und politischen Vereine herausbringen. Vor allem lernt er aus Zeitungen, von denen er nie genug bekommt und die er später als *eine Art von Schule für die Erwachsenen* rühmt: *Der weitaus gewaltigste Teil an der politischen »Erziehung«, die man in diesem Falle mit dem Wort Propaganda sehr treffend bezeichnet, fällt auf das Konto der Presse.*[3]

Der damalige H.-Vertraute Otto Wagener berichtet aus der Zeit um 1930 ähnliches wie Kubizek und Reinhold Hanisch in Wien: »er schaute nicht danach, wer ihn [einen Artikel] geschrieben hatte, und welches die Zeitung war, in der er stand, sondern er nahm, was ihn interessierte, nur einfach in sich auf und registrierte es in seinem Gehirn an der Stelle, wo es hinpaßte und seine eigenen Ideen oder seine Meinung bestätigte und vielleicht sogar begründete. Was gegen seine Ideen war, lehnte er ab und nahm es gar nicht erst in sich auf.«[4]

Diese Methode, sich Wissen und das, was er *Weltanschauung* nannte, geradezu wortwörtlich aus Vorlagen anzueignen und als eigene Meinung zu verinnerlichen, entwickelt schon der junge H. in Wien. Die Lektüre liefert ihm, wie er in MEIN KAMPF schreibt, *Werkzeug und Baustoffe*. Dieses Material findet dann *als Mosaiksteinchen in dem allgemeinen Weltbilde seinen Platz an der ihm zukommenden Stelle*.[5]

Er prägt sich das Gelesene ein, indem er ausgiebig und in steter Wiederholung darüber spricht. Kubizek, der 1908 in der Stumpergasse stundenlange nächtliche Monologe über sich ergehen läßt, berichtet: »sobald ihn ein Buch ergriff, begann er darüber zu sprechen. Dann mußte ich geduldig zuhören, einerlei, ob mich das Thema interessierte oder nicht.«[6] Ähnliches erzählt Rudolf Häusler über die Jahre 1913 und 1914. Eindeutig benutzt H. seine Zuhörer für seine Zwecke, duldet weder Widerspruch noch eine Diskussion.

Auch seine Sekretärin Christa Schroeder berichtet über H.s »Gehirngymnastik«, die Gewohnheit, bei nächtlichen Teestunden am Kamin »über ein Thema, das er aus seiner Lektüre behalten hatte, mehrere Male zu sprechen, um es auf diese Weise immer fester in seinem Gedächtnis zu verankern«. So unordentlich H. auch ansonsten gewesen sei, »sein Gedächtnis war jedenfalls in vollendeter Ordnung, ein wahres Schubladengedächtnis, aus dem er den höchsten Gewinn zu ziehen wußte«.[7]

Nie habe er aber, so Frau Schroeder, eine Quelle für sein Wissen angegeben, vielmehr stets den Eindruck vermittelt, »daß alles, was er sagte, das Ergebnis eigener Überlegungen, eigenen kritischen Denkens sei. Er konnte ganze Buchseiten hersagen und damit den Eindruck erwecken, daß seine Darlegungen aus eigener Erkenntnis kämen.« Viele Leute seien deshalb fest davon überzeugt gewesen, H. sei ein »wunderbar scharfsinniger und analytischer Geist«. Sie habe, so die Sekretärin, einmal zu ihrem Erstaunen eine »geradezu philosophische Abhandlung« H.s als »Wiedergabe einer Seite Schopenhauer« erkannt.[8]

Dies ist wohl übertrieben, aber in kleinerem Maßstab sind Übereinstimmungen auch der Wiener Quellen mit späteren Aussagen H.s gar nicht zu übersehen. Besonders deutlich sind die Spuren von Wiener extremen nationalen Blättern, so besonders des ALLDEUTSCHEN TAGBLATTS, des von Franz Stein herausgegebenen HAMMER oder der christlichsozialen BRIGITTENAUER BEZIRKS-NACHRICHTEN, des DEUTSCHEN VOLKSBLATTS – und vieler Broschüren, die im Umkreis dieser Blätter erschienen. Noch der Reichskanzler H. ist deutlich vom deutschnationalen Zeitgeist der Wiener Jahrhundertwende geprägt.

Romantik und Befreiungskriege gegen Napoleon hatten im frühen 19. Jahrhundert bei allen europäischen Völkern den Nationalismus und das Interesse für die eigenen Ursprünge geweckt, ob es sich nun um Tschechen, Ungarn, Polen, Serben – oder auch die Deutschen handelte, die nun die Kultur der Germanen neu entdeckten. Im riesigen Schmelztiegel der Donaumonarchie hatte diese gleichzeitige Identitätssuche der verschiedenen Völker eine besondere Sprengkraft. Denn sosehr das Bild des jeweils eigenen Volkes gepflegt wurde, so fremd erschienen nun die anderen Völker.

Die Hinwendung zu den nationalen Ursprüngen verband sich in der zweiten Hälfte des 19. Jahrhunderts mit dem Darwinismus, der von Pflanzen und Tieren auch auf Menschen und ganze Völker übertragen wurde. Die stark popularisierte These von der menschlichen Abstammung und ihrer naturgesetzmäßigen Entwicklung vom Affen in barbarischer Urzeit zum höheren »Edelmenschen der Zukunft« forderte Vergleiche heraus. Da gab es nun angeblich »starke« und »schwache« Völker, Völker im Aufstieg und im Niedergang, entwickelte und unterentwickelte. Rassentheorien zeigten Wege, um die »Veredelung« eines Volkes gegenüber den anderen zu beschleunigen. Jeder wollte der »Starke«, der »höher Entwickelte« sein. Die »Reinheit des Blutes«, eine eindeutige Abstammung, wurde als Wert betrachtet, die Vermischung als Schwäche. Im Interesse des eigenen Volkes sollte es nun wichtig sein, die »völkische« Eigenart zu pflegen und möglichst alles Fremde zu meiden.

Dieser »völkische Abwehrkampf« wurde auf zwei Fronten geführt: einerseits gegen die jeweils anderen Nationalitäten der Habsburgermonarchie, andererseits intern in einer »Rassenhygiene«, einer Politik der »Reinhaltung des eigenen Volkstums«, der

»Entmischung« von den »Fremdrassigen«. Nun kamen »Zuchtgesetze« in Mode, die jedermann, der auf »sein Volk« hielt, beachten sollte – mit sorgfältiger Auswahl »rassisch wertvoller« Ehepartner, der Zeugung rassisch reiner Kinder, die überdies stark und gesund sein sollten. Es gab Hygieneregeln, um die Gesunderhaltung der Rasse zu fördern, und Sport- und Turnvereine, um die physische Kraft für den bevorstehenden Kampf gegen die »fremden Völker« zu entwickeln. Denn laut Charles Darwin müsse ja der »Starke« siegen und der »Schwache« zugrunde gehen.

Die Vermischung der Nationalitäten, die in der Donaumonarchie seit Jahrhunderten normal war, wurde nun plötzlich als Bedrohung für das »eigene Volkstum« betrachtet. Die Angst ging um, daß die nationale Identität in diesem »Völkerbrei« verlorengehen müsse. Die neuen Rassentheorien waren um 1900 überall verbreitet wie eine Glaubenslehre. Schriftsteller und Philosophen beschäftigten sich mit diesem Thema, vor allem in Anschluß an Gobineau, den Klassiker der Rassentheorie, dessen Werk ESSAY ÜBER DIE UNGLEICHHEIT DER MENSCHLICHEN RASSEN um 1900 in deutscher Ausgabe erschien und der »weißen Rasse« den Vorzug von Schönheit, Geisteskraft und Stärke zuwies, berufen, die Welt zu ordnen. Im tagtäglichen Nationalitätenkampf der Donaumonarchie wurden diese Theorien als gefährliche Munition verwendet und waren weit extremer als in den benachbarten Nationalstaaten, einschließlich des Deutschen Reiches.

In Wien schrieb der in England geborene und in Frankreich aufgewachsene Houston Stewart Chamberlain sein Buch DIE GRUNDLAGEN DES 19. JAHRHUNDERTS. Auch er forderte eine »Zuchtwahl« nach darwinistischen Grundsätzen: »Hat man nun einsehen gelernt, welche Wunder die Wahl vollbringt, wie ein Rennpferd oder ein Dachshund oder ein ›überschwängliches‹ Chrysanthemum nach und nach durch sorgfältige Ausscheidung alles Minderwertigen erzeugt wird, dann wird man dasselbe Phänomen auch im Menschengeschlecht als wirksam erkennen.« Als Mittel zur Kräftigung der Rasse nannte Chamberlain auch »das Aussetzen schwächlicher Kinder« als »eines der segensvollsten Gesetze der Griechen, Römer und Germanen«. Auch »harte Zeiten, welche nur der stämmige Mann, das ausdauernde Weib überlebt, wirken in ähnlichem Sinne«.[9] Das jüdische und das arische Prinzip hielt Chamberlain für unvereinbar.

Weder Assimilation noch Konversion könne einen Juden zum Nichtjuden machen. Damit wurde er zu einem wichtigen Propagator des Rassenantisemitismus.

Chamberlain war in den neunziger Jahren gut in das intellektuelle Leben Wiens integriert. Er gehörte der renommierten Gesellschaft für Philosophie an und beeinflußte hier auch die Studenten Otto Weininger und Arthur Trebitsch. Als Ehrenmitglied des von Georg Schönerer mitbegründeten Wiener »Richard Wagner Vereins« stand er auch in enger Verbindung zu den Alldeutschen. In H.s Wiener Zeit lebte Chamberlain, inzwischen mit Wagners Tochter Eva verheiratet, meist in Bayreuth, wurde aber von der Wiener alldeutschen Presse häufig zitiert.

Die Rassentheorien waren in popularisierter Form in allen nationalen Wiener Zeitungen zu finden. So forderte zum Beispiel das WIENER DEUTSCHE TAGBLATT eine »Anthropologische Politik«: »Es ist ein törichtes Gerede, der Staat habe kein Recht, die persönliche Freiheit durch maßvolle gesetzliche Zuchtwahl einzuengen... Lächerlich klein aber erscheinen sämtliche Gesetze jenen wichtigsten aller Maßnahmen gegenüber, die ein Bewahren vor dem Hingleiten in den Abgrund allgemeinen Verfalles bezwecken. Der aufwärts führende Weg zur Gesundung, zu Schaffung des neuen Menschen muß beschritten werden, wenn wir nicht in sich häufendem Jammer ersticken wollen.«[10]

In »völkischen« Kreisen wurde intensive Ahnenforschung betrieben und eine staatliche Ehezulassung nach »biologisch-sozialen« Aspekten gefordert, so auch in Schönerers UNVERFÄLSCHTEN DEUTSCHEN WORTEN 1908: »Man hat verlernt, den Wert der Zucht zu schätzen, d. h. zu wissen, daß jede edle Art nur das Erzeugnis einer planmäßigen Züchtung unter strenger Auswahl der zu paarenden Individuen sein kann. Die Phrase von der Gleichheit aller Menschen hat die Hirne umnebelt. Die gepriesene Verkehrsfreiheit erleichtert das Durcheinanderfluten fremdartiger Volksmassen...«[11]

Der alldeutsche Zeitgeist war durchtränkt von Begriffen wie »Herrenmensch« und »Untermensch«, Kampf um die Weltherrschaft, Kampf gegen Demokratie und Parlamentarismus und Sehnsucht nach dem starken germanischen Führer. Um die Rassentheorien »wissenschaftlich« zu erhärten, tobten sich viele »Forscher« im Messen und Vergleichen von Schädeln und Gliedmaßen aus und stellten angebliche Rassenunterschiede im Blut, im elektrischen Widerstand und im »Od« fest, worunter man eine Art persönliche Urkraft verstand. Rassenhierarchien wurden aufgestellt: »hohe« und »niedere« Rassen, »reine« und »gemischte«, »germanische« und »slawische« Rassen und so weiter. Alles, auch das unterschiedliche Zivilisationsniveau der k.u.k. Nationalitäten, wurde nun aus der »Rasse« erklärt. Die Deutschösterreicher deuteten höhere Bildung und stärkeres Steueraufkommen gerne als Beweis für die »Herren-« oder »Edelrasse«. Schlechte soziale Verhältnisse, rückständige Wirtschaft und Bildung galten dagegen als angebliche Beweise für eine »Sklaven-« oder »Unterrasse«.

Der Grundsatz der Gleichheit vor dem Gesetz und die Demokratie wurden von allen Rassentheoretikern verworfen. Sie konstruierten eine »völkische Aristokratie« und damit die natürliche Vorherrschaft der »Edlen« vor den »Gemeinen«, der »Herren« vor den »Knechten«. »Sklavenvölker« wurden nicht für wert erachtet, gleiche Rechte wie die »Herrenvölker« zu haben.

Eine Fülle von Broschüren verschiedener Autoren propagierte diese Theorien. Der Nachweis, wer von diesen vielen heute so gut wie unbekannten Schriftstellern den jungen H. beeinflußte, ist schwierig, weil Wortwahl wie Thesen sehr ähnlich sind. Hier seien nur einige Beispiele von sehr vielen vorgestellt.

Viktor Lischka, Redakteur des ALLDEUTSCHEN TAGBLATTES, brachte in H.s Wiener Zeit mehrere Flugschriften heraus, so DER DEUTSCHE ARBEITER UND DER NATIONALISMUS, DER KAMPF GEGEN DIE DEUTSCHEN IM LOTHRINGERSTAATE und andere. In hoher Auflage erschien 1912 als Flugschrift der Berliner Monatsschrift DER NATIONALDEMOKRAT Lischkas Heft DEUTSCHÖSTERREICH UNTER SLAWISCHER HERRSCHAFT, das auch in Wien verkauft wurde. Mit dieser Schrift wollten die Schönerianer die Reichsdeutschen über die schwierige Lage der Deutschösterreicher aufklären. Zu diesem Zweck verteilten sie allein 400 Exemplare an die Abgeordneten des Deutschen Reichstages.[12]

Ein weiteres Beispiel ist Florian Albrechts Flugschrift DER KAMPF GEGEN DAS DEUTSCHTUM IN DER OSTMARK von 1908. Das Haus Habsburg habe den »noch unerzogenen und rangenhaften Völkern« die Gleichberechtigung gegeben und diese »ungehobelten Burschen ohne Lehrlings- und Gesellenzeit« gleich zu Meistern gemacht. Die

Deutschen seien »an das kaum aufgepäppelte Magyarentum« ausgeliefert worden, »diese Nation der alten Plünderer und Rebellen«. Die k.u.k. Staatsparole sei: »ein slawisch-katholisches Österreich und ein judäomagyarisches Ungarn«.

Das allgemeine gleiche Wahlrecht habe das Deutschtum in Österreich zum Untergang verurteilen wollen, so Albrecht. Aber: »Wenn ein Teil dabei ganz zugrunde gehen muß, soll es lieber der Staat als unser Volk sein!... Wenn man uns im Staate nicht leben lassen will, dann zwingt man uns zur Notwehr, ihn zu zertrümmern. Es gilt den Kampf um unser Dasein als Volk!« Es herrsche ein »Entscheidungskampf um Sein oder Nichtsein eines Volkes«. Vor die Wahl gestellt, entweder Volksverrat oder Hochverrat zu begehen, »sagen wir: Hochverrat wählen wir als das kleinere Übel.« »Als treibender Sauerteig im sonst kulturell fast wertlosen und unbrauchbaren Völkerbrei spurlos aufzugehen, dazu sind wir nicht gesonnen!« Die Losung der Deutschösterreicher müsse sein: »Österreich ist deutsch oder es ist nicht!«[13]

Ein weiteres Beispiel, diesmal aus einem alldeutschen Flugblatt: »Der Streit der Völker ist keine Frage des Rechtes, sondern der Macht. Vom Standpunkte der Deutschen haben nur die deutschen Interessen, nicht die anderer Völker Berechtigung; denn niemand kann zwei Herren zugleich dienen, die seit Jahrhunderten Gegner waren und naturnotwendig Gegner sein müssen. Wir Deutschen in Österreich sind vom Schicksal nicht bestimmt, eine Friedensliga zu bilden. Wir stehen im Kampfe.«[14]

Oder der alldeutsche Autor Aurelius Polzer: »Soll aber dieses Alldeutschland unserer Sehnsucht nicht ein unerfüllter Zukunftstraum bleiben, so muß das deutsche Volk aus dem jetzigen Zustande der Versumpfung und Verseichtung, der Fremdknechtschaft und Allerweltsdümmelei herausgerissen und wieder zu dem gemacht werden, was es einstmals war und was es wieder werden muß, zum Edelvolke, zum edelsten aller Völker, damit es im stande sei, alle seine Feinde niederzuzwingen und die Weltherrschaft zu gewinnen, jene Herrschaft, die der ganzen Welt den Stempel des deutschen Geistes aufdrückt und sie in seine Bannkreise zwingt.«[15]

In der Rassenfrage fühlten sich die österreichischen Alldeutschen gegenüber den Parteifreunden aus dem Deutschen Reich als Vorkämpfer für das »ganze deutsche Volk«. Der alldeutsche Autor Jörg

Lanz von Liebenfels schrieb 1908: »Dank Schönerers Wirken sind die gesinnungstreuen Deutschösterreicher, was Rassenpolitik anlangt, dem Deutschen Reiche um 50 Jahre voraus!... Der harte Kampf, den wir, aus dem Reichsverbande ausgeschlossen, an der Grenze, wo die drei großen Weltrassen, die mongolische, mittelländische und germanische Rasse, zusammenstoßen, zu führen haben, hat uns, soweit wir dem Fähnlein Schönerers folgten, rassenpolitisch geschult und rassenhaft gestählt... wir wissen aus unserer täglichen Umgebung, was niedere Rasse für Gesittung und Politik bedeutet.«

Das Deutsche Reich dagegen, das als einziges Problem nur die polnischen Zuwanderer habe, sei in der Rassenfrage erst bei den Schriften Gobineaus angelangt. Lanz weiter: Die »rassenhafte Gesundung des gesamten deutschen Volkes« müsse »von den rassenhaft geschulten Österreichern« ausgehen, als »Wiedererneuerer germanischen Rassentums«.[16]

Aber auch die Schriften der »reichsdeutschen« Alldeutschen über die »moderne Rassenwirtschaft« wurden in Wien ausführlich besprochen und empfohlen, so Ernst Hasses 1907 abgeschlossene DEUTSCHE POLITIK in drei Bänden. Hier wurde, so die Wiener OSTARA, sorgfältige »Hoch- und Vielzucht« gefordert, um die »sieghafte Kraft im Weltringen der Völker um den Erdball« zu bekommen. »Nur die Übervölkerung, die gemeine Not und der Hunger in dem unwirtlichen Germanien« habe die germanischen »Jungmannschaften« zur Eroberung neuer Länder gezwungen. »Solche Not, allerdings begleitet von möglichster Hochzucht, muß auch in unserem Volke vorhergehen, soll es wieder weltgebietend sein.« Es komme nicht auf »individuelles Glück« an, sondern nur auf »völkische Ethik«, »deren Kulturziel die Herauszucht des Übervolkes im Gegensatze zum volklosen Übermenschen Nietzsches ist«. Die OSTARA zitiert in ihrer Besprechung aus Hasses Festspruch bei einer völkischen Feier in Deutschböhmen: »Einem von allen weltbürgerlichen Schlacken befreiten deutschen Volkstum von genügender Masse, von reiner Rasse, von Kraft und Gesundheit, von hoher Lebenshaltung, freier Selbstverwaltung, wehrhaft gebildet, gut gegliedert, aber straff zusammengefaßt, gehört die Zukunft.«[17]

1906 erschien das OSTARA-Heft GERMANISCHES ZWÖLFTAFELGESETZ. VÖLKISCHE RICHTLINIEN FÜR UNSERE ZUKUNFT von Harald

Arjuna Grävell van Jostenoode mit praktischen Vorschlägen zur Erreichung des großen Zieles, »diese Weltherrschaft germanischen Wesens ins Werk zu setzen«. Da wird etwa ein »germanisches Erziehungsgesetz« vorgeschlagen: »Statt der Gymnasien, dieser römischen Geisteszwingburgen, brauchen wir germanische Lehrburgen. Einige große Musterschulen in schöner Gegend müßten den Söhnen reiner Rasse umsonst zur Verfügung stehen. Sie wären Pflanzstätten des neuen Geistes.« Ein Kastenwesen wie bei den »arischen Indern« wird gefordert, um »dem demokratischen Bewußtsein entgegenzuwirken. Eine genaue Aufstellung des Volkes nach seiner Abstammung sei nötig, damit man die Zugehörigkeit jedes einzelnen und den Anteil des reinen Blutes innerhalb der Rasse kennt.«[18]

Guido von List

Guido List, der sich das Adelsprädikat »von« als Ausdruck seiner Zugehörigkeit zur »arischen Herrenrasse« zulegte, geboren 1848 in Wien, war um 1900 das verehrte Haupt einer verschworenen Gemeinde von »Eingeweihten«, die sich in geheimen Zirkeln und Gruppen zusammenfanden. Als Schriftsteller und »Privatgelehrter« konzentrierte er sich auf die Erforschung und Darstellung der germanischen Geschichte, Kultur, Mythen, Märchen und Sagen.

Der Vielschreiber List hatte erste Erfolge mit dem zweibändigen Roman CARNUNTUM, erschienen 1888. Er schildert hier die stets tapferen, kraftvollen und sittenreinen Germanen bei der Rückeroberung der angeblich verlotterten und sittenlosen römischen Garnison Carnuntum im 4. Jahrhundert und die Errichtung eines neuen germanischen Reiches. Im Buch DEUTSCH-MYTHOLOGISCHE LANDSCHAFTSBILDER von 1891 entwickelt er aus der Darstellung der Landschaft und ihrer Namen eine altgermanische Kulturgeschichte, die es wiederzubeleben gelte. Außerdem schrieb er Ependichtungen wie WALKÜREN-WEIHE 1895 und OSTARAS EINZUG 1896, in denen der Göttervater Wuotan beschworen wird, seine Germanen nach tausendjähriger Dämmerzeit aus der Unterdrückung zu neuer Macht zu berufen. Dann werde Ostara, die germanische Frühlingsgöttin, in das ihr geweihte »Ostarland« = Österreich einziehen. Weitere

Werke: SOMMER-SONNWEND-FEUERZAUBER als »skaldisches Weihespiel« 1901, DIE BLAUE BLUME, EIN MÄRCHENDRAMA 1901, ALRAUNENMÄREN 1903.

1902 erlebte List eine Lebenswende in Form einer zeitweisen Erblindung, die zu »Gesichten« führte. Er erkannte nun plötzlich die Geheimnisse der EDDA, der alten germanischen Runen und Zeichen, der Bilder und Bräuche. Kurzum, es offenbarte sich ihm die gesamte Esoterik der Germanen, wie er meinte. In einer wahren Schreibflut brachte er diese Visionen zu Papier und hatte nun für sämtliche Phänomene eine Erklärung, allerdings oft eine derartig simple, daß er damit manchem Kneipabend »ostmärkischer Burschenschaftler« Witze lieferte. Das Wort »Edda« deutete er als »eh' da« (ohnehin schon da).[1] Den angeblich göttlichen Ursprung der Arier wollte er mit der Deutung beweisen: »Arier = ar = Sonne, Gott; ri = hervorkommen, zeugen; er = Leute«. Die Arier seien also »sonnen-« oder »gottgezeugt«.[2]

Das erste Manuskript, das List 1903 voll Stolz an die Kaiserliche Akademie der Wissenschaften schickte, kam sofort kommentarlos retour.[3] Als List auch keinen anderen Verleger fand, gründeten die Jünger des schwer Gekränkten 1907 in Wien die »Guido-von-List-Gesellschaft«, um Geld für den Druck der Schriften des Meisters zu sammeln.

Alle alldeutschen Blätter warben für den »modernen Skalden« List und appellierten, der Gesellschaft beizutreten und für die »Einigkeit der deutschen Stämme« und die »Abwehr der Fremdlandsucht« zu kämpfen. Kontaktadresse war »Dr. J. Lanz-Liebenfels, Rodaun-Wien«.[4] In der Mitgliederliste finden sich unter Honoratioren und wohlhabenden Finanziers auch der Wiener Bürgermeister Lueger, die Malerin Olga Wisinger-Florian und Ernst Freiherr von Wolzogen in Bayreuth.[5] Die Guido-von-List-Gesellschaft hatte ihren Sitz in der Nähe von H.s erster Wiener Wohnung, in der Webgasse 25 im 6. Bezirk. Kleinere Gruppen fanden an regelmäßigen List-Abenden zu Geselligkeit und Vorträgen zusammen, so etwa jeden zweiten Mittwoch 20 Uhr im Restaurant Währinger Straße 67.

In H.s Wiener Zeit erschienen Lists Hauptwerke in rascher Folge. Sie wurden in den alldeutschen Blättern so ausführlich behandelt und zitiert, daß jeder Leser sich gründlich informieren konnte, ohne je ein Buch von ihm kaufen zu müssen. Das Geheimnis der Runen und Der Übergang vom Wuotanismus zum Christentum erschienen 1908, Die Namen der Völkerstämme Germaniens und deren Deutung und Die Rita der Ariogermanen 1909. Hier gibt List eine Einführung in das germanische Sippen- und Männerrecht und fordert die Wiederbelebung altgermanischer Rechtsmittel, so etwa den Eselsritt für treulose Frauen und »das öffentliche Tragen beschimpfender Abzeichen. Daß die Juden einen spitzen Hut, den sogenannten... ›Judenhut‹ tragen mußten, war eine ›redende Urkund‹, welche noch heute ihren Zweck der Kennzeichnung der Habgier erfüllen würde.«[6] Auch weiterhin erschien in H.s Wiener Zeit jährlich mindestens ein neues List-Werk.

Guido von List

List teilte die Menschheit in zwei Gruppen ein: die arischen »Herrenmenschen« – auch Auserwählte oder Eingeweihte genannt – und die »Herdenmenschen«, auch Sklaven, Knechte genannt oder »Tschandalen« nach einer altindischen Bezeichnung für Mischlinge. Die Arier stammten nach List aus einem Kontinent am Nordpol, wurden von dort durch die Eiszeit vertrieben, zogen in den Süden und brachten der gesamten Menschheit die Kultur. Sie vermischten sich mit den südlichen Rassen, minderten dadurch die Reinheit der eigenen Rasse, hoben aber die Qualität der minderwertigen südlichen Rassen und machten sie kulturfähig. Die arische Rasse lebte laut List nur im Norden rein weiter.

Die Aufgabe sei es nun, diese reine arische Herrenrasse wieder zurückzugewinnen durch »Entmischung« und strikte Abgrenzung gegenüber den Mischlingsvölkern. Mischehen sollten verboten werden. Die ariogermanischen Edelmenschen, von Gott zur Weltherrschaft bestimmt, müßten überall bevorzugt, die »Mischlinge« jedoch in den Rang von Knechten verwiesen werden: »Nur Angehörige der ario-germanischen Herrenmenschheit genießen bürgerliche Freiheit und bürgerliches deutsches Recht. Angehörige der minderwertigen Mischrassen unterstehen dem Fremdengesetz und sind von allen bürgerlichen Herrenrechten ausgeschlossen.«[7] Und: »Grundbesitz, führende Stellungen, eigene Unternehmungen, jede höhere Ausbildung sind dem Minderrassigen versagt.«[8]

Nach dieser Theorie durfte es keine Demokratie geben und kein allgemeines Wahlrecht. Der Wert einer Stimme hing allein von der »Rassenwertigkeit« ab, »denn schon Schiller sagt: ›Was ist die Mehrheit? Die Mehrheit ist der Unsinn, Verstand ist stets bei wenigen nur gewesen.‹«[9]

Nun aber, so List, sei die Wende zum Guten da: »Ja, gerade der ungeheure Druck, der gegenwärtig auf dem rasseechten, seiner Art bewußten Deutschen lastet, scheint eine ungeahnte Wirkung ausgeübt zu haben. Ein völliges Erwachen des ariogermanischen Geistes steht bevor, wenn auch vorerst nur bei einer Minderheit.« Diese Minderheit müsse für die Ausbreitung der alten Ideale kämpfen, für »das Bewußtsein der Rasse, das Gebot, das Blut rein zu erhalten, mit einem Worte, das Heiligste der germanischen Ehe, die Züchtung des arischen Edelmenschen«. Damit könne – kurz vor dem drohenden Absturz in den Abgrund – der Weg beschritten werden »hinauf zu den uralten Höhen reinblütigen deutschen Heldentums, hinauf zum heiligen Gral, zum Ariogermanentum«. Dieses Ziel sei aber nur durch Kampf zu erreichen und durch »eine Zeit neuen Heldentums«: »keiner schone seinen Körper«. Die Wiedergeburt sei gewiß.[10]

Als größte Feinde der arischen Herrenrasse stellte List die »Internationalen« dar, worunter er die katholische Kirche, Juden und Freimaurer verstand. Diese führten, so List, einen Vernichtungskrieg gegen die arische Rasse. Mit Lügen und Gewalttaten hätten »der römische Klerus und die von ihm beherrschte Aristokratie deutsche Sitte und Art, deutsche Denkweise und deutsches Recht zu unterdrücken und zu vernichten verstanden«. Mit dem »Sachsenschlächter« Karl dem »Großen« habe der »römische Pfaffen- und der feudale Herrengeist« in Deutschland Einzug gehalten und die hohe armanische Kultur vernichtet.

List prophezeite einen »kommenden ario-germanischen Weltkrieg«. Dieser müsse geführt werden, »um die Tschandalabrut wieder in ihre Fesseln der Kultur zu schlagen, die sie freventlich zerbrochen haben, damit Ordnung geschaffen werde und der Herrenmensch wieder zu seinem ihm abgelisteten und abgegaunerten Herrenrecht gelange, damit aber auch der Herdenmensch wieder in geordnete Verhältnisse gebracht werde, in welchen auch sein Glück ihm erblühen wird.«[11]

Es gehe um nichts weniger als die Weltherrschaft und – als ersten Schritt – um »ein pangermanisches Deutschland«, bestehend »aus Deutschen, Engländern, Holländern, Niederländern, Dänen, Schweden, Norwegern«.[12] Grundlage der Erneuerung solle, so List, eine »germanische Bodenwirtschaft« sein, eine Neubesiedlung der österreichischen Grenzgebiete durch genossenschaftlich organisierte deutsche Bauernfamilien.

In Bearbeitung des Bodens solle der arische Mensch gesunden, aber stets auf der Hut sein vor den feindlichen Nomaden, unter denen List die Juden verstand: Diese seien vor allem deshalb so gefährlich, weil sie durch Einheirat und Vermischung die arische »Edelrasse« verdürben. Sie gehörten deshalb bekämpft: »Läßt aber ein Volk das parasitische Nomadentum bei sich wohnen und macht es den Nomaden sogar zum Richter, Lehrer, Heerführer, so macht dieser das bebaute Land seines Wirtes zur Wüste. Darum fort mit dem Nomadentum!« Und: »Sie sagen es dir freilich nicht, daß sie Nomaden sind, sie verkleiden sich in das Gewand deiner Art, um dich zu täuschen, aber sie suchen dir dein von dir geschaffenes Eigentum zu entwenden. Darum weise den Nomaden von dir.« Der Nomade sei ein Schädling und Feind und mache »das von dir bebaute Land zur Wüste und dich selbst zum unsteten, landfahrenden Nichtshab«.[13]

Das Hakenkreuz

Bei List nahmen der »Dienst am Volk« und der Kampf gegen alle jene, die nicht zu diesem Volk gehörten, geradezu religiöse Dimensionen an. Um den kommenden Rassenkampf in elitärem Kreis vorzubereiten, gründete List Geheimbünde nach dem Vorbild der verhaßten Freimaurerei. So entstand 1907 der mystische Bund »Armanenschaft«, deren Mitglieder List persönlich auswählte. Die Armanen stellten laut List die vorchristliche »Edelrasse des Volkes« dar, die »wahrhaft Vornehmen« als Ergebnis langjähriger sorgsamer »Zuchtwahl«, »hervorgegangen aus langen Geschlechterreihen von schönheitssatten, verständnisvoll genährten und durch altgewohnte Erziehung glücklicher und daher geistig und körperlich schöner Menschen«.[14] In Wirklichkeit war es freilich mit dem hehren Rang der Ordensbrüder nicht weit her, denn List bevorzugte wohlhabende Männer, die seine Anliegen großzügig förderten. Eine nicht ganz »edelrassige« Abstammung wurde in solchen Fällen gerne übersehen. 1911 entstand die Organisation der HAO – »Hohen Armanen Offenbarung«.

Diese Geheimbünde waren mit anderen vielfältig und unentwirrbar verbunden, vor allem nach Lists Tod 1919. Verbindungen bestanden mit dem Geheimorden um den List-Schüler Jörg Lanz von Liebenfels, dann mit den Artamanen, die sich ganz auf völkische Bodenwirtschaft konzentrierten, mit dem Bayreuther Kreis, dem Sollner Kreis, der »Thulegesellschaft« und noch manchen anderen.

Als geheimes Erkennungszeichen dieser armanischen Bruderschaften setzte sich das Hakenkreuz durch und wurde mit der Zeit auch in weiteren deutschvölkischen Kreisen gebräuchlich. Dieses Kreuz ist bis in die älteste Geschichte nachzuweisen, aber vor 1900 nicht allgemein bekannt. MEYERS KONVERSATIONS-LEXIKON von 1888 gibt ihm nur einen Satz: »Auf prähistorischen Gefäßen und Geräten kommt das Swastikakreuz vor, welches auch bei den Buddhisten in Indien religiöses Symbol ist.«

List erklärte in seinen Büchern nach seiner anfechtbaren Methode, das Hakenkreuz sei »das höchstgeheiligte Geheimzeichen des Armanentums... Der Name ›Svastika‹ wird aus dem Sanskrit (svasti = Glück) und aus dem Namen des litauischen Feuergottes ›Sweistiks‹ abgeleitet, ist aber urarisch und aus den Urworten ›thu‹

und ›ask‹ = entstehe! (Es werde! wörtlich: thue wachsen!‹) entstanden, folglich gleichen Ursprunges und gleicher Deutung wie der Gottesname Tuisk-fo.«[15]

Auch in frühen List-Büchern kommt das Hakenkreuz schon als Zeichen des »Unbesiegbaren«, des »Starken von Oben«, also des Retters der Germanen vor. Von List übernahmen auch andere völkische Kreise dieses Zeichen, so die Neutempler um Lanz von Liebenfels. Auf dem Turm seiner Ordensburg Werfenstein im Strudengau hißte Lanz 1907 zum erstenmal eine Hakenkreuz-Fahne »als Kampf- und Siegeszeichen des arischen Rassegeistes«, allerdings in den Ordensfarben Blau-Silber.

H. begeistert sich schon als Kind in der Linzer Realschule wie viele seiner Altersgenossen für germanische Helden und weiß aus dem Geschichtsunterricht bei Professor Poetsch viel über altgermanische Geschichte. 1908 in Wien hat er, so August Kubizek, einige Wochen lang zwei Bücher bei sich, offenbar aus einer Leihbücherei, eines mit nordischen Götter- und Heldensagen, das andere »enthielt Abbildungen von Ausgrabungen und Funden, welche Schlüsse über den kulturellen Stand der germanischen Stämme ziehen ließ. Über beide Bücher sprach Adolf oft zu mir und zeigte mir die Abbildungen.« Zwei Abbildungen blieben dem Freund in Erinnerung: Die eine stellte einen Widder mit einem Sonnenzeichen dar, die andere »aber war wirklich das Hakenkreuz. Adolf sagte damals, das deutsche Volk brauche ein Symbol, ein Feldzeichen, welches den internationalen Begriff des ›Deutschen‹ darstellt.«[16] Hier dürfte es sich um Lists 1908 erschienenes Buch DAS GEHEIMNIS DER RUNEN gehandelt haben.

Es sind die Lehren Lists, wenn H. 1920 im Münchner Hofbräuhaus das Hakenkreuz erklärt: Die Arier hätten aus ihrer Heimat, dem eisigen Norden, das »Zeichen der Sonne« mitgebracht. *Alle ihre Kulte bauen sie auf Licht, und sie finden das Zeichen, das Werkzeug der Feuererzeugung, den Quirl, das Kreuz... Es ist das Hackenkreuz der einst von arischer Kultur gegründeten Gemeinwesen.*[17]

In MEIN KAMPF bekennt sich H. indirekt zu Lists »arischer Mission«, wenn er die politische Bedeutung des Hakenkreuzes erklärt: *Als nationale Sozialisten sehen wir in unserer Flagge unser Programm. Im Rot sehen wir den sozialen Gedanken der Bewegung, im Weiß den nationalistischen, im Hakenkreuz die Mission des Kampfes für den Sieg des arischen Menschen.*[18]

Hitler und Guido von List

In H.s bruchstückhaft erhaltener Privatbibliothek befindet sich ein Buch von Tagore über den Nationalismus mit der handschriftlichen Widmung zum Geburtstag 1921: »Herrn Adolf Hitler meinem lieben Armanenbruder B. Steininger«.[19] Babette Steininger war ein frühes Münchner Parteimitglied.[20] Dies könnte ein Hinweis darauf sein, daß H. Kontakt zu einem der Geheimbünde um List hatte, wahrscheinlich aber erst in München. Allerdings könnte das Wort »Armane« auch allgemein gemeint sein, um H.s hohen Rang innerhalb der »germanischen« Hierarchie zu unterstreichen.

Andere Aussagen sind, schon weil sie nur über Mittelsleute überliefert sind, mit noch mehr Vorsicht zu betrachten. So soll H., wie er später einer Münchner List-Jüngerin erzählt habe, für München ein Empfehlungsschreiben an den Großindustriellen Oskar Wannieck gehabt haben, den Ehrenvorstand und wichtigsten Geldgeber der List-Gesellschaft.[21] Dieser starb aber bereits am 6. Juli 1912 und lag längst unter seinem Hünengrab im Münchner Waldfriedhof, als der junge H. 1913 nach München kam.[22] Ähnliche Skepsis ist bei H.s angeblicher Aussage angebracht, er habe vor 1914 in München auf Empfehlung der »Wiener Organisation«, offenbar der List-Gesellschaft, eine kurze Zeit als Klubdiener des Sollner Kreises gearbeitet. Diese »subalterne Tätigkeit habe er aber bald wieder aufgegeben, da er sich in diesem Kreis von Akademikern, Offizieren und Geschäftsleuten nicht wohlgefühlt habe«.[23] Rudolf Häusler jedenfalls, der in der ersten Münchner Zeit engstens mit H. verbunden war, deutete nichts an, was auch nur entfernt in diese Richtung weist.

Zweifellos aber kannte der junge H. in Wien die Thesen Lists. So verbreitet er sich in einer Münchner Rede 1920 über Lists Grundthese der aus dem Norden kommenden Arier als Urheber jedweder menschlichen Kultur, ohne List zu nennen: In den *unerhörten Eiswüsten des Nordens sei ein Geschlecht von Riesen an Kraft und Gesundheit gewachsen in Rassenreinzucht... Diese Rassen nun, die wir als Arier bezeichnen, waren in Wirklichkeit die Erwecker all der späteren großen Kulturen... Wir wissen, daß Ägypten durch arische Einwanderer auf seine Kulturhöhe gebracht wurde, ebenso Persien, Griechenland; die Einwanderer waren blonde, blauäugige Arier, und wir wissen, daß außer diesen Staaten überhaupt keine Kulturstaaten auf dieser Erde gegründet wurden. Es entstanden wohl Mischrassen zwischen der schwarzen, dunkeläugigen dunkelfarbigen Südrasse und den einwandernden Nordrassen, aber es entstanden keine selbständigen großen schöpferischen Kulturstaaten.*[24]

List schreibt ebendies in seinem Buch DIE NAMEN DER VÖLKERSTÄMME GERMANIENS und zählt alle Kulturen auf, die den eingewanderten Ariern ihre Existenz verdanken sollten, von den Chinesen über Perser und Inder, und meint dann, »daß auch die alt-egyptische Kultur unter ihrem Einflusse entstanden ist. Nachweisbar waren Buddha, Osiris u. v. a. Arier.«[25]

Eindeutig Lists Diktion sind auch H.s Aussagen wie: *Menschliche Kultur und Zivilisation sind auf diesem Erdteil unzertrennlich gebunden an das Vorhandensein des Ariers. Sein Aussterben oder Untergehen wird auf diesen Erdball wieder die dunklen Schleier einer kulturlosen Zeit senken.*[26]

Die von List geforderte »Entmischung« und »Reinigung« der arischen Rasse zu einem erneuerten Heldenvolk, dem dann naturgemäß die Weltherrschaft zufalle, meinte H., als er 1935 vor 54 000 Hitlerjungen euphorisch ausrief: *Wir müssen einen neuen Menschen erziehen, auf daß unser Volk nicht an den Degenerationserscheinungen der Zeit zugrunde geht.*[27] H. gibt den alldeutschen Zeitgeist Wiens um 1900 wieder, wenn er etwa 1929 in einer Rede in München sagt: *Die Bluterhaltung ist das erste und wesentliche. Wenn ein Volk seinen Blutswert verliert, geht es endgültig zugrunde... meine Weltanschauung sagt mir, daß ich unseren Volkskörper freihalten muß von fremdem Blut.* Und: *wir haben vor uns nur Deutsche, und nur eine Grenze kennen wir: Wer nicht zu unserem Volke gehört, für den rühren wir keinen Finger, der mag für sich selber sorgen, mag seine Volksgemeinschaft für seine Zwecke einspannen, von uns hat er nichts zu erwarten.*[28]

Und nachdem er meinte, das deutsche Volk sei *ein nach und nach in Fäulnis übergehendes Volk*, bot er als Lösung an: *Wir kennen nur ein Volk, für das wir streiten, und das ist das unsere. Mögen wir unhuman sein! Aber wenn wir Deutschland retten, haben wir die größte Tat der Welt vollbracht. Mögen wir Unrecht tun! Aber wenn wir Deutschland retten, haben wir das größte Unrecht wieder beseitigt. Mögen wir unsittlich sein! Aber wenn unser Volk gerettet wird, haben wir der Sittlichkeit wieder Bahn gebrochen.*[29] Und: *Im Kampf um die Rasse gibt es kein Paktieren! Wir können uns keine Senkung des Rassenniveaus durch Bastardisierung gefallen lassen. Es gibt hier nur die eine Frage: Wer regiert? Keine Proteste in diesen Dingen, sondern Rache und Tat! Bist du endlich entschlossen, dich zu wehren, deutsches Volk, dann unbarmherzig!*[30]

Einige Punkte des NSDAP-Parteiprogramms von 1920 schließlich erfüllen die Forderungen Guido von Lists und der mit ihm eng verbundenen Schönerianer, Juden abseits der »arischen« Gemeinschaft zu stellen, so vor allem Punkt 4: die Aberkennung der staatsbürgerlichen Rechte der Juden, Punkt 5: sie unter Fremdengesetzgebung zu stellen, und Punkt 6: ihnen das Recht abzuerkennen, öffentliche Ämter zu bekleiden.

Eine mündlich überlieferte Aussage bestätigt H.s gute Kenntnis der List-Schriften. Seine Münchner Buchhändlerin, die List-Jüngerin und Ahnenforscherin Elsa Schmidt-Falk, erzählte gegenüber dem Autor Wilfried Daim, H. habe Lists DEUTSCH-MYTHOLOGISCHE LANDSCHAFTSBILDER in einer frühen Ausgabe besessen und Lists Hauptwerke, so die ARMANENSCHAFT DER ARIOGERMANEN, die RITA DER ARIOGERMANEN, DIE URSPRACHE DER ARIOGERMANEN und die VÖLKERSTÄMME DER GERMANEN gekannt.

H. habe sogar Lists Traum von einem Wiederaufbau der römischen Garnison Carnuntum östlich von Wien verwirklichen wollen. Diesem Traum hatte List 1900 ein eigenes Büchlein gewidmet und darin vorgeschlagen, neben die zu rekonstruierende Römerstadt in gleicher Größe auch eine Germanenstadt zu bauen. Die Bevölkerung hätte sich nach Lists Vorstellungen wie Römer und Germanen kleiden und benehmen und Feste und Sportarten in römischem beziehungsweise germanischem Stil abhalten müssen. Selbst die Kurgäste vom nahen Bad Deutsch-Altenburg hätten sich in entsprechende Gewänder zu hüllen. Als Höhepunkte dachte sich List riesige Volksfeste und Weihespiele, die Carnuntum zum »Bayreuth der Ostmark« machen sollten.[31]

Und H. habe der Buchhändlerin einmal offenbar scherzhaft gesagt, er werde, wenn Österreich einmal zu Deutschland gehöre, jenes Hakenkreuz ausgraben lassen, das List und seine Freunde in einer weinseligen Johannisnacht aus leeren Weinflaschen unter dem römischen Heidentor bei Carnuntum zusammengelegt und unter einem Rasenziegel begraben hatten.[32] Jedenfalls habe sich H. gerne mit ihr über List und »über unsere gemeinsame österreichische Heimat« unterhalten, sie aber auch als Familienforscherin – Spitzname »Die Ahnfrau« – und diskrete Ratgeberin gebraucht: »Insbesondere war ich von Adolf Hitler wiederholt betraut worden mit der Aufklärung etwas heikler Familienangelegenheiten.«[33]

Elsa Schmidt-Falk, 1897 in Budapest geboren, in Wien aufgewachsen, war seit 1933 NSDAP-Mitglied und Ehefrau eines SA-Führers. Eine nochmalige Überprüfung der Glaubwürdigkeit dieser Zeugin bestätigte sämtliche Aussagen, die sie zu ihrer Person machte. So war sie, wie die Münchner Spruchkammer 1947 nachwies, von 1934 bis 1937 nebenberuflich Leiterin der Abteilung für Familienforschung in der Kreisleitung München-Nord der NSDAP und zur selben Zeit auch Unterreferentin für Sippenforschung in der NS-Frauenschaft. In beiden Funktionen arbeitete sie ehrenamtlich.[34] Die im Prozeß erwähnten Schwierigkeiten mit der Gauleitung dürften mit der Tatsache zusammenhängen, daß sie keinen Ariernachweis erbringen konnte.[35] Jedenfalls wurde sie 1947 von der Münchner Spruchkammer freigesprochen.

Der Unbesiegbare

Mit nötigen Vorbehalten gegenüber einer Quelle aus zweiter Hand könnte auch der Aussage Elsa Schmidt-Falks Glauben geschenkt werden, H. habe Lists Buch DER UNBESIEGBARE geschätzt und Lists Prophezeiungen über den »Starken von Oben« auf sich bezogen.

»Der Unbesiegbare« war jener Heldenfürst, dessen Erscheinen angeblich schon die altgermanische EDDA prophezeite. List sah es als sein Lebenswerk an, das Heldenzeitalter dieses »Starken von Oben« und die germanische Weltherrschaft vorzubereiten.

Lists Buch DER UNBESIEGBARE. EIN GRUNDZUG GERMANISCHER WELTANSCHAUUNG erschien 1898 in Wien in Form des kleinen Katechismus, also mit deutlich religiösem Charakter. Laut List gebe es zehn »göttliche Gesetze«, »jene ewigen Urgesetze, welche Allvater, für alle Zeiten unwandelbar, in der Natur selbst vorgezeichnet hat«. Das zehnte Gesetz lautet: »Deinem Volke und Vaterland sei treu bis in den Tod.«[36]

Das Buch sollte »in kurzen, gemeinfaßlichen Sätzen eine Weltanschauung im germanischen Sinne« darstellen und den Weg zeigen, »wie ein gleichzeitig geistig und körperlich gesundes deutsches Edelvolk herangezogen werden könnte, das allen Stürmen der Zukunft Trotz zu bieten vermöchte und allen, selbst den höchstgestellten Anforderungen künftiger Zeiten entsprechen müßte«.[37]

List im Vorwort: »Durch Jahrhunderte hindurch waren die Machthaber, welche die Erziehung der Menschheit leiteten, bestrebt, die nationalen Grundeigenschaften der einzelnen Völker abzustumpfen und zu verwischen, um dem unerreichbaren Trugbilde von einer völligen Angleichung aller Stammesunterschiede nachzujagen, geleitet von der unheilvollen Absicht, die Heranbildung einer einheitlichen Menschenart anzubahnen... verblendet von einer mißverstandenen Menschenliebe, warf man die wahnwitzige Irrlehre vom allgemeinen Weltbürgertum (Kosmopolitismus) unter die Völker mit dem verderbenschwangeren Trugschluß von der einen Herde und dem einen Hirten.«[38]

Nun aber, da der »Volksgeist« erwacht sei, müßten die Ariogermanen »das Ziel höchsterreichbarer Volksveredelung« anstreben. Dazu sei eine »nationale Volkserziehung« mit einer »Volks-Sitten-Lehre (Nationalmoral)« nötig anstelle des Religionsunterrichts an den Schulen. »Weltliche, nationale Lehrer« müßten die Kinder zu einer »aus nationalem Fühlen hervorsprossende[n] Religiosität« erziehen als »die beste Wehr gegen den Niedergang der Nation«.[39]

Die Anstrengungen würden belohnt, denn: »Gott liebt und schützt fleißige, muthige, Treue und Recht haltende Völker, und belohnt sie mit Gut und Freiheit. Er schickt ihnen zum Lohne große Männer, welche sie zu Macht, Größe und Wohlstand führen... Von faulen, feigen, neidischen und selbstsüchtigen Völkern wendet sich Gott ab und straft sie mit Knechtschaft und Vermischung.« Und: »Das Leben ist ein Kampf und der Kampfpreis ist das Leben.«[40]

Der ersehnte germanische Volksführer, der »Starke von Oben«, würde laut List als Gottmensch regieren und keinem Gesetz unterstehen. Erkennbar sei dieser Heldenfürst daran, daß er aus jedem Kampf als Sieger hervorgehe. Der »Starke von Oben« hatte immer recht. Denn er war ja laut List im Einklang mit den Naturgewalten und in alten Sagen schon als Retter der Germanen prophezeit. Er konnte nicht irren. Der »Endsieg« war ihm gewiß.

Wer die List-Theorie kennt, daß der »Starke von Oben« an seinen Siegen erkennbar sei, versteht auch H.s so unsinnig wirkenden Satz: *Wenn Dschingis Khan wirklich der große Mann war, als den ihn die Geschichte darstellt, dann war er eben ein Arier und kein Mongole!*[41] Diese Äußerung allein beweist, daß H. sehr wohl über die List-These eines unfehlbaren und unbesiegbaren »arischen« Retters informiert war.

H.s berüchtigte Starrheit, nie einen Fehler einzusehen, seine Überzeugung, unfehlbar zu sein, könnte auf diesen Glauben zurückzuführen sein. Ein Führer, der seine Weltanschauung als falsch erkenne, müsse, so H. in MEIN KAMPF, *einer weiteren politischen Betätigung entsagen. Denn da er schon einmal in grundlegenden Erkenntnissen einem Irrtum verfiel, ist die Möglichkeit auch ein zweites Mal gegeben.*⁴² Ein solcher Fehler wäre nach List ja der Beweis dafür, daß es sich hier eben nicht um den »Starken von Oben« handele.

> Diese Geheimlehre ruht nun in der Ursprache als der Mysteriumsprache unseres Ariogermanentums und mit vorliegendem Buche biete ich dazu den Schlüssel. Wer diesen zu gebrauchen befähigt ist, dem steht der Hehre Tempel ⵋ Arehisosur ⵋ der Geheimlehre offen und er trete ein als deren Hierophant!
>
> Ich biete mit diesem Werke das Höchste, Heiligste, was seit langen Jahrhunderten geboten wurde, die Verkündigung der ario=germanischen Götter=Morgen=Dämmerung; — der Starke von Oben, er ist im Heraufstieg!
>
> !!!   ⵋ **Arehisosur** ⵋ   !!!

Aus der Vorrede von Lists »Ursprache der Ario-Germanen«

So dürfte die List-Theorie vom in alter Zeit geweissagten germanischen Führer, dem »Unbesiegbaren«, zumindest eine Vorstufe für H.s späteren Führerkult gewesen sein. In MEIN KAMPF konstruierte er sich die passende Vorgeschichte dazu: eine klare, organisch gewachsene und nie widersprüchliche »Weltanschauung« von Jugend an – als die eines »Starken von Oben«. Auch um diesen Anspruch aufrechtzuerhalten, mußte er Augenzeugen seiner Wiener Zeit mit allen Mitteln am Reden hindern und seine Spuren verwischen. Denn zum Beispiel seine freundschaftlichen Beziehungen zu Juden im Männerheim hätten dieser behaupteten gradlinigen Entwicklung widersprochen und damit den Anspruch, der »Starke von Oben« zu sein, geschwächt.

Nach 1933 und den zahlreichen vorher für undenkbar gehaltenen Anfangserfolgen seiner Regierung muß dieser Glaube an seine Auserwähltheit bestärkt worden sein bis hin zu einer wahren Selbstidentifikation mit diesem angeblich vor vielen Jahrhunderten prophezeiten »Starken von Oben«. 1936: *Ich gehe mit traumwandlerischer Sicherheit den Weg, den mich die Vorsehung gehen heißt.*[43] 1937: *Wenn aber diese Allmacht ein Werk segnet, so wie sie unseres gesegnet hat, dann können Menschen es auch nicht mehr zerstören.*[44] Und: *Wenn ich auf die 5 Jahre, die hinter uns liegen, zurückblicke, dann darf ich doch sagen: das ist nicht Menschenwerk allein gewesen. Wenn uns nicht die Vorsehung geleitet hätte, würde ich diese schwindelnden Wege oft nicht gefunden haben.*[45]

Eine zusätzliche Bestätigung für seine Auserwähltheit könnte H. bei List gefunden haben. Dieser schrieb, daß sich Reste der reinen ariogermanischen Rasse in entlegenen Gegenden erhalten hätten, und zwar »in Alt Sachsenland, in den Elbeniederungen, in Niederösterreich, in den Tälern der Krems, des Kamp und der Isper«.[46] Der Kamp durchfließt das Waldviertel, woher sämtliche Vorfahren H.s stammen. Aber dieser Wahn oder diese Selbstsuggestion, ein solcher prophezeiter nationaler Retter und Einiger zu sein, war auch politisches Kalkül. Die Lehren Gustave Le Bons, dessen Buch Die Psychologie der Massen H. in seiner Wiener Zeit gründlich studiert haben muß, könnten ebenfalls mitgespielt haben. Le Bon über die »großen Führer« der Massen: »Glauben erregen, das ist die besondere Rolle der großen Führer. Sie faszinieren erst, nachdem sie selbst durch einen Glauben fasziniert sind. Die Stärke ihres Glaubens verleiht ihren Worten eine große suggestive Macht.«[47] Demnach hätte sich ein solcher charismatischer Führer selbst erst in seinen Glauben hineinsteigern müssen, bevor er es wagen konnte, die »Massen« zu ihrem Glauben an ihn zu bewegen.

Die Sicherheit, mit der H. in seine riskanten politischen Abenteuer der dreißiger Jahre ging, könnte mit diesem seinem Glauben zusammenhängen. Sein Reichspressechef Otto Dietrich schrieb später über diese Jahre bis zum Krieg: »Er war wie ein Roulettespieler im Gewinn, der nicht aufhören kann, weil er glaubt, das System zu besitzen, mit dem er alles Verlorene wieder hereinholen und die Bank sprengen kann.«[48] Der Glaube, unbesiegbar zu sein, stützte offenbar auch seine Gewißheit im April 1945, in letzter Minute noch gerettet zu werden – ähnlich wie einst der Preußenkönig Friedrich II. im Siebenjährigen Krieg.

H. wollte das deutsche Volk zu seinem Glück zwingen: *Wir sehen in diesen geschichtlichen Erscheinungen des Germanentums die unbewußte Beauftragung des Schicksals, dieses störrische deutsche Volk, wenn notwendig, mit Gewalt zusammenzuschließen. Das war, geschichtlich gesehen, genau so notwendig, wie es heute notwendig ist.*[49]

Selbstsuggestion und der Glaube an die obskure Theorie eines Welterklärers seiner Wiener Jugend trugen dazu bei, H.s Realitätssinn auf fatale Weise zu beeinträchtigen.

Lanz von Liebenfels

Der engste Jünger und Nachfolger Guido von Lists war der Schriftsteller Joseph Adolf Lanz, 1874 in Wien als Sohn des Lehrers Johann Lanz und der Katharina, geb. Hoffenreich, geboren. Mit 19 Jahren trat er als Novize »Frater Georg« in den Zisterzienserorden des Stiftes Heiligenkreuz im Wienerwald ein, beschäftigte sich hier mit Ordens- und Regionalgeschichte und vertiefte sich in Astrologie und Bibelwissenschaft. Dann hatte auch er wie List ein »Traumgesicht«, ausgelöst von einem alten Grabstein, der einen Ritter zeigt, der mit dem Fuß einen Affen niederhält. Das deutete Lanz als Hinweis auf die nötige Niederringung der »Affenmenschen« durch den aristokratischen »Herrenmenschen« und stellte sich fortan in den Dienst dieser ihm im Traum eingegebenen Idee.

1900, ein Jahr nach seiner Priesterweihe, trat Lanz 25jährig wegen »steigender Nervosität«[1] aus dem Orden aus und gründete den »Neutempler-Orden« im Zeichen von Gralsmythos, Männerrecht und dem Ideal der Rassenreinheit in deutlicher Verbindung mit List. Als Templer scharte er honorige, reiche und »reinrassige« Männer um sich und kaufte mit deren Geld eine eigene Ordensburg, die Ruine Werfenstein im Strudengau an der Donau.

1902 legte sich Lanz eine neue Identität zu. Er änderte Geburtsdatum und -ort und erklärte nun, 1872 in Messina auf Sizilien geboren zu sein. Er legte sich ein falsches Doktorat zu und änderte in allen Papieren die Namen seiner noch lebenden Eltern. Aus dem

Lehrer Johann Lanz wurde »Baron Johann Lancz de Liebenfels« aus angeblich altem schwäbischen Adel. Die Identität seiner Mutter Katharina, die bis 1923 lebte, verwischte Lanz völlig, indem er ihr den Namen Katharina Skala gab. List gab seinem Jünger Rückendeckung, druckte dessen erfundenen Stammbaum ab und beschrieb das angeblich »echte Armanen- und Femanenwappen« des »Lanz von Liebenfels« ausführlich.[2]

Lanz begründete diese Änderungen damit, auf diese Weise einer astrologischen Überprüfung seiner Person entgehen zu wollen. Der wahre Grund war freilich die jüdische Abstammung der Familie Hoffenreich,[3] wonach Lanz seine eigenen Rassekriterien bei den Neutemplern nicht erfüllte. Immerhin gelang es ihm, diese falschen Daten bis in die offiziellen Meldeakten der Stadt Wien zu schmuggeln.[4] Aus Adolf Lanz wurde also der »Arier« Baron Dr. Adolf Georg (Jörg) Lanz von Liebenfels.

Seinen Lebensunterhalt verdiente sich Lanz mit unzähligen Artikeln für alldeutsche Zeitungen im Dienste des bekannt großzügigen Georg Schönerer. Diesen Geldgeber pries er über alle Maßen und stellte ihn sogar über den Abgott der Alldeutschen, Otto von Bismarck. Bismarck habe zwar durch die Erweckung des »völkischen Bewußtseins« das deutsche Volk »in den Sattel gehoben«. Schönerer aber werde es reiten lehren mit Hilfe der »jungen Rassenwirtschaft«.[5]

Der ehemalige Mönch wurde zum emsigen Kämpfer gegen die katholische Kirche, speziell die Jesuiten,[6] und für Schönerers »Los von Rom«-Bewegung, die er als »arische Rassenbewegung« anpries: »Vor unseren Augen beginnt in der Weltgeschichte ein neuer Abschnitt. Immer deutlicher wird es, daß die Religionskämpfe der älteren Zeit und die Nationalitätskämpfe und Nationalkriege der jüngsten Zeit nichts anderes als die Vorläufer eines gewaltigen Kampfes der Rassen um die Vorherrschaft über den Erdball gewesen seien. Schon sehen wir allenthalben die Anzeichen dieses gewaltigsten aller Kämpfe aufsteigen... Mittelländer, Mongolen und Neger rüsten zu einem gemeinsamen Kampf gegen germanische Rasse.« Sie fänden in Rom, dem »erbittertsten Feind der Germanen«, ihren Feldherrn.[7] Ziel der Germanen aber sei eine »einige, ungeteilte, romfreie, germanische Volkskirche«.[8] Freilich befolgte Lanz seine eigenen Maximen nicht und trat nie zum Protestantismus über.

Lanz' »Traumgesicht« erwies sich als durchaus nicht originell, denn es bestand aus einem Sammelsurium von zeitgenössischen Theorien, vor allem der Rassentheorien Lists. Dessen These von dem Urgermanen aus dem Norden liest sich bei Lanz so: Die Urgermanen »brachten den Halbmenschen nicht nur Gesittung, sondern züchteten sie durch Vermischung mit sich erst zum Menschentum empor, so daß daraus die heutigen niedrigen Rassen der Mittelländer (um das mittelländische Meer), der Neger und Mongolen entstanden«. Der »Halbmensch« sei »nicht mehr als ein Haustier und wörtlich genommen das ›Geschöpf‹ seines Herrn«. Das wiederum erkläre den Haß der niederen Rassen gegen die Arier. »Ebenso wie einen jeden Arier beim Anblick einer Mongolenfratze oder einer Negerlarve ein unüberwindlicher Ekel überkommt, ... so flammt in den Augen der Minderrassigen tückischer Urväterhaß beim Anblick des Bleichgesichtes auf. Bei dem einen sind es die Gefühle des Herrentums, des Bewußtseins höherer göttlicher Abkunft, bei dem anderen sind es die Gefühle des noch ungezähmten, wilden Menschenaffen, die in solchem Augenblick als Erbe der Urzeit erwachen... Hätten unsere Ahnen nicht diesen Kampf mutig aufgenommen, so wäre die Erde heute von Gorillas oder Orangs bevölkert.«[9]

Fahne des Neutempler-Ordens mit dem Hakenkreuz

Lanz war federführend in der List-Gesellschaft, wurde auch in Lists mystische »Armanenschaft« aufgenommen und nahm seinerseits List als Familiar in den »Neuen Templer Orden« auf. Das von List propagierte Hakenkreuz wurde Teil des neuen Lanz-Wappens und der Fahne des Neutempler-Ordens. 1909 widmete List sein Buch DIE NAMEN DER VÖLKERSTÄMME GERMANIENS UND DEREN DEUTUNG »dem schriftkühnen und zielsicheren Herrn Dr. J. Lanz von Liebenfels, dem armanischen Ulfila der Zukunft in hoher Verehrung vom Verfasser«.[10] Mit Ulfila war der arianische Bischof Wulfila aus dem 4. Jahrhundert gemeint, der durch seine Bibelübersetzung berühmt wurde. Auf den in der Wulfila-Übersetzung fehlenden Seiten wähnte Lanz die »wirkliche Botschaft« der Heiligen Schrift, nämlich einen geheimen biblischen Aufruf zum Kampf gegen die Tschandalen, die Fremdrassigen.[11]

1906 erschien Lanz' Hauptwerk THEOZOOLOGIE ODER DIE KUNDE VON DEN SODOMS-ÄFFLINGEN UND DEM GÖTTER-ELEKTRON. Hier wies er als Kind seiner Generation, die die Elektrizität als überwältigendes Phänomen erlebte, den arischen Göttern elektrische Kräfte zu und nahm auch Anleihen bei Carl von Reichenbachs Thesen von Magnetismus und Lebensod: Das menschliche Gehirn etwa sei ein »Od-Akkumulator«.[12] Seine obskuren Thesen untermauerte er mit »Bibeldokumenten« und kam dabei zu Ergebnissen wie diesem: »Christus als elektrischer Tertiärmensch nachgewiesen«.[13]

> **Sind Sie blond? Dann sind Sie Kultur-Schöpfer und Kultur-Erhalter! Lesen Sie daher die „Ostara", Bücherei der Blonden und Mannesrechtler!**

Lanz' Formel für das ganze Gebiet des »Sittlichen« lautete wie die von List: »Sittlich und gut ist alles, was der höheren Rasse frommt, unsittlich, was ihr schadet.« »Nur wenn sich höhere Menschen untereinander vermischen, bleibt das Göttliche in ihnen und sie werden immer Gott ähnlicher durch fortschreitende Entwicklung zum Besseren. Tun sie das aber nicht, vermischen sie sich mit niederen Rassen, dann schwindet auch das Göttliche allmählich in ihnen.«[14]

»Die Möglichkeit, durch bewußte Reinzucht die Rasse zu veredeln und zu heben«, sei die »einzige wahre und wirksame ›Reue‹ für die Sünde der Vermischung.« Als idealen Weg zur Reinhaltung der blonden Rasse propagierte Lanz ländlich-abgeschiedene »Reinzuchtkolonien« mit strikter Absperrung der »Zuchtmütter« von den »Mongolen«, »Negern« und »Mittelländern«: »Unser Vieh haben wir durch Viehzuchtzölle vor Rassenentartung und Verseuchung geschützt, die Menschen aber geben wir noch schutzlos der Verseuchung und Blutverpantschung der geilen Tschandalas (Mischlinge) des Ostens und Südens schutzlos preis.«[15] Außerdem forderte er eine erlaubte Polygamie für verdiente Soldaten und das »Landbeuterecht« bei siegreichen Kriegen: »Jedem deutschen Soldaten ein Bauerngut, jedem Offizier ein Rittergut in Frankreich! Nur keine Milliarden-Kriegsentschädigungen, bei denen den Juden die Milliarden und den braven Soldaten nur Bronzemedaillen und eiserne Kreuze zufallen.«[16]

Ab 1906 gab Lanz die Schriftenreihe OSTARA heraus, »die erste und einzige Zeitschrift zur Erforschung und Pflege des heroischen Rassentums und Mannesrechts«, mit ausführlichen Besprechungen der neuesten Schriften zur »Rassenwirtschaft«. Die Reihe war zunächst ein Forum für alldeutsche Autoren. So wandten sich die ersten beiden Hefte gegen das allgemeine Wahlrecht und gegen Ungarn. Auch »reichsdeutsche« Alldeutsche kamen zu Wort wie Adolf Harpf über DER VÖLKISCHE GEDANKE, DAS ARISTOKRATISCHE PRINZIP UNSERER ZEIT. Ab 1908 schrieb Lanz die meisten OSTARA-Hefte selbst: RASSE UND WEIB UND SEINE VORLIEBE FÜR DEN MANN DER NIEDEREN ARTUNG 1908, EINFÜHRUNG IN DIE RASSENKUNDE mit dem Inhalt: »Die biochemische, physiologisch-elektrische, morphologische und anthropometrische Rassenunterscheidung«, DIE GEFAHREN DES FRAUENRECHTS UND DIE NOTWENDIGKEIT DER MANNESRECHTLICHEN HERRENMORAL 1909, CHARAKTERBEURTEILUNG NACH DER SCHÄDELFORM 1910, DAS GESCHLECHTS- UND LIEBESLEBEN DER BLONDEN UND DUNKLEN in zwei Heften 1910, EINFÜHRUNG IN DIE SEXUALPHYSIK 1911, MOSES ALS DARWINIST, eine Einführung in die anthropologische Religion 1911, KALLIPÄDIE ODER DIE KUNST DER BEWUSSTEN KINDERZEUGUNG, ein rassenhygienisches Brevier für Väter und

Mütter 1911, Die Blonden als Schöpfer der Sprachen und viele andere.

Lanz hatte mit der »Rassenwirtschaft« einen lukrativen Geschäftszweig entdeckt und nutzte ihn weidlich aus. Gegen Honorar fertigte er Urkunden für »Rassen-Schönheitspreise« an nach einem von ihm entwickelten »Rassenwertigkeitsindex«. Als Reklame gab er den Ostara-Heften eine Zeitlang »Sammelgutscheine zum Rassen-Schönheitspreis« bei. Gegen Einsendung einer bestimmten Anzahl von Gutscheinen – notabene ohne tatsächliche »rassische« Überprüfung – sollten die Leser ein »Rassenzertifikat« erhalten.

> Die „Ostara" ist die erste und einzige Zeitschrift zur Erforschung und Pflege des heroischen Rassentums und Mannesrechts,
> die die Ergebnisse der Rassenkunde tatsächlich in Anwendung bringen will, um die heroische Edelrasse auf dem Wege der planmäßigen Reinzucht und des Herrenrechtes vor der Vernichtung durch sozialistische und feministische Umstürzler zu bewahren.

Lanz schrieb die Ideen von List, Weininger, Reichenbach, Darwin, Chamberlain und anderen aus, vermengte dies alles mit Beispielen aus der modernen Elektrizität, religiöser Mystik und Bibelauslegung und brachte als deutlich persönliche Note einen extremen Frauenhaß und eine »Mannesrechtlerei« dazu. Dies alles kleidete er in eine grelle und gewalttätige Sprache.

Die Studenten warnte er: »So mancher wackere Junge kam ins Unglück und verfehlte seinen Lebenszweck durch das Weib. Ja, sind wir ehrlich, so drohen heute dem jungen Manne von keiner Seite so viele Gefahren als von Seite des unerzogenen oder verzogenen deutschen Weibes.«[17] Das »deutsche Weib« bevorzuge als Sexualpartner die minderrassigen Männer oder »Halbaffen« wegen deren stärkerer »Manneskraft«. Zur Illustration brachte Lanz gern Geschichten von Hündinnen, die nicht von Rassehunden, sondern nur von Bastarden trächtig würden. Da der erste Liebhaber einer Frau aber mit seinem Samen »imprägniere« und sie zum Eigentum mache, hätten die Kinder auch aller späterer Partner die Eigenschaften dieses ersten Mannes. Damit sei die »Rasse« verdorben. Die Jungfrauschaft habe daher »nicht bloß Liebhaberwert, sondern einen hochbedeutsamen rassenwirtschaftlichen Wert«.[18]

Der Mann müsse unbedingt die Jungfräulichkeit seiner Braut ärztlich überprüfen lassen und sie nach der Heirat strengstens bewachen. Denn: »Das ist eben die Tragik der Erotik des heroischen Mannes: Daß er sowohl dem Weibe der eigenen Rasse und noch viel mehr dem Weibe der niederen Rasse zu wenig derbsinnlich ist... Die derbsinnlichen dunklen Männer der Niederrassen, die unter uns wohnen, haben den erotischen Geschmack unserer Weiber psychisch und physisch von Grund aus verdorben.«[19]

Nur als »Zuchtmutter« war die Frau für Lanz wertvoll, und er besang sie als »Schmerzensmutter der Reinzucht« in fast religiöser Schwärmerei: »Die Zuchtmütter müßten in strenger Abgeschiedenheit leben, damit keine Versuchung zum Ehebruch gegeben ist... Aber diesen Schmerzensweg muß das Weib zurückgehen, nachdem es den jahrtausendealten Weg der bacchantischen Wollust getaumelt ist. Es muß für seine Leidenschaft büßen.« Der Lohn für die Entbehrungen sei reichlich: »Es wird der Liebe der schönsten, jugendkräftigsten Männer teilhaftig werden, es wird sich der schönsten und edelsten Kinder erfreuen können, ihm werden künftige Geschlechter als der neuen verehrungswürdigsten und allerseligsten Gottesmutter Tempel und Denkmäler errichten und ihm königliche Ehren erweisen.«[20] Die Frauen seien den Männern als »Besitztum« übergeben, »in der Tat, die Natur selbst hat sie uns als Sklavinnen

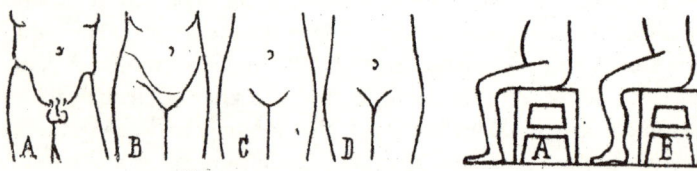

Jeder Körperteil, vom Schädel bis zur Fußsohle, wurde von Lanz nach Kriterien der »Rasse« bewertet; Beispiel aus seiner Schrift »Besondere rassenkundliche Somatologie I«

bestimmt... Sie sind unser Besitz, wie ein Baum, der Frucht trägt, der Besitz des Gärtners ist.«

Aber nicht einmal die Alldeutschen konnten es sich leisten, Lanz' radikale Thesen unwidersprochen zu lassen. So erschienen in alldeutschen Blättern immer wieder scharfe Entgegnungen zu Lanz-Artikeln, so etwa die einer wütenden »deutschen Mutter«. Sie prangerte die Zuchtmutter-Theorie als »ehrenrührig«, »frauenverachtend« und »entwürdigend« an.[21] Ein Arzt aus Eger wiederum kritisierte die Lanz-Theorie »blond = heroisch« und stellte fest, »daß wahre Heroen des deutschen Volkes keine Merkmale der heroischen Rasse des genannten Autors aufzuweisen haben... Denn Dr. Martin Luther war ein Breitschädel, und Otto von Bismarck war ein dunkler Breitschädel.« Besonders ärgerte ihn, daß Lanz auch zeitgenössische Politiker nach der Rassentheorie klassifizierte und dabei Dr. Julius Ofner von der Deutschen Volkspartei zur heroischen, »blonden« Rasse zählte. Dieser aber war jüdischer Abstammung. »Die heroische Rasse ist also bei Lanz-Liebenfels auf den Juden gekommen!«[22]

Der Antisemitismus stand vor 1914 dagegen noch nicht im Mittelpunkt der Lanzschen Theorien. Sein Feindbild waren eindeutig »die deutschen Weiber« und dann erst die »Mongolen«, die »Neger« und die »Mittelländer«, worunter er die Bewohner rund um das Mittelmeer meinte einschließlich der Juden. Da er das Grundübel in der Rassenmischung sah, interessierten ihn jene Gruppen weniger, die ihrerseits auf strikte Geschlossenheit Wert legten, wie etwa die Glaubensjuden, vor allem die Zionisten. Lanz: »Wir gehen rechts, die Juden links, wir wollen nichts als reinliche Scheidung und die trifft um so schneller und leichter ein, je früher die Juden mit ihrer nationalen Reinzucht beginnen.« Das Problem sah er in den »Gemischten«, vor allem den Assimilanten. Lanz: »Was aber fangen wir mit den vielen Millionen unbeschnittener und getaufter ›auch deutscher‹ ja sogar ›teutscher‹ Mischlinge an, die die Industriebezirke und Großstädte bevölkern und das Deutschtum auf der ganzen Welt verhaßt gemacht haben?«[23]

Andererseits zeigte Lanz unverhohlen gerade einem solchen »Gemischten«, nämlich dem getauften Juden Karl Kraus, seine glühende Verehrung vor allem wegen Kraus' Kampf gegen die Wiener liberale Presse. Eine solche Lobeshymne druckte Kraus in der

FACKEL ab und versah sie mit kurzen, provokanten »jüdelnden« Bemerkungen.[24]

Doch unermüdlich versuchte Lanz, aus seinem Idol einen »Arier« zu machen: »Wer Karl Kraus je gesehen hat, wird ohne weiteres zugeben, daß er weder den mongolischen noch den mediterranen Typus aufweist... Er hat dunkelblondes, in der Jugend sicher hellblond gewesenes Haar, eine wohl ausgebildete eckigrunde Stirne und sonst eine, besonders im Obergesicht heroide Plastik. Die Augen sind blaugrau. Ich habe mit Karl Kraus nie persönlich verkehrt. Genaue Kopfmaße kenne ich nicht... Gerade weil Kraus nicht aus seiner Rasse herauskam, wurde er der grimmige Tschandalenfeind und Tschandalenbändiger... Der heroische Mensch ist auch der geniale Mensch. Karl Kraus ist ein Genie, ein wahres Genie, denn sein Wirken ist ein bahnbrechendes und schöpferisches. Schon das allein spricht für das Wesen seiner Rasse.«[25]

Kraus antwortete diesmal, sichtlich angewidert von der Diskussion, mit einem langen scharfzüngigen Artikel unter dem Titel ER IST DOCH Ä JUD! und schimpfte: »Mit der Rasse kenne ich mich nicht aus. Wie sich die Dummheit deutschvolkischer Schriftleiter und Politiker das denkt, wenn sie mich als einen von den ihren anspricht, und wie sich der koschere Intellekt das zurechtlegt, wenn er mich als einen von den unsern reklamiert, und umgekehrt – das weiß ich nicht, das geniert mich nicht, das geht mir bei einem Ohr hinein und zum Hals heraus... Ich glaube, daß hier wie überhaupt bei der Erschaffung des Menschen und bei der Erschaffung der Werke durch den Menschen, höhere Einflüsse im Spiele sind, als sich bei gebildeter Betrachtung des Rassenproblems zeigen mag.« Und was Heinrich Heine angehe, dem Lanz einen mongolischen Einfluß attestierte, glaube er nicht, »daß diesem der mongolische Einschlag unbequem und die Weltordnung auf die Erhaltung des germanischen Typus abgezielt ist«.[26]

Lanz bemühte sich seit den zwanziger Jahren, als angeblicher Wegbereiter H.s gewürdigt zu werden. 1926 sandte der Verleger Lanz' Neuerscheinung DAS BUCH DER PSALMEN TEUTSCH. DAS GEBETBUCH DER ARIOSOPHEN, RASSENMYSTIKER UND ANTISEMITEN mit einer Widmung an H.[27] Lanz-Freunde meinten, »daß die Hakenkreuz- und Faschistenbewegungen im Grunde genommen nur Seitenentwicklungen der Ostara-Ideen sind.«[28] 1932, anläßlich seines angeblichen

60. Geburtstages, ließ sich Lanz mit den Sätzen feiern: »Der Bahnbrecher des Nationalsozialismus ist der einfache, schlichte Mönch Jörg Lanz von Liebenfels.«[29]

Nach 1945 lebte Lanz hauptsächlich in Wien und erzählte gerne Journalisten von seinen angeblichen Beziehungen zu H., was seiner Familie höchst peinlich war. Die Meinung der Brüder Heinrich und Fritz Lanz dazu: »Laßt's doch den armen Narren endlich einmal in Ruh.« In der Hoffenreich-Verwandtschaft galt Lanz als »verrückt«. Der Neffe Luigi Hoffenreich über Lanz: »Bei uns hieß er immer nur der Klamschbruder«.[30]

Der 77jährige Lanz behauptete auch 1951 gegenüber dem Tiefenpsychologen Dr. Wilfried Daim, den damals 20jährigen H. in Wien 1909 persönlich kennengelernt zu haben. Dieser habe ihn in Rodaun aufgesucht und gebeten, ihm einige noch fehlende OSTARA-Hefte zu geben. Lanz habe dies getan und dem »ausgesprochen arm« wirkenden jungen Mann außerdem noch zwei Kronen Fahrgeld geschenkt.[31]

Ob Lanz hier die Wahrheit sagte, ist kaum nachzuprüfen. Die Zeugin Elsa Schmidt-Falk wußte über eine Beziehung zwischen Lanz und H. nichts. H. habe sich mit ihr auch nicht über Lanz unterhalten, nur einmal kurz »Lanz und seine homosexuelle Clique« erwähnt.[32] Die List-Anhängerin nannte Lanz »einen furchtbaren Menschen«, »Pseudo-Adeligen« und »aus der Kutte gesprungenen Mönch«.[33]

Ob nun tatsächlich Lanz und der junge H. einander in Wien kurz sahen, ist eher unerheblich. Mit Sicherheit aber kannte H. die OSTARA-Hefte und Lanz als vielschreibenden Autor der alldeutschen Zeitungen. Die Aussage des alten Lanz drei Jahre vor seinem Tod zeigt vor allem, daß er auch nach allen von H. ausgelösten Katastrophen immer noch daran interessiert war, seine historische Bedeutung als angeblicher »Mann, der Hitler die Ideen gab«,[34] zu betonen, gleichzeitig übrigens mit seiner angeblichen Einflußnahme auf Lenin.

Unter den alldeutschen Schriftstellern ist Lanz zwar der spektakulärste. Aber die Übereinstimmungen mit H.s »Weltanschauung« sind nicht so überzeugend wie etwa bei List. Die Thesen von Rassenzucht und Reinhaltung des Blutes, von edlen Ariern und minderwertigen Mischlingsrassen waren zudem um 1900 so verbreitet, daß kein Autor allein als Quelle für H. auszumachen ist. Deutliche Anklänge an Lanz sind am ehesten in H.s Sprache zu finden, wie etwa in MEIN KAMPF: *Der schwarzhaarige Judenjunge lauert stundenlang, satanische Freude in seinem Gesicht, auf das ahnungslose Mädchen, das er mit seinem Blute schändet und damit seinem, des Mädchens, Volke raubt. Mit allen Mitteln versucht er die rassischen Grundlagen des zu unterjochenden Volkes zu verderben.*[35]

Auch daß der Politiker H. häufig »Neger« und Juden als gemeinsame Verderber des »deutschen Weibes« und damit der »deutschen Rasse« erwähnt, hat Anklänge an Lanz. So meint er im Zusammenhang mit der Rheinlandbesetzung durch die Franzosen 1921 über »Das deutsche Weib und der Jude«: *Der Jude will schänden, unsere deutsche Rasse völlig verderben; darum wirft er im Rheinland auch das deutsche Weib dem Neger hin.*[36]

Sicher spielte auch politische Taktik dabei mit, daß H. die extremen Theorien eines Lanz eben nicht übernahm, vor allem, was dessen Frauenhaß betraf. Für den Reichskanzler drohten die völkischen Sektierer zu einer Hypothek zu werden, und er schüttelte sie ab. Erstaunlich aggressiv äußerte er sich in MEIN KAMPF über die untereinander streitenden *völkischen Johannesse*, die *Rauschebärte, diese völkischen Ahasvere: Denn die gleichen Leute, die mit altdeutschen, vorsorglich nachgemachten Blechschwertern in den Lüften herumfuchteln, ein präpariertes Bärenfell mit Stierhörnern über dem bärtigen Haupte..., fliehen vor jedem kommunistischen Gummiknüppel eiligst von dannen.* Niemand nehme sie ernst: *Man läßt sie schwätzen und lacht sie aus.* Und: *Sie sind nicht nur Feiglinge, sondern auch immer Nichtskönner und Nichtstuer.*[37]

Im März 1936 wurde Lanz in einem offiziellen Artikel über die »Verfälschung des Rassegedankens durch Geheimlehren« rügend erwähnt.[38] Ein förmliches Schreibverbot für Lanz in der H.-Zeit ist jedoch nicht belegt.

Ein Augenzeuge berichtet aus den dreißiger Jahren, H. habe für »nationales Sektierertum« wenig übrig gehabt, habe die Lateinschrift der gotischen vorgezogen und zum Beispiel einmal, als ein Übereifriger ihm statt des »angeblich jüdischem Geist entsprungenen Schikaneder-Textes« einen neuen »arischen« Text der ZAUBERFLÖTE brachte, mit der Bemerkung abgelehnt, »er habe nicht die Absicht, sich vor der Welt lächerlich zu machen«. Im kleinen Kreis habe

H. auch offen über »Himmlers germanische Brauchtums- und Kräuterweisheiten« gespottet.³⁹

Hans Goldzier

Er habe sich in Wien auch in die Schriften des Wiener Ingenieurs Hans Goldzier vertieft, erwähnt H. später gegenüber Otto Wagener, der zwischen 1929 und 1933 als hoher Parteifunktionär zu H.s engster Umgebung gehörte: *Dem Namen nach könnte er ein Jude gewesen sein, der vielleicht deshalb anfangs auch unter dem Namen Th. Newert schrieb. Ich war durch die Ideen Goldziers sehr beeindruckt, habe aber später nie mehr etwas von ihm und seinen Theorien gehört. Ich weiß nur, daß er als Ingenieur am Bau des Simplontunnels beschäftigt war.*¹ Bei der Schreibweise Th. Newert muß es sich um einen Abschreibfehler handeln. Denn Goldzier schrieb unter dem Pseudonym Th. Newest (»das Neueste«).

Goldzier veröffentlichte ab 1905 in Wien mehrere Broschüren unter dem Generalthema »Einige Weltprobleme«. Hier stellte er Theorien auf, die so gut wie alle Probleme der Welt gleichzeitig erklärten und angeblich die Wissenschaft, Goldziers großes Feindbild, widerlegten: »Du lieber Gott! Was hat die Wissenschaft nicht alles gezählt, gewogen und bewiesen! Dennoch zerfiel immer wieder der sauber ausgetüftelte Plunder, wenn ein Urteilsfähiger die Sache von der richtigen Stelle aus betrachtete, oder wenn eine neue Entdeckung die wirklichen Tatsachen aufdeckte.«² Und: »Dieses Buch soll Verbreitung finden trotz der feindlichen Mächte, die eifrig am Werke sind, all dasjenige der Menschheit unzugänglich zu machen, was nicht unter der Knechtschaft einer offiziell geaichten Gedankenfabrik zutage gefördert wird.«³

Goldzier attackierte vor allem Newtons Gesetz von der Schwerkraft: DIE GRAVITATIONSLEHRE – EIN IRRTUM! Er polemisierte GEGEN DIE WAHNVORSTELLUNG VOM HEISSEN ERDINNERN, löste angeblich Probleme der Astronomie: VOM KOMETENTRUG ZUR WIRKLICHKEIT DER LETZTEN DINGE und erklärte über Milchstraße, Sindflut, Eiszeiten, Vorzeit und Zukunft sämtliche Gesetze von Entstehung, Leben und Tod des Weltalls. Er verbreitete sich über den Ort des

Paradieses, das er wie Guido von List am Nordpol glaubte. Der Mond bestand seiner Meinung nach aus Eisen. Die Mondkrater seien Eisenblasen, ähnlich den Luftblasen im Brotteig.

Und so fort: Die Elektrizität sei Urkraft und Motor allen Lebens. Die Menschen seien von ihr gelenkt und »im Grunde genommen Marionetten..., die an unsichtbaren Fäden zappeln, genau so wie... die Zitterfische, die nach der jeweiligen elektrischen Stromrichtung ihre Ziele verfolgen oder aufgeben«.[4] Die Elektrizität sei auch »für das Lebensglück oder Mißgeschick des einzelnen entscheidend«.

Zum besseren Umgang mit dieser entscheidenden Kraft bot Goldzier Lebensregeln an. So empfahl er etwa Eltern, »ihre Kinder nicht stürmisch abzuküssen, weil sie durch häufige Wiederholung derartiger Liebkosungen dem Kinde Lebensstrom entziehen«.[5] Zum Vergleich hier H.s Aussage gegenüber Wagener: *Darum schreit ein Kind und wehrt sich, wenn eine Großmutter es immer wieder an sich drücken will; denn es möchte seine Kräfte nicht an eine Sterbende vergeuden. Und die Großmutter nimmt ja auch das Kind nur auf die Arme, gerade weil sie die überflüssigen Kräfte des Kindes an sich reißen will – unbewußt natürlich.*[6]

Die Lebensstromtheorie ähnelt der Magnetismustheorie des 1869 verstorbenen Naturphilosophen Carl von Reichenbach, der auch bei Lanz von Liebenfels eine Rolle spielt. Goldzier wandte diese Theorie auch auf ganze Völker und »Rassen« an, stets unter Verwendung darwinistischer Grundsätze von den »Starken«, die über die »Schwachen« triumphieren. Die an Lebensod Schwachen und »Überkultivierten« näherten sich dem Untergang und seien deshalb bestrebt, den Gesunden den Lebensstrom zu rauben und sie damit zu ruinieren. Diese Schwachen, selbständig nicht Lebensfähigen, stellten damit so etwas wie Parasiten dar.

Deutlich auf die Wiener Moderne gemünzt war Goldziers Vorwurf an »jene Dichter und Buchmacher, die es sich angelegen sein lassen, durch ihre Afterkunst und ihr Afterwissen rassenschädliche Instinkte wachzurufen«. Die Folgerung aus der Bedrohung durch Schmarotzer: »Jedes Volk hat das Recht, sich gegen eine mutwillige, aus spekulativen Gründen heraufbeschworene Rassenverschlechterung energisch zur Wehre zu setzen.«

Grundtenor Goldziers ist die Forderung nach einer »auf ein Naturgesetz fundierten Moral« und als »einzige Richtschnur« für das

Individuum, den Staat und die Menschheit: »Die arterhaltende und artverbessernde Lebensweise des einzelnen oder der Gesellschaft ist gut. Alles Gegenteilige ist schlecht.«[7]

Über die Person Goldziers ist wenig herauszufinden. Im Wiener Meldearchiv taucht ein »Buchdruckereibesitzer« Hans Goldzier auf, der wahrscheinlich mit dem Schriftsteller identisch ist. Geboren am 23. Februar 1861 in Wien, mit häufig wechselnden Adressen, 1908 nach Baden bei Wien abgemeldet. Todesdatum nicht bekannt.[8] Die Schriften kamen offenbar in Goldziers Druckerei heraus und waren mit einem Preis von 2,40 Kronen ziemlich teuer. Der Autor betonte aber seine Bereitschaft, sie jederzeit kostenlos an Bedürftige zu verteilen; diese mögen sich bei ihm melden.

Goldziers Theorie von einerseits lebenskräftigen und andererseits schwächlichen, aber schmarotzenden Rassen transponiert H. im Gespräch mit Wagener in die Politik: Nach langen Erörterungen über hamsternde Tiere, Arbeitsbienen, Drohnen und Fabrikbesitzer kommt er bei seiner Darlegung der Goldzier-Thesen gegenüber Wagener zum Schluß: *Die Beseitigung unwerten Lebens ist also eine von der Natur diktierte, aus dem Zweck des menschlichen Daseins wie des Daseins aller Lebewesen überhaupt sich ergebende Konsequenz.* Dann bezieht er sich auf Moses, Konfuzius, Christus und Mohammed und gelangt zur Erkenntnis, daß sich logischerweise die Massen gegen die Knechtschaft der Ausbeuter aufbäumen müßten, vielleicht *durch die instinktive Erkenntnis der wirklichen kosmischen Zusammenhänge.* Schließlich endet H. wieder bei der jüdischen *Schmarotzerrasse.*[9]

H. erklärt sehr ausführlich die Wirkung der Elektrizität nach Goldzier und meint, sie ströme als »latente Wärme« aus dem Erdinneren in den Weltraum und suche sich dabei die »besten Leiter«: *so entstehen die Pflanzen, die Lebewesen, und letzten Endes der Mensch.*

Der mit gutem Grund von der Wissenschaft nicht zur Kenntnis genommene Wiener Welterklärer Goldzier kam erst postum durch den deutschen Reichskanzler H. zu unerwarteten Ehren. H. räumt zwar Wagener gegenüber ein, *daß Goldzier völlig unwissenschaftlich schrieb. Und da er die dogmatische Weisheit der professoralen Schriftgelehrten angriff und unbewiesene und vielleicht sogar unbeweisbare Theorien aufstellte, konnten seine Ansichten kein anderes Schicksal erleiden als die Galileis und anderer.* H. übernimmt hier Goldzier, der sich gerne und häufig mit Galileo Galilei verglich. H. weiter: *Was also daran richtig ist oder falsch, kümmert mich nicht und kümmerte mich damals schon gar nicht.*

Daß H. sich mit Goldzier beschäftigte, ist nur durch die Erinnerungen Wageners bekannt. Man sieht an diesem Beispiel, wie langatmig und verschroben H.s Monologe sein konnten, und versteht, warum so wenige seiner Zuhörer sich die Mühe machten, all dies seitenlang aufzuschreiben. Meist beschränkten sie sich bei ihren Gedächtnisprotokollen auf politisch oder sonstwie bedeutsamere Aussprüche und ließen lange Berichte über kaum bekannte Autoren wie Goldzier aus. Es muß in H.s Leben noch andere solche Sektierer gegeben haben. Vielleicht äußerte er sich sogar irgendwann ausführlich darüber, aber es fand sich kein so eifriger Überlieferer wie Wagener.

Hanns Hörbiger und die Welteislehre

Im Unterschied zu List, Lanz und Goldzier befaßte sich H. mit den drei folgenden Wiener Theoretikern – Hörbiger, Weininger und Trebitsch – wahrscheinlich erst in seiner Münchner Zeit. Sie sind aber vielfältig mit den bereits erwähnten verbunden und geeignet, das Bild von H.s früher weltanschaulicher Prägung abzurunden.

Hanns Hörbiger, Wiener Ingenieur und Techniker, geboren 1860, Vater der Schauspieler Paul und Attila Hörbiger, war ein angesehener Konstrukteur von Dampfmaschinen und gelangte durch die Erfindung des »Hörbiger-Ventils« zu Wohlstand. Seine »Welteislehre« erarbeitete er sich nicht wissenschaftlich, sondern »empfing« sie intuitiv als »Gesicht«: »Die Glacialkosmogonie ist keine Konstruktion, sie ist eine hehre Gabe. In bittersten Nöten der Seele wurde vor zwei Dezennien ein Gesicht empfangen, dessen kosmische, abgrundferne Tiefe den Körper in krankhaften Schauern erzittern machte.« So sei er »der fast zufällige Finder des Schlüssels, der die Mondhieroglyphe entziffert und die Geheimnisse der Milchstraße, der irdischen Atmosphäre und des Kohlenflötzes enthüllt«.[1]

Die Ähnlichkeiten mit Guido von List sind deutlich, zumal auch Hörbiger außer der Astrologie vor allem altgermanische Sagen als Quelle für seine Erkenntnisse heranzog. Schon die EDDA habe die

Weltentstehung aus dem Eis geschildert, nur habe niemand bisher die Worte richtig gedeutet.[2] Wie bei List kommt auch bei Hörbiger ein sagenhaftes »Atlantis« im eisigen Norden als Heimat der Germanen vor.

Die Welteislehre deutete so gut wie jedes Phänomen des Weltalls und stellte auch viele Verknüpfungen mit anderen Lehren her. Die Welt entstand nach Hörbiger durch eine Katastrophe: Riesige Roheisblöcke seien in die Sonne gestürzt, hätten eine Explosion ausgelöst und durch die Zersplitterung der Sonne das Weltall geschaffen. Die Milchstraße bestehe aus Eis. Die großen Umwälzungen der Weltgeschichte würden in bestimmten großen Zeitabständen wiederum durch Katastrophen markiert.

Obwohl Hörbiger bereits um 1900 an seiner Lehre arbeitete, wurde sie erst durch die Veröffentlichung 1913 bekannt und erst in den zwanziger Jahren wirklich berühmt. Daß der junge H. schon in Wien durch Vorträge oder Zeitungsberichte auf diese Lehre gestoßen sein könnte, ist möglich, aber eher unwahrscheinlich. In München allerdings muß er sich intensiv damit auseinandergesetzt haben. Jedenfalls war er ein erklärter Anhänger Hörbigers und liebte es, in abendlichen Runden über die Welteislehre zu monologisieren.[3]

In den zwanziger und dreißiger Jahren hatte Hörbiger viele Anhänger, so auch den Wiener Literaten Egon Friedell. Dieser erklärt in seiner KULTURGESCHICHTE DER NEUZEIT die Welteislehre derart, »daß auf biologischem Gebiete sich die Entwicklung in der Form explosiver Weltaufgänge und Weltuntergänge vollziehen mußte... Nach den uralten Weisheitslehren der Sterndeuter... vollzieht sich der Gang der Weltgeschichte in Zeitaltern von je 2100 Jahren, die sich nach dem Frühlingspunkt der Sonne und dem Stand der Tierkreiszeiten bestimmten.«

Die »Widderzeit« sei die Antike zwischen 2250 und 150 vor Christus. Das Zeitalter der »Fische«, die abendländische Epoche, gehe etwa gegen 1950 zu Ende. Für die Übergangszeit ins Zeitalter des »Wassermannes« weissage die Astrologie eine neue Hyksosherrschaft, wie sie einst Ägypten erobert hatte. Friedell deutet dies ebenso wie H. und viele seiner Zeitgenossen: »Damit kann nur der Bolschewismus gemeint sein.«[4]

Daß Hörbigers intuitiv erfahrene Lehre keinen Beifall der »Katheder-Wissenschaft« erhielt, empörte seine Anhänger – auch dies eine Parallele zu List, Lanz und Goldzier – und bestärkte H. darin, ihn zu verteidigen. Er meinte, viele Fragen würden sich nur lösen, *wenn eines Tages ein Mensch intuitiv Zusammenhänge schaut und der exakten Wissenschaft damit den Weg weist. Wir werden sonst nie hinter den Schleier schauen, den diese Katastrophe* [die in die Sonne gestürzten Eisblöcke] *zwischen die Vorwelt und unser Dasein hat fallen lassen.*[5] Er plante, am Modellfall Hörbiger ein *künstlerisches und wissenschaftliches Mäzenatentum* auszuüben als *das Schönste, was es auf der Welt überhaupt gibt. Wenn ich einen Forscher finde, der einen neuen Weg sucht*, werde er ihm helfen gegen die *exakte Wissenschaft*, die ja ohnehin alles Neue ablehne.[6]

Die Welteislehre sollte den krönenden Höhepunkt der von H. geplanten Sternwarte auf dem Linzer Pöstlingberg bilden: Im Erdgeschoß sollte das Weltall nach Ptolemäus dargestellt sein, im Mittelgeschoß das nach Kopernikus und im Obergeschoß Hörbigers Lehre. H. schwärmerisch 1942: *Ich sehe den Bau vor mir, klassisch, so schön wie nur etwas... Den Götzen-Tempel dort* [er meint die barocke Wallfahrtskirche] *beseitige ich und setze das dafür hinauf. In der Zukunft werden jeden Sonntag Zehntausende von Menschen durchgehen, und alle werden erfüllt sein von der Größe dieses Universums.* Diese Sternwarte habe den Sinn, *statt der Kirche einen noch höheren Ersatz zu geben, um den Menschen, die diese Planetarien besuchen, das Walten und Wirken des allmächtigen Gottes vor Augen zu führen.* Sie solle unter dem Motto stehen: »Die Himmel rühmen des Ewigen Ehre«.

Der diesmal protokollierende Gauleiter August Eigruber: »Der Führer bemerkte ausdrücklich, daß er auf Grund seiner Erfahrungen im Osten bestärkt sei in der Anerkennung der Ansichten Hörbigers, obwohl die ›Profaxen‹ diese Meinung nicht teilen.«[7] Mit den Erfahrungen im Osten war der erste Kriegswinter in Rußland gemeint, mit den »Profaxen« die Professoren, die über die Welteislehre die Nase rümpften. Der für das Linzer Projekt tätige Architekt Hermann Giesler erinnert sich an H.s Worte: *Denken Sie an die jüngste Vergangenheit, die eine Viermillionen-Front im Frost erstarren ließ – vielleicht bin ich zu befangen – wir wollen sehen. Allein der Satz: »Eis ist nicht gefrorenes Wasser, sondern Wasser ist geschmolzenes Eis« verdient zumindest eine Darstellung.*[8]

H.s Neigung, die Geschichte in Erdzeitdimensionen aufzufassen, nicht das menschliche Leben als Maßstab zu nehmen, sondern kosmische Gesetze, nach denen sich die menschliche Geschichte richtet, schließlich der Wahn, ein »Tausendjähriges Reich« zu errichten mit festen Bauwerken, die alle Erdkatastrophen zu überstehen geeignet seien: das alles zeigt ihn als gelehrigen Schüler Hörbigers und Lists: *Glauben Sie mir, der ganze Nationalsozialismus wäre nichts wert, wenn er sich nur auf Deutschland beschränkt und nicht mindestens 1000 bis 2000 Jahre lang die Herrschaft der hochwertigen Rasse über die ganze Welt besiegelt... und diese Leitung müssen wir in Gemeinschaft mit den Angelsachsen haben.*[9]

Überdies eignete sich Hörbiger gut als »germanischer« Widerpart zum »jüdischen« Albert Einstein und dessen Relativitätstheorie, die etwa gleichzeitig entstand und weit schwerer zu verstehen war als die Welteislehre. Aber wohlgemerkt: Hörbiger starb bereits 1931 und lernte seinen glühenden Anhänger H. persönlich nie kennen.[10]

Otto Weininger

Unter den hier vorgestellten sechs Wiener Theoretikern nimmt der Philosoph Otto Weininger, der an intellektueller Tiefe und postumer Bedeutung die übrigen bei weitem übertrifft, eine Sonderstellung ein.

Weininger, als Jude 1880 geboren, zum Protestantismus konvertiert, war ein lauterer, tief unglücklicher Mensch, der an seiner eigenen Philosophie zugrunde ging und sich als 23jähriger das Leben nahm. Berühmt wurde er durch seine Dissertation, die als Buch in vielen Auflagen unter dem Titel GESCHLECHT UND CHARAKTER erschien.

Weiningers Buch stellt eine Art Typenlehre dar: Das Männliche (»M«) als das Geistige, Schöpferische wird dem Weiblichen (»W«) als dem Triebhaften, Unschöpferischen gegenübergestellt. Dem entspricht eine zweite Paarung: Das geistige, schöpferische, männliche »Arische« und das triebhafte, unschöpferische, »zersetzende«, weibliche Jüdische. Weininger: »denn der echte Jude hat wie das Weib kein Ich und darum auch keinen Eigenwert«.[1]

Das Buch ist ein Zeugnis der Angst des Mannes vor der ihn angeblich bedrohenden, verschlingenden und krank machenden Frau und bildet so die Kehrseite der von der Wiener Moderne verherrlichten sexuellen Freizügigkeit. Gleichzeitig ist es Ausdruck einer tiefen jüdischen Identitätskrise in der Zerreißprobe zwischen Assimilation und Zionismus.

Der mit sich selbst und seiner Herkunft verzweifelt ringende Jude Weininger äußert seine Angst vor der angeblich glaubenslosen, zerstörenden Macht des Jüdischen. Vielgebrauchte Weininger-Zitate: »Jüdisch ist der Geist der Modernität, von wo man ihn auch betrachte... Weiber und Juden kuppeln, ihr Ziel ist es, den Menschen schuldig werden zu lassen. Unsere Zeit ist nicht nur die jüdischste, sondern auch die weibischste aller Zeiten«, »die Zeit, die... aber auch keinen einzigen großen Künstler, keinen einzigen großen Philosophen mehr besitzt, die Zeit der geringsten Originalität und der größten Originalitätshascherei.«[2] Er kritisiert die moderne Kunst, diese »ganze moderne Koitus-Kultur«, als angeblich »jüdische Kunst«, da sie nicht heimatverbunden sei.[3] Dabei verwendet Weininger all jene Vorwürfe, die sein großes Idol Richard Wagner im Aufsatz Das Judentum in der Musik gegen die angeblich unschöpferischen Juden erhob, als seine eigenen.

Abzulehnen sei auch die moderne Wissenschaft, vor allem die Medizin, »welcher die Juden so scharenweise sich zuwenden«: »Der Jude hat keine Scheu vor Geheimnissen, weil er nirgends welche ahnt. Und: »Das unkeusche Anpacken jener Dinge, die der Arier im Grunde seiner Seele immer als Schickung empfindet, ist erst durch den Juden in die Naturwissenschaft gekommen.«[4] Deutlich ist Weiningers Protest gegen den »Pansexualismus« der Wiener Moderne und speziell gegen Sigmund Freud und die Psychoanalyse.[5]

Der junge Mann, der mit seiner Sexualität ebensowenig zurechtkommt wie mit seiner Herkunft, fordert sexuelle Enthaltsamkeit, da die Geschlechtlichkeit ins »Reich der Säue« gehöre: »Es gibt nur eine Liebe: es ist die Liebe zu Beatrice, die Anbetung der Madonna. Für den Koitus ist ja die babylonische Hure da.« Und: »Die Tatsache, daß ein Liebespaar, das sich wirklich auf ewig gefunden hat – Tristan und Isolde – in den Tod geht statt ins Brautbett, ist ein ebenso absoluter Beweis eines Höheren.«[6]

Die Frau sei die »universale Sexualität«, der blinde Instinkt, das Laster, die Unmoral, nur darauf aus, dem vernunftbegabten, kreativen Mann im Koitus seine Schöpferkraft zu rauben und ihn zugrunde zu richten. Weininger ist dabei so konsequent, daß er sogar Ehe und Familie ablehnt und das Aussterben der Menschheit in Kauf nimmt, um den »reinen Mann«, das »Ebenbild Gottes« zu retten. »Die Furcht vor dem Weibe, das ist die Furcht vor der Sinnlosigkeit: das ist die Furcht vor dem lockenden Abgrund des Nichts.«[7]

Die angeblich naturgegebenen Aufgaben seien von W(eib) und M(ann) einzuhalten: »Während also W von der Geschlechtlichkeit gänzlich ausgefüllt und eingenommen ist, kennt M noch ein Dutzend anderer Dinge: Kampf und Spiel, Geselligkeit und Gelage, Diskussion und Wissenschaft, Geschäft und Politik, Religion und Kunst.«[8]

Die Juden verglich Weininger – und dieses übernahm Lanz von Liebenfels – mit Mongolen und »Negern«: »das Judentum scheint anthropologisch mit allen beiden erwähnten Rassen, mit den Negern wie mit den Mongolen, eine gewisse Verwandtschaft zu besitzen. Auf den Neger weisen die so gern sich ringelnden Haare, auf Beimischung von Mongolenblut die ganz chinesisch oder malayisch geformten Gesichtsschädel, die man so oft unter den Juden antrifft, und denen regelmäßig eine gelblichere Hautfärbung entspricht.«[9]

Neger wie Juden und Frauen sollten, so Weininger, nicht »emanzipiert« werden: »Es ist mit der Emanzipation der Frauen wie mit der Emanzipation der Juden und der Neger.« Es dürfe zwar niemand unterdrückt werden, »wenn er sich gleich nur in der Unterdrückung wohlfühle... Frau und Mann haben gleiche Rechte.« Aber: deshalb müßten Frauen wie Juden nicht gleich an der politischen Herrschaft beteiligt werden: »Wie man Kindern, Schwachsinnigen, Verbrechern mit Recht keinen Einfluß auf die Leitung des Gemeinwesens gestatten würde, selbst wenn diese plötzlich die numerische Parität oder Majorität erlangten, so darf vorderhand die Frau von einer Sache ferngehalten werden, von der so lebhaft zu befürchten steht, daß sie durch den weiblichen Einfluß nur könnte geschädigt werden.«[10]

Doch so klar die Gegensätze Mann–Frau und Arier–Jude auch auf den ersten Blick bei Weininger zu sein scheinen und so primitiv sie aus dem Mund mancher seiner Anhänger klingen, so vielschichtig waren sie gedacht und empfunden. Denn Weininger übernahm von Freud den Grundsatz der Bisexualität, wonach jeder Mensch sowohl männliche als auch weibliche Züge habe. Der Kampf des Mannes gegen das unsittliche Weib wird damit zum Kampf des Mannes gegen das Weibliche in sich selbst – bei dem Juden Weininger außerdem zum Kampf gegen das Jüdische in sich selbst. Die Lockung der Sexualität bleibt, auch wenn das »Weib« verachtet wird. Das Jüdische ist mit einer Konversion nicht abzustreifen.

Aus diesem Dilemma findet der 23jährige keinen Ausweg und setzt in einem sorgsam inszenierten Selbstmord in Beethovens Sterbehaus 1903 seinem Leben ein Ende.

Sein Selbstmord wurde als Verzweiflungstat in einer jüdischen Identitätskrise gedeutet, oder, wie sein Freund Arthur Trebitsch schrieb: der »morbus judaicus«, die jüdische Krankheit, habe Weininger »Jede Lebenslust ertötet, in allgegenwärtiger Wirrnis den Geist verstört und verdüstert... So hat er dem unerträglichen Leben ein Ende gemacht, mit seiner Person und seinem Tode gleichsam den ›ewigen Juden‹ in der Welt ertötend.«[11]

Dieser Tod verstärkte den Weininger-Mythos erst recht. Am Begräbnis des Unglücklichen nahm neben Karl Kraus und Stefan Zweig auch der 14jährige Ludwig Wittgenstein teil. Der glühende Weininger-Verehrer und Frauenhasser August Strindberg verfaßte den Nachruf in der FACKEL auf einen »tapferen männlichen Denker«.[12] GESCHLECHT UND CHARAKTER wurde als Ausdruck des Zeitgeistes um 1900 zum Kultbuch. Es beeinflußte ganz unterschiedliche Denker, Kraus wie Strindberg, Wittgenstein, Robert Musil, Georg Trakl, Arnold Schönberg, Franz Kafka, Elias Canetti, Thomas Bernhard und andere, natürlich auch jene, die sich an die jeweils modernen Strömungen anhängten wie Lanz von Liebenfels.

Andererseits kamen Weiningers verzweifelte Worte über das Judentum den Antisemiten höchst gelegen und wurden auch von ihnen viel zitiert und oft mißbraucht. Zu Weiningers Verehrern gehörten Benito Mussolini wie auch H. Dieser gibt 1941 zustimmend die Meinung seines Freundes Dietrich Eckart wieder, *er habe nur einen anständigen Juden kennengelernt, den Otto Weininger, der sich das Leben genommen hat, als er erkannte, daß der Jude von der Zersetzung anderen Volkstums lebt*.[13]

Auch H.s persönlicher Anwalt Hans Frank berichtet, wie sehr H. dieser jüdische Antisemitismus gelegen kam und wie »besonders zufrieden« er darüber war: »Die diesbezüglichen Äußerungen in den Schriften des Wiener jüdischen Philosophen Otto Weininger waren ihm als Belege für seine Argumentationen sehr wichtig. Oft sprach er von diesen und anderen derartigen Lesefrüchten seiner Nachtstunden.« Bei einem Mittagessen 1937 habe H. gesagt: *Ich bin der reinste Waisenknabe gegenüber diesen Selbstbekenntnissen von Juden über Juden. Aber wichtig sind diese Offenbarungen der geheimsten, aller Welt gegenüber immer versteckt gehaltenen Eigenschaften, Triebe und Charakterzüge der Juden. Nicht ich sage es, die Juden selbst sagen das alles über sich, von ihrer Raffgier um Geld, von ihrer Weltbetrügerei, von ihrer Unmoral, von ihren sexuellen Verkommenheiten.*[14]

Wie intensiv sich H. mit Weininger befaßt haben muß, beweist seine Andeutung in einer Münchner Rede 1920: Es gelte, angesichts der *Gefahr des Judentums*, daß jeder einzelne *beginnt, den Juden aus sich selbst zu entfernen, und ich befürchte sehr, daß diesen ganzen schönen Gedankengang niemand anderer entworfen hat als ein Jude selber.* Die Zuhörer im Hofbräuhaus reagierten auf diese Bemerkung mit »Heiterkeit«.[15] Daß H. hier zweifellos auf Weininger anspielte, dürfte kaum jemand verstanden haben.

Arthur Trebitsch

Der Wiener Schriftsteller Arthur Trebitsch, wie sein Freund und Schulkollege Otto Weininger 1880 geboren und Jude aus reichem Haus, war vor 1914 in Wien nur einem kleinen Kreis von Anhängern bekannt. Als junger Mann gehörte er wie Weininger dem Wiener Kreis um Houston Stewart Chamberlain an und dilettierte als Schriftsteller in steter Konkurrenz zu seinem erfolgreichen älteren Halbbruder Siegfried Trebitsch.

Trebitsch führte ein großes Haus, kränkte sich aber darüber, daß seine Gäste ihn vor allem als reichen Mann schätzten und weniger als Dichter und Denker. Im März 1910 erntete er mit einem Vortrag in der Philosophischen Gesellschaft über den »Denktrieb zur Einheit« einen blamablen Mißerfolg. Das verstärkte seinen Haß auf Philosophen und Professoren und nährte seinen Wahn, von diesen verfolgt und systematisch vernichtet zu werden.

Auch zwei Bücher, ein Roman und Gesprächsaufzeichnungen 1909 und 1910, blieben erfolglos. Da er keinen Verleger fand, gründete er einen eigenen Verlag und nannte ihn nach dem griechischen

Riesen »Antaios«, dem Sohn Poseidons und der Erdmutter Gaia, der so lange unüberwindbar war, wie er in Verbindung mit der ihn schützenden Mutter Erde blieb. Antaios ist auch in Richard Wagners Aufsatz DAS KUNSTWERK DER ZUKUNFT erwähnt, als Mahnung zu einer erd- und volksverbundenen Kunst.[1] H. erwähnte als Reichskanzler einmal beiläufig den antiken Riesen Antaios, *der jedesmal, wenn er auf die Erde fällt, stärker wird*,[2] und zeigte damit den verwunderten Zuhörern seine Kenntnisse der griechischen Sagenwelt.

Im Januar 1909 verließ Trebitsch offiziell die Jüdische Kultusgemeinde in Wien, wie der »Liste der Ausgetretenen« in der zionistischen NEUEN NATIONAL-ZEITUNG zu entnehmen ist.[3] Von nun an leugnete er, jemals Jude gewesen zu sein: »Ich bin kein Jude, ich war nie einer und werde niemals einer sein.« Zwar sei sein Urgroßvater ein Mitglied der »versklavten Rasse der Rasselosigkeit gewesen«: »Ich selber aber, ein Frei-, Wohl- und Edelgeborener, habe nach drei Generationen festwurzelnden Lebens im wohlerworbenen, heimatlichen Boden nichts mehr zu schaffen mit jener Rasselosigkeit, bin ein echter und rechter Deutschösterreicher wie irgend einer.«[4]

In die Wiener Zeitungen kam Trebitsch vor 1914 wegen verschiedener Duelle und Ehrenbeleidigungsprozesse gegen alle jene, die ihn als Juden bezeichneten. Öffentlichen Spott erntete er 1912/13 mit einer Klage gegen seinen Halbbruder Siegfried und den Kritiker Ferdinand Gregori vor dem Bezirksgericht: Gregori habe eine Novelle Arthur Trebitschs als »Schmarrn und Mist« bezeichnet. Siegfried habe zugestimmt und gemeint, er habe nur einmal etwas von seinem Bruder gelesen, und dieses sei »dilettantisch«. Arthur leide »an Größenwahn und Verfolgungswahn«.[5]

Im Ersten Weltkrieg wurde Trebitsch zum »Verzweiflungspolitiker« und stellte sich nun ganz in den Dienst des von ihm vergötterten und angeblich von jüdischen Mächten bedrohten »Deutschtums«. 1916 erschien seine Streitschrift FRIEDRICH DER GROSSE, EIN OFFENER BRIEF AN THOMAS MANN, worin er, der Österreicher, dem Norddeutschen vorwarf, die Gestalt des Preußenkönigs, dieses »wahrhaft heroischen und großen Menschen«, verunstaltet zu haben.[6]

In Trebitschs »Bekenntnisbuch« GEIST UND JUDENTUM von 1919 werden Weiningers Thesen weitschweifig variiert, aber kaum Neues geboten. Er weist den Ariern den »primären« Geist zu, das Bodenständige, die Arbeit, das Künstlerische, »Schaffende«, den Juden dagegen nur den »sekundären« Geist, das »Raffende«, die Geschäftemacherei mit jenen Werken, die die Arier produzieren. Wie Otto Weininger stellt er die Juden als Erotomanen dar. Die Nervosität sei eine »wesentlich jüdische Erkrankung, wie sie sich in einer entarteten Erotik nicht minder als in allgemeiner Lebensunrast ausspricht«. Die Psychoanalyse Sigmund Freuds ist ihm ein Ausdruck typisch jüdischer »Erotomanie«: »denn hier wird ja so leicht und gerne aller Geist in Erotik abreagiert, wo ein gesünderer und selbstsicherer deutscher Norde vielmehr alle Sinnlichkeit zu Tat und Arbeit zu vergeistigen weiß«.[7]

Der »morbus judaicus«, die jüdische Krankheit, vergifte »die ganze Welt der Wirtsvölker«, und die Welt »siecht dahin an den unheilvollen Folgen der fürchterlichen Infektion!«[8]

Nach 1918 zog Trebitsch als Vortragender von Stadt zu Stadt, warnte vor der »jüdischen Gefahr« unter den Titeln »Deutschland oder Zion« oder »Der deutsche Mensch und seine Errettung«. Wie der jüdische Philosoph Theodor Lessing schrieb, betrachtete Trebitsch jeden Vortrag »als ein Manifest an das deutsche Volk. Und indem er vor ein paar hundert Urteilslosen spricht, empfindet er sein Auftreten als eine Tat gleich der Tat Luthers, als dieser die Bannbulle des Papstes verbrannte.« Trebitsch habe als »Unikum« gegolten: »Keine Gruppe nimmt ihn ganz ernst.«[9]

1919 brach bei einem Vortrag in Berlin Trebitschs Verfolgungswahn so stark aus, daß er der Internierung nur mit Mühe entkam. Um so aggressiver wurde sein nächstes Buch, erschienen im Antaios-Verlag: DEUTSCHER GEIST ODER JUDENTUM, voll Warnungen vor der »Vergiftung« durch die Juden und einer baldigen angeblichen jüdischen Weltherrschaft. Die Juden kämpften, so Trebitsch, zusammen mit den Sozialisten, der Kirche, den Jesuiten und den Freimaurern, um die Arier zu verderben und die Macht an sich zu reißen. So drohe dem deutschen Volk der Untergang, wenn es sich nicht wehre: »Aber freilich: nur der wird Steuermann sein können des schier gesunkenen deutschen Schiffes, der da in der Bemannung den verkappten Feind mitten unter den Seinen zu erkennen und unbarmherzig auszuscheiden wissen wird.« Und es brauche einen »geborenen und von Gott gesandten Führer. Solchen Führers Willen dienen aber heißt: dem bislang stumm gewesenen und durch ihn erst laut und deutlich gewordenen Gesamtwillen des ganzen deutschen Volkes sich unterordnen und dienen.«[10]

1920 erschien Trebitschs Broschüre WIR DEUTSCHEN AUS ÖSTERREICH mit dem Schlußsatz: »Deutsches Volk vereint übersteht den Weltbrand, Unüberwindlich!« Der Autor fühlte sich von Juden verfolgt, die ihn angeblich mit elektrischen Strahlen vergiften wollten. 1923 zählte er all diese Schandtaten im Buch DIE GESCHICHTE MEINES »VERFOLGUNGSWAHNS« auf, dem er die Widmung gab: »Du fängst mich nicht mit Deinen fixen Faxen, / Du Judenpack! denn ich bin Dir gewachsen.« In seiner 1925 erschienenen ARISCHEN WIRTSCHAFTSORDNUNG setzte Trebitsch – wie ja auch List – den Begriff »gerechte Weltordnung« mit »germanischer Weltordnung« gleich.

Sein Deutschbewußtsein wurde so bestimmend, daß er sich – blond und hochgewachsen, wie er war – als eine Art arischen Messias und germanischen Helden stilisierte. Er berief sich dabei wie Weininger auf Christus, der sein Judentum vollständig überwunden habe. Zeitweilig erhob Trebitsch sogar einen Führeranspruch in deutschnationalen Kreisen, konnte sich aber nicht durchsetzen.

Anfang der zwanziger Jahre kam Trebitsch in München in Kontakt mit H. und dessen engstem Freund und Mentor Dietrich Eckart und wurde zu einem der frühesten Geldgeber der neuen Nationalsozialistischen Partei unter H.[11] Eckart erwähnte Trebitsch in seinem Büchlein ZWIEGESPRÄCH ZWISCHEN ADOLF HITLER UND MIR: »Du weißt ja, was ein Trebitsch gesagt hat«, so Eckart hier zu H.: »Deutschland bolschewistisch und die Juden werden mit Rom spielend fertig. Als ein Jude muß er es wissen.« Dazu gehörte die hämische Anmerkung: »Arthur Trebitsch, jüdischer Schriftsteller, der gegen das Judentum schreibt, vielmehr sich einbildet, es zu tun. Sein zweites Wort ist: ›Wir Arier.‹«[12]

H. riet im März 1935 einem Bekannten, sich mit den Schriften Trebitschs zu befassen: *Lesen Sie jeden Satz, den er geschrieben hat. Er hat die Juden entlarvt wie keiner.* Trebitsch habe allerdings gemeint, daß H. *einen blinden Fleck im Auge* habe. *Blinden Fleck für die neunmalschlauen Schlangen der Zionisten im Kader der Partei... Judenstämmlinge und Judasse hätten die Bewegung unter ihre Kontrolle gebracht. Die Partei werde ihnen ausgeliefert sein.* H.: *Streicher hat ihm nicht gepaßt, Strasser nicht, Ley, Frank, Rosenberg und andere – ein ganzes Register mit Namen hat er gehabt.* H. habe Trebitsch so verehrt, daß er sogar erwogen habe, ihm das Amt Alfred Rosenbergs zur *Überwachung der weltanschaulichen Schulung* zu geben. Er habe sehr bedauert, daß sich Trebitsch *abgewendet* habe: *ich weiß nichts von ihm. Aber das ist mir nicht vergessen, was er geschrieben und gesagt hat.*[13] H. wußte also 1935 noch nicht, daß Trebitsch bereits 1927 gestorben war.

Wiener Beiträge zu Hitlers Weltanschauung

Eine vollständige Enthüllung der von H. so eifrig verdeckt gehaltenen Quellen seiner »Weltanschauung« ist nicht möglich. Stets kann es nur um eine Annäherung an dieses angelesene Mosaikbild gehen. Außerdem muß betont werden, daß der junge H. ja keineswegs nur aus primären Quellen schöpfte, also sein Wissen meist nicht direkt von Philosophen und Theoretikern wie etwa Darwin, Chamberlain, Dühring, Le Bon, Nietzsche, Schopenhauer oder Schiller bezog. Vielmehr schöpfte er sein Wissen vor allem aus Berichten darüber in Zeitungen, Broschüren und populären Schriften, die die Hauptthesen der gerade modischen Autoren immer wieder neu vermengten, je nachdem auch, welchem aktuellen Zweck sie gerade dienen sollten. Diesen dunklen Quellen im einzelnen nachzuspüren ist ein fast hoffnungsloses Unterfangen, wenn nicht – wie im Fall Hans Goldzier – ein Hinweis von H. selbst zu Hilfe kommt.

Einige Grundzüge zumindest werden klar. Fast allen von H. bevorzugten Theorien ist gemeinsam, daß sie nicht im Einklang mit der universitären Wissenschaft standen, sondern den Gehirnen eigenbrötlerischer »Privatgelehrter« entsprangen, die voll Haß auf die »etablierten« Wissenschaftler waren und ja auch meist zu Recht von diesen nicht anerkannt wurden.

Das entsprach dem Zeitgeist, der in bestimmten Kreisen dem Dilettantismus geradezu huldigte. Gleich im ersten Satz seines zweibändigen Werkes betont etwa Chamberlain stolz, ein »ungelehrter Mann« zu sein. Dann verbreitet er sich über die »wichtige Aufgabe« des Dilettantismus als »Reaktion gegen die enge Knechtschaft der Wissenschaft«: »Nur die Mittelmässigen unter ihnen halten es dauernd in der Kerkerluft aus.« Und: »Ist es nicht möglich, dass eine umfassende Ungelehrtheit einem grossen Komplex von Erscheinungen eher gerecht wird als eine Gelehrsamkeit, welche durch intensiv und lebenslänglich betriebenes Fachstudium dem Denken bestimmte Furchen eingegraben hat?«[1]

Um bei diesem Beispiel zu bleiben: Tatsächlich tat auch H. vielfach ähnliche Äußerungen wie diese. Aber er muß sie nicht direkt von Chamberlain bezogen haben, sondern eben auch über die vielen populären Abschreiber und Chamberlain-Verehrer in den Wiener deutschnationalen Kreisen. Außerdem gehörten solche Bemerkungen zur Zeitströmung gegen die Aufklärung und die exakten Wissenschaften, für eine neue Mystik, für Offenbarungen und für den Vorrang der Intuition und des Gefühls. Auch Goldzier macht aus der Unwissenschaftlichkeit, in steter Berufung auch auf Schopenhauer, eine Tugend.

H.s lebenslange Aversion gegen Professoren hat, abgesehen von seinen Mißerfolgen in Schule und Akademie, durchaus auch hier ihren Ursprung. Schließlich hatten ja auch Politiker, etwa der von H. so verehrte Dr. Karl Lueger, Riesenerfolge beim »Volk«, wenn sie sich abfällig über die »Professoren« ausließen.

H. bildet sich eine sehr übersichtliche Weltanschauung aus, indem er deutlich bipolare Theorien bevorzugt: die Lehre von Herren- und Sklavenmenschen, Starken und Schwachen, Blonden und Dunklen, begleitet von einer klaren Scheidung in Gut und Böse, etwa bei Karl May in Ardistan und Dschinnistan (siehe S. 545f.), in Eugen d'Alberts Oper in Tiefland und Hochland, und – auf weit höherem Niveau und in Wirklichkeit auch gar nicht so einfach, wie es H. versteht – Weiningers männliches und weibliches Prinzip entsprechend dem christlichen und jüdischen Gegensatz. In all diesen Theorien herrscht ein klares Freund-Feind-Schema. Das Böse versucht das Gute zu vernichten. Es kämpft aber nicht offen, im fairen »Heldenkampf«, sondern nach Art der »Untermenschen«: durch »Bazillen«, »Parasiten«, »Schmarotzer« oder durch »Verunreinigung« der »Zucht« und des »Blutes«.

Eine solche bipolare Sichtweise kam offenbar H.s Denken entgegen. Laut Albert Speer hatte er als Reichskanzler die Lieblingsphrase: »Da gibt es zwei Möglichkeiten« und verwendete sie so häufig, daß seine engste Umgebung einschließlich der Sekretärinnen diesen Satz scherzhaft im Alltag verwendeten.²

Andererseits gehörte für H. diese simple Schwarzweißmalerei aber auch zum politischen Kalkül – wie für jeden Politiker, der sich als »Volkstribun« versteht und die Massen manipulieren will. H. verbarg diese seine Methode durchaus nicht und schrieb in MEIN KAMPF: *Die breite Masse eines Volkes besteht weder aus Professoren noch aus Diplomaten. Das geringe abstrakte Wissen, das sie besitzt, weist ihre Empfindungen mehr in die Welt des Gefühls. Dort ruht ihre entweder positive oder negative Einstellung. Sie ist nur empfänglich für eine Kraftäußerung in der einen dieser beiden Richtungen und niemals für eine zwischen beiden schwebende Halbheit.*³

Und ein weiteres aus der Vielzahl der Beispiele: *Das Volk ist in seiner überwiegenden Mehrheit so feminin veranlagt und eingestellt, daß weniger nüchterne Überlegung als vielmehr gefühlsmäßige Empfindung sein Denken und Handeln bestimmt. Diese Empfindung aber ist nicht kompliziert, sondern sehr einfach und geschlossen. Es gibt hierbei nicht viel Differenzierungen, sondern ein Positiv und ein Negativ, Liebe oder Haß, Recht oder Unrecht, Wahrheit oder Lüge, niemals aber halb so und halb so oder teilweise usw.*⁴

Für H. steht nicht der Mensch im Mittelpunkt der Geschichte, sondern das Volk und die Rasse, deren Geschichte sich nach naturgesetzlichen Regeln im Einklang mit kosmischen Zyklen – wie den Eiszeiten – vollziehe. In diesen Zyklen hat das Individuum keinen anderen Wert als den, ein Teil des Volkes und der Rasse zu sein und deren Überleben im Kampf gegen andere Völker und Rassen sichern zu helfen. Um einst die Weltherrschaft zu erlangen, müsse die »arische Rasse« laut Guido von List aber »unvermischt« sein, von allen »rassenfremden« Einflüssen befreit. Das System der strengen »Rassenhygiene« mit rigorosen Ehegesetzen, der »Zuchtwahl« und »Ausmerzung« von Kranken und Schwachen – erläutert meist am Beispiel der Pflanzenzucht – war in diesen Thesen ein quasi kosmisches Gesetz, das im Umkreis der Schönerianer am konsequentesten propagiert wurde.

Ganz deutlich wird in allen diesen Theorien die ebenfalls dem Zeitgeist um 1900 entsprechende darwinistische Grundhaltung, daß der Untergang des Schwachen ebenso unausweichlich wie der Sieg des Starken sei. H. 1923: *Die ganze Natur ist ein dauerndes Ringen zwischen Kraft und Schwäche, ein dauernder Sieg der Starken über die Schwachen.*[5] In diesem Sinn sind auch Bemerkungen wie jene zu verstehen, die H. im Stalingradwinter, im Februar 1943, gegenüber Goebbels machte: *Würde das deutsche Volk aber einmal schwach werden, so verdiente es nichts anderes, als von einem stärkeren Volke ausgelöscht zu werden; dann könnte man mit ihm auch kein Mitleid haben.*[6]

Der junge H. eignet sich in Wien eine ganze Reihe dieser sektiererischen Thesen an. Viel später erst, in einem anderen Staat und unter gänzlich anderen Bedingungen, kommt diese aus verschiedenen Vorlagen kompilierte »Weltanschauung« politisch zum Tragen. In dieser anderen Umgebung wirken H.s Aussagen weit origineller, als sie es je in Wien hätten tun können.

8 Politische Leitbilder

Georg Schönerer – der Führer

Als ich nach Wien kam, standen meine Sympathien voll und ganz auf der Seite der alldeutschen Richtung, schreibt H. in MEIN KAMPF,[1] und es gibt keinen Grund, an der Wahrheit dieser Aussage zu zweifeln. Diese politische Vorliebe war bereits in der Linzer Zeit deutlich und auch im Männerheim bekannt.

Daß H. jemals sein politisches Leitbild Georg Schönerer, den Führer der Alldeutschen, persönlich kennenlernte, ist unwahrscheinlich. Dieser kam, nachdem er 1907 seinen Sitz im Parlament verloren hatte, kaum noch nach Wien. Als er im Oktober 1913 bei der Hundertjahrfeier der Völkerschlacht bei Leipzig einen letzten Auftritt in Wien hatte, war H. bereits in München.

Mit Sicherheit erlebte der junge H. aber den Kult, den die Alldeutschen mit ihrem Idol trieben, vor allem in den Parteizeitungen wie dem ALLDEUTSCHEN TAGBLATT. Die Alldeutschen schworen ihrem »Führer« treue Gefolgschaft, sangen Schönerer-Lieder wie jenes vom »Ritter Georg« auf die allbekannte Melodie von PRINZ EUGEN, DER EDLE RITTER. Sie verfaßten ihm zum Ruhme Gedichte wie etwa: »Hoch hält die schwarzrotgoldne Fahne / Alldeutschlands er im weiten Feld, / In schwacher Zeit ein Kraftgermane, / Der Ostmark nie gebeugter Held.«[2] Seitenlange Gratulationen erschienen jedes Jahr im ALLDEUTSCHEN TAGBLATT unter dem Titel »Heil dem Führer!« und pathetische Huldigungen wie: »Wir lieben, wir verehren, wir bewundern Dich und preisen Dich als den besten Mann, der unserem Volke nach Bismarck entstanden ist.«

Schönerer dankte mit dem Bismarck-Spruch: »Was deutsch ist, wird früher oder später zu Deutschland zurückkehren«, und mahnte: »Wir sollen also im Geiste Bismarcks den Kampf gegen die schwarzen und roten Feinde fortführen und germanische Welt- und Lebensanschauung soll sich wieder Bahn brechen. Daher: <u>Los von Juda</u>! Und: <u>Los von Rom</u>!«[3]

Im Parlament erlebte H. die aggressiven Auftritte der drei alldeutschen Abgeordneten, so wohl auch Karl Iros Rede gegen die Zigeuner. Auf den Wiener Straßen konnte er den alldeutschen Terror gegenüber Juden und Tschechen beobachten. Vor allem aber schöpfte er seine zweifellos gründlichen Kenntnisse über Schönerer aus der Lektüre der alldeutschen Zeitungen, des ALLDEUTSCHEN TAGBLATTS, der UNVERFÄLSCHTEN DEUTSCHEN WORTE, Franz Steins DER HAMMER – und Schönerers Reden, die als Broschüren in hoher Auflage verkauft wurden. Mit Sicherheit kannte er auch die breit angelegte Schönerer-Biographie, deren erster Band 1912 zu Schönerers 70. Geburtstag erschien, geschrieben vom Schönerer-Jünger Eduard Pichl, eine wahre Bibel der Alldeutschen. Das Motto des Bandes hieß: »Durch Reinheit zur Einheit!«, die Widmung: »Dem deutschesten Manne der Ostmark«. In Broschüren wurden Auszüge des Buches verbreitet. Aus diesem Buch, das er gründlich durchgearbeitet haben muß, lernte der junge H. Schönerers politisches Wirken aus der historischen Rückschau kennen. Später berief er sich immer wieder auf den Schönerer der frühen Zeit und der neunziger Jahre, die er ja in Wien gar nicht persönlich miterlebt hatte.

Georg Ritter von Schönerer wurde 1842 in Wien als Sohn eines reichen Eisenbahnunternehmers geboren; nach dem Besuch landwirtschaftlicher Fachschulen wurde er 1869 Verwalter des großen väterlichen Landgutes Rosenau bei Zwettl im Waldviertel. Hier erwies er sich als äußerst tüchtig, modernisierte großzügig, achtete auf Rentabilität, behandelte dabei aber seine Untergebenen väterlich und wohlwollend, ebenjene bitterarmen Kleinhäusler und Landarbeiter, die von den Grundherren meist unterdrückt und ausgenutzt wurden. Er nahm sich ihrer Sorgen an, gründete in Zwettl eine land- und forstwirtschaftliche Gesellschaft mit rund 2000 Mitgliedern und 130 Ortsgruppen und hielt Schulungen in moderner Landwirtschaft ab.

Schönerers finanzielle Großzügigkeit ist im Waldviertel bis heute sprichwörtlich. Er finanzierte die Errichtung von 200 Feuerwehren, richtete 25 Volksbüchereien ein, spendierte Turngeräte zur Ertüchtigung der bäuerlichen Jugend, spendete für Arme und Kranke. Er setzte sich für die soziale Besserstellung des Bauerntums, für alte Bauernkultur, Trachten und Bräuche ein. Kurzum, er wurde im Waldviertel zum verehrten »Bauernführer«.

*Georg Schönerer
um 1910*

Seine politischen Schlüsselerlebnisse von 1866 und 1870/71 machten ihn zu einem glühenden Deutschnationalen und Bismarck-Verehrer. Als 24jähriger erlebte er die Niederlage des Habsburgerreiches gegen Bismarcks Preußen in Königgrätz. Wie viele Deutschösterreicher seiner Generation empfand auch er den Ausschluß aus dem Deutschen Bund als Schmach und keineswegs als endgültig, und er gehörte zu jenen, die eine baldige »Vollendung« des Deutsches Reiches durch den Anschluß der deutschen Teile Österreichs für natürlich hielten. Bismarcks Satz wurde zu Schönerers Losung: »Unsere Politik muß sein, daß kein Fußbreit deutschen Landes an den Feind verloren gehe und kein I-Tüpfelchen deutschen Rechtes geopfert werde.« Schönerer schrieb Huldigungsbriefe an sein Idol nach Berlin und ließ sich auch nicht beirren, als Bismarck ihm nur äußerst kühl antwortete und ihm zu verstehen gab, daß ihm ein ungestümer österreichischer Deutschnationalismus politisch ungelegen war. Dem Staatsmann Bismarck ging es vor allem um die Konsolidierung seines neuen Staates, den er für »saturiert« hielt, und nicht etwa um utopische nationalistische Träume. Er dachte nicht daran, seine Zweibund-Politik durch die Schönerianer gefährden zu lassen.

Schönerer pflegte jedoch weiter seinen Heldenkult und füllte das Waldviertel mit Bismarck-Devotionalien. Im Park von Rosenau ließ er einen Bismarck-Turm aus Granitquadern bauen, auf dessen oberster Plattform alljährlich das Sonnwendfeuer entzündet wurde; einigen für das Waldviertel so typischen, aus der Eiszeit stammenden Granitfindlingen ließ er in großen Runen »Heil Bismarck« einmeißeln. Er spendierte dörflichen Gasthäusern verzierte Schilder mit volkserzieherischem Wert und Namen wie »Zum eisernen Kreuz«, »Zum Fürsten Bismarck«, »Zum Feldmarschall Hindenburg«, »Zur deutschen Wacht am Kamp«, ließ Bismarck-Eichen pflanzen und erfreute die Zwettler Jugend mit der Verteilung von Hunderten preußischer Pickelhauben aus Papierstoff.[4]

1873 zur Zeit des Börsenkrachs und der darauf folgenden Wirtschaftskrise wurde der 31jährige Schönerer für die deutsche Fortschrittspartei, also die Liberalen, in den Reichsrat gewählt. Dort machte er sich als temperamentvoller, querköpfiger Redner einen Namen, verkrachte sich bald mit seiner Partei, trat 1876 aus, opponierte von da an gegen den Liberalismus, den Kapitalismus und »die Juden«, wurde immer deutschnationaler und erwarb sich den Ruf eines Kämpfers gegen die Korruption. Der Waldviertler Schriftsteller Robert Hamerling nannte ihn damals bewundernd »Charakterfettaug auf der politischen Bettelsuppe« – ein Satz, der in jeder Schönerer-Huldigung zu finden ist.

1878 war Schönerer als Deutschnationaler einer der Hauptredner gegen die österreichische Großmachtpolitik bei der Okkupation Bosniens und der Herzegowina. Diese verstieß seiner Meinung nach gegen die deutschen Interessen, da sie den Schwerpunkt der k.u.k. Politik weiter gegen Südosten verlegte, die Übermacht der Slawen gegenüber den Deutschen verstärkte und für die Deutschösterreicher eine übermäßige finanzielle Belastung darstellte. Sein Widerstand gipfelte im Ausspruch: »Immer mehr und mehr und immer lauter und lauter hört man in den deutschen Kronländern den Ruf: Wenn wir nur schon zum Deutschen Reiche gehören würden, um von Bosnien und seinem Anhange endlich befreit zu sein!«[5]

Mit der Parole »Volksrecht bricht Staatsrecht!« erklärte Schönerer die Dynastie der Habsburger im Interesse des »deutschen

*Bismarck als Architekt des zukünftigen »Alldeutschen Reiches«,
Schönerer als Baumeister, der den Stein der »Ostmark« behaut; Titel
der Sondernummer zu Bismarcks Geburtstag 1908*

Volkes« für entbehrlich. Die Hohenzollern seien das wahre Herrschergeschlecht »aller Deutschen«. Damit machte Schönerer sich zum Staatsfeind und wurde von nun an ständig polizeilich beobachtet.

Ein Regierungskonfident berichtete 1879 von einer überfüllten Versammlung im Ort Ottenschlag im Waldviertel, wo Schönerer auf die k.u.k. Nationalitätenpolitik und speziell die Okkupation Bosniens schimpfte: »Man habe 10 Millionen für bosnische Flüchtlinge ausgegeben und dieses Geld dem österreichischen Volke entzogen.«[6] Der Beobachter: »Die Bevölkerung befindet sich in äußerst aufgeregter Stimmung, die Gegner Schönerers sind in verschwindender Minorität, und steht hier alles für Schönerer als den richtigen Volksvertreter, – derb und anspruchslos, für das Volk wie geschaffen, hin.«[7] Und: »Schönerer hat wohl unter den besseren Klassen im Bezirke viele Gegner, aber es getraut sich kein Einziger, gegen ihn aufzutreten, weil sie seine Rücksichtslosigkeit und massive Grobheit fürchten...«[8] Und in Gmünd: »Die Stimmung in Gmünd ist eine sehr bösartige, antipatriotische, ja geradezu preußenfreundliche, Schönerer wird dortselbst vergöttert.«[9]

Schönerer berief sich bei seinen Attacken stets auf den »Willen des deutschen Volkes«, das sich weder im k.u.k. Staat noch im Reichsrat noch in der Presse hinlänglich vertreten fühle und ihn zu seinem Sprecher gemacht habe. In immer größeren Versammlungen erwies er sich als Volkstribun mit großem Charisma und beachtlichen rhetorischen Fähigkeiten, wie auch seine Feinde zugestehen mußten: »Von Gestalt war Schönerer klein und beleibt und sein dickes, rothes Biergesicht mit den fettigen Augen, macht für den ersten Augenblick keinen angenehmen Eindruck. Wenn er aber spricht, sieht dieser Mann anders aus. Dann glühen diese sonst müden Augen, die Hände gerathen in Bewegung und die Züge entwickeln eine Mimik von großer Lebhaftigkeit, indessen von seinen Lippen die Worte sonor und voll in den Saal klingen. Mit genauer Pointierung bringt er das, was er seinen Zuhörern sagen will vor... Vom persönlichen Character Schönerers mag soviel gesagt sein, daß er jedem Gegner gegenüber roh und brutal, unduldsam im Kreise seiner Anhänger, doch gegen seine Schmeichler und Ohrenbläser freundlich und hülfereich ist.«[10]

Dem neuen »Führer« schlossen sich die deutschen Burschenschaftler an, die die nationalen Ideale des Jahres 1848 hochhielten und ebenfalls von einem »Großdeutschen« Reich träumten.

Trotz der einhelligen Ablehnung offizieller Kreise war Schönerers Anziehungskraft in diesen Jahren so groß, daß sich fähige junge

Reform- und Sozialpolitiker um ihn scharten. Aus diesem Kreis kam in den achtziger Jahren eine Fülle von Ideen und Aktionen wie 1880 die Gründung des »Deutschen Schulvereins« zur Finanzierung deutscher Schulen und Kindergärten in gemischtsprachigen Gebieten. Schönerers wichtigste Mitarbeiter waren die jungen deutschnationalen Intellektuellen Dr. Viktor Adler, Engelbert Pernerstorfer, der Historiker und Journalist Dr. Heinrich Friedjung, aber auch Dr. Karl Lueger, deren politische Wege sich erst einige Jahre später trennten.

In diesem Kreis wurde 1882 unter Schönerers Parole »Nicht liberal, nicht klerikal, sondern national« das »Linzer Programm« erarbeitet. Dieses deutschnationale Grundsatzpapier forderte eine Sozialreform mit Alters- und Unfallversicherung, Beschränkung der Frauen- und Kinderarbeit, Demokratisierung, Presse- und Versammlungsfreiheit. Um die Führungsrolle der Deutschen zu garantieren, wurde eine komplette Umordnung des Vielvölkerstaates vorgeschlagen. Ungarn sollte so gut wie selbständig werden und nur noch in Personalunion mit Cisleithanien verbunden sein. Jene Kronländer, die den höchsten Anteil von Nichtdeutschen hatten und die größten finanziellen Mittel benötigten, also Galizien und die Bukowina, sollten ausgegliedert werden. Damit würde erstens die finanzielle Belastung der Deutschen und zweitens der Anteil der Polen und Juden im Reich verringert. Immerhin lebten rund eine Million Juden in Galizien und der Bukowina, mehr als zwei Drittel der 1,3 Millionen Juden Cisleithaniens. Dalmatien, Bosnien und die Herzegowina sollten an Ungarn abgetreten und hier mit Kroatien die Keimzelle eines südslawischen Reiches bilden.

Die verbleibenden Kronländer, hauptsächlich die österreichischen Erbländer und Böhmen – also jene Gebiete, die zum Römisch Deutschen Reich gehört hatten –, sollten enger miteinander verbunden werden, die deutsche Staatssprache erhalten und eine Zollunion mit dem Deutschen Reich anstreben. Nur unter der Voraussetzung einer sicheren deutschen Mehrheit und der deutschen Staatssprache befürworteten die Planer des Linzer Programms die Einführung des allgemeinen gleichen Wahlrechts.

Die vorgeschlagene Umstrukturierung wurde von so gut wie allen deutschen Parteien zumindest als diskutierbar angesehen, ebenso von den ohnehin freiheitsdürstigen Ungarn und den meisten Polen, die eine größere Selbständigkeit als Beginn eines erträumten eigenen polnischen Staates befürworteten. Aber: der Kaiser hätte nie ohne Not eine weitere Zersplitterung akzeptiert und – die Tschechen nie die deutsche Staatssprache.

Rassenantisemitismus

Schönerers Kampf »für das deutsche Volk« wurde in den achtziger Jahren zu einem erbitterten Kampf gegen »die Juden«, zunächst vor allem die russischen Juden, die seit 1881 vor den Pogromen aus dem Zarenreich flüchteten. Auch hier machte er sich zum Sprecher des »Volkes« und protestierte am 11. Mai 1882 im Reichsrat gegen das »massenhafte Herbeiströmen eines unproduktiven und fremden Elementes«, dessen Anzahl sich in den letzten 20 Jahren in Österreich verdoppelt, »in Wien sogar verdreifacht« habe. Er forderte eine Beschränkung weiterer Einwanderung nach dem Muster der amerikanischen Antichinesen-Bill.[11] Da der Reichsrat diese Forderung ablehnte, setzte Schönerer mit der Vorlage einer Unterschriftenliste mit rund 500 Namen und ähnlichen Aktionen nach – ebenfalls vergeblich.

1883 vereinnahmte Schönerer den eben gestorbenen Richard Wagner für seine nationalistischen Ziele und machte durch seinen Auftritt aus einem Trauerkommers der Burschenschaften eine mächtige politische Kundgebung.[12] Der einige Jahre später gegründete »Neue Richard Wagner Verein zu Wien« wurde vollends zu einer Pflegestätte des Germanenkults und des Antisemitismus mit dem erklärten Ziel, »die deutsche Kunst aus Verfälschung und Verjudung zu befreien«.[13]

Schönerer wurde der lautstärkste und populärste Propagator des in Österreich bis dahin kaum bekannten Rassenantisemitismus und berief sich dabei im Parlament auf den Berliner Philosophen Eugen Dühring und dessen Buch DIE JUDENFRAGE ALS RASSEN-, SITTEN- UND KULTURFRAGE mit dem Zitat: »Die Juden sind... ein inneres Karthago, dessen Macht die Völker brechen müssen, um nicht selbst von ihm, eine Zerstörung ihrer sittlichen und materiellen Grundlagen zu erleiden.«[14] Dühring war auch in H.s Wiener Zeit in allen alldeutschen Zitatensammlungen vertreten, etwa mit dem Satz: »Der unter dem kühleren Himmel gereifte nordische Mensch hat auch die

Pflicht, die parasitären Rassen auszurotten, so wie man bedrohliche Giftschlangen und wilde Raubtiere eben ausrotten muß.«[15]

Mit dem Schlagwort: »Ob Jud, ob Christ ist einerlei – in der Rasse liegt die Schweinerei« forderte Schönerer, die einheimischen Juden – auch die getauften – unter Sondergesetzgebung zu stellen. Weitere Forderungen waren Beschränkung der Freizügigkeit, Verbot des jüdischen Zwischenhandels, Numerus clausus an Schulen und Hochschulen gemäß dem Bevölkerungsanteil, Ausschluß aus Staatsämtern, Lehramt und Presse, Einführung einer Kopfsteuer, Aufstellung eigener Judenregimenter in der Armee und vieles andere.

Schönerer: »Wir Deutschnationale betrachten den Antisemitismus als einen Grundpfeiler des nationalen Gedankens, als Hauptförderungsmittel echt volkstümlicher Gesinnung, somit als die größte nationale Errungenschaft dieses Jahrhunderts.«[16] Er forderte von seinen Anhängern und vom »deutschen Volk« strikte Ausgrenzung und Abstoßung alles »Jüdischen« unter der Parole: »Durch Reinheit zur Einheit«. Am 18. Februar 1884 prangte bei einer von den Schönerianern organisierten Massenversammlung zum erstenmal ein Plakat: »Juden ist der Eintritt verboten!«[17]

Der Antisemitismus erwies sich somit auch als höchst wirksames politisches Instrument gegen die Liberalen, deren Vormacht durch die stufenweise Erweiterung des Wahlrechtes ohnehin abbröckelte. 1884 agitierte Schönerer im Reichsrat gegen den mächtigsten Juden der Monarchie, Baron Rothschild. Die Familie Rothschild war seit Jahrzehnten Hauptaktionär der Kaiser-Ferdinands-Nordbahn, deren Vertragsverlängerung nun fällig war. Schönerer forderte im Reichsrat, diesen Vertrag zu lösen und die hochprofitable Eisenbahn zu verstaatlichen. Zur Bekräftigung dieser Forderung legte er eine Unterschriftenliste mit fast 40 000 Namen vor – als »Aufschrei des Volkes« gegen die jüdische Bedrohung. Außerdem wurde er von der Zuschauergalerie des Parlaments gezielt mit Johlen und antisemitischen Zwischenrufen gegen die »Nordbahnjuden« unterstützt.

Im Verlauf des wochenlangen Tauziehens beschuldigte Schönerer die Familie Rothschild, sich durch überhöhte Kohlenpreise auf Kosten der armen Leute zu bereichern. Die liberale »Judenpresse« sei bestochen und trete deshalb nicht für die Interessen des Volkes, sondern für die Geschäfte der Juden ein. Die spektakuläre und höchst populäre Aktion bewirkte immerhin, daß Rothschild der Stadt Wien für den Vertrag einen weit höheren Preis zahlen mußte als vorgesehen. So gewann Schönerer als »Drachentöter« gegen die »jüdische Korruption« auch hier weitere Anhänger.

1885 fügte Schönerer dem Linzer Programm nachträglich und eigenmächtig den Arierparagraphen ein mit der Begründung: »Zur Durchführung der angestrebten Reformen ist die Beseitigung des jüdischen Einflusses auf allen Gebieten des öffentlichen Lebens unerläßlich.« Das bedeutete die Trennung von seinen bewährten deutschnationalen Kollegen Viktor Adler und Heinrich Friedjung, die zwar beide getauft waren, aber von jüdischen Eltern abstammten. Schönerers Parole »Deutschland den Deutschen« wandte sich also nicht mehr nur gegen die nichtdeutschen Nationalitäten der Monarchie, sondern auch gegen diejenigen Juden, die sich bei den Volkszählungen als deutschsprachig deklarierten, sich als Deutsche fühlten und politisch als Deutschnationale arbeiteten. Juden sollten nun keine Deutschen mehr sein.

Der »Arierparagraph« machte rasch Schule: Die Deutschen Burschenschaften warfen ihre – ganz und gar deutschgesinnten – »Juden« hinaus, unter ihnen Theodor Herzl, Viktor Adler und Arthur Schnitzler. Im »Waidhofener Beschluß« wurden Juden als nicht satisfaktionsfähig erklärt. Den Wortlaut dieses Beschlusses zitierte Schnitzler noch verbittert in seinen Erinnerungen: »Jeder Sohn einer jüdischen Mutter, jeder Mensch, in dessen Adern jüdisches Blut rollt, ist von Geburt aus ehrlos, jeder feineren Regung bar. Er kann nicht unterscheiden zwischen Schmutzigem und Reinem. Er ist ein ethisch tiefstehendes Subjekt. Der Verkehr mit einem Juden ist daher entehrend; man muß jede Gemeinschaft mit Juden vermeiden. Einen Juden kann man nicht beleidigen, ein Jude kann daher keine Genugtuung für erlittene Beleidigungen verlangen.«[18]

Andere deutsche Vereine vom Alpenverein über Turner-, Sprach- und Lesevereine bis zu Ruderklubs und Liedertafeln folgten und schlossen meist außer den Juden auch noch alle Slawen aus. Am 11. April 1908, also in H.s Wiener Zeit, feierte der »Niederösterreichische Turngau« mit einem »Festschauturnen« die 20jährige Erinnerung an seine »Entjudung«.[19]

Bedenken zerstreute Schönerer energisch mit Sätzen wie diesen: »und wenn gewisse Herren versichern: Es gibt ja Ausnahmsjuden!, so sage ich: Solange sie mir keinen Ausnahme-Borkenkäfer zeigen können, habe ich zu dieser Versicherung kein Vertrauen.«[20] Immer wieder hämmerte er seinen Anhängern ein: »Was die Juden anbetrifft, ist unser Standpunkt unverrückbar derselbe: Jud bleibt Jud, ob er sich taufen läßt oder nicht!«[21]

Um die Reinheit des »deutschen Blutes« zu erreichen, forderte Schönerer wie Dühring, Chamberlain, Guido von List und andere eine strenge »Rassentrennung«. Der soziale Druck auf »Arier«, die mit Juden befreundet waren, wuchs: Wer nicht bereit war, den Antisemitismus mitzumachen, wurde als »Verräter am deutschen Volk« und »Judenknecht« beschimpft, getreu dem Schönererschen Grundsatz: »Wir betrachten jeden als Abtrünnigen von seinem Volke, der das Judentum und dessen Agenten und Genossen wissentlich unterstützt.« An seine Anhänger appellierte Schönerer, sich auf einen großen Kampf vorzubereiten: »Wer nicht vertrieben werden will, der muß vertreiben!... Wenn wir die Juden nicht vertreiben, so werden wir Deutschen vertrieben!«[22]

»Bewegung« und Glaubensgemeinschaft

Das »Deutschtum« wurde unter Schönerer zu einer Glaubenssache und einer Art Religion. Schon 1883 schrieb das Schönerer-Blatt UNVERFÄLSCHTE DEUTSCHE WORTE über »die Glaubensseite der neuen Religion des Deutschtums«: »Das Volkstum derer, die deutsch sind aus tiefstem Grunde«, sei »ein vollwertiger Ersatz der Religion, freilich nicht in dem Sinne, als man darunter eine Mehrheit von Dogmen versteht, von deren Fürwahrhalten das Heil des Menschen abhängig ist... Ein Hort der Sittlichkeit zu sein, dazu ist die deutsche Lebensanschauung berufen.«[23] Eine weitere vielzitierte Parole: »Uns Deutschen muß zweifellos der germanische Heldenglaube höher stehen als der jüdischen Erzväter Weltanschauung.«[24]

Die Schönerianer hatten ihre Symbole und Erkennungszeichen: die Kornblume, die Runenzeichen, den »Heil«-Gruß und die deutschen Kampflieder. Sie feierten Sonnwend, das Jul- und Ostarafest. In Geschichtsrunden wurde die deutsche Vergangenheit beschworen. Am Lagerfeuer wurden deutsche Lieder gesungen. Die Kunst war »völkisch«, die Wiener Moderne wurde als »international« und »jüdisch« abgelehnt.

31 Tage. **Mai.** (Wunmonat.)

Zieh' ein zu allen Toren, Und gründ' in unserer Mitte
Du starker deutscher Geist, Wahrhaft und gut zugleich
Der, aus dem Licht geboren, In Freiheit, Recht und Sitte
Den Pfad ins Licht uns weist. Dein tausendjährig Reich!

Tage	Männliche german. Namen	Protestanten	Katholiken	Weibliche german. Namen
S	1	Theodulf	Phil. **Jakob**	Phil. **Jakob**	Waldeburg
M	2	Ruthard	Sigmund	Athanasius	Gerhild
D	3	Ansfrid	†=Erfindung	†=Erfindung	Ansfrida
M	4	Sigismund	Florian	Florian	Ida
D	5	Gothard	Gotthard	Pius V.	Waltraba
F	6	Dietrich	Dietrich	**Joh. v. P.**	Otberta
S	7	Otomar	Gottfried	Stanislaus	Gisela
S	8	Ewald	Stanislaus	**Michael**	Wolfhilde
M	9	Roderich	**Hiob**	Gregor	Idaberga
D	10	Alberich	Victorin	Isidor	Fridemunda
M	11	Fridemund	Adalbert	Gangolph	Berthilia
D	12	Waldebert	Chr. Himm.	Chr. Himm.	Inulda
F	13	Alawig	Servatius	Servatius	Franka(=Iberta)
S	14	Heinrich	Bonifacius	Bonifacius	Erkentrud
S	15	Ruprecht	Sophie	Sophie	Richtrud
M	16	Adalbert	Peregrin	**Joh. v. N.**	Ubalde
D	17	Giselbert	Torpetus	**Paschalis**	Framhild
M	18	Einhard	Liborius	Venant	Idaberga
D	19	Iwo	Potentiana	Cölestin	Fastraba
F	20	Gismund	Anastasius	Bernhard	Rolande
S	21	Oswin	Pudens	Felix	Richenza
S	22	Atto (Hatto)	Pfingstsonntag	Pfingstsonntag	Isentrud
M	23	Fredegar	Pfingstmontag	Pfingstmontag	Guta
D	24	Gerwald	**Susanna**	Johanna	Hildeberta
M	25	Gerbert	Urban	Urbanus	Gilberte
D	26	Berengar	Beda	Philipp N.	Lamberta
F	27	Reinulf	Lucian	**Johann P.**	Reinolfa
S	28	Richmar	Wilhelm	Wilhelm	Wilhelmine
S	29	Markward	Maximinian	Maximinian	Geralda
M	30	Ferdinand	Ferdinand	Ferdinand	Ferdinanda
D	31	Sigwin	Petronella	Angela	Helmtrudis

Aus: »Jahrbuch für Deutsche Frauen und Mädchen«, Wien 1904

Die Bewegung griff in das Familienleben ein: Ehepartner, Freunde und Mitarbeiter durften nur Deutsche sein und keine Juden oder Slawen. Vor der Eheschließung mußten arische Abstammung und »biologische Gesundheit« des Partners geprüft werden. Die Kinder erhielten germanische Namen und wurden »nach alter deutscher Sitte« erzogen, die Mädchen vor den Gefahren der modernen Emanzipation bewahrt, um sie zu »guten deutschen Müttern« zu machen. Die Frauen schminkten sich nicht und trugen schlichte Frisuren und Kleidung. Die Jugend sollte lernen, Verzicht zu üben und enthaltsam zu leben, um sich für »die deutsche Nation« gesund zu erhalten. Die Schönerianer hielten sich an Eßregeln und lebten weitgehend vegetarisch. Sie stärkten ihre Körper mit Turnen und Gymnastik, möglichst in frischer Luft.

All diese Lebensregeln wurden in unzähligen Kleingruppen und Vereinen eingeübt. An der Wiener Universität gab es den »Deutschen Hochschülerbund für völkische Tüchtigkeit«, der seinen Mitgliedern »Selbsterziehung und Gewissenhaftigkeit in unserer Lebensführung« abforderte, »um unseren Nationalismus zu veredeln und zu vertiefen«. Dazu gehörte die Abstinenz, »in der Erkenntnis der Schäden, die Alkoholgenuß und Trinksitten durch ihre tatkraftlähmende Wirkung dem einzelnen wie dem ganzen Volke bringen«: »Wer in strenger Selbstzucht und harter Pflichterfüllung aus sich selbst das denkbar Beste zu machen strebt, um diesen besseren Menschen in den Dienst seines Volkes zu stellen, der begeht eine deutsche Tat.«[25]

»Durch Reinheit zur Einheit« bedeutete auch eine konsequente Eindeutschung von Fremdwörtern. Aus dem »Kalender« wurde ein »Zeitweiser«, aus dem »Kapitel« ein »Hauptabschnitt«, dem »Redakteur« ein »Schriftleiter«. Die Wiener Floskeln »Servus« und »Prosit« wichen dem altgermanische »Heil!«. Wörterbücher für eingedeutschte Ausdrücke wurden verkauft.

Nach altgermanischem Brauch ließ sich Schönerer als alleiniger und unumschränkter »Führer« huldigen. Seine Worte allein waren bindend für alle Anhänger. Diskussionen über politische Grundsatzfragen fanden nicht statt. Wer eine abweichende Meinung auch nur in einer Einzelfrage äußerte, wurde aus der Bewegung ausgeschlossen mit der Begründung: »Ohne Einvernehmen mit Schönerer, dem Führer und Schöpfer unseres Programmes, ist... kein Alldeutscher berechtigt, in der Öffentlichkeit Abweichungen von dem Programme Schönerers oder von den Grundsätzen zu verkünden, die Schönerer vertritt. Niemand außer Schönerer hat das Recht, Schönerers Programm oder die von Schönerer vertretenen Grundsätze... abzuändern, und es gibt niemanden unter uns, der über die erworbene oder die anerkannte Autorität verfügte, gegen den Willen des Führers Schönerer in den Reihen der Alldeutschen programmatische Neuerungen zu vertreten.«[26] Nur ein kleiner Kreis von Auserwählten stand dem Führer zur Seite. Schönerer: »Mir sind ›zwölf unbedingte Genossen‹ lieber als ein tausendköpfiger Troß von Halben, Lauen, Unentschiedenen und von geistreichen Gigerln.«[27]

Schönerers Germanenkult nahm ab 1887 vollends eine sektiererische Färbung an, als er die »Zweitausendjahr-Feier germanischer Geschichte« zelebrierte, in Erinnerung an die Schlacht von Noreja 113 v. Chr., als die germanischen Stämme der Kimbern und Teutonen die Römer zum erstenmal besiegten. In einem Aufruf 1888 hieß es: »Vor dem rauhen, aber urkräftig dröhnenden Kriegsgeschrei der Kimbern und Teutonen erbebten die starken Grundfesten des Römerreiches als erste Mahnung des Geschickes: ›Platz den Germanen!‹« Das Jubiläum wurde mit einem »Germanenfest« zu Sonnwend am 24. Juni 1888 in der Wachau begangen, »nach alter deutscher Art und Sitte am Schauplatze der ältesten Ansiedlungen unserer Mark mit Freudenfeuern auf den Gipfeln der Berge, zu deren Füßen der Donaustrom hinfließt, als unvergängliches Sinnbild des nimmerrastenden, mächtigen deutschen Geistes«.[28]

Aus Anlaß dieser 2 000-Jahr-Feier schaffte Schönerer den christlichen Kalender ab und führte eine neue Zeitrechnung ein. Die Schönerianer zählten nun nicht mehr nach Christi Geburt, sondern »nach Noreia«, n. N., wonach das Jahr 1888 n. Chr. nun 2001 n. N. war. Außerdem wurden die römischen Monatsnamen in altgermanische geändert: Hartung, Hornung, Lenzmond, Ostermond, Maien, Brachmond, Heuert, Ernting, Scheiding, Gilbhart, Nebelung, Julmond. Demnach änderte sich zum Beispiel Schönerers Geburtsdatum, der 17. Juli 1842, in den »17. Heuerts 1955 n. N.«. Aber die schwierige Umrechnung wurde mit den Jahren selbst eingefleischten Schönerianern zu mühsam, zumal bei den Monatsnamen mehrere Versionen gebraucht wurden. Um es sich leichterzumachen, gingen viele dazu über, beide Zählungen nebeneinander zu verwenden.

Das Dogma der angeblich naturgegebenen Höherwertigkeit des »deutschen Volkes« gegenüber allen anderen Völkern wurde von den Schönerianern tagtäglich beschworen. Schönerer im Reichsrat am 25. Mai 1899: »Das Wohl unseres Volkes muß immer in erster Linie stehen und erst dann, wenn in bestimmten Fällen nachgewiesen wird, daß der Standpunkt der Gleichberechtigung dem deutschen Volke keinen Schaden zu bringen vermag, kann in einzelnen Ausnahmefällen hie und da von der Gleichberechtigung im politischen Leben gesprochen werden. Aber in nationaler Beziehung kann der Standpunkt der Gleichwertigkeit *niemals* von uns eingenommen werden.«²⁹

> Darum deutsche Arbeiter, Bürger und Bauern gründet zur Hebung der Gesundheit und Volkskraft allerorten Turnvereine und fördert das Schulturnen, auf daß das deutsche Turnen zu einem wallenden Meere werde, das die Grenzmark des deutschen Vaterlandes schirmend umbraust, auf daß wir Ostmarkdeutsche in der Stunde der höchsten Not auch die nötige körperliche Kräft und den Mut besitzen, um den Endkampf mit unseren völkischen Gegnern, wenn es sein muß, auch wieder durch Blut und Eisen zur Entscheidung zu bringen.
>
> Heil in diesem Sinne der deutschen Turnerei!
>
> Wien, am Sedanstage 1908.

Aus: »*Zeitweiser des Bundes der Deutschen in Nieder-Österreich*«, *1909*

Die Schönerianer umgaben sich mit antisemitischem Nippes. Es gab Spazierstöcke, die als Knauf einen ostjüdischen Kopf trugen, »Judenbitter-Zigarettenspitzen« mit Schönerers Bild für 20 Kreuzer, die aber »für Juden, Judenknechte und Schmierfinken 25 Kreuzer« kosteten.³⁰ Besonders effizient waren die billigen Klebemarken mit antisemitischen Sprüchen. Einmal kaufte Schönerer 40 000 solcher Marken auf einen Schlag und ließ sie in der Stadt verteilen,³¹ auf Postkästen, Türen jüdischer Geschäfte, Anschlagsäulen – und manchmal auch auf den neuesten Zeitungen in Caféhäusern. Die Zettel wurden allerdings von der Polizei als gesetzwidrig entfernt.

Das ALLDEUTSCHE TAGBLATT druckte die Vereinsnachrichten ab, etwa des »Alldeutschen Vereins für die Ostmark«, des »Vereins zur Erhaltung des Deutschtums in Ungarn«, des »Jungdeutschen Bundes«, des »Deutschen Turnerbundes« und vieler anderer, und informierte über größere alldeutsche Veranstaltungen. Es gab Turner- und Sängerfeste, Bier- und Vortragsabende. Der »Bund der Germanen« traf sich im Bundesheim der Johrnsdorfer Bierhalle, ebenso Unterorganisationen dieses Bundes mit Namen wie »Blücher«, »Baldur«, »Alldeutsch voran!« oder »Deutsche Treue«.

Eine »Deutschvölkische Stellenvermittlung« wurde vom »Bund der Germanen« betrieben. Der »Deutsche Gesangverein« suchte »stimmbegabte deutsche Volksgenossen«. Sommerwohnungen »nur für deutsche Arier« wurden angeboten. Es gab alldeutsche Sparvereine, die Darlehen vergaben. Buchhandlungen priesen Bücher an, »die jeder Deutsche besitzen soll«, darunter Bismarcks GEDANKEN UND ERINNERUNGEN und Chamberlains GRUNDLAGEN DES 19. JAHRHUNDERTS.

Vor allem in H.s erstem Wohnbezirk Mariahilf gab es rund um die Redaktion des ALLDEUTSCHEN TAGBLATTS eine große Zahl dieser Vereine. Der Obmann des alldeutschen Verbandes »Deutsche Eiche«, Karl Geiger, wohnte in der Stumpergasse 1. Die Verbandsmitglieder trafen einander montags, freitags und sonntags im nahen Wirtshaus Oetzelt, Bürgerspitalgasse 15. Das Gasthaus »Zur Schönen Schäferin«, Gumpendorfer Straße 101, war der regelmäßige Treffpunkt der Bezirksgruppe des »Alldeutschen Vereins für die Ostmark«. Ebenfalls ganz in der Nähe war die Zentrale des Vereins »Südmark«, Magdalenenstraße 6.

Sympathisanten waren in allen diesen Gruppen willkommen. So hatte der junge H. in Wien ein ganzes Geflecht von alldeutschen Einrichtungen zur Verfügung, die er auch mit Sicherheit ausnutzte, und sei es nur zum Lesen der dort aufliegenden Schriften oder um Vorträge zu hören. Und wenn er auch später sorgsam diese Quellen seiner politischen Bildung verbarg, so offenbaren sie sich doch gegen seinen Willen aus seiner eindeutig auf die alldeutschen Wiener Ursprünge zurückzuverfolgenden Ausdrucksweise.

Aktionen gegen die »Judenpresse«

Seine spektakulärsten Erfolge erlebte Schönerer in den achtziger Jahren mit seinen Kampagnen gegen die liberalen Wiener Zeitungen. Sie hatten zunächst äußerst scharf gegen ihn polemisiert und ihn wegen seiner »Preußenseuchlerei« lächerlich gemacht. Dann aber verlegten sie sich ganz auf die Taktik, ihn konsequent totzuschweigen. Schönerer warf ihnen nun vor, korrupt und bestechlich zu sein, im Dienst des »jüdischen Kapitals« zu stehen, das »deutsche Volk« zu beleidigen, auszunutzen und zu täuschen und überall nur die Interessen des »Judentums« zu vertreten, um die »jüdische Macht« im Vielvölkerstaat auf Kosten der »Deutschen« zu vergrößern.

In Massenversammlungen wetterte er gegen »diese sensationslüsternen jüdischen Preßbestien«, »den semitischen Lindwurm«.

Die Juden wollten »Vampyren gleich... ihre Lebensfähigkeit aus der Kraft der arischen Völker saugen«. »Das Volk soll gezwungen werden, die todtbringende Arznei sich selbst zu verordnen, im Schlafe hinzusiechen, und sich dann langsam zu Grabe zu legen, damit der vaterländische Boden zum Tummelplatze für fremde vaterlandslose Nomaden gemacht werde.« Und: »Jeder Deutsche hat die Pflicht, nach Kräften mitzuhelfen, das Judenthum auszumerzen!«[32] Schönerers Appell an den Kaiser wurde zum Schlagwort: »Majestät, gebt frei das Volk vom Joch der Judenpresse!«

1884 strengte er einen spektakulären Ehrenbeleidigungsprozeß gegen einen der mächtigsten liberalen Journalisten des damaligen Wien an: Moriz Szeps, den aus Galizien eingewanderten Gründer und Chefredakteur des NEUEN WIENER TAGBLATTS, einen Förderer der Wiener Moderne mit besten politischen Beziehungen zu Frankreich. Er war durch die Zeitung in kurzer Zeit steinreich geworden – und der engste Freund und Mentor des jungen Kronprinzen Rudolf.

Szeps gestand im Prozeß offen ein, »daß Herr von Schönerer in unserer Stadt, in den deutschen Ländern Österreichs eine Stellung gewonnen hat, wie sie jetzt kein anderer Mann einnimmt und daß dieser Stellung nichts etwas anhaben kann – nichts! Wir... sehen einem schweren, bitteren und vielleicht für lange erfolglosen Kampfe entgegen.«[33]

Szeps wurde zu vier Wochen Haft verurteilt. Sogar das katholische Blatt DAS VATERLAND jubilierte: »Die Terroristen der jüdischen Presse sind gerichtet, mit ihrer Schreckensherrschaft ists zu Ende!«[34] Kronprinz Rudolf schrieb erbittert an seinen Freund Szeps: »Nicht die Verurteilung ist es, die so deprimierend wirkt... aber nun liegt die Thatsache klar zu Tage, dass die Wiener Bürgerschaft ihrer grossen Majorität nach – Schönerer gehört.« Er, Rudolf, werde weiter kämpfen gegen diesen Mann, »dessen Wirken ich für so gefährlich für den Staat sowohl, wie für die Dynastie halte«.[35]

Die in Szeps und dem Kronprinzen personifizierte – und keineswegs typische, sondern einmalige – Verbindung von Liberalismus, Judentum und Herrscherhaus reizte Schönerer besonders. Es ist genau Schönerers Ausdrucksweise, wenn H. in MEIN KAMPF meint, die *unwürdige Form, in der diese Presse den Hof umbuhlte*, habe ihn abgestoßen: *Es gab kaum ein Ereignis in der Hofburg, das da nicht dem Leser entweder in Tönen verzückter Begeisterung oder klagender*

Betroffenheit mitgeteilt wurde, ein Getue, das besonders, wenn es sich um den ›weisesten Monarchen‹ aller Zeiten selber handelte, fast dem Balzen eines Auerhahnes glich... Damit erhielt die liberale Demokratie in meinen Augen Flecken. Um die Gunst dieses Hofes buhlen und in so unanständigen Formen, hieß die Würde der Nation preisgeben.[36]

Durch den Prozeßerfolg ermutigt, brachte Schönerer 1887 im Reichsrat den Antrag ein, einen »Landstrich« anzukaufen, um dort eine Strafkolonie für Verbrecher und »gemeinschädliche« Menschen einzurichten. Dort müßten auch alle jene Journalisten »auf mindestens sechs Monate« büßen, deren »wider besseres Wissen in der Presse vorgebrachte Unwahrheiten eine Schädigung von Vereinigungen oder einzelnen Personen an Vermögen oder Ehre herbeiführt«.[37] Der Antrag wurde abgelehnt und in den liberalen Zeitungen totgeschwiegen.

Der Kampf gegen die »Judenpresse« kulminierte im März 1888, als Schönerer mit Genossen gewaltsam in die Redaktion des NEUEN WIENER TAGBLATTS eindrang und die Redakteure mit Stöcken tätlich angriff. Der Grund dafür war eine um einige Stunden verfrüht herausgegebene Meldung vom Tod des 91 jährigen Kaisers Wilhelm I.

Diesmal wurde Schönerer mit tatkräftiger Hilfe des Kronprinzen vor Gericht gestellt und wegen öffentlicher Gewalttätigkeit zu vier Monaten schwerem Kerker verurteilt, darüber hinaus zum Verlust des Adels und der politischen Rechte für fünf Jahre. Damit verlor er auch sein Reichsratsmandat.

Das harte Urteil machte Schönerer in den Augen seiner Anhänger zum Justizopfer und Märtyrer. Am Abend gab es vor seiner Wiener Wohnung Huldigungsdemonstrationen. DIE WACHT AM RHEIN war plötzlich überall in Wien zu hören – auch als Drohung an das Haus Habsburg, das ja in der Person des Kronprinzen Rudolf eindeutig auf der Seite der »Judenpresse« und der Schönerer-Feinde stand. Klebemarken mit den Sprüchen »Hoch Schönerer« und »Nieder mit den Juden!« bedeckten über Nacht die ganze Stadt.

Als Schönerer seine Haft antrat, fuhr er vom Bahnhof zum Gefängnis durch ein Spalier heilrufender Anhänger. Sogar der christlichsoziale Prälat Dr. Josef Scheicher war unter den »Heil-Schönerern«: »Er war ja der Siegfried gewesen, der zuerst gegen den Drachen der Judenpresse ausgezogen war. Preßbestien hatte er jenes käufliche Geschlecht genannt, dem nichts heilig war, dem Recht und

Eigentum des christlichen Wirtsvolkes nur so weit unangreifbar war und unannektierbar schien, als der Polizeimann mit dem Säbel davor wachehaltend stand.«[38]

In eine solche Massendemonstration für Schönerer geriet ausgerechnet der Kronprinz mit seinem Wagen. Eingekeilt und am weiteren Fortkommen gehindert, sah er sich der Wut der nationalistischen und antisemitischen Massen gegenüber. Sein Pessimismus über die Zukunft des Vielvölkerstaates wurde an diesem Abend entscheidend verstärkt – und war einer von vielen Gründen für Rudolfs Selbstmord einige Wochen später, im Januar 1889 in Mayerling.[39]

Doch Schönerers Triumph war gleichzeitig der Wendepunkt zum politischen und persönlichen Abstieg. Die Haft, viel mehr noch die erzwungene jahrelange politische Absenz und übermäßiger Alkoholkonsum schwächten seine Kraft und gaben anderen Parteien freie Bahn. 1888/89 formierten sich die beiden Massenparteien, die Christlichsozialen unter Lueger und die Sozialdemokraten unter Adler, beide ehemalige Mitarbeiter Schönerers.

Lueger ging nun auf Wählerfang mit ebenjenen Parolen, die sich schon bei Schönerer als so erfolgreich erwiesen hatten, vor allem mit dem Antisemitismus, dem Ruf nach Verstaatlichung großer in »jüdischer Hand« befindlicher Unternehmen, mit dem Kampf gegen »Kapitalismus«, »Judenpresse« und die Wiener Moderne.

Als Schönerer 1897 in den Reichsrat zurückkehrte, trieben die deutsch-tschechischen Nationalitätenkämpfe der Badeni-Krise dem Höhepunkt zu. Die deutschen Parteien machten wüste Obstruktion gegen die Regierung. Der 55jährige Schönerer tat sich wieder mit Tschechenbeschimpfungen hervor und auch mit Raufereien im Parlament, so zum Beispiel laut Zeitungsbericht: »Abgeordneter Schönerer ergriff angesichts der Bedrängnis der deutschen Abgeordneten einen Ministerfauteuil und schwang ihn gegen die immer heftiger anstürmenden Tschechen. Diese entrissen ihm zweimal den schweren Stuhl, Schönerer bemächtigte sich seiner aber ein drittesmal. Da packte ihn der deutschklerikale Abgeordnete Hagenhofer bei der Kehle, so daß Schönerer nach rückwärts taumelte; er raffte sich aber rasch auf, schlug mit der Faust auf Hagenhofer ein. Graf Vetter, welcher beim Präsidium stand, ergriff ein Glas Wasser und goß es in das Gewühl.«[40] Und so fort.

Los von Rom

Schönerers Anziehungskraft war um 1900 im Schwinden begriffen. Um so verbissener steigerte er sich in fixe Ideen hinein und machte nun die katholische Kirche zum Objekt seines Hasses. Ein wahrer Deutscher dürfe weder dem Hause Habsburg noch der katholischen Kirche – den »Römlingen« – dienstbar sein. Er müsse vielmehr zur »deutschen« Religion zurückkehren, dem Luthertum: »Also weg mit den Fesseln, die uns an eine deutschfeindliche Kirche binden. Nicht jesuitischer, sondern germanischer Geist soll walten und herrschen in deutschen Landen!«[41]

Mit der Parole »Los von Rom« rief er zur Konversion zum Protestantismus auf und tat dies selbst 1900. Den politischen Sinn der »Los von Rom«-Bewegung enthüllte Schönerers Jünger Franz Stein: »Sie ist absichtlich deshalb gegründet worden, um in einem späteren Jahrzehnt den Anschluß an das Deutsche Reich leichter durchführen zu können.« Die Deutschösterreicher würden dann »in ebenbürtiger Religionsgemeinschaft mit Preußen« sein, »so daß in dieser Hinsicht keine Befürchtungen von seiten Preußens vorhanden wären«.[42]

Die Aktion wurde anfangs von reichsdeutschen Vereinen, so dem Gustav-Adolf-Verein, unterstützt, die tatkräftig beim Neubau evangelischer Kirchen halfen. In zehn Jahren wurden in Cisleithanien 65 evangelische Kirchen und zehn Bethäuser gebaut und 108 neue Predigerstellen eingerichtet.[43]

Unduldsam und gehässig entfachte Schönerer eine Polemik nach der anderen, gegen die Jesuiten, dann gegen die Beichte: sie verletze das Gefühl der Keuschheit und der weiblichen Würde, da die Mädchen und Frauen durch unsittliche Fragen geärgert, ja ruiniert würden.[44] Die UNVERFÄLSCHTEN DEUTSCHEN WORTE brachten in geradezu pornographischem Stil Berichte über sexuelle Verfehlungen von Priestern und Mönchen. Das paßte nicht zur wienerisch-katholischen Mentalität und stieß mögliche Sympathisanten ab, zumal die UNVERFÄLSCHTEN DEUTSCHEN WORTE wetterten, »daß die Judenbibel kein deutsches sittlich-religiöses Buch ist, und daß der Stifter des Christentums als Sohn einer Rassejüdin und Nachkomme Davids usf. kein Arier ist, läßt sich doch nicht ungeschehen machen«.[45]

Solche Äußerungen stießen alle jene ab, die aus religiöser Überzeugung zum Protestantismus übergetreten waren. Um 1900 protestierten einige evangelische Pfarrer in Wien gegen die rabiate Bewegung.[46] Als Schönerer den Übertritt zum Protestantismus zur Bedingung für die Aufnahme in die Alldeutsche Partei machte, besiegelte er damit auch deren Niedergang.

Auch der höchst erfolgreiche und effiziente »Deutsche Schulverein« ging nun in Opposition. Er weigerte sich nicht nur, die »Los von Rom«-Bewegung zu unterstützen, sondern auch, den Arierparagraphen einzuführen. Weiterhin nahm der Verein Juden, Katholiken wie Protestanten als Lehrer und Schüler auf. Der vor Wut tobende Schönerer sagte sich vom »Deutschen Schulverein« los und gründete den »Schulverein für Deutsche«, der nur Protestanten aufnehmen durfte – mit äußerst kläglichem Erfolg.

Als Antwort darauf übernahm der den Christlichsozialen nahestehende Thronfolger Franz Ferdinand 1901 das Protektorat über den »Katholischen Schulverein« mit der Parole: »Los von Rom ist Los von Österreich!« Der Verein nahm als Schüler und Lehrer ausschließlich Katholiken auf und stand unter dem besonderen Schutz des Wiener Bürgermeisters Lueger. Dieser distanzierte sich unter lautem Beifall der Wiener höchst geschickt vom ehemaligen Gesinnungsgenossen Schönerer: »Das sind keine Deutschen, sondern politische Hanswurste.« Schönerer schimpfte zurück und nannte Lueger »diesen Führer politischer Gaukler und Streber« mit seiner »Priesterherrschaft«.[47] Aber kaum jemand nahm ihn noch ernst.

Mehr und mehr wurde Schönerer zur komischen Figur. Seine Parole: »Ohne Juda, ohne Rom wird gebaut Germaniens Dom!« löste nun Spott aus – ebenso wie seine alljährlichen Pilgerfahrten zu Bismarcks Grab in Friedrichsruh im Sachsenwald.

Der Politiker H. betonte später, daß die »Los von Rom«-Bewegung ein schwerer politischer Fehler Schönerers gewesen sei. Der Kampf gegen die Kirche habe die Alldeutschen *in zahlreichen kleinen und mittleren Kreisen unmöglich* gemacht. *Das praktische Ergebnis des österreichischen Kulturkampfes war gleich Null.* Dieser Fehler sei daraus entstanden, daß die Alldeutschen *zu wenig Verständnis für die Psyche der breiten Masse besessen* hätten.[48] *Ihr Kampf gegen eine bestimmte Konfession war dagegen tatsächlich und taktisch falsch.*[49]

In seiner Wiener Zeit jedoch muß der junge H. weit mehr Sympathien für die antikirchliche Bewegung gehabt haben, als er später eingestand. Fast alle Augenzeugen aus H.s Wiener Zeit erwähnen seinen Haß auf die katholische Kirche. Laut August Kubizek meint er 1908: *Diese Weltkirchen sind auf alle Fälle der Seele des Volkes fremd, auch der Kult der Kirche ist artfremd, ja sogar die kirchliche Sprache versteht das Volk nicht, alles ist erfüllt von einer fremden Mystik. Nur jener Fürst konnte sich behaupten, der der Kirche dienstbar war, daher auch die Bezeichnung »von Gottes Gnaden«, die Auslegung lautet richtig, durch die Gnade der Kirche.* Die Kirche ziele darauf ab, *die Welt zu beherrschen.* Und: *Das deutsche Volk aus diesem Joch zu befreien, gehört mit zu den Kulturaufgaben der Zukunft.*[50] Dies ist exakt Schönerers Ausdrucksweise.

Reinhold Hanisch berichtet über die Zeit 1909 und 1910, H. habe im Männerheim die »Deutschfeindlichkeit« der katholischen Kirche kritisiert und gemeint, die Deutschen könnten eine geeinte Nation sein und hätten, wenn sie der germanischen Mythologie treu geblieben wären, einen höheren Zivilisationsstandard erreicht. Die katholische Kirche habe mehr Blut als jede andere Religion vergossen. Der Brünner Anonymus überliefert über das Jahr 1912: »Hitler sagte, das größte Übel für das deutsche Volk sei die Annahme der christlichen Demut«, denn diese sei nicht christlich, sondern habe »ihren Ursprung in der orientalischen Faulenzerei«. Karl den Großen habe H. gar nicht geschätzt, denn dieser Streiter für das Christentum sei in Wahrheit der *Henker der Deutschen* gewesen und habe die deutsche Geschichte um mindestens ein halbes Jahrtausend aufgehalten. *Ohne Karls Eingreifen* hätten *sowohl die Franken als auch die Langobarden sich die deutsche Sprache angeeignet.* Auch dies sind die üblichen Aussagen der Alldeutschen vor 1914.

Der junge H. habe aber, so der Anonymus, Luther verehrt: »Martin Luther habe große Verdienste um das deutsche Volk, nicht nur, weil er ihm eine neue Sprache gegeben habe, sondern hauptsächlich, weil er es von Rom zurück zum echten Germanentum geführt habe.« Laut Hanisch meinte H. im Männerheim, die wahre deutsche Religion sei der Protestantismus. Er habe Luther als das größte deutsche Genie bewundert. Und Karl Honisch berichtet für 1913, daß H. im Männerheim auf »die Roten und die Jesuiten« am meisten geschimpft habe.

> Die deutschvölkische Tisch-Gesellschaft „Turnerlust" des Salzburger Turnvereines entbietet dem kampferprobten Führer, dem treuesten Manne der Ostmark, Herrn
>
> **Georg Schönerer**
>
> hallenden
> Heilruf zum Wiegenfeste!

> Dem ersten, kraftvollen, öffentlichen Anwalt der deutschen Arbeiterschaft in Oesterreich, Herrn
>
> **Georg v. Schönerer**
>
> freudeutsches Heil
> zum 65. Geburtsfeste.
>
> Deutscher Gehilfen-
> und Arbeiterverein in Salzburg.

> **Heil dem Führer!**
>
> Der Verein der Salzburger
> Schönerianer.

> **Schallenden Heilruf**
>
> unserem treuen
>
> **Führer,**
>
> dem wie keinem stets sein
> Volk sein Alles war.
>
> Verband Kyffhäuser d. B. d. G.
> Salzburg.

> In unwandelbar treuer Gefolgschaft
> entbieten wir dem
> allzeit bewährten Führer
> Herrn
>
> **Georg R. v. Schönerer**
>
> herzhaftes Heil
> zum Wiegenfeste.
>
> Die Mitglieder der Radfahrriege
> Salzburg.

Dies alles weist auf Sympathien für Schönerers »Los von Rom«-Bewegung hin. Förmlich trat H. jedoch nie aus der katholischen Kirche aus. So brauchte er sich als Politiker nicht auch noch mit dieser

Hypothek aus seiner Vergangenheit zu belasten. Er erklärte auf einschlägige Beschuldigungen, weder er selbst noch sein Vater hätten jemals der »Los von Rom«-Bewegung angehört.⁵¹

Kurz nachdem sich die Schönerianer endlich einen Parteinamen gegeben hatten – ab 1901 hießen sie »Alldeutsche Vereinigung« –, brach 1902 der interne Unmut über die Kapriolen ihres immer unberechenbarer werdenden »Führers« aus, ausgelöst durch die »Los von Rom«-Bewegung. Schönerers fähigster und populärster Parteifreund, Karl Hermann Wolf, trat zwar zum Protestantismus über, wehrte sich aber vehement dagegen, eine solch private Angelegenheit zur Bedingung für die Parteizugehörigkeit zu machen. Damit sammelte er die innerparteiliche Opposition um sich.

Im Streit kamen viele alte Konflikte und grundsätzliche Meinungsunterschiede zum Ausbruch. Statt unrealistischen großdeutschen Zukunftsträumen nachzuhängen, wie Schönerer dies tat, sah Wolf seine Hauptaufgabe im intensiven tagtäglichen Kampf für die Rechte der Deutschen in Cisleithanien. 1902 löste sich Wolf von Schönerer und gründete die »freialldeutsche« oder »deutschradikale« Partei. Vier der 21 alldeutschen Reichsratsabgeordneten liefen zu ihm über. Die alldeutschen Vereine bis hin zu den kleinsten Turn- und Fechtvereinen, Fahrradklubs und Tanzzirkeln spalteten sich in Schönerianer und Wolfianer.

Da sich auch die von Wolf herausgegebene, aber weitgehend von Schönerer finanzierte erfolgreiche OSTDEUTSCHE RUNDSCHAU ins deutschradikale Lager schlug, mußte Schönerer 1903 wieder eine neue Tageszeitung gründen: das ALLDEUTSCHE TAGBLATT in der Stumpergasse. Dieses Blatt erreichte nie die Wirksamkeit der OSTDEUTSCHEN RUNDSCHAU und siechte dahin. 1908 mußte Schönerer gar um eine »Julspende« für das Blatt bitten, um 8000 Kronen Buchdruckerschuld ausgleichen zu können.⁵² Erst der Umstand, daß der junge H. gerade dieses Winkelblättchen in seiner Wiener Zeit ausgiebig las, gab ihm nachträglich eine ungeahnte politische Bedeutung.

Politisch konzentrierte sich der deutlich geschwächte Schönerer nun auf seinen Kampf gegen die Einführung des allgemeinen gleichen Wahlrechtes und damit auch gegen die Sozialdemokraten, die mit Massendemonstrationen dafür kämpften. Doch seine quälend langatmigen Reden und wüsten Schimpfereien offenbarten seinen geistigen Abbau. Er hatte nichts Wichtiges mehr zu sagen.

Nach Einführung des ihm so verhaßten neuen Wahlrechtes wurde Schönerer nicht mehr ins Parlament gewählt. Seine Partei schrumpfte von 22 auf drei Sitze und hatte damit nicht die geringste Chance, in einem Parlament von 516 Abgeordneten irgend etwas zu bewirken. Daß die Alldeutschen trotzdem lieber im Parlament blieben, statt außerparlamentarische Opposition vom Biertisch her zu machen, sei *eine der Hauptursachen des Zusammenbruches der Bewegung* gewesen, meinte H. in MEIN KAMPF. Er habe *gerade diese Frage schon in Wien auf das gründlichste durchdacht.*[53]

Schönerer starb 1921 vereinsamt im Waldviertel und wurde auf seinen Wunsch nahe bei Bismarcks Grab in Friedrichsruh (bei Hamburg) beigesetzt.

Postume Ehren

Durch seinen ihm unbekannten Wiener Verehrer H. gelangte Schönerer nach seinem Tod zu hohen Ehren. Zeitlebens pries H. diesen Politiker seiner Jugendzeit und widmete ihm in MEIN KAMPF mehrere Seiten, lobte vor allem Schönerers Konsequenz, Prinzipientreue und unwandelbare Liebe zum »deutschen Volk«.

Tatsächlich ist unübersehbar, daß H. Schönerers politische Grundsätze nicht nur aufnahm, sondern geradezu kopierte. Seine Ansichten über den Rassenantisemitismus, die »Judenpresse«, den habsburgischen Vielvölkerstaat, den Vorrang des »deutschen Edelvolkes« vor allen anderen Völkern, den germanischen Führerkult stimmen ebenso mit Schönerers Lehren überein wie der Haß gegen die »verjudete Sozialdemokratie«, gegen das allgemeine gleiche Wahlrecht, Demokratie und Parlamentarismus, die Jesuiten, das Haus Habsburg und vieles andere. Von Schönerer stammte auch zweifellos H.s frühe Überzeugung, daß die k.u.k. Monarchie zerschlagen werden müsse, um die »Einheit des deutschen Volkes« zu ermöglichen. Schönerers These »Volksrecht bricht Staatsrecht« wird beim Politiker H. zur Parole *Menschenrecht bricht Staatsrecht*, die genau das bedeutete, was Schönerer stets predigte: daß jeder Mensch vor allem seinem Volk und nicht dem Staat verpflichtet sei, dem er angehörte. Und daß ein Volk nicht an staatliche Grenzen gebunden sei, sondern sie überwinden müsse, um zur Einheit zu gelangen. Dies war allerdings ein Grundsatz, der bei allen Nationalitäten der Vielvölkermonarchie gleichermaßen verbreitet war und jeder Art »Irredenta« zugrunde lag – den aber Angehörige von Nationalstaaten, so auch des Bismarck-Reiches, so meinten Schönerer wie H., nicht recht zu verstehen schienen.

H. schildert die Alldeutschen als *national und patriotisch gesinnte Männer*, die gegen die *Slawisierungspolitik* und Entrechtung der Deutschen im Vielvölkerstaat zu Rebellen wurden: *Wenn durch die Hilfsmittel der Regierungsgewalt ein Volkstum dem Untergange entgegengeführt wird, dann ist die Rebellion eines jeden Angehörigen eines solchen Volkes nicht nur Recht, sondern Pflicht.*[54]

Schönerer habe dem angeblich vor der Ausrottung stehenden deutschen Volk im Habsburgerstaat den einzig richtigen Weg gewiesen: ein »Alldeutschland«, also den Anschluß der Deutschösterreicher an das Deutsche Reich. *Daß man den Mut aufbrachte, im Parlament den Ruf »Hoch Hohenzollern« auszustoßen, imponierte mir ebensosehr, wie es mich freute; daß man sich immer noch als bloß vorübergehend getrennten Bestandteil des Deutschen Reiches betrachtete und keinen Augenblick vergehen ließ, um dieses auch öffentlich zu bekunden, erweckte in mir freudige Zuversicht; daß man in allen das Deutschtum betreffenden Fragen rücksichtslos Farbe bekannte und niemals zu Kompromissen sich herbeiließ, schien mir der einzige noch gangbare Weg zur Rettung unseres Volkes zu sein.*[55]

H. nahm wie sein Wiener Vorbild den Titel des »Führers« an und führte den »deutschen Gruß« ein: »Heil!« Er duldete wie Schönerer keine Mehrheitsentscheidungen in seiner »Bewegung«, sondern nur *die wahrhaftige germanische Demokratie der freien Wahl des Führers mit dessen Verpflichtung zur vollen Übernahme aller Verantwortung für sein Tun und Lassen. In ihr gibt es keine Abstimmung der Majorität zu einzelnen Fragen, sondern nur die Bestimmung eines einzigen, der dann mit Vermögen und Leben für seine Entscheidung einzutreten hat.*[56] Eine kleine Gruppe nur sollte in den Entscheidungen dem Führer behilflich sein: *Nicht die Zahl gibt den Ausschlag, sondern der Wille. Ein stark geführter Minderheitswille ist stets größer als eine schleimige Mehrheit.*[57]

Aber H. kopierte Schönerer nicht nur, sondern studierte auch dessen politische Fehler – und vermied sie. So hätten die Alldeut-

Tafel bei der Schönerer-Ausstellung 1942 in Wien

> Möge ein Bismarck-Titane erstehen, der die noch vorhandene germanische Volkskraft zusammenfaßt zur Wiederaufrichtung des Deutschen Reiches und mit Stahl und Blut zur Vergeltung für angetane Schmach rücksichtslos schreiten wird. Heil diesem Bismarck-Titanen der Zukunft!
>
> Georg Ritter von Schönerers letzter Ausspruch am 1. 4. 1921

schen nicht erkannt, *daß man, um überhaupt Erfolge erringen zu können, schon aus rein seelischen Erwägungen heraus der Masse niemals zwei oder mehr Gegner zeigen darf, da dies sonst zu einer vollständigen Zersplitterung der Kampfkraft führt.*[58] Aus dieser Erkenntnis heraus kämpfte der Politiker H. nicht wie Schönerer gegen Juden, Freimaurer, Jesuiten, Kapitalisten, Katholiken, Parlamentarier und noch viele andere Feinde, sondern konzentrierte sich auf einen einzigen: die Juden, die er für so gut wie alle Übel verantwortlich machte.

Daß H.s »Studium« allerdings auch Wissenslücken aufwies, zeigt sein Vorwurf in MEIN KAMPF, Schönerer habe zuwenig soziales Verständnis gehabt. H. verkennt hier Schönerers politische Anfänge, die ja gerade in diesem sozialen Engagement gründeten.

Als »Führer des Großdeutschen Reiches« ehrte H. 1938 sein Jugendidol, indem er den Druck der beiden ausständigen Bände der Schönerer-Biographie von Eduard Pichl unterstützte und die halbe Auflage – 500 von 1000 Exemplaren – ankaufte.[59]

1939 wurde der Habsburgerplatz in München in »Von Schönerer-Platz« umbenannt, als ganz besondere Ehrung für den größten Feind der Habsburger vor 1918.

Am 27. April 1941 ließ H. eine Gedenktafel für Schönerer am Haus des früheren k.k. Reichsrates anbringen, das nun als »Wiener Gauhaus der NSDAP« diente.[60] Ausgerechnet der aggressive

Habsburg-Beschimpfer und Gegner des demokratischen Wahlrechts, Schönerers letzter Jünger Franz Stein, hielt die Festrede.

Schönerers 100. Geburtstag 1942 wurde mit einer großen Ausstellung im Wiener Messepalast gefeiert unter dem Titel: »Georg Ritter von Schönerer, Künder und Wegbereiter des Großdeutschen Reiches«, organisiert von den alten Schönerianern Pichl und Stein. Die Ausstellung gipfelte im groß herausgestellten Schönerer-Zitat: »Alldeutschland ist und war mein Traum und ich schließe mit einem Heil dem Bismarck der Zukunft, dem Erretter der Deutschen und dem Gestalter Alldeutschlands!«

Aus dem großen Fundus der Schönerer-Aussprüche holte die Pressestelle des Gausonderdienstes »Die Innere Front« auch jenes zum Krieg passende Zitat: »Ich bin der erste, der sich bekennt, nicht nur Liebe, sondern auch Haß zu predigen, und ich bin der erste, der in die Schranken dafür tritt, daß jeder, der sein Volk liebt, auch muß hassen können. Und sowie einmal mein Sohn herangewachsen sein wird, werde ich ihn fragen: Kannst du lieben? Und sagt er ja, so antworte ich ihm: Wohlan, so liebe alles Gute und Schöne in der deutschen Nation! Und dann werde ich ihn fragen: Kannst du auch hassen? Und sagt er ja, dann werde ich zu ihm sprechen: Wohlan, so hasse alles Schlechte und alles, was dem deutschen Volke schädlich ist.«[61]

Stein bemühte in einem Werbeblatt für die Schönerer-Ausstellung 1942 sogar Johannes den Täufer: Schönerer sei »der Rufer, Wegbereiter und Seher... dem die Erfüllung versagt bleiben mußte, damit ein Größerer nach ihm vollenden konnte, was er begonnen.«[62]

Franz Stein und die alldeutsche Arbeiterbewegung

In H.s Wiener Zeit, als Georg Schönerer nur noch als Kultfigur seiner Anhänger, nicht aber persönlich präsent war, verkörperte Franz Stein die alldeutsche Politik in Form einer aggressiven antiparlamentarischen Opposition, als Haupt der alldeutschen Arbeiterbewegung und Herausgeber der Wiener Zeitung DER HAMMER.

Da Schönerer keine Reden mehr in Wien hielt, übernahm Stein dessen Rolle, auch bei den alljährlichen Bismarck-Feiern. Diese

Feiern fanden stets am Vorabend von Bismarcks Geburtstag im »Englischen Hof« in der Mariahilfer Straße 81 statt, ganz nahe bei der Stumpergasse. Stein hielt dort auch am 31. März 1908, in Bismarcks zehntem Todesjahr, die Festrede. Der Abend bot bei einem Eintrittspreis von 40 Hellern reichlich Musik von Richard Wagner – RIENZI-Ouvertüre, Einzugsmarsch aus TANNHÄUSER und Arien aus LOHENGRIN – und endete wie stets mit der WACHT AM RHEIN. Es ist zwar nicht beweisbar, aber doch wahrscheinlich, daß sich der junge H. in seinem ersten Wiener Jahr eine solche alldeutsche Großveranstaltung in seiner Nähe nicht entgehen ließ und bei dieser Gelegenheit Stein als Redner kennenlernte.

Stein muß ihm auch als fleißiger und prominenter Autor des ALLDEUTSCHEN TAGBLATTS bekannt gewesen sein, so aus der Bismarck-Festnummer vom 1. »Ostermond« 1908, wo Stein seine Huldigung mit dem Satz beendete: »Vielleicht ist dem deutschen Volke das Glück beschieden, daß ihm im zwanzigsten Jahrhunderte ein Tatenmann geboren wird, so groß und stark, prächtig und herrlich wie Otto v. Bismarck, um das unvollendete Werk zu vollenden.«[1]

Ob es einen persönlichen Kontakt zwischen Stein und dem jungen H. gab, ist unbekannt.[2] Am ehesten wäre dies in einer der kleineren Arbeitergruppen möglich gewesen, die Stein in Wien organisierte und wo er auch häufig auftrat und diskutierte. Schwerpunkt dieser Arbeit war jener Bezirk, wo die meisten tschechischen Arbeiter wohnten und daher bei den deutschen Arbeitern am leichtesten antitschechische Propaganda gemacht werden konnte: in Favoriten. Stein hielt hier auch Julfeiern und Schönerer-Feiern ab.[3] Außerdem betrieb Steins »Germania« zwei größere Vereine jeweils mit Bibliothek und Broschürensammlung und häufigen Vortragsabenden, der größere war im 8. Bezirk, Bennoplatz 2. Der Monatsbeitrag betrug nur 40 Heller.[4]

Franz Stein, 1869 in Wien geborener Sohn eines Fabrikarbeiters, erlernte das Feinmechanikerhandwerk. Als 19jähriger Geselle hatte er 1888 sein entscheidendes politisches Erlebnis: Er war unter den rund 5000 Zuhörern von Schönerers berühmter Rede gegen die »Pressejuden« in den Wiener Sofiensälen. Schönerers Überfall auf die Redaktion des NEUEN WIENER TAGBLATTS kurz darauf, der Prozeß, vor allem aber Schönerers Verurteilung und Haft brachten Stein ganz an die Seite des »Justizopfers«.

Stein schilderte später gerne den Triumphzug des gerade verurteilten Schönerer vom Landesgericht zum Wohnhaus bei der Bellaria, wie die Anhänger die Pferde ausspannten und den Wagen des Justizopfers zogen. Er berichtete über die Heil-Rufe für Schönerer und die Pfui-Rufe für die Regierung, über das Absingen deutschnationaler Lieder. Der 19jährige Stein durfte mit Lueger im Wagen zur abendlichen Schönerer-Huldigung fahren und den berühmten Kornblumenstrauß halten, den Lueger dann Frau von Schönerer feierlich überreichte. In den Strauß waren Hunderte von Huldigungskarten eingebunden.

Als Schönerer im August 1888 seine Haft antrat, war Stein unter jenen, die ihm vom Straßenrand aus zujubelten. Er berichtete über die Angst des Hofes vor diesen Kundgebungen und davon, wie die Burgtore geschlossen wurden, um den Kaiser zu schützen, wie nervöse Polizisten ehrbare Männer wegen »demonstrativem Hutschwenken« verhafteten.[5]

Nach seiner Haftentlassung lud Schönerer den jungen Verehrer nach Schloß Rosenau im Waldviertel ein. Damit begann Steins politische Karriere. Schönerer gab Stein die Aufgabe, eine alldeutsche Arbeiterbewegung aufzubauen und den verhaßten »internationalen«, »jüdischen« Sozialdemokraten deutsche Wähler abzujagen. Er schickte den jungen Mann zunächst als Wanderredner durch jenes Gebiet, das durch die ständige Zuwanderung billiger tschechischer Arbeiter für deutschnationale Parolen besonders zugänglich war: das hochindustrialisierte deutschsprachige Nordböhmen, das »Sudetenland«.

Stein war hochaktiv. 1893 gründete er den »Deutschnationalen Arbeiterbund«. Er betätigte sich auch als Autor für Schönerers Blätter und brachte 1893 seine erste Broschüre heraus: SCHÖNERER UND DIE ARBEITERFRAGE. 1895 machte ihn Schönerer zum Herausgeber einer deutschen Arbeiterzeitung: DER HAMMER. Der Titel nahm Bezug auf Bismarck als »Schmied des Deutschen Reiches«, der häufig am Amboß, mit dem Hammer das Schwert der Germania schmiedend, dargestellt wurde. Im Untertitel hieß das neue Blatt »Zeitschrift für soziale Reform und alldeutsche Politik« und trug als Programm in der Titelzeile den Bismarck-Spruch: »Geben Sie dem Arbeiter das Recht auf Arbeit, so lange er gesund ist, sichern Sie ihm Pflege, wenn er krank ist, sichern Sie ihm Versorgung, wenn er alt ist.« Stein forderte Sozialreformen nach Bismarcks Vorbild, vor allem aber, als Voraussetzung für jede soziale Reform, eine nationale Einigung der Arbeiter im Kampf gegen die tschechische Konkurrenz einerseits und die Sozialdemokratie andererseits. Ansonsten vertrat das Blatt Schönerers Ideologie, vom Rassenantisemitismus bis zur »Los von Rom«-Bewegung.

Mit der Leipziger Zeitschrift DER HAMMER. BLÄTTER FÜR DEUTSCHEN SINN, die 1902 von Theodor Fritsch gegründet wurde, hatte Steins HAMMER nichts zu tun außer der gemeinsamen alldeutschen Parteirichtung und gelegentlich gemeinsamen Autoren. Auch im reichsdeutschen »Hammerbund«, wo vor allem Stein und Karl Iro gelegentlich Vorträge hielten, fanden die österreichischen Alldeutschen wenig Verständnis. So berichtete ein Stuttgarter Zuhörer erstaunt, die Redner aus Österreich »brandmarkten damals öffentlich das deutschfeindliche Habsburgsystem in Österreich. Sie hielten den Zerfall des Habsburger Vielvölkerstaates und den freilich erst 30 Jahre später erfolgten Anschluß der Ostmark an das Reich für die einzige Möglichkeit, die Deutschen Österreichs vor Slawentum, Judentum und Klerikalismus zu retten.«[6]

Für die nationalen Sehnsüchte der Deutschösterreicher hatte man im »Reich« deutlich weniger Interesse als für reichsdeutsche Großmachtträume, etwa die Kolonien in Afrika und China und das Flottenprogramm. Das hatte schon Schönerer beklagt, und H. wiederholte diese Klagen, als er in MEIN KAMPF die *Größe des Deutschtums aus der alten Ostmark des Reiches* lobte, *das, nur auf sich selbst gestellt, jahrhundertelang das Reich erst nach Osten beschirmte, um endlich in zermürbendem Kleinkrieg die deutsche Sprachgrenze zu halten, in einer Zeit, da das Reich sich wohl für Kolonien interessierte, aber nicht für das eigene Fleisch und Blut vor seinen Toren.*[7]

Als Schönerer 1897 in die Politik zurückkehrte, nahm er Stein mit in seinen neuen Wahlkreis Eger in Westböhmen und machte ihn außerdem zum Herausgeber der EGERER NEUESTEN NACHRICHTEN. Hier brachte Stein auch billige Flugschriften heraus mit Titeln wie SOZIALDEMOKRATISCHE BESTIALITÄTEN, UNERHÖRTER ROTER TERROR oder NOTSCHREI EINES DURCH DEN TERRORISMUS DER SOZIALDEMOKRATIE ZUGRUNDE GERICHTETEN HANDWERKERS.

1899 organisierten Schönerer, Karl Hermann Wolf, Stein und jüngere Arbeiter wie Ferdinand Burschofsky und der Weber

Hans Knirsch in Eger den ersten »deutschvölkischen Arbeitertag«. Dies war auch eine Antwort auf die kurz zuvor gegründete tschechische Arbeiterpartei, die sich »Tschechische Nationalsozialisten« oder »Tschechische Radikale Partei« nannte und im Kampf gegen die Deutschböhmen sozialistische und nationalistische Ziele verknüpfte.

Im »Schwur von Eger« versprachen Abgeordnete aus 90 böhmischen Orten, alle sozialen und wirtschaftlichen Gegensätze zurückzustellen, um der nationalen Sache zu dienen. Die Arbeiterschaft vereinige sich »mit den übrigen ehrlich arbeitenden Ständen des deutschen Volkes, mit den Bauern, Gewerbe- und Handeltreibenden und den geistig arbeitenden Berufsständen zu gemeinsamer Erkämpfung politischer und nationaler Rechte sowie einer besseren sozialen Stellung«. »Die Gesamtheit des Volkes ist verpflichtet, jedem einzelnen ehrlich arbeitenden Volksgenossen ein menschenwürdiges Dasein, gebührenden Anteil an dem Ertrage der nationalen Arbeit und den Mitgenuß der idealen Güter unserer Kultur zu sichern.«[8]

Das Programm beruhte auf »rassisch-völkischer Grundlage«, schloß Slawen wie Juden aus und forderte für die »Volksgenossen« die Einführung von Arbeiterschutz, Arbeitslosenhilfe, Arbeiterkrankenkassen.[9] Klassenunterschiede sollte es unter Deutschen nicht mehr geben.

Auf der Basis des Egerer Programms gründete Stein im selben Jahr den »Reichsbund Deutscher Arbeiter Germania« für die böhmischen Länder, anschließend auch in anderen Kronländern und in Wien, außerdem eine Reihe von deutschvölkischen Dienstleistungsvereinen, so 1901 in Eger das »Deutsche Arbeitsamt« mit Stellungsvermittlung und Rechtsberatung.

Als Reichsratsabgeordneter von 1901 bis 1906 tat sich Stein als wohl lautester Redner gegen die Einführung des allgemeinen gleichen Wahlrechts hervor: »nun will man demselben Analphabeten das geheime Wahlrecht geben, der weder seinen Namen noch den des Kandidaten aufschreiben kann... Durch korrumpierte Beamte, in den Pfarrhöfen, in den Agitationslokalen der Sozialdemokraten, dort werden die Stimmzettel ausgefüllt werden, von dort wird die Wählerschaft herdenweise zur Wahlurne gebracht werden.«[10]

Er schreckte auch vor keiner Provokation zurück und tat sich als schärfster Habsburg-Beschimpfer hervor. So meinte er, »Österreich ist eigentlich nur ein verunglücktes geographisches Gebilde. Galizien, Bukowina und Dalmatien passen, das müssen Sie zugeben, wenn Sie nur die Landkarte ansehen, gar nicht dazu, und auch Tirol und Vorarlberg sollten von einem deutschen Nachbarstaate endlich annektiert werden. Die Aufteilung des Reiches würde also keine geographischen Schwierigkeiten machen.« Und: »Der Staat ist im Sterben und, wie jeder Menschenfreund einem Unheilbaren eine baldige Auflösung wünscht, so wünsche auch ich und meine Gesinnungsgenossen diesem Staate ein baldiges schmerzloses Ende.«[11]

Franz Stein

Die Alldeutschen, so Stein im Parlament, seien »nicht dafür zu haben, irgend etwas für diesen Staat Österreich zu tun, sondern, was wir tun, tun wir lediglich für das deutsche Volk in diesem Staate. Uns ist die Dynastie und der österreichische Staat ganz gleichgültig; im Gegenteil, wir haben die Hoffnung und den einen Wunsch, daß wir endlich aus diesem Staat erlöst werden, daß endlich einmal das eintritt, was naturgemäß eintreten muß: der Zerfall dieses Staates, damit das deutsche Volk in Österreich in Hinkunft glücklich außerhalb dieses Staates unter dem glorreichen Schutze der Hohenzollern sein Dasein führen kann.«[12]

Stein sah den Hauptgegner der deutschen Arbeiter in den »internationalen« und »jüdischen« Sozialdemokraten. In einer vielfach gedruckten und auch noch in H.s Wiener Zeit verkauften Rede erläuterte Stein »Die Unterschiede zwischen den Anschauungen der deutschvölkischen und sozialdemokratischen Arbeiterschaft«. Er rief darin die deutschen Arbeiter auf, tatkräftiger gegen die »minderwertigen Völker« der Monarchie zu kämpfen und die deutsche Vorrangstellung endlich durchzusetzen. Diese Vorrangstellung begründete er mit der Tradition, der angeblich höheren Kultur und der stärkeren Wirtschaftskraft der Deutschen in Österreich: »Die Kultur der Rastelbinder, der Slowaken« könne man doch nicht auf eine Stufe mit der deutschen stellen: »Jeder Eisenbahnwagen, jedes Dampfschiff, jede Maschine, ja sogar die Beleuchtung in diesem Saale ist ein Kulturprodukt des deutschen Volkes, gezeitigt von der Größe des deutschen Geistes. Wir Deutsche... haben Jahrhunderte lang nicht nur in Österreich... die Mission erfüllt, in der Kultur zurückgebliebene Völker auf eine höhere Stufe zu bringen.« Die Slawen hätten es den Deutschen zu verdanken, »daß sie lesen, schreiben und rechnen gelernt haben«.

Was die Steuern betreffe, rechnete Stein auf, »daß das deutsche Volk dreimal mehr zahlt als die Polen und 7 Gulden per Kopf mehr als die großmauligen Tschechen, und darum verlangen wir, daß auf Grund dieser unserer großen Steuerleistung die Deutschen von den übrigen minderwertigen Völkerschaften nicht majorisiert und beherrscht werden«.

Und: »wenn unsere Bauern die Steuern nicht bezahlen können, so kommt der Steuerexekutor und nimmt das letzte Stück Vieh aus dem Stalle, um es zu versilbern. Und diese Steuern wandern in das gelobte Land Galizien, von wo wir als Gegenwert polnischen Schnaps, polnische Juden und polnische Minister bekommen. Wir haben es satt, fortwährend nur die Melkkühe zu spielen und müssen endlich trachten, für unser Volk etwas herauszuschlagen.« Die »minderwertigen Völker« brächten ihren »Dank« damit zum Ausdruck, »daß sie in diesem von den Deutschen gegründeten Staate die Herren sein wollen... und uns auf das Niveau herabdrücken wollen, auf dem sie stehen. Das können wir nicht zugeben, wir Deutsche werden niemals auf das uns gebührende Vorrecht verzichten.« Stein forderte außerdem – wie die Sozialdemokraten – eine Änderung des Steuersystems, die Abschaffung sämtlicher indirekter Steuern und dafür die Einführung einer Luxus- und Börsensteuer.

Im Kampf gegen die Sozialdemokraten setzte Stein massiv den Antisemitismus ein. Sie könnten nicht arbeiter- und volksfreundlich sein, wiederholte Stein immer wieder, da sie in der Hand jüdischer Führer stünden, die nie Arbeiter gewesen seien. Die Juden aber führten »die Arbeiter gegen unsere Partei und das deutsche Volk«. »Wären die Sozialdemokraten eine volksfreundliche Partei, so müßten sie ebenfalls antisemitisch sein. Nun sagen die Sozialdemokraten: ›Die Juden sind auch Menschen‹. Gewiß! So gut die Juden Menschen sind, sind auch die Menschenfresser auf den Südseeinseln Menschen. Trotzdem wird es sich niemand von den Genossen einfallen lassen, auf die Südseeinseln zu gehen, um sich von diesen Menschenfressern auffressen zu lassen.« Die Deutschen in Österreich seien nicht gesinnt, »sich in nationaler Beziehung von den Tschechen und Slaven und in wirtschaftlicher Beziehung von den Juden auffressen zu lassen«.

Dann appellierte er an Unternehmer wie Arbeiter, die Klassenunterschiede zu überwinden: »In einer Zeit, wo wir von allen Seiten von Tschechen, Polen, Slowenen, Italienern u.s.w. so hart bedrängt werden«, müsse »jeder Einzelne im Dienste seines Volkes seine Schuldigkeit thun, unbekümmert darum, ob er Fabrikant oder Arbeiter, Gelehrter oder Bauer, Kaufmann oder Gewerbetreibender ist.« Und: »mit deutscher Kraft und deutschem Mut wird es uns im Laufe der Zeit gelingen, die internationale sozialdemokratische Partei unter jüdischer Führung zu zerschmettern.«[13]

Was die Wortwahl und Aggressivität seiner antisozialdemokratischen Auslassungen anging, wurde Stein von kaum einem anderen Politiker übertroffen – und wenn, dann vom späteren Politiker H.

Als der junge H. Stein in Wien kennenlernte, hatte dieser sein Reichsratsmandat verloren, war radikaler denn je und der Hauptagitator der außerparlamentarischen alldeutschen Opposition gegen die Demokratie, die Sozialdemokratie, den Vielvölkerstaat, Tschechen und Juden. In den Zeitungen stand sein Name meist in Verbindung mit Gewalttätigkeiten, vor allem mit ständigen Prügeleien bei Volksversammlungen zwischen Steins alldeutschen Anhängern und den sozialdemokratischen, tschechischnationalen oder christlichsozialen Arbeitern. Als seine Immunität auslief, wurden ihm auch noch alte Rechnungen präsentiert: So mußte er sich im März 1908, um einen drohenden Prozeß abzuwenden, bei tschechischen Abgeordneten förmlich entschuldigen, weil er sie einst im Parlament mit Tintenfässern beworfen hatte. Die Nachricht von diesem Canossagang ließ sich natürlich die ARBEITERZEITUNG nicht entgehen.[14]

1907 radikalisierte Stein die Linie des HAMMER und machte ihn zu einer deklarierten Kampfschrift mit dem Bismarck-Spruch im Titel: »Täuschen wir uns darüber nicht, daß wir mit der Sozialdemokratie nicht wie mit einer landsmannschaftlichen Partei in ruhiger Diskussion sind; sie lebt mit uns im Kriege und sie wird losschlagen, sobald sie sich stark genug dazu fühlt.«

Der HAMMER verurteilte die »Vaterlandslosigkeit« der deutschen Sozialdemokraten, »die schlimmste Klassenherrschaft, die Tyrannei der Masse, woran die herrliche alte Kulturwelt zugrunde gegangen ist... Sie reden von Freiheit; aber sie üben den unerhörtesten Terrorismus aus gegen alle Arbeiter, die sich ihnen nicht beugen wollen.« Sozialdemokraten seien Anarchisten und hätten »doch bisher jede Propaganda der Tat, alle Attentate verherrlicht und die hingerichteten Verbrecher als Märtyrer gepriesen«.[15] Ein Artikel über spanische Anarchisten trug den Titel: »Rottet die Bluthunde aus!« Mitleid sei nicht angebracht, denn: »Menschlichkeitsgefühle stehen zu stolzem und zielbewußtem Rassenbewußtsein in Widerspruch.«[16]

Stein versuchte mit allen Mitteln, die sozialdemokratischen Arbeiter mit antisemitischen Parolen gegen die »jüdische« Wiener Parteizentrale aufzuhetzen. Die Sozialdemokraten könnten es noch nicht einmal wagen, ihren Vorsitzenden Viktor Adler »und die übrigen Judengenossen« in einer direkten und gleichen Wahl in die Parteileitung zu wählen, höhnte Stein, »da sie genau wissen, daß in den breiten Arbeitermassen... doch ein so großes Quantum von latentem Antisemitismus vorhanden ist, daß in dem Augenblicke, wo diese Massen die Parteileitung direkt wählen könnten, weder die Herren Dr. Adler, noch Dr. Ellenbogen, noch Dr. Ingwer, noch Dr. Verkauf gewählt würden.«[17] Solche Darlegungen waren reine antisemitische Propaganda, und außerdem war ihnen gerade angesichts Schönerers diktatorischem Führerkult leicht zu begegnen.

Diese Taktik, die Arbeiter gegen ihre »nichtdeutschen« Führer aufzuwiegeln, war auch bei den anderen antisemitischen Parteien höchst beliebt, auch bei den Christlichsozialen. Auch H. wandte sie später gerne an. 1942 etwa lobte er beim Mittagessen die Verdienste Julius Streichers: »Dadurch, daß Streicher ganz stur immer auf dem Juden herumgeschimpft habe, sei es ihm gelungen, die Arbeiterschaft von ihrer jüdischen Führerschaft zu trennen.«[18] Steins Aggressivität konnte den Niedergang der alldeutschen Arbeiterbewegung nicht aufhalten, der mit der Parteispaltung 1902 begonnen hatte. Damals blieben in seiner »Germania« von 4320 Mitgliedern nur noch 2840 übrig. Einige kleinere Gruppen machten sich selbständig. Die meisten anderen wechselten zu Wolf über,[19] Steins großem Konkurrenten, der Steins Anhänger auch mit dem Versprechen lockte, ihnen mehr Selbständigkeit zu geben, als sie jemals unter dem herrischen Schönerer und dessen Vasallen Stein bekommen könnten.

Die von Stein zu Wolf hinübergewechselten Arbeiterführer wie Knirsch, Burschofsky und die große Gewerkschaft deutscher Eisenbahner schlossen sich 1903 zur »Deutschen Arbeiterpartei« DAP zusammen. Das Parteiprogramm, das 1904 in Wolfs Wahlkreis Trautenau an der Elbe formuliert wurde, glich dem Egerer Programm. Auch die DAP kämpfte vor allem gegen Sozialdemokraten und Tschechen: »Wir verwerfen die internationale Organisation, weil sie den vorgeschrittenen Arbeiter durch den niedriger stehenden erdrückt und vollends in Österreich jeden wirklichen Fortschritt der deutschen Arbeiterklasse unterbinden muß.«[20]

Die verschiedenen deutschnationalen Arbeitergruppen erschöpften sich in endlosen haßerfüllten Kämpfen gegeneinander. Die ständigen auch persönlichen Rivalitäten der vielen lokalen Arbeiterführer verwirrten die Anhänger. Sogar der Parteihistoriker Alois Ciller schrieb: »Selten hat in der vielbewegten Geschichte des deutschen Parteiwesens eine so lebensfrische Bewegung, die arm und reich, jung und alt, Bauern, Bürger und Arbeiter im Ansturm mitreißen konnte, ein ruhmloseres Ende gefunden.«[21]

So fehlte den untereinander verfeindeten deutschnationalen Gruppen die Kraft im Kampf gegen die Sozialdemokraten wie gegen die christlichsozialen Arbeitervereine, die nun ebenfalls immer deutschnationaler wurden. Alle zusammen – einschließlich der meisten deutschen Sozialdemokraten – kämpften gegen die mächtigen tschechischen Arbeitervereine, vor allem die scharf nationalistische »Sokol«-Bewegung und die »Tschechischen Nationalsozialisten«. Und auch die übrigen nationalen Arbeiterorganisationen, zunächst die polnischen und italienischen, erstarkten zusehends.

Die DAP brachte 1907 mit Otto Kroy, dem Obmann der Gewerkschaft deutscher Eisenbahner, einen ersten Vertreter in den Reichsrat. 1909 entließ Wolf die DAP in die Selbständigkeit, unterstützte sie aber weiter. Die junge Generation meldete sich kräftig: 1910 wechselte der junge Dr. Walter Riehl von den Sozialdemokraten zur DAP und bemühte sich – mit Rudolf Jung und Hans Knirsch – um eine straffere Parteilinie im Kampf gegen die Tschechen in Böhmen. Die erstmals selbständig kandidierende DAP brachte in Nordböhmen 1911 drei Abgeordnete ins Parlament, darunter Knirsch und Riehl. Dies waren also jene Leute aus H.s Generation, die im nationalen Kampf in Nordböhmen politisch aktiv wurden, dann in der späteren Tschechoslowakei die erste NSDAP bildeten und später die personelle Verbindung zu H.s Partei in München darstellten.[22] Es gibt aber keinen Hinweis darauf, daß der junge H. in Wien diese jungen DAP-Funktionäre in den Sudetenländern kannte.

H. vermied als Parteiführer die Fehler der Alldeutschen seiner Wiener Jugend und legte Wert darauf, alle deutschnationalen Arbeitergruppen der ehemaligen Donaumonarchie gleichermaßen in seine NSDAP zu integrieren und die alten Rivalitäten zu begraben. Er erwies sowohl Schönerer wie Wolf wie Stein wie Lueger im nachhinein seine Reverenz, nahm auch die neue Generation in den Nachfolgestaaten, vor allem im nun zur Tschechoslowakei gehörigen Nordböhmen, in Ehren in seine Partei auf. Knirsch wie Riehl betonten später stolz ihren Anspruch, Vorgänger von H.s NSDAP in den Sudetenländern gewesen zu sein. Riehl schenkte H. 1933 zur »Machtergreifung« ein Buch über die frühen Tage der DAP und schrieb als Widmung hinein: »Dem Heiland des Hakenkreuzes, Reichskanzler A. Hitler Ende Juli 1933 gewidmet von seinem treuen ›Johannes‹«.[23]

Stein leistete seinem Führer Schönerer Gefolgschaft über den Tod hinaus mit dem Verein »Die letzten Schönerianer«, der bis 1938 allerdings auf 35 Mitglieder zusammenschmolz und vollends zum Altherrenklub wurde.[24] In den dreißiger Jahren wurde Stein im österreichischen Ständestaat wegen seiner unverändert antiklerikalen und antiösterreichischen Haltung inhaftiert, war dann arbeitslos und verarmt.

Seine Rettung kam in Gestalt eines neuen »Führers«, der sich als Schönerer-Verehrer bekannte: Adolf H. Jetzt kam Stein zu hohen Ehren. H. bewilligte dem alten Schönerianer schon 1937 eine finanzielle Unterstützung.[25] Vor der Volksabstimmung im April 1938 trat Stein wieder als Parteiredner auf, sein Name stand auf der Kandidatenliste zum Großdeutschen Reichstag. 1938 lud H. Stein zu einem vierwöchentlichen Erholungsurlaub nach Deutschland ein. Zum 70. Geburtstag 1939 schickte er ihm ein »Führerporträt« mit herzlicher Widmung in silbernem Rahmen. Vom 1. Juni 1939 an erhielt Stein einen steuerfreien lebenslänglichen monatlichen Ehrensold in der ansehnlichen Höhe von 300 Mark.[26]

Bei den Feierlichkeiten zu Schönerers 100. Geburtstag 1942 trat Stein als Festredner auf und organisierte auch die Schönerer-Ausstellung in Wien.

Steins Begräbnis 1943 in einem Ehrengrab der Gemeinde Wien wurde zu einem großen Parteiereignis. Es erschienen die Spitzen der NSDAP, angeführt von Reichsleiter Baldur von Schirach. Der Sarg war mit einer Hakenkreuzfahne bedeckt, H.s Kranz bestand aus »Eichenlaub, Tannengrün und Gladiolen«. Der Musikzug der Schutzpolizei spielte Beethoven.[27] »Auf ragenden Pylonen flammten die Opferschalen«, hieß es in den Zeitungen.

Karl Hermann Wolf – der Deutschradikale

Karl Hermann Wolf, der Führer der Deutschradikalen Partei, war wohl der einzige seiner Wiener politischen Vorbilder, dem der Politiker H. noch persönlich seine Wertschätzung ausdrücken konnte. Das Treffen fand 1937 beim Nürnberger Parteitag statt. Der 75jährige schwerkranke und fast taube Wolf, an zwei Krücken gehend, war als H.s Ehrengast geladen, nachdem er zuvor auf Kosten der NSDAP einen Kuraufenthalt in Bayern absolviert hatte. Am Ende des Parteitages empfing H. laut Zeitungsberichten wie üblich einige Persönlichkeiten »auch aus Kreisen des Auslands- und Volksdeutschtums«. »Unter ihnen befand sich ein schon etwas gebrechlicher alter Herr, in reichlich altmodischer Kleidung. Als dieser durch Gauleiter Hans Krebs dem Führer vorgestellt wurde, trat Adolf Hitler an ihn heran, ergriff seine beiden Hände und schüttelte sie lange. Dann begann er sofort mit großer Lebhaftigkeit davon zu sprechen, wie er in seiner Wiener Zeit öfter beim Wimberger und in anderen Wiener Sälen an Versammlungen Karl Hermann Wolfs – denn dieser war der alte Herr – teilgenommen habe, würdigte in anerkennenden Worten die Verdienste Wolfs und versprach ihm seine besondere Fürsorge.«[1]

Daß der junge H. tatsächlich diesen Politiker verehrte, war auch im Männerheim bekannt. Reinhold Hanisch erwähnt neben Georg Schönerer: »Auch Karl Hermann Wolf war sein [H.s] Mann.«[2]

Nach dem »Anschluß« stand Wolfs Name wie der seines alten Feindes Franz Stein auf der Führerliste für die Volksabstimmung und die Wahl zum Großdeutschen Reichstag am 10. April 1938. Ab Juni 1938 erhielt auch der mittellose Wolf einen »Ehrensold des Führers«. Bisher hatte ihn seine zweite Frau mit einer Tabaktrafik mühsam erhalten müssen.

Auch Wolf wurde nach seinem Tod 1941 von der NSDAP mit einem Ehrengrab auf dem Wiener Zentralfriedhof und einem feierlichen Parteibegräbnis geehrt. Baldur von Schirach würdigte den Verstorbenen als »Bannerträger des Deutschtums« im Parlament, schilderte den »leidenschaftlichen Abwehrkampf« gegen die Tschechen. Der Führer sei in seiner Wiener Zeit ein begeisterter Zuhörer Wolfs gewesen. Ihm sei bei Wolf »zum erstenmal die Macht des gesprochenen Wortes und seiner Überzeugungskraft bewußt« geworden.[3]

Neben zahlreich erschienener Parteiprominenz erwiesen ein »Ehrensturm« der SA, ein Marschblock der Politischen Leiter und eine Ehrengefolgschaft der Hitlerjugend dem alten Kämpfer die letzte Ehre. Der Staatsopernchor sang Franz Schuberts LITANEI, und ein Trompetenchor blies, als der Sarg hinabgelassen wurde. Dann warfen die Trauergäste Kornblumen ins offene Grab. H.s Kranz aus

Eichenlaub und Lilien trug die Widmung »Dem Vorkämpfer der großdeutschen Idee«.[4] Dieser Wortlaut war freilich nicht korrekt. Denn zumindest nach 1902, als Chef der Deutschradikalen Partei, war Wolf kein Anhänger des »Anschlusses« mehr, sondern ein loyaler Bürger der Monarchie, der er auch nach 1918 heftig nachtrauerte.

Als H. 1908 nach Wien kam, war Wolf 46 Jahre alt und auf dem Höhepunkt seiner politischen Laufbahn. Er war Gründer und Chef der Deutschradikalen Partei und ein allbekannter Reichsratsabgeordneter. Zwar lag das Zentrum seiner politischen Aktivität im Sudetenland, also in Nordböhmen. Aber er war schon wegen des Reichsrates häufig in Wien und trat hier bei vielen nationalen Volksversammlungen auf, eben auch im Gasthaus »Wimberger«, wo der junge H. ihn erlebte.

Wolf galt als tatkräftigster Kämpfer für das »deutsche Volkstum« in Österreich, war das Idol der deutschen Studenten und, vor allem wegen seiner Schlagfertigkeit und seines Witzes, sehr populär. Er war klein gewachsen und trotz eines Hinkfußes sehr beweglich. Er streute gern klassische Zitate in seine Reden ein, fühlte sich unter Studenten wie unter Arbeitern wohl und war sehr selbstbewußt. In allem war er ein Antipode Steins, der eine Hünengestalt hatte, mit dröhnender Stimme sprach, linkisch, humorlos und derb-aggressiv war und im allgemeinen das sagte, was auch sein Führer Schönerer meinte, nur in sehr viel gröberen Worten.

Wolfs Leben spielte sich hauptsächlich in jenen Gebieten der Donaumonarchie ab, die gemischtsprachig waren oder deutsche Sprachinseln bildeten. Geboren wurde er 1862 als Sohn eines Gymnasialdirektors in Eger in Nordböhmen, ging in Reichenberg ins Gymnasium, studierte Philosophie in Prag und war dort als deutscher Burschenschaftler aktiv. Es war die Zeit, als der nationale Kampf besonders in den Hochschulen ausgefochten wurde und darüber die alte Prager Universität in zwei nationale Teile zerfiel. Wolf wurde 1884 wegen Majestätsbeleidigung angezeigt, floh vor dem Prozeß nach Leipzig und brach sein Studium ab. 1886 wurde er Redakteur der DEUTSCHEN WACHT in Cilli, der damals deutschsprachigen Stadt in slowenischer Umgebung in der Untersteiermark, dann bei der DEUTSCHEN VOLKS-ZEITUNG in Reichenberg.

Von früh auf mit dem Sprachenkampf konfrontiert, sah er sein deutsches Volk von allen Seiten bedroht: »Im Norden, wo deutsche Kraft gegen tschechische Anmaßung ihre Rechte wahrt, in der Reichshauptstadt, wo der nationale Gedanke vielfach noch vergeblich an die Türen der national gleichgültigen und politisch farblosen Phäaken pocht, in den Alpentälern, wo pfäffische Herrschsucht das Volk in den Banden der Dummheit zu halten versucht, und auch bei uns, die wir im Süden der Steiermark die deutsche Wacht bilden gegen Slowenen und fanatische Finsterlinge.«[5] Abhilfe der vielbeschworenen »deutschen Not« sah Wolf in energischer nationaler Selbsthilfe der Deutschen.

1889 kam Wolf als Redakteur nach Wien und fand in Schönerer, der sich in diesen Jahren von der Politik fernhalten mußte, einen Förderer. Schönerer finanzierte auch Wolfs neue Zeitung, die OSTDEUTSCHE RUNDSCHAU. Der Titel schon war eine Provokation. Denn mit »ostdeutsch« war die »Ostmark« gemeint, und statt des Doppeladlers prangte über der Zeitung ein einköpfiger Adler, der als deutscher Adler gedeutet wurde. Die Schlange, die er in den Klauen hielt, wurde als Sinnbild des Judentums aufgefaßt.[6]

In den neunziger Jahren machte sich Wolf auch in Wien rasch einen Namen als engagierter Autor und vor allem als Redner. Ein ansonsten kritischer Zeitgenosse meinte über die wenig angesehenen Schönerianer dieser Zeit: »Nur einer, Karl Hermann Wolf, hob sich von den übrigen auffallend und in mancher Beziehung wirklich zu seinem Vorteil ab. Ausgesprochen begabt und ein vorzüglicher Redner mit einer tiefen, wohllautenden Stimme, fand er mitunter Worte, die den Eindruck ehrlicher Überzeugung, ja echter Gefühlswärme hervorriefen und zu Herzen gingen... Dabei war dieser kleine, unansehnliche Mann mit dem lahmen Bein ein Raufbold von seltener Verwegenheit.«[7]

Badeni-Krise

Die Badeni-Krawalle 1897 machten Wolf zu einem Helden der Deutschnationalen. Diese gefährlichste Staatskrise seit der Revolution von 1848 wurde ausgelöst durch die Sprachgesetze des aus Polen stammenden Ministerpräsidenten Kasimir Graf Badeni. Es ging vor allem um die von den Deutschböhmen als allzu tschechenfreundlich bewertete neue Vorschrift, wonach alle Staatsbeamten in Böhmen innerhalb von vier Jahren ihre Zweisprachigkeit nachweisen mußten, also auch in den rein deutschen Gebieten. Das hätte in Nordböhmen die Ablösung der meisten deutschen Beamten bedeutet, da nur wenige von ihnen Tschechisch konnten, die Tschechen aber meist zweisprachig waren.

Mit den neuen Gesetzen war ein alter Streitpunkt im tschechischen Sinne entschieden. Denn die Tschechen beriefen sich seit jeher auf das böhmische Landesrecht und den Grundsatz der Unteilbarkeit der böhmischen Länder und weigerten sich, den deutschen Gebieten eine Sonderstellung zuzugestehen. Die Deutschböhmen dagegen strebten die Aufteilung Böhmens in deutsche, tschechische und gemischte Gebiete an, um so zu einer individuellen, für Tschechen wie Deutsche praktikablen Lösung zu gelangen.

Monatelang kam die westliche Reichshälfte nicht zur Ruhe. Die Stimmung wurde immer radikaler, sogar bei den sonst gemäßigten Parteien wie den Christlichsozialen und den deutschen Sozialdemokraten. Die Regierung hatte kein Mittel gegen die Unruhen, die zuerst in Nordböhmen ausbrachen und dann auf Prag und Wien übergriffen und zu einer wahren deutschnationalen Revolution gegen den multinationalen Staat, die »polnische« Regierung und das Kaiserhaus anwuchsen. Schließlich mußte in Böhmen der Ausnahmezustand verhängt werden.

Die Schönerianer hatten seit jeher ihren politischen Schwerpunkt in den Sudetenländern, wo Schönerer, Wolf und Stein ihre Wahlkreise hatten. Nun sahen sie ihre Stunde gekommen. Mit der Parole: »Für deutsches Gebiet nur deutsche Beamte« machten sie auf der Straße Druck gegen die verhaßte »polnische« Regierung – und fanden breite Zustimmung. Vor allem Wolf warf sich in die Schlacht und machte in radikalen Volksreden den Nationalitätenkampf zum Befreiungskampf der Deutschen. Er beschwor eine »Germania irredenta« und wurde mehrfach wegen Hochverrats und Majestätsbeleidigung angezeigt.[8]

Staatsgefährdend wurde die Situation, als die Deutschen begannen, den Reichsrat durch Obstruktion lahmzulegen, gerade zu dem Zeitpunkt, als die schwierigen Ausgleichsverhandlungen liefen. Das klare Ziel war der Sturz der Regierung Badeni. Auch hier tat sich Wolf mit ständigen überraschenden Aktionen hervor, einem wahren

Terror der Minderheit gegen die Mehrheit, und einer für das Parlament bis dahin unbekannten Aggressivität der Sprache: »Jetzt will man durch die polnische Geißel das deutsche Volk in Österreich aus seiner Haut heraus- und in die slawische hineinpeitschen. Es sind aber noch Kerle da, die das Herz auf dem rechten Fleck haben. Wir lassen uns nicht um das Heiligste bringen, um unser Volkstum. Alle Gewalt, die man gegen uns anwendet, wird den Volkeszorn nur noch heller entflammen machen. Es gibt eine geschlossene Phalanx, welche bereit ist, Alles hintanzusetzen für die Ehre des deutschen Volkes.«[9]

In dieser revolutionären Stimmung schlossen sich den bedrängten Tschechen andere nichtdeutsche Nationalitäten an, vor allem die Polen. Es kam fast täglich zu Schimpforgien, Raufereien und Faustkämpfen im Parlament. Vor dem Reichsrat demonstrierten die deutschen Burschenschaftler und feierten ihre Helden.

Wolf hatte es auf Badeni persönlich abgesehen, wie ein Zeuge berichtete: »Vor der Ministerbank auf und ab hinkend, fixierte er ihn in der beleidigendsten Weise, zischte ihm provokante Worte zu und lachte ihm höhnisch ins Gesicht.«[10] Graf Badeni tappte in die Falle und forderte Wolf zum Duell. Dieser nahm sofort an und brachte Badeni damit in ebenjene schlimme Lage, die er erreichen wollte. Denn wenn auch das Duell zum Ehrenkodex gehörte und so gut wie keine Verurteilung nach sich zog, blieb es doch nach dem Gesetz ein Verbrechen. Ein Ministerpräsident, der sich eines Verbrechens schuldig machte und sich duellierte, war politisch kaum tragbar. Badeni bot dem Kaiser die Demission an. Dieser aber lehnte ab und hielt seinen Ministerpräsidenten.

So fand das Duell zwischen dem Ministerpräsidenten und dem ärgsten Radikalen des Parlamentes statt, mit Pistolen und dreifachem Kugelwechsel. Wie vorauszusehen, gewann der duellerfahrene Wolf den Zweikampf und verletzte Badeni am Arm. Die Nachricht war eine internationale Sensation, der Schaden für das Ansehen der Monarchie groß. Wolf aber war nun eine Berühmtheit.

Die Krawalle gegen die Sprachengesetze dauerten auf der Straße wie im Parlament fort. Im November 1897 wußte der Parlamentspräsident, der Pole David von Abrahamowicz, unterstützt vom Tschechen Karel Kramař, keinen anderen Weg mehr, als die Polizei ins Parlament zu rufen. Schönerer, Wolf und einige deutsche Sozialdemokraten wurden mit Gewalt aus dem Parlament geschleppt und vor dem Haus von Demonstrantenovationen empfangen. Wolf als der radikalste wurde wegen öffentlicher Gewalttätigkeit verhaftet und ins Landesgericht eingeliefert – was nun auch vor dem Gericht Kundgebungen auslöste mit dem obligaten Absingen der WACHT AM RHEIN. Auf den Straßen verbrüderten sich Studenten und Arbeiter gegen den polnischen Ministerpräsidenten.

In dieser gefährlichen Situation erklärte der neue Bürgermeister Dr. Karl Lueger, die Sicherheit in Wien nicht mehr gewährleisten zu können. Die Regierung Badeni gab daraufhin auf und trat zurück. Wenige Stunden später wurde Wolf freigelassen und als Held für das Deutschtum gefeiert. Ein KARL HERMANN WOLF MARSCH wurde komponiert. Karl Hermann wurde ein beliebter Vorname für deutsche Knaben. Die Schönerianer wuchsen in den nächsten Wahlen 1901 von 8 auf 21 Mandate, was vor allem Wolf zu verdanken war.

Die umstrittenen Verordnungen wurden zurückgenommen. Aber Ruhe trat nicht ein. Denn statt der Deutschen gingen nun die Tschechen in wütende Opposition. Sie legten durch Obstruktion den böhmischen Landtag und den Reichsrat in Wien lahm. Der Haß zwischen Tschechen und Deutschen in Böhmen wurde unüberbrückbar. Die wenigen, die in diesen Wirren einen klaren Kopf behielten, hatten allen Grund, sich um die Regierbarkeit und den Bestand der Donaumonarchie Sorgen zu machen.

Die Gründung der Deutschradikalen Partei

Wolfs Triumphe belasteten sein Verhältnis zu Schönerer, dessen Anziehungskraft zusehends schwand. 1902 löste sich Wolf vom »Führer« und gründete mit Gesinnungsgenossen die »Freialldeutsche« oder »Deutschradikale« Partei, ausdrücklich keine elitäre Kleinpartei, sondern eine deutschnationale Massenpartei, die sich den politischen Realitäten und Notwendigkeiten anpaßte. Er sagte sich von der »Preußenseuchlerei« Schönerers los, erklärte seine Loyalität zum Haus Habsburg und zum k.u.k. Staat. Damit galten seine Anhänger nicht wie die Schönerianer als Staatsfeinde und waren auch nicht wie diese von Staats- und Offiziersstellen ausgeschlossen. Wolf war bereit zur Kooperation mit der Regierung und arbeitete konsequent an Sachthemen mit, besonders für seinen Wahlkreis Trautenau

»Alldeutscher Adler für alldeutsche Vereinshäuser«: Hohn über den Streit zwischen Schönerer (links) und Wolf

in Böhmen. Im Zentrum seiner Arbeit stand der Einsatz für die deutschen Minderheiten, wo immer sie sich befanden, vor allem in Böhmen, aber auch in Galizien, Slowenien und anderswo. Die deutsche Burschenschaft ging geschlossen in sein Lager über.

Was das Parteiprogramm betraf, hielt sich Wolf im wesentlichen an das Linzer Programm von 1882: also ein »Los von Ungarn«, eine Sonderstellung Galiziens und der Bukowina, die Abschaffung des Notstandsparagraphen 14, Trennung von Staat und Kirche, eine liberale Reform von Eherecht und Schulwesen. Natürlich forderte auch Wolf die Einführung der deutschen Staatssprache in Cisleithanien – und die Einführung des Namens »Österreich« für die westliche Reichshälfte.

Schönerer und Stein waren vor allem darüber erbittert, daß die Wolfianer für das allgemeine gleiche Wahlrecht eintraten und damit, so meinte Schönerer, das »deutsche Volk« verrieten. Auch in der Annexionskrise 1908 stimmten die Deutschradikalen für die Regierung, obwohl die meisten anderen deutschen Parteien diese Machtausweitung auf den Balkan nicht wollten. Damit stellten die Wolfianer ihre Habsburgtreue vor die Treue zum Deutschtum, was nicht nur die Alldeutschen, sondern sogar die Sozialdemokraten erboste. Friedrich Austerlitz in der ARBEITERZEITUNG: »Deutschradikal nennen sie sich, aber schwarzgelbe Veteranen, servile Hoflakaien sind sie!«[11] Der deutschbewußte Sozialdemokrat Engelbert Pernerstorfer beklagte Wolf als entschwundene Hoffnung der Deutschnationalen: »Hätte er Selbstzucht und Ernst gehabt, er hätte Führer werden können.«[12]

Die Wolfianer übernahmen nach Luegers Tod 1910 dessen Parole von »Groß-Österreich« und gaben ihr eine eigene Note: »Unter diesem Begriffe verstehen wir ein einheitliches, zentralistisch regiertes und verwaltetes Staatswesen, welches die gesamte Habsburger Monarchie umfaßt, in welchem für kein selbständiges Königreich Platz ist [womit Ungarn gemeint war]; ein Kaisertum Österreich, in welchem folgerichtig nicht nur einheitlich und zentralistisch, sondern auch deutsch regiert und verwaltet werden müßte; in welchem daher nicht Dualismus, Trialismus und Föderalismus ausgeschlossen sind, in dem aber auch für alle nichtdeutschen nationalen, auseinanderstrebenden Strömungen kein Raum ist. Ein solches Groß-Österreich könnte gar nicht anders bestehen, als nur unter deutscher Vorherrschaft.« Denn das deutsche Volk sei »das größte und mächtigste einheitliche Volk«, die Slawen gehörten verschiedenen Völkern an.

Ein Anschluß an das Deutsche Reich sei nicht anzustreben, da er ohne eine Katastrophe nicht durchsetzbar sei: »Ja, wir brauchen eine entschieden deutsche, aber vernünftige Politik mit erreichbaren Zielen; unerreichbare Ziele bringen uns ebensowenig Gewinn, wie liberal-weltbürgerliche Schwärmerei.« Noch sei »die Macht der Krone groß genug, noch ist das deutsche Volk stark genug, um eine gründliche Richtungsänderung der gesamten inneren Staatskunst wagen zu können«.[13]

Wolf hatte mit seiner gemäßigten Linie Erfolg: Bei den Wahlen von 1907 errangen seine »Deutschradikalen« zwölf Mandate, die Schönerianer nur drei. 1911 gingen 22 Mandate an Wolf und vier an Schönerer.

In dieser Zeit, als Wolf eine deutsche Politik im Rahmen der k.u.k. Monarchie machte, dabei aber einen straff zentralistischen Staat anstrebte, lernte ihn der junge H. kennen, wohl auch als berühmten Parlamentsredner und bei vielen großen Auftritten in Wien, so im bereits erwähnten »Wimberger«, einem traditionellen deutschnationalen Wiener Versammlungslokal. Noch wenige Tage, bevor H. 1913 nach München auswanderte, hielt Wolf im Wiener Rathaus bei einer Veranstaltung des Deutschen Schulvereins eine große Rede. Dort beklagte er im Namen der Sudetendeutschen, daß die Deutschen in Österreich »mit mühsam zusammengefochtenen Bettelgeldern und Notgulden« ihre Sprachgrenze verteidigen müßten und der Staat ihnen »feindlich gesinnt« sei: »Wenn wir in einem Orte fünf Kinder der Verslawung entzogen haben, wurden uns dafür zehn tschechische Beamte geschickt.«[14]

Persönlich hatte Wolf für seinen Parteiwechsel hoch zu zahlen. Denn Schönerers Rache bestand in einer Rufmordkampagne, die den mit einem übersteigerten Ehrgefühl ausgestatteten Wolf fast in den Selbstmord trieb. Es wurde von Bestechung, Wechselfälschung und Korruption getuschelt und von der Vergewaltigung zweier Mädchen. Eine Serie von Prozessen folgte, darunter ein besonders unangenehmer wegen Ehebruchs. Wolfs Privatleben wurde in die Öffentlichkeit gezerrt, um seine »sittliche Verkommenheit« zu beweisen.

Schönerer ging in seinem Haß so weit, daß er Wolfs Frau mit Geld auf seine Seite zog. Sie verließ Wolf daraufhin mit ihren beiden kleinen Kindern und ließ sich 1903 scheiden. Schönerer finanzierte sogar ihren Scheidungsanwalt und ihre Flucht mit den Kindern nach England. Wolf, dem die Kinder gerichtlich zugesprochen waren, war machtlos, da ihm das Geld fehlte, vor Gericht zu kämpfen. Er sah seine Kinder nie wieder.

Vor allem die ausgestreuten Vorwürfe, das Zuckerkartell habe Wolfs notleidende OSTDEUTSCHE RUNDSCHAU bestochen und damit eine kritische Berichterstattung über die Ausbeutung der Rübenbauern durch die Zuckerfabrikanten verhindert, erregten Wolf bis zur Weißglut. Wer immer nun Wolf ärgern wollte, spielte fortan auf das unleidige Zuckerkartell an. So sprengten die Schönerianer 1902 einen Vortrag Wolfs, bewarfen ihn mit Zuckerstücken und lösten dadurch eine Schlägerei aus.[15]

Auch die Tschechen benutzten dieses prompt wirkende Mittel in jeder größeren Auseinandersetzung mit dem »Zucker-Wolf«. Die ARBEITERZEITUNG: Im Lärm »ergreift der tschechische Abgeordnete Karta drei Zuckerstücke und wirft sie gegen Wolf. In höchster Erregung springt Wolf von seinem Sitze auf, stürzt gegen Karta los, versetzt ihm einen Schlag auf die Hand und holt zu einer Ohrfeige aus.« Die Parteikollegen hinderten diesmal den Wütenden an der Ausführung.[16]

Wolfs »Slawenabwehr«

Die Hauptgegner der Deutschen sah Wolf in den Tschechen. Der Antisemitismus trat dagegen in den Hintergrund. Der Schwerpunkt von Wolfs Arbeit lag ja nicht in Wien, sondern im gemischtsprachigen Böhmen, wo sich ein allzu rigoroser Antisemitismus als politisch wenig klug erwiesen hätte. Denn die böhmischen Juden, die das eher bürgerliche Element verkörperten, tendierten in dieser Zeit noch in der Mehrzahl zum Deutschtum und schickten ihre Kinder in deutsche Schulen. Sie spendeten großzügig für deutschnationale Zwecke und wählten gerne deutschnationale Parteien und selbst die Wolfianer. Wolf konnte und wollte auf sie als Deutsche in Böhmen nicht verzichten, gemäß seinem Grundsatz, daß alle Deutschen in »bedrohtem Land« zusammenhalten müßten, ob Juden oder Christen.

Die deutschradikalen Blätter verfolgten diese Linie konsequent, so etwa das DEUTSCHE NORDMÄHRERBLATT 1912: »Wenn jüdischer Einfluß mithilft, ein Dorf, eine Stadt, eine Handelskammer deutsch zu erhalten, so wäre es mehr als eine Torheit, diesen ›Einfluß‹ zu bekämpfen... Auch ist es für die deutsche Allgemeinheit jedenfalls erfreulich zu sehen, wie irgendwo in Mähren durch gemeinsame Arbeit aller Parteien ein Bollwerk gehalten wird.«[17]

Immer wieder warnte Wolf seine Parteifreunde davor, über dem Kampf gegen die Juden »die kräftige Abwehr des Tschechentums« zu vergessen.[18] Der Antisemitismus dürfe nicht zum »Haupt- und Kardinalpunkt« des nationalen Programms gemacht werden. Sehr entschieden unterstützte er auch den erfolgreichen »Deutschen Schulverein« mit seinen fast 200 000 Mitgliedern und mehr als 2 000 Ortsgruppen, der sich nach wie vor dagegen wehrte, den Arierparagraphen einzuführen. Nicht nur Schönerianer, sondern auch Christlichsoziale beschuldigten den Verein, »daß eben die Juden als Deutsche unterrichtet und dann zu uns hergeschickt werden, um unser Volk in die wirtschaftliche Knechtschaft zu führen«.[19] Auch hier war Wolfs Haltung eindeutig: Die Hauptsache seien der Schutz und die Ausbreitung der deutschen Sprache und Kultur, und hier könne man nicht auf die deutschbewußten Juden verzichten.

Ähnlich pragmatisch agierte Wolf in der Sache des 1907 gegründeten »Bundes der christlichen Deutschen in Galizien«, der den rund 100 000 Mitgliedern der nichtjüdischen deutschen Minderheit den Rücken stärken sollte. Das vom Bund herausgegebene DEUTSCHE VOLKSBLATT FÜR GALIZIEN appellierte in Wolfs Auftrag an die christlichen deutschen Galizier: »Auch die Hilfe der Juden sollten wir hier nicht verschmähen. So wenig wir eine Vermischung der Deutschen und Juden wünschen können, so haben wir doch andererseits allen Grund, durch Anknüpfung von Beziehungen zu den deutschfreundlichen Juden eine Stärkung unserer Stellung zu erstreben.« Alle Deutschen, ob Juden oder Christen, sollten zusammenarbeiten: »Nun zeig es, deutscher Michel, was du kannst. Arbeit – unentwegte Arbeit! – Opfer, Hingabe für dein Volk! das muß jetzt dein Losungswort sein. Sonst kommen dir die anderen vor und du bleibst hinten.«[20]

Stein dagegen bezog in einer ähnlichen Frage 1905 im Reichsrat die Gegenposition: Es ging um die Frage, was bei der von den Alldeutschen geforderten Abtrennung Galiziens und der Bukowina mit der dort lebenden deutschen Minderheit geschehen solle. Stein: »Die übergroße Mehrheit der Bevölkerung des Landes Bukowina, die sich derzeit zum Deutschtum bekennt, besteht aus Juden.« Die Alldeutschen würden jene, die »nicht unseres Blutes sind, nie und nimmer unter die Fittige des großen alldeutschen Gedankens nehmen«.[21]

Obwohl Wolf vor allem bei Wiener Auftritten nicht zimperlich war mit antisemitischen Äußerungen, wurde er von Schönerianern wie Christlichsozialen als schlechter Antisemit beschimpft. Der christlichsoziale Abgeordnete Hermann Bielohlawek rief im Parlament: »Vor jedem Juden kann man heute den Hut abnehmen, aber vor dem Wolf nicht! Judenknecht! Zehn Jahre haben wir gegen die Juden gekämpft, damit der Wolf heute den Juden wieder zur Macht verhilft! Wieviel kriegen Sie dafür, Herr Wolf?« Wolf wiederum schwor, »nicht eher zu ruhen, als bis diese christlichsoziale Verdummungspartei aus Wien ausgeräuchert ist«.[22]

Kampf an den Universitäten

Wolf war der unbestrittene politische Führer der deutschen Burschenschaften. Er spornte die Studenten immer wieder an, sich ganz in den »Dienst am deutschen Volk« und der »Slawenabwehr« zu stellen. Dabei maß er auch der Bildung einen großen Wert bei, um dem »Ansturm« der Slawen auch geistig gewachsen zu sein. Er selbst engagierte sich schon früh beim Aufbau nationaler Lese- und Bildungsvereine, reiste als politischer Wanderredner für nationale Aufklärung und Erziehung und baute ein engmaschiges Netz deutschnationaler Tischgemeinschaften auf, als »Kristallisationspunkte einer großen und einigen Volksgemeinde«.

Diese kleinsten Gruppen der alldeutschen, ab 1902 deutschradikalen Propaganda trafen in Privathäusern einmal wöchentlich zur gemeinsamen Lektüre deutschnationaler Schriften und Zeitungen zusammen, zu Diskussionen, gegenseitiger praktischer Hilfe und »politischer und nationaler Selbsterziehung«. Nationale Lieder wurden gesungen, Vorträge gehalten: »Dadurch wird das Gefühl der nationalen Zusammengehörigkeit gestärkt, der Blick erweitert, das Verständnis für das politische Leben geweckt, jeder Einzelne fühlt sich als Glied der Gesamtheit, als Rädchen im großen Uhrwerk der

Nation.«²³ Die Studenten spielten hierbei als Organisatoren eine große Rolle.

So warb 1908 Wolfs OSTDEUTSCHE RUNDSCHAU für eine deutschradikale politische Redeschule in Wien. Themen waren die Geschichte der deutschen und österreichischen Sozialdemokratie und »Sozialismus und Nationalismus«. Zur Diskussion gestellt wurde auch die neue Schrift des Sozialdemokraten Otto Bauer über DIE NATIONALITÄTENFRAGE UND DIE SOZIALDEMOKRATIE, wo der Vorrang des Klassenbewußtseins vor dem Nationalbewußtsein betont wurde, und Karl Renners Broschüre über NATIONALE ODER INTERNATIONALE GEWERKSCHAFT. Zutritt hatte jedermann, der sich als Mitglied irgendeines deutschnationalen Vereins auswies.²⁴

»Heilgruß« eines deutschen Burschenschaftlers: »Heil dem Volksmann! Wir werden siegen, wenn hinter dem deutschen Wort auch der deutsche Mann steht.«

In H.s Wiener Zeit residierte im 6. Bezirk, Sandwirtgasse 21, auch der Verein »Deutsche Geschichte«, in dessen Vorstand Wolf saß. Vereinsziel war die Schaffung eines gesamtdeutschen Nationalgefühls, vermittelt in volkstümlichen Vorträgen und billigen Schriften: »Durch Flugschriften über das Wirken und die Thaten der großen Männer unseres Volkes, von Hermann dem Cherusker bis auf Bismarck, über große Epochen unserer Geschichte, von der Zertrümmerung des morschen Römerreiches durch germanische Kraft, der herrlichen Zeit der Hohenstaufen, der Befreiungsthat der Reformation bis auf die neueste Zeit, in welcher das geeinte Volk sich sein neues Reich erschuf, soll dem heranwachsenden Geschlechte, welches in der Schule gar viel von den Przemysliden, den Jagellonen und der Hausgeschichte anderer Herrschergeschlechter, welche in diesem Staatengebilde mächtig waren, dagegen nichts von deutscher Nationalgeschichte zu hören bekam, die Überzeugung vermittelt werden, daß das deutsche Volk an Kraft und Cultur hoch erhaben ist über all den anderen Volksstämmen des vielsprachigen Staates.«[25]

Andererseits aber war Wolf verantwortlich für eine unerhörte Radikalisierung des Nationalitätenkampfes an den Universitäten. Er, der als wildester politischer Raufbold der Monarchie galt, bestärkte seine Burschenschafter in ihrem alltäglichen Kampf gegen die nichtdeutschen Kommilitonen, vor allem in Prag. Hier diente der »Bummel« deutscher Burschenschaftler über den Graben als bewährtes und sicheres Mittel, nationale Krawalle auszulösen.

In Böhmen war Wolf ein Feindbild der Tschechen, aber stets mitten im ärgsten Getümmel, und galt als unerhört mutig. Sogar ihm sonst nicht wohlgesinnte Zeitungen berichteten ausführlich, wie er am 1. Dezember 1908, kurz vor der Verhängung des Standrechts in Prag, umringt von Hunderten randalierender und johlender Tschechen, unbeirrt vom Deutschen Kasino zur Mensa academica ging, während die Polizei vergeblich versuchte, ihn zu schützen. Das NEUE WIENER JOURNAL: »Die Situation wurde immer bedrohlicher, da die Menge fortgesetzt schrie: ›Hängt ihn auf!‹, ›Schlagt ihn tot!‹, ›Werft ihn in den Kanal!‹, ›Zucker! Zucker!‹ Ein Stein, der gegen Wolf geschleudert worden war, traf einen ihn begleitenden deutschen Studenten.«[26]

Wolf war auch der Schrecken des böhmischen Landtags, den vor allem seine Deutschradikalen mit Obstruktion arbeitsunfähig machten. Er schürte den Haß zwischen Deutschen und Tschechen, brachte mit seinen Parteigenossen brühwarm die Konflikte aus dem böhmischen Landtag in den Reichsrat nach Wien – und raufte hier weiter. In riesigen Volksversammlungen fachte er die ohnehin grassierende nationale Hysterie stets von neuem an.

Im Reichsrat brachte Wolf ständig Dringlichkeitsanträge gegen die Tschechen ein, so am 22. Januar 1909 »gegen die fortdauernden

Bedrohungen der deutschen Studenten sowie der deutschen Minderheit überhaupt durch den Straßenpöbel in Prag«. Nachdem er einen tschechischen Abgeordneten, der Pfarrer war, als »schwarzen Pfaffen« und »frecher Kerl!« beschimpft hatte, beklagte er sich über die »Dreistigkeit« der Prager Tschechen, eines »Pöbels«, »wie er verkommener und verworfener in keiner Großstadt zu finden ist«. »Unsere deutschen Studenten haben ein unzweifelhaftes, ein durch Jahrhunderte erworbenes Recht, auf dem Boden der ältesten deutschen Universität ihre Farben zu tragen, ihr Deutschtum zu betätigen.« Die Regierung habe sie »unter allen Umständen in diesem Rechte zu schützen«. »Wir werden in Prag keinen Fuß breit und keinen Hauch und kein Jota dessen preisgeben, was uns gehört.« Unmittelbare Folge dieser Rede war eine stundenlange Obstruktionsrede eines tschechischen Nationalsozialisten auf tschechisch. Damit war wieder einmal die parlamentarische Arbeit blockiert.[27]

In Wien konzentrierte sich Wolf darauf, die deutschen Studenten für den Kampf gegen die nichtdeutschen Kommilitonen zu motivieren. Das gelang ihm vollauf, und zwar auch mit breiter Unterstützung anderer deutscher Parteien: »Wir sind es einfach unserer geschichtlichen Stellung schuldig, das Erstgeburtsrecht deutscher Sprache und deutscher Gesittung auf diesem Boden, den deutscher Fleiß gehoben und deutschen Armes Kraft verteidigt hat, unter allen Umständen zu wahren.«[28]

Als im November 1908 200 italienische Studenten für die Errichtung einer italienischen Rechtsfakultät in Wien demonstrierten, trafen sie in der Aula der Universität auf etwa 1000 deutsche Burschenschaftler. Italienische nationale Lieder wurden von der WACHT AM RHEIN überbrüllt, schließlich ging man mit Stöcken aufeinander los. Mit Pfuirufen, Pfiffen und dem Ruf »Hinaus mit den Italienern!«, auf italienischer Seite mit »evviva« und »corraggio« (Mut), eskalierte die Rauferei. Dann krachten insgesamt 18 Schüsse, die eindeutig aus Pistolen der Italiener stammten. Es folgte eine Panik. Zurück blieben mehrere Schwerverletzte. Die Polizei stellte zwei Revolver sicher, einen Dolch, Messer, Totschläger, Schlagringe, mit Gummi überzogene Bleistöcke und eine Unmenge zerbrochener Stöcke. Die Universität wurde für einige Tage geschlossen.[29]

Die Folge vieler solcher Zusammenstöße war eine stetige Radikalisierung aller Studenten, gleich welcher Herkunft. Auch die jüdischen Studenten, aus den deutschen Burschenschaften hinausgeworfen, organisierten sich nun in eigenen Verbindungen. Die erste und wichtigste war die zionistische »Kadimah« (»Vorwärts«), 1882 von galizischen Studenten in Wien gegründet, um 1900 aber von Westjuden dominiert. Die Kadimah pflegte das Ideal des männlichen, tapferen, sportgestählten Juden, der nicht mehr Dulder sein wollte, sondern Kämpfer.

Krawalle deutscher und italienischer Studenten in der Wiener Universität 1908

Nun, da die Juden nicht mehr als »Deutsche«, sondern eben als Juden kämpften, gab es auch hier nationale Krawalle. Ende Februar 1908, als H. gerade aus Linz nach Wien kam, wurden bei einem solchen Streit neben Stöcken auch Ochsenziemer als Waffen eingesetzt, und beide Seiten holten sich blutige Köpfe. Diese Zusammenstöße wiederholten sich mehrmals in diesem Jahr, so auch am 10. November: Zunächst beschimpfte ein Mitglied der Verbindung »Alemannia« jüdische Studenten. Darauf forderte ihn ein Kadimah-Student zum Duell. Als der Burschenschaftler mit der üblichen Begründung ablehnte, er schlage sich nicht mit einem »Nichtarier«, gab es eine Massenschlägerei. Die Alemannen besetzten den Eingang der Universität, um der Kadimah den Zutritt zu verwehren, und riefen »Nieder mit den Juden« und »Weg mit ihnen nach Zion!«. Die Schlägerei endete mit dem Einbruch der großen Steinrampe am Eingang der Universität und 60 Verletzten. Ganz ähnlich ging es an allen anderen cisleithanischen Universitäten zu, wo immer nichtdeutsche Nationalitäten versuchten, ihre Rechte einzufordern.

Außer den nationalen Krawallen gab es an den cisleithanischen Universitäten auch solche aus weltanschaulichen und politischen Gründen, etwa Krawalle zwischen Klerikalen und Liberalen, Alldeutschen und habsburgloyalen Deutschen, und natürlich auch Nationalitätenkämpfe zwischen Italienern und Slowenen, Polen und Ruthenen und viele andere.

Der tschechische Abgeordnete František Udržal gab den deutschen Studenten die Hauptschuld an den zerrütteten Verhältnissen und damit auch Wolf, als er im Parlament erbost ausrief: »Die deutschen Studenten raufen sowohl in Wien wie in Prag, sie raufen in Brünn, sie raufen in Graz, sie raufen in Innsbruck, sie raufen in Triest. Es ist eine charakteristische Rauflust der deutschen Studenten, mit welcher wir es überall, wohin wir nur kommen, zu tun haben.«[30]

Der Zeitzeuge Felix Somary, damals Student in Wien: »Während alle andern in satter Friedensruhe auf die österreichischen Wirren wie auf ein Kuriosum hinblickten, fühlten wir jungen Menschen uns als das Zentrum des politischen Geschehens. Denn unsere Welt war viel realer als die übrige: Hier wurde nicht diskutiert, sondern gekämpft, nicht, wie man außerhalb wähnte, um die Fragen von vorgestern, sondern um die von übermorgen. Wenn in späteren Dekaden der neu einbrechende Barbarismus den Westen überraschte, uns war er seit frühester Jugendzeit ein bekanntes Phänomen: In der Mitte einer höchst entwickelten und raffinierten Kultur tobte er mit wildem und nie unterbrochenem Getöse. Ich sage ›uns‹ und meine damit die ganze intellektuelle Jugend Wiens jener Tage. Wir standen an einer Zeitwende und fühlten es durch und durch.«[31]

Und Stefan Zweig bemerkte aus der Erfahrung der späteren Jahre: »Was für den Nationalsozialismus die SA-Männer leisteten, das besorgten für die Deutschnationalen die Corpsstudenten, die unter dem Schutze der akademischen Immunität einen Prügelterror ohnegleichen etablierten und bei jeder politischen Aktion auf Ruf und Pfiff militärisch organisiert aufmarschierten. Zu sogenannten ›Burschenschaften‹ gruppiert, zerschmissenen Gesichts, versoffen und brutal, beherrschten sie die Aula... mit harten, schweren Stöcken bewaffnet...; unablässig provozierend, hieben sie bald auf die slawischen, bald auf die jüdischen, bald auf die katholischen, die italienischen Studenten ein und trieben die Wehrlosen aus der Universität. Bei jedem ›Bummel‹... floß Blut. Die Polizei... durfte sich ausschließlich darauf beschränken, die Verletzten, die blutend von den nationalen Rowdys die Treppe hinab auf die Straße geschleudert wurden, fortzutragen.«[32]

Dr. Karl Lueger – der Volkstribun

Als überzeugter Schönerianer brauchte der junge H. einige Zeit, bis er Schönerers Intimfeind, den Wiener Bürgermeister Dr. Karl Lueger, und dessen Christlichsoziale Partei schätzen lernte: *Als ich nach Wien kam, stand ich beiden feindselig gegenüber. Der Mann und die Bewegung galten in meinen Augen als »reaktionär«.*[1]

Lueger war der »Herr von Wien«, seine Partei in Wien allmächtig, Georg Schönerer dagegen, dem einst Lueger huldigend einen Kornblumenstrauß überreicht hatte, war ab 1907 politisch so gut wie tot und noch nicht einmal mehr im Reichsrat.

Die Anhänger der beiden Antipoden befehdeten einander weiterhin. Die Parteizeitungen wüteten tagtäglich gegeneinander. Aber Lueger blieb immer der stärkere. Er verbot die Aufnahme von Schönerianern wie Sozialdemokraten in städtische Dienste, akzeptierte sie nicht als städtische Lieferanten und verbot als besondere Schmach ihren Turnvereinen, die gemeindeeigenen Schulturnplätze zu benutzen, mit der Begründung: »*Ich kann in Österreich keine Revolutionäre, keine Bewunderer der Hohenzollern brauchen, ich brauch in Österreich gute, treue, dynastische Männer!*«²

Daß der junge H. als erklärter Sympathisant Schönerers sich ausgerechnet von Lueger beeindrucken ließ, zeigt ein gewisses Maß an politischer Selbständigkeit. Aber er schloß sich keineswegs der christlichsozialen Partei an, von deren katholischer Weltanschauung ihn Welten trennten. Nicht die Partei, sondern allein die überragende Persönlichkeit Luegers fesselte ihn und regte ihn zu beobachtenden Studien an.

Wenn man MEIN KAMPF glauben kann, weisen der Antisemitismus und eine Zeitung dem jungen H. den Weg zu Lueger. Er schreibt im Zusammenhang mit der Wiener liberalen »Judenpresse« und deren angeblicher Deutschfeindlichkeit: *Daß eine der antisemitischen Zeitungen, das »Deutsche Volksblatt«,... sich anständiger verhielt, mußte ich einmal anerkennen... Ich griff nun überhaupt manchmal nach dem »Volksblatt«, das mir freilich viel kleiner, aber in diesen Dingen etwas reinlicher vorkam. Mit dem scharfen antisemitischen Ton war ich nicht einverstanden, allein ich las auch hin und wieder Begründungen, die mir einiges Nachdenken verursachten.*³

Das auflagenstarke DEUTSCHE VOLKSBLATT, das einst von Schönerer zu Lueger überwechselte, vertrat den extrem deutschnationalen Flügel der Christlichsozialen und tat sich durch einen aggressiven Antisemitismus hervor. *Jedenfalls lernte ich aus diesen Anlässen langsam den Mann und die Bewegung kennen, die damals Wiens Schicksal bestimmten: Dr. Karl Lueger und die christlich-soziale Partei.*⁴

Er habe Lueger zum erstenmal 1908 in der Volkshalle des Rathauses sprechen gehört, erzählte H. später: *ich habe innerlich mit mir ringen müssen, ich wollte ihn hassen, aber ich konnte nicht anders, ich mußte ihn doch bewundern; er besaß eine ganz große Rednergabe.*⁵

In der Volkshalle des Wiener Rathauses fanden Großveranstaltungen wie etwa die Vereidigungen der Neubürger der Stadt Wien statt. Diese Neubürger mußten feierlich vor dem Bürgermeister das »Wiener Bürgergelöbnis« abgeben und versprechen, den »deutschen Charakter der Stadt Wien« aufrechtzuerhalten. Damit schworen die nichtdeutschen Zuwanderer ihrer alten Nationalität ab.

H. könnte eine solche Bürgervereidigung am 2. Juli 1908 miterlebt haben, die in eine Zeit großer nationaler Spannungen zwischen Deutschen und Tschechen fiel. Wie meistens bei diesem Anlaß nutzte Lueger die Gelegenheit, Grundsätzliches über die nationale Frage in Wien zu sagen. Das DEUTSCHE VOLKSBLATT berichtete: Der Bürgermeister »verwahrte sich dagegen, die Tschechen zu verachten, aber er betonte mit großer Bestimmtheit, daß tonangebend in der Reichshauptstadt die Deutschen bleiben, daß die anderen das tun müssen, was wir wollen, kurz und gut, daß die nach Wien kommenden Tschechen sich ihrer Umgebung anzupassen und daher zu germanisieren haben«.

Dr. Karl Lueger, Bürgermeister von Wien 1897 bis 1910

Es müsse klar sein, »daß der Boden, auf dem sich die alte Kaiserstadt erhebt, deutscher Boden ist und deutscher Boden bleiben muß, daß Wien nicht in der Lage ist, den nach dem Zentrum des Reiches strömenden slawischen Elementen irgendwelche nationalen Konzessionen zu machen, sondern daß es vielmehr Sache der die Gastfreundschaft Wiens in Anspruch nehmenden Tschechen u.s.w. ist, auf ein prononciertes Hervorkehren ihrer Stammeszugehörigkeit zu verzichten und sich in das deutsche Milieu hineinzuleben.«[6] Luegers oft wiederholte Losung hieß: »Wien ist deutsch und muß deutsch bleiben!« – wobei »deutsch« selbstverständlich wie üblich eine Sprachbezeichnung ist und nichts mit einem »Anschluß« zu tun hat. Für den jungen H. ist Lueger so der »Germanisator« Wiens.

Lueger war 1908 64 Jahre alt, seit elf Jahren Bürgermeister und verehrt wie nie ein Amtskollege vor und nach ihm. Obwohl er durch eine schwere Nierenkrankheit bereits geschwächt und fast blind war, war noch immer jeder seiner selten gewordenen Auftritte ein Ereignis für die Stadt. Über seine Popularität meinte sogar der politische Gegner Friedrich Austerlitz in der ARBEITERZEITUNG, der Bürgermeister sei »eine Art ungekrönter König, das Rathaus nicht weniger als seine Hofburg... Er war populärer als jeder Schauspieler, berühmter als jeder Gelehrte; er war eine Erscheinung und Wirkung in der Politik, wie sie keine Großstadt aufzuweisen vermag, wie sie nur in Wien möglich ist und nur durch Lueger entstehen konnte... hätte sich anderswo in der Welt dieser ständige Lueger-Taumel behaupten können?«[7]

H.s schwärmerisches Urteil stimmt mit dem allgemeinen seiner Wiener Zeit überein, so wenn er meint, Lueger sei *die größte kommunalpolitische Erscheinung gewesen, der genialste Bürgermeister, der je bei uns gelebt hat.*[8] Und: *Unter der Herrschaft eines wahrhaft genialen Bürgermeisters erwachte die ehrwürdige Residenz der Kaiser des alten Reiches noch einmal zu einem wundersamen jungen Leben. Lueger sei der letzte große Deutsche, den das Kolonistenvolk der Ostmark aus seinen Reihen gebar.*[9] Und: *Hätte Dr. Karl Lueger in Deutschland gelebt, würde er in die Reihe der großen Köpfe unseres Volkes gestellt worden sein; daß er in diesem unmöglichen Staate wirkte, war das Unglück seines Werkes und seiner selbst.*[10] Und: *Wenn Lueger ein Fest gab im Rathaus, so war das ganz großartig; er war ein souveräner König. Ich habe ihn niemals in Wien fahren sehen, ohne daß alles Volk auf der Straße stehen blieb, um ihn zu grüßen.*[11] H.s Verehrung für den Wiener Bürgermeister soll so groß gewesen sein, daß er noch »in der Kampfzeit« eine kleine Lueger-Medaille als Talisman in seinem Portemonnaie gehabt habe.[12]

Lueger hatte ein großes Talent zur Selbstinszenierung. Er liebte öffentliche Auftritte als der »schöne Karl« mit der goldenen Bürgermeisterkette, umgeben von einem Schwarm von Bediensteten und Gemeindebeamten, vor allem von Pfarrern in Ornat und Meßdienern, die bei allen großen Eröffnungszeremonien die Weihrauchkessel schwangen, ob es sich um die Eröffnung des Gaswerks oder der 85. Wiener Volksschule handelte. Seine engste Umgebung trug eine eigene Luegersche »Hofuniform«, bestehend aus grünem Frack mit schwarzen Samtaufschlägen und gelben Wappenknöpfen.[13] Militärkapellen spielten den dreistrophigen Lueger-Marsch.

Ruhmesworte für die Nachwelt ließ er auf Hunderten von Steintafeln eingravieren, die noch heute in Wien zu finden sind: »Erbaut unter dem Bürgermeister Dr. Karl Lueger«. Diese Sitte war auch H. wohlbekannt, und er erwähnt sie noch 1929 auf einer NSDAP-Versammlung in München: *Da sehen wir, wie in Österreich Bürgermeister Dr. Lueger in Wien zur Macht gelangt und wie der nun versucht, durch grandiose Werke die Herrschaft seiner Bewegung zu verankern und zu verewigen, gemäß dem Gedanken, daß, wenn die Worte nicht mehr reden, dann die Steine sprechen müssen. Überall wird hineingemeißelt: Erbaut unter Dr. Karl Lueger.*[14]

In Wien wurde Luegers Eitelkeit meist gutmütig belächelt. So brachte eine Witzzeitung das Photo eines Elefantenbabys aus dem Schönbrunner Tiergarten mit der Unterschrift: »Geworfen unter dem Bürgermeister Dr. Karl Lueger«.[15] Sogar Luegers Parteifreund Prälat Josef Scheicher attestierte dem alten Lueger »etwas Caesarenwahn und Menschenverachtung«.[16] Er habe »eine geradezu kindliche Freude« gehabt, »wenn ihn die Potentaten dieser Erde mit dem Kinderspielzeuge möglichst vieler Mascherln und Banderln behängten«.[17] Es habe viele gegeben, »die fast Tag und Nacht vor ihm auf dem Bauche lagen, mit dem Weihrauchfasse kniend hantierten und dazu murmelten: Groß bist du, herrlicher Fo!«[18]

Und der Gegner Austerlitz: »Vielleicht ist jene Popularität Luegers gar nicht die Sache, auf die Wien stolz sein darf. Denn Luegers Leben war von einer einzigen Idee erfüllt: dem Willen zur Macht« – und zwar seiner eigenen Macht. »Staat, Volk, Partei« hätten »ihren Brennpunkt nur in seinem eigenen Ich« gehabt, es sei eine »krankhafte Suggestion« gewesen, »die eine große Stadt zum Piedestal des Ehrgeizes einer Person entarten läßt«.[19]

Lueger hatte sich seine Volkstümlichkeit durch unbestreitbar große Leistungen erarbeitet. Seine Amtsperiode von 1897 bis 1910 bildete in der Verworrenheit der k.u.k. Politik ein einzigartig klar konturiertes Bild: Hier war zweifellos eine starke Führungspersönlichkeit am Werk. Hier war politisches Charisma, ein Politiker, der sein Ohr beim Volk hatte und sich für dieses sein »Volk von Wien« leidenschaftlich und tatkräftig einsetzte und das Wohl der Stadt kräftig förderte. Die bis heute anhaltende Verehrung für den »Herrgott von Wien«, den »Bürgerkaiser« ist angesichts seiner Leistungen durchaus verständlich.

Luegers Licht strahlte auch deshalb so hell, weil das politische Umfeld so düster war: ein alter, depressiver Kaiser, der, ohnehin politisch wenig befähigt, sich völlig auf den Rat mittelmäßiger Minister und Hofwürdenträger verließ und die sprichwörtliche Politik des »Fortwurstelns« ohne jedes Konzept und ohne politische Führungskraft betrieb. Die cisleithanischen Regierungen wechselten ständig. Das Parlament war durch den Nationalitätenstreit lahmgelegt. Im Land herrschten soziale Not, Arbeitslosigkeit, Teuerung, mangelnde soziale Sicherung, Streit und schwindende Loyalität zum Vielvölkerstaat.

Das zerbröckelnde Großreich hatte nur eine feste Bastion klarer, erfolgreicher Politik: die Stadt Wien unter Bürgermeister Lueger. H.s Meinung in MEIN KAMPF war die der Mehrheit der Wiener: *Wien war das Herz der Monarchie, von dieser Stadt ging noch das letzte Leben in den krankhaft und alt gewordenen Körper des morschen Reiches hinaus*.[20]

Wien, die moderne Metropole

Wien hatte 1908 zwei Millionen Einwohner und war damit die sechstgrößte Stadt der Welt – hinter London mit rund 4,8, New York mit 4,3, Paris mit 2,7, Chicago mit 2,5 und Berlin mit 2,1 Millionen Einwohnern. Die beiden nächstgrößeren Städte der Donaumonarchie, Triest, Prag und Lemberg, brachten es jeweils auf nur rund 200 000 Einwohner.[21]

Zwischen 1880 und 1910 stieg die Einwohnerzahl Wiens fast auf das Doppelte, einerseits durch riesige Einwandererströme in einer Zeit der raschen Industrialisierung und andererseits durch die Eingemeindung der Vororte 1890 und des großen Gebietes jenseits der Donau – Floridsdorf – 1904 als natürliches Ausdehnungsgebiet einer erträumten zukünftigen Viermillionenstadt. Die jährliche Zuwanderung betrug mindestens 30 000 Menschen.

Die rasch wachsende Großstadt brauchte neue Strukturen, vom Verkehrsnetz über Gas-, Strom- und Wasserversorgung bis zu Spitälern, Bädern und Volksschulen. Diese Aufgaben bewältigte die Stadt unter Lueger im großen Stil und in vielen Bereichen mustergültig. In seiner Amtszeit wurde Wien zu einer modernen Metropole.

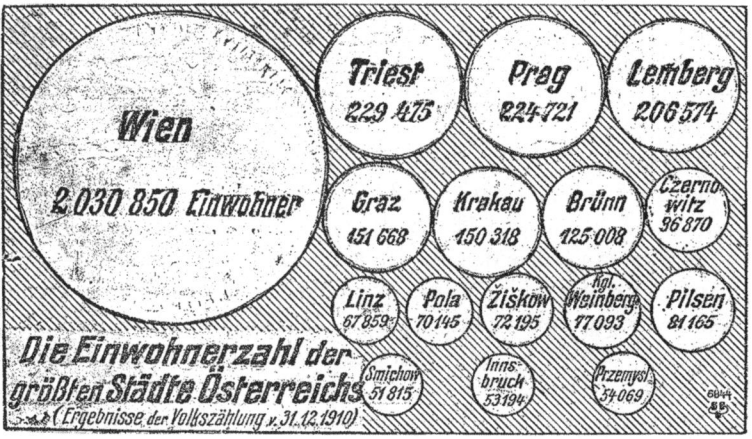

Luegers wichtigstes Erfolgsrezept war die energische Kommunalisierung der Versorgungseinrichtungen wie der Gas- und Elektrizitätswerke und der Verkehrsbetriebe, die sich vorher in der Hand meist ausländischer Kapitalgesellschaften befunden hatten. Er nahm aber auch die Wasserwerke, den Schlachthof, ja sogar das Brauhaus in städtischen Besitz, richtete Gemeindesparkassen ein gegen die Konkurrenz der »jüdischen« Banken und – als Maßnahme gegen die überteuerten Wiener Begräbnisse – eine städtische Bestattung.

Die bisherigen Pferdebahnen wichen einem elektrischen Straßenbahnnetz von rund 190 Kilometer Länge, dem bestausgebauten in Europa. Die Stadtbahn, geplant von Otto Wagner, ist bis heute ein städtebauliches Juwel, das sogar H. schätzte. Die zweite Wiener Wasserleitung brachte Hochquellwasser aus dem 200 Kilometer entfernten Hochschwabgebiet und gibt der Großstadt bis heute das berühmt gute Wasser. Das Lainzer »Versorgungshaus« mit Krankenanstalten, in Pavillonbauweise inmitten einer Park- und Wiesenlandschaft errichtet und heute noch in Betrieb, war die modernste Kranken- und Pflegeanstalt in Europa. Luegers starke Bindung an die Kirche führte zu einer Fülle von Kirchenneubauten.

Daneben setzte der Bürgermeister ein Verschönerungsprogramm durch. Da er aus Wien keinen »Steinhaufen« machen wollte, ließ er auch innerhalb der Stadt Parks und Grünzonen anlegen. Ein Wald- und Wiesengürtel rund um die Großstadt mit Bauverbot bewahrt bis heute die idyllische Landschaft des Wienerwaldes als Erholungsgebiet in nächster Nähe. Das Strandbad »Gänsehäufel« inmitten einer ländlichen Umgebung bringt den Wienern willkommene Erholung.

Das nötige Geld für die Rieseninvestitionen brachte Lueger durch langfristige in- und ausländische Anleihen auf. (Manche dieser Schulden erledigten sich in der Inflation. Die noch verbleibenden, in Gold zurückzuzahlenden Auslandsanleihen jedoch wurden nach 1918 zum Problem für die kleine Republik Österreich.) Daß Lueger seine riesigen Bauprojekte allein mit den vorher von den »Ausländern« kassierten üppigen Gewinnen finanziert habe, war also christlichsoziale Propaganda. So schrieb der erste Lueger-Biograph und -Parteifreund, Pfarrer Franz Stauracz, 1907 in seiner Jubelschrift zum zehnjährigen Amtsfest: »Die liberalen Vorgänger haben auch Schulden gemacht und nichts geleistet; die jetzigen Anleihen aber werden, ohne einen Heller der Bevölkerung in Anspruch zu nehmen, aus den Erträgnissen der Unternehmungen verzinst und amortisiert. Früher flossen die Einnahmen aus den Gaswerken, der Tramway etc. alljährlich zumeist in die Taschen englischer Juden, heute kommen sie der Allgemeinheit zugute.«[22] H. wiederholt diese Propaganda noch 1941: *Alles, was wir heute an kommunaler Selbstverwaltung haben, geht auf ihn* [Lueger] *zurück. Was anderswo Privatunternehmen war, machte er städtisch, und so konnte er, ohne daß die Steuern auch nur um einen Heller erhöht wurden, die Stadt Wien verschönern und erweitern: Die Einnahmequellen der früher privaten Gesellschaften standen ihm zur Verfügung.*[23]

Ein Blick in die Pressemeldungen des Jahres 1908 zeigt Lueger als gütigen, humorvollen Stadtvater, der sich um alles, auch das geringste Problem, kümmerte gemäß seinem Wahlspruch: »Dem kleinen

Mann muß geholfen werden.« So erntet er Begeisterung mit dem Satz, er wolle am liebsten »jedem Bürger, der die Nacht durchdraht hat, einen Fiaker zur Verfügung stellen«.[24]

Für die Milchverteuerung machte er im Gemeinderat die angeblich habgierigen Händler verantwortlich – jedermann wußte, daß er damit die Juden meinte – und drohte: »Wenn alles nichts hilft, so werde ich den Verkauf von Milch selbst in die Hand nehmen. (Demonstrativer, anhaltender Beifall.) Ich liefere schon so vieles, ich liefere Elektrizität, Gas, Bier, ich liefere alles mögliche, warum soll ich Milch nicht auch liefern? (Neuerlicher Beifall und Heiterkeit.)«[25]

Auch der Müll beschäftigte ihn, wie er in einem Pressegespräch ausführte: »Danach soll der Hauskehricht verbrannt und durch ein eigenes Verfahren zur Elektrizitätsverwertung verwendet werden. Der Straßenkehricht hingegen soll als Dünger verwertet werden. Dadurch würden der Gemeinde neue Einkünfte zufließen, welche zum Teile die Kosten der Fortschaffung des Kehrichts einbringen sollen.«[26]

Die niederösterreichische Landtagswahl 1908, die ersten Wahlen, die der junge H. in Wien miterlebte – Wien gehörte damals noch zum Land Niederösterreich –, wurden für Lueger zum Triumph. In Mariahilf erhielten die drei christlichsozialen Kandidaten jeweils mehr Stimmen als alle übrigen Konkurrenten zusammen.[27] Die Basis für diesen Erfolg war das alte Kurienwahlrecht. Lueger weigerte sich zeitlebens, das allgemeine gleiche Wahlrecht in Niederösterreich oder in Wien einzuführen, und sicherte damit die Herrschaft seiner christlichsozialen Partei gegenüber den Sozialdemokraten.

Die liberale Presse, auch vom Bürgermeister nur »Judenpresse« genannt, tobte gegen den Volkstribunen Lueger vergeblich. Luegers Anhänger ließen sich von auch noch so scharfen Presseangriffen nicht gegen ihr Idol beeinflussen. H. erwähnte dieses Phänomen 1942 im Zusammenhang mit der englischen Presse im Zweiten Weltkrieg: *Es könne sogar soweit kommen, daß die Presse überhaupt nicht mehr die Meinung des Volkes widerspiegele; ein Beweis dafür sei die Haltung der Wiener Presse zur Zeit des Oberbürgermeisters*[28] *Lueger. Obwohl diese Wiener Presse nämlich restlos verjudet und liberal eingestellt gewesen sei, habe Oberbürgermeister Lueger bei den Stadtratswahlen stets eine überwältigende christlich-soziale Mehrheit erhalten,*

401

die Einstellung des Volkes habe sich mit der Haltung der Presse also in keiner Weise mehr gedeckt.[29]

Zu Luegers Biographie

Lueger war ein »echter Wiener«, ein »Wiener vom Grund«, geboren 1844 als Sohn eines Militärinvaliden und Schuldieners. Seine früh verwitwete Mutter brachte ihn und zwei Schwestern unter schwierigen Verhältnissen durch und ermöglichte dem Hochbegabten ein Jusstudium. Zeitlebens war Lueger seiner Mutter dankbar und demonstrierte seine glühende Sohnesliebe auch in der Öffentlichkeit (siehe S. 536ff.).

1866, im Jahr der Schlacht von Königgrätz, schloß der 22jährige sein Jusstudium ab, ging in eine Rechtsanwaltskanzlei und machte sich rasch einen Namen als Anwalt der »kleinen Leute«, denen er tatkräftig und uneigennützig in Streitfällen gegen die »Großen« half. Der Anstoß, in die Politik zu gehen, und die entscheidende politische Prägung kamen von dem jüdischen Arzt und Bezirkspolitiker Dr. Ignaz Mandl, einem Abgott der »kleinen Leute« in Luegers Wohnbezirk, der »Landstraße«. Nach Mandls Beispiel ging nun auch Lueger durch die Gasthäuser und Bierhallen, von einer Volksversammlung zur anderen, um seine politischen Reden zu halten. Er hörte sich die Klagen der Leute an und profilierte sich – ähnlich wie Schönerer im Waldviertel – als Anwalt der bisher Zukurzgekommenen.

Es war die wirtschaftlich schwierige Zeit nach dem Börsenkrach von 1873, als sich der Volkszorn gegen den herrschenden Liberalismus wendete, gegen die »Kapitalisten« und »die Juden«. Lueger nahm diese Strömungen geschickt auf und konzentrierte seine Arbeit auf zwei Feindbilder: einerseits die Großindustrie, Fabriken und Warenhäuser, die die Existenz des Kleingewerbes bedrohten – und andererseits das »Proletariat«, die aufsteigende Sozialdemokratie, die als revolutionär angesehen wurde und, wie es in der Propaganda hieß, den guten Bürgern ihren kleinen Besitz streitig machen wollte. Zu diesen Feindbildern kam noch das gegen die »Fremden«, die Einwanderer.

Lueger war äußerst fleißig, ja geradezu von Politik besessen, schreckte auch nicht vor Schlägereien mit politischen Gegnern zurück. Der niederösterreichische Statthalter Erich Graf Kielmansegg über seinen politischen Antipoden Lueger: »Ein starker Wille und ein angeborener Instinkt, die jeweilige Volksstimmung förmlich zu erraten und für diese das richtige Schlagwort zu finden, ließ ihn sein Ziel glänzend erreichen.«[30]

Diese breite untere Mittelschicht, die von den Politikern bisher kaum zur Kenntnis genommen wurde, wählte Lueger 1875 neben Mandl in den Gemeinderat, zunächst als Liberalen. Hier wechselten die Freunde von den »Liberalen« zu den »Demokraten« und brachten mit aggressiver Opposition den liberalen Bürgermeister zu Fall. Lueger unterstützte Schönerers deutschnationale Reformbewegung und die Prinzipien des »Linzer Programms« von 1882, kämpfte mit Schönerer 1884 in der Nordbahnfrage gegen das Haus Rothschild und für Verstaatlichungen. Er hatte Höhen und Tiefen, wechselte die Parteien.

Sein großes und einziges Ziel war, Bürgermeister von Wien zu werden. Für dieses Ziel versicherte er sich der Unterstützung wichtiger bestehender Bezirks- und Berufsorganisationen, so der Vereine von Gewerbetreibenden und Handwerkern, vor allem der Fleischhauer, Bäcker und Lohnfuhrwerker, aber auch der politisch mächtigen Wiener Hausherren. H.s Kommentar zu diesem Thema: Indem sich Luegers Partei *auf die Gewinnung des kleinen und unteren Mittel- und Handwerkerstandes einstellte, erhielt sie eine ebenso treue wie ausdauernde und opferwillige Gefolgschaft.*[31]

Die Erweiterung des Wahlrechts 1885 brachte Lueger den erwarteten Aufstieg. Denn nun durften die »Fünfguldenmänner« wählen, jene Männer, die seßhaft waren und jährlich mindestens den geringen Satz von fünf Gulden Steuern zahlten. Das brachte Luegers Anhang an die Wahlurnen und ihn in den Reichsrat. Das »Volk von Wien« liebte ihn und wählte ihn als Person, gleichgültig, für welche Partei er gerade kandidierte. Im Reichsrat machte er sich rasch als temperamentvoller Kämpfer gegen die »Judenliberalen«, gegen Korruption, ausländische Kapitalgesellschaften und – im noch friedlichen Wettstreit mit Schönerer – gegen die »Judenpresse« einen Namen.

1887 wandte sich Lueger der kleinen antiliberalen katholischen Reformgruppe »Christlichsozialer Verein« zu, die dabei war, ein modernes Sozialprogramm zu entwickeln. Außerdem strebte der

Verein eine »Rekatholisierung« im Kampf gegen das »Judentum« an und vertrat einen scharfen Antisemitismus.

Der Eintritt in diesen Verein bedeutete eine Zäsur in Luegers Politik: Von nun an trat er in der Öffentlichkeit als Antisemit auf. Das bedeutete auch die Trennung von seinem Freund und Förderer Ignaz Mandl.

Lueger übernahm bald die Führung und baute den Verein tatkräftig in wenigen Jahren zu einer modernen Massenpartei aus, in die er alle seine früheren Anhänger integrierte, von den Hausherren bis zu den Fleischhauern, von den Demokraten bis zu den Deutschnationalen. Als einigendes Feindbild dieser gegensätzlichen Gruppen diente der allen gemeinsame Antisemitismus. Nach dem erst kurz zuvor entstandenen modernen Begriff nannte sich die Gruppe stolz »die Antisemiten«. Erst 1893 gab sie sich offiziell den Namen »Christlichsoziale Partei«, behielt aber intern die Bezeichnung »die Antisemiten« bei.

Seinen kometenhaften Aufstieg verdankte Lueger nicht zuletzt dem Ausscheiden Schönerers aus der Politik im Jahr 1888. Er verstand es sehr geschickt, dem »Märtyrer« Schönerer öffentlich zu huldigen und gleichzeitig dessen Anhänger auf seine Seite zu ziehen. Er setzte Schönerers erfolgreichste Parolen nun für sich ein, zum Zorn der Schönerianer. Lueger habe »den von Schönerer erweckten Rassenantisemitismus... als Werbemittel für sich« genutzt, um schneller Bürgermeister zu werden, und sei auf »Wählerfang« bei den Schönerianern gegangen, warf ihm später Franz Stein nicht zu Unrecht vor.[32]

Auch im Reichsrat konzentrierte sich Lueger ganz auf die Wiener Probleme und auf sein Feindbild, die Juden, mit der zündenden Parole: »Groß-Wien darf nicht Groß-Jerusalem werden«. 1890 hielt er eine berühmte und jahrzehntelang zitierte Rede gegen die Juden: »ja in Wien gibt es doch Juden wie Sand am Meere, wohin man geht, nichts als Juden; geht man ins Theater, nichts als Juden, geht man auf die Ringstraße, nichts als Juden, geht man in den Stadtpark, nichts als Juden, geht man ins Concert, nichts als Juden, geht man auf den Ball, nichts als Juden, geht man auf die Universität, wieder nichts als Juden.« Und: »Meine Herren, ich kann ja nichts dafür, daß beinahe alle Journalisten Juden sind und nur hie und da in der Redaktion ein Redaktionschrist gehalten wird, den sie allenfalls vorführen können, wenn einer kommt, der sich sonst schrecken möchte.« Wegen dieser Judenpresse habe »die gegen den Journalismus gerichtete Bewegung naturnotwendig den Charakter des Antisemitismus annehmen müssen«.³³ Außerdem vertrete die Judenpresse die Interessen des Großkapitals.

Jedenfalls hatte Lueger mit seinem Antisemitismus weitaus mehr Erfolg als Schönerer. Ein führender Alldeutscher bemerkte resigniert, Lueger habe es verstanden, »in den Augen der großen Menge seine eigene Person in so hohem Maße als die Verkörperung des Antisemitismus erscheinen zu lassen, daß in allen weniger selbständig denkenden Köpfen die Gegnerschaft zu Dr. Lueger einen Abfall vom Antisemitismus gleichgerechnet wird«.³⁴

Angesichts der christlichsozialen Erfolge sammelten sich Luegers Feinde, die Liberalen, aber auch die Konservativen am Hof und hohe Geistliche in einer spektakulären Aktion: Kardinal Graf Schönborn überbrachte in Rom im Namen der österreichischen Bischöfe eine förmliche Anklage gegen die Christlichsozialen beim Papst. Die Partei sei »nicht katholisch, sondern umstürzlerisch und sozialistisch«, sei maßlos in der Sprache, schüre »die Leidenschaften des Volkes«, entzünde »niedrige Begierden« und identifiziere sich mit dem Antisemitismus. Papst Leo XIII. jedoch ließ sich von der christlichsozialen Verteidigungsschrift überzeugen, vor allem dem dargelegten Sozialreformprogramm, und schickte Lueger seinen Segen.³⁵

Damit war Luegers Erfolg besiegelt. Bei den nächsten Gemeinderatswahlen 1895 erreichten die Christlichsozialen die Mandatsmehrheit. Lueger war, so schien es wenigstens, am Ziel und wurde zum Bürgermeister von Wien gewählt.

Gegen diese Wahl erhob sich ein Proteststurm der Liberalen. Die NEUE FREIE PRESSE warnte, unter einem Bürgermeister Lueger wäre Wien »die einzige Großstadt in der ganzen Welt, welche das Brandmal der antisemitischen Verwaltung trägt«. Das sei eine »Herabwürdigung der alten Kaiserstadt«. Mit Lueger steige »der politische Bodensatz zur Oberfläche«.³⁶

Zur allgemeinen Überraschung verweigerte Kaiser Franz Joseph seine nötige Zustimmung zu dieser Wahl. Er tat dies auf Rat des Ministerpräsidenten Badeni, aber auch hoher Aristokraten und seiner Freundin Katharina Schratt, auch deshalb, weil er den Rechtsgrundsatz seines Reiches, nämlich die Gleichberechtigung aller Bürger vor dem Gesetz, durch Lueger nicht gewährleistet sah.

Die Wahl wurde wiederholt. Der Kaiser verweigerte wiederum, insgesamt viermal, zwei Jahre lang. Mit jeder Weigerung des Kaisers und jeder dadurch erzwungenen Neuwahl wuchs die Stimmenzahl für Lueger. Er wurde zum Märtyrer und Volkshelden in einem Siegeszug sondergleichen. Und was niemand für möglich gehalten hätte, trat ein: Die kaiserliche Autorität litt in diesem Tauziehen gefährlichen Schaden.

Das wurde ausgerechnet bei der Fronleichnamsprozession 1896 für alle offenbar. Wie gewöhnlich ging der Kaiser als demütiger Christ als erster hinter dem »Himmel« mit dem Allerheiligsten. Vor diesem Baldachin gingen verschiedene Würdenträger, darunter Lueger. Der Augenzeuge Felix Salten berichtet: »Die Glocken läuten, die Kirchenfahnen wehen, und das brausende Rufen der Menge empfängt den geliebten Mann, der nach allen Seiten dankt, grüßt, lächelt. Er freut sich. Denn der Kaiser, der dem Baldachin folgt, muß den tausendstimmigen Donner hören. Auf dem ganzen Weg rauscht dieser Jubelschrei vor dem Kaiser einher, dieses jauchzende Brüllen, das einem andern gilt... Als ob er nur im Gefolge dieses Mannes einherginge, wandelt der Kaiser mit der Prozession. Vor sich das Aufrauschen der Ovationen, um sich her Stille. Es war Luegers Triumphzug.«[37]

Erst die Wahlen von 1897, überschattet von den Badeni-Krawallen und großer Revolutionsangst, brachten den Umschwung. Verglichen mit den sozialdemokratischen »Revolutionären« erschienen die katholischen Christlichsozialen nun als das kleinere Übel. Am Hof setzten sich die Lueger-Freunde durch, vor allem die Kaisertochter Erzherzogin Marie Valerie, die ganz unter dem Einfluß ihres Beichtvaters und »Seelenführers« Pater Heinrich Abel stand.

So wurde Lueger nach zwei bewegten Jahren 1897 endlich Bürgermeister von Wien und als solcher stürmisch gefeiert. Und in diesem Augenblick des Triumphes erwies er sein politisches Können. Er ging eben nicht wie Schönerer in Opposition gegen das Kaiserhaus, sondern versicherte den Kaiser seiner Loyalität. In den Augen seiner Anhänger verzieh der »Märtyrer« seinem Kaiser großmütig und heizte damit seine eigene Popularität weiter an. Die beiden beliebtesten Männer Wiens – Kaiser Franz Joseph und der »Volkskaiser« Lueger – waren nun versöhnt. Salten spöttisch: »Am Ziele angelangt, nahm er die schwarzgelbe Gesinnung in städtische Obhut, nahm die Kaisertreue in städtische Verwaltung, nahm die Volkshymne in städtische Regie.«[38]

Lueger, der Volkstribun

In ebendem Ausmaß, wie das Wahlrecht zugunsten immer breiterer Bevölkerungskreise erweitert wurde, wuchs die politische Bedeutung neuer sozialer Schichten, die bisher von den Politikern kaum beachtet worden waren: die der »kleinen Leute«. Da sie nun wegen ihrer Masse zunehmend den Ausgang der Wahlen bestimmten, mußten neue Wege gefunden werden, um an diese Wähler heranzukommen, die sich den bisher üblichen Propagandamitteln entzogen.

Auf allen politischen Ebenen tauchte ein neuer Politikertyp auf, der »Volkstribun«. Er unterschied sich gründlich von dem noch üblichen Typ des liberalen Politikers, der auf Bildung und vornehmes Auftreten Wert legte, gerne von oben herab dozierte und sich als Erzieher des Volkes fühlte und unnahbar war. Die neuen Politiker, die die Zeichen der Zeit früh erkannten wie Schönerer und Lueger, suchten den Kontakt mit dem Volk: in Gasthäusern, Bierhallen, auf Marktplätzen, in den Betrieben. Sie erspürten die Stimmung »des Volkes« und boten Hilfe an.

Der Volkstribun Lueger hielt seine Reden gerne im Dialekt, stellte sich im geistigen Niveau auf seine Zuhörer ein, machte alles Schwierige einfach, würzte die Reden mit Witzen. Und er tat das, was die meisten Stimmen einbrachte: Er griff die Feinde seiner Wähler an, verstärkte ihre Antipathien, nicht nur gegen Politiker, sondern auch gegen nationale und religiöse Minderheiten, »die Reichen da oben«, »den Pöbel da unten«, die »Ungläubigen« und die »Fremden, die uns die Frauen, Wohnungen, Arbeit usw. abnehmen«. Er appellierte bewußt an Gefühle und Instinkte und eben nicht an die Vernunft und kritischen Verstand. Hugo von Hofmannsthal prägte in dieser Zeit das Wort: »Politik ist Magie. Welcher die Massen aufzurufen weiß, dem gehorchen sie.«[39]

So wirkten Luegers Reden auf die Zuhörer wie eine Massensuggestion. Lueger habe »nahezu übernatürlich seine Willensübertragung auf andere auszuüben vermocht«, berichtete Luegers Geliebte Marianne Beskiba: »Mit blitzenden Augen, erhobenen Armen – ganz Gestikulation – ließ er seine Stimme erdröhnen, die wohl etwas verschleiert klang, aber an Kraft und Deutlichkeit nichts zu wünschen übrig ließ. – Mit drastischen Worten schilderte er die Schäden des früheren liberalen Regimes, entwickelte seine Ideen fürs allgemeine Volkswohl und erklärte den Gegnern den Krieg ›bis aufs Messer‹. – Stürmischer Beifall begleitete jeden Satz, oft wurde er am Weitersprechen durch nicht endenwollenden Jubel behindert. In Schweiß gebadet kehrte er endlich zu seinem Tischplatze zurück.«[40]

Lueger gab dem »Volk von Wien« Selbstbewußtsein. Salten: »Allein er nimmt auch noch die Verzagtheit von den Wienern. Man hat sie bisher gescholten. Er lobt sie. Man hat Respekt von ihnen verlangt. Er entbindet sie jeglichen Respektes. Man hat ihnen gesagt, nur die Gebildeten sollen regieren. Er zeigt, wie schlecht die Gebildeten das Regieren verstehen. Er, ein Gebildeter, ein Doktor, ein Advokat, zerfetzt die Ärzte, zerreißt die Advokaten, beschimpft die Professoren, verspottet die Wissenschaft; er gibt alles preis, was die Menge einschüchtert und beengt, er schleudert es hin, trampelt lachend darauf herum, und die Schuster, die Schneider, die Kutscher, die Gemüsekrämer, die Budiker jauchzen, rasen, glauben das Zeitalter sei angebrochen, das da verheißen ward mit den Worten: selig sind die Armen am Geiste. Er bestätigt die Wiener Unterschicht in allen ihren Eigenschaften, in ihrer geistigen Bedürfnislosigkeit, in ihrem Mißtrauen gegen die Bildung, in ihrem Weindusel, in ihrer Liebe zu Gassenhauern, in ihrem Festhalten am Altmodischen, in ihrer übermütigen Selbstgefälligkeit; und sie rasen, sie rasen vor Wonne, wenn er zu ihnen spricht.«[41]

Allerdings verlor diese Art von Volksreden ihre magische Wirkung bei einem gebildeten Publikum oder auf dem internationalen Parkett. Hier wirkten sie platt und die sonst so beliebten Scherze albern. Ein Augenzeuge berichtete: »Aber mit welchem Behagen verweilte er in den Niederungen volkstümlicher Gemeinplätze und seichter Witze! Wie wenn er immer nur zu seinen Vorstadtwählern gesprochen hätte! Die Leitung eines Architektenkongresses beglückwünschte er zur Wahl des Versammlungsortes, weil – die Wienerinnen ›gut gebaut‹ seien. Vor den Gelehrten eines Musikhistorischen Kongresses fand er keine bessere Kennzeichnung für die Musik als Weltsprache, als daß der Wiener Walzer jedem Menschen in die Füße geht und die tschechische Polka auch in Wien getanzt wird.« Daß Lueger sogar mit solchen Reden Erfolg hatte, führte der Kritiker auf den »Sog des Bodenständigen und Wurzelechten über das steife internationale Getue« zurück.[42]

Salten über Luegers Reden, nicht ohne Anerkennung: »Bekam ein denkender Mensch sie zu lesen, so mußte er lächeln... Hörte aber ein denkender Mensch zu, wenn Lueger redete, dann half es gar nichts, ein denkender Mensch zu sein, dann vergingen einem die eigenen Gedanken, dann war man von einer elementaren Gewalt ergriffen und wehrlos mit fortgerissen.«[43]

Die Anziehungskraft, die Lueger auf H. ausübte, liegt eindeutig in seiner ganz speziellen Wirkung auf ein Massenpublikum. Immer wieder kam H. später auf das Beispiel Luegers zurück, wenn er sich mit Problemen der Massensuggestion oder -fanatisierung beschäftigte oder sich über den Wert politischer Propaganda verbreitete. An Luegers Beispiel erörtert er in MEIN KAMPF den politischen Wert der *Gewalt der Rede*, schreibt über *die Zauberkraft des gesprochenen Wortes* und – enthüllend genug – über *die Brandfackel des unter die Masse geschleuderten Wortes*.[44]

Im Gegensatz zu Schönerer sei Lueger *ein seltener Menschenkenner* gewesen, *der sich besonders hütete, die Menschen besser zu sehen, als sie nun einmal sind*.[45] Jede Propaganda müsse sich einstellen auf die *Aufnahmefähigkeit des Beschränktesten unter denen, an die er sich zu richten gedenkt... Je bescheidener... ihr wissenschaftlicher Ballast ist, und je mehr sie ausschließlich auf das Fühlen der Masse Rücksicht nimmt, umso durchschlagender der Erfolg*. Es gehe nicht um *die gelungene Befriedigung einiger Gelehrter oder ästhetischer Jünglinge*.[46]

Bei der geringen Denkfähigkeit der breiten Masse[47] müsse ein guter Redner vereinfachen: *Die Rede eines Staatsmannes zu seinem Volk habe ich nicht zu messen nach dem Eindruck, den sie bei einem Universitätsprofessor hinterläßt, sondern an der Wirkung, die sie auf das Volk ausübt*.[48]

Zwischen der Niederschrift von MEIN KAMPF und seiner Wiener Erfahrung mit dem Volksredner Lueger liegen für H. 15 politisch entscheidende Jahre, in denen sich all diese Ideen erst klärten und konkret wurden. In dieser Zeit kamen andere Erfahrungen hinzu, auch Leseerfahrungen, etwa mit dem Buch PSYCHOLOGIE DER MASSEN von Gustave Le Bon, das in deutsch 1908 erschien.[49] Andererseits ist zu bedenken, daß gerade in H.s Wiener Zeit, als die »Masse« von einem Tag auf den anderen eine politische Größe wurde, sich viele Politiker und viele Denker mit Methoden beschäftigten, wie diese Menschenmassen zu gewinnen seien. Immer wieder taucht auch der Gedanke auf, hier dürfe nicht der Verstand eingesetzt werden, sondern vor allem das Gefühl, die »Fanatisierung«, wie H. es in MEIN KAMPF nennt. Das Irrationale war in der Politik wichtig geworden, die Vernunft galt angesichts einfacher, ungebildeter Wähler, nun »Massen« genannt, als unwirksam.

Mit dieser Ausschaltung der Vernunft zugunsten eines Gefühlsrausches wie bei Richard Wagners Musik beschäftigte sich ja auch Max Nordau in seinem Buch ENTARTET und nannte diesen damals modernen Mystizismus den »Ausdruck des Unvermögens zur Aufmerksamkeit, zu klarem Denken und zur Beherrschung der Emotionen«. Er beruhe auf der »Schwächung der höchsten Hirnzentren«.

Diese Methode, Massen in ihren Bann zu ziehen, praktizierten viele Volkstribunen dieser Zeit, der sozialdemokratische Arbeiterführer Franz Schuhmeier ebenso wie Ignaz Mandl und in früheren Jahren Georg Schönerer. Auch Theodor Herzl hatte es ja mit Massen zu tun, die er nicht mit Intellekt, sondern mit Gefühlen für seinen damals völlig unrealistischen Traum eines Judenstaates begeisterte. Herzl an den jüdischen Philanthropen Baron Moriz Hirsch: »Glauben Sie mir, die Politik eines ganzen Volkes – besonders, wenn es so in aller Welt zerstreut ist – macht man nur mit Imponderabilien, die hoch in der Luft schweben. Wissen Sie, woraus das Deutsche Reich entstanden ist? Aus Träumereien, Liedern, Phantasien und schwarz-rot-goldenen Bändern... Bismarck hat nur den Baum geschüttelt, den die Phantasten pflanzten.«[50]

Der Anstoß für H.s intensive Beschäftigung mit dem Typ des Volkstribunen und den strategisch besten Mitteln, um Massen zu fanatisieren und zu Gefühlsräuschen zu bringen, kam zweifellos vom persönlichen Erlebnis der Reden Luegers.

Luegers Antisemitismus

Lueger verstand es, alle Feindbilder seiner Wähler in einer mächtigen Bewegung zusammenzufassen: dem Antisemitismus. Alles Widrige brachte er auf eine einfache Formel: Der Jud ist schuld. »Wir wehren uns dagegen, daß die Christen unterdrückt werden und an die Stelle des alten christlichen Reiches Österreich ein neues Palästina tritt.«[51]

Er griff dabei den alten, seit Jahrhunderten eingewurzelten katholischen Antijudaismus gegen das »Gottesmördervolk« auf, den Antiliberalismus und Antikapitalismus, den Haß auf »Geld- und Börsejuden«, »Pressejuden«, die Intellektuellen als »Tintenjuden«, die Sozialdemokratie als »Judenschutztruppe«, die Ostjuden als »Betteljuden«, die angeblich »jüdische« moderne Kunst und Frauenemanzipation. Allein sein Schimpfwort über die Ungarn – »Judäomagyaren« – brachte ihm laut Kielmansegg »damals Tausende von Anhängern« ein.[52]

Die Christlichsozialen sahen ihre politische Hauptaufgabe darin, die rasch gewachsene »Macht der Juden« wieder zu reduzieren und alles zu tun, um die Emanzipation von 1867 rückgängig zu machen und »zwischen allen arisch-christlichen Nationen eine Verständigung herbeizuführen, um im Reichsrate eine Majorität zustande zu bringen, damit Gesetze zur Aufhebung der Gleichberechtigung der Juden, zu Konfiskation der Judengüter und Austreibung der Juden zustande kommen«.[53]

Lueger machte sich zum Sprachrohr seiner Wähler: »In Wien muß der arme Handwerker am Samstag nachmittag betteln gehen, um die Arbeit seiner Hände zu verwerten, betteln muß er beim jüdischen Möbelhändler. Der Einfluß auf die Massen ist bei uns in den Händen der Juden, der größte Theil der Presse ist in ihren Händen, der weitaus größte Theil des Capitals und speciell des Großkapitals ist in Judenhänden und die Juden üben hier einen Terrorismus aus, wie er ärger nicht gedacht werden kann. Es handelt sich uns darum in Österreich vor allem um die Befreiung des christlichen Volkes aus der Vorherrschaft des Judenthums. (Lebhaftes Bravo! Redner mit erhobener Stimme:) Wir wollen auf dem Boden unserer Väter freie Männer sein und das christliche Volk soll dort herrschen, wo unsere Väter geblutet haben. (Tosender Beifall.)« Und: »Für uns gilt es, unserem christlichen Volke die Freiheit zu erobern und festzuhalten… Und wenn alle den Muth verlieren würden, der Doctor Lueger und seine Partei geht muthig vorwärts. (Tosender Beifall, Hoch Lueger!)«[54]

Zimperlich war der Bürgermeister nicht: Als ein liberaler jüdischer Abgeordneter im Reichsrat gegen die antisemitische Volksverhetzung protestierte, antwortete Lueger, der Antisemitismus werde »zugrunde gehen, aber erst dann, wenn der letzte Jude zugrunde gegangen ist«. Als sein Antipode an Luegers Ausspruch bei einer Volksversammlung erinnerte, es sei ihm »gleichgültig, ob man die Juden henkt oder schießt«, machte Lueger ungerührt den korrigierenden Zwischenruf: »Köpft! habe ich gesagt«[55] (siehe auch S. 490).

Salten führte Luegers beispiellosen Erfolg auf die Orientierungslosigkeit der »Kleinbürger« zurück, die noch unsicher im Umgang mit ihrer politischen Macht waren und weder bei den großbürgerlichen Liberalen noch den »proletarischen« Sozialdemokraten eine politische Heimat fanden: »Die breite Masse der Kleinbürger aber irrt führerlos blökend wie eine verwaiste Herde durch die Versammlungslokale. Und alle sind von der österreichischen Selbstkritik, von der Skepsis, von der österreichischen Selbstironie bis zur Verzagtheit niedergedrückt. Da kommt dieser Mann und schlachtet – weil ihm sonst alle anderen Künste mißlingen – vor der aufheulenden Menge einen Juden. Auf der Rednertribüne schlachtet er ihn mit Worten, sticht ihn mit Worten tot, reißt ihn in Fetzen, schleudert ihm dem Volk als Opfer hin. Es ist seine erste monarchisch-klerikale Tat: Der allgemeinen Unzufriedenheit den Weg in die Judengasse weisen; dort mag sie sich austoben.«[56]

Hier wurden eifrig Aggressionen im Dienste der Parteipolitik geschürt, von Luegers Parteifreunden noch mehr als von ihm selbst. So meinte Josef Gregorig bei einer Reichsratsdebatte über die ständige Verteuerung des Getreides, der hohe Brotpreis wie der teure Kunstdünger seien auf den »Judenschwindel« zurückzuführen, und: »Ich würde es sehr gerne sehen, wenn die ganzen Juden in Kunstdünger vermahlen würden... (Heiterkeit bei den Parteigenossen), es würde mich das sehr freuen.« Und als weiteres Mittel zur Preisreduzierung schlug er scherzhaft vor: »Wenn Sie jetzt hingehen und hängen 3 000 Börsejuden heute noch auf, haben Sie morgen das Getreide billiger. Tun Sie das, es ist die einzige Lösung der Brotfrage. (Beifall seitens der Parteigenossen. – Heiterkeit.)«[57]

Und Ernest Schneider tat den vielzitierten Ausspruch, »man möge ihm ein Schiff geben, auf dem sämtliche Juden zusammengepfercht werden könnten; er wolle es aufs offene Meer hinauslenken, dort versenken und, wenn er nur gewiß sei, daß der letzte Jude ertrinke, selbst mituntergehen, um so der Welt den denkbar größten Dienst zu erweisen«.[58]

Um 1900 wurden auch die noch aus dem Mittelalter stammenden Ritualmord-Verdächtigungen wiederbelebt, um den Antisemitismus zu rechtfertigen. Wann immer irgendwo ein Kind verschwand, vor allem in den ländlichen Gegenden Ungarns oder Galiziens, tauchten Gerüchte über einen jüdischen Ritualmord auf, und dies wiederum bot den willkommenen Vorwand für Terror gegen jüdische Familien.[59] Führend in der Verbreitung vieler Schauermärchen waren katholische Geistliche, die auch die nötige Literatur beisteuerten, so Pater August Rohling in seiner weit verbreiteten Broschüre DER TALMUDJUDE oder Pfarrer Joseph Deckert 1893 in EIN RITUALMORD. AKTENMÄSSIG NACHGEWIESEN.

Luegers Beitrag zu diesem wild umkämpften Thema im Reichsrat ist ein eindrucksvolles Beispiel für sein Taktieren zwischen den Fronten: »Es kommt vor, daß die Juden Blut entgegen ihrem Verbote gebraucht, beziehungsweise sich mit Blut befleckt haben. Was früher geschah, kann das nicht auch jetzt geschehen?« Bemerkenswert sei »der unglaubliche fanatische Haß, die unersättliche Rachsucht, mit welcher die Juden ihre angeblichen und wirklichen Feinde verfolgen«. Dann zitierte er breit die Propheten Jesaia und Jeremia als Zeugnisse gegen die Juden, zum Beispiel: »Denn Eure Hände sind mit Blut befleckt, mit Unrecht Eure Finger; Eure Lippen reden Lügen und Eure Zunge spricht Frevel!« Und: »Sie brüten Basiliskeneier aus, sie weben Spinnengewebe. Wer von ihren Eiern ißt, der stirbt. Und wenn man eins zerdrückt, so kommt eine Schlange heraus.« Lueger: »Nun, ich bin der Meinung, daß nicht die Juden die Märtyrer der Deutschen, sondern die Deutschen die Märtyrer der Juden sind.« »Da sind Wölfe, Löwen, Panther, Leoparden, Tiger Menschen gegenüber diesen Raubtieren in Menschengestalt.«[60]

Lueger zeigte sich überzeugt, daß bei einer neuerlichen Revolution »nicht mehr arme Mönche erschossen werden, sondern, daß es anderen Personen unangenehm würde, wenn eine solche Revolution ausbricht«. Die katholische Kirche müsse »Schutz und Schirm gegen die jüdische Unterdrückung« sein, das christliche Volk »von den schmachvollen Fesseln der Judenknechtschaft« befreien.[61]

Christliche Extra-Zeitung

Einzelne Exemplare 4 kr. — Einzelne Exemplare 4 kr.

Eigenthümer: Fritz Gabriel.

2. Jahrgang.   Wien, Sonntag 19. December 1897.   **Nr. 60.**

Juden und Weiber.

„Blondlockige Weiblein kosen
Mit den Schäfern vom Sinai —
Die germanischen Tugendrosen —
Nach Knoblauch oft duften sie."
(Aus Dr. E. Schweichel: „In Sachen contra Sem".)

Wenn man das Sündenregister unserer hebräischen Mitbürger aufzählen wollte, so muß die sittliche Verwüstung, die der Jude unter unserer weiblichen Jugend anrichtet, an hervorragender Stelle genannt werden.

Das Judengeld einerseits und die angeborene Schamlosigkeit und Gewissenlosigkeit des Hebräers andererseits spielen in dieser Beziehung ihre Rolle. Wir sprechen hier von Dingen, die ein öffentliches Geheimniß bilden, die aber leider Gottes eben deswegen viel zu wenig besprochen und in ihrer ungeheueren Bedeutung gewürdigt werden.

Das niedrig-sinnliche Naturell der Juden, ihr Mangel an Scham und Gewissen macht sie zu den verwegensten Verführern. Die tägliche Erfahrung, die Jeder machen kann, der auch nur oberflächlich beobachtet, zeigt besonders in der Großstadt die unheimliche Thätigkeit der Juden in dieser Richtung. Mädchen, die in ein dienendes Verhältniß zu Juden treten, verfallen fast ausnahmslos dem sittlichen Verderben. Man wird kaum fehlgehen, wenn man sagt, daß die Mehrzahl der unglücklichen Geschöpfe, welche die großstädtische Prostitution bilden, durch jüdische Verführung gefallen sind.

Unsere traurigen socialen Verhältnisse spielen

In ihrer Wortwahl und den häufigen Tiervergleichen stellten auch prominente Priester, wie der Prälat und christlichsoziale Reichsratsabgeordnete Josef Scheicher, »die Juden« abseits der menschlichen Gesellschaft. Er nannte sie einen »Schwarm Wanderheuschrecken« und gebrauchte die Floskel von den Juden, die »das arische Volk wie die Spinne eine im Netze gefangene Fliege umspinnen und aussaugen«,[62] und: »Das ewig Jüdische ist der Todfeind des Arischen, findet dort aber stets ebenso Platz und Raum wie der Holzwurm im Stamme, bis der Wurm ausgewachsen, dick und fett geworden sich einpuppt, um als neugebackener Baron eine höhere Stelle in der Gesellschaft einzunehmen! Immer treu besorgt, daß neuen, jungen Holzwürmern nie der Zugang zum Christenholze verwehrt werde.«[63]

Da auch Pfarrer von den Kanzeln herab den Antisemitismus predigten und den »Abwehrkampf« gegen »die Juden« als richtig und notwendig darstellten, sahen Luegers Anhänger immer weniger Unrecht darin, diese »Gottlosen« zu schikanieren. Der als Jude geborene Schriftsteller Felix Braun, vier Jahre älter als H., erinnerte sich an eine bittere Kindheit, als »die politische Bewegung in Wien eine Steigerung der Erregung erreicht, die zu rohen Ausschreitungen bei Versammlungen und auch in den Straßen ausartete. Selbst Kinder hatten sich die Schlagworte der neuen Partei zu eigen gemacht, und die Zugehörigkeit zu meiner Religion wurde mir auf den Spielplätzen der Gärten und sogar in der Schule mit Hohn vorgeworfen. Während der Wahlen wagten viele jüdische Kinder nicht auszugehen.« Auch der Gärtnerbursche in seinem Haus habe ihn als Juden beschimpft und ihn geschlagen.[64]

Zusammen mit einer Katholisierungskampagne brachten die Christlichsozialen ihren Antisemitismus auch in »judenreiche« Kronländer, vor allem nach Galizien und in die Bukowina, und finanzierten zu diesem Zweck eine Reihe neuer »Volksblätter«. So schlug im Juli 1908 das BUKOWINAER VOLKSBLATT Strategien im Kampf gegen die Juden vor. Zunächst müsse der Christ den Feind genau studieren: »Ist der Feind, der dich bedroht, ein Wolf, so greifst du zum Gewehr, ladest dir ein paar Freunde ein und bringst nun in frischer, fröhlicher Hatz so viele Schädlinge zur Strecke, als du eben erreichen kannst.« Über Bär, Fuchs und Schlange kam das Blatt zu kleineren Schädlingen: »Zimmerwanzen ist am besten mit heißem

Wasser, Insektenpulver und diversen Tinkturen zu Leibe zu rücken; Läusen gegenüber hilft fleißiges Baden und in besonders hartnäckigen Fällen Merkurialsalbe.«

Aber: »Der Feind, der dem Christen gefährlicher wird als alles hier aufgezählte, ist der Jude, gefährlicher deswegen, weil wir ihm gegenüber noch nicht ganz gerüstet sind und weil der Kampf mit ihm zumeist ein Kampf mit unzulänglichen Mitteln ist, denn Wanzentinkturen gegen Wanzen und gezogene Läufe gegen Raubtiere sind längst in Anwendung, während wir erst eine Zacherlinspritze gegen die Juden erfinden müssen.« Zacherlin war das damals beliebteste Insektenvertilgungsmittel.

Auch hier wurden »die Juden« mit Heuschrecken und einer Feuersbrunst verglichen, und: »Daß auch dieser Vergleich viel zu schwach diese Blutegel charakterisiert, erhellt daraus, daß sowohl Heuschrecke als Feuersbrunst nur die Früchte deiner Arbeit, während die Juden dir auch das Stückchen Erde, das dir geblieben, wegeskamotieren, dir also nicht die kleinste Hoffnung auf eine bessere Zukunft lassend. Das sind die Intentionen dieser Blutegel, dahin gehen die Bestrebungen der schmachtlockigen Heuschrecken. Du wirst also einsehen, christliches Volk, daß Heuschrecke, Feuersbrunst, Pest keine größere Gefahr für dich sind, denn sie lassen dir die Hoffnung auf eine bessere Zukunft, wenn nicht dies, so doch die Hoffnung auf ein besseres Jenseits, während der Jude mit seinen Saugwarzen wie ein langsam tötendes Gift an deinem Gut, ja sogar an Leib und Seele nagt.«

In einer Interpellation an den Ministerpräsidenten legte Benno Straucher, der zionistische Abgeordnete aus der Bukowina, dieses Blatt im Juli 1908 im Reichsrat vor, protestierte gegen diese »gewissenlose Agitation« und wies darauf hin, »daß mit diesen Brutalitäten unverhohlen der nackte Vernichtungskrieg gegen die Juden propagiert wird und daß durch die stillschweigende Tolerierung dieser wüsten Hetze... der Eindruck hervorgerufen wird, als seien die Juden in diesem Staate geradezu vogelfrei«.[65]

In Wien ist heute noch die Entschuldigung zu hören, Lueger habe sich zwar als Antisemit gebärdet, dies aber gar nicht ernst gemeint. Denn er habe sogar jüdische Freunde gehabt, und schließlich sei keinem Juden ernstlich »etwas passiert«.

Tatsächlich pflegte Lueger trotz seines öffentlich propagierten Antisemitismus durchaus Kontakte mit Juden und bemühte sich auch um eine gute Zusammenarbeit mit der Jüdischen Kultusgemeinde. Mit dem vielzitierten Spruch: »Wer a Jud ist, bestimm i!« nahm er sich die Freiheit, Ausnahmen zu machen. Wer sich politisch für ihn einsetzte, war bei ihm wohlgelitten. Da er im Gegensatz zu den Schönerianern Judentum nicht durch die Rasse, sondern durch die Religion definierte, konnte er getaufte Juden zum Mißvergnügen so manches Parteifreunds in seinen engsten Kreis aufnehmen, wie etwa Dr. Albert Gessmann oder den hohen Beamten Rudolf Sieghart. Zudem war er in seinen letzten Lebensjahren milder als in den Aufstiegsjahren.

Im Privatgespräch mit Andersdenkenden milderte Lueger seinen Antisemitismus gerne mit dem Argument ab, er benutze ihn ja lediglich als politisch wirksames Mittel. Dem liberalen Statthalter von Niederösterreich, Graf Kielmansegg, sagte er 1897, der Antisemitismus sei »für ihn nur ein die Massen köderndes Schlagwort, er selbst achte und schätze viele Juden und werde keinem derselben je geflissentlich Unrecht tun«.[66] Und zum jüdischen Kaufmann Sigmund Mayer, der in der Kultusgemeinde eine große Rolle spielte und deshalb für Lueger politisch wichtig war, meinte der Bürgermeister leutselig: »Ich mag die ungarischen Juden noch weniger als die Ungarn, aber ich bin kein Feind unserer Wiener Juden; sie sind gar nicht so schlimm und wir können sie gar nicht entbehren. Meine Wiener haben fortwährend Lust, sich auszuruhen, die Juden sind die einzigen, die immer Lust haben, tätig zu sein.«[67]

Solche Redensarten überzeugten jedoch die vielfach beleidigten Mitglieder der Kultusgemeinde kaum. Und Mayer fand es besonders verwerflich, daß Lueger gegen seine Überzeugung den Antisemitismus zum Mittel der Politik machte: »Dem Manne fehlte eben jenes primitivste, das den Menschen erst zum Charakter macht, die Ehrlichkeit. Seine antisemitische Gesinnung war stets ganz und gar Heuchelei.« Mayer zu Lueger: »Nicht daß Sie Antisemit sind, werfe ich Ihnen vor, sondern daß Sie es <u>nicht</u> sind.«[68]

Freilich – falls Lueger wider besseres Wissen den Antisemitismus nur als Mittel zum Zweck und als politisches Lock- und Propagandamittel benutzte, so wäre er weit verlogener gewesen als seine Anhänger. Denn sie waren wenigstens von der Richtigkeit dessen überzeugt, was sie sagten und taten. So war auch Arthur Schnitzler nicht bereit, all die Entschuldigungen für Lueger zu akzeptieren, im Gegenteil: »Mir galt gerade das immer als der stärkste Beweis seiner moralischen Fragwürdigkeit.«[69]

Politisch ist es bedeutungslos, ob und wie viele jüdische Freunde Lueger privat gehabt haben mag. Von Bedeutung ist allein die Wirkung seiner aufhetzenden Reden – und diese war verheerend. Der Antisemitismus, den Lueger über Jahrzehnte als hypnotischer Redner in die ihn verehrenden Volksmassen brachte, die ordinären Entgleisungen seiner Parteigenossen und geistlichen Freunde, die er unwidersprochen ließ, vergifteten die Atmosphäre. Auch wenn kein Jude ermordet wurde, verrohten die Menschen, die von ihrem verehrten Idol in alten Vorurteilen bestätigt wurden.

Ebendiese politische Zweckmäßigkeit des Antisemitismus betonte auch H. in einem seiner Monologe, voll Hochachtung vor dem durchschlagenden Erfolg: Lueger sei Christlichsozialer geworden, *weil er den Weg zur Rettung des Staates im Antisemitismus gegeben sah und weil der Antisemitismus sich in Wien nur auf religiöser Basis aufbauen konnte.* So sei es ihm gelungen, *bei 148 Gemeinderatssitzen 136 Antisemiten zu haben.*[70]

Andererseits kritisierte der Politiker H. Luegers katholischen Antisemitismus als zuwenig konsequent: *Im schlimmsten Falle rettete ein Guß Taufwasser immer noch Geschäft und Judentum zugleich.* Der Antisemitismus sei bei Lueger zum *Versuch einer neuen Judenbekehrung* geworden. Und: *Es fehlte die Überzeugung, daß es sich hier um eine Lebensfrage der gesamten Menschheit handle, von deren Lösung das Schicksal aller nichtjüdischen Völker abhänge.* Diese *Halbheit* und diesen *Scheinantisemitismus* verurteilte der Schönerer-Schüler H., *denn so wurde man in Sicherheit eingelullt, glaubte den Gegner an den Ohren zu haben, wurde jedoch in Wirklichkeit an der Nase geführt.*[71]

Die Kirche als Wahlhelfer

Unter der Parole »katholisch, österreichisch und deutsch« verknüpfte Lueger seine politischen Interessen mit denen der Kirche. Das brachte ihm die Unterstützung zunächst des niederen Klerus und dann der Gesamtkirche ein. Von den Kanzeln herab wurde für Luegers Partei und gegen »Judenliberale« Stimmung gemacht und für den christlichen Sozialismus gekämpft. Lueger wiederum rief zum stärkeren Kirchenbesuch auf und umgab sich bei seinen öffentlichen Auftritten mit Vorliebe mit Geistlichen und Nonnen.

Schon zu Neujahr 1889 erntete Lueger Begeisterung, als er 100 Jahre nach der Französischen Revolution rief: »Das Jahr 1889 wird eine Art Prüfstein sein für unsere Partei... wir dürfen nicht ruhen in der Wiederaufrichtung der christlichen Weltordnung. Im Jahre 1789 war die Revolution, im Jahre 1889 muß die Revision der Revolution eintreten, der katholische Priester muß wieder voran, er muß zeigen, daß er Führer des Volkes ist, daß das gesamte Volk hinter der katholischen Bewegung steht.«[72]

Als höchst willkommene Gegenleistung für seine Dienste an der Kirche konnte Lueger voll auf die Organisation der Kirche zurückgreifen, mit all den Pfarr-Runden, den Müttervereinen, den Kirchenchören, den Klöstern und Schulen. Seine geistlichen Freunde machten höchst wirksame politische Propaganda. Diese Taktik hielt auch H. in MEIN KAMPF für wichtig und hob hervor, daß Lueger geschickt gewesen sei, *sich all der nun einmal schon vorhandenen Machtmittel zu bedienen, bestehende mächtige Einrichtungen sich geneigt zu machen, um aus solchen alten Kraftquellen für die eigene Bewegung möglichst großen Nutzen ziehen zu können.*[73] Die Christlichsoziale Partei *vermied jeden Kampf gegen eine religiöse Einrichtung und sicherte sich dadurch die Unterstützung einer so mächtigen Organisation, wie sie die Kirche nun einmal darstellt. Sie besaß demzufolge auch nur einen einzigen wahrhaft großen Hauptgegner. Sie erkannte den Wert einer großzügigen Propaganda und war Virtuosin im Einwirken auf die seelischen Instinkte der breiten Masse ihrer Anhänger.*[74]

Sehr große politische Bedeutung für Lueger hatte der »Christliche Wiener Frauenbund«, genannt das »Luegersche Amazonenkorps« oder »Mein Harem«. Im begeisterten Dienst für ihr Idol leisteten sie effiziente politische Arbeit und trugen wesentlich zu Luegers Erfolgen bei. Graf Kielmansegg über die Frauenvereine: »Ihr Zweck war ein hochpolitischer, nämlich, die Luegerpartei durch Agitation in den Familien und in der Öffentlichkeit zu fördern und zu unterstützen.«[75]

Wohlgemerkt dachte Lueger aber nicht im entferntesten daran, sich etwa für mehr politische Rechte »seiner« Frauen einzusetzen, so etwa das Wahlrecht. Die mächtige Präsidentin des Frauenbundes, Emilie Platter, wetterte sogar im Dienste ihres Herrn gegen die »moderne Frauenrechtlerei« (siehe S. 525).

Lueger verstand es perfekt, den Frauen zu schmeicheln und sie mit Einsatz seines nicht unbeträchtlichen Charmes bei Laune und bei der Arbeit zu halten. Am Beispiel des »schönen Karl« konnte der junge H. auch studieren, wie ein charismatischer Politiker es schaffte, die Kritikfähigkeit von Frauen einzuschläfern und sie zu willigen und euphorischen, opferbereiten Arbeitskräften zu machen. Immerhin waren diese Frauen durch ihre oft schon langjährige Arbeit in den Pfarreien dienstfertigen Gehorsam gegenüber der Obrigkeit gewohnt.

Luegers erfolgreichster Helfer war der Jesuitenpater Heinrich Abel, der gegen die Juden, den Liberalismus, die Sozialdemokratie wetterte und vor allem gegen den verderblichen Einfluß der Freimaurerei, »eine vom Satan angestiftete Rotte«, die er für alle demokratischen und nationalen Bestrebungen und zahlreiche angebliche politische Morde verantwortlich machte. Mit Parolen wie »freimaurerische Weltverschwörung«, »Volksverführer«, »geheime Mächte« und eine angebliche »geheime Weltregierung« erklärte er von der Kanzel herab alles Böse als »jüdisch-freimaurerisch« und rief seine Männer zum kompromißlosen Kampf gegen diese »gottlosen Feinde« und für Kirche und christlichsoziale Partei auf.[76]

Auch in seinem Privatleben machte Abel keinen Hehl aus seinem Antisemitismus. So brüstete er sich, einen Stock zu besitzen, mit dem einmal sein Vater einen Juden gezüchtigt habe – und verschenkte diesen Stock als Zeichen seiner Freundschaft an einen Gesinnungsgenossen.[77]

Abel veranstaltete alljährlich Männerwallfahrten nach Mariazell und Klosterneuburg, an denen meistens auch Bürgermeister Lueger teilnahm. In den Festpredigten schimpfte Abel »auf den furchtbaren Terrorismus, den die Sozialdemokratie gegen die kleinen Leute ausübt«, und den »Absolutismus der liberalen Bürokratie«, vor allem die »Judenpresse«. Auch sein Kollege, der Jesuitenpater Viktor Kolb, mischte sich 1906 von Mariazell aus in den Wahlkampf ein: »Die

Wahlen in das Parlament sind nicht nur politische – es sind vor allem auch religiöse Akte; es sind Bekenntnisse für oder gegen Gott, für oder gegen den Glauben.«[78]

Einweihung des Wiener städtischen Gaswerks; hinter dem Erzbischof der Bürgermeister

Dieser kämpfende politische Katholizismus, der in Österreich schon durch die Habsburger eine jahrhundertelange Tradition hatte, riß die Gräben zwischen »Klerikalen« und »Judenliberalen« weiter auf. Die Kirche war um 1900 zumindest in Wien ein unkontrollierbarer politischer Machtfaktor mit der christlichsozialen Partei als verlängertem Arm.

Eine zentrale Rolle im Kampf gegen die Liberalen spielten die liberalen Gesetze von 1867, die nicht nur die Emanzipation der Juden festgelegt hatten, sondern auch eine liberale Schulpolitik. In Berufung auf das »katholische Volk von Österreich« rief die Kirche wie die christlichsoziale Partei nach einer »Rekatholisierung« und mehr »christlichem Geist«. Das bedeutete die Ausgrenzung von Juden und »Judenknechten« aus allen öffentlichen Bereichen, vor allem ihren Ausschluß als Lehrer und Professoren. Der Katholische Schulverein war bei dieser Kampagne stets einsatzbereit, zumal er über einen höchst prominenten Präsidenten verfügte, den

Thronfolger Franz Ferdinand. Gegen die anderen Schulvereine wurde in den Kirchen Stimmung gemacht. So wetterte Pater Abel gegen den Deutschen Schulverein als »Judenverein« und »Ableger der Freimaurerei«, weil dieser sich weigerte, Juden auszuschließen.[79]

Um der Kirche und dem »Deutschtum« in Wien neue Seelen zu sichern, wurden die Waisenhäuser straff katholisch und deutsch organisiert. Begabte Söhne von Christlichsozialen wurden in die berühmten Knabenhorte der Stadt Wien aufgenommen, die der Bürgermeister mit außerordentlich hohen finanziellen Mitteln in fast jedem Wiener Bezirk speiste. Diese Eliteanstalten unterzogen die Kinder einer strikt militärischen, katholischen und deutschen Erziehung und sollten die kommende katholische Führungsschicht heranbilden.[80] Die Paraden der weißuniformierten Waisenknaben waren alljährliche Wiener Sehenswürdigkeiten – und bildeten auch den umjubelten Schlußpunkt des Jubiläumsfestzuges von 1908. Auf dem Trabrennplatz im Prater fand am 25. Mai 1908 vor Publikum ein Preisexerzieren statt, die »Kaiserjubiläums-Revue«: 2611 Knaben in 16 Bataillonen defilierten im Stechschritt vor dem Kaiser. Der junge H. muß solche Vorstellungen miterlebt haben. Jedenfalls zeigte er, wie wir von Reinhold Hanisch wissen, besonderes Interesse an dieser frühen militärischen, parteigebundenen Knabenerziehung.

An den Universitäten machte sich die christlichsoziale Bewegung in einer dezidiert wissenschaftsfeindlichen Kampfbereitschaft Luft. Immerhin mußte schon 1888 der Rektor der Wiener Universität, der weltberühmte Geologe Professor Eduard Sueß, der Halbjude und prominenter liberaler Politiker zugleich war, wegen antisemitischer Kampagnen der »Vereinigten Christen« auf sein Amt verzichten. Das christliche VATERLAND hetzte: »Bisher hat man über die Verjudung unserer Universität geklagt, von jetzt an wird man sich damit abfinden müssen, daß diese katholische Stiftung dem Antichrist dienstbar geworden ist.«[81]

In H.s Wiener Zeit gab es 1908/09 an allen deutschsprachigen Universitäten Cisleithaniens Krawalle um den mißliebig gewordenen Theologieprofessor Adolf Wahrmund. In Innsbruck brachten die Klerikalen sogar Bauern mit Mistgabeln an die Universität im christlichen Kampf gegen die verteufelte Wissenschaft.

Der Kampf gegen Juden und deren Freunde behinderte in Wien um 1900 viele Aktivitäten. Der sehr engagierte »Wiener Volksbildungsverein« etwa, wo prominente Wissenschaftler unentgeltlich Vorträge hielten, wurde vielfältig schikaniert, weil er sich standhaft weigerte, auf »Juden, Judenstämmlinge und Judenknechte« als Vortragende zu verzichten, wie der Bürgermeister es wünschte.[82] Zusagen für Vortragslokale wurden entzogen, Gelder gesperrt, die honorigen Mitglieder als »jüdisch-freimaurerische« Volksverführer angeprangert. Da spielte es auch keine Rolle, daß der prominente Historiker – und »arische« Katholik – Alfred von Arneth, Präsident der Kaiserlichen Akademie der Wissenschaften, auch Präsident des Volksbildungsvereins war. »Professor« war unter Lueger ohnehin zum Schimpfwort geworden.

In katholischen Vereinen und Pfarren wurden antisemitische Schriften und Predigten von Pater Abel, Pfarrer Deckert, Pfarrer Stauracz verkauft. Darunter befand sich auch das Büchlein von Luegers Parteifreund Scheicher: AUS DEM JAHRE 1920. Hier schilderte der Prälat seinen »Traum«, wie die Länder der dann zerfallenen Donaumonarchie im Jahre 1920 aussehen würden: Nach einem konsequenten Austausch der Minderheiten seien die Länder der »Oststaaten« nun national geordnet und selbständig. Die altösterreichischen Länder mit Wien hießen nun »Ostmark«, Kärnten und Krain »Südmark« und die Sudeten »Nordmark«, es gebe ein tschechisches Böhmen, ein polnisches Polen, ein ruthenisches Ruthenien und so weiter.

Lueger sei inzwischen, so Prälat Scheicher in seinem Zukunftstraum, als »Staatsobrist der Ostmark« in Pension. Ihm zu Ehren sei die Leopoldstadt in Luegerstadt umbenannt. Denn Wien sei nun »judenfrei«, weil die Christen die »Plattfüßler«, »Krummnasen« und »Mauscheln« mit einem totalen Wirtschaftsboykott nach Budapest vertrieben hätten.

Das Judentum habe ja »schlimmer als die Pest in den Ländern von weiland Österreich gehaust«, schreibt Scheicher. »Es hat jung und alt der ganz ordinären Unzucht künstlich zugetrieben, hat das Gefühl für Reinheit und Sitte systematisch untergraben. Syphilis und Scrophulose waren die Resultate« – und so fort.[83] »Die Universität, die Schulen, die Spitäler, die Plätze und Straßen, alles, alles von Christengeld errichtet! Trotzdem ließ man die Ankömmlinge aus dem Osten, die kaum halbcivilisierten Semiten aus Galizien und Ungarn an allen christlichen Gründungen neidlos theilhaben!«[84] Nun also seien die Juden alle fort, und Wien sei gereinigt. »Eine sittliche Wiedergeburt war nothwendig!«[85] Es bleibe nur noch die Frage der »Kryptojuden« übrig, also der getauften, der »geheimen« Juden, wobei sich der Prälat auf die Praktiken der Inquisition berief.[86]

Der »Hexensabbath« des Parlamentarismus sei mit dem Auszug der Juden auch vorbei. Es herrsche brüderliche Liebe unter den Christen. Die wenigen, die im Parlament gegen die Abschaffung der Demokratie protestiert hätten, hätte Lueger von Irrenwächtern abholen und einsperren lassen. Nun funktioniere ein ständisch geordnetes Kammersystem. Die Volksabstimmungen liefen einfach mit der Abgabe schwarzer und weißer Kugeln als Ja und Nein zu bestimmten Fragen ab: »Es war ja eine Erlösung aus der unerträglich gewordenen Herrschaft der Demagogie und Uncultur«, gemeint war das Parlament.[87]

Alle Großbetriebe seien nun verstaatlicht. Millionäre gebe es nicht mehr. Alle fleißigen Menschen lebten in Frieden. Demonstrationen, wie sie einst die »Judensozi« in Wien veranstalteten, seien verboten. »Übelthäter« gebe es nicht mehr in der Ostmark: »Wir haben aufgeräumt. Wer sich gegen den Staat vergeht, wird unerbittlich gehängt... In Wien haben wir einmal dreihundert Juden und zwanzig Arier an einem Tage gehängt.« Und: »Im Staate Polen und im Staate Ruthenien haben wir tausende hängen lassen müssen, bis alle Sünder einsahen, daß es ernst sei.« Auch die Mädchenhändler würden gehängt.[88]

Es dürfte nicht nur Prälat Scheicher gewesen sein, der eine gewaltsame Lösung des Problems der Vielvölkermonarchie herbeisehnte. Er war allerdings der einzige, der seine Phantasien aufschrieb. Das Träumen von einer »Priesterherrschaft« in einem angeblich sittenreinen, totalitären Staat ohne Juden gehörte zum Wiener Zeitgeist vor 1914.

Einer jener Liberalen, die sich vehement gegen die Verknüpfung von Politik und Kirche aussprachen, war Tomáš G. Masaryk. Er meinte im Reichsrat am 4. Juni 1908: »Die christlichsoziale Partei ist eine politische Partei, und das ist das Schlimme an ihr, daß sie immer im Namen Gottes und der Religion spricht. Diese ihre ganze

Vorgangsweise muß aber die Kirche und die Religion kompromittieren. Diese Partei will einfach Österreich, da alle anderen Länder in ihrer Entwicklung schon weiter sind, zur Hochburg der aristokratisch-hierarchischen Theokratie machen.«[89]

Das richtige Parteibuch

Zu Luegers Erfolgsrezepten gehörte die besondere und ausschließliche Fürsorge für seine Wähler, die er mit mannigfachen Wohltaten von sich und seiner Partei abhängig machte. Er ließ nicht den geringsten Zweifel daran, daß er sich nur ihnen und keineswegs allen Wienern gegenüber zur Fürsorge verpflichtet fühlte. Immer wieder, so auch im Reichsrat 1905, betonte er stolz: »Verantwortlich bin ich nur meinen Wählern, verantwortlich nur jenen Gemeinderäten, die mir ihre Stimme gegeben haben.«[90]

Immerhin gab es im Wien um 1900 viel zu verteilen, denn die Stadt war jahrzehntelang eine riesige Baustelle mit starkem Bedarf an Arbeitskräften und einem großen Auftragsvolumen für Handwerker und Firmen aller Art. Die Gemeinde Wien zahlte bessere Gehälter als der Staat. Um aber an eine solche begehrte Gemeindestelle – oder eine Gemeindewohnung, ein Stipendium oder sonst etwas – zu kommen, mußte man möglichst der christlichsozialen Partei angehören, also das richtige »Parteibüchel« haben – eine Praxis, die auch fortan in Österreich eine unrühmliche Rolle spielen sollte. Jeder Gemeindebedienstete, vor allem jeder Lehrer, mußte außerdem vor Amtsantritt schwören, weder Sozialdemokrat noch Schönerianer zu sein und dies auch nicht zu werden. Die allseits bevorzugten Lueger-Anhänger aber konnten sich als Auserwählte fühlen und verehrten ihren allmächtigen und für die Seinen rührend sorgenden Herrn wie ihren Abgott.

In der Stadtverwaltung gab es viel Korruption und Geschäftemacherei, die ohne Luegers Wissen kaum möglich waren. Aber selbst seine ärgsten Feinde gestanden dem Bürgermeister zu, daß er persönlich nicht korrupt war und sich nicht bereicherte. Die den Christlichsozialen nicht wohlgesinnte WIENER SONN- UND MONTAGSZEITUNG bestätigte: »rings um ihn schwelgt alles in Gold und Orden, in Titeln und fetten Pfründen, er will nur der populäre Mann bleiben, der alles am Schnürchen hält, der Königsmacher, der die

Majestäten seiner Gnade immer daran erinnert, daß sie seine Kreaturen sind.«[91] Und auch H. betonte in MEIN KAMPF über Schönerer wie Lueger: *Im Sumpfe einer allgemeinen politischen Korruption blieb ihr ganzes Leben rein und unantastbar.*[92]

Unerbittlich blieb Lueger in seinem Haß gegen die politische Opposition, zunächst die »Judenliberalen« und nach deren Entmachtung gegen die »Judensozis«, die er mit Hilfe des alten Kurienwahlrechts von einer Mitsprache fernhielt – und außerdem ständig verhöhnte.

Der Sozialdemokrat sei arbeitsscheu, meinte er: »ob er ein paar Tage sitzt oder nicht, das ist ihm ziemlich gleich. Innerhalb und außerhalb des Arrests arbeitet er nichts, er singt höchstens das Lied der Arbeit: ›Die Arbeit hoch!‹ nur mit dem Zusatze: ›Wenn sie ein Anderer macht!‹ (Stürmische Heiterkeit).«[93] Selbst Forderungen nach einer Hilfe für Arbeits- und Obdachlose tat er höhnisch ab. Diese seien »Menschen, welche es verstehen, die Mildtätigkeit der Bevölkerung in allzu großer Weise auszubeuten, so daß sie imstande sind, ohne Arbeit ein gutes Leben zu führen.«[94]

Nachdem der Gemeinderat den Bürgermeister bevollmächtigt hatte, im Jahr 1909 sämtliche finanziellen Entscheidungen allein zu treffen, höhnte Lueger, nun habe bei der Budgetdebatte laut Geschäftsordnung der sozialdemokratische Gemeinderat Jakob Reumann das Wort: »Ja der Reumann ist jetzt stolz, er darf reden bis zum 31. Dezember 1909. Für diese Zeit habe ich vom Gemeinderat die Vollmacht, daß ich auch ohne Budget die Geschäfte abwickeln kann, aber dann wird sein Haupt fallen. Er wird geköpft. Die ganze Welt lacht über die Komödie. Ich werde mir doch nicht die Oberleitung abnehmen lassen. Ich bleibe der Herr und werde immer stärker, je bockbeiniger die sind.«[95]

Wegen der Feindschaft zwischen Christlichsozialen und Sozialdemokraten standen einander in Wien zwei durchaus ähnliche soziale Schichten mit ähnlichen politischen Zielen – etwa dem Antikapitalismus – als Feinde gegenüber: Handwerker, Bauern und Kleingewerbetreibende machten Front gegen die Industriearbeiter – und umgekehrt. Immer wieder kam es zu Auseinandersetzungen zwischen diesen beiden Gruppen, vor allem wenn die Handwerker unter Luegers Schutz zu hohe Preise verlangten und die Arbeiter dagegen protestierten.

Die Wiener Fleischhauer zum Beispiel wurden immer schon von Lueger unterstützt, und er war stolz auf das ihm überreichte Diplom eines »Ehrenfleischhauers«. Ihre parteipolitisch bedingten Privilegien brachten den Wienern jahrelang überhöhte Fleischpreise ein. Ähnliches gelang den Lohnfuhrwerkern.

Der Statthalter von Niederösterreich, Graf Kielmansegg, versuchte im Interesse des Fremdenverkehrs hier Mißbräuche abzuschaffen, stieß aber auf taube Ohren. Der politische Filz verhinderte Reformen, »weshalb Wien binnen weniger Jahre zu dem Ruf gelangte, eine der teuersten Städte Europas zu sein, und Fremde es daher geflissentlich zu meiden begannen«.[96] Besonders verhängnisvoll wirkte sich Luegers politische Bindung an die Hausherrenvereine aus.

Um den hohen Brotpreisen entgegenzuwirken und sich gegen das Preisdiktat der Wiener Bäcker zu wehren, griffen die Sozialdemokraten zur Selbsthilfe und gründeten die Brotfabrik »Hammer«, laut Werbespruch »Ein Werk der Wiener Arbeiter« und die »Modernste Brotfabrik der Monarchie«.[97] Die Fabrik vertrieb ihre Waren mit Hilfe von sozialdemokratischen Parteiorganisationen und Selbsthilfegruppen in auffälligen roten Lieferwagen und ließ keinen Zweifel daran, daß sie Konfrontationen nicht auswich.

Die Christlichsozialen liefen im Interesse der Bäcker gegen die »roten« Brotfabriken Sturm. Bei fast jeder Wahlversammlung kam das Thema aufs Tapet, so auch bei einer christlichsozialen Wählerversammlung in einer Turnhalle der Brigittenau 1911.[98] Die BRIGITTENAUER BEZIRKS-NACHRICHTEN wetterten, die »jüdisch-großkapitalistische Unternehmung« der Hammer-Brotwerke wolle die Vernichtung des Bäckergewerbes und die »Herrschaft des jüdischen Großspekulantentums und der jüdischen Soziführer«.[99]

Daß das heiß umkämpfte Thema der Hammer-Brotwerke auch ein Thema im Männerheim war, deutet Hanisch an. Der junge H. jedenfalls habe, so Hanisch, das Brot aus den beiden Fabriken Anker und Hammer als sehr wohlschmeckend gepriesen – was angesichts der ständigen Schimpfereien H.s auf die Sozialdemokraten als etwas Besonderes vermerkt wurde.

Die Germanisierung Wiens

Alle nationalen Probleme der Donaumonarchie konzentrierten sich in Wien, das alle habsburgischen Völker zu Recht als »ihre« Haupt- und Residenzstadt betrachteten. Demnach hätte Wien eine multinationale Stadt sein müssen – und war es eigentlich auch, wenn man die Einwandererzahlen zu Rate zieht. Denn mehr als die Hälfte aller Wiener Einwohner war nicht in Wien geboren. Besonders kraß war das Verhältnis zwischen Einheimischen und Einwanderern in der Brigittenau, wo H. wohnte: Dort waren 1908 von 71 500 Einwohnern nur 17 200 in Wien heimatberechtigt.[100] H. 1941: *Was Wien schwierig macht, ist die Verschiedenartigkeit des Blutes in seinen Mauern. Die Nachkommen aller der Rassen, welche das alte Österreich umfaßte, leben dort, und so hört jeder auf einer anderen Antenne, und jeder hat einen anderen Sender!*[101]

Durch diese gewaltige Völkerwanderung änderten sich in kurzer Zeit die nationalen Größenverhältnisse: In den reichen deutschsprachigen Ländern ging der Anteil der deutschen Bevölkerung stetig zurück, vor allem in Wien. Das Gespenst der Überfremdung ging um. Die Einheimischen fühlten sich durch die Massen armer fremdsprachiger Einwanderer bedroht, im »eigenen« Land entmachtet und vom Staat nicht hinreichend geschützt – und dies um so stärker, je höher Arbeitslosigkeit und Teuerung stiegen. So wurden sie empfänglich für radikale nationale Parolen.

Durch all diese Verschiebungen änderte sich auch der »Zeitgeist« innerhalb einer Generation: Waren die Väter noch liberal und kosmopolitisch, stolz auf die Vielfalt der Monarchie, so waren die Söhne national. H.s um drei Jahre älterer Zeitgenosse Oskar Kokoschka schildert in seinen Erinnerungen diesen Bruch: »Familien von fast vierzig verschiedenen Völkern hatten sich untereinander gekannt, sich verheiratet. Handel miteinander treiben können. Man durfte glauben, daß diese alte Habsburg-Monarchie in fast tausendjähriger Herrschaft die Kunst gelernt hatte, so viele Völker in Frieden miteinander leben zu lehren« als »ein Vorbild gesellschaftlicher Gesittung«. Aber: »Dieses Reich schien nun plötzlich so klein geworden zu sein, daß einer dem anderen auf die Zehen zu treten drohte.« Und: »Die geistige Elite verschiedener Nationen hat damals damit begonnen, Fenster einzuschlagen; die international gesinnten Arbeiter richteten mit Pflastersteinen Barrikaden auf. Nationale Politiker verlangten die Bodenschätze ihrer Länder allein zur Ausbeutung, auf Kosten der Allgemeinheit. Das Gleichnis des römischen Staatsmanns, daß die vom Leib abgetrennten Glieder nicht eines selbständigen Lebens fähig sind, war vergessen.«[102]

Bürgermeister Lueger nahm das drängendste Problem der Hauptstadt, die nicht zu hindernde Einwanderung, von Anfang an energisch in Angriff. Gegen die Bemühungen der nichtdeutschen Nationalitäten der Monarchie, in Wien wenigstens die Fiktion einer übernationalen Hauptstadt aufrechtzuerhalten, setzte er energisch den deutschen Charakter Wiens durch gemäß seinem ständig wiederholten Motto: »Wien ist deutsch und muß deutsch bleiben!«

Damit folgte er dem Beispiel der zweiten Reichshauptstadt Budapest, die rein ungarisch war und die anderen Nationalitäten rigoros magyarisierte. Er folgte aber auch den Hauptstädten der cisleithanischen Kronländer, die sich ebenfalls auf ihre nationalen Wurzeln besannen und energisch nationalisierten: Prag wurde in diesen Jahrzehnten zu einer tschechischen Stadt, Lemberg zu einer polnischen, Triest zu einer italienischen, Laibach zu einer slowenischen und so weiter. Und überall gab es Nationalitätenkämpfe zwischen den jeweiligen Mehrheiten und den Minderheiten.

Lueger setzte die Germanisierung Wiens an jenem Punkt an, über den die Nationalität im Vielvölkerstaat definiert wurde: in der Umgangssprache, und forderte von jedem Einwanderer energisch, sich der deutschen Sprache zu bedienen.

Dann kümmerte er sich um die Formulierung des Wiener Einbürgerungsgesetzes von 1890: Dort hieß es, daß derjenige ein Wiener Bürger werden könne, der geschäftsfähig und unbescholten war, einen zehnjährigen festen Wohnsitz in Wien und eine ebenso lange Steuerleistung nachweisen konnte, wirtschaftlich selbständig war und dem Bürgermeister eidlich gelobte, »daß er alle Bürgerpflichten nach Vorschrift des Gemeindestatutes gewissenhaft erfüllen und das Beste der Gemeinde möglichst fördern wolle«. Nun fügte Lueger zusätzlich den nötigen Eid des Bewerbers ein, »den deutschen Charakter der Stadt nach Kräften aufrecht« zu erhalten.[103] Außerdem verband er die Zeremonie des Bürgereides im Rathaus stets mit einer feierlichen Bekräftigung seines Grundsatzes, daß Wien eine deutsche Stadt sei.

429

Der Eid bedeutete einen strikten Assimilierungs- und Germanisierungszwang für die Einwanderer und war darüber hinaus ein politisches Instrument, um in Wien gegen nichtdeutsche Vereine und Schulen vorzugehen. Denn die Neubürger, die geschworen hatten, deutsch zu sein, riskierten nun eine Anklage wegen Meineids, wenn sie sich beim Tschechisch- oder Polnischsprechen erwischen ließen oder in einem nichtdeutschen nationalen Verein aktiv waren. Das war zwar nach den Staatsgesetzen legal, widersprach aber dem Bürgereid. Dem Spitzelwesen war damit Tür und Tor geöffnet.

An Deutlichkeit vor allem gegenüber den Tschechen ließ es der Bürgermeister wahrlich nicht fehlen, so, wenn er im Herbst 1909 in einer Bürgerversammlung ausrief: »wessen Brot du ißt, dessen Lied du singst, dessen Sprache du sprichst. Ich weiß, daß es Tschechen gibt, welche unter keiner Bedingung sich beugen wollen; die sich nicht beugen, die müssen halt gebrochen werden... Hier in Wien und Niederösterreich gilt und herrscht die deutsche Sprache.«[104]

Allerdings – und hier zeigte sich Luegers politische Vernunft: wenn sich die Einwanderer assimilierten und rechtschaffene »deutsche« Bürger waren, bot ihnen der Bürgermeister Schutz und Hilfe unter dem berühmten Motto: »Laßt mir meine Böhm in Ruh«. Sehr geschickt setzte er eingewienerte Tschechen in hohe Positionen und schuf sich eine eingeschworene persönliche Garde, die ihm bedingungslos folgte. Viele ursprünglich tschechische Kleingewerbetreibende und Handwerker wurden glühende Lueger-Verehrer – zum Ärger der nationalen Tschechen in Prag, die meinten, es sei ein »traurigstes Zeichen..., daß gerade der Mittelstand der dortigen Wiener Tschechen die beste Dienerschaft für den Klerikalismus Luegers darstellt«.[105]

Diese straffe Germanisierung Wiens unter Lueger war es wohl nicht zuletzt, die seinen Ruhm begründete und auch im jungen H. *unverhohlene Bewunderung* für den *gewaltigsten deutschen Bürgermeister aller Zeiten* erregte.[106]

Als 1908 die Frage akut wurde, ob in Wien eine italienische Rechtsfakultät eingerichtet werden sollte – und vielleicht auch eine slowenische Universität –, stand auch die Grundsatzfrage zur Diskussion, ob Wien nun eine multinationale Stadt sei oder nicht. Die resignierte Antwort gab der aus Galizien stammende Finanzminister Leon von Bilinski gegenüber dem deutschen Botschafter: »es sei ein Unding, eine italienische und in der Folge womöglich noch eine slowenische Universität künstlich hierher verpflanzen zu wollen.« Denn: »Wien sei im nationalen Sinne nicht mehr die Hauptstadt Österreichs; es sei eine deutsche Stadt, daran ließe sich nichts mehr ändern.«[107]

Luegers Tod

Im Frühjahr 1910 bewegte das lange Sterben des Bürgermeisters die Gemüter. Ganz Wien hatte nur ein Thema: Vorzüge und Fehler des »Herrgotts von Wien«. Auch im Leseraum des Männerheims Meldemannstraße wurde in diesen Tagen heftig diskutiert, wie Hanisch berichtet. Die Sozialdemokraten erhofften sich nun, da die Christlichsozialen führerlos waren, Erfolge in Wien und sparten nicht mit Kritik. Das wiederum empörte die Lueger-Anhänger, unter ihnen laut Hanisch auch den knapp 21 jährigen H. Er erzählte seinen Kollegen ausführlich über Luegers Werdegang, mit dem er sich offenbar gründlich beschäftigt hatte. Material zum Studium gab es in Hülle und Fülle. Denn die Zeitungen waren voll mit Lueger-Geschichten, und seit 1907 lag auch die erste Lueger-Biographie von Franz Stauracz vor, die in hoher Auflage gedruckt wurde und in allen Wiener Bibliotheken und Schulen, sicher auch in der des Männerheims, auflag.[108]

Lueger starb am 10. März 1910. Sein Begräbnis ging als »schönste Leich« in die Geschichte der vielen spektakulären Wiener Leichenfeiern ein. Der deutsche Botschafter berichtete nach Berlin: »Kein Souverän kann mit größeren Ehren zu Grabe getragen werden.«[109]

Der Trauerzug ging vom Rathaus über den Ring zum Stephansdom, wo die Einsegnung unter Beisein des Kaisers, vieler Erzherzöge, Minister und sonstiger hoher Würdenträger stattfand. Dann ging der Zug weiter durch die Rotenturmstraße über den Kai. Am Aspernplatz standen mehr als 1000 Wagen bereit, um die Trauernden den weiten Weg hinaus zum Zentralfriedhof zu fahren. Auf dem Friedhof war die Öffentlichkeit ausgeschlossen, alle Straßenbahnen, die dorthin führten, waren eingestellt. Lueger wurde zunächst im Grab seiner Eltern beigesetzt, da die Krypta der neu erbauten »Dr. Karl Lueger Gedächtniskirche« noch nicht fertig war.

Die meisten Geschäfte waren geschlossen, die Häuser hatten Trauerfahnen ausgesteckt. Wie immer bei solchen Großereignissen waren Würstelbuden aufgebaut. Ein Spalier von rund 40 000 Uniformierten säumte den Zug: die Wiener Garnison, Veteranen, die uniformierten städtischen Verbände, Schützenvereine, die Ortsgruppen des Christlichen Frauenbundes mit ihren bunten Fahnen. Kurzum: Wien feierte ein großes Fest. *Als der gewaltige Leichenzug den toten Bürgermeister vom Rathaus hinweg der Ringstraße zu fuhr, befand auch ich mich unter den vielen Hunderttausenden, die dem Trauerzug zusahen.*[110]

Anzunehmen, daß der junge H. auch manche der vielen Nachrufe in den Zeitungen las, wobei ihn jener von Luegers größtem politischen Feind am meisten interessiert haben dürfte: von Friedrich Austerlitz in der ARBEITERZEITUNG. Austerlitz brachte eine brillante Analyse von Luegers politischem Erfolgsweg, die sich wie ein Leitfaden für einen ehrgeizigen Politiker liest. Luegers Leben seien »zähe Kraft und ein leidenschaftlicher Wille« gewesen, »Kraft, die erreicht, was der Wille als Ziel setzt«. »Er ist in keine Partei eingetreten, er hat sich seine selbst geschaffen; er ist nicht emporgekommen nach dem Gesetz der Anciennität, sondern der Führer war da, bevor die Partei vorhanden war. Ohne andere Hilfsmittel als die seiner kecken Rede hat er Stadt und Land an sich gerissen und ihre Vertretung geformt nach seinem Bilde. Wie ward das möglich? Lueger ist eben der erste bürgerliche Politiker, der mit Massen rechnete, Massen bewegte, der die Wurzeln seiner Macht tief ins Erdreich senkte.« Lueger habe erkannt, »daß in unserer Zeit politische Wirkungen nur aus großen Kräften hervorgehen können und daß der Kern der politischen Arbeit Organisation heißt«.

Lueger habe aber, so Austerlitz, nicht nur Kräfte geweckt, »sondern auch Ideen verwüstet« und »die fruchtbaren Gedanken der Demokratie durch skrupellose Demagogie ersetzt... Die Roheit des Tones, die vor den giftigsten Verleumdungen des Gegners nicht zurückschreckt; ein gehässiger Terrorismus, der aus der politischen Gegnerschaft einen Krieg bis zur völligen Vernichtung machen möchte«, sei von ihm »zur Virtuosität ausgebildet« worden. Hierher stamme auch »der schamlose Mißbrauch behördlicher Macht zu Parteizwecken«. Und: »Auch die Kunst des blinden Versprechens, die Kunst, Gegensätzliches scheinbar zu einen, heute sich agrarisch, morgen sich industriell zu gebärden, für die Unternehmer zu wirken und den Arbeitern zu schmeicheln, regierungsfromm zu sein und oppositionell zu scheinen, auch sie ist Luegers Erfindung.«[111]

Luegers Tod löste einen Niedergang der Christlichsozialen aus. Die führerlose Partei, verstrickt in innere Kämpfe, Rivalitäten und offenbar gewordene Korruptionsfälle riesigen Ausmaßes, rutschte 1911 von 95 auf 76 Parlamentssitze ab. Um so üppiger blühte der Lueger-Kult.

Daß mit Luegers Tod auch die große Zeit seiner Partei vorüber sei, wurde offenbar auch im Männerheim erörtert. Hanisch überliefert, H. habe im Zusammenhang mit Luegers Tod gemeint, es sei eine neue Partei nötig: Diese müsse einen gut klingenden Namen haben und die besten Parolen der anderen Parteien übernehmen, um möglichst viele Anhänger zu gewinnen. Laut Hanisch habe dem jungen H. keine der damals bestehenden Parteien völlig zugesagt.

H. blieb der Außenseiter, der »studierende« Beobachter: *Da ich meine Überzeugung in keiner anderen Partei verwirklicht sah, konnte ich mich... auch nicht mehr entschließen, in eine der bestehenden Organisationen einzutreten oder gar mitzukämpfen. Ich hielt schon damals sämtliche der politischen Bewegungen für verfehlt und für unfähig, eine nationale Wiedergeburt des deutschen Volkes in größerem und nicht äußerlichem Umfange durchzuführen.*[112]

Doch dienten ihm die beiden Wiener Politiker Schönerer und Lueger in ihren Vorzügen wie Mängeln als politische Lehrbilder, denen H. viele Seiten seines Buches widmete: *Es ist unendlich lehrreich für unsere heutige Zeit, die Ursachen des Versagens beider Parteien zu studieren. Es ist dies besonders für meine Freunde zweckmäßig, da in vielen Punkten die Verhältnisse heute ähnlich sind wie damals und Fehler dadurch vermieden werden können.*[113] Und: *Dieser ganze Vorgang des Werdens und Vergehens der alldeutschen Bewegung einerseits und des unerhörten Aufstiegs der christlich-sozialen Partei andererseits sollte als klassisches Studienobjekt für mich von tiefster Bedeutung werden.*[114] Und: *Schönerer war der Konsequentere, er war entschlossen, den Staat zu zerschlagen. Lueger glaubte, den österreichischen Staat dem Deutschtum an sich erhalten zu können. Beide waren absolut deutsche Menschen.*[115]

Daß sich H. in Wien, wie er in MEIN KAMPF schreibt, von den Alldeutschen zu den Christlichsozialen wendet, bedeutet aber –

trotz der Todfeindschaft dieser beiden Parteien – keineswegs eine politische Richtungsänderung. Denn deutschnational, antiliberal, antisemitisch und antisozialdemokratisch waren die Alldeutschen ebenso wie die Christlichsozialen. Die aggressive Sprache ihrer Zeitungen ist ganz gleich.

Bei all seiner Lueger-Verehrung wurde H. keineswegs dessen »Jünger«, sondern wählte sich auch hier nur jene Teile der Luegerschen Politik aus, die seiner »Weltanschauung« entsprachen. So hörte mit Sicherheit beim Katholizismus H.s Sympathie auf. Er war schon in der Schulzeit nicht religiös, und kein Augenzeuge erwähnt irgendeinen Kirchenbesuch. August Kubizek: »Solange ich Adolf Hitler kannte, erinnere ich mich nicht, daß er einen Gottesdienst besucht hätte.«[116] H. sei trotz der großen Verehrung für Lueger nicht in die christlichsoziale Partei eingetreten, weil »ihn die Bindungen an den Klerus [störten], der in die Politik dauernd eingriff«.[117]

Auch H.s häufige Schimpfereien auf »die Jesuiten« sind kaum mit dem Geist der Christlichsozialen zu vereinbaren. Freundlich wirkt auch die Bemerkung im ZWEITEN BUCH nicht: *noch um die Jahrhundertwende schloß in Wien kaum ein Parteitag der klerikalen und christlichsozialen Bewegung anders als mit der Aufforderung, dem Heiligen Vater Rom wieder zurückzugeben.*[118]

Hanisch hält es immerhin für erwähnenswert, daß der junge H. einmal zu den »Klerikalen« gehalten habe: als es nämlich gegen die Sozialdemokraten ging. Die ARBEITERZEITUNG habe damals über die Fronleichnamsprozession gespottet, und der junge H. habe aus diesem Anlaß »die Religion verteidigt«.

H. kritisierte an Lueger vor allem, daß dieser dem Rassenprinzip nichts abgewinnen konnte, sowohl was Juden wie Slawen betraf, und nannte hier Schönerer konsequenter. Lueger, dem Volkstribun und »deutschen Mann«, aber galt seine Bewunderung ebenso wie dessen taktischem Geschick, dem »Volk« nicht viele Feindbilder vorzulegen, wie Schönerer dies tat, sondern sich auf ein einziges zu beschränken, nämlich die Juden: *Überhaupt besteht die Kunst aller wahrhaft großen Volksführer zu allen Zeiten in erster Linie mit darin, die Aufmerksamkeit eines Volkes nicht zu zersplittern, sondern immer auf einen einzigen Gegner zu konzentrieren.*[119]

Der Lueger-Kult lebte nach dem »Anschluß« erneut auf. Die NSDAP richtete für Luegers Schwester Hildegard ein feierliches

Begräbnis in einem Ehrengrab aus. Der Film WIEN 1910, mit einem großen Staraufgebot produziert und 1943 uraufgeführt, war eine Huldigung für Lueger. Daß Schönerer in krasser Schwarzweißmanier als Luegers negatives Gegenbild diente, erzürnte die »letzten Schönerianer«. Auf Steins Proteste hin schrieb Joseph Goebbels in sein Tagebuch: »Es gibt in Wien eine radikale politische Clique, die diesen Film zu Fall bringen will. Ich werde das nicht zulassen.« Aber: »Zweifellos ist Lueger hier etwas heroisiert worden.« All diese Vorgänge seien aber, »abgesehen von einem kleinen Kreis von Interessierten«, ja ohnehin »gänzlich unbekannt«.[120]

9 Tschechen in Wien

Einwandererwelle um 1900

Die politischen Machtverhältnisse der Doppelmonarchie ab 1867 schmälerten die Bedeutung der Deutschen im Staat kontinuierlich, zunächst durch die Teilung des Reiches in Cis und Trans, dann aber auch in der westlichen Reichshälfte durch die liberalen Grundgesetze von 1867, die die nationalen Rechte jedes Staatsbürgers garantierten. Die Einführung des allgemeinen gleichen Wahlrechts 1906 reduzierte die Bedeutung der Deutschen dann vollends auf jenen Rang, der ihrem Bevölkerungsanteil entsprach. Dieser betrug in Cisleithanien nur 35,6 Prozent – und im Gesamtstaat Österreich-Ungarn noch viel weniger. Die Deutschen waren in diesem neuen demokratischen System gezwungen, ihre gewohnte Vorrangstellung aufzugeben, ihre Herrschaft mit den anderen Nationalitäten zu teilen und sich, in letzter Konsequenz, der nichtdeutschen Mehrheit unterzuordnen. Dieser Prozeß war schmerzhaft und ging nur unter wilden Nationalitätenkämpfen vor sich.

Die bis 1867 vorherrschende deutsche Sprache wurde in Schulen und Universitäten mehr und mehr von der jeweiligen Landessprache der Kronländer abgelöst. Während vor 1867 die meisten Gymnasien die deutsche Unterrichtssprache hatten, waren es 1905 nur noch die Hälfte aller Gymnasien, 1912/13 nur noch 43 Prozent – mit fallender Tendenz.[1]

In Galizien etwa wuchs der Anteil der sich zur polnischen Sprache Bekennenden um 17 Prozent, während der Anteil der Deutschsprachigen um 57 Prozent zurückging.[2] In der Bukowina stieg der Anteil der polnischen Sprache um fast 40 Prozent, der rumänischen Sprache um fast 20 Prozent, während die deutsche Sprache kaum noch verwendet wurde. Der Grund für diese Verschiebungen war nicht nur die Auswanderung vieler Deutscher, sondern auch, daß sich nun viele der ohnehin Zweisprachigen mit oft gemischter Herkunft zum Polentum statt wie früher zum Deutschtum bekannten.

Besonders kraß war der Rückgang der deutschen Sprache in den böhmischen Ländern, die als das höchstentwickelte Industriegebiet der Monarchie auch wirtschaftlich besondere Bedeutung hatten. Die Tschechen waren in Cisleithanien gleich hinter den Deutschen die mächtigste Nation mit hoher Bildung und großer wirtschaftlicher Produktivität. Sie machten den Deutschböhmen harte Konkurrenz, zumal sie als Arbeitskräfte billiger waren. Unter dem starken nationalen Druck wanderten viele deutschböhmische Arbeiter nach Sachsen oder Niederösterreich ab. Tschechen wanderten zu, und so tendierten manche bisher deutschsprachige Orte zur Zweisprachigkeit, und dies um so mehr, als die tschechische Geburtenrate weit höher als die deutsche war. Zwischen 1900 und 1910 stieg der Anteil der tschechischen Sprache in den böhmischen Ländern um mehr als 40 Prozent.

Ein Beispiel: Die südböhmische Stadt Budweis war um 1850 eine fast rein deutsche Stadt, 1880 hielten sich Deutsche und Tschechen die Waage, 1910 hatten die Deutschen nur noch einen Anteil von 38,2 Prozent bei abnehmender Tendenz.[3] In Prag inklusive der Vorstädte lebten 1880 noch 228019 Tschechen und 41975 Deutsche, also rund 82 Prozent gegenüber 18 Prozent. 1900 war das Verhältnis schon 92,3 Prozent zu 7,5 Prozent.[4] 1910 gab es im Prager Gemeinderat keinen Deutschen mehr.

Die deutsche Botschaft berichtete 1909 besorgt nach Berlin: Es »befinden sich die Deutschen der Sudetenländer gegenüber den Tschechen längst in der Defension. Das systematisch angestrebte Ideal der Tschechen ist die Aufrichtung eines Böhmen, Mähren und Niederschlesien umfassenden Staates im Staate mit einem Generallandtage der ›Länder der böhmischen Krone‹ in Prag. Diesen Staat im Staate möchten die Tschechen sodann zu einer Art Ungarn mit tschechischer Hegemonie, tschechischer ›Staatssprache‹ pp. ausgestalten.« Die Deutschböhmen würden zwar formal gleichberechtigt, »in der Praxis aber slawisiert oder zurückgedrängt werden... Die Taktik der Tschechen geht dahin, keinen Teil Böhmens rein deutsch zu lassen.«[5]

Zwar kam 1905 ein befriedigender nationaler Kompromiß in Mähren zustande (»Mährischer Ausgleich«), aber die Verhandlungen über einen Ausgleich mit Böhmen zogen sich jahrelang hin, brachten einige Regierungen zum Sturz und kamen nie zu einem Abschluß. Unlösbar erwies sich das Problem der Hauptstadt Prag. Die Tschechen beharrten darauf, daß Prag eine rein tschechische Stadt sei. Die deutsche Minderheit wollte ein zweisprachiges Prag.

Klagen über eine »Slawisierung« waren keineswegs auf Anhänger der radikal-nationalen Parteien beschränkt. Deutschbewußt, freilich in verschiedener Intensität, waren alle deutschen Parteien bis zu den deutschen Sozialdemokraten, den liberalen Parteien, den Christlichsozialen. Einem Elitebewußtsein auf der deutschen Seite stand auf der tschechischen Seite ein kraftvolles, wachsendes nationales und wirtschaftliches Selbstbewußtsein gegenüber.

In Wien wuchs der Anteil der Tschechen von 1851 bis 1910 zahlenmäßig auf rund das Zehnfache.[6] 1910 war bereits jeder fünfte Einwohner tschechischer Herkunft – bei stetiger weiterer Zuwanderung. Damit war die Entwicklung zu einem zweisprachigen Niederösterreich und einer zweisprachigen Hauptstadt Wien durchaus möglich, aber nur dann, wenn die Einwanderer Tschechen blieben und sich nicht assimilierten. Dieses ständige Reizthema seiner Wiener Jugend erwähnt auch H. in MEIN KAMPF: *Rein deutsche Orte wurden so über den Umweg der staatlichen Beamtenschaft langsam, aber unbeirrt sicher in die gemischt-sprachige Gefahrenzone hineingeschoben. Selbst in Niederösterreich begann dieser Prozeß immer schnellere Fortschritte zu machen, und Wien galt vielen Tschechen schon als ihre größte Stadt.*[7]

Die Deutschen bemühten sich, mit Steuerstatistiken nachzuweisen, daß sie allein die »Großmachtstellung« der Habsburgermonarchie und deren »Hof-, Heeres- und Verwaltungsbedürfnisse und die Mitschleppung und Erhaltung der nichtdeutschen Ballastvölkerschaften« ermöglichten. Die Regierung sehe in ihnen aber »nur den immerwährenden Schwamm, aus dem sie das ihr nötige Gold und Blut beliebig sich erdrücken kann«.[8]

Der deutschnationale Statistiker Anton Schubert suchte die Überfremdung zu beweisen, indem er in jedem Dorf wie in jedem Ministerium eine »völkische Sichtung« durchführte. Als Grundlage nahm er nicht die Umgangssprache, sondern die Abstammung, die er wiederum aus den Namen erschloß – ein höchst fragwürdiges Verfahren bei einer jahrhundertelang gemischten Bevölkerung. Danach würde etwa heute jeder vierte Wiener als »Slawe« gelten, da er einen slawischen Namen trägt.

Da dies aber nicht genügte, um die »Überfremdung« kraß genug darzustellen, schied Schubert einige soziale Gruppen von vornherein als »nichtdeutsch« aus, so etwa die Aristokraten, auch wenn sie deutschsprachig waren, und »national gleichgültige Bürgerlich-Deutsche«, hauptsächlich die Liberalen. Ergebnis solcher Kalkulationen war zum Beispiel, daß nur 0,8 Prozent der staatlichen Zentralstellen in deutscher Hand seien: »In den Zentralstellen herrscht heute voll der Tscheche, Pole, Südslawe und Feudale; der wirkliche Deutsche aber ist dort tot und ausgetilgt.«[9] Diese Statistiken erschienen 1905–07 in drei Bänden und wurden als willkommene nationalpolitische Munition ständig zitiert.

Die Methode, mit höchst anfechtbaren Mitteln ein Schreckensbild der »Slawisierung« zustande zu bringen, war weit verbreitet. Ein Beispiel aus den UNVERFÄLSCHTEN DEUTSCHEN WORTEN 1908 über »Slawisierungsversuche« durch tschechische Eisenbahner: In der niederösterreichischen Stadt Amstetten seien in einer Werkstätte »bereits 50 Wenzelssöhne« beschäftigt, ein Sechstel der Belegschaft. Als die Betroffenen eine Berichtigung verlangten, meinte das Blatt, es könne nicht darauf eingehen, »daß der Berichtiger in der Werkstätte bloß sechs Tschechen herausbringt, indem er Slowenen und jene Tschechen, die bereits längere Zeit ansässig sind, nicht mehr als Tschechen, sondern als Deutsche rechnet«.[10]

H. zeigt seine Vertrautheit mit dieser Art von Zahlen, als er noch 1942 bei einem Abendessen mit Reinhard Heydrich erzählt: *Die Tschechen seien Meister im Unterwandern, das beweise das Beispiel von Wien. Vor dem Weltkriege seien von den 1800 k.u.k.*[11] *Hofbeamten nur noch etwa 120 Deutsche gewesen, alles andere bis hinauf in die höchsten Stellen waren Tschechen.*«[12] Nach amtlichen Zahlen waren am 1. Januar 1914 von 6293 Ministerialbeamten, wie üblich gerechnet nach der Umgangssprache, 4772 (75,8 Prozent) Deutsche und nur 653 (10,8 Prozent) Tschechen.[13]

Ohne Zweifel aber herrschte in Wien, das durch Arbeitslosigkeit, Wohnungsnot, Teuerung und unstabile politische Lage ohnehin in einer schwierigen Situation war, echte Angst der Einheimischen vor weiteren Zuwanderern, vor allem vor den Tschechen. Das zeigt auch ein Wiener Sprichwort dieser Zeit: »Es gibt nur a Kaiserstadt, es gibt nur a Wien, / Die Wiener san draußen, die Böhm, die san drin!«

Wie viele Tschechen um 1910 in Wien lebten, ist nicht präzise anzugeben. Sicher ist nur, daß die Anzahl aus der Volkszählung von 1910, nämlich rund 100 000, zu niedrig ist. Wollten sich die Tschechen in Wien nicht schweren Diskriminierungen aussetzen, mußten sie in den – ja durchaus nicht geheimen – Fragebögen Deutsch als Umgangssprache angeben und wurden damit zu den Deutschen gezählt. Wer das Wiener Bürgerrecht besaß, galt ohnehin als Deutscher.

Nach der Volkszählung.

Die übermächtigen Tschechen und Juden gegenüber dem zwergenhaften deutschen Michel (1910): »Jetzt heißt's auf der Hut sein, sonst wachsen mir die zwei über den Kopf.« (Kikeriki)

Nach der Herkunft der Wiener Bürger gerechnet, ergibt sich ein ganz anderes Bild. Danach stammten 1910 knapp 500 000 der zwei Millionen Einwohner Wiens aus den böhmischen Ländern. Bei Einbeziehung der Elterngeneration waren es fast noch einmal so viele. Je nach Betrachtung stammte also ein Viertel beziehungsweise die Hälfte der Wiener aus den böhmischen Ländern. Und hier wiederum war der Anteil der Tschechen weit größer als der der Deutschen.[14] Aber die Einwandererzahlen der Tschechen erlauben keinen Schluß auf den tschechischen Anteil der Bevölkerung. Denn erstens war die Fluktuation unter den Tschechen groß, und zweitens – und vor allem – ging die Assimilation oft so rasch, daß die Einwanderer schon nach ein paar Jahren »eingedeutscht« waren.

Die Tschechen kamen als Industriearbeiter nach Wien, als Dienstmädchen, Köchinnen, Kindermädchen, Schuster, Schneider, Musiker. Da viele etwa als Lehrlinge oder Dienstmädchen bei ihren Arbeitgebern wohnten, verteilten sie sich über alle Bezirke und lebten nicht so konzentriert beieinander wie die Wiener Juden in der Leopoldstadt. Das förderte die Assimilation.

Berufsmäßige Schlepper brachten auch sehr junge, oft erst zehnjährige Knaben, die noch am Franz-Josephs-Bahnhof wie auf einem Sklavenmarkt von Wiener Handwerkermeistern ausgesucht wurden.[15] Gegen eine Prämie und Ersatz der Reisekosten für den Schlepper nahmen sie die Kinder, die meist kein Wort Deutsch verstanden, gleich mit. Um 1910 gab es bereits mehr als doppelt so viele tschechische wie deutsche Lehrlinge bei den Wiener Schneidern, Schustern und Tischlern, die freilich selbst schon meist tschechischer Abstammung waren.

Außer den in Wien seßhaften Tschechen gab es noch viele Saisonarbeiter, die am Bau oder in den Ziegeleien nur von Frühjahr bis Herbst arbeiteten und im Winter zu ihren Familien nach Böhmen zurückkehrten, die »Ziegelböhm« und »Maltaweiber« (Mörtelmischerinnen). Außerdem kamen viele junge Männer nur für einige Jahre nach Wien, verdienten hier Geld, sammelten Erfahrungen und gingen dann nach Böhmen zurück. Dort legten sie ihr Geld an, etwa in einem Geschäft oder einem Haus, und förderten damit den wirtschaftlichen Aufschwung in Böhmen. So waren zwar stets viele Tschechen in Wien, aber eben immer andere, was die Historikerin Monika Glettler vergleicht mit einem »Hotel, das zwar stets besetzt war, aber immer von anderen Leuten«.[16]

All die Wut der Deutschnationalen gegen die »Slawisierung«, gesteigert durch die tschechischen Terroraktionen gegen die Prager Deutschen und die Lahmlegung des Parlaments durch die Tschechischen Nationalsozialisten, tobte sich in Wien am schwächsten Glied der Kette aus: den Wiener Tschechen. Die meisten von ihnen waren unpolitisch und wollten in Ruhe leben und arbeiten. Doch sie gerieten gegen ihren Willen in die Mühlen der nationalen Kämpfe in Böhmen und wurden von den Tschechischradikalen als Mittel zur Agitation in Wien benutzt, vor allem nach den Ereignissen des Jubiläumsjahres mit dem in Prag verhängten Ausnahmezustand. Die deutschen Radikalen hingegen benutzten die Wiener Tschechen als Faustpfand, um die in Böhmen übermächtigen Tschechen zu treffen.

In Prag wie in Wien traf es also die Schwächsten, die nicht mehr in Ruhe leben konnten. Gab es in Prag Terror gegen die deutsche Minderheit, so am nächsten Tag in Wien Terror gegen die tschechische Minderheit und umgekehrt. Wenn in Prag deutsche Geschäfte mit der Parole »Kauft nicht bei Deutschen« boykottiert wurden, so in Wien die tschechischen Geschäfte mit der Parole »Kauft nicht bei Tschechen« – und umgekehrt.

Jede tschechische Versammlung in Wien war nun durch Krawalle bedroht. Die radikalen Deutschnationalen schürten die Angst vor der »Herrschaft der Slawen« und meinten, »daß die Großstädte Österreichs, durch deutsche Kraft und deutschen Fleiß geschaffen, nun vom Slawentume bedroht seien. Prag sei bereits gefallen, Brünn ringe in schwerem Kampfe mit dem Gegner, und Wien nenne man heute zur Schande der Deutschen die größte slawische Stadt des Kontinentes.«[17]

Mißtrauisch beobachtet wurde vor allem das wachsende wirtschaftliche Selbstbewußtsein der Tschechen. 1912 gab es in Wien bereits vier große tschechische Banken. Die BRIGITTENAUER BEZIRKS-NACHRICHTEN klagten über deren offensichtlichen Erfolg und Geschäftseifer: Die tschechischen Banken hatten von acht Uhr früh bis sieben Uhr abends geöffnet, die deutschen dagegen nur von neun bis vier Uhr. Außerdem lockten die Tschechen mit höheren Zinsen. Die zahlreichen kleinen tschechischen Spar- und Vorschußkassen versuchten, so das christlichsoziale Blatt, »mit ihren tschechischen Aufschriften in den Wiener Straßen die ersten Vorstöße zur Zweisprachigkeit zu machen«.[18]

Die Alldeutschen forderten zur Behinderung tschechischer Zeitungen auf und drohten damit, die Namen jener Geschäftsleute öffentlich bekanntzugeben, die solche Zeitungen verkauften. Doch die 31 tschechischen Wiener Zeitungen, die der HAMMER 1909 als angeblichen Beweis tschechischer Pressemacht auflistete,[19] waren meist kleine Blätter von Vereinen oder Berufsgenossenschaften. Die beiden wichtigsten tschechischen Tageszeitungen hatten zusammen nur 20 000 Abonnenten: die überparteilich-bürgerliche VIDENSKÝ DENNIK und die sozialdemokratische DELNICKE LISTY. Die Druckerei der letzteren wurde allein in einem Jahr dreimal überfallen.[20] Beide

Zeitungen übersiedelten im Oktober 1909 mit Redaktion, Verwaltung und Druckerei in die Stumpergasse 5, also in das Nachbarhaus der Druckerei des ALLDEUTSCHEN TAGBLATTES. Ab 1910 wurde in Wien auch eine winzige deutschsprachige slawische Zeitung gedruckt, das SLAVISCHE TAGBLATT, Untertitel: »Unparteiisches Organ zur Wahrung und Förderung slavischer Interessen«.

Ein Soldatenliebchen.

Das übliche antitschechische Klischee: Der brave deutsche Michel muß zahlen, und der Tscheche ißt alles allein auf (»Köchin Austria: Gnä' Herr, 's Kostgeld, bittschön; aber Ihnen kann i da net brauchen in der Kuchel!«). (Kikeriki)

Deutsche Firmen, die nichtdeutsche Arbeiter beschäftigten, wurden wirtschaftlich und gesellschaftlich geächtet. Ein Wanderredner der SÜDMARK meinte laut Zeitungsbericht: »200 Böhmen hinauszuwerfen, sei eine bessere nationale Tat, als 300 Protestversammlungen und 1000 Heilrufe.«[21]

Kein Anlaß war für einen Streit zu minder. Als zum Beispiel ein tschechischer Kassier eines k.u.k. Musiker-Wohlfahrtsvereins mit 8000 Kronen durchbrannte, schrieb das ALLDEUTSCHE TAGBLATT, dieser sei »als ausübender Musiker ein Pfuscher, der kaum zum Notenumblättern zu gebrauchen ist, und sieht mit seinen abstehenden Ohren, seiner erdfahlen Gesichtsfarbe, seiner niedrigen Stirne, seinem klobigen Rundkopfe und seinem tückischen Blicke den ›Typen‹ und ›Dieben‹ nur zu ähnlich, die man für 20 Heller im Prater in Präuschers Panoptikum sehen kann.«[22] So wurde der Eindruck von tschechischen »Untermenschen« suggeriert, ganz ähnlich, wie es tagtäglich in der Wiener Witzzeitung KIKERIKI praktiziert wurde. Die Alldeutschen meinten, die »Vertschechung der Stadt« käme einem

Kulturrückschritt gleich, und außerdem würde der Fremdenverkehr abgeschwächt, »wenn die Straßen Wiens durch tschechischen Pöbel unsicher gemacht werden«.[23]

Das beliebte Budweiser Bier wurde boykottiert. Die Fensterscheiben der »Budweiser Bierhalle« gingen immer wieder zu Bruch. Wirte, die tschechische Vereine bedienten, wurden genötigt, diesen zu kündigen. Wenn sie das nicht taten, herrschte Terror: In einem Gasthaus wurden tschechische Zeitungen zerrissen und eine dort von Tschechen aufgestellte Büste mit Wehrschatzmarken überklebt.[24]

Sogar die Findel- und Waisenkinder gerieten in den nationalen Kampf: Da in dieser wirtschaftlich schlechten Zeit die Findelheime überfüllt waren, gab man viele Kinder seit Jahren an arme Pflegefamilien weiter, an Bauern in der Umgebung, die sich das Kostgeld verdienten und außerdem mit heranwachsenden Arbeitskräften rechneten. Aber auch viele arme tschechische Familien nahmen Pflegekinder auf – und dagegen protestierten nun die Deutschnationalen: Die Kinder würden »tschechisiert« und »dem Deutschtum entfremdet«.

Bürgermeister Lueger beschwichtigte mit dem Bau eines großen städtischen Findelhauses. Die Pflegekinder wurden den tschechischen Familien abgenommen und nun im neuen Heim im Sinne der Christlichsozialen erzogen: deutsch und katholisch. Auf die nationale Bedeutung dieser Regelung wies auch Hermann Bielohlawek, der Christlichsoziale tschechischen Ursprungs, voll Stolz hin: Durch die Reform der Findlingspflege würden jährlich »Hunderte deutscher Kinder, die in der liberalen Ära bei tschechischen Pflegeltern slavisiert wurden, ihrem Volke erhalten bleiben«.[25]

Die deutschen Parteien wiesen die tschechischen Beschwerden im Parlament energisch zurück. Der Alldeutsche Vinzenz Malik höhnte, von vielen Zwischenrufen unterbrochen: »Wir haben nichts dagegen, wenn die Tschechen und die anderen Nationen hier in Wien leben, aber schön bescheiden sein. Sie sind als Gäste da, und Frechheiten werden wir von Ihnen niemals dulden. Da werden wir immer gegen Sie losgehen und werden uns der ganzen Welt stellen.«[26]

Immer mehr Wiener Tschechen hatten Angst, sich zu Geselligkeiten zu treffen. Die tschechischen Turn- oder Sparvereine, Lesezirkel, Liedertafeln, Wander- und Radfahrerklubs wurden kleiner.

Ein Appell an die Wiener Tschechen, nur in tschechischen Geschäften zu kaufen, scheiterte kläglich: Von Tausenden tschechischer Geschäftsleute in Wien ließen sich nur ein paar auf die tschechische Liste setzen – aus Angst vor Terror und aus Sorge, die deutsche Kundschaft zu verlieren. Des Kampfes müde, griffen sie auf Anraten der Polizei zum Selbstschutz, montierten ihre tschechischen Firmentafeln ab und befestigten deutsche an deren Stelle.[27]

Viele Wiener trennten sich in diesen Jahren von der böhmischen Vergangenheit ihrer Familie und deutschten ihre Namen ein, um sich der Schwierigkeiten ein für allemal zu entledigen. Andere versuchten, ihre als Makel empfundene tschechische Abstammung mit um so kräftigerem Bekenntnis zum Deutschtum auszugleichen, wie zum Beispiel der Christlichsoziale Bielohlawek, der im niederösterreichischen Landtag ausrief: »Ich werde von Patentdeutschen angegriffen, weil ich nicht genug deutsch sei und mein Name auch ungefähr danach laute. Meine Aussprache kündet ihnen, daß ich kein Tscheche bin. Aber unter denen, die mich bei jeder Gelegenheit angreifen, ist einer, der den Namen Vrputofatel getragen hat und sich jetzt Emanuel Weidenhoffer nennt.«[28] Dieser war Abgeordneter der Deutschnationalen.

Der Kampf um den Nibelungengau

Im Sommer 1909 trieb der deutschnationale Terror einem Höhepunkt zu, und zwar aus harmlosem Anlaß: Ein Touristenverein der Wiener Tschechen plante einen Sonntagsausflug mit einem Donauschiff in die Wachau, nicht bedenkend, daß eben in dieser idyllischen Landschaft viele hundert Jahre zuvor die Nibelungen gezogen waren und deshalb die Deutschnationalen die Gegend als »urgermanisch« für sich reklamierten. Hier in der Wachau hatten die Schönerianer zu Sonnwend 1888 das 2000-Jahr-Fest der Schlacht von Noreja gefeiert und ihre germanische Zeitrechnung eingeführt. Die Deutschtempler um Jörg Lanz von Liebenfels hatten nicht weit von hier ihre Ordensburg Werfenstein.

Die Alldeutschen wollten sich jedenfalls die »Entweihung« der »deutschen Wachau« durch »Slawen« nicht gefallen lassen und riefen alle deutschnationalen Vereine auf, nach Melk zu reisen und die Tschechen dort zu »empfangen«, denn, so das ALLDEUTSCHE TAG-

BLATT: »Die Tschechen wollen eben als Tschechen und nicht als Ausflügler nach Melk kommen. Grund genug für uns Deutsche, den Ausflug als Herausforderung anzusehen und ihn daher folgerichtig abzuwehren.« Die Deutschen wollten den Tschechen – und den »ehr- und volksvergessenen Sozialdemokraten« – zeigen, »daß sie in Melk, der urdeutschen Donaustadt, in der ehrwürdigen Babenberger Residenz, als solche nichts zu suchen haben«. »Diesen slawischen Eindringlingen und auch den Herren Sozialdemokraten soll durch eine Massenkundgebung, wie sie das Land Niederösterreich noch nicht gesehen hat, für alle Zukunft die Lust für derartige ›harmlose‹ Touristenausflüge vertrieben werden« und, so ein Sprecher des »Bundes der Deutschen in Niederösterreich«: »Melk werde kommenden Sonntag einem Heerlager gleichen – schon jetzt seien vier- bis fünftausend Gäste angesagt!«[29]

Viele Mitglieder des tschechischen Touristenvereins waren Arbeiter und gehörten der Sozialdemokratischen Partei an, die ihnen in dieser bedrängten Lage Hilfe anbot. Doch der Verein nahm das Angebot nicht an, da er den Konflikt nicht unnötig politisieren wollte.

Die ARBEITERZEITUNG bezog jedenfalls klar Stellung und höhnte in einem Leitartikel über den »Wachauer Landsturm«: »Sechshundert Ausflügler mit Weib und Kind eine Gefahr für das deutsche Melk! Und die Schatten der Nibelungen werden zitiert! Der schlimmste Feind konnte für das deutsche Volk in Österreich keine lächerlichere Situation ersinnen.« Die Ausflügler seien Arbeiter, »die lange Groschen auf Groschen gelegt haben, um sich und ihren Familien das bescheidene und harmlose Vergnügen einer Donaufahrt zu verschaffen. Wäre nichts anderes, so müßte schon die Brutalität empören, mit der hier um eines läppischen Radaus willen Leuten, denen wahrlich Freude und Erholung karg genug fließen, ein hart erworbenes, schwer verdientes Vergnügen gestört und verdorben wird.« Das sei »hirnlose Lärmpolitik«: »Das aberwitzige Radauwesen, das jetzt um sich greift, muß notwendig bei den Angegriffenen die nationalen Empfindungen aufstacheln und sie dem Chauvinismus entgegentreiben. Zugleich werden Zustände hervorgerufen, die in einer Weltstadt unerträglich sind.«[30]

Der Obmann des Touristenvereins willigte bei einer Aussprache mit dem Wiener Polizeipräsidenten in den Vorschlag ein, nicht in Melk zu landen, um »die mitfahrenden Frauen und Kinder« nicht zu gefährden. Das Stift Melk hielt ohnedies unter deutschnationalem Druck »seine Pforten geschlossen«, und die Melker Wirte wollten »die Verabreichung von Speise und Trank an die Ausflugsteilnehmer verweigern«. Der Verein werde »seinen Charakter als unpolitischer Touristen- und Vergnügungsverein unter allen Umständen wahren« und auch auf nationale Fahnen und Embleme verzichten.[31]

Nach diesem Kompromiß erlaubten die Behörden die Reise. Das bedeutete konsequenten Polizeischutz während der ganzen Fahrt. Militär wurde in Bereitschaft gehalten. Berittene Polizei sicherte die Einschiffung bei der Reichsbrücke am Samstagabend, Polizisten sperrten auch die Donaubrücken, um das Werfen von Stinkbomben und Feuerwerkskörpern auf das Schiff zu verhindern. Die staatlichen Behörden taten jedenfalls alles, um die Rechte der Bürger zu schützen.

Gegen diese Polizeimaßnahmen protestierten die Deutschnationalen: »Da die Regierung die Deutschen nicht schütze, würden die Deutschen zur Selbsthilfe schreiten müssen.« Zur Bekräftigung zogen Randalierer durch die Stadt, brachen vor dem Wohnhaus des sozialdemokratischen Abgeordneten Franz Schuhmeier in Pfui-Rufe aus und lärmten vor jenen Gasthäusern, wo sich gewöhnlich Tschechen trafen.[32]

Am Vorabend des Ausflugs versammelten sich in Melk die ersten Demonstranten im Gasthof »Zum goldenen Ochsen«, der mit schwarz-rot-goldenen Fahnen geschmückt war. Wieder einmal wurde gegen die »Tschechisierung« gewettert und gegen die angebliche Absicht der Behörden, Österreich zu einem »Slawenstaat« zu machen.

Der vieldiskutierte Wachauausflug verlief relativ harmlos: Das Schiff »Franz Joseph« fuhr gegen sechs Uhr früh in reichlicher Entfernung am Melker Landeplatz vorbei. Da der Frühzug aus Wien noch nicht eingetroffen war, hielt sich die Zahl der Demonstranten in Grenzen. Sie eilten, schwarz-rot-goldene Fahnen schwenkend, zur Böschung. »Drohend wurden die Stöcke geschwungen, ein ohrenbetäubender Lärm erhob sich, gellende Pfiffe, stürmische Pfui-Rufe ertönten durch die Luft« – so schilderte es das ALLDEUTSCHE TAGBLATT.

Vormittags kamen mehrere Züge mit Demonstranten an. Unter dem Einfluß der Hitze und des Alkohols stieg die Stimmung. Höhepunkt der Freiluftversammlungen war die Rede des Alldeutschen Malik mit dem provozierenden Ausruf: »Die Deutschen in Österreich können eine Rettung nur in einem Anschluß an das Deutsche Reich finden, ob dies den Patentpatrioten recht ist oder nicht.«[33]

Die Wachaufahrt des tschechischen Touristenvereines.

Bei der Rückfahrt des Schiffes gegen Mittag wiederholten sich die Szenen vom frühen Morgen. Laut ALLDEUTSCHEM TAGBLATT traten rund 9000 Demonstranten an der nicht benutzten Landestelle gegen die Tschechen an: »In langer Linie waren die Tausenden von Deutschen aufgestellt. Die schwarz-rot-goldenen Fahnen flatterten und mächtig schollen die Entrüstungsrufe über den Strom hinüber zu dem blendend weißen Schiff mit seiner tschechischen Last, die nicht abgesetzt werden konnte. Die ›Wacht am Rhein‹ bildete den

Abschluß der großartig verlaufenen Abwehrkundgebungen von Melk.« Dann zogen die Demonstranten in die Wirtshäuser ab, wo wieder Reden gehalten wurden wie: »Diese Abwehr hat das erreicht, was sie erreichen wollte – daß es nämlich dem tschechischen Vereine nicht gelang, unter seiner tschechischen Vereinsdevise den Boden der deutschen Wachau zu betreten... Freuen wir uns, Deutsche, unseres Abwehrerfolges.«[34]

Diese deutschnationale Tradition der Wachau nahm das Dritte Reich gezielt wieder auf. So erschien an einem prominenten Datum, dem Tag der Volksabstimmung zum »Großdeutschen Reich«, am 10. April 1938, im VÖLKISCHEN BEOBACHTER der zweiseitige Jubelartikel »Die Wachau als deutsches Bollwerk«. Schon in der Steinzeit seien hier deutsche Menschen seßhaft gewesen: »Stolze Germanen erwuchsen auf herrlicher Erde«. »Germanischer Heldenmut« hätte hier alle Feinde besiegt, sogar die Römer: »Löwen, die man im Kampfe gegen sie hetzte, erschlugen sie mit Eichenknütteln aus deutschem Wald.« Gegen die Hunnen sei die »Donau zur Heerstraße der Nibelungen« geworden. Und über die Habsburger- und Weltkriegszeit hieß es: »Entartete Menschen, Fremdlinge in deutscher Nation, durchstreiften die Ostmark mit falschem Gottes- und Heimatswort auf den Lippen. Deutsches Heldentum und deutscher Geist wurden verstümmelt und entstellt, lächerlich gemacht... Deutsches Wesen galt als fremd im eigenen Land.«

Der Artikel gipfelte in den Schlußsätzen: »Da schallte eines Tages aus allen Kehlen deutscher Menschen der Jubelruf zum Himmel: ›Adolf Hitler hat die Ostmark befreit!‹... Nun erst hat das Nibelungenland und die Wachau wieder ihre wahre Bestimmung zurückerhalten: Bollwerk dem Großdeutschen Reiche zu sein.«[35]

Der Kampf um die Komensky-Schulen

Die Tschechischnationalen stützten sich bei ihren Anstrengungen, Wien zur zweisprachigen Stadt zu machen, auf Paragraph 19 des Staatsgrundgesetzes von 1867. Dort hieß es im 2. Absatz: »Die Gleichberechtigung aller landesüblichen Sprachen in Schule, Amt und öffentlichem Leben wird vom Staate anerkannt.« 3. Absatz: »In den Ländern, in denen mehrere Volksstämme wohnen, sollen die öffentlichen Unterrichtsanstalten derart eingerichtet sein, daß ohne Anwendung eines Zwanges zur Erlernung einer zweiten Landessprache jeder dieser Volksstämme die erforderlichen Mittel zur Ausbildung in seiner Sprache erhält.«

Laut Gesetz erhielt darüber hinaus jede Minderheit, deren Bevölkerungsanteil mehr als 25 Prozent betrug, die Anerkennung als »landesübliche Sprache« und damit eine Reihe von Rechten, etwa eine politische Partei zu bilden, eigene Gemeinderäte zu stellen und eigene Schulen zu unterhalten.[36] Durch Luegers Germanisierungskampagne erreichte der Anteil der Tschechen in Wien bei der Volkszählung von 1910 aber nur amtliche 6,5 Prozent.

Schwere Konflikte entzündeten sich immer wieder am sensiblen Schulthema. In Wien betrieb der tschechische Schulverein »Komensky« seit 1883 eine tschechische Privatschule in Favoriten, die den Deutschnationalen ein Dorn im Auge war und sich ständigem Terror ausgesetzt sah. Als das Unterrichtsministerium 1908 den damals 925 Komensky-Schülern die Prüfungen erleichterte – bisher mußten sie dafür in die nächstgelegene tschechische Volksschule nach Lundenburg fahren, nun durften die Lundenburger Lehrer zu den Prüfungen nach Wien kommen –, protestierte der Wiener Gemeinderat, und die Schule mußte sich verpflichten, die Prüfungen »in bescheidenem Rahmen und ohne größere Publizität« abzuhalten.[37]

Komensky-Lehrer waren ständigen Schikanen der Wiener Behörden ausgesetzt, wurden mannigfach kontrolliert und ausspioniert. So wurde einem pensionierten Lehrer das Wiener Bürgerrecht entzogen, weil er in der Komensky-Schule Unterricht gab. Dies sei »nicht allein ein schnöder Verrat an seiner Heimatstadt, die ihm Brot, Stellung und Ehren gab, sondern auch eine Verletzung des Bürgereids«, hieß es in der Begründung. Das DEUTSCHE VOLKSBLATT schrieb unter der Überschrift: »Nur deutsche Lehrer für Wiener Kinder«, ein namentlich genannter Bezirksschullehrer habe bei der letzten Volkszählung »tschechisch« als Umgangssprache angegeben. Die nötige Konsequenz müsse seine Entlassung sein: »Die Bevölkerung duldet es nicht mehr, daß... die Gemeinde Wien einen Slawen, der immer ein Feind des deutschen Volkes ist, anstellt... Endlich muß einmal ein Exempel statuiert werden. Die deutsche Michelhaftigkeit hat ein Ende.«[38]

Während der Krawalle um die Donaufahrt kam es im August 1909 im Arbeiterbezirk Simmering zu Ausschreitungen gegen ein Gartenfest des »Komensky«-Vereins. Der Alldeutsche Malik wetterte beim »Abwehrfest« im Brauhausgarten gegen die Sozialdemokraten, »die kein deutsches Empfinden haben«, und rief zum Kampf gegen die Tschechen auf: »Die Wiener werden nach langer Versumpfung wachgerüttelt von der drohenden nationalen Gefahr.« Dann gab es Schlägereien. Biergläser flogen. Die Waggons einer Straßenbahn wurden gestürmt, tschechischsprechende Passagiere beschimpft. Der Verkehr kam zum Erliegen.

Der deutsche Michel gegen den böhmischen Löwen bei der Forderung der »lex Kolisko« in der Schulfrage

Berittene Polizei hatte alle Mühe, die rund 2000 »Abwehrkämpfer« von den Tschechen fernzuhalten, die vor der erdrückenden Übermacht ängstlich flüchteten. In Ermangelung der eigentlichen Opfer gingen die Demonstranten mit Stöcken auf die Polizei los und bewarfen die Polizeipferde mit Steinen und Bierkrügen. Schließlich zogen sie ab, »völkische Lieder singend«, marschierten in Achterreihen durch die Stadt und sangen am Schwarzenbergplatz ausgerechnet vor der französischen Botschaft entblößten Hauptes die WACHT AM RHEIN und das Bismarck-Lied. Die Abschlußrede gipfelte im Aufruf, »die deutschgesinnten Wiener mögen gegenüber den tschechischen Trutzfesten eine energische Abwehrbewegung einleiten. Die Reichshauptstadt Wien müsse deutsch sein und deutsch bleiben.«[39]

Das energische Durchgreifen der Polizei erregte den Unmut der gesamten deutschen Wiener Presse, einschließlich der intellektuellen NEUEN FREIEN PRESSE.[40] Die tschechenfeindliche Stimmung war durchaus nicht nur eine Sache der radikalen deutschen Parteien.

Die Spannung wurde durch immer hektischere Sammelaktionen für die verschiedenen nationalen Schulvereine verstärkt. Im Krisenjahr 1909 brachte die Sammlung des tschechischen Schulvereins 1,4 Millionen Kronen ein und damit mehr als die gleichzeitigen Sammlungen des polnischen und des deutschen Schulvereins. Der tschechische Schulverein unterhielt damit in überwiegend deutschsprachigen Gebieten 50 Schulen in Böhmen, 11 in Mähren und 7 in Schlesien, außerdem rund 36 Kindergärten in Böhmen, 17 in Mähren und 4 in Schlesien. Auch für tschechische Schulen in Niederösterreich und Wien war genügend Geld vorhanden.[41] Tschechen wie Deutsche operierten mit der amtlichen Zahl von 22 513 tschechischen Wiener Schulkindern[42] – wobei die einen auf die kaum vorhandenen Schulplätze für tschechische Kinder hinwiesen, die anderen das Gespenst der »Slawisierung Wiens« an die Wand malten.

Hinweise, daß die deutsche Minderheit in Prag doch auch viele Schulen habe, wurden als unzulässig abgetan. Als »Abwehrmaßnahme« gegen weitere tschechische Schulen bemühten sich die deutschnationalen Parteien und die Christlichsozialen im niederösterreichischen Landtag intensiver denn je um die Durchsetzung der »lex Kolisko«, einem Vorschlag, die deutsche Unterrichtssprache in allen Schulen Niederösterreichs und Wiens gesetzlich vorzuschreiben, unabhängig von der Stärke der nationalen Minderheiten. Das widersprach dem Paragraphen 19.

Die Sozialdemokraten machten bei dieser Kampagne nicht mit. Karl Seitz – der Wiener Bürgermeister der Zwischenkriegszeit – gab zu bedenken, daß solcherlei Vorgehen für alle Minderheiten in den anderen Kronländern gefährlich werden müsse, und sagte im niederösterreichischen Landtag: »meine Herren, Sie entfesseln wiederum den nationalen Kampf in allen Ländern, denn Sie sind beispielgebend für die Steiermark, das sofort gegenüber den Slovenen einen solchen Beschluß fassen würde und für die Deutschen in Tirol, die ebenso gegen die Italiener vorgehen würden. Kurz und gut, Sie dienen nicht... dem nationalen Frieden, sondern Sie werfen die Brandfackel in alle Länder und Landtage und peitschen die einzelnen Parteien auf, um jede Schule zu kämpfen.«[43]

Tatsächlich verschlechterte sich auch die Lage der deutschen Minderheiten in den slawischen Ländern erheblich. In Galizien etwa, wo die deutsche Minderheit das gleiche forderte wie die Tschechen in Wien, diente der Hinweis auf die Wiener Schulpolitik dazu, die Forderungen zurückzuweisen. Die polnische Zeitung NOWA REFORMA 1909: »In ganz Galizien gibt es weniger Deutsche als in Wien Tschechen. Wenn die Tschechen in Wien nicht als Volk anerkannt werden, ihre Sprache nicht als ›landesüblich‹ gilt, so kann man dieses Urteil mit viel größerem Rechte auf die Deutschen Galiziens anwenden... Auf jeden Fall benimmt den Deutschen ihr Eintreten für die lex Kolisko jedes Anrecht auf irgendwelche Ansprüche in Galizien.«[44] So schaukelte sich der Völkerhaß kontinuierlich weiter auf.

Die ARBEITERZEITUNG appellierte an die Vernunft: »Der Tscheche kann dem Deutschtum nur im friedlichen Verkehr mit deutschen Arbeitskollegen, deutschen Nachbarn, allmählich gewonnen werden. Wer zwischen Deutschen und Tschechen eine Scheidewand aufrichtet, der macht es unmöglich, daß auch nur ein Tscheche noch der deutschen Kultur und Sprache gewonnen wird; wer die Tschechen ihrer Nationalität wegen verfolgt oder benachteiligt, der weckt in ihnen den Trotz der Abwehr, der schärft ihr nationales Selbstbewußtsein, der erzieht sie zum Hasse gegen die deutsche Nation. Die kindische Hetze gegen tschechische Sommerfeste und tschechische Ausflüge hat gewiß die nationale Assimilation der Minderheit mehr erschwert und ihr nationales Selbstbewußtsein mehr gesteigert als alle Mühen tschechischnationaler Agitation.« Das »nationalistische Treiben« sei »selbst vom rein nationalen Gesichtspunkt aus gesehen, eine verbrecherische Tätigkeit«.[45] Artikel wie diese gaben den deutschen Arbeitervereinen willkommene Munition, um der Sozialdemokratie Wähler abzujagen mit dem Argument, sie seien tschechenfreundlich und zuwenig deutsch.

Der Kaiser versuchte 1909, die Gemüter mit einem Kompromiß zu beruhigen. Er sanktionierte die »lex Kolisko«, aber nur teilweise, und gewährte die verbindliche deutsche Unterrichtssprache nur den Lehrerbildungsanstalten und Realschulen in Niederösterreich, nicht aber den öffentlichen Volks- und Bürgerschulen, um die es ja hauptsächlich ging. Damit verstärkte er den Unmut auf beiden Seiten.

Lueger dagegen wurde von nationalem Jubel umrauscht, als er bei der Bürgervereidigung im Oktober 1909 wieder einmal bekräftigte: »Dieser Eid hat jetzt eine erhöhte Bedeutung und zwar deswegen, weil man bestrebt ist, unserer Stadt einen zweisprachigen Charakter zu verleihen. Wenn Wien zweisprachig wird, dann verliert es jene Bedeutung, die es bisher gehabt hat. Denn nur dann kann Wien die Reichshaupt- und Residenzstadt seien, wenn es einsprachig ist. Denn wenn man aus der Zweisprachigkeit Schlüsse ziehen wollte, dann würde Wien nicht zweisprachig, sondern neun- oder mehrsprachig werden, ein Zustand, der geradezu unduldsam wäre.« Dann fügte er in Anspielung auf die Komensky-Schulen hinzu: »Ich werde strenge darauf sehen, daß hier in meiner Vaterstadt Wien nur eine deutsche Schule existiert und gar keine andere.«[46]

Dem Staat, der sich verpflichtet sah, die Grundgesetze zu schützen, auch die der Minderheiten, stand wieder einmal die strikte Germanisierungspolitik Luegers gegenüber. Eindeutig war das »Volk von Wien« auf Luegers Seite und gegen die Regierung und den Kaiser.

1911 griffen die Krawalle auf die im Aufbau befindliche zweite Wiener tschechische Schule im 3. Bezirk über. Die Situation war verfahren, da sich die Behörden nicht einig waren: Das Unterrichtsministerium erlaubte die Führung der Schule bis auf Widerruf, der Landesschulrat verfügte die Schließung der Schule. Besonders arg wurde die Situation deshalb, weil die Tschechischen Nationalsozialisten sich ganz massiv einmischten und dadurch wiederum selbst gemäßigte Wiener gegen die Tschechen aufbrachten.

Der alltägliche Machtkampf wurde auf dem Rücken der Schüler ausgetragen. Der Neubau wurde wegen angeblicher sanitärer Mängel von der Stadt Wien zeitweilig gesperrt – diese Mängel bestanden in zu niedrig angebrachten Kleiderhaken. Die staatlichen Behörden verfügten die Öffnung der Schule. Dann gab es neue Schikanen und wieder eine Sperre. Angeblich war für den Neubau die Gasse zu schmal, überdies würde das Hundegebell der nahe liegenden Tierärztlichen Hochschule den Unterricht stören und so fort.[47] Das Gezerre um die Komensky-Schulen nahm kein Ende, auf seiten der Tschechen wurden die Radikalen immer stärker.

Nun rückte auch die Wiener Zentrale der Sozialdemokratie von den Tschechen ab, was Viktor Adler brieflich dem kritischen

Beobachter August Bebel erklärte: Die tschechischen Genossen seien »total verrannt... Der nationalistische Instinkt tritt bei ihnen mit einer geradezu brutalen Wucht auf u. alle Klasseninstinkte treten dagegen zurück.« Unter »Gleichberechtigung« verstünden die Tschechen »die Errichtung von ungezählten tschechischen Schulen vor Allem in Wien. Man muß nun die österr. Verhältnisse sehr genau kennen um zu verstehen, daß wir da unter den <u>heutigen</u> Verhältnissen, das will sagen ohne einen <u>allgemeinen</u> Ausgleich für alle nationalen Querelen nicht mittun <u>können</u>. Wir würden nur ein Feuer anzünden, das allen Nationalisten hüben und drüben nützen, uns selber aber verzehren würde.«[48]

Ende September 1911 verbarrikadierte die Polizei die Türen der tschechischen Schule und sperrte die Schulkinder aus. Die Erbitterung war groß, zumal diese Wirren mit den Teuerungsunruhen zusammenfielen. Die Tschechischen Nationalsozialisten ließen sich ihre Chance nicht entgehen und nahmen sich der Sache ihrer Wiener Landsleute an: Sie brachten am 5. Oktober 1911 die Komensky-Schüler und deren Eltern ins Parlament, das an diesem Tag nach den Neuwahlen wieder zusammentrat. Mit deutlich erkennbarem Mißfallen berichtete der deutsche Botschafter über die »stark theatralische Demonstration« nach Berlin: »Ein deutscher Ordner wollte die seltsame ›Deputation‹, die sich schon den Eintritt in die Vorhalle ertrotzt hatte, nicht einlassen, und darüber kam es zu den skandalösen Auftritten, die möglicherweise nicht ohne Einfluß auf die Stimmung in Böhmen bleiben werden.«[49] Diese »skandalösen Auftritte« bestanden in Raufereien zwischen deutschen und tschechischen Abgeordneten in der Säulenhalle des Parlaments.

Am 13. Mai 1912, dem Festtag des Deutschen Schulvereins, zertrümmerten Wiener Schulkinder einer vierten Volksschulklasse die Fensterscheiben der verbarrikadierten Komensky-Schule – und wurden dafür nicht bestraft. Am 3. November 1912 demonstrierten 4000 Wiener mit der Parole: »Nieder mit der tschechischen Schule!« Das Problem blieb bis 1918 ungelöst.

Vermittlungsversuche

Die eifrigsten Streiter für eine nationale Verständigung waren die Sozialdemokraten, die ja auch innerparteilich übernational waren:

»Der Bürgermeister haut die tschechischen Sprößlinge hinaus, der Statthalter läßt sie wieder bei der Hintertür hinein.« *Karikatur auf den Machtkampf zwischen christlichsozialer Stadtverwaltung und dem liberalen Statthalter von Niederösterreich, Erich Graf Kielmansegg*

Von ihren 87 Reichsratsabgeordneten 1908 waren 50 Deutsche, 24 Tschechen, 6 Polen, 5 Italiener und 2 Ruthenen.[50] Konsequent setzte sich die Partei für die jeweiligen Minderheiten ein, so etwa für die Errichtung einer ruthenischen Universität in Lemberg und einer tschechischen Universität in Brünn.

Für ihr Engagement wurden die Sozialdemokraten als »Judensozis«, »Slawen- und Tschechenfreunde« beschimpft, die »die slawischen Expansionsgelüste« unterstützten. Die christlichsozialen BRIGITTENAUER BEZIRKS-NACHRICHTEN im Wahlkampf: »Jeder sozialdemokratische Mandatar ist gleichbedeutend mit einem tschechischen«, damit sei jede Stimme für die Sozialdemokraten eine für die Tschechen. Und: Es drohe »von der Sozialdemokratie die größte Gefahr für den deutschen Charakter der Stadt Wien«. Und: »Was liegt auch Dr. Adler und Genossen daran, sie sind Juden, für unser nationales Empfinden also gefühllos, daher ist es ihnen ganz gleichgültig, ob sie in Wien über Tschechen oder Deutsche ihr Szepter schwingen.«[51]

Adler hatte größte Mühe, mit Appellen zu Versöhnung die Kämpfe der tschechischen und deutschen Genossen einzudämmen, und fand sich schließlich zwischen allen Stühlen wieder: Während die tschechischen Genossen der Wiener Parteizentrale die Gefolgschaft verweigerten, sich bevormundet und »germanisiert« fühlten, warfen ihr die deutschen Genossen allzu große Slawenfreundlichkeit vor. Dieser Nationalismus selbst innerhalb der Sozialdemokratie sei, so der Historiker Hans Mommsen, »ein massenpsychologisches Phänomen« gewesen, »eine kollektive Hypnose, deren sich auch die einsichtigeren unter den tschechischen Parteiführern nicht entziehen konnten«.[52]

Zuerst gärte es bei den Gewerkschaften. Die deutschen Gewerkschaftler warfen den tschechischen vor, Lohndrücker und Streikbrecher zu sein, die tschechischen weigerten sich, Beiträge nach Wien zu liefern. Auch nachdem die Tschechen eine föderative Änderung der Gewerkschaftsordnung und damit weitgehende Selbständigkeit erreichten, ließen die Konflikte nicht nach.

Adler klagte schon 1901 brieflich Karl Kautsky sein Leid: »In Wien u in ganz Österreich verstehen sie die ›nationale Autonomie‹ so, daß sie tschechische Ortsgruppen aller Gewerkschaften gründen, natürlich auch eigene politische Organisationen u daß sie geradezu jeden Betrieb national teilen. Da sie die Schwächeren sind, kann man ihnen schwer an den Leib, u sie machen aus ihrer Minderwertigkeit gerade ihre Stärke. Wir sind die Gescheitern u geben immer nach! Dazu kommt noch das Finanzielle: Wir bezahlen das ganze internationale Vergnügen, haben aber gar keinen Dank dafür, sondern sind eben darum noch als Protzen verschrien. Ich sage Dir, es ist oft zum Davonlaufen. Daß es nach außen noch so halbwegs geht, kostet viel Schweiß u Dreckschlucken.«[53]

Das Jubiläumsjahr 1908 mit der Verhängung des Standrechts, die Wirren um die Wiener Komensky-Schulen, die alltäglichen nationalen Kämpfe verstärkten den Unwillen der tschechischen Genossen, mit Wien zusammenzuarbeiten.

Als Kautsky verständnislos in Wien anfragte, warum die Zentrale nicht mehr Energie im Kampf gegen die Separatisten aufwende, antwortete Adlers Sohn Friedrich hilflos: »Unsere deutschen Genossen wären sofort zum Kampf bereit, und es ist im Gegenteil nötig, sie zurückzuhalten, denn dieser Kampf, der als Kampf für den Internationalismus begonnen würde, wäre in der kürzesten Zeit nichts anderes als ein Kampf gegen die Tschechen. In Wien... stehen wir unmittelbar vor dieser Gefahr, und es ist sehr wahrscheinlich, daß es in Kürze besonders bei den Metallarbeitern zu sehr bösen Konflikten kommen wird, die wohl dazu führen werden, daß man tschechische Arbeiter aus den Werkstätten geradezu herausprügelt. So fürchterlich das für uns ist, so existiert gar kein Mittel dagegen.«[54]

1910 verließ die Mehrheit der tschechischen Sozialdemokraten die Gesamtpartei und gründete die Tschechische Arbeiterpartei (auch »Autonomisten« genannt). Nur eine Minderheit blieb der Wiener Zentrale treu und bildete die »Tschechisch Sozialdemokratische Arbeiterpartei« (»Zentralisten«). Im Wahlkampf 1911, wo diese beiden sozialdemokratischen Parteien in Böhmen zum erstenmal gegeneinander kämpften, ernteten die Separatisten 357 000 Stimmen für 26 Mandate, die Zentralisten dagegen nur 19 000 und ein Mandat.[55]

Das Ideal der Solidarität der Völker im Zeichen des Sozialismus erwies sich in der Donaumonarchie als unrealisierbar, und dies zur Schadenfreude der anderen Parteien. Franz Steins HAMMER höhnte, die »Befriedung« der Tschechen sei also ein »leerer Wahn geblieben«: Die Tschechen »ziehen beutebeladen in das ihnen von den gutmütigen, falschen Idealen nachhängenden Deutschen gezimmerte Haus und speien auf ihre Erzieher und Wohltäter heraus, verprügeln deren Kinder und schneiden ihnen auch noch, wo es geht, die Existenzmöglichkeit ab. Der Deutsche hat in der deutschen Ostmark sein Erstgeburtsrecht um das Linsengericht des allgemeinen, gleichen

Wahlrechtes verkauft, er mag nun zusehen, wie der Tscheche sich als Herr einrichtet, planmäßig, von unten herauf!«[56]

Auch die Pazifisten hatten mit ihren Versöhnungsversuchen wenig Erfolg. 1909 gründeten einige liberale Intellektuelle um den Schriftsteller Hermann Bahr und die Friedensnobelpreisträgerin Bertha von Suttner ein tschechisch-deutsches Kulturkomitee, »das sich öffentlich gegen die Exzesse beider Völker stellen und bei jeder Gelegenheit öffentlich wiederholen soll, daß wir zusammengehören, nicht raufen, sondern uns verstehen wollen und in jeder Bedrückung der anderen Nation eine Schädigung der eigenen sehen«.[57] Doch auch dieser Vorstoß versandete.

Auf tschechischer Seite kamen Appelle zu Toleranz und Zusammenarbeit vor allem immer wieder von Tomáš G. Masaryk. Er versuchte, mit sachlichen Argumenten den Wiener Tschechen zu helfen und die Wiener um Verständnis für deren Lage zu bitten. Gerne berief er sich im Reichsrat auf die Humanitätsideale der deutschen Klassik: »Wir rühmen und preisen Ihren Herder als – ich möchte fast sagen – einen tschechischen, als slawischen Mann, der unseren Palacký, Jungmann, der auch die Polen, Russen und die Slawen überhaupt gelehrt hat, daß Humanität Vermenschlichung, aber auch Nationalisierung bedeutet... Ich bin Tscheche, Sie sind Deutsche, er ist Ruthene; wir müssen die Humanitätspolitik konkretisieren und zur praktischen politischen Arbeit machen.« Es sei schlimm, »daß man hier in Wien keine Ahnung von den Lebensfragen der Völker, um die es sich handelt, hat«.[58]

Er sei überzeugt, »daß die Entwicklung des Nationalismus nicht vollendet ist. Wir werden noch nationaler werden.« Daher müsse der Vielvölkerstaat so rasch und so grundlegend wie möglich neu geordnet werden. Die Zweiteilung des Reiches müsse einer breiteren Machtverteilung zugunsten der Nichtdeutschen, vor allem auch der Böhmen, weichen auf der Basis der »einfachen Idee der Gleichberechtigung«, der Idee, »daß ein Volk neben dem anderen gleichwertig sein soll, ob größer oder kleiner, ob mit mehr Kultur oder weniger Kultur, Sie sehen, wie diese Idee zum Durchbruch kommt und kommen muß«.[59]

Masaryks Appelle zur Respektierung der Gleichberechtigung wurden freilich in und außerhalb des Parlaments wenig geschätzt. Als Prototyp des Liberalen, des »Judenknechtes« wie des Intellektuellen wurde Masaryk von allen Parteien angegriffen, den tschechischen wie den deutschen.

Zu den integrierenden Kräften gehörte auch die böhmische Aristokratie, die eine konsequent übernationale, betont »böhmische« Linie pflegte und ihre Kinder selbstverständlich zweisprachig erzog. Die Deutschnationalen beschuldigten sie deshalb, mit ihrer tschechischen Dienerschaft, mit Beamten und Geistlichen »tschechische Kolonien« in Deutschböhmen zu bilden.[60]

Hauptziel der Angriffe war der mächtigste Aristokrat Böhmens, Fürst Schwarzenberg. Er lehnte 1910 brüsk die Forderung ab, »in deutschen Gebieten nur deutsche Beamte« anzustellen, und antwortete den Kritikern kurz: »Bezüglich der Besetzung meiner Beamtenstellen kann ich mich auf gar keine Berücksichtigung ihrer Nationalität einlassen.« Unbeirrt verkaufte er trotz deutscher Proteste ein Grundstück für den Bau einer tschechischen Schule: »Warum sollen... böhmische Kinder... nicht in eine böhmische Schule gehen können!«[61] Andererseits kritisierten ihn aber die tschechischen Radikalen, daß er zu viele Deutsche auf seinen Gütern beschäftige.[62]

H. wird später noch tadeln, daß der Hochadel in der k.u.k. Monarchie ebenso wie die Sozialdemokraten *grundsätzlich mit den Tschechen gegangen* sei.[63] Als sich die Familie Schwarzenberg auch noch nach 1939 selbstbewußt und oppositionell zeigte, meinte er, *daß die Familie Schwarzenberg von je her deutschfeindlich eingestellt gewesen sei.* 1941 ließ H. das Schwarzenbergische Vermögen enteignen.[64] Anderen böhmischen Aristokratenfamilien erging es ähnlich.

Ein Feindbild der Deutschnationalen war seit jeher, auch in H.s Linzer Schulzeit, die katholischen Kirche. H. bringt in MEIN KAMPF das Beispiel, die Kirche schicke mit Absicht vor allem tschechische Geistliche in deutsche Pfarreien, um zu *einer allgemeinen Verslawung Österreichs zu kommen. Der Vorgang spielte sich etwa wie folgt ab: In rein deutschen Gemeinden wurden tschechische Pfarrer eingesetzt, die langsam, aber sicher die Interessen des tschechischen Volkes über die Interessen der Kirche zu stellen begannen und zu Keimzellen des Entdeutschungsprozesses wurden.* Die deutsche Geistlichkeit dagegen, so H.s Vorwürfe weiter, habe sich für den nationalen Kampf als *gänzlich unbrauchbar* erwiesen. *So wurde das Deutschtum, über den Umweg konfessionellen Mißbrauchs auf der einen Seite und durch ungenügende Abwehr auf der anderen, langsam, aber unauf-*

hörlich zurückgedrängt. Und: *Damit aber schien die Kirche eben nicht mit dem deutschen Volke zu fühlen, sondern sich in ungerechter Weise auf die Seite der Feinde desselben zu stellen.*[65]

Tatsächlich waren um 1900 in Cisleithanien mehr Geistliche slawischer Abstammung in deutschen Gemeinden eingesetzt als umgekehrt. Aber das hatte – entgegen der deutschnationalen Propaganda – vor allem einen praktischen Grund darin, daß die Slawen einen weit größeren Priesternachwuchs hatten als die Deutschen.[66] Die Generallinie der Kirche war übernational und versöhnend gegenüber Katholiken aller Nationalitäten.

Bei ihren Bemühungen um übernationale Kontakte waren auch die Universitäten starken Anfeindungen in der Öffentlichkeit ausgesetzt. Als die Universität Wien 1909 zum Beispiel arglos einen Kunsthistoriker namens Max Dvořák zum Professor für Kunstgeschichte berief, protestierten die Alldeutschen. Ein »Tscheche« dürfe nicht »deutsche« Kunstgeschichte an einer »deutschen« Universität lehren. Sie griffen dabei auch jene deutschen Professoren persönlich an, die Dvořák vorgeschlagen hatten, warfen ihnen »Volksverrat« und »Hohn auf das Deutschtum« vor, so zum Beispiel dem aus Mähren stammenden Juristen Professor Dr. Josef Redlich, der auch deutschliberaler Reichsratsabgeordneter – und jüdischer Abstammung war.[67]

Hitler über die Tschechen

August Kubizek erzählt über den jungen H.: »Wenn wir etwa durch die Bezirke Rudolfsheim, Fünfhaus oder Ottakring gingen, und heimkehrende Arbeiter an uns vorüberkamen, konnte es geschehen, daß Adolf mich heftig am Arme faßte: ›Hast du gehört, Gustl? – Tschechisch!‹ Ein anderes Mal gingen wir zur Spinnerin am Kreuz hinaus, weil Adolf dieses alte Wiener Wahrzeichen sehen wollte. Da begegneten uns Ziegeleiarbeiter, die laut und mit heftigen Gesten italienisch sprachen. ›Da hast du dein deutsches Wien!‹ rief er empört.«[68] (Der Platz um die gotische Lichtsäule am früheren Wiener Stadtrand im »Tschechenbezirk« Favoriten war bis ins 19. Jahrhundert der Wiener Hinrichtungsplatz. Guido von List bezeichnete die »Spinnerin am Kreuz« übrigens als altgermanisches Grenzzeichen mit esoterischer Bedeutung.[69])

Außer dieser Bemerkung gibt es aus H.s Wiener Zeit keine belegten tschechenfeindlichen Aussprüche. Keiner der Augenzeugen erwähnt etwaige schlechte Erfahrungen H.s mit Tschechen, aber auch keine Freundschaften – im Gegensatz zu H.s vielfältigen Beziehungen zu Juden in Wien. Es bleibt nur eine belegbare persönliche Beziehung des jungen H. zu einer Tschechin, nämlich die zu Maria Zakreys, seiner ersten Wiener Zimmerfrau, einer Einwanderin aus Mähren mit starkem tschechischen Akzent und, was das Schreiben anging, schlechten Deutschkenntnissen. Mit ihr verstand sich der junge H. ausgesprochen gut. 1908 ist die Tschechin Zakreys sogar laut Kubizek »der einzige Mensch in dieser Millionenstadt, mit dem wir Umgang pflegten«.[70]

Undatierte Redenotiz H.s: »*Ziel der Tschechen / was ist das Ziel der Tschechen / planmäßige Vorarbeit. / Tschechisierung im alten Österreich*«

Und eine kleine tschechisch-wienerische Note wird H. kaum bewußt gewesen sein. Denn wenn er Eva Braun sein »Tschapperl« nannte, so bedeutet dies – nach dem tschechischen Wort »čapek«, Ungeschickter – so etwas wie »ungeschicktes Kind« mit einem Nachklang von »kleinem Dummerl«.

H.s spätere Aussagen über »die Tschechen« haben kaum etwas mit persönlichen Erfahrungen zu tun, sondern sind deutlich nur Wiederholungen alter Wiener Schlagworte, so wenn er 1942 meinte:

Jeder Tscheche ist der geborene Nationalist, der seinen Interessen alle anderen Verpflichtungen unterordnet. Man darf sich nicht täuschen, je mehr er sich beugt, um so gefährlicher wird er... Der Tscheche ist von allen Slawen der gefährlichste, weil er fleißig ist. Er hat Disziplin, hat Ordnung, er ist mehr mongoloid als slawisch. Hinter einer gewissen Loyalität weiß er seine Pläne zu verbergen... Ich verachte sie nicht, es ist ein Schicksalskampf. Ein fremder Rassensplitter ist in unser Volkstum eingedrungen, einer muß weichen, er oder wir... Die Habsburger sind auch daran kaputtgegangen. Sie glaubten, sie könnten die Frage durch Güte lösen.[71]

Und ein weiteres in Wien häufig verwendetes Schlagwort: der Tscheche sei *ein »Radfahrer«..., der sich nach oben bückt, aber nach unten tritt.* Polen wie Tschechen wüßten aus *halbtausendjähriger Erfahrung, wie man am besten den Untertanen spiele, ohne Mißtrauen zu erregen. Wie viele Tschechen hätten sich in seiner Jugend in Wien herumgetrieben, dort sehr bald den Wiener Dialekt erlernt und sich dann geschickt in maßgebliche Positionen des Staates, der Wirtschaft und so weiter hineingeschlängelt.*[72]

Die alte Wiener Überheblichkeit gegenüber den zwar »fleißigen«, aber doch eher zu Untertanen taugenden Tschechen klingt auch durch, als H. 1942 seinem Gast, dem Reichsführer SS Heinrich Himmler, sagt: *Die Tschechen waren besser als die Ungarn, die Rumänen und die Polen. Es hatte sich ein fleißiges Kleinbürgertum gebildet, das seiner Grenzen sich bewußt war. Sie werden auch heute mit Grimm sowohl wie mit einer grenzenlosen Bewunderung zu uns aufblicken: Wir Böhmen sind zum Regieren nicht bestimmt!*[73]

Luegers System, die Tschechen durch die Sprache »einzudeutschen«, hielt H. für zuwenig konsequent. Auch hier liege seiner Meinung nach das *Volkstum,* besser die Rasse, eben nicht in der Sprache, sondern im Blute. Die Germanisierung habe *in meiner Jugend... zu ganz unglaublich falschen Vorstellungen* verleitet. *Selbst in alldeutschen Kreisen konnte man damals die Meinung hören, daß dem österreichischen Deutschtum unter fördernder Mithilfe der Regierung sehr wohl eine Germanisation des österreichischen Slawentums gelingen könnte, wobei man sich nicht im geringsten darüber klar wurde, daß Germanisation nur am Boden vorgenommen werden kann und niemals an Menschen. Denn was man im allgemeinen unter diesem Wort verstand, war nur die erzwungene äußerliche Annahme der deutschen Sprache.* Es sei aber *ein kaum faßlicher Denkfehler,* zu glauben, *daß,* sagen wir, *aus einem Neger oder einem Chinesen ein Germane wird, weil er Deutsch lernt und bereit ist, künftighin die deutsche Sprache zu sprechen und etwa einer deutschen politischen Partei seine Stimme zu geben.* Das sei *eine Entgermanisation* und der *Beginn einer Bastardisierung,* die *Vernichtung germanischen Elementes.* Die in der Vielvölkermonarchie jahrhundertelang praktizierte Blutvermischung bedeute *die Niedersenkung des Niveaus der höheren Rasse.*[74]

H. plante jedenfalls für die Zeit nach dem Krieg, »alle rassisch nicht wertvollen Elemente aus dem böhmischen Raum auszusiedeln und nach Osten zu verpflanzen. Der einzelne Tscheche sei fleißig, und wenn man sie verstreut in den besetzten Ostgebieten ansiedle, gäben sie vielleicht ganz gute Aufseher ab. Der Führer betonte immer wieder, daß er persönlich die Tschechen ganz genau kenne.«[75]

Andererseits gingen ihm die Aussiedlung der Tschechen und die angestrebte »Verdeutschung« Böhmens und Mährens durch deutsche Siedler zu langsam, und so hielt er auch eine Germanisierung durchaus für möglich, aber nur in Verbindung mit unerbittlicher Strenge gegenüber Rebellen.[76]

Daß er seine Truppen nicht nur in das Sudetenland einmarschieren ließ, sondern 1939 auch in die eindeutig nichtdeutsche »Rest-Tschechei«, entsprach kaum noch seiner Parole »Ein Volk, ein Reich, ein Führer«. Er behalf sich mit fadenscheinigen Erklärungen und dem Hinweis auf habsburgische Tradition, so etwa 1942: *Bei der Tschechoslowakei habe es sich eben nicht um ein innerlich zu einem selbständigen Staat gewordenes Gebilde gehandelt; sie sei vielmehr über die kulturelle Anlehnung an deutsche Vorbilder hinaus auch in ihrem Wesen ein alter österreichischer Nationalitätenstaat geblieben.*

Selbst der tschechische Staatspräsident Dr. Emil Hacha habe ihm, H., gesagt, die Tschechen seien *kein Herrenvolk.* Und der H. aus seiner Wiener Zeit wohlbekannte Tomáš G. Masaryk, erster tschechoslowakischer Staatspräsident, »Vater des Vaterlandes«, gestorben 1937, *schreibe irgendwo, daß in seiner Jugend in seiner Familie niemand angesehen gewesen sei, der tschechisch gesprochen habe. Bei fester Führung* müsse es möglich sein, so H. 1942, *in 20 Jah-*

ren die tschechische Sprache wieder auf die Bedeutung eines Dialektes zurückzudrängen.⁷⁷

Und nicht zuletzt bedeuteten Tschechen wie Juden für den Reichskanzler H. auch wienerisches Selbstbewußtsein, das sich der verlangten Unterwerfung unter den deutschen Einheitsstaat widersetzte. 1941 meinte H., *die Meckerei seiner* [Wiens] *Bevölkerung sei eine Folge der starken jüdisch-tschechischen Mischung.*⁷⁸ Und als das »Fest des judenfreien Wien« gefeiert war, monologisierte H. am 25. Juni 1943 im kleinen Kreis: *Die Juden habe ich aus Wien schon heraus, ich möchte auch noch die Tschechen hinaustun.*⁷⁹

10 Juden in Wien

Geschichtliches

Schon als die Babenbergerherzöge Wien um 1150 zu ihrer Residenzstadt machten, holten sie Juden in die Stadt. Diese siedelten sich in der Gegend des heutigen Judenplatzes an, arbeiteten als Geldverleiher und Händler und genossen den besonderen Schutz der Landesherren, selbstverständlich gegen beträchtliche Steuern. Schon um 1200 gab es in Wien die erste Synagoge.

Phasen von Vertreibungen, »Judenverbrennungen« und Wiederansiedlungen wechselten im Lauf der Jahrhunderte. Besonders gefährlich wurde die Lage in der Zeit der Türkenkriege im 17. Jahrhundert, als sich der religiöse Fanatismus keineswegs nur gegen die Türken richtete, sondern auch gegen die einheimischen Juden. 1623 wurden die 130 Wiener jüdischen Familien aus der Inneren Stadt verbannt und zwangsweise in ein neues Ghetto zwischen den Donauarmen umgesiedelt. 1670 ließ Kaiser Leopold I. auf Veranlassung seiner spanischen Frau Margarita Teresa alle Wiener Juden austreiben. Sie verloren ihr Vermögen und alle Wertsachen, durften nur so viel mitnehmen, wie sie tragen konnten, und mußten froh sein, wenn sie ihr Leben retteten. Die Wiener steckten in religiösem Eifer die Synagoge in Brand und errichteten an ihrer Stelle eine Kirche, die dem Namensheiligen des Kaisers, also dem heiligen Leopold, geweiht wurde. Aus dem Ghetto wurde eine neue katholische Vorstadt, die »Leopoldstadt«.

Nur einige Jahre später holte der nun verwitwete und geldbedürftige Kaiser die Juden nach Wien zurück. Sie siedelten sich wieder in der nunmehrigen Leopoldstadt an, die bald den Spottnamen »Mazzesinsel« bekam. Hier lebte noch um 1900 rund ein Drittel aller Wiener Juden.

Die Christlichsozialen verglichen den Existenzkampf des christlichen Abendlandes gegen die heidnischen Türken mit dem »Abwehrkampf« gegen die Juden. So wetterte Lueger im Wahlkampf um das Bürgermeisteramt 1895: »Heute ist der denkwürdige Tag der Befreiung Wiens von den Türken und hoffen wir, daß wir uns... eine größere Not von uns abwälzen als die Türkennot, nämlich die Judennot.« Der Rede folgten laut Zeitungsbericht »Tosender Beifall und andauernde Hochrufe«.[1]

Der moderne Antisemitismus traf die Juden in Österreich-Ungarn in der wohl glücklichsten Phase ihrer Geschichte. Das liberale Staatsgrundgesetz von 1867 hatte ihnen nach Jahrhunderten der Unterdrückung die volle und uneingeschränkte Gleichberechtigung gebracht. Nun endlich durften sie alle die großen und kleinen Freiheiten genießen, die ihnen jahrhundertelang verwehrt waren. Sie durften in der Hauptstadt Grundbesitz haben, ihren Wohnort frei wählen, Staatsbeamte werden, uneingeschränkt die Universitäten besuchen und anderes mehr.

Die unmittelbare Folge der Emanzipation war eine jüdische Einwanderungswelle in die Haupt- und Residenzstadt. Zunächst kamen Händler und Handwerker aus dem Umland und aus Mähren und Böhmen. Dann kamen, begünstigt durch die modernen Verkehrsmittel, Juden aus den östlichen Kronländern, vor allem aus Ungarn, Galizien und der Bukowina. Vor der Emanzipation, 1860, lebten in Wien 6 200 Juden und damit 2,2 Prozent der Bevölkerung; 1870 bereits 40 200, damit 6,6 Prozent; 1880 waren es 72 600 und 10,1 Prozent.

1890 hatte Wien 118 500 Juden, die aber nach der Eingemeindung der Vororte mit hauptsächlich christlicher Bevölkerung nur noch einen Anteil von 8,7 Prozent hatten. Dieser Prozentsatz blieb in der rasch wachsenden Stadt konstant. 1900 lebten in Wien 147 000 und 1910 175 300 Juden – wohlgemerkt nur Glaubensjuden. Nach dem mittlerweile beliebten Kriterium des Rassenantisemitismus, also mit Einrechnung der assimilierten und getauften Juden, waren die Zahlen weit höher.

Von diesen 175 300 Glaubensjuden gehörten die meisten, nämlich 122 930, zur deutschen Volksgruppe, einschließlich der Ostjuden, deren Jiddisch als Deutsch gewertet wurde. Die übrigen gehörten gemäß ihrer Umgangssprache zu den Polen, Tschechen, Rumänen und anderen. Die 51 509 als »staatsfremd« registrierten Juden in Wien waren zum größten Teil Ungarn. Wie hoch der Anteil der russischen Juden war, ist aus diesen Statistiken nicht zu erfahren, denn die Flüchtlinge waren fast alle nicht seßhaft und sind von keiner Statistik erfaßt.[2]

Unter den Städten der Donaumonarchie hatte Wien keineswegs den höchsten Anteil jüdischer Bevölkerung. In Krakau betrug er 50 Prozent, in Lemberg und Budapest 25 Prozent, in Prag 10 Prozent. Im Vergleich zu anderen europäischen Großstädten war der Anteil in Wien jedoch sehr hoch. Die »judenreichsten« reichsdeutschen Städte waren Berlin mit vier bis fünf Prozent und Hamburg mit zwei bis drei Prozent.[3]

Das Hochgefühl, das die endlich erreichte Freiheit auslöste, spornte viele Einwanderer zu großen Leistungen an. Alle Tore schienen für den Tüchtigen offenzustehen. Die Emanzipation beflügelte den Willen, durch Leistung und Bildung ein geachtetes Mitglied der Gesellschaft zu werden.

Im katholisch-konservativen Wiener Milieu, das weithin noch von einer biedermeierlichen Behäbigkeit geprägt war und sich mit den Neuerungen der modernen Zeit schwertat, trafen die bildungsbewußten und erfolgshungrigen Juden auf wenig Konkurrenz, wie auch der aus Berlin eingereiste Schriftsteller Jakob Wassermann erstaunt bemerkte. Der früher maßgebende Adel sei in Wien »vollkommen teilnahmslos« gewesen: Er »hielt sich nicht nur ängstlich fern vom geistigen und künstlerischen Leben, sondern er fürchtete und verachtete es auch. Die wenigen patrizischen Bürgerfamilien ahmten den Adel nach; ein autochthones Bürgertum gab es nicht mehr, die Lücke war ausgefüllt durch die Beamten, Offiziere, Professoren; danach kam der geschlossene Block des Kleinbürgertums.« Kurz: »Der Hof, die Kleinbürger und die Juden verliehen der Stadt das Gepräge. Daß die Juden als die beweglichste Gruppe alle übrigen in unaufhörlicher Bewegung hielten, ist nicht weiter erstaunlich.«[4]

Die unterschiedlichen Antriebskräfte und Wertmaßstäbe zeigten sich vor allem im Bildungseifer. Die Zahl der christlichen Gymnasiasten stieg von 21 213 im Jahre 1851 auf 99 690 im Jahre 1903/04, die der jüdischen im selben Zeitraum von 1251 auf 15 880. 1912 war jeder dritte Wiener Gymnasiast Glaubensjude, also dreimal mehr, als es dem Bevölkerungsanteil entsprochen hätte. Alle Arten von höheren Schulen zusammengenommen, betrug der Anteil jüdischer Schüler 1912 47,4 Prozent, also fast die Hälfte.[5] Während – ohne Theologie – zwischen 1898 und 1902 nur 5,3 Prozent von 10 000

Christen eine Universität besuchten, lag die Zahl bei den Juden bei 24,5 Prozent. Jüdische Studenten stellten in Wien wie in Prag – und hier vor allem an der Deutschen, nicht der Tschechischen Universität – fast ein Drittel der Studenten.[6]

Die beliebtesten Fächer jüdischer Studenten waren Medizin – 1913 stellten sie mehr als 40 Prozent der Medizinstudenten in Wien – und Jus: 1913 mehr als ein Viertel der Jusstudenten.[7] Juden bevorzugten die freien Berufe der Rechtsanwälte und Ärzte. Von insgesamt 681 Wiener Anwälten waren 1889 mehr als die Hälfte – 394 – Juden. 20 Jahre zuvor waren es nur 33.[8]

In Cisleithanien schlossen sich die meisten Juden an jene Nationalität an, die hier immer noch, zumindest in Kultur und Wirtschaft, dominierte: die Deutschen. Die Wiener und Prager Juden kannten und liebten die deutsche Sprache und Kultur, schwärmten für Richard Wagner, dessen modernster Interpret Gustav Mahler war, und für Friedrich Schiller. Jüdische Schriftsteller brachten die österreichische Literatur zu einer neuen Blüte, man denke nur an Franz Kafka, Franz Werfel, Arthur Schnitzler, Stefan Zweig. Die Wiener medizinische Schule errang nicht zuletzt durch jüdische Ärzte Weltruf. Sigmund Freud entwickelte in Wien die Psychoanalyse. Wien wurde zwischen 1867 und 1914 zu einer Metropole der modernen Kunst und Wissenschaft, gerade in der fruchtbaren Symbiose von Wienerischem und Jüdischem.

In Handel und Wirtschaft gab es spektakuläre Erfolgsgeschichten, wie etwa die des Warenhauskönigs Alfred Gerngross, die nach seinem Tod 1908 in aller Munde war: Erst 1881 war er mit einem Bruder aus Frankfurt am Main nach Wien eingewandert, machte hier ein Tuchgeschäft auf, kaufte dann Haus um Haus auf der größten Wiener Geschäftsstraße, der Mariahilfer Straße, und baute ein riesiges Warenhaus. Seinen acht Kindern hinterließ er ein Vermögen von mehr als vier Millionen Kronen.[9] Erfolg hatten auch jene Handwerker, die H. in Wien persönlich als Ankäufer seiner Bilder kannte: der Rahmenmacher Jakob Altenberg aus Galizien und der Glasermeister Samuel Morgenstern aus Ungarn.

Jüdische Intelligenz wurde in Wien um 1900 zum Schlagwort. Der Schriftsteller Hermann Bahr spottete, daß »jeder, der ein bißchen Verstand oder irgend ein Talent hat, deshalb gleich als Jude gilt; sie können sich's nicht anders erklären«.[10]

Geradezu einen »jüdischen« Zwang zur Tüchtigkeit trotz längst erfolgter Taufe meinte etwa Alfred Roller auch bei seinem Freund Gustav Mahler zu erkennen: »Mahler hat seine jüdische Abstammung nie versteckt. Aber sie hat ihm keine Freude gemacht. Sie war für ihn Sporn und Stachel zu um so höherer, reinerer Leistung. ›Wie wenn ein Mensch mit einem zu kurzen Arm auf die Welt kommt: da muß der andere Arm desto mehr vollbringen lernen und leistet schließlich vielleicht Dinge, die beide gesunde Arme nicht fertiggebracht hätten‹. So erklärte er mir einst die Wirkung seiner Herkunft auf sein Schaffen.«[11]

Die Lösung der jahrtausendelangen Judenfrage schien endlich in Sicht in Form einer völligen Angleichung, auch mit Hilfe von Konversionen und Mischehen. Hier allerdings waren Hürden aufgebaut. Mischehen zwischen Partnern jüdischer und christlicher Religion waren nicht erlaubt. Um eine Ehe einzugehen, mußte ein Partner entweder zum Glauben des anderen übertreten oder sich konfessionslos erklären. Beides tat meist der jüdische Teil. 1911 bis 1914 waren solche Ehen fast zehnmal so häufig wie Ehen zwischen Katholiken und Protestanten.[12]

Die wachsende gesellschaftliche Reputation reich gewordener jüdischer Unternehmer und Bankiers zeigte sich in ihren Ringstraßenpalais, die den Palästen des alten Adels Konkurrenz machten, den Orden und Adelserhebungen, die der Kaiser ihnen in Anerkennung ihrer Verdienste und ihrer reichen Spendentätigkeit zukommen ließ, und in spektakulären Ehen reicher Jüdinnen mit verarmten Aristokraten.

Politisch standen die Juden meist im liberalen oder sozialdemokratischen Lager, wie der Abgeordnete Benno Straucher 1908 im Reichsrat betonte: »Wir Juden waren, sind und bleiben wahrhaft freiheitlich, wir können nur in freiheitlicher Luft gedeihen, für uns ist reaktionäre Luft Stickluft, wir huldigen einer freien demokratischen Weltanschauung, wir können daher nur eine wahrhaft freiheitliche Politik machen.«[13]

Das hieß jedoch nicht, daß sie parteipolitisch einer Meinung waren. Die zionistische NEUE NATIONAL-ZEITUNG klagte 1908: »Die vierzehn Juden im Parlamente gehören fünf Parteien an.«[14] Erklärt jüdisch waren nur die vier Zionisten und ein »Jüdischer Demokrat«, die anderen waren Sozialdemokraten oder standen im freisinnigen

Lager. Von den sechs jüdischen Abgeordneten aus Galizien zum Beispiel waren drei bei den Zionisten, agierten also nationaljüdisch, die übrigen drei waren Sozialdemokraten.

Antisemitismus

Die Erfolge der jüdischen Einwanderer entfachten Haß und Neid bei jenen Einheimischen, die von der plötzlichen Konkurrenz überholt wurden und nicht mit den Neuerungen der modernen Zeit zurechtkamen: den Handwerkern, die durch die Fabriken ihre Existenz verloren, den Geschäftsleuten, die durch die Warenhäuser ins Hintertreffen gerieten. Bereits sechs Jahre nach der Emanzipation, im Börsenkrach 1873, machte sich ein neuer Antisemitismus gewaltig Luft, gegen die »Kapitalisten«, die »Liberalen« und die »Börsenjuden«.

Platzmangel an der Wiener Universität — aber nur für Arier.

1876 begann der Sturm in den Universitäten. Anlaß war die Kritik des berühmten Mediziners Professor Theodor Billroth an dem seiner Meinung nach allzu hohen Anteil jüdischer Medizinstudenten aus Ungarn und Galizien. Billroth zweifelte am Erfolg der Assimilation und meinte, »daß die Juden eine scharf ausgeprägte Nation sind, und daß ein Jude ebenso wenig wie ein Perser, oder Franzose, oder Neuseeländer, oder Afrikaner je ein Deutscher werden kann; was man jüdische Deutsche heißt, sind doch eben nur zufällig deutsch redende, zufällig in Deutschland erzogene Juden, selbst wenn sie schöner und besser in deutscher Sprache dichten und denken, als manche Germanen vom reinsten Wasser«. Es sei »daher weder zu erwarten, noch zu wünschen, daß die Juden je in dem Sinne deutschnational werden, daß sie bei nationalen Kämpfen so zu empfinden vermöchten, wie die Deutschen selbst«.

Den aus den östlichen Ländern eingewanderten Juden fehlten angeblich »unsere« auf der »mittelalterlichen Romantik« basierenden »deutschen Empfindungen«. Billroth gestand, daß er »innerlich trotz aller Reflexion und individueller Sympathie die Kluft zwischen rein deutschem und rein jüdischem Blut heute noch so tief empfinde, wie von einem Teutonen die Kluft zwischen ihm und einem Phönizier empfunden sein mag«.[15]

Die deutschen Burschenschaften sahen sich nun legitimiert, ihre jüdischen, von Billroth als nicht »deutsch« qualifizierten Kommilitonen hinauszuwerfen. Schon 1877 führte die Burschenschaft Teutonia den »Arierparagraphen« ein, die anderen folgten. Die Burschenschafter beriefen sich auf den Berliner Philosophen Eugen Dühring und dessen vielzitierten Ausspruch: »Der deutsche Student muß die Ehre seiner Art darin sehen, daß die Wissenschaften ihm nicht von einer fremden, ungleich niedrigeren und zu ernster Wissenschaft gänzlich unfähigen Rasse dargeboten oder vielmehr judenmäßig verpfuscht und verjaucht – verhandelt werden.«[16]

Massenwanderung der Ostjuden

1881 wurde in Rußland Zar Alexander II. durch ein Bombenattentat getötet. Die Verantwortung wurde »jüdischen Revolutionären« zugeschoben und Pogrome mit regelrechten Massakern an Juden veranstaltet. In Todesangst flohen die Menschen über die Grenze nach Galizien, das ohnedies übervölkert war, den höchsten Bevölkerungsanteil von Juden hatte und unter Arbeitslosigkeit und Hunger litt. Rund 200 000 jüdische Wanderbettler zogen durch das Land und wurden »Luftmenschen« genannt, weil niemand recht wußte, wovon sie eigentlich lebten und wohin sie gehörten.[17] Dieses Heer von Betteljuden wurde nun durch die russischen Flüchtlinge vervielfacht. Viele zogen zu den großen europäischen Häfen, um nach Übersee auszuwandern – und in die Großstädte: nach Wien, Berlin, Prag, Budapest. Insgesamt machten sich vor 1914 rund zwei Millionen Ostjuden auf den Weg. Auf ihren Wanderzügen wurden sie mit Fremdenhaß und Antisemitismus in vorher nicht gekanntem Ausmaß konfrontiert.

Schon 1882 tagte in Dresden der »Erste internationale antijüdische Kongreß«. Die Teilnehmer riefen in einem Manifest zum Kampf gegen die fremden Juden auf und forderten von den europäischen Regierungen vergeblich einen Einwandererstopp für russische Juden und eine militärische Sicherung der Grenzen. Einig waren sich die Antisemiten der verschiedenen Richtungen und fast aller westeuropäischen Staaten in ihrer Forderung, die Emanzipation der Juden rückgängig zu machen. Die Juden – alle, auch die eingesessenen – sollten unter Fremdenrecht gestellt werden, da sie angeblich nicht zu assimilieren seien und eine Bedrohung für die Christen darstellten.

Aber die österreichischen Juden wußten sich in sicherem Rechtsschutz der staatlichen Behörden. Bedrohte erhielten Polizeischutz. Antisemitische Pamphlete wurden beschlagnahmt. Dieser Rechtsschutz war in den Städten leichter zu praktizieren als auf dem Land, etwa in Galizien oder in Ungarn, wo es immer wieder zu antisemitischen Krawallen kam. So wanderten noch mehr Ostjuden in die Hauptstadt ein, obwohl Wien seit 1897 von den Antisemiten unter Lueger regiert wurde. Aber in Wien war auch der Kaiser, und gerade die ärmsten Ostjuden zeigten ihm ihre Anhänglichkeit. Der Wiener Oberrabbiner Dr. Moriz Güdemann 1908: »Unser Kaiser hat es wiederholt ausgesprochen, daß seinem landesväterlichen Herzen alle Untertanen seines großen Reiches ohne Unterschied der Nation und der Konfession gleich nahe stehen... Es ist ja gerade die Unterschiedslosigkeit und Gleichberechtigung, die der Kaiser sanktioniert hat und heilig hält, welche die Juden zur größten Dankbarkeit gegen ihn verpflichtet.«[18]

Daß freilich selbst der Kaiser manchmal angesichts der Flut des Antisemitismus ratlos war, zeigt sein Ausspruch im Familienkreis, protokolliert im Tagebuch seiner Tochter Marie Valerie: »Man sprach vom Judenhaß da sagte Papa: Ja ja man tut natürlich alles, um die Juden zu schützen, aber wer ist eigentlich kein Antisemit?«[19]

Um 1900 machten antisemitische Politiker in Wien Blitzkarrieren: In den achtziger Jahren sammelte Georg Schönerer als Führer der Alldeutschen die Stimmen der Bauern und Studenten. In den neunziger Jahren triumphierte Lueger als noch erfolgreicherer Stimmenfänger bei den Kleingewerbetreibenden und Handwerkern.

Die christlichsozialen BRIGITTENAUER BEZIRKS-NACHRICHTEN verglichen den »Kampf« gegen die Ostjuden mit dem nationalen Aufbruch der Freiheitskriege gegen Napoleon: Diesmal »ballt sich von Osten her, wohl nicht eine Reitermasse, aber eine finster dräuende, schmutzstarrende Wolke von Kaftanträgern zusammen, die... unsere Freiheit neuerdings ganz zu unterdrücken und zu ersticken droht. Wer will es, wer kann es noch leugnen, daß wir schon unter dem Joche des Judentums schmachten und Dinge vorkommen, die jedem Deutschen die Schamröte ins Gesicht treiben müssen.«[20]

In der Leopoldstadt

In Schulen, Theatern, Fabriken, im Parlament wurden Statistiken erstellt, um die angebliche »Verjudung« Wiens zu beweisen. Häufig wurden für diese Zwecke Glaubensjuden, getaufte, mit Juden »Versippte« oder Verheiratete, Leute mit jüdisch klingenden Namen und gleich auch Liberale, Sozialdemokraten und andere »Judenknechte« ungeachtet ihrer Abstammung und Konfession zusammengezählt, um das erwünschte Horrorszenario der »Verjudung« ausmalen zu können. Über das Ausmaß der antisemitischen Bewegung in Wien berichtete ein Berliner Beobachter erstaunt: »Der Antisemitismus Wiens unterscheidet sich von demjenigen im deutschen Reiche gewaltig, denn, während er in Deutschland nur national, ist er in Österreich-Ungarn klerikal – deutschnational – czechisch-ultramontan! Also eine Seeschlange von national-politischen Sonderinteressen der verschiedenen Parteien, deren jede in ihrem Antisemitismus das Alpha und Omega der Volksbeglückung zu besitzen glaubt.«[21]

Als stereotype Feindbilder für die Ostjuden dienten den Antisemiten um 1900 die Wanderhausierer und die Mädchenhändler. Der »Handeleh« brachte sich auf dem Weg nach Westen mit dem Verkauf von Kleinwaren durch und machte damit den eingesessenen Händlern Konkurrenz, die nun nicht mehr allein die Preise bestimmen konnten. Erste Protestkundgebungen gegen die Hausierer gab es schon in den siebziger Jahren. Nach jahrelangem Kampf setzte 1910 der christlichsoziale Handelsminister ein Hausiererverbot in Wien durch, »zum Schutze der ehrlich arbeitenden seßhaften Wiener Gewerbetreibenden«. Die christlichsoziale ÖSTERREICHISCHE VOLKSPRESSE spottete über das »Zetergeschrei« der »Judenpresse«, die gegen diese Verordnung protestierte: »Ja, sollen wir denn zusehen, wie das Gewerbe geschädigt wird, sollen wir vielleicht den jüdischen Hausierern das Monopol verschaffen und den Juden die Hand bieten zur Vernichtung des Gewerbestandes?«[22] H. bedient in MEIN KAMPF auch dieses Klischee, als er seinen angeblichen Wandel zum Antisemitismus mit der Begegnung mit einem Wiener Handeleh verbindet.[23]

Die Parole »Kauft nicht bei Juden!« galt den Hausierern ebenso wie den Warenhäusern und wurde von Antisemiten aller politischen Richtungen verbreitet. Im alldeutschen JAHRBUCH FÜR DEUTSCHE FRAUEN UND MÄDCHEN hieß es 1904 unter dem Titel »Deutsche Frauen! Meidet bei euren Einkäufen die Judenläden!«: »Welche Schmach bedeutet es zum Beispiel für eine deutsche Familie, wenn auf und unter dem strahlenden urgermanischen Weihnachtsbaum Geschenke für die Lieben liegen, die in Judengeschäften gekauft worden sind! Jeder Deutsche, der seine Weihnachtsgeschenke bei Juden kauft, entehrt sich selbst und schändet sein eigenes Volkstum. Wie viele ehrliche deutsche Handwerker und Kaufleute ringen unter dem Drucke der jüdischen Schmutzkonkurrenz schwer um ihre Existenz! Der deutsche Stammesbruder geht oftmals achtlos an ihnen vorüber, schnurstracks in den Judenladen hinein, wo er unter heuchlerischem Gemauschel gehörig übers Ohr gehauen wird.«[24]

Um die Einhaltung des Kaufboykotts besser kontrollieren zu können, wurde gar im niederösterreichischen Landtag gefordert, die Stände jüdischer und christlicher Händler auf den Märkten räumlich zu trennen – was die Handelskammer nach Protesten der jüdischen Gemeinde verhindern konnte.[25]

Das zweite ostjüdische Feindbild, das um 1900 tagtäglich in den Zeitungen beschworen wurde, war der Mädchenhändler. Einerseits wurde damit das alte Klischee vom jüdischen Verführer aufgenommen, andererseits gab es tatsächlich eine Reihe von Kriminalfällen, in die osteuropäische Juden verwickelt waren. Entgegen dem antisemitischen Schema ging es aber hier keineswegs um die Verführung »blonder« Christenmädchen, sondern um den Handel mit armen Jüdinnen aus den osteuropäischen Schtetln, auch aus Galizien.

Die Mädchenhändler arbeiteten nach immer den gleichen Methoden: Der gut gekleidete, offensichtlich wohlhabende Händler trat bei einer armen kinderreichen Familie im Schtetl als künftiger Schwiegersohn auf und ließ sich mit dem noch kindlichen Mädchen nach jüdischem Ritus trauen. Zur Freude der Eltern verzichtete er auf eine Mitgift und nahm »seine Frau« mit sich in ein vermeintlich schöneres Leben. Diese Methode konnte beliebig oft angewandt werden, da eine rituelle Heirat keine rechtliche Bedeutung hatte.

Eine andere Methode war, die trostlose Lage jener jungen Frauen auszunutzen, deren Männer als Wanderbettler verschollen waren. Diese Frauen waren mittellos, durften aber nicht wieder heiraten, weil sie ja nicht geschieden waren. Wenn sie der Verführung erlagen und damit »in Schande« gerieten, hatte der Zuhälter leichtes Spiel und konnte sie mit sich nehmen. In besonders armen kinderreichen Familien kam es sogar zu Fällen von Kinderverkauf.[26]

Die Mädchen und Frauen waren meist Analphabetinnen, sprachen nur Polnisch oder Jiddisch und waren den Kriminellen wehrlos ausgeliefert, vor allem da sie sich durch die Heirat emotionell gebunden fühlten. Ehe sie verstanden, was mit ihnen geschah, landeten sie, meist auf dem Weg über Serbien, in einem der Hamburger Bordelle – »Mädchen-Export-Magazine« genannt – oder auf einem Schiff nach Übersee. In Odessa lagen die Preise bei 500 bis 2000

Rubel pro Mädchen, in Hamburg bei 1500 Mark.[27] In Buenos Aires etwa wurden die Mädchen meist schon am Landungssteg für Preise zwischen 3000 bis 6000 Francs oder 150 Pfund an Bordellbesitzer versteigert. Hier stellten Mädchen aus Galizien nach den einheimischen und den russischen die drittstärkste Gruppe der Prostituierten und wurden »Austríacas« genannt.[28]

Aus Galizien, Ungarn und Böhmen wurden laut Statistik jährlich rund 1500 Mädchen verschleppt. Häufig wurde der Handel sogar in Wien abgewickelt, wo die Mädchenhändler als »Exporteure für den Orient« arbeiteten. Dr. Josef Schrank, der Präsident der österreichischen Liga zur Bekämpfung des Mädchenhandels: »In Wien wird der Mädchenhandel mit großer Ungeniertheit betrieben, es wird förmlich Markt gehalten, die ungarischen, rumänischen, russischen und türkischen Mädchenhändler steigen in den Hotels ab, und lassen sich die ›Ware‹ einfach zuführen und weisen das Nichtkonvenierende kurz zurück.«[29] Die Händler, darunter auch Frauen, wechselten ständig ihre Namen und waren mit falschen Papieren unterwegs, oft englischen oder türkischen Pässen. Sehr viel Schmiergeld floß bei diesen Aktionen an Beamte.

Die cisleithanischen Judengemeinden unterstützten den Kampf gegen die Kriminalität mit aller Kraft, und zwar aus mehreren Gründen: um den Mädchen zu helfen, den Kriminellen das Handwerk zu legen – aber auch, um dem Antisemitismus nicht weitere Nahrung zu geben. Sie kehrten das Problem nie unter den Teppich, sondern drangen auf Aufklärung und Offenheit. So berichtete die zionistische Wiener NEUE NATIONAL ZEITUNG 1913, unter 39 galizischen Frauenhändlern seien 38 Juden.[30] Ein anderes Mal brachte sie die Meldung, daß 90 Prozent der 3000 Prostituierten in Argentinien Jüdinnen seien.[31] Stets verband sie diese Meldungen mit dem dringenden Aufruf, alles nur Denkbare gegen diese Art von Kriminalität zu tun. An den internationalen Konferenzen zur Bekämpfung des Mädchenhandels nahmen auch Rabbiner teil.[32] In Wien fand eine solche dreitägige Konferenz im Oktober 1909 statt, also in H.s Wiener Zeit, und fand ein großes, kontroverses Presseecho.

Wanderlehrer und Sozialarbeiterinnen reisten nach Galizien, um aufzuklären, zu warnen und Mädchen und Eltern Hilfe zu leisten. Eine dieser jüdischen Aktivistinnen war eine Frau, die in der Geschichte der Psychoanalyse eine bedeutende Rolle spielt: Bertha

Pappenheim, jener »Fall Anna O.«, an dem Sigmund Freud seine STUDIEN ÜBER HYSTERIE machte und die Psychoanalyse entwickelte. Wohlhabend und unverheiratet, widmete sie sich der Frauenfürsorge, errichtete Heime für gefährdete Mädchen, studierte die soziale Lage auf Reisen durch Rußland, Rumänien und Galizien[33] und unterstützte auch den Aufbau einer Kleinindustrie für weibliche Arbeitskräfte in Galizien, etwa Spitzenklöppeleien und Kleinkonfektion, um den Frauen nach Schulungskursen einen »ordentlichen« Verdienst zu ermöglichen.[34]

Unterstützung kam auch von der Privatstiftung des Barons Moriz Hirsch, die den Schulbau in Galizien forcierte, für jüdische wie christliche Kinder, für Buben wie für Mädchen. Der Bildungsrückstand ostjüdischer Mädchen kam ja auch daher, daß sie in die religiösen »Chedorim«-Schulen nicht aufgenommen wurden.

Aber dies alles ging langsam, während sich der Strom ostjüdischer Einwanderer in die europäischen Städte fortsetzte und der Antisemitismus weiter anwuchs. Jedenfalls waren gerade die »jüdischen Mädchenhändler« eine beliebte antisemitische Floskel, wie auch bei H. in MEIN KAMPF: *Das Verhältnis des Judentums zur Prostitution und mehr noch zum Mädchenhandel selber konnte man in Wien studieren wie wohl in keiner sonstigen westeuropäischen Stadt, südfranzösische Hafenorte vielleicht ausgenommen.*[35]

Parlamentsdebatten

Die wenigen jüdischen Parlamentarier kämpften darum, »das natürliche, unveräußerliche Recht jeden Volkes auf volle, wahre Gleichberechtigung, auf unverkürzte Rechtsgleichheit« auch für Juden einzufordern. Doch sie hatten wenig Chancen, bedenkt man den befriedigten Ausruf des deutschradikalen Abgeordneten Eduard von Stransky im Juni 1908: »Gott sei Dank, das Haus ist in seiner Majorität antisemitisch.«[36]

Der zionistische Abgeordnete Dr. Benno Straucher aus der Bukowina, Advokat und Präses der Judengemeinde von Czernowitz, klagte: »In diesem ganzen Hause, von keiner Partei, die alle so überlaut von Freiheit, Freisinn, Fortschritt, Gleichberechtigung und Gerechtigkeit – für sich überfließen, kein Schutz für die Juden; wo es sich um Juden handelt, da verstummen alle Zeugen, die offenen und geheimen Antisemiten haben ihr Geschäft gut besorgt, ihre Taktik wohl eingerichtet. Niemand tritt aus Freiheitlichkeit und Gerechtigkeitssinn für uns ein, man will nicht Judenknecht gescholten, als im Sold der Juden stehend bezeichnet werden.« Und der ständigen Zwischenrufe der Christlichsozialen müde, meinte er: »Bei Ihnen braucht man gar nichts zu beweisen, nichts zu wissen, nichts gelernt zu haben; es genügt, wenn man einfach ›Jud‹ sagt, damit hat man alles bewiesen.«[37]

1908, als der junge H. häufig ins Parlament ging, brachten die Christlichsozialen den Gesetzesantrag ein, die Zahl jüdischer Studenten und Gymnasiasten zu beschränken, also einen Numerus clausus einzuführen. Es sollten nur noch so viele Juden studieren dürfen, wie es ihrem Bevölkerungsanteil entsprach.

Im Verlauf der hitzigen Debatte warnte Straucher davor, daß sich eine solche Aktion letztlich gegen die Deutschösterreicher wende. Die hohen Prozentsätze deutscher Studenten kamen ja auch deshalb zustande, weil »ein großer Teil der jüdischen Studierenden sich bisher zum Deutschtum bekannt und sich als Deutsche ausgegeben habe«. Ohne die Juden hätten die Deutschen zum Beispiel an den österreichischen technischen Hochschulen nicht einen Prozentsatz von 47,10, sondern nur von 31,05, an den Realschulen statt 48,61 nur 37,07 Prozent – und stünden gegenüber den Slawen noch schwächer da. Straucher: »Wenn nun durch den immer unerträglicher werdenden Antisemitismus und die fortwährenden Drangsalierungen der jüdischen Studenten... ein so namhafter Bruchteil der studierenden Jugend dem Deutschtum den Rücken kehrt, die greifbaren politischen Folgen für die Deutschen selbst werden wohl nicht ausbleiben.«

Zwischenruf von Stransky: »Wenn wir ohne die Juden zugrunde gehen müssen, wollen wir lieber zugrunde gehen, als mit den Juden leben!«

Straucher: »Andere Deutsche sagen, das deutsche Sprachgebiet muß größer sein, Sie wollen das deutsche Sprachgebiet verkleinern.« Er erinnerte auch daran, daß die jüdischen Steuerleistungen stets zu den deutschen gezählt würden, um daraus Ansprüche gegenüber den Slawen abzuleiten. Laut dem deutschnationalen Statistiker Anton Schubert zahlte jeder Deutsche in Cisleithanien durchschnittlich 123 Kronen Steuern und Abgaben, der Tscheche dagegen nur 39 Kronen, der Pole 35, der Ruthene 20, der Slowene 25, der Kroate 17 Kronen. Alle Slawen zusammen brächten noch nicht einmal die Hälfte der gesamtösterreichischen Steuerleistung auf.[38] Straucher: »Nur mit Hinzurechnung der jüdischen Steuerleistung besitzen die Deutschen in Prag und in Böhmen die Hälfte der gesamten Steuerleistung.« »Haben aber deshalb die Juden von den Deutschen irgendwo ein Mandat bekommen?«[39]

Und: »Ich rufe insbesondere den antisemitischen Fraktionen der deutschen Parteien in Erinnerung, daß wir Juden durch Jahrzehnte dem deutschen Volke treueste Gefolgschaft geleistet haben; wir haben uns deswegen den Haß und die Gegnerschaft der anderen Nationen zugezogen... Die Feindschaft der Deutschen und ihre unausgesetzten Bemühungen auf unsere Entrechtung hat uns die schmerzlichste und bitterste Enttäuschung gebracht. Das haben wir gewiß nicht um das Deutschtum verdient.«

Die wahre Wiener Spitalschande.

»Die christlichen Kranken müssen im Spital mit langen Nasen abziehen, weil schon die aus Galizien mit den krummen Nasen alle Betten in Beschlag genommen haben.«

Der Christlichsoziale Julius Prochazka: »Die Christen werden in die Schulen nicht aufgenommen, weil die Juden ihnen die Plätze abnehmen!« Und: »Eine Bevorzugung der Juden wollen wir nicht haben!« (Zum Vergleich H. 1929: *Tausende, ja zehntausende Söhne unseres Volkes, die vom Talent begnadet sind, können nicht mehr studieren... An unseren Hochschulen, da züchten Sie ein fremdes Volk groß, auf Kosten zahlreicher christlicher Mitbürger.*[40])

Straucher: »worin liegt die Bevorzugung der Juden? Hindern wir denn jemand anderen die Schule zu besuchen? Wirken Sie aufklärend auf Ihre Jugend zum größeren Schulbesuche!«

Prochazka: »Macht Euch eigene Schulen!«

Straucher: »So? Und wofür zahlen wir denn unsere Steuern und tragen alle sonstigen Pflichten gleich allen anderen Staatsbürgern?«

Und wieder fiel das Wort »Jud!«. Straucher: »Sie mit dem Worte ›Jud‹ – ich bin stolz darauf, daß ich ein Jude bin, so wie Sie stolz darauf sind, daß Sie ein Christ sind. Denn die Juden und Christen haben die gleichen religiösen Wahrheiten.«

Zwischenruf des polnischen Propstes Leo Pastor: »Nein, nein, das nicht!« Anderer Zuruf: »Wir zahlen die Steuern und die Juden fressen sie auf. Errichtet Judenschulen!«

Bei der Abstimmung ging der Antrag der Christlichsozialen nicht durch; aber immerhin stimmten 162 Abgeordnete dafür, Christlichsoziale, Deutschnationale, Deutschradikale, Alldeutsche und Splittergruppen.

Die zionistische Wochenschrift NEUE NATIONAL ZEITUNG reagierte auf diese Debatte mit dem scharfen Leitartikel »Los vom Deutschtum!«, verfaßt vom Herausgeber, dem aus Krakau stammenden Saul Raphael Landau: »Das ist der Dank dafür, daß sich die Juden in den slavischen Ländern für das Deutschtum die Köpfe blutig schlagen lassen, daß sich Wortführer der Juden, wie Herr Dr. Ofner [von der Deutschen Volkspartei], ›ihr Deutschtum nicht nehmen lassen‹. Das ist dafür, daß wir uns an die deutsche Kultur klammern und uns mit ihr affichieren. Diese deutsche Kultur bildet den geistigen Lebensinhalt jener Männer, die den Juden jede Bildungsmöglichkeit und damit auch jeden Anteil an den geistigen Errungenschaften unserer Zeit wegnehmen wollen. Eine traurige Kultur.« Fazit: »Es war die höchste Zeit, daß sich ein großer Teil unseres Volkes vom Deutschtum und seiner Kultur losgesagt hat.«[41]

West- und Ostjuden

Angesichts des verheerend um sich greifenden Antisemitismus, der immer deutlicher zum Rassenantisemitismus wurde, fühlten sich die eingesessenen, assimilierten Wiener Juden verunsichert. Sie hatten alles getan, um nicht als Juden aufzufallen, um sich anzupassen und ganz dazuzugehören. Viele waren längst getauft und dachten, ihre jüdische Abstammung vergessen zu können. Nun, da sie im Zeichen des Rassenantisemitismus plötzlich auf eine Stufe gestellt wurden mit den zerlumpten Glaubensbrüdern aus dem Osten, sahen sie sich in ihrer schwer erkämpften Existenz bedroht.

Viele Ostjuden fielen im Straßenbild auf, nämlich dann, wenn sie Schläfenlocken – Peies – und die alte Tracht – Kaftan, Zylinder und Stiefel – als Zeichen ihres orthodoxen Glaubens trugen und jiddisch sprachen. Ihre Fremdartigkeit ließ sie als eine verschworene Gruppe erscheinen.

Die jüdische Gemeinde bemühte sich nach Kräften, die Einwanderer so rasch wie möglich zu akkulturieren. Die »Kaftanjuden« erhielten unauffällige Kleidung. Ihre Kinder lernten in eigenen Schulen rasch Deutsch. Die Gemeinde versorgte nach Möglichkeit die Einwanderer selbst und überließ sie nicht der öffentlichen Fürsorge. Großzügiger denn je spendeten die reichen Juden für Wärmestuben, Freitische und Spitäler. Vor allem sorgten sich die Wiener Juden um die ostjüdischen Hausierer, die in Luegers Stadt besonderes Ärgernis erregten. Konferenzen über das »Übel« des »Wanderbettels« und die »Handelehs« wurden abgehalten und Strategien beraten, um die Assimilierung zu fördern.[42] Aber je großzügiger die Wiener Juden waren, desto mehr Bedürftige kamen. Und je mehr Ostjuden ankamen, desto größer wurde die Angst vor einem weiteren Anwachsen des Antisemitismus.

Außerdem zeigte sich, daß viele arme Ostjuden die Wohltaten der reichen Brüder im Westen gar nicht schätzten. Sie beharrten auf ihren alten Sitten und Gebräuchen, ihrer traditionellen Kleidung und Sprache. Sie waren voll Stolz und Selbstbewußtsein, ja zeigten ein Überlegenheitsgefühl gegenüber den westlichen Juden. Denn sie lebten im Bewußtsein des »wahren Judentums«. Sie hatten treu ihren alten Glauben und Ritus bewahrt, hielten die Sitten der Väter ein – und wurden so zum leibhaftigen Vorwurf für die im Glauben lau gewordenen, angepaßten oder gar getauften Westjuden.

Trotz aller Bemühungen um Verständnis blieb manche Fremdheit zwischen Ost- und Westjuden. Der Schriftsteller Wassermann: »Sah ich einen polnischen oder galizischen Juden, sprach ich mit ihm, bemühte ich mich, in sein Inneres zu dringen, seine Art zu denken und zu leben zu ergründen, so konnte er mich wohl rühren oder verwundern oder zum Mitleid, zur Trauer stimmen, aber eine Regung von Brüderlichkeit, ja nur von Verwandtschaft verspürte ich durchaus nicht. Er war mir vollkommen fremd, in den Äußerungen, in jedem Hauch fremd, und wenn sich keine menschlich-individuelle Symbiose ergab, sogar abstoßend.«

Wassermann – und er ist nur ein Beispiel, auch bei Elias Canetti sind ähnliche Äußerungen zu finden – empfand eine Kluft zwischen »jüdischen Juden« und »deutschen Juden«: »Sind das nicht zwei Arten, zwei Rassen fast oder wenigstens zwei Lebensdisziplinen?« Er, der deutsche Jude, wolle »nur, auf einem Vorposten, mich und meine Welt zum Ausdruck bringen, zur Brücke machen«. »Bin ich so nicht am Ende nützlicher als einer, der auf eine bestimmte Marschrichtung vereidigt ist?«[43] Er beklagte als Betroffener die »herzbeengende Lage« der assimilierten Juden: »Deutscher Jude; nehmen Sie die beiden Worte mit vollem Nachdruck. Nehmen Sie sie als letzte Entfaltung eines langwierigen Entwicklungsvorganges. Mit seiner Doppelliebe und seinem Kampf nach zwei Fronten ist er hart an den Schlund der Verzweiflung gedrängt.«[44]

Der Ostjude Joseph Roth analysierte die Bewußtseinslage der Assimilanten naturgemäß kritischer: »Es ist eine oft übersehene Tatsache, daß auch Juden antisemitische Instinkte haben können. Man will nicht durch einen Fremden, der eben aus Lodz gekommen ist, an den eigenen Großvater erinnert werden, der aus Posen oder Kattowitz stammt. Es ist die ignoble, aber verständliche Haltung eines gefährdeten Kleinbürgers, der eben im Begriff ist, die recht steile Leiter zur Terrasse der Großbourgeoisie mit Freiluft und Fernaussicht emporzuklimmen. Beim Anblick eines Vetters aus Lodz kann man leicht die Balance verlieren und abstürzen.« Der Westjude sei »hochmütig geworden. Er hatte den Gott seiner Väter verloren und einen Götzen, den zivilisatorischen Patriotismus, gewonnen.«[45]

Mit dem Rassenantisemitismus waren Ost- und Westjuden, religiöse und getaufte Juden, so verschieden sie auch sein mochten, unentrinnbar miteinander verbunden. Max Nordau: »wir mögen tun, was wir wollen, in den Augen unserer Feinde ist das Judentum der ganzen Welt eins... Die Feinde schmieden um uns Alle eine eiserne Klammer von Solidarität, die wir nicht zerbrechen können.« Und: »den Maßstab... wird immer der niedrig stehende Jude liefern. Sie können den Kaftanjuden nicht von den Schößen ihres feinen Fracks abschütteln!« Und: »Der reisende Antisemit, der auf die Lumpen unseres vogelfreien unglücklichen Bruders im Osten gefahr- und straflos spucken darf, denkt bei dieser Beschimpfung an den jüdischen Baron, Geheimrath und Professor seiner Heimat.«[46]

Keine Konversion, keine Taufe, kein noch so glühendes Deutschbewußtsein bewahrte die Assimilanten davor, als »Juden« beschimpft zu werden. Auf einen Schlag waren alle Anstrengungen der Assimilation zunichte und der Ausweg aus der Schicksalsgemeinschaft der Juden versperrt. Dies führte bei manchem zu Existenzkrisen und verzweifeltem, ja selbstmörderischem Selbsthaß. Wie gründlich die Antisemiten dies beobachteten, ist auch bei H. nachzulesen, wenn er sich genüßlich über die prominenten Beispiele Otto Weininger und Arthur Trebitsch verbreitet.

Jakob Wassermann, in Wien konfrontiert mit der Auswegslosigkeit vieler assimilierter, deutschbewußter Juden, die mit ihrer Abstammung haderten und trotz aller Liebe zur deutschen Kultur und Sprache nie wirklich als dazugehörig angesehen wurden, schrieb voll Mitleid: »Ich kenne, kannte viele, die vor Sehnsucht nach dem blonden und blauäugigen Menschen vergingen. Sie betteten sich ihm zu Füßen, sie schwangen Räucherfässer vor ihm, sie glaubten ihm aufs Wort, jedes Zucken seiner Lider war heroisch, und wenn er von seiner Erde sprach, wenn er sich als Arier auf die Brust schlug, stimmten sie ein hysterisches Triumphgeheul an. Sie wollen nicht sie selbst sein; sie wollen der andere sein; haben sie ihn auserlesen, so sind sie mit ihm auserlesen, scheint es ihnen, oder wenigstens als Bemakelte vergessen, als Minderwertige verhüllt.«[47]

Andere längst Assimilierte jedoch entdeckten ihr Judentum neu. Arthur Schnitzler zum Beispiel kämpfte in dieser äußerst spannungsreichen Zeit gegen den Antisemitismus mit dem Roman DER WEG INS FREIE und dem Drama PROFESSOR BERNHARDI, dessen Aufführung in Wien bis 1918 von der Zensurbehörde verboten war. Im Roman gibt Schnitzler ein variantenreiches Bild der Wiener Juden um 1900 – vom überzeugten Zionisten bis zum deutschbewußten österreichischen Kavalier und der jungen Frau, die sich politisch für die Sozialdemokratie engagiert.

Der Feuilletonist der NEUEN FREIEN PRESSE, Theodor Herzl, ehemaliger deutscher Burschenschafter und begeisterter Assimilant, fand durch das Mitleid mit der Not der Ostjuden zu seinen jüdischen

Wurzeln zurück. In seinem 1896 erschienenen Roman DER JUDEN-STAAT wies er einen Traum als Ausweg aus der Not: das Gelobte Land Palästina. Dieses könne den armen Ostjuden in Palästina Zuflucht aus der Bedrängnis geben, den Zuwandererstrom nach Westeuropa und damit, so hoffte man, auch den Antisemitismus eindämmen. Landkauf und Ansiedlung im damals noch türkischen Palästina sollten die reichen Westjuden finanzieren.

Der Zionismus, die jüdische Nationalbewegung, entstand als Akt der Notwehr. Roth über die Zionisten: »Den Mangel an einer eigenen ›Scholle‹ in Europa ersetzten sie durch das Streben nach der palästinensischen Heimat. Sie waren immer Menschen im Exil gewesen. Jetzt wurden sie eine Nation im Exil.« Roth meinte denn auch: »Der moderne Zionismus entstand in Österreich, in Wien. Ein österreichischer Journalist hat ihn begründet. Kein anderer hätte ihn begründen können.«[48]

Herzls Freund und Mitstreiter Nordau, auch er ehemaliger Assimilant, erklärte sein Engagement für die Ostjuden: »Unsere Brüder da unten leiden und rufen: ›Zu Hilfe!‹ Wir eilen herbei. Sie sind eine chaotische Masse. Wir organisieren sie. Sie stammln ihre Klagen in einem den cultivierten Menschen unverständlichen Kauderwelsch. Wir leihen ihnen die civilisierten Sprachen. Sie drängen sich ungestüm, ohne Orientierung. Wir zeigen ihnen den Weg, den sie gehen müssen. Sie haben ein unbestimmtes Sehnen. Wir formulieren es.«[49]

Nordau war aggressiver als Herzl: »Wir haben nicht den Ehrgeiz, die Antisemiten durch Demuth und Unterwürfigkeit zu entwaffnen.« Und: »Das Judenthum kann nicht warten, bis der Antisemitismus versiegt und in seinem ausgetrockneten Bette eine üppige Saat von Nächstenliebe und Gerechtigkeit emporsprießt.« Der Zionismus sei »die einzige Rettung für die Juden, die ohne ihn umkommen würden«.[50]

Im neuen nationalen Selbstverständnis bemühten sich die Zionisten auch um eine rechtliche Anerkennung. Aber das Kriterium zur Feststellung einer Nation, die Umgangssprache, stand diesen Plänen im Weg. Denn die Juden sprachen verschiedene Sprachen und gehörten demnach verschiedenen Nationalitäten an. 1909 reichte der Advokat Max Diamant aus Czernowitz eine Beschwerde beim Reichsgericht ein mit der Forderung, die Juden in der Bukowina als eigenen Volksstamm anzuerkennen mit Jiddisch als landesüblicher

Sprache. Der Präsident des Reichsgerichtes, der 81jährige getaufte Jude Josef Unger, ein Liberaler, verwarf die Beschwerde und begründete dies mit der hergebrachten Meinung, daß die Juden eine Religionsgemeinschaft und kein eigener Volksstamm seien. Von einer eigenen Sprache könne nur dann die Rede sein, wenn alle Angehörigen diese Sprache beherrschten. Das Jiddische sei nur »eine Art Dialekt« des Deutschen, nicht aber eine Sprache.[51]

1910 trugen zionistische Studenten bei der Inskription die nicht im Sprachenkatalog der Donaumonarchie vorgesehene Sprache »Jüdisch« als Muttersprache ein. Freilich: international diskutierten die Zionisten in dieser Zeit schon, ob nicht Hebräisch dem Jiddischen als Nationalsprache vorzuziehen sei.

Die Sprachendiskussion entzweite West- und Ostjuden zusätzlich. Die Assimilanten argumentierten erbittert, daß die Zionisten mit ihren Zielen genau die Wünsche der Antisemiten erfüllten: Indem sie sich nicht mehr als Deutsche, Tschechen oder Ungarn jüdischer Religion sahen, sondern als Angehörige einer eigenen jüdischen Nation und die Auswanderung anstrebten, grenzten sie sich selbst aus und erstrebten genau das gleiche wie die Antisemiten: ein »judenfreies« Europa.

Die Haltung der Westjuden sei eine »naiv unverschämte Selbstsucht«, antwortete Nordau in drastischem Ton: Es laufe darauf hinaus, »daß etwa eine Fünftel-Minderheit von behäbigen und satten Juden der Vierfünftel-Mehrheit von verzweifelten und zu äußersten Thaten der Selbsthilfe entschlossenen Juden sagt: ›Wie könnt ihr es wagen, durch eure wilde Anrufung Zions unsere Verdauung zu stören? Warum verwürgt ihr eure Leiden nicht? Warum verhungert ihr nicht stumm?‹«[52]

Aber die assimilierten Juden der Donaumonarchie fühlten sich nicht als Angehörige einer fremden Nation. Sollten sie nun die Nationalsprache Jiddisch lernen, jene Sprache, die in »guten Häusern« als primitiver Mischmasch aus altertümlichem Deutsch und Polnisch abgelehnt wurde und mit der kein sozialer Aufstieg in Wien möglich war? Sollten sie ihre mühsam erarbeitete deutsche Identität und Existenz aufgeben und als jüdische Bauern nach Palästina ziehen? Sollten sie nicht nur von den Antisemiten, sondern nun auch von den Zionisten ihrer Heimat beraubt werden? Konnten sie nicht selbst entscheiden, was sie sein wollten, jüdisch oder protestantisch oder konfessionslos – oder Jude, Deutscher, Pole oder Ungar – oder eben das, wofür sie in ihrem übernationalen Denken die besten Voraussetzungen hatten: Österreicher?

Der gerade aus dem Judentum ausgetretene Karl Kraus machte sich zum Sprecher der Herzl-Gegner und versicherte wütend, er werde keine »Krone für Zion« ausgeben.[53] Die Kluft zwischen Ost- und Westjuden drohte die jüdische Gemeinde in Wien zu spalten.

Sogar Nordau zeigte Verständnis, ja Mitleid mit den Westjuden und meinte: »Dem deutschen Juden ist Germania die angebetete Mutter. Er weiß, daß er das Aschenbrödel unter ihren Kindern ist, aber er ist doch auch ihr Kind; er gehört doch auch zur Familie... Es wird ein Riß durch ihr Herz gehen, und sie werden sich an der geheimen Wunde still verbluten.« Selbst wenn sie sich entscheiden könnten, nach Palästina zu gehen, würden sie dort »bis zu den fernsten Kindeskindern an Deutschland denken, wie an eine verlorene Jugendgeliebte«.[54]

Der Politiker H. jedoch war nicht bereit, hier zu differenzieren, und tat die auch von ihm beobachteten Auseinandersetzungen als Scheingefechte ab: *Dieser scheinbare Kampf zwischen zionistischen und liberalen Juden ekelte mich in kurzer Zeit schon an.*[55] Für ihn galt, ob »deutscher« Jude oder Ostjude, allein die »Rasse«.

Das Gespenst der jüdischen Weltherrschaft

1903 kam es bei Pogromen im russischen Kischinew zu unfaßbaren Greueltaten und Massakern an Juden. Wieder flohen Hunderttausende von Menschen in Todesangst über die Grenzen. In Westeuropa fanden Sammlungen statt, um die Hungernden und Obdachlosen wenigstens notdürftig zu versorgen und auch dem überforderten Galizien zu helfen. Die Spender wurden von den Antisemiten als Judenknechte und Naivlinge beschimpft. Das gesammelte Geld werde ohnehin nur der »russischen Revolution überwiesen«.[56] Die Spender seien darum »Förderer der jüdischen Mörder und Revolutionäre«.[57]

Systematisch wurde in ganz Westeuropa die Angst vor weiteren Einwandererströmen aus Rußland geschürt. Im Zarenreich lebten immerhin mehr als fünf Millionen Juden und damit mehr als in allen anderen Ländern zusammen. Zum Vergleich: Österreich-Ungarn hatte mehr als zwei Millionen Juden – rund 850 000 in Ungarn, weitere 850 000 in Galizien, mehr als 100 000 in der Bukowina, rund 200 000 in Wien. Das Deutsche Reich kam dagegen insgesamt auf weniger als 600 000, davon 400 000 in Preußen. In ganz Frankreich lebten nur rund 100 000 Juden, in Italien rund 35 000, in Spanien 2 500.[58]

Die Antisemiten machten die russische Revolution des Jahres 1905 zum Schreckgespenst. Sie beschuldigten die Juden, Drahtzieher dieser Revolution zu sein, anschließend auch in Westeuropa den Umsturz zu provozieren und eine »jüdische Weltherrschaft« zu errichten, unterstützt durch die Sozialdemokraten.

Nahrung erhielten die Theorien in der Donaumonarchie durch ein zufälliges Zusammentreffen: Die Nachricht vom Manifest des Zaren im Oktober 1905 platzte in Österreich gerade in den sozialdemokratischen Parteitag. Dr. Wilhelm Ellenbogen stand gerade am Rednerpult, als die Genossen in Jubel ausbrachen und riefen: »Hoch die russische Revolution! Hoch das allgemeine Wahlrecht!« Ellenbogen unterbrach seine Rede und las feierlich das Manifest des Zaren mit der Gewährung von Presse- und Versammlungsfreiheit und der Einberufung der Duma vor und verband diese Ereignisse mit Forderungen an die k.k. Regierung: »In Rußland ist der knieschlotternde Zar schon so weit gelangt, das allgemeine Wahlrecht zu geben, und unsere so wenig behaglich gebettete Dynastie soll hinter Rußland zurückbleiben?... Wir wollen nicht länger das typische Pfaffenland, das Land der Bevormundung, das Land der Rückwärtserei, der Kamarilla bleiben. Das Wahlrecht ist eine Lebensfrage für uns.« Er erinnerte an die Waffe des Proletariats, »die Lahmlegung aller Produktion, an den Massenstreik«, und: »wenn es darauf ankommt, wird das gemütliche und besonnene Proletariat Österreichs auch russisch reden können«.[59] Damit löste er laut Protokoll einen »tosenden Beifallssturm« aus.

Als die Sozialdemokraten Ende November 1905 eine Massenkundgebung für das allgemeine gleiche Wahlrecht in Wien organisierten, hielten die Christlichsozialen unter Lueger in der Volkshalle des Rathauses eine Gegendemonstration ab mit dem Tenor: »Nieder mit dem Terrorismus des Judentums!« Das DEUTSCHE VOLKSBLATT: »Wer führt die Sozialdemokratie? Die Juden Adler und Ellenbogen! Wer assistiert diesen in der Öffentlichkeit? Die ganze jüdische Presse! Und wer gibt das Geld her? Die jüdische Hochfinanz! –

Genau so wie in Rußland die Juden die Hetzer und Treiber sind, so sind sie es auch bei uns.«[60]

Lueger spielte bei einer Wählerversammlung auf die neuerlichen Judenpogrome in Südrußland an, die mehrere tausend Tote forderten, als er ausrief: »Ich warne speziell die Juden in Wien, nicht auch so weit zu gehen wie ihre Glaubensgenossen in Rußland und sich nicht allzusehr mit den sozialdemokratischen Revolutionären einzulassen. Ich warne die Juden nachdrücklichst; es könnte vielleicht das eintreten, was in Rußland eingetreten ist. Wir in Wien sind Antisemiten, aber zu Mord und Totschlag sind wir gewiß nicht geschaffen. Wenn aber die Juden unser Vaterland bedrohen sollten, dann werden auch wir keine Gnade kennen. Vor diesen traurigen Folgen will ich gewarnt haben.« Hier brach »minutenlanger, demonstrativer Beifall« aus.[61]

Die Rede löste bei den Liberalen große Aufregung aus und führte zu einer parlamentarischen Interpellation gegen Luegers »politische Hetz- und Brandrede«, die »direkte, unverhüllte, brutale Aufforderungen zu Exzessen, Gewalttätigkeiten, Plünderungen, Raub und Mord gegen staatsgrundgesetzlich gleichberechtigte Staatsbürger« enthielten. Dies sei um so gefährlicher, als sie vom »Oberhaupt einer Millionenstadt« ausgehe, der doch für Frieden in der Bevölkerung sorgen müsse und nicht die Bürger gegeneinander aufhetzen dürfe.[62]

In der Debatte bekräftigte Lueger seine Meinung: »Wenn ich auf die Führer der sozialdemokratischen Partei hinblicke, so muß jeder Mensch, der Rassen auseinanderkennt, sagen, daß die Führer der Sozialdemokraten ausschließlich Juden sind. (Beifall und Händeklatschen.) Es mag sein, daß der eine oder der andere getauft ist, aber es sind sicherlich noch unverfälschte darunter, und auch derjenige, der getauft sein soll, Dr. Adler, ist kenntlich.« Dann stellte sich Lueger als friedfertigen Menschen hin. Er habe die Juden sogar »sehr häufig beschützt gegen den Willen meiner Partei«: »Ich kann nur sagen, es gibt selten eine Partei, in welcher der weitaus Sanfteste der Führer ist.«[63] Im März 1906 brachten die Christlichsozialen neuerlich einen Antrag auf Einwanderungsbeschränkung für russische Juden ein, um »die einheimische seßhafte christliche Bevölkerung vor einer solchen Invasion zu schützen«.[64]

Als der junge H. 1907 nach Wien kam, war das Thema der russischen Juden nach wie vor heiß diskutiert, vor allem nach dem

Erscheinen eines scharf antisemitischen Buches, das von den Christlichsozialen heftig beworben und zitiert wurde: Rudolf Vrba, DIE REVOLUTION IN RUSSLAND. Hier hieß es, die Pogrome und Massaker an den russischen Juden seien nichts als ein christlicher Verteidigungskampf gegen die jüdische Bedrohung: »Krampfhaft wehrt sich der stark nationalfühlende Russe gegen die Umstrickung durch die jüdischen Polypenarme.«[65] »Die ›Mandelstamm und Silberfarb‹ haben die Fackel des Aufruhrs in das Riesenreich des Zaren geworfen: das Blut, das die Revolution vergossen hat, kommt also zu allererst auf das Haupt der Juden.«[66]

Das Buch, das mit vielen Statistiken und Zitaten den Eindruck einer präzisen Dokumentation erweckt, setzte Juden und Sozialdemokraten gleich und beschwor die Gefahren einer jüdischen Weltverschwörung. Wenn die russischen Juden auch noch die bürgerliche Gleichberechtigung bekämen, würden – »wie in Verfassungsstaaten, die wir nicht zu nennen brauchen« – die »Völker, hohe und niedere Volksschichten ausgebeutet, ausgesogen und verfassungsmäßige Regierungen in ihre totale moralische und hochfinanzielle Abhängigkeit gebracht«.[67] »Die so in Freiheit gesetzten Juden würden in wenigen Dezennien... die bisherigen Landwirte und Bauern zu Bettlern, dann als Mietlinge und direkt zu Besitzsklaven machen.«[68] »Denn die Juden wollen keine ›Gleichheit‹, sondern die volle Herrschaft.«[69]

Es gebe, schreibt Vrba, keine Judenverfolgungen, sondern nur Christenverfolgungen, gegen die sich die Christen wehren müßten: »Das bißchen Antisemitismus, das in der Welt vorkommt, darf man uns nicht als Beweis gegen diese Behauptung unter die Nase halten. Es gibt nichts Sanfteres, als den zeitgenössischen Antisemitismus. Das ist der Platonismus aller Platonismen. Wenn vielleicht in Kischinev eine kleine Ausnahme stattgefunden hat und dort neben Christen auch Juden Opfer geworden sind, so ist das bereits durch Jahrzehnte von Kerkerstrafen gebüßt und gesühnt.«[70]

H. argumentiert später ganz ähnlich, wenn er die Judenverfolgungen leugnet und etwa 1923 meint: *Der Jude strebte nach unumschränkter Herrschaft in dem Lande der Juden<u>beschränkungen</u>, nicht -verfolgungen, denn Judenverfolgungen hat es in den letzten 200 Jahren nicht mehr gegeben, sondern nur eine fortlaufende <u>Christenverfolgung</u>!*[71]

Auch ein Turmkraxler.

Warnung der Christlichsozialen vor der angeblich drohenden jüdischen Herrschaft in Wien: Der Ostjude setzt sich an die Spitze des Rathauses und wirft den alten Wiener »Rathausmann« hinunter

Vor allem das auch von H. gelesene DEUTSCHE VOLKSBLATT schürte die Angst vor den russischen Juden. 1908 etwa brachte es als Leitartikel die Warnung eines rumänischen Universitätsprofessors aus Jassy. Dort hätte es »die völkerverderbende und staatenzerstörende Invasion« der aus Rußland eingewanderten Juden so weit gebracht, »daß hier alle Quellen des Nationaleigentums in die Hände der Juden gelangt sind«. Jassy habe 1849 noch 72 Prozent

Rumänen, 8 Prozent verschiedener Nationalitäten und 20 Prozent Juden gehabt, nun aber nur noch 45,5 Prozent Rumänen, 4,5 Prozent andere Nationalitäten und 50 Prozent Juden. Der Professor: »Wenn wir den Mittelstand von den Juden zerstören lassen, wenn wir unsere Städte diesen fremden Eindringlingen ausliefern, dann sind wir verloren. Deshalb ist eine glückliche Lösung des Judenproblems eine wahre Existenzfrage für die Nation. Hier handelt es sich um Sein oder Nichtsein, um die Verteidigung unserer Existenz, um die höchsten Güter nationaler Sicherheit und nationaler Zukunft. Wehe der Nation, die nicht die Kraft hat, die fremde Invasion abzuwehren und die apathisch zusieht, wie ihr der raffinierte Jude massenhaft in alle Gebiete des Verkehrslebens eindringt, ihr das Brot aus dem Munde reißt und sie wirtschaftlich unterjocht.«[72]

Mit der Begründung, die Herrschaft russischer Juden und Revolutionäre drohe zunächst Rumänien, dann auch Österreich-Ungarn, forderten alle antisemitischen Parteien scharfe Abwehrmaßnahmen.

Andererseits solidarisierten sich die Sozialdemokraten weiterhin mit den Zielen der russischen Revolution und protestierten gegen die Rücknahme der demokratischen Rechte von 1905, die Auflösung der Duma, politische Folterungen und Judenmassaker. 1911 trat auf dem Parteitag der Sozialdemokraten der aus Sibirien entflohene russische Revolutionär Leo Trotzki als Redner auf. Trotzki lebte von 1907 bis 1914 mit Frau und Kindern in Wien, arbeitete hier als Zeitungskorrespondent, gab die russische PRAWDA für Arbeiter heraus und stand mit den Wiener Sozialdemokraten in freundschaftlicher Verbindung. Er rühmte in seiner Rede die Solidarität der k.k. Sozialdemokratie mit der russischen Revolution und sagte: »Die russischen Arbeiter haben mit Begeisterung besonders von zwei Reden vernommen, von der machtvollen Anklagerede des Genossen Adler im ersten österreichischen Parlament des allgemeinen Wahlrechtes wegen der Verurteilung unserer zweiten Dumafraktion und von der flammenden Rede des Genossen Ellenbogen in der Delegation wegen der Folterung der politischen Häftlinge. In Dankbarkeit bringe ich diese zwei Reden in Erinnerung.«[73]

Da Adler, Ellenbogen und Trotzki jüdischer Abstammung waren, hatten die Antisemiten einen neuerlichen »Beweis« für ihre Thesen der angestrebten »jüdischen Weltherrschaft« mit Hilfe der internationalen Sozialdemokratie und der »Judenpresse«.

Als dritter Helfer auf dem Weg zur kommenden Weltrevolution wurden die »Geldjuden« genannt. In den BRIGITTENAUER BEZIRKS-NACHRICHTEN hieß es über rund 300 internationale Wirtschaftsfachleute, die sich laut Presseberichten getroffen hatten:[74] »diese 300 Männer sind vom Stamme Juda und vererben ihre Herrscherrechte in der Familie. Es sind die 300 Könige unserer Zeit, die in Wahrheit gebieten und die alten Monarchen zu bloßen Scheinfürsten hinabdrücken.« Die Fürsten seien ahnungslos, daß »sie selber von den Abkommandierten jener 300 umgeben sind und über wichtige Dinge in völliger Täuschung erhalten werden«. Die deutsche Nation werde zugrunde gerichtet und »entnationalisiert«, damit »der Glanz des Handels-Industrialismus und all der gleißende Reichtum tatsächlich auf dem Grabe der Nation erblüht«.

Die Hochfinanz erwäge außerdem »zurzeit die Bildung einer Internationalen Bankenallianz mit dem Sitze in Washington« und werde bald »öffentlich ihre Gesetze der Welt diktieren«: »Die Hochfinanz ist berufen, die Nachfolge der Kaiserreiche und Königtümer anzutreten, und das mit einer viel größeren Autorität, da ihre Autorität sich nicht über ein Land, sondern über den Erdball erstrecken wird.« Fazit des H. wohlbekannten Bezirksblattes: »Wir alle mühen und erhitzen uns, zanken uns sogar im Eifer, und hohnlachend dreht Juda das Rad der Geschichte.«[75]

Die Beispiele wären beliebig zu vermehren, wohlgemerkt auch aus tschechischen, polnischen, ruthenischen und natürlich aus alldeutschen und deutschradikalen Blättern, wie Wolfs OSTDEUTSCHER RUNDSCHAU: »Die Sozialdemokratie ist das neue Gift, das uns die Juden einflößen.«[76] Oder ein deutschnationales Gewerkschaftsblatt: »Der Jude« habe schon den besitzenden Bürgerstand und den Gelehrtenstand für sich gewonnen und von sich abhängig gemacht und reiße nun »die Führung des Arbeiterstandes an sich«.[77]

Der Politiker H. machte die Mär von der jüdischen Revolution zu einem Grundpfeiler seiner Propaganda, meist bezogen auf die russische Revolution von 1917, wie in einer Rede 1942: *Wir kennen das theoretische Prinzip und die grausame Wahrheit der Ziele dieser Weltpest. Herrschaft des Proletariats heißt es, und Diktatur des Judentums ist es! Ausrottung der nationalen Führung und Intelligenz der Völker und Beherrschung des dann führungs- und damit aus eigener Schuld*

Brigittenauer Bezirks-Nachrichten

Deutsch-christliches Wochenblatt für die Interessen des XX. Bezirkes

Erscheint jeden Samstag.

Im Einzelverschleiß in allen Trafiken des XX. Bez. zu haben.

| Bezugspreis samt Zustellung: Ganzjährig 6 K, Einzelnummer 12 h | Redaktion und Administration: Wien XX., Pappenheimgasse Nr. 37. |

I. Jahrgang. — Wien, am 1. Juni 1912. — Nummer 18.

Massen-Versammlung

der deutsch-christlichen

Bevölkerung der Brigittenau.

Montag, den 3. Juni 1912, halb 8 Uhr abends, in Behnerts Saallokalitäten und Garten, XX. Bezirk, Treustraße Nr. 74.

Gegenstand:

Die Befreiung aus dem Joche der Judenpresse

Sprechen werden: N.-Abg. Dr. A. Jerzabek, Wanderredner der Südmark Emil Barnert, Gauobmann der Ostmark Gem.-Rat Karl Angermeyer, Fachsekretär Karl Rummelhardt.

Deutsch-christliche Brigittenauer!

Unerträglich ist die Ueberhebung des Judentums und die Frechheit der Judenpresse gegenüber der einheimischen Bevölkerung geworden.

Um die Freiheit unseres Volkes in Zukunft zu sichern, müssen wir es vor allem von der Judenpresse befreien.

Brigittenauer!

Der Judenpresse soll auf ihre während der verflossenen Wahlperiode der einheimischen Bevölkerung zugefügten Beleidigungen und Schmähungen eine gebührende Antwort gegeben werden.

Erscheinet daher massenhaft in dieser Versammlung!

Ob Hoch oder Nieder. Keiner fehle. Hier gibt es keinen Klassen- und Rangunterschied.

Volksgenossen, werbet für diese Versammlung aufs kräftigste!

*wehrlos gewordenen Proletariats durch die allein jüdisch internationalen Verbrecher. Was sich in Rußland in so grauenhaftem Umfange vollzogen hatte, die Ausrottung unzähliger Millionen führender Köpfe, sollte sich in Deutschland fortsetzen.*⁷⁸

Jedenfalls traf der Jungpolitiker nach 1918/19 mit seinen alten Wiener Parolen den Nerv der Zeit, wenn er den Kampf um »Sein oder Nichtsein« gegen den angeblichen Verursacher allen Unglücks ausrief, »den Juden«: *Siegt der Jude mit Hilfe seines marxistischen Glaubensbekenntnisses über die Völker dieser Welt, dann wird seine Krone der Totenkranz der Menschheit sein, dann wird dieser Planet wieder wie einst vor Jahrmillionen menschenleer durch den Äther ziehen. Die ewige Natur rächt unerbittlich die Übertretung ihrer Gebote. So glaube ich heute im Sinne des allmächtigen Schöpfers zu handeln:* <u>*Indem ich mich des Juden erwehre, kämpfe ich für das Werk des Herrn.*</u>⁷⁹ Die Deutschen müßten lernen, *gegen Giftgas mit Giftgas zu kämpfen. Schwächlichen Naturen muß dabei gesagt werden, daß es sich hierbei eben um Sein oder Nichtsein handelt.*⁸⁰

War der junge H. Antisemit?

Kein Zweifel kann darüber bestehen, daß sich der junge H. in Wien auch mit dem Antisemitismus beschäftigte. Jene vier Politiker, die als seine politischen Vorbilder gelten können, Schönerer, Lueger, Wolf und Stein, waren extreme Antisemiten. Viele Zeitungen, die H. in Wien las, und viele Broschüren, mit denen er sein Selbststudium bestritt, waren antisemitisch. H.s Ausdrucksweise hatte noch in Reichskanzlerzeiten eine wienerische Färbung, wenn er sich über »die Juden« verbreitete. Er zeigte damit, daß er das antisemitische Vokabular seiner Wiener Zeit mit allen gängigen Klischees vollkommen beherrschte. Manche spätere Beobachter, wie etwa Albert Speer, hielten dementsprechend anfangs H.s Antisemitismus »für ein etwas vulgäres Beiwerk, ein Relikt aus Wiener Tagen..., und Gott mochte wissen, weshalb er davon nicht loskam.«⁸¹

So scheint eine geradlinige Entwicklung von H.s Antisemitismus klar zu sein, zumal H. in MEIN KAMPF schildert, wie er in Wien zum Antisemitismus gekommen sei: *Es war für mich die Zeit der größten Umwälzung gekommen, die ich im Innern jemals durchgemacht hatte. Ich war vom schwächlichen Weltbürger zum fanatischen Antisemiten geworden.*«[82] Zu dieser seiner antisemitischen Erweckung habe Wien entscheidend beigetragen: *In der Zeit dieses bitteren Ringens zwischen seelischer Erziehung und kalter Vernunft hatte mir der Anschauungsunterricht der Wiener Straße unschätzbare Dienste geleistet.*[83]

Als das entscheidende Erlebnis seiner Wende zum Antisemitismus nennt H., wohlgemerkt 1924 in MEIN KAMPF, die Begegnung mit einem Ostjuden. Aber nicht etwa, daß dieser ihn betrogen hätte, nein: es passiert gar nichts. Die *Erscheinung in langem Kaftan mit schwarzen Locken* läßt den jungen Mann lediglich zweifeln: *Ist dies auch ein Jude? war mein erster Gedanke. So sahen sie freilich in Linz nicht aus.* Und: *Ist dies auch ein Deutscher?* Dies habe ihn – wieder einmal – zur Lektüre geführt: *Ich kaufte mir damals um wenige Heller die ersten antisemitischen Broschüren meines Lebens.*[84] Und dann sei bei ihm das ausgebrochen, was man die übliche Obsession radikaler Antisemiten nennen kann: *Seit ich mich mit der Frage zu beschäftigen begonnen hatte, auf den Juden erst einmal aufmerksam wurde, erschien mir Wien in einem anderen Licht als vorher. Wo immer ich ging, sah ich nun Juden, und je mehr ich sah, um so schärfer sonderten sie sich für das Auge von den anderen Menschen ab.*[85] Schlußpunkt der dramatischen Entwicklung sei die Erkenntnis vom angeblichen jüdischen Charakter der Sozialdemokratie gewesen: *Indem ich den Juden als Führer der Sozialdemokratie erkannte, begann es mir wie Schuppen von den Augen zu fallen. Ein langer innerer Seelenkampf fand damit seinen Abschluß.*[86]

Nun ist MEIN KAMPF bekanntlich keineswegs als Autobiographie zu lesen, im Sinne einer Auseinandersetzung mit der eigenen Vergangenheit, oder als Bekenntnis und Aufarbeitung eigener Erfahrungen, als »confessiones«. Das Buch ist eindeutig eine politische Propagandaschrift, in der ein machthungriger aufstrebender Politiker seine politischen Parolen, als »Weltanschauung« aufbereitet, durch die passende Lebensgeschichte untermauert.

H. schafft sich in MEIN KAMPF eine angeblich organisch gewachsene antisemitische Karriere, die die für ihn politisch brauchbaren antisemitischen Feindbilder in die Schlüsselszenen setzt. MEIN KAMPF ist so auch als die Entwicklungsgeschichte eines germanischen Führers zu lesen, der immer recht hat und in seiner Jugend schon den rechten Weg fand.

Um diesen seinen Mythos zu verteidigen, mußte der Politiker H. seine Wiener Spuren, vor allem die zum Männerheim, vertuschen. Denn die Realität, wie sie aus den Wiener Augenzeugenberichten hervorgeht, hat wenig gemein mit den legendenhaften Geschichten aus MEIN KAMPF. Abgesehen vom Sonderfall des Zeugen Kubizek (siehe S. 82f.) ist keine antisemitische Bemerkung des jungen H. überliefert.

Reinhold Hanisch, ein deutlicher Antisemit, ist fassungslos, als er in den dreißiger Jahren von H. ausgerechnet als extremem antisemitischen Politiker hört. Denn immerhin zerstritten sich Hanisch und H. 1910 im Männerheim, weil sich H. ganz seinen jüdischen Freunden Josef Neumann und Siegfried Löffner zuwandte. In seiner Wut enthüllt Hanisch in den dreißiger Jahren H.s alles andere als antisemitische Jugend, um die Unglaubwürdigkeit des Politikers H. zu zeigen (siehe S. 239ff.).

Mit diesen Aussagen steht Hanisch keineswegs allein. Auch der Brünner Anonymus schreibt über 1912: »Mit Juden hat sich Hitler äußerst gut vertragen und sagte einmal, sie seien ein kluges Volk, das besser zusammenhält als die Deutschen.« Auch der Männerheimkollege Rudolf Häusler war ratlos, als ihn seine Tochter über den Antisemitismus seines damals 23- bis 24jährigen Freundes Adolf ausfragte: In Wien hätte er gar nichts dergleichen bemerkt, so Häusler. Aber er wisse, daß sich H. in München von einem jüdischen Trödler übervorteilt gefühlt habe, und vielleicht könnte dies ein Grund für H.s späteren Antisemitismus gewesen sein – wahrlich kein schlüssiger Beweis.[87]

Bemerkenswert ist, daß H. bei all seinen Wiener Leidensgeschichten nie ein schlimmes Erlebnis mit einem Juden erwähnt. Die Begegnungen des jungen H. mit Juden in Linz und Wien seien hier noch einmal kurz in Erinnerung gerufen:

Dem jüdischen Hausarzt seiner Familie in Linz, Dr. Eduard Bloch, der die Mutter bis zum Tode begleitete, zeigt H. noch als Reichskanzler seine Dankbarkeit. Sehr deutlich betont Dr. Bloch im amerikanischen Exil, daß der junge H. in Linz sicher noch kein Antisemit war: »he had not yet begun to hate the Jews«.[88] Die Theorie, H.s Antisemitismus gehe auf einen jüdischen Professor zurück, der ihn bei der Akademieprüfung hätte durchfallen lassen, ist ebenso haltlos wie die Sensationsgeschichte, daß H. sich bei einer jüdischen

Hure in der Leopoldstadt mit Syphilis angesteckt habe. Als in der Wiener Oper 1908 antisemitische Hetzkampagnen gegen den früheren Operndirektor Gustav Mahler wüten, hält H. an seiner Verehrung für Mahler als Wagner-Interpret fest. In Kubizeks Begleitung erlebt der 19jährige H. bei Hausmusikabenden im Hause Jahoda das Familienleben und die Kultur einer jüdischen Familie des Bildungsbürgertums, ist beeindruckt und macht nicht die leiseste antisemitische Bemerkung. Überdies hat er allen Grund, jüdischen Wohltätern dankbar zu sein. Als er 1909 obdachlos ist – und wahrscheinlich auch früher und später –, profitiert er vielfach von jüdischen Sozialeinrichtungen, von öffentlichen Wärmestuben bis zu kostenlosen Suppenausgaben und den Spenden jüdischer Bürger für das Meidlinger Obdachlosenasyl und das Männerheim in der Brigittenau.

Im Männerheim hat H., was Hanisch so wütend macht, vor allem jüdische Freunde. Sein bester Freund, der Glaubensjude Neumann, ein gelernter Kupferputzer, schenkt ihm einen Rock, als er nichts anzuziehen hat, und leiht ihm Geld. Mit ihm verschwindet H. eine Woche lang aus dem Männerheim. Hanisch: »Neumann war ein gutherziger Mann, der Hitler sehr gerne hatte und den Hitler hoch achtete.« Mit Neumann diskutiert H. lange auch über Fragen des Antisemitismus und des Zionismus, und dies keineswegs haßerfüllt wie mit den sozialdemokratischen Männerheimkollegen, sondern freundschaftlich scherzend. Er versteigt sich sogar dazu, den von Antisemiten angegriffenen Heine zu verteidigen, Lessings Ringparabel zu zitieren und die Leistungen jüdischer Komponisten wie Mendelssohn und Offenbach zu würdigen.

Der jüdische Männerheimkollege Siegfried Löffner aus Mähren schleppt sogar H.s Erzfeind Hanisch auf die Polizei, um dessen Betrug an H. anzuzeigen. Der einäugige jüdische Schlosser Simon Robinson aus Galizien, der eine kleine Invalidenrente bezieht, hilft H. mit Geld aus. Als weiteren jüdischen Männerheimbekannten erwähnt Karl Honisch für 1913 Rudolf Redlich aus Mähren. Daß im Männerheim vielleicht besonders viele Juden gewohnt hätten, trifft nicht zu. Laut Statistik waren es zwischen acht und zehn Prozent und damit dem Wiener Durchschnitt entsprechend. Daß Hanisch dort nicht der einzige Antisemit war, mag man H.s späterer Bemerkung über seine Wiener Zeit entnehmen: »viele

Arbeiter, mit denen er zusammen war, seien scharf antisemitisch gewesen«.[89]

Seine Bilder verkauft H. fast ausschließlich an jüdische Händler: Morgenstern, Landsberger und Altenberg. Hanisch: »Die christlichen Händler... zahlten nicht besser als die Juden. Außerdem kauften sie nur nach, wenn sie das frühere verkauft hatten, während die Juden weiter kauften, gleichgültig, ob sie etwas verkauft hatten oder nicht.« Als das Archiv der NSDAP 1938 nach frühen H.-Bildern forschte, fanden sie sowohl in Morgensterns wie Altenbergs Geschäft nach mehr als 25 Jahren noch unverkaufte Stücke. Hanisch: »Hitler sagte oft, daß man nur mit den Juden Geschäfte machen könne, weil nur sie bereit waren, ein Risiko einzugehen.« Der aus Galizien stammende Rahmenmacher Jakob Altenberg kann sich später an keine antisemitische Äußerung des jungen H. erinnern.[90]

Mit Samuel Morgenstern hat H. auch engen persönlichen Kontakt; dieser vermittelt den jungen Mann an Privatkunden weiter, so an den jüdischen Rechtsanwalt Dr. Josef Feingold, der H. seinerseits fördert.

Daß der junge H. so außergewöhnlich gute Kontakte zu Juden hat, kann auch ein Zeichen dafür sein, daß er die Juden als »etwas Besseres« empfindet. Schon auf dem Stehparterre der Oper hat er ja Gelegenheit, das besonders starke kulturelle Interesse von Juden – und das Desinteresse der typischen »Wiener« zu beobachten, wie Kubizek berichtet. H. kennt sehr genau die unterschiedlichen Studentenzahlen von Christen und Juden an den Universitäten und auch die beliebten Witze von den »gescheiten«, »intellektuellen« Juden, die die »braven« Christen mit Leichtigkeit überspielen.

Im Männerheim spricht er anerkennend von der jüdischen Tradition, die es zustande gebracht habe, die Reinheit der »jüdischen Rasse« über Jahrtausende zu bewahren. Bei List wie bei Lanz von Liebenfels gilt ja nicht die fremde Rasse als gefährlich und verderblich, sondern allein die Rassenmischung, die den Wert des arischen »Edelvolkes« mindere und daher unbedingt zu meiden sei. Um 1930 noch verbreitet sich H. gegenüber Otto Wagener über die jüdische Fähigkeit, die Rasse mit Hilfe der Religion und strikter Lebensregeln, darunter Eheverboten mit Nichtjuden, zu bewahren. H.s Formulierung schließt an die Lists nahtlos an, wenn er zu Wagener sagt: Der jüdische Volksstamm *hat durch Moses... eine zur*

Religion erhobene Lebens- und Lebensführungsvorschrift erhalten, die völlig auf das Wesen seiner Rasse zugeschnitten war und einfach und klar, ohne Dogmen und zweifelhafte Glaubensregeln, nüchtern und rein realistisch das enthalten, was der Zukunft und der Selbstbehauptung der Kinder Israels diente. Alles ist auf das Wohl des eigenen Volkes abgestellt, nichts auf die Rücksicht auf andere. H. kommt nach weiteren Ausführungen zu dem Schluß, daß *wir... diese ungeheure Stärke* der jüdischen Rassenerhaltung *zweifellos bewundernd anerkennen müssen.*[91]

H. nahm die jüdische »Rassenreinheit« geradezu zum Muster für seine Weltanschauung von der nötigen arischen Rassenreinheit.

Der Politiker H. erst stilisierte die Juden zu »Schmarotzern«, die durch intellektuellen Einfluß, Demokratie, Sozialdemokratie, Presse, Kapital, Parlamentarismus, moderne Kunst, Pornographie, Pazifismus und vieles andere den Ariern die Kraft raubten. H. zu Wagener um 1930: *Das ist eben der Schmarotzerinstinkt, den nicht schmarotzende Pflanzen nicht haben. Eine besondere Begabung! Ein sechster Sinn! Ein Geschäftssinn, sadistischen Ursprungs zwar, aber eine Überlegenheit der Schmarotzerwesen!*[92] Bei nicht genügender Gegenwehr der »Wirtsvölker« würden, so H., die Juden als die Stärkeren überleben: *Und die letzten, Gott sei's geklagt, die noch wuchern werden, wenn der Menschheit Ende einmal gekommen ist, das werden dann trotz allem noch die Juden sein.* Und: *Sollte diesem Volke... die Erde als Belohnung zugesprochen sein?*[93] All die angelesenen und für Wahrheit gehaltenen Theorien eines Zweikampfes der Rassen um »Sein oder Nichtsein« wurden beim Politiker H., der sich als Retter des deutschen Volkes stilisierte, zum antisemitischen Syndrom.

Speer kommt erst in seinen Spandauer Tagebüchern zu dem Schluß, daß »der Judenhaß der Motor und Zentralpunkt Hitlers« war, »ja mitunter kommt es mir heute sogar so vor, als sei alles andere nur Verbrämung dieses eigentlichen bewegenden Elements gewesen.« Dafür spräche, daß H. gegen Ende des Krieges »sogar bereit war, seine Eroberungspläne aufs Spiel zu setzen jener Ausrottungsmanie wegen«.[94]

Wie sehr schließlich H.s ganzes Denken um »die Juden« kreiste, offenbart sein »Politisches Testament«, diktiert am 29. April 1945, um vier Uhr früh, knapp vor dem Selbstmord. Es schließt mit dem Befehl *zur peinlichen Einhaltung der Rassengesetze und zum unbarmherzigen Widerstand gegen den Weltvergifter aller Völker, das internationale Judentum.*[95]

Die entscheidende Frage aber, wann der Antisemitismus für H. zum Kern- und Angelpunkt wurde, kann aus seiner Linzer und Wiener Zeit nicht beantwortet werden. Diese Entwicklung ist späteren Jahren zuzuordnen. Als H. 1919 als Politiker in München in die Öffentlichkeit trat, operierte er jedenfalls bereits mit aggressiven antisemitischen Parolen. So muß dieser große Bruch in die Weltkriegsjahre, vor allem aber in die Umbruchszeit 1918/19, zu verlegen sein, also mit jener Zeit zusammenfallen, in der sich H. entschloß, Politiker zu werden.

Gerade diese Zeit war für jene Thesen anfällig, die H. aus Wien genauestens kannte. Wieder ging das Schlagwort einer »jüdischen Weltrevolution« als Beginn einer kommenden »jüdischen Weltherrschaft« um, die ihren Anfang in Rußland habe. Diesmal aber, im Gegensatz zu 1905, siegte die russische Revolution: Die Bolschewisten stürzten 1917 den Zarenthron und übernahmen die Macht. Ein Jahr später brach die Revolution in Deutschland und in Österreich-Ungarn aus. Hohenzollern wie Habsburger verloren die Herrschaft. Sozialdemokraten übernahmen die Regierung, die »Novemberverbrecher«. Es folgte der »Schandfriede von Versailles«, aufoktroyiert von »internationalen Mächten«, also nach antisemitischer Propaganda ebenfalls ein die Deutschen demütigendes Werk »der Juden«. Hunger und Verzweiflung, Wurzel- und Orientierungslosigkeit herrschten. Dazu kamen Massen von Emigranten und Flüchtlingen, darunter auch viele Ostjuden.

Wie in allen Notzeiten bot sich der Antisemitismus als wirksame Parole für Volksredner an, denn sie fiel auf bereiten Boden. Radikale Politiker, die »von unten« kamen, »aus dem Volk«, sahen ihre Chance. Diese Chance der wirren Zeit nutzte der nun 30jährige H., der nichts zu verlieren hatte, da er nichts besaß, noch nicht einmal einen Beruf. Jetzt konnte er all das brauchen, was er in Wien gelernt hatte unter dem Motto: »Die Juden sind an allem schuld.«

Unterstützt und gefördert wurde er vor allem von seinem »väterlichen Freund«, dem Schriftsteller Dietrich Eckart, dem H. am Ende von MEIN KAMPF ein bemerkenswertes Denkmal setzt.⁹⁶ Eckart stellte insofern eine Verbindung zu H.s Wiener Jahren dar, als er Mitglied der Thule-Gesellschaft war, die wiederum mit der List-Gesellschaft und Lists Geheimorden HAO verbunden war. Auf Eckart auch dürfte die frühe Stilisierung H.s als kommender Führer der Germanen zurückgehen, der als moderner Messias im Alter von 30 Jahren in die Öffentlichkeit geht. Diesen Entschluß schildert H. in MEIN KAMPF hochdramatisch: Als er wegen seiner Gasverletzung fast erblindet im Lazarett von Pasewalk in Pommern lag, sei die Nachricht von der Novemberrevolution und der Abdankung Kaiser Wilhelms II. eingetroffen. Die Konsequenz war die sofortige Schuldzuweisung an »den Juden«: *Mit dem Juden gibt es kein Paktieren, sondern nur das harte Entweder-oder. Ich aber beschloß, Politiker zu werden.*⁹⁷

Nach den Erfahrungen mit H.s ständiger nachträglicher Selbststilisierung und der konsequenten Verhüllung seiner frühen Biographie (in der wohl auch dieser Vorgang sehr viel zögerlicher und weniger heldenhaft vor sich ging) sei auf die große Ähnlichkeit mit der Erweckungsgeschichte Guido von Lists hingewiesen. Auch er wurde ja während einer zeitweiligen Erblindung »sehend« und »empfing« angeblich in diesem Zustand die Offenbarung der Geheimnisse der Runen. Die schlagartige Erkenntnis, Politiker werden zu wollen, und zwar in einem Zustand der Blindheit, machte also H., wie er »Wissenden« signalisierte, zu einem »Auserwählten«, einem »Mann der Vorsehung«, zum »Starken von Oben«.

Exkurs: Zwei Beispiele

Familie Jahoda

Der junge H. begegnet in Wien durchaus nicht nur Juden der unteren sozialen Schichten, sondern hat auch einen sporadischen Einblick in das Leben des wohlhabenden jüdischen Bildungsbürgertums. Denn August Kubizek, der als Bratschist bei Hauskonzerten Geld verdient, nimmt ihn 1908 gelegentlich zu solchen Abenden mit, und zwar auch, wie Kubizek schreibt, zur »Familie eines wohlhabenden Fabrikanten in der Heiligenstädter Straße, Dr. Jahoda«. Dieser Jahoda ist nun eindeutig zu identifizieren.[1]

Im Wiener Wohnungsanzeiger, dem »Lehmann« von 1910, ist zwar kein Jahoda in der Heiligenstädter Straße zu finden, wohl aber in der Grinzinger Straße 86. Nach den alten Straßennummern stellt diese Adresse das Eckgrundstück zur Heiligenstädter Straße dar.[2] Daß es sich um dieses Haus und ebendiesen von Kubizek erwähnten Dr. Rudolf Jahoda handelte, bestätigte seine Nichte, die 1907 geborene und in England lebende Soziologin Prof. Dr. Marie Jahoda.[3] Auch sie kannte das Haus ihres Onkels nur unter der Adresse »Heiligenstädter Straße« und war dort mit ihren Eltern und Geschwistern häufig zu Besuch. Ihr verdanken wir die folgende Schilderung.

Das Haus, eine schöne alte, heute nicht mehr existierende Villa, stand auf dem großen, parkähnlichen Areal am unteren Ende des Rothschildparks in Heiligenstadt auf einem kleinen Hügel. Hier wohnte der Chemiker Dr. Rudolf Jahoda mit seiner Familie und seinem geistig behinderten Bruder Edmund.[4]

Jahoda, Direktor einer chemischen Fabrik, laut Meldezettel 1862 in Wien geboren, mosaischen Bekenntnisses, war 1908, als H. Gast in seinem Hause war, 46 Jahre alt. Nach Marie Jahodas Beschreibungen war er ein schmaler, mittelgroßer, sensibler, stiller Mann mit melancholischen Zügen und einem grauen Spitzbart. Seine Frau Pina war eine katholische Italienerin, klein und ein wenig verwachsen, mit schönen Augen und warmherziger Ausstrahlung. Die beiden hatten zwei kleine Töchter, die katholisch getauft waren: Klara, geboren 1901, und Adele, geboren 1903.

Die Familie Jahoda kann als Beispiel für die wohlhabenden, kunstbegeisterten Kreise des assimilierten Judentums im Wien um 1900 gelten. Der Vater Rudolf Jahodas war als böhmischer Jude nach Wien eingewandert, hatte hier als Drucker gearbeitet und es zwar nicht zu Reichtum, aber doch so weit gebracht, daß zwei seiner fünf Söhne, eben Rudolf und der älteste, Emil, studieren konnten. Der Mediziner Dr. Emil Jahoda, Primararzt der chirurgischen Abteilung des Franz-Joseph-Spitals, war laut Nichte Marie der Star der Familie: elegant, feingeistig, der Schwarm seiner Patientinnen.

Die beiden jüngsten Brüder, Georg und Karl – Maries Vater –, traten ins Druckergewerbe ein und brachten es dort zu solidem

Reichtum und hohem Ansehen. Georg Jahoda war Drucker der FACKEL, stand in engstem Kontakt zu Karl Kraus und war dessen persönlicher Freund. Die Großfamilie Jahoda gehörte zum erklärten Verehrerkreis von Kraus.

Alle fünf Brüder entfernten sich vom jüdischen Glauben und waren, so Marie Jahoda, Agnostiker. Rudolf Jahoda trat vor seiner katholischen Eheschließung aus dem Judentum aus und gab in späteren Jahren beim Meldeamt an, konfessionslos zu sein.

Der Reichtum Rudolf Jahodas stammte aus einem seiner zahlreichen chemischen Patente, einer Leuchtfarbe, die sich großer Beliebtheit erfreute. Deren radioaktive Zusammensetzung allerdings und weitere chemische Versuche brachten dem Erfinder starke Brandnarben an seiner rechten Hand ein. Trotzdem war Rudolf Jahoda ein glänzender Pianist. Er war stolz darauf, einst Schüler von Johannes Brahms gewesen zu sein, liebte neben Brahms auch Chopin, Schubert, Beethoven und Mozart. Seine Frau Pina war Geigerin und bevorzugte die italienische Musik des 18. Jahrhunderts.

An einem bestimmten Tag jeder Woche fand im Hause Jahoda ein Hausmusikabend statt, zu dem alle Jahoda-Brüder und deren Frauen und ältere Kinder zusammentrafen, auch Cousins und Cousinen und weitere Verwandte. Im holzgetäfelten großen Salon, der gleichzeitig als Bibliothek diente und wo der Flügel stand, spielten Rudolf und Pina Jahoda zunächst ein oder zwei Sonaten für Klavier und Geige. Dann ging man zum gemeinsamen Abendessen in den Speisesaal nebenan, wo die Hausfrau ihre Kochkünste mit italienischen Spezialitäten bewies. Nach dem Essen und angeregter Unterhaltung beschloß man den Abend mit einem letzten Musikstück.

Manchmal wurden zusätzlich Musikstudenten engagiert, um das Repertoire zu vergrößern und auch Trio oder Quartett spielen zu können. So kam der Bratschist Kubizek in das Haus. Kubizek schwärmte seinem Freund Adolf offenbar von diesen Abenden vor: »Es handelte sich um einen Kreis von Menschen mit großem Kunstverständnis und sehr kultivierten Geschmack, eine wirklich geistvolle Geselligkeit, wie sie in dieser Art nur auf dem Boden Wiens gedieh.«[5] Kubizek bat, einmal seinen Freund mitbringen zu dürfen. So kam der 19jährige H. in das Haus Jahoda.

Kubizek: »Es gefiel ihm auch ausnehmend gut. Insbesondere imponierte ihm die Bibliothek, die sich Doktor Jahoda eingerichtet hatte und die für Adolf einen wesentlichen Maßstab zur Beurteilung der hier versammelten Menschen bedeutete. Weniger behagte es ihm, daß er den ganzen Abend über nur ein unbeteiligter Zuhörer bleiben mußte, obwohl er sich ja selbst diese Rolle auferlegt hatte. Auf dem Heimwege erkärte er mir, daß er sich bei diesen Leuten ganz wohl gefühlt habe, aber, da er nicht Musiker wäre, hätte er nicht in die Debatte eingreifen können.« Außerdem habe er sich wegen seiner mangelhaften Kleidung unwohl gefühlt.[6]

In diesem kultivierten Kreis ist der junge H. schüchtern, gehemmt und bringt offenbar kein einziges Wort hervor. Was auch immer er über Richard Wagner wissen mag, in diesem Kreis von Musikkennern hat er nichts zu sagen und erweist sich als uninteressant – was für einen 19jährigen allerdings kaum überraschend ist. Immerhin aber lernt er hier wohl zum erstenmal eine großbürgerliche jüdische Familie kennen – und findet kein Wort der Kritik.

Ein Nachtrag zum weiteren Schicksal der Familie: Pina Jahoda starb früh, Rudolf Jahoda verlor im Ersten Weltkrieg und in der Inflation sein Vermögen und mußte auch das Haus verkaufen. Er starb verarmt 1924 an einem wohl durch die radioaktive Leuchtfarbe verursachten Krebsleiden.[7] Tochter Klara, in den dreißiger Jahren Ärztin in einem Berliner Kinderheim, emigrierte über Österreich nach England. Dort fand sie bei ihrer Cousine Marie Jahoda, die als kämpferische Sozialdemokratin bereits in der Zeit des Ständestaates Wien verlassen hatte, Hilfe und Unterkunft. Da Klaras Wiener Doktorat nicht anerkannt wurde, arbeitete sie lange als Haushälterin, bis sie ihr neues Studium abschloß und eine Stelle als Schulärztin in Bristol bekam.

Adele Jahoda, die an der von Alfred Roller geleiteten Wiener Kunstgewerbeschule studiert hatte, heiratete den Komponisten und Dirigenten Karl Rankl, einen Schönberg-Schüler, den sie bei den elterlichen Musikabenden kennenlernte, als er wie Kubizek als Geiger aushalf. Mit ihm emigrierte sie ebenfalls nach England und hielt sich und ihren arbeitslosen Mann dort mit kunstgewerblichen Arbeiten mühsam über Wasser. Rankl wurde später musikalischer Direktor der Covent Garden Opera in London. Beide Töchter Rudolf Jahodas starben in England ohne Nachkommen.

Drei Brüder Rudolf Jahodas haben zahlreiche Nachkommen, die erstaunliche Karrieren machten, allerdings nicht in Österreich, sondern in der erzwungenen Emigration. Einige Musiker sind unter ihnen und zahlreiche Wissenschaftler, darunter auffallend viele Frauen als Universitätsprofessorinnen.

Das Ehepaar Morgenstern

Der jüdische Glasermeister Samuel Morgenstern war der verläßlichste Abnehmer von H.s Bildern. H. verließ sich hier nicht auf einen Vermittler, sondern lieferte stets persönlich seine Bilder ab. Daß dieser Kontakt ein überaus guter war und Morgenstern den armen Bildermaler mit Sicherheit nicht übervorteilte, betont auch der Kunsthändler Peter Jahn, der 1937 bis 1939 im Auftrag der NSDAP Morgenstern aufsuchte, um dort nach H.-Bildern zu fahnden. Er gab zu Protokoll: »Morgenstern war der erste Mensch, der einen guten Preis für die Bilder gab, und so begann die Geschäftsverbindung.«[8]

Samuel Morgenstern, 1875 geboren, kam aus Budapest und eröffnete 1903 den Glaserladen mit dahinterliegender Werkstatt in der Liechtensteinstraße 4 nahe der Innenstadt, ganz in der Nähe der Praxis und Wohnung Sigmund Freuds. 1904 heiratete er die um vier Jahre jüngere, aus Wien stammende Jüdin Emma Pragan. 1911 kam das einzige Kind, ein Sohn, auf die Welt. Im selben Jahr kaufte Morgenstern für 5000 Kronen in Streberdorf bei Wien ein Grundstück, im Mai 1914 noch ein weiteres, zehnmal so teures in Groß Jedlersdorf.⁹ In wenigen Jahren arbeitete er sich aus dem Nichts hinauf.

In einem Gedächtnisprotokoll gab Morgenstern 1937 an, H. sei 1911 oder 1912 erstmals in seinem Geschäft erschienen und habe ihm drei Bilder angeboten, historische Ansichten im Stil Rudolf von Alts: den Michaelerplatz mit dem Dreilauferhaus, das Fischertor, das mit der alten Stadtmauer abgerissen worden war, und die Hofburg mit dem alten, ebenfalls längst abgerissenen Durchhaus. Er, Morgenstern, habe in seiner Rahmen- und Glashandlung zusätzlich Bilder verkauft, »da erfahrungsgemäß Rahmen leichter abzusetzen sind, wenn sie Bilder enthalten«.¹⁰

Dank Morgensterns gut geführter Kundenkartei konnten später viele Besitzer von H.-Bildern eruiert werden. Dabei stellte sich heraus, daß die meisten von ihnen Juden waren, also Morgensterns übliche Kundschaft, die in den eleganten neuen Mietshäusern um die Liechtensteinstraße wohnten.¹¹ Ein Hauptkunde Morgensterns war der Rechtsanwalt Dr. Josef Feingold – laut Interviewer im Mai 1938 »scheinbar nicht ganz arisch, aber durchaus seriös wirkend, Kriegsteilnehmer«.¹² Er hatte seine Kanzlei in der Innenstadt nahe dem Stephansplatz und unterstützte manchen ihm von Morgenstern geschickten jungen Maler. Von H. kaufte er für seine Kanzlei eine Serie alter Wiener Ansichten, die er sich von Morgenstern im Biedermeierstil rahmen ließ.¹³

Als der ehemalige Postkartenmaler im März 1938 als Führer des »Großdeutschen Reiches« Österreich in Besitz nahm, wendete sich auch das Schicksal des Ehepaares Morgenstern. Im Herbst 1938 wurde das Geschäft mit vollem Lager und Werkstatt »arisiert« und von einem Nationalsozialisten übernommen. Der festgesetzte »Kaufpreis« von 620 Mark wurde nie bezahlt.¹⁴ Da Morgenstern auch die Gewerbeberechtigung entzogen wurde, durfte er nicht arbeiten. So hatte das Ehepaar – 63 und 59 Jahre alt – keinerlei Einkünfte, und vor allem: sie konnten nicht ins Ausland fliehen, da sie weder das Geld für die Reise und die fällige »Reichsfluchtsteuer« noch die nötigen Visa hatten.

In dieser verzweifelten Situation sah Samuel Morgenstern nur einen Ausweg: den »Führer« persönlich um Hilfe zu bitten, wie es in dieser Zeit auch Dr. Bloch in Linz tat. Bedenkt man H.s sofortige

Reaktion auf Blochs Bitte, so war auch Morgensterns Hoffnung auf eine lebensrettende Aktion des »Führers« durchaus nicht abwegig, vorausgesetzt, der Brief erreichte H.

Morgenstern schrieb seinen Hilferuf auf der Schreibmaschine und adressierte ihn an »Se. Exzellenz Herrn Reichskanzler und Führer des Deutschen Reiches Adolf Hitler« in Berchtesgaden:

»Wien, 10. August 1939

Exzellenz!

Ich bitte ergebenst um Entschuldigung, dass ich mir erlaube an Sie Herr Reichskanzler zu schreiben und eine Bitte unterbreite.

Ich hatte durch 35 Jahre als Glasermeister und Bilderrahmenerzeuger in Wien, 9. Liechtensteinstraße Nr. 4 mein eigenes Unternehmen und waren Herr Reichskanzler in den Vorkriegsjahren sehr oft in meinem Geschäft und hatten Gelegenheit, mich als korrekten und rechtschaffenen Menschen beurteilen zu können.

Ich bin unbescholten und habe 8 Jahre in der österreichischen Armee als Unteroffizier gedient und war an der rumänischen Front, auch wurde mein Betrieb von Seite der Genossenschaft als mustergiltig 2 mal diplomiert.

Am 10. November wurde mein Geschäft im Zuge der gesetzlichen Massnahmen gesperrt [dieses Wort doppelt unterstrichen; handschriftliche Randbemerkung von fremder Hand: »Jude!«] und mir gleichzeitig die Gewerbeberechtigung entzogen und bin ich dadurch ganz mittellos geworden da ich für mein Geschäft welches einen Gegenwert von R.M. 7000.- hatte und bereits seit 24. November 1938 arisiert wurde seitens der Vermögensverkehrsstelle bis heute nicht den geringsten Gegenwert erhielt.

Ich bin 64 Jahre, meine Frau 60 Jahre alt, wir sind schon seit vielen Monaten auf öffentliche Wohltätigkeit angewiesen und haben die Absicht auszuwandern und im Ausland Arbeitsstellen zu suchen.

Meine ergebenste Bitte an Eure Exzellenz ist, verfügen zu wollen, dass mir die Vermögensverkehrsstelle für meinen im 21. Bezirk unbelasteten Grundbesitz welcher laut amtlicher Schätzung einen Wert von R.M. 4000.- hat, gegen Abtretung desselben an den Staate eine kleine Vergütung in Devisen gibt, damit ich das vorgeschriebene Landungsgeld vorweisen kann und bis zur Erlangung von Arbeitsstellen mit meiner Frau bescheiden leben kann.

Ich bitte mein Ansuchen prüfen zu lassen und bitte um günstige Erledigung.
Mit ergebenster Hochachtung
Samuel Morgenstern Glasermeister
Wien, 9. Liechtensteinstrasse 4«[15]

Doch es war schwer, brieflich bis zu H. vorzudringen, zumal im August 1939, so knapp vor Ausbruch des Krieges. H. erwähnte diese Schwierigkeit selbst gegenüber Kubizek, dessen Brief ihn erst nach Monaten erreicht hatte: »direkt an ihn zu schreiben, wäre nicht ratsam, denn die an ihn gerichtete Post käme vielfach gar nicht in seine Hände, weil sie bereits vorher aufgearbeitet werden muß, um ihn zu entlasten.«[16]

Morgensterns Brief legte, durch Poststempel genau belegt und ohne daß der wartende Absender eine Ahnung hatte, folgenden Weg zurück: Am 11. August in Wien aufgegeben, kam er am 12. August in H.s Sekretariat am Obersalzberg in Berchtesgaden an, wurde von dort am 14. August nach Berlin an die »Kanzlei des Führers« weitergeschickt und dort am 15. August geöffnet. Hier muß auch die Randbemerkung »Jude!« hinzugefügt worden sein. Das Sekretariat legte den Brief jedenfalls nicht H. vor, sondern schickte ihn am 19. August nach Wien zurück, aber nicht an den Absender, also Samuel Morgenstern, sondern an das Finanzministerium. Dieses schickte den Brief am 21. August an die Vermögensverkehrsstelle weiter. Hier wurde er am 22. August den Arisierungsakten Morgensterns beigelegt, blieb dort erhalten, wurde nach 56 Jahren entdeckt und ist hier zum erstenmal zitiert.

Am 1. September 1939 begann mit dem Überfall auf Polen der Zweite Weltkrieg. Das Ehepaar Morgenstern hoffte vergeblich auf Rettung. Kurze Zeit später wurde ihnen auch die Wohnung genommen. Sie mußten in ein jüdisches Sammellager, eine Art Ghetto, in der Leopoldstadt übersiedeln. Von dort wurden sie am 28. Oktober 1941 in einem Sammeltransport mit Wiener Juden in das Ghetto von Litzmannstadt im Reichsgau Wartheland deportiert.[17] Der Akt in der Vermögensverkehrsstelle wurde, wie so häufig, mit einem roten Stempel abgeschlossen: »Nach Polen«.[18]

Litzmannstadt, benannt nach einem deutschen General des Ersten Weltkrieges, war das ehemalige Lodz im damaligen russischen Polen, eine Stadt, in der einst mit 233 000 Menschen eine der größten jüdischen Gemeinden der Welt existiert hatte. Nach ersten Umsiedlungen wurden die noch verbliebenen 160 000 Juden in ein streng abgesperrtes Ghetto im Elendsviertel der Stadt getrieben. Dort lebten sie unter desolaten hygienischen Verhältnissen bei einem Verpflegsatz von 30 Pfennig täglich – später nur noch 19 Pfennig – und fertigten für die Wehrmacht und deutsche Kaufhäuser Textilien, Schuhe, Möbel und anderes an.[19]

Das Ehepaar Morgenstern war 1941 unter jenen 20 000 Juden aus Berlin, Wien, Prag, Frankfurt, Köln, Hamburg, Düsseldorf und Luxemburg und 5 000 Roma aus dem Burgenland, die nach Lodz deportiert wurden. Die Roma wurden von dort bald nach Auschwitz gebracht. Die Westjuden, die weder Polnisch noch Jiddisch sprachen, blieben im Ghetto, auf engstem Raum mit den einheimischen Ostjuden zusammengepfercht. Sie fanden sich nur schwer zurecht, und es kam zu heftigen Konflikten zwischen den beiden Gruppen.

Hatten die Morgensterns das Buch des einstigen armen Malers gelesen? Dort heißt es, lang vor der Verwirklichung dieser Pläne, über »den Juden« und wie er angeblich seiner Würde zu berauben sei: *Wenn man ihn nur mit seinesgleichen zusammensperrt, die Kunst seiner Lüge dort also keine Wirkungsmöglichkeit hat, dann versagt seine »Tüchtigkeit«, und der Jude verkommt in Dreck und Armut. Während es den arischen Völkern nur besser geht, je ungestörter man sie mit ihren Stammesgenossen leben läßt, kommt der Jude hierbei um und sinkt zum Tiere herab.*[20]

Samuel Morgenstern starb im August 1943 68jährig im Ghetto von Litzmannstadt an Entkräftung und wurde auf dem Ghettofriedhof begraben.[21] Seine Frau war bis zuletzt bei ihm, wie ein Augenzeuge, Emmas Schwager Wilhelm Abeles, ein ehemaliger Wiener Glasermeister, später berichtete.[22]

Im August 1944 wurde das Ghetto vor den vorrückenden russischen Truppen geräumt. Die verbliebenen 65 000 durch Hunger und Krankheiten geschwächten Menschen wurden in das Vernichtungslager Auschwitz deportiert, so auch Abeles, der aber überlebte. Vor seiner Deportation sah er Emma Morgenstern zum letztenmal in Litzmannstadt. Weitere überlebende Zeugen gab es nicht.

Emma Morgenstern muß noch im August 1944 nach Auschwitz deportiert worden sein, denn am 30. August waren nur noch ein 600 Mann starkes »Aufräumkommando« und einige Versteckte im Ghetto zurückgeblieben.[23] In Auschwitz wurden die meisten Ankömmlinge, vor allem arbeitsunfähige Frauen, sofort ins Gas geschickt.

Wie das Wiener Gericht später feststellte, kann Emma Morgenstern das Kriegsende 1945 nicht erlebt haben. Im Dezember 1946 wurde sie auf Antrag ihres Bruders, des pensionierten Majors Max Pragan, für tot erklärt.[24]

11 Der junge Hitler und die Frauen

Hemmungen und Fluchten

Die spärlichen Augenzeugenberichte aus H.s Linzer und Wiener Zeit stimmen in einem Punkt überein: Seine Beziehungen zu Frauen bestehen vor allem aus Träumen, Verhinderungen und Angstgefühlen. In der Realität kommen sie nicht vor. Absonderlich ist, daß in den Wiener Jahren, also zwischen H.s 18. und 24. Lebensjahr, keine Entwicklung auf diesem Gebiet erkennbar ist, keine einschlägige Erfahrung, noch nicht einmal eine Verliebtheit. Gerade auf diesem Gebiet zeigt sich, wie sehr sich das Leben dieses Sonderlings aus dem Männerheim nicht im Austausch und in Konfrontation mit Erfahrungen und menschlichen Begegnungen entwickelt, sondern durch angelesene Phrasen bestimmt wird, mit denen der junge Mann die Realität ersetzt und zu überwinden versucht.

Noch am Ende seiner Wiener Zeit steht er in dieser Hinsicht dort, wo er schon in Linz war, als er dem Freund August Kubizek erläuterte, wie er sich die persönliche Zukunft vorstellte, nämlich als erfolgreicher Künstler in einer selbst erbauten Villa: »Eine feingebildete Dame steht unserem Hause vor und sieht nach dem Rechten. Es muß dies eine Dame in vorgerücktem Alter sein, damit keine Erwartungen oder Absichten entstehen, die unserer künstlerischen Berufung zuwiderlaufen.«[1]

Kubizek, der H. persönlich am nächsten steht und mit ihm in Wien immerhin einige Monate ein Zimmer teilt, meinte, sein Freund sei »in diesem Sündenbabel von Wien, in dem sogar das Dirnentum künstlerisch verklärt und gefeiert wurde, wahrhaftig ein Sonderfall!« gewesen.[2] »In seiner selbstgewählten Askese« habe er Frauen »mit wacher und kritischer Anteilnahme, doch unter strenger Ausschaltung alles Persönlichen« angesehen, und »alles, was anderen Männern seines Alters zum eigenen Erlebnis wurde«, sei ihm zum Problem geworden, »über das er in nächtlichen Gesprächen so kühl und sachlich referierte, als stünde er selbst völlig außerhalb dieser Dinge«.[3]

Wenn H. 1942 erzählt: *Auch in meiner Jugend in Wien bin ich vielen schönen Frauen begegnet*,[4] ist dies also nicht etwa als später Stolz auf wilde Wiener Jahre zu verstehen, sondern eher so, wie Freund Kubizek es erklärt: Sehr wohl habe der 18/19jährige H. ein Auge für schöne Frauen gehabt, »immer aber so, wie wenn man ein schönes Bild betrachtet, also ohne jeden sexuellen Hintergedanken«.[5] Kubizek macht diese Aussage wohlgemerkt erst nach 1945 und ohne moralischen Eifer.

Verführungskünsten sei H. nicht erlegen, was Kubizek mit folgender Episode illustriert: Bei der Zimmersuche 1908 seien sie in eine elegante Wohnung geraten und von »adrett gekleideten Stubenmädchen« in einen »sehr elegant eingerichteten Raum« geführt worden, »in dem ein prunkvolles Doppelbett stand«: »Wir begriffen beide sogleich, daß es hier für uns zu vornehm war. Aber da erschien bereits die ›Gnädige‹ in der Türe, eine vollendete Dame, nicht mehr ganz jung, aber sehr elegant. Sie trug einen seidenen Schlafmantel, die Hausschuhe, sehr zierliche Pantöffelchen, waren mit Pelz verbrämt. Lächelnd begrüßte sie uns, betrachtete Adolf, dann mich und bot uns Platz an.«

Die halbseidene Dame habe vorgeschlagen, daß nicht Kubizek, sondern H. allein bei ihr einziehe. Kubizek: »Während sie dies Adolf in sehr lebhaften Worten auseinandersetzte, löste sich durch eine zu hastige Bewegung die Schnur, die den Schlafmantel zusammenhielt. ›Oh, pardon, meine Herren!‹, rief die Dame sogleich und faßte den Mantel wieder zusammen. Doch der Augenblick hatte genügt, um uns zu zeigen, daß sie unter ihrem Seidenmantel nicht mehr als ein kleines Höschen trug. Adolf wurde puterrot, stand auf, faßte mich am Arm und sagte: ›Komm, Gustl!‹ Ich weiß nicht mehr, wie wir aus der Wohnung hinauskamen. Nur an das eine Wort erinnere ich mich noch, das Adolf wütend hervorstieß, als wir endlich auf der Straße waren: ›So eine Potiphar‹.«[6]

H.s Hemmungen, ja Berührungsängste zeigen sich auch in seinen Anstrengungen, in der Oper trotz viel niedrigerer Preise den bei Studenten so beliebten »Olymp«, die Stehplätze der vierten Galerie, zu meiden. Denn hier waren – im Gegensatz zum Stehparterre – auch Frauen zugelassen.[7]

Laut Kubizek bekommt der junge H. in der gemeinsamen Zeit nie Post oder Besuch. Auch vom Freund verlangt er, daß dieser sich nicht mit Mädchen einläßt, und hätte, so Kubizek, »niemals eine solche Liebelei geduldet«. »Jeder Schritt in dieser Richtung hätte unweigerlich das Ende unserer Freundschaft bedeutet.«[8] Nicht einmal Kubizeks Klavierschülerinnen dürfen das Zimmer in der Stumpergasse betreten. Als einmal eine Schülerin vor einer Prüfung zu Kubizek gekommen sei, um ihn um Rat zu fragen, sei H. wütend über ihn hergefallen: »Ob unsere ohnedies durch den Flügel, dieses Monstrum, verstellte Bude nun auch zum Rendezvous für dieses musikalische Weibergezücht werden sollte, fragte er mich erbost. Ich hatte Mühe, ihn davon zu überzeugen, daß die Ärmste keineswegs Liebeskummer hege, sondern nur Prüfungsschmerzen. Das Ergebnis war ein ausführlicher Vortrag über die Sinnlosigkeit des weiblichen Studiums... Ich kauerte schweigend auf dem Klavierhocker, während er wütend drei Schritt vor-, drei Schritt zurücklief und seine Empörung in möglichst scharfen Wendungen hart an der Türe oder am Klavier entlud.«[9]

Kubizek erinnert sich »nicht ein einziges Mal einer Situation, in der er sich, was das Verhältnis zum anderen Geschlecht betraf, hätte gehen lassen. Ebenso kann ich voll und ganz bestätigen, daß Adolf sowohl in körperlicher wie in geschlechtlicher Beziehung absolut normal war.«[10]

Homosexuelle Neigungen habe H. sicher nicht gehabt. Zur Illustration schildert Kubizek einen Annäherungsversuch eines älteren reichen Homosexuellen, den der 19jährige H. empört von sich gewiesen und gemeint habe, Homosexualität müsse »als eine widernatürliche Erscheinung mit allen Mitteln bekämpft« werden. Er habe sich »solche Menschen mit geradezu ängstlicher Gewissenhaftigkeit vom Leibe« gehalten und sich »mit Ekel und Abscheu gegen diese und andere sexuellen Abirrungen der Großstadt« gewandt, außerdem auch »die unter Jugendlichen häufige Selbstbefriedigung« abgelehnt.[11] Auch für die Männerheimzeit gibt es nicht den geringsten Hinweis auf homosexuelle Neigungen H.s, die Reinhold Hanisch mit Sicherheit nicht zu erwähnen vergessen hätte.

Auch der um vier Jahre jüngere Rudolf Häusler, der 1913/14 monatelang in München mit H. ein Zimmer teilte, machte keinerlei Andeutungen auf eine mehr als freundschaftliche Beziehung. Häuslers

Tochter kann sich dies bei ihrem Vater, der alles andere als ein Frauenverächter war, »einfach nicht vorstellen«. Sie weiß aber andererseits, daß er ihr so etwas auch nie gesagt hätte.[12]

Aus der Männerheimzeit berichtet Hanisch, wie die Kollegen einmal ihre jeweiligen Erfahrungen mit Frauen zum besten gaben. Auch der junge H. trug Einschlägiges bei und erzählte – noch 1910 – von der Linzer Stefanie. Zur Erklärung, warum er keinen Kontakt mit ihr versucht habe, sagte er, das Mädchen sei die Tochter eines hohen Regierungsbeamten gewesen und er ja nur der Sohn eines kleineren Beamten.[13] Daß der nun 21jährige immer noch diese alte eingebildete Liebe aus seiner Pubertät für erzählenswert hielt, deutet darauf hin, daß er sich auf diesem Gebiet in den dazwischenliegenden Jahren kaum weiterentwickelt hatte.

Als Höhepunkt seiner Erfahrungen mit Frauen habe H. im Männerheim denn auch ein Beispiel für bewiesene Standhaftigkeit gebracht, wie Hanisch berichtet: Auf dem Land im Sommer, also im Waldviertel, habe er ein Mädchen getroffen, das ihm gefiel und das ihn auch mochte. Als sie einmal die Kuh molk und er allein mit ihr war, habe sie sich »sehr töricht« benommen. Aber er, H., habe an die möglichen Folgen gedacht, sei weggelaufen – Bemerkung Hanischs: »wie der keusche Josef« – und habe dabei einen großen Topf mit frischer Milch umgestoßen.

Die Meinung des mit allen Wassern gewaschenen Landstreichers Hanisch: »Hitler schätzte weibliche Sexualität sehr wenig. Aber er hatte sehr hehre Ideale über die Beziehungen zwischen Mann und Frau. Oft sagte er, wenn die Männer nur wollten, könnten sie einen strikt moralischen Lebenswandel führen«, das hieß: ohne Sexualität leben. Außerdem hätten seine Armut und schlechte Kleidung ihn an Kontakten mit Frauen gehindert, »ganz abgesehen davon, daß sein seltsamer Idealismus in dieser Beziehung ihn ohnehin vor jedem frivolen Abenteuer bewahrt habe«.

Eine ganz andere, erst kürzlich bekannt gewordene Aussage über die Männerheimzeit stammt von der Tochter von H.s Rahmenhändler, Adele Altenberg. Sie habe, damals 14jährig, manchmal im Geschäft geholfen und so den jungen H. kennengelernt, der seine Bilder ablieferte. Dabei sei der junge Mann so schüchtern gewesen, daß er sie gar nicht angeschaut und »den Blick starr auf den Boden gesenkt« gehalten habe[14] (siehe S. 250).

Die Linzer Stefanie

Und schließlich gibt es Aussagen des Männerheimkollegen Häusler, den H. erst 1913 kennenlernt. Auch ihm erzählt H. von seiner »Freundin« in Linz. Als merkwürdig empfindet es Häusler, daß H. zu Weihnachten 1913, also schon in München, für diese »Freundin« eine anonyme Glückwunschanzeige in einer Linzer Zeitung aufgegeben habe.[15] Doch – was H. offenbar nicht weiß: Stefanie ist zu diesem Zeitpunkt bereits die Ehefrau eines Offiziers.

Durch Häusler ist mit großer Sicherheit die Identität jener geheimnisvollen Emilie zu klären, die als H.s angebliche erste Geliebte in Wien bezeichnet wurde, und zwar in folgendem Zusammenhang:

In ihren Erinnerungen zum Thema »Frauen um Hitler« meint Christa Schroeder, daß ihr Chef von dem Moment an, als er »beschloß, Politiker zu werden«, der Sexualität entsagt habe, also wohlgemerkt 1918. Von nun an habe sich »die Befriedigung in seinem Kopf« abgespielt. »Alles war platonisch!« so Christa Schroeder. Selbst die Beziehung zu Eva Braun sei »ein Scheinverhältnis« gewesen. Freilich: vor seiner Zeit als Politiker, so in Wien, habe H. durchaus Geliebte gehabt. Als Begründung führte Frau Schroeder aus, sie habe einmal gemeint, Emilie sei ein häßlicher Name, H. aber habe ihr widersprochen mit der Bemerkung: »Sagen Sie das nicht, Emilie ist ein schöner Name, so hieß meine erste Geliebte!«[16]

Bei dieser bisher nicht identifizierten Emilie dürfte es sich um die jüngere Schwester von H.s Freund Häusler gehandelt haben. Emilie Häusler, genannt »Milli«, geboren am 4. Mai 1895,[17] war im Februar 1913, als ihr Bruder im Männerheim den 23jährigen H. kennenlernte und häufig mit nach Hause brachte, 17 Jahre alt. Laut Aussage ihrer Nichte Marianne Koppler war Milli ein überaus schüchternes, sensibles und oft kränkelndes Mädchen, das unter dem tyrannischen Vater litt und äußerst streng gehalten wurde. Sie war nicht sehr hübsch, spielte wie so manche bürgerliche gute Tochter ein wenig Klavier, machte Handarbeiten, half der Mutter im Haushalt und war unter den fünf Häusler-Kindern das »Nichtserl«, unscheinbar und still, und machte einen furchtsamen und schutzbedürftigen Eindruck.[18]

Das Mädchen habe den Freund ihres Bruders bewundert. Jedenfalls bat sie ihn, ihr etwas in ihr Poesiealbum zu zeichnen. H. tat dies nicht an Ort und Stelle, sondern versprach Milli, ihr beim nächsten Besuch eine Zeichnung mitzubringen, und tat es auch. Das mit Farbstiften gezeichnete Bild in Größe einer Ansichtskarte stellte – laut Häuslers Tochter, die das Bild als Kind sah – einen Germanen mit Helm, Schild und Speer dar, der vor einer Eiche steht. In den Stamm in der Mitte des Bildes war eine Art Schild mit der auffälligen Signatur »A. H.« eingezeichnet. Diese Karte legte Milli voll Stolz in ihr Album ein.

Das Bild blieb auch nach Millis Heirat zusammen mit H.s beiden Briefen an Ida Häusler und Familienpapieren in einem Kästchen bei der Mutter. Als diese 1930 starb, gingen die Papiere an den ältesten Sohn, einen Wiener Mittelschulprofessor. Von dort kamen die beiden H.-Briefe und das Bild in den dreißiger Jahren »nach Berlin«. Die näheren Umstände sind derzeit nicht zu klären. H. dürfte wohl die Originale wieder in die Hand bekommen haben. Mag sein, daß sie auch durch die Hände seiner Privatsekretärin gingen und daß H. mit ihr über Emilie sprach. Ob er wirklich Emilie als seine »Geliebte« bezeichnete oder Frau Schroeder nur falsche Schlüsse zog, ist nicht zu klären.

Nach gründlicher Klärung der Familienverhältnisse ist jedenfalls eines sicher: Milli kann kaum H.s »Geliebte« gewesen sein. Laut Aussage ihrer Nichte hätte das Mädchen nie unkontrolliert das Haus verlassen können. Außerdem bestand ein Vertrauensverhältnis zwischen Millis Mutter und dem jungen H. (siehe S. 565). Er konnte nicht daran interessiert sein, die einzige Person in Wien zu verärgern, die ihm half. So ist auch die Wiener »Geliebte« Emilie unter H.s »platonische« Beziehungen einzureihen.

Doppelte Moral

Wien war vor dem Ersten Weltkrieg eine lebenslustige und – etwa im Gegensatz zu Linz – geradezu lasterhafte Stadt mit großer sexueller Freizügigkeit. Diese Freizügigkeit hing vom sozialen Stand ab: Aristokraten und Künstler praktizierten sie, aber auch die unteren Schichten, zu denen ja H. als Männerheimbewohner in Wien gehörte. Ob Knechte und Mägde am Land oder ledige Arbeiter und Dienstmädchen in der Stadt: hier herrschten ungezwungene Sitten.

Von der sexuellen Freizügigkeit in Wien ausgenommen war eine soziale Schicht, präziser, die Frauen dieser sozialen Schicht: das Bürgertum und alle jene, die sich bemühten, zum Bürgertum zu gehören. Der bürgerliche Moralkodex, eng verbunden mit dem katholischen, forderte von Mädchen und Frauen strikte Enthaltsamkeit außerhalb der Ehe. Der gesellschaftliche Druck war in dieser Hinsicht so streng, daß Mädchen nur als Jungfrauen Chancen auf eine gute Heirat hatten und »gefallene Mädchen« oder gar uneheliche Mütter ihre Lebenschancen verwirkt hatten. Deshalb mußten bürgerliche Mädchen mit allen Mitteln vor der Sexualität bewahrt werden.

Junge Männer dagegen durften, ja mußten ihre Erfahrungen machen, um sich »die Hörner abzustoßen«, wie man sagte, um sich vom Laster der angeblich nervenzerrüttenden Onanie zu befreien und auf die Ehe vorzubereiten. Da sie aber keine Möglichkeit hatten, mit standesgemäßen Mädchen eine Liebesbeziehung mit sexueller Bindung einzugehen, gestand man ihnen trotz der öffentlich demonstrierten Prüderie den heimlichen Umgang mit Prostituierten zu, quasi als gesundheitliche und »hygienische« Notwendigkeit. Eine wissenschaftliche Wiener Zeitschrift befragte 1912 junge Ärzte nach ihrer ersten Koituspartnerin: Nur 4 Prozent nannten ein Mädchen, das als mögliche Ehepartnerin in Frage kam, 17 Prozent ein Dienstmädchen oder eine Kellnerin, 75 Prozent aber eine Prostituierte.[19] Dementsprechend verbreitet war die Prostitution.

Die Wiener Gehsteige seien vor 1914 »derartig gesprenkelt mit

Aristokratische Familie auf dem Flugfeld von Aspern

käuflichen Frauen« gewesen, berichtete H.s Zeitgenosse Stefan Zweig, »daß es schwerer hielt, ihnen auszuweichen, als sie zu finden... In jeder Preislage und zu jeder Stunde war damals weibliche Ware offen ausgeboten, und es kostete einen Mann eigentlich ebensowenig Zeit und Mühe, sich eine Frau für eine Viertelstunde, eine Stunde oder Nacht zu kaufen wie ein Paket Zigaretten oder eine Zeitung.«[20]

Zweig beschreibt eindringlich die herrschende bürgerliche Doppelmoral: »Wie die Städte unter den sauber gekehrten Straßen mit ihren schönen Luxusgeschäften und eleganten Promenaden unterirdische Kanalanlagen verbergen, in denen der Schmutz der Kloaken abgeleitet wird, sollte das ganze sexuelle Leben der Jugend sich unsichtbar unter der moralischen Oberfläche der Gesellschaft abspielen.« Die Prostitution sollte, so Zweig, »die lästige außereheliche Sexualität« kanalisieren: »Sie stellte gewissermaßen das dunkle Kellergewölbe« dar, »über dem sich mit makellos blendender Fassade der Prunkbau der bürgerlichen Gesellschaft erhob.«[21]

Die Verseuchung mit Syphilis war hoch, die Angst vor Ansteckung allgegenwärtig. Keine soziale Schicht blieb von der Krankheit verschont, weder Soldaten noch Künstler und Aristokraten. Der von H. bewunderte »Malerfürst« Hans Makart starb ebenso an Syphilis wie der Vater des letzten Kaisers, Erzherzog Otto. Statistisch traf die Krankheit einen oder auch zwei von zehn Männern. Zweig: »Zu der Angst vor der Infektion kam noch das Grauen vor der widrigen und entwürdigenden Form der damaligen Kuren. Durch Wochen und Wochen wurde der ganze Körper eines mit Syphilis Infizierten mit Quecksilber eingerieben, was wiederum zur Folge hatte, daß die Zähne ausfielen und sonstige Gesundheitsschädigungen eintraten; das unglückliche Opfer eines schlimmen Zufalls fühlte sich also nicht nur seelisch, sondern auch physisch beschmutzt.«[22]

Die Tatsache, daß das erste sexuelle Erlebnis der meisten bürgerlichen Männer um 1900 mit einer Prostituierten verbunden war und mit der Angst vor Ansteckung, prägte ihr Frauenbild und trug zu der weit verbreiteten Frauenverachtung bei.

Verläßliche Zahlen über die Prostitution in Wien um 1900 fehlen. Bekannt ist nur der verschwindend kleine Teil der von der Sittenpolizei »Kontrollierten«, die mindestens 18 Jahre alt waren und zweimal wöchentlich untersucht wurden: 1908 gab es von ihnen in Wien 1516, eine Zahl, die etwa konstant blieb und damit mehr als doppelt so hoch wie heute. Laut Statistik wurden bei diesen Kontrollen im Jahr 1912 29 Schwangerschaften und 249 Erkrankungen an Syphilis festgestellt.[23] Also etwa jede sechste wurde pro Jahr krank und durfte ihr Gewerbe nicht mehr ausüben. Das bedeutete gewöhnlich, daß sie in das riesige Heer der »Geheimen« abtauchte.

Die Zahl der »Geheimen« überstieg die der Kontrollierten um ein Vielfaches. Weder die teuren und stadtbekannten Edelhuren, die mit ihren Kavalieren auf den Rennplätzen und in Theatern erschienen, unterstanden der polizeilichen Kontrolle noch die Gelegenheitshuren in den billigen Absteigen. Mädchen unter 18 und die zahlreichen bereits Infizierten und Kranken wurden hin und wieder bei einer Razzia aufgegriffen, machten aber nach ihrer Entlassung weiter.

Keusch für das deutsche Volk

Über das Thema von Prostitution und Syphilis zeigt sich der junge H. wohlinformiert. An einem Maiabend 1908 führt der 19jährige seinen Freund Kubizek nach dem Theaterbesuch mit Frank Wedekinds Skandalstück FRÜHLINGS ERWACHEN in das heruntergekommene alte Wiener Hurenviertel am Spittelberg: »Komm, Gustl. Einmal müssen wir uns doch den ›Pfuhl der Laster‹ ansehen.«

Kubizek beschreibt die niedrigen Häuser, die Mädchen vor erleuchteten Fenstern: »Als Zeichen, daß das Geschäft perfekt war, wurde dann das Licht abgedreht.« Kubizek: ›Ich erinnere mich, wie sich eines dieser Mädchen, gerade als wir am Fenster vorbeizogen, veranlaßt sah, das Hemd auszuziehen, beziehungsweise zu wechseln, ein anderes Mädchen machte sich an den Strümpfen zu schaffen und zeigte die nackten Beine. Ich war ehrlich froh, als das aufregende Spießrutenlaufen vorüber war und wir endlich die Westbahnstraße erreicht hatten, schwieg aber, während sich Adolf über die Verführungskünste der Dirnen erboste.«

Zu Hause habe ihm H. dann einen Vortrag gehalten, »so sachlich und kühl, als ginge es um seine Stellungnahme zur Bekämpfung der Tuberkulose oder um die Frage der Feuerbestattung«. Diese »Gepflogenheiten auf dem Markte der käuflichen Liebe« hätten ihren Grund darin, »daß der Mann ein Bedürfnis zur geschlechtlichen Befriedigung in sich trage, während das betreffende Mädchen lediglich an den Erwerb denke... Praktisch wäre bei diesen armen Geschöpfen die ›Flamme des Lebens‹ längst erloschen.«[24]

Er habe sich auch über die Geschichte der Bordelle verbreitet, das Verbot der Prostitution gefordert und als Mittel gegen diese »Schande für jede Nation« die staatlich geförderte Frühehe vorgeschlagen, verbunden mit einer kostenlosen Aussteuer für arme Mädchen, Ehestandsdarlehen und erhöhtem Anfangslohn: »dieser Lohn steigert sich mit jedem Kind und gleitet wieder ab, wenn die Kinder aus der Versorgung kommen«.[25] Solche Pläne hatten übrigens die Alldeutschen, die auf diese Weise die Gesundheit der jungen deutschen Männer und damit der »Rasse« sicherstellen wollten.

Kubizeks Aussage, die moralischen Auffassungen seines Freundes »basierten nicht auf Erfahrungen, sondern auf verstandesmäßigen Erkenntnissen«,[26] ist dahin gehend zu präzisieren, daß der junge Mann diese »Erkenntnisse« vor allem aus den Moralehren der Alldeutschen schöpfte. Denn mit seiner Enthaltsamkeit befolgte der junge H. ebenjene Lebensregeln, die die Alldeutschen propagierten, so in den UNVERFÄLSCHTEN DEUTSCHEN WORTEN: »Nichts ist der Jugend so überaus vorteilhaft, als eine überaus lange Keuschheit. Da strafft sich jeder Muskel, das Auge leuchtet, der Geist ist schnell, das Gedächtnis frisch, die Phantasie lebhaft, der Wille rasch und fest und aus dem Gefühl der Kraft heraus sieht man die ganze Welt gewissermaßen wie durch ein farbiges Prisma.« Die »leichten Störungen nervöser Art«, die die Enthaltsamkeit mit sich bringe, müsse man in Kauf nehmen. Jedenfalls sei es keineswegs gesundheitsschädlich, etwa bis zum 25. Lebensjahr keusch zu bleiben, im Gegenteil: »Wieviel gesunder Sinn, wieviel Reinheit der Auffassung, wieviel echte Empfindung geht in diesem Pfuhl von Lüsternheit und roher Sinnengier verloren! Wieviel jugendliche Elastizität und frischer Idealismus wird da geknickt und in platte Seichtheit verwandelt!«

Die »Begierde« müsse »durch die Kraft des Willens, durch Vermeidung reizender Speisen und Getränke (Alkohol) sowie durch richtige Ernährung und naturgemäßes Leben« unterdrückt werden. Dann gewinne der Organismus »erhöhte Spannkraft, die namentlich auch erfahrungsgemäß den geistigen Fähigkeiten, vor allem dem Willen, zugute kommt. Geschlechtliche Enthaltsamkeit ist somit, wie tausendfach erwiesen wurde, die unbedingte Grundlage körperlicher oder geistiger Höchstleistungen.«

Von Nahrungsmitteln, »die eine genitalreizende Wirkung haben«, wurde abgeraten: »Das ist in erster Linie Fleisch... Der Glaube an die allein kraftgebende Eigenschaft des Fleisches ist ein Irrwahn, ein verhängnisvoller, in das ganze Volksleben wirtschaftlich und hygienisch tiefeinschneidender Irrtum.« Eine vegetarische Ernährung sei »ein mächtiger Hemmschuh der Entartung«.[27]

Auch der Frauenhasser Jörg Lanz von Liebenfels warnte junge Männer vor dem verderblichen Umgang mit Frauen, vor allem mit Prostituierten, aber nicht aus moralischen, sondern ausschließlich aus »rassischen« Gründen. Die jungen Männer hätten die Pflicht, die germanische Rasse rein und stark zu halten, und dürften sich keiner möglichen Ansteckung aussetzen. Prostituierte seien meist »rassenminderwertige Weiber«, und »der deutsche Mann« müsse sie ganz ihrer »minderrassigen« Kundschaft überlassen, zu beider Untergang: »Die höhere Rasse hätte keine Aussicht, die Milliarden minderwertiger, unrettbarer degenerierter Mischlinge los zu werden, wenn sie nicht durch Prostitution und Syphilis vom Erdball hinweggefegt werden könnten! Das ist das höllische Feuer, in dem Heulen und Zähneknirschen sein wird, in das alle hinabgestoßen werden sollen, die nicht das hochzeitliche Gewand der höheren Rasse anhaben.« Die Syphilis sei »der Wurm, der nicht stirbt, der im Mark und Gebein frißt bis ins dritte und vierte Glied und so lange bohrt, bis der dürre Ast vom Menschheitsbaume abfällt... das ist der eherne Griffel, der unwürdige und unreine Geschlechter und Völker aus dem Buche des Lebens streicht.«[28]

Der Hauptbeweggrund für H.s sexuelle Enthaltsamkeit war laut Kubizek: »Er fürchtete, wie er mir oftmals sagte, die Infektion.«[29] Diese Furcht kam ihm auch später offensichtlich nicht abhanden. H.s auffällig lange, 13seitige Passage über die Syphilis in MEIN KAMPF mag für diese Meinung eine Bestätigung sein.

Krankheiten wie die Syphilis waren nach Meinung der Wiener Alldeutschen vor allem deshalb so verderblich, weil sie die Gesundheit des »deutschen Volkes« bis in spätere Generationen verdarben. Der »deutsche Mann« war nach dieser Lehre verpflichtet, die Vorherrschaft der Deutschen gegenüber den anderen Völkern zu sichern über seine eigene Generation hinaus: einerseits durch »Reinheit des Blutes und der Rasse« – er durfte also mit Juden, Slawen oder »Mischlingen« keinen Umgang haben –, andererseits aber auch durch physische Kraft, Gesundheit und starke Fortpflanzungsfähigkeit (»Rasse« und »Masse«). Die Prostitution mit dem hohen Ansteckungsrisiko gefährdete demnach nicht nur den Mann als Individuum, sondern auch »Rasse« und »Volk« und verstieß damit gegen das stets als höchstes Gut propagierte »Wohl des deutschen Volkes«. Der Politiker H. trieb diesen alldeutschen Leitsatz auf die Spitze: *Wenn ich an ein göttliches Gebot glauben will, so kann es nur das sein: die Art zu erhalten!*

Nach dieser Auffassung war es nur konsequent, daß der Reichskanzler H. später großzügig Bordelle für »Minderrassige« einrichten ließ, in der Erwartung, daß diese sich dadurch rascher zugrunde richteten.

Die Frauenbewegung

Die Frauenbewegung hatte es im katholischen Österreich besonders schwer, die althergebrachte Frauenrolle zu ändern. Gesellschaftlichen Erfolg hatte sie jedenfalls nicht, sie sah sich vielmehr einer festen Mauer von Verteidigern der angeblich von der Natur so gewollten Ordnung gegenüber.

Die Kirche, voll unterstützt von der in Wien regierenden christlichsozialen Partei, gab das Idealbild der Frau vor: die schweigend arbeitsame Ehefrau und Mutter, die Kirche, Staat und vor allem dem Manne zu Diensten ist und sich in Aufopferung verzehrt. Alle maßgebenden Rollen in Kirche wie Politik und Gesellschaft fielen dem Mann zu. So predigte der prominente Jesuit und Lueger-Freund Pater Heinrich Abel ausschließlich für Männer, da er ein »kerniges, männliches Christentum« wollte. Als einmal katholische Frauen aus Protest eine Wallfahrtskirche vor der Ankunft einer »Männerwallfahrt« besetzten, machte Pater Abel einen seiner populären Männerscherze: Er ließ den Kirchenschlüssel holen, sperrte die Frauen in der Kirche ein und predigte für seine Männer im Freien vor der Kirche, von den tausend männlichen Wallfahrern »mit stürmischer Heiterkeit« begrüßt. Die Frauen mußten eingesperrt in der Kirche ausharren, bis die Männer ihren Gottesdienst beendet hatten.[30]

Die meisten katholischen Frauen folgten dem Pfarrer und der christlichsozialen Partei und bekämpften die angeblich sittenlose »Frauenrechtlerei«. Die mächtige Präsidentin des christlichen Frauenbundes, Emilie Platter, wetterte: »Ist es denn nicht klar, daß der Ausbreitung der verwässerten, glaubenslosen Frauenrechtlerei liberaler Färbung ein Damm gesetzt werden muß? Wir christlichen Frauen wollen diese Gegenarbeit vollbringen, wir wollen jener

Damm sein im modernen Meer der Seelenverderbniß. Christliche Frauen heraus! Dieser 1000fache Ruf soll widerhallen aller Orten. Wir wissen, was wir wollen: Wir wollen eine Stütze sein für unsere Männer, Brüder und Söhne im Drang des Lebens – im bitteren Streit für Gott, Kaiser und Vaterland!«³¹

> **Deutsche Frauen! Haltet euere Männer nicht vom nationalen Kampfe ab. Helft mit schüren das Feuer deutschnationaler Begeisterung!**

Auch die alldeutschen Gesinnungsgenossen des jungen H. polemisierten gegen den »Emanzipationskoller der entarteten Weiber. Der Geist, der von solchen Erkrankungsherden ausströmt, kann auch gesunde junge Gemüter vergiften.« »Über die Entmutterung der Frauen« drohe die Nation auszusterben.³² Und: »Die Frauenbewegung ist ein Zeichen beginnender Dekadenz. Mit der Herrschaft männlicher Weiber und weibischer Männer hat zu allen Zeiten der Untergang der Staaten, der Völker begonnen.« Die emanzipierte Frau sei »ein Zwitter – antideutsch und voll des jüdischen Geistes«.³³

Franz Steins HAMMER meinte, die Frauenemanzipation sei der »Beginn eines Rassenchaos..., einer Rassenvermischung, die zur Entartung führt und alles gesunde Menschentum zu vernichten droht«.³⁴ Die Gleichberechtigung der Frau sei »eine grenzenlose Entwürdigung der Frau«. Die Frauen sollten sich vielmehr ganz ihrem deutschen Volk widmen: »Ihr seid die wahren Priesterinnen der Vaterlandsliebe. Übt euer hehres Amt!... Des Vaterlandes innere Größe und Einheit, ja selbst seine äußere Kraft ist im höchsten Maße von euch abhängig.«³⁵

> **Deutsche Mädchen, haltet Euren deutschen Ehrennamen rein und verkehret nicht mit Juden, Tschechen, Madjaren, Kaplänen u. s. w.**

Ein alldeutscher Autor stellte 1906 in der Flugschrift OSTARA »Völkische Richtlinien für unsere Zukunft« auf und wetterte gegen die Emanzipation. Um sie an ihre Pflichten zu erinnern, müsse eine »Dienstzeit für junge Mädchen« eingerichtet werden, »in der sie lernen, sich nach anderen zu richten, zu schweigen und zu gehorchen«. »Der Mann sollte dafür aufhören, in dem Weibe nur das Tier vom anderen Geschlechte zu sehen und eine doppelte Moral zu üben... Wir müssen aufhören, ein übertriebenes Gewicht auf das Geschlechtsleben zu legen.«³⁶

Grundtenor war, die althergebrachte Rollenverteilung unbedingt beizubehalten: der Mann als vernunftbegabt und stark, die Frau als schwach, hingebungsvoll und gefühlsbetont. H. 1935 vor der NS-Frauenschaft: *Es gab eine Zeit, da kämpfte der Liberalismus für die »Gleichberechtigung« der Frauen, aber das Gesicht der deutschen Frau, des deutschen Mädchens war hoffnungslos, trübe und traurig. Und heute? Heute sehen wir unzählige strahlende und lachende Gesichter.* Der Nationalsozialismus habe der Frau den *wirklichen* Mann geschenkt, den *tapferen, kühnen und entschlossenen Mann... Keine deutsche Generation wird am Ende glücklicher sein als die unsrige.*[37]

Erster Wiener Turnverein.
Deutscher Turnerbund. — Niederösterr. Turngau.

Einladung

zu dem am Sonnabend, den 13. Lenzmonds (März) 2022/1909
stattfindenden

Schauturnen und Tanzkränzchen

Sofiensaal, 3. Marxergasse 13. — Beginn ½9 Uhr abends.
Turner- oder Gesellschaftskleidung.

Turnordnung: 1. Allgemeines Riegenturnen; 2. Stab- u. Hantel-Uebungen (Frauen- u. Mädchen-Abteilung); 3. Musterriege an den Schaukelringen; 4. Stab-Uebungen; 5. Gemeinturnen an 2 Kreuzbarren (Frauen- und Mädchen-Abteilung); 6. Keulen-Uebungen. 7. Kürturnen am Reck.

---- **Zutritt ist nur Deutschen (Ariern) gestattet.** ----

Eintrittspreis 2 Kronen.

Eintrittsscheine sind in der Turnhalle des Vereines, Wien 4., Schleifmühlgasse 23, sowie bei allen Mitgliedern erhältlich.

In einem Punkt waren sich die Alldeutschen mit den Frauenrechtlerinnen allerdings einig – und uneinig mit den »Klerikalen« und Konservativen: Sie propagierten eine gesunde, natürliche Lebensweise der Frauen, bejahten den – von der Kirche noch weithin als unkeusch abgelehnten – Frauensport, besonders das Turnen, und bekämpften die damals übliche einzwängende Frauenmode als

gesundheitsschädlich, vor allem die Korsetts. Das alldeutsche JAHR-
BUCH FÜR DEUTSCHE FRAUEN UND MÄDCHEN: »Hinweg mit dem
Schnürleib, dem Strickstrumpf und dem Stickrahmen, und hinaus in
die Luft, um den Körper durch Bewegung zu stählen... Ein kleiner
Spaziergang mit eingeschnürtem Leibe, durch unsinniges Schuh-
werk verkrüppelten Füßen, genügt zur Gesunderhaltung einer
Puppe.«[38]

Und Lanz von Liebenfels empfahl der »Blondine« »eine lockere,
in die Stirn fallende Frisur mit tief im Nacken sitzenden Knoten«,
um so »die Schönheit ihrer langen gewellten goldenen Haare, den
langen Kopf und das lange Gesicht zur besten Geltung zu bringen...
Sie soll sich nicht scheuen, gerade wenn sie sich in dunkler Gesellschaft bewegen muß, ihrer hohen Gestalt, der vollen Büste, den
vollen Hüften und Schenkeln Kleiderschnitt und Farbwahl anzupassen.«[39]

> Deutsche Frauen und Mädchen sollen alles „Mo-
> dische" und Verrückte in der Kleidung vermeiden.
> Einfach, dabei doch geschmackvoll und deutsch sei unser
> Kleid.

Ganz in diesem Sinne, daß »deutsch« auch »schön« und »gesund«
sein müsse, wettert dann auch H. in MEIN KAMPF gegen *unser laffiges
Modewesen*, verlangt aber nicht nur von Mädchen, sondern auch von
jungen Männern *körperliche Schönheit...im Interesse der Nation, daß
sich die schönsten Körper finden und so mithelfen, dem Volkstum neue
Schönheit zu schenken.*[40]

Frauenstudium und Frauenwahlrecht

»Bildungsfusel«, »Wissensplunder«, »nichtsnutzige Afterbildung«
waren beliebte Vokabeln für das weibliche Streben nach Bildung.
Dem »modernen Bildungstaumel« werde laut UNVERFÄLSCHTER
DEUTSCHER WORTE alles zum Opfer gebracht, auch »Sippenglück
und Volkswohl«. Die Frau solle sich auf ihre Aufgabe in der Küche
besinnen: »Wir haben unsere Volksgesundheit, die in weit höherem Maße, als man gemeinhin annimmt, vom Kochtopf abhängt, in
die Hände und die Vernunft unserer Hausfrauen gelegt.«[41]

Geflissentlich wurde übersehen, daß um 1900 rund 40 Prozent
der Frauen unselbständig erwerbstätig waren, fast alle als ungelernte

Heim- und Fabrikarbeiterinnen. Sie konnten es sich gar nicht leisten, hauptamtlich Mutter zu sein. Und auch in bürgerlichen Kreisen gab es, bedingt durch finanzielle Not, die äußerst schlecht bezahlte Heimarbeit, vor allem Stricken, Sticken, Nähen. Wegen mangelnder Ausbildung und vielfältiger gesellschaftlicher und moralischer Behinderungen hatten Frauen aber keine Chancen, einen ihrer Begabung entsprechenden Beruf zu wählen.

Schon bei der Zulassung zu den Universitäten war die Donaumonarchie im Rückstand. Denn während etwa die Universität Zürich schon 1863 das Frauenstudium erlaubte, allerdings zunächst nur für Ausländerinnen, dauerte dies bei den acht cisleithanischen Universitäten – Wien, Graz, Innsbruck, die deutsche und tschechische Universität in Prag, Krakau, Lemberg und Czernowitz – bis 1897 und betraf auch dann nur die Philosophische Fakultät. 1900 folgten Medizin und Pharmazie, Jus erst 1919, von Theologie gar nicht zu reden. Da aber erst 1903 das erste Mädchengymnasium eröffnet wurde, lief das Frauenstudium auch jetzt noch sehr langsam an. Denn die Mädchen waren vorerst auf Mädchenlyzeen angewiesen und mußten sich privat auf eine Matura und eine Studienbewilligung vorbereiten. Dafür waren wiederum teure Privatinstitute nötig.

Von Anfang an aber zeigte sich in Cisleithanien ein unerwartetes Phänomen: In allen Ausbildungsstufen waren Jüdinnen weit überproportional vertreten. Von den 2510 Lyzeumsschülerinnen, die es im Schuljahr 1909/10 in Niederösterreich mit Wien gab, waren 44,4 Prozent katholisch – also kaum mehr als die Hälfte des katholischen Bevölkerungsanteils von rund 80 Prozent. 11,6 Prozent waren Protestanten und damit fast doppelt so viele wie der Bevölkerungsanteil von rund 6 Prozent. 40,7 Prozent aller Studentinnen waren jedoch »israelitisch«,[42] also vier- bis fünfmal mehr als der jüdische Bevölkerungsanteil. Diese Besonderheit verstärkte sich noch auf den Gymnasien und Universitäten, da prozentual immer weniger Katholikinnen in die höheren Studiensparten einstiegen.

Die Zahlen für Cisleithanien sind noch deutlicher: 1912/13 gab es insgesamt 32 Mädchengymnasien, drei davon in Niederösterreich mit Wien, vier in Böhmen, ausgerechnet im armen Galizien aber 21, allerdings in kleineren Einheiten.[43] Die Schülerinnen waren meist nicht Polinnen, sondern jüdische Mädchen mit jiddischer, deutscher oder polnischer Muttersprache. Viele von ihnen zog es in ihrem Bildungshunger später zum Studium nach Wien. Hier verstärkten sie den ohnehin weit überproportionalen Anteil der jüdischen Studentinnen an allen für Frauen erlaubten Fakultäten. 51,2 Prozent aller Wiener Medizinstudentinnen im Jahr 1906/07 waren Glaubensjüdinnen, 68,3 Prozent im Jahr 1908/09.⁴⁴

»Herreinspaziert! Hier kann man sehen die erste Apothekerin, die erste Aviatikerin, die erste Athletin, die erste Kapellmeisterin, die erste Advokatin und die Dame ohne Unterleib!« Als unmißverständlicher Hinweis sitzt hier eine Jüdin an der Kasse. (Kikeriki)

Die traditionelle Bildungsfeindlichkeit der katholischen Kirche spielte hier eine Rolle, aber auch moralische Einwände speziell gegen das Medizinstudium. Es gefährde die Sittlichkeit der Mädchen, bringe sie vom Glauben ab und fördere die Unkeuschheit. Denn eine Medizinstudentin hätte immerhin nackte fremde Männer sehen können, was einen möglichen Ehemann abschrecken müsse. Ein Mädchen aus katholischem Haus hatte es unter diesen Umständen sehr schwer, denn es mußte sich mit ihrem Studienwunsch meist gegen die Familie stellen.

In jüdischen Familien dagegen hatten Bildung und Gelehrsamkeit seit jeher einen hohen Stellenwert. Hier wurden die Kinder nicht gehindert, sondern bestärkt und angespornt, wenn sie studieren wollten, auch wenn sie noch so arm waren. In dieser Zeit wurde es in jüdischen Familien üblich, Buben und Mädchen eine gleich gute Ausbildung zuzugestehen. Diese gut ausgebildeten Frauen engagierten sich dann wiederum verstärkt für die Frauenemanzipation, die nun in den Augen der Antisemiten mehr und mehr als »jüdisch« galt. Und wenn sich diese Frauen parteipolitisch engagierten, dann taten sie dies meist bei den Sozialdemokraten, die sich am ehesten für Frauenrechte einsetzten und überdies weder antisemitisch noch bildungsfeindlich waren. Der Kampf für die Frauenrechte galt also als jüdisch, als sozialdemokratisch, als sittenlos und entartet.

Das alldeutsche JAHRBUCH FÜR DEUTSCHE FRAUEN UND MÄDCHEN mahnte die Frauen ständig, die alten weiblichen Tugenden zu bewahren. Das »unweibliche Weib« sei der »Schrecken der Unentarteten«: »Mag sich der freche Hohn des Juden und seinesgleichen an das Heiligtum der Ehe heranwagen – solange im Volke gesunder Sinn webt und lebt, wird sie allen Angriffen widerstehen. Ein Bollwerk wider das zerstörende, zersetzende Fremdtum ist das deutsche Haus, die Verteidigerin, mit der es steht und fällt, die deutsche Frau.« Und: »Noch ist das deutsche Haus eine feste Burg der deutschen Frau. Aber manche feindliche Gewalt kämpft darum; dem frechen Juden ist der Eintritt zwar verwehrt, nicht aber der jüdischen Frechheit; ihre Worte finden Eingang durch die Presse und Tropfen für Tropfen dringt das Gift in die Herzen, das Gift einer undeutschen Lebensanschauung.«[45]

Lanz von Liebenfels eiferte sich, die Frauenrechtlerinnen haßten Kinder und hegten die Absicht, »den Männern die Kinderwartung aufzuhalsen. Man male sich das groteske Bild weiter aus!« Der »Überschulungswahnsinn« und »Überbildungsblödsinn« mache die Frauen nicht nur nervenkrank, sondern lasse sie auch ihre »Gebär- und Stillfähigkeiten« verlieren.[46] Er riet dem deutschen Jüngling, folgende Frauen zu meiden: »›studierte‹ Weiber oder Mädchen in öffentlicher Stellung, Mädchen, die sich gerne in der Gesellschaft und auf der Straße zeigen, die von der Hauswirtschaft und der Küche nichts verstehen, Theaterschwärmerinnen, Sportdamen, Mädchen aus Orten mit Militärgarnisonen. Dagegen bevorzuge man: häusliche, peinlich reinliche, bescheidene, anspruchslose, dem Manne untertane und treue Mädchen, die schon in ihrem Äußeren den Zuchtmuttertypus der heroischen Frauenrasse erkennen lassen.«[47]

DER HAMMER, die Zeitschrift zur Bekämpfung der Sozialdemokratie, zählte die Frauenbewegung zur »jüdischen Moderne«: »Die Sozialdemokratie benutzt die Frauenbewegung zur wirksameren Bekämpfung des nationalen Staates und der bürgerlichen Kultur.« Sie wolle »uns zurückschleudern in einen untermenschlichen Zustand, in dem man für so hohe Geisteswerke, wie Vaterlandsliebe und Glauben, weder Verständnis noch Neigung besaß«.[48]

Zum Vergleich hier Reichskanzler H. auf der Tagung der NS-Frauenschaft in Nürnberg 1934: *Das Wort von der Frauen-Emanzipation ist nur ein vom jüdischen Intellekt erfundenes Wort, und der Inhalt ist von demselben Geist geprägt. Die deutsche Frau braucht sich in den wirklich guten Zeiten des deutschen Lebens nie zu emanzipieren.*[49] Es brauche *Kämpferinnen, die dabei den Blick nicht auf die Rechte richten, die ein jüdischer Intellektualismus vorspiegelt, sondern auf Pflichten richten, die die Natur uns gemeinsam aufbürdet.*[50]

Im Juni 1911 fand in Stockholm der 6. Internationale Kongreß für Frauenstimmrecht mit rund tausend Teilnehmerinnen statt. Die Wiener Zeitungen berichteten darüber kärglich, und wenn, dann kritisierend oder spöttisch. Georg Schönerers UNVERFÄLSCHTE DEUTSCHE WORTE ereiferten sich über die internationale Solidarisierung der Frauen, »daß eine deutsche Frau in England oder Rußland oder bei den Hottentotten Schwestern hat, so wenig wir Männer außerhalb unseres deutschen Volkstums Brüder haben, wir erklären es auch für eine Perversität, wenn diese angeblichen Schwestern der Frau näher stehen als ihre deutschen Brüder«. Diese Perversität gleiche jener, »wenn ein Deutscher mit einer Hottentottin eheliche Kinder erzeugen wollte«.[51]

Ein christlichsoziales Blatt spottete: »Vielleicht kommt mit der Einführung des Frauenstimmrechtes, wenn die Emanzipierten im Parlamente das große Wort führen und die Männer zu Hause die kleinen Kinder hutschen, das goldene Zeitalter.«[52]

Als die Sozialdemokraten 1912 einen »Frauentag« in Wien abhielten und dort auch das Frauenwahlrecht forderten, höhnten die christlichsozialen BRIGITTENAUER BEZIRKS-NACHRICHTEN, die dort vertretenen »Proletarierinnen« seien zur guten Hälfte »ganz unproletarisch aussehende ältere und jüngere Jüdinnen« gewesen.

Da war der Hinweis auf »freie Liebe« und »Unmoral« nicht weit. Und dann nannte das Blatt als Beweis für die Unsinnigkeit der Frauenrechte ausgerechnet »die abgerackerten Frauengestalten, denen man in den Arbeitervierteln auf Schritt und Tritt begegnen kann. Es sind in 80 von 100 Fällen die Opfer des von Marx vorhergesagten ›höheren Verhältnisses der beiden Geschlechter‹, welches der Frau die Rolle der Sklavin des Arbeitstieres zuweist.« Schlußsatz: »Und da muten die Obergenossen unseren Frauen und Mädchen zu, ihr gutes Geld auf eine so schlechte Sache daraufzulegen.«[53]

Viktor Adler als Vorkämpfer des Frauenwahlrechts in einer Karikatur des christlichsozialen »Kikeriki«

Steins HAMMER rief 1912 zum Eintritt in den »Deutschen Bund zur Bekämpfung der Frauenemanzipation« auf und forderte »die Beibehaltung der bisherigen Ordnung und bewährten Sitte, auf Grund deren das aktive und passive Wahlrecht für Landesvertretungen sowie für Gemeinden und Körperschaften dem Manne vorbehalten bleiben muß. Wir glauben, daß die Frau ihrer ganzen Natur nach für die Kämpfe nicht bestimmt ist, die heutzutage mit jedem Wahlrechte unvermeidlich verbunden sind.«[54]

Das Frauenwahlrecht bringe ohnehin nichts als »noch mehr Parteien, noch mehr Kandidaten, noch mehr Wahlmißbräuche«, außerdem würden die Frauen ohnehin wählen, was Männer ihnen sagten, und wenn es die Geistlichen seien. Die Sozialdemokraten würden »staunen, wie viele Frauen aus ihren eigenen Reihen dem Klerikalismus zum Siege verhelfen möchten«.

Das alldeutsche Blatt malte ein Schauerszenario: »man braucht sich nur vorzustellen, daß bei Gelegenheit einer Wahl die ›Genossinnen‹ mit roter Bluse und roter Nelke, und die ›Lueger-Amazonen‹ mit der Fahne und geführt von einigen jungen geistlichen Herren, zusammenstoßen würden. Was für parlamentarische Ausdrücke kämen da wohl zum Vorschein und wie schnell möchte sich die politische Gegnerschaft in eine persönliche wegen dem großen Hut oder dem moderneren Kleid verwandeln! Könnte sich eine gebildete und anständige deutsche Frau auf die gleiche Stufe stellen wollen?« Und wieder kam der Vorwurf, die Frauenrechtlerinnen gehörten zum großen Teil dem auserwählten Volk an, »das nicht Gleichberechtigung, sondern Vorherrschaft anstrebt«. Fazit: »die deutsche Frau ist zu gut dazu«.[55]

Die UNVERFÄLSCHTEN DEUTSCHEN WORTE spotteten über das Frauenwahlrecht und diejenigen, die sich dafür einsetzten, die Sozialdemokraten: »Die politischen Parteien, die ihre Macht besonders auf die Stimmen-Masse der geistig Unmündigen zu gründen trachten, ... erkennen sehr wohl, welch brauchbares Werkzeug eine durch Schlagworte betörte und aufgeregte Weiber-Masse für ihre Zwecke abgeben müßte.«[56]

Daß Witze über Frauenrechtlerinnen bei politischen Versammlungen gute Stimmung machten, wußten Lueger, Wolf, Stein und Schönerer und auch der Politiker H., der gerne zur Freude seiner johlenden Zuhörer solchen Hohn in seine Reden einflocht.

H. erklärte dies im Privatgespräch als ganz bewußte Taktik gegenüber selbstbewußten sozialdemokratischen Kontrarednerinnen: »Er habe zur Diskussion sprechende Frauen aus dem marxistischen Lager stets in der Weise abgefertigt, daß er sie durch den Hinweis auf Löcher in den Strümpfen oder durch die Behauptung, ihre Kinder seien verlaust oder dergleichen lächerlich gemacht habe. Da man Frauen nicht mit Vernunft-Argumenten überzeugen, sie andererseits aber auch nicht – ohne eine Gegenstimmung der Versammlung gegen sich zu erzeugen – durch den Saalschutz entfernen lassen könne, sei dies die beste Behandlungsmethode.«[57]

Kult der deutschen Mutter

Das Ziel der weiblichen Erziehung hat unverrückbar die kommende Mutter zu sein.[58] Dieses H.-Zitat aus MEIN KAMPF unterscheidet sich nicht von der gängigen Meinung in Wien – und anderswo – um 1900. Besondere Wichtigkeit wurde der Mutterrolle stets in gemischtsprachigen Gegenden verliehen. Die Frau hatte hier die hehre Bedeutung als »Wahrerin der völkischen Reinheit« und wurde animiert, ihrem »Volk« so viele Kinder wie möglich zu schenken.

Das Ziel einer möglichst hohen »völkischen« Geburtenrate gehörte zur Politik aller Nationen der Vielvölkermonarchie. Die Slawen forderten mit Hinweis auf ihre hohe Geburtenrate mehr politische Rechte, die Deutschen dagegen nahmen ihre niedrige Geburtenrate zum Anlaß, an die »deutsche Frau« zu appellieren, für ihr Volk opferbereit zu sein und mehr deutsche Kinder auf die Welt zu bringen.

Im Parlament beklagte zum Beispiel der christlichsoziale Abgeordnete Hermann Bielohlawek: »Die deutsche Frau gebärt nicht mehr. Die Kulturnation hat sich auf das Ein- und Zweikindersystem zurückgezogen. Und die Herren Slaven – man entschuldige das Wort – betreiben das noch fabriksmäßig. (Heiterkeit.) Natürlich gibt es dann mehr Tschechen als Deutsche. Aber von der Regierung kann man nicht Dinge verlangen, die sie nicht machen kann.«[59]

Die UNVERFÄLSCHTEN DEUTSCHEN WORTE: »Mit Recht weist man in völkischen Kreisen auf die Bedeutung der Frau als Erzieherin unserer Kinder für die nationale Sache hin.« Und: »Für unser Hochziel, die körperliche und geistige Erweiterung und Kräftigung unseres Volkstums, bedürfen wir der Mitarbeit der Frau.« Und: »An die Jugend heran kommen wir aber am besten durch die Mütter. Es ist eine Fülle von Arbeit, die hier in Vereinen für die männliche und weibliche Jugend zu leisten wäre, vom Kindergarten bis zum Turnplatz und zur Lehrlingswerkstätte. Und die Frauen werden uns eine große Zahl der nationalen Arbeitskräfte liefern.«[60]

Dabei ging es auch um die Erziehung zum Soldaten. Im alldeutschen JAHRBUCH FÜR DEUTSCHE FRAUEN UND MÄDCHEN wurde unter dem Titel »Eine echte deutsche Frau und Mutter« eine heldenhafte Mutter gepriesen, die ihre Soldatensöhne vor der Schlacht antrieb: »Meine Liebe werde ich dadurch vergolten sehen, daß ihr beim

Sturme die ersten und beim Rückzuge die letzten seid!« Das JAHR-
BUCH: »Möchten doch alle Frauen ihre Söhne – auch in ruhigen Frie-
denszeiten – in kern- und alldeutschem Sinne erziehen, damit in den
Tagen völkischer Not ein Heer Begeisterter deutsches Land und
deutsches Volkstum schützt.«⁶¹

H. zu diesem Thema in MEIN KAMPF: *Was der Mann einsetzt an
Heldenmut auf dem Schlachtfeld, setzt die Frau ein in ewig geduldiger
Hingabe, in ewig geduldigem Leid und Ertragen. Jedes Kind, das sie
zur Welt bringt, ist eine Schlacht, die sie besteht für das Sein oder Nichtsein ihres Volkes.*⁶² Und: *Auch die Ehe kann nicht Selbstzweck sein,
sondern muß einem größeren Ziele, der Vermehrung und Erhaltung der
Art und Rasse, dienen. Nur das ist ihr Sinn und ihre Aufgabe.*⁶³

Zur Belohnung für diesen ihren Dienst am deutschen Volk zeich-
nete der »Führer« die kinderreichsten »deutschen Mütter« mit dem
»Mutterkreuz« aus: ab vier Kindern in Bronze, ab sechs Kindern in
Silber und für acht und mehr Kinder in Gold.

Die große politische Wirkung demonstrierter Mutterliebe erlebte
H. in seiner Wiener Zeit bei seinem Idol, dem Wiener Bürgermeister
Lueger. Der »schöne Karl« war von Frauen umschwärmt, blieb aber
unverheiratet und betrieb einen öffentlichen Mutterkult. Jeder Wiener wußte, daß Luegers Mutter – »mei selige Muatta« – als Witwe die
Familie mit einer Tabaktrafik durchgebracht und ihren studierenden
einzigen Sohn vergöttert hatte.

In der 1907 erschienenen Lueger-Biographie von Pfarrer Franz
Stauracz, die der junge H. mit Sicherheit kannte, wird Luegers Mutter überschwenglich gehuldigt: »Sie liebte ihn mit mütterlicher Zärtlichkeit; an ihm, ihrem einzigen Sohne, hing sie ihr Leben lang mit
hoffnungsvollem Stolz und er wieder hing an seiner Mutter und gedenkt ihrer bis auf den heutigen Tag mit rührender Pietät.« Lueger
bestand sogar darauf, das Bild seiner Mutter auf das offizielle Bür-
germeisterporträt im Rathaus aufzunehmen: »So soll sie mit ihm
fortleben im Gedächtnisse des Volkes und wer seinen Namen nennt,
der soll niemals vergessen, daß Dr. Lueger nur unter dem Einflusse
seiner Mutter das werden konnte, das er ist: Ein großer Mann in
schwerer Zeit, <u>ein Mann der Vorsehung</u>.«⁶⁴

Jährlich zweimal besuchte der Bürgermeister mit großem Gefolge, darunter vielen Journalisten, das elterliche Grab. Er erweckte

den Eindruck, daß ihm keine Frau gefährlich werden könne, und zeigte sich in der Öffentlichkeit nur mit seinen beiden Schwestern Rosa und Hildegard, die ihm den Haushalt führten. Als er krank wurde, gesellten sich noch Ordensschwestern als Pflegerinnen dazu.

Das hieß jedoch nicht, daß es keine Frauen in Luegers Leben gab. Aber seine Geliebten mußten im Hintergrund bleiben und traten nie neben dem Bürgermeister öffentlich auf. Eine Heirat lehnte er ab und begründete dies etwa gegenüber seiner drängenden Geliebten, der Malerin Marianne Beskiba, so: »I will no etwas erreichen, dazu brauch i die Weiber und Du weißt, daß die Eifersucht fürchterlich is.«[65]

»Die Weiber« waren vor allem die Mitglieder des Christlichen Frauenbundes, sein »Amazonenkorps«. Marianne Beskiba: »Er schmeichelte den Frauen, indem er ihnen ihre unvergleichliche Macht über die Gatten nahelegte – ›eine gescheite Frau kann alles, überall setzt sie ihren Willen durch; nur die Männer beeinflussen, dann wird's schon gehen.‹ So wurden die Weiber, die auf ihre Würde und Macht vom ›schönen Karl‹ aufmerksam gemacht wurden, in einen förmlichen Jubelrausch hineingehetzt. Zahllose Versammlungen fanden statt und als pièce de résistance erschien dann ›Er‹, mit frenetischem Beifall begrüßt.«[66]

Wenn es in der Öffentlichkeit um die Frage seiner Ehelosigkeit ging, antwortete Lueger stets mit dem berühmten, vor allem von Frauen viel umjubelten Satz, er habe keine Zeit für ein Privatleben oder gar eine Familie. Denn er gehöre nur »meinen Wienern«.

Daß Luegers Ehelosigkeit ein wohlkalkuliertes politisches Mittel war, erfuhr die erstaunte Öffentlichkeit schon ein Jahr nach seinem Tod. Denn Marianne Beskiba gab in ihrer Enttäuschung und auch im Zorn über die große Armut, in der sie leben mußte, im Selbstverlag ihre Erinnerungen heraus. Darin druckte sie auch unmißverständliche, hocherotische Briefe Luegers im Faksimile ab, so daß keine Zweifel an der Art des Verhältnisses blieben. Der Skandal war groß und kann kaum unbemerkt an dem jungen H. vorübergegangen sein.

Jedenfalls erlebte dieser in Wien die euphorische, geradezu hysterische Aufopferung von Frauen für einen charismatischen Politiker. Es ist ebendiese Frauenrolle, die er später ebenso meisterhaft für seine politischen Zwecke einsetzte. Um »seine« Frauen für sich zu gewinnen, schmeichelte er ihnen – aber er akzeptierte sie stets nur als Dienende und nie als Partner.

Die Parallelen zwischen Luegers politischem Stil und dem des späteren Reichskanzlers H. sind gar nicht zu übersehen. Gehörte Lueger angeblich nur seinen Wienern, so formulierte H. später: *Meine Geliebte ist Deutschland.*[67] Und auch er argumentierte mit einer Art Amazonenkorps, als er *im Scherz sagte, daß gar nicht auszudenken wäre, was die Frauen und Mädel in der NS-Bewegung anstellten, wenn er heiratete. Er verlöre nämlich sofort an Popularität.* Und *im Ernst* habe er betont, *daß er ans Heiraten nicht denken könnte, weil er dem ganzen Volk gehöre und der diesem Volk gewidmeten Aufbauarbeit. Er sei zweifellos auch nicht zum Genießen des Lebens geboren, sondern zum Gestalten desselben.* Und seine Gesprächspartnerin, Nietzsches greise Schwester Dr. Elisabeth Förster-Nietzsche, bekräftigte: »mein Bruder hat immer gepredigt: ›Ein Held muß frei sein!‹«[68] Daß es in H.s Leben eine Eva Braun gab, wußten die Deutschen zu seinen Lebzeiten ebensowenig wie die Wiener von Marianne Beskiba und anderen.

Wie für Lueger, so war auch für H. nur eine Frau verehrungswürdig: seine Mutter. Sie nahm in seinem Leben eine wichtige, ja beherrschende Stellung ein – und dies ähnlich wie bei Lueger keineswegs nur für die Öffentlichkeit. Ihr zerknittertes kleines Photo trug er während des Ersten Weltkriegs in seiner Brusttasche. Später ließ er nach dieser Vorlage Porträts in Öl malen. Das Bild der Mutter war, wie alle Augenzeugen berichten, bis zum Ende in seinem jeweiligen Schlafraum das einzige persönliche Bild, das stets an prominenter Stelle hing.[69]

Da Klara Hitler knapp vor Weihnachten gestorben war, machte H. dieses Fest zu ihrem jährlichen Gedenktag. Wie sein Diener Karl-Wilhelm Krause über die Jahre 1934 bis 1936 berichtet, habe H. keinen Weihnachtsbaum in seiner Wohnung geduldet, sich jeweils am Heiligen Abend bis zum zweiten Feiertag zurückgezogen und sich Essen und Zeitungen vor die Tür stellen lassen – mit der, wahrscheinlich von Krause romantisch ausgeschmückten und ja auch nicht korrekten, Begründung: »An einem Weihnachtsheiligabend unter dem Lichterbaum ist meine Mutter gestorben.«[70]

Bemerkenswert, daß er diese einsamen Trauertage für die Mutter im Sterbezimmer seiner Nichte Geli Raubal verbrachte, die sich

1931 nach einer Auseinandersetzung mit ihm im Alter von 23 Jahren in seiner Münchner Wohnung erschossen hatte. Geli (Angelika) war jenes Kind, mit der H.s Halbschwester Angela Raubal beim Tod der Mutter hochschwanger war und die kurz nach dem Begräbnis Klara Hitlers, am 4. Januar 1908, in Linz auf die Welt kam, kurz bevor der 18jährige H. Linz verließ. Der Politiker H. nahm das 19jährige Mädchen in seinen Haushalt auf, wie einst sein Vater Alois die 16jährige Nichte Klara Pölzl aus dem Waldviertel geholt hatte. So spielte auch bei dieser mit Sicherheit gefühlsträchtigsten Beziehung die Mutter eine große, natürlich nicht rational auslotbare Rolle in H.s Leben.

In der Öffentlichkeit betonte der Politiker H. besonders gerne, daß die wahre Bedeutung seiner Mutter in ihm, dem Sohn, liege: *Verglichen mit den gebildeten intellektuellen Frauen war meine Mutter gewiß eine ganz kleine Frau, ... aber sie hat dem deutschen Volk einen großen Sohn geschenkt.*[71] Wenn er aus Klara Hitlers Geburtstag, dem 12. August, den »Ehrentag der deutschen Mutter« machte, so war dieser öffentliche Mutterkult vor allem ein Teil des Führerkults.

12 Vor dem großen Krieg

Das letzte Männerheimjahr

Aus H.s letztem Wiener Jahr 1912/13 gibt es immerhin drei voneinander unabhängige Berichte von Männerheimkollegen, dem Brünner Anonymus, Karl Honisch und Rudolf Häusler. Der Anonymus, der H. im Frühjahr 1912 kennenlernt, berichtet über das Aussehen des 23jährigen: »Seine obere Körperhälfte war fast bis zu den Knien in einen Radmantel von unbestimmter Farbe, vielleicht grau oder gelb, gehüllt. Auf seinem Kopf saß ein alter, grauer, weicher Hut, dem die Schleife fehlte.« Die Haare seien schulterlang gewesen, der Bart verwildert. »Auf meine Frage, warum er nie den Mantel ablege, obwohl er in einem gut beheizten Zimmer sitze, gestand er mir beschämt, er habe leider auch kein Hemd. Auch die Ellbogen seines Mantels und die Sitzfläche seiner Hose waren ein einziges Loch.« Seine Schuhsohlen seien durchgelaufen und durch Papier ersetzt gewesen, so daß er im Winter unmöglich auf die Straße gehen konnte. Beim Essen sei H. so sparsam gewesen, daß er (der Anonymus) ihm manchmal etwas Brot, Butter oder vom Fleischer ein paar Deka Fettes vom Schinken, also billige Abfälle, abgegeben habe.

H. habe damals den ganzen Tag im Leseraum des Heimes gesessen und gemalt: »Er malte einem alten Büchlein nach, das seinerzeit als Erinnerungsgeschenk den Wiener Bürgerschulkindern gegeben wurde.« Es handelt sich hier zweifellos um das reich bebilderte Büchlein WIEN SEIT 60 JAHREN, das die Stadt Wien zum Regierungsjubiläum 1908 an alle Wiener Schüler und städtischen Heime verschenkte. Es zeigt die berühmtesten Bauwerke und Ansichten Wiens. Die Ähnlichkeit mit H.s Bildern ist tatsächlich auffällig.

Für seine Bilder habe H. nur 2,– bis höchstens 3,60 Kronen pro Stück bekommen – also deutlich weniger als zu Reinhold Hanischs Zeiten. Ein Rentner habe wöchentlich zwei bis drei Bilder abgesetzt.[1] Demnach betrug H.s Monatseinkommen zwischen 20 und

40 Kronen, eine Summe, mit der kein Auskommen möglich war, zumal er ja auch keine Waisenrente mehr bezog.

In dieser Zeit hat H. überdies großen Ärger, da ihn ein Männerheimkollege bei der Polizei wegen unrechtmäßiger Führung des Titels »Kunstmaler« anzeigt (siehe S. 248f.). Dem Anonymus gesteht er, »wirklich nur einige Semester der Kunstakademie absolviert zu haben und dann davongelaufen« zu sein. »Einerseits, weil er in Studentenvereinen zu viel politisch arbeitete und andererseits, weil er nicht das Geld für das weitere Studium besaß.« Diese Äußerungen sind deutlich H.s Diktion vom verfolgten, weil politisierenden Studenten. Auch seinen Schulabbruch erklärt er dem Anonymus auf ähnliche Weise: Er habe nicht etwa wegen schlechter Leistungen seine Schulkarriere aufgeben müssen, sondern aus politischen Gründen, da er sich zu Georg Schönerers »Los von Rom«-Bewegung bekannt habe.

Schon im Männerheim ist H. also bemüht, seine persönliche Geschichte umzuschreiben, sich zu einem politischen Widerstandskämpfer zu stilisieren und zu beweisen, welche Opfer er seiner politischen Überzeugung gebracht habe – ähnlich wie in der Bauarbeiter-Geschichte.

Jedenfalls herrscht in dieser Zeit alles andere als eine harmonische Stimmung im Männerheim rund um H. Und: der alte Intimfeind Hanisch taucht wieder auf. Er hat hier seine alten Freunde – und läßt sich über den Winter, vom 28. November 1912 bis zum 29. März 1913, unter dem falschen Namen Friedrich Walter wieder im Männerheim nieder.[2] Mit seiner Arbeit für die Rahmenfabrik Altenberg verdient er regelmäßig Geld. Auch H. beliefert diese Firma, für Konflikte ist gesorgt. Unvermeidlich ist wohl auch, daß die beiden »Künstler« im Leseraum des Männerheims häufig bei der Arbeit zusammentreffen. Hanisch muß es in dieser Zeit finanziell weit besser als H. gehen.

Die soziale Lage in Wien war wieder schlechter geworden. Wegen der Teuerung waren nun sogar die Männerheime nicht mehr voll ausgelastet – statt zu 100 Prozent nur noch zu 95,41 Prozent – und verzeichneten »eine in solchem Umfange früher nie vorgekommene Fluktuation der Bewohner«. Die Zahl der ärztlichen Hilfeleistungen im Heim stieg auf fast das Doppelte gegenüber 1912. Das zeigt, daß sich viele das Heim nur noch dann leisteten, wenn sie krank waren und keinen Platz im Spital fanden. Um die hohen Kosten aufzufangen, setzten die beiden Wiener Musterheime für 1914 den Preis einer Wochenkarte auf drei Kronen herauf.³

Der Augenzeuge Honisch, der H. zu Jahresbeginn 1913 kennenlernt, berichtet, daß H. im Gegensatz zu den meisten anderen Heimbewohnern »eine gleichmäßige, äußerst solide Lebensweise« geführt und äußerst sparsam gewesen sei. Er habe fleißig gearbeitet und täglich ein Aquarell in der Größe von etwa 35 mal 45 Zentimeter gemalt. Gängige Motive habe er »oft ein dutzendmal nacheinander« ausgeführt und pro Bild drei bis fünf Kronen erzielt – was die Aussagen des Anonymus bestätigt.

Honisch, der seinen Bericht erst in den dreißiger Jahren für das NSDAP-Archiv schrieb und deshalb H. so positiv wie möglich darstellen mußte, beschrieb den Leseraum als Treffpunkt der »Intelligenz« des Männerheims: »Ein verhältnismäßig kleiner Kreis von etwa 15–20 Personen, die hier so ziemlich unter sich blieben – da waren akademisch gebildete, die irgendwie Schiffbruch erlitten hatten, neben Handelsangestellten pensionierte Offiziere, Kleinpensionisten u. a. m. Da ich von Beruf Kontorist war, zog es mich natürlich in diesen Kreis, wo ich bald heimisch wurde. Es waren da Leute mit ganz gediegenen Fachkenntnissen und natürlich gab es auch eine Unzahl von Originalen.«

H. sei »im großen und ganzen ein freundlicher und liebenswürdiger Mensch« gewesen. »Gerne und mit großem Eifer« habe er sich »an den oft stundenlangen« politischen Debatten beteiligt und dabei »ein ganz unglaubliches Temperament« entwickelt. Zunächst habe er meist ruhig über seiner Arbeit gesessen und den anderen zugehört. »Wenn aber schließlich die geäußerten Ansichten ihm gar zu sehr gegen den Strich gingen, dann erwachte sein Widerspruch. Dann geschah es oft, daß er aufsprang, Pinsel oder Bleistift über den Tisch hinschleuderte und in äußerst temperamentvoller Weise, wobei er auch vor starken Ausdrücken nicht zurückschreckte, seine Ansichten vortrug; mit blitzenden Augen und den Haarschopf, der ihm fortwährend in die Stirn rutschte, mit einer immer wiederkehrenden Kopfbewegung zurückwerfend.« Zwei Themen hätten H. vor allem entflammt: »Das waren die Roten und die Jesuiten.«

Honisch: »Oft geschah es dann, daß er mitten in seiner Rede abbrach und mit einer resignierten Handbewegung sich wieder niedersetzte und an seiner Zeichnung weiterarbeitete, als hätte er sagen wollen: schade um jedes Wort, das man da an Euch verschwendet, Ihr versteht es ja doch nicht.«[4]

Karl May in Wien

Laut Anonymus geht H. im Frühjahr 1912 so gut wie nie aus. Um so mehr überrascht er den Anonymus eines Tages mit der Bitte, »ihm auf einige Stunden mein zweites Paar Schuhe zu borgen. Als ich ihn verwundert nach seinem Vorhaben fragte, erzählte er mir freudig, daß Karl May in Wien einen Vortrag halte, und diesen wolle er unbedingt miterleben.« Plakate kündigten Mays Vortragsthema in der ganzen Stadt an: »Empor ins Reich der Edelmenschen«.

In den geliehenen Schuhen macht sich H. am 22. März 1912 auf den weiten Weg von der Brigittenau zu den Sofiensälen im 3. Bezirk. Der rund 3 000 Zuschauer fassende Saal war bis auf den letzten Platz besetzt. Der Auftritt des 70jährigen May erregte deshalb besonderes Aufsehen, weil der Autor skandalumwittert war. Denn Journalisten hatten einige Zeit zuvor aufgedeckt, daß er in seiner Jugend wegen Betrügerei und Diebstahls erhebliche Gefängnis- und Zuchthausstrafen verbüßt hatte – und daß er all die fernen Länder, die er so eindringlich beschrieb, nie gesehen hatte. May-Anhänger und -Kritiker lieferten einander auch im Männerheim Gefechte. Der junge H. verteidigt sein Idol, wie schon Hanisch für 1910 überliefert, und meint, es sei gemein, die Vergangenheit gegen einen Mann ins Treffen zu führen, der ein so großer Schriftsteller sei. Jene, die das täten, seien Hyänen und Schurken.

Mays Vortrag war eine Huldigung an die Friedensbewegung, der er sein Buch UND FRIEDEN AUF ERDEN gewidmet hatte, und Ausdruck seiner Verehrung für die Pazifistin Bertha von Suttner. Die 68jährige, die als Ehrengast in der ersten Reihe saß, anerkannte May als »Gesinnungsgenossen in Friedenssachen«, verteidigte ihn gegen alle Vorwürfe und solidarisierte sich mit ihm: »wir Geistesarbeiter, die wir die Leiter halten, auf der die Menschheit ›die <u>Edel</u>menschheit‹ emporsteigen soll«.[5]

Der Titel des Vortrags war deutlich Suttnersche Diktion. Als überzeugte Darwinistin glaubte sie an einen naturgesetzmäßigen Fortschritt der Menschheit hin zum Edlen und Guten, zu Frieden und Überwindung aller Kriege. Die »Edelmenschen«, die in der Friedensarbeit den rechten Weg gefunden hätten, müßten den übrigen vorangehen, sie überzeugen und so den Fortschritt hin zum Reich der Gerechtigkeit und des Friedens beschleunigen.⁶

> **AKADEMISCHER VERBAND FÜR LITERATUR U. MUSIK IN WIEN**
>
> **VORTRAG**
> **KARL MAY**
> **EMPOR INS REICH DER EDELMENSCHEN**
>
> **SOFIENSAAL**
> **FREITAG DEN**
> **22. MÄRZ 1912**
> **½8 UHR ABDS.**
>
> **KARTEN ZU K 10.-, 6.-, 5.-, 4.-, 2.-, 1.- UND 50 HELLER BEI KEHLENDORFER, WIEN I, KRUGERSTRASSE 3. MITGLIEDER ZAHLEN BEI KARTEN VON 2 KRONEN AUFWÄRTS HALBE PREISE. EIN TEIL DES REINERTRAGES FÄLLT DEM ASYL FÜR OBDACHLOSE ZU**

May beschwor nun das kommende Reich des Friedens in seinem Märchen vom Stern Sitara: »Da kann es nicht 3 oder gar 5 Menschenrassen und 5 Erdtheile geben, sondern nur 2 Erdtheile mit einer einzigen Rasse, die aber nach gut und bös, nach hoch und niedrig denkend, nach auf- und abwärtsstrebend geschieden ist. Körperbau, Hautfarbe u.s.w. sind da vollständig gleichgültig, verändern nicht im geringsten den Werth oder Unwerth des betreffenden Menschen. In Ardistan leben die Niedrigen, die Unedlen, in Dschinnistan die Hohen, die Edlen. Beide sind verbunden durch den schmalen, aufsteigenden Streifen von Märdistan, wo im Walde von Kulub der ›See der Schmerzen‹ und die Geisterschmiede liegt.«

Das Ziel der Menschen müsse sein, das dunkle Ardistan zu verlassen, sich nach Dschinnistan vorzukämpfen und »Edelmensch« zu werden. Als Beispiel nannte May sich selbst: Auch er sei »im allertiefsten Ardistan geboren«, mit armen Eltern. »Ich bin trotz allen Erdenleides ein unendlich glücklicher Mann. Habe mich aus Abgründen emporgearbeitet, werde von Hunderten, von Tausenden mit den Füßen immer wieder zurückgestoßen und liebe sie doch alle, alle.«[7] Am Schluß des Abends huldigte May seiner »Meisterin« Bertha von Suttner, las aus ihrem letzten Roman DER MENSCHHEIT HOCHGEDANKEN vor und solidarisierte sich mit ihr im Kampf für den Weltfrieden.

Die Zuhörer, die sich wohl eher Geschichten über Winnetou erwartet hatten, waren trotz des ungewöhnlichen Themas so begeistert, daß sie May noch auf der Straße huldigten. Laut Suttner war es »eine Demonstration von persönlicher Verehrung, ein Protest gegen die Bosheits- und Verleumdungskampagne, die gegen ihn geführt worden«.[8]

Die Wiener Presse jedoch schilderte den Vortragenden und sein Publikum eher abschätzig, so etwa die intellektuelle NEUE FREIE PRESSE: »Interessant war heute abend vor allem das Publikum dieses Vortragsabends. Kleinbürgerliche und vorstädtische Frauen und Männer, kleine Angestellte, halbwüchsige Jünglinge und Mädchen, selbst Knaben. Jeder von ihnen ist gewiß in einer Leihbibliothek, einer Volksbücherei abonniert und hat sämtliche 60 Bände der gesammelten Werke Karl Mays gelesen, die phantastischen Reiseerzählungen und Romane, deren Echtheit man so oft angezweifelt und die sogar den Gegenstand langer erbitterter Prozesse gewesen sind... Ein echter großer Dichter kann nicht stürmischer, enthusiastischer begrüßt werden. May ist ein alter Herr von siebzig Jahren; eine hagere, altmodische Erscheinung, mit einem halb bureaukratischen, halb pädagogischen Kopfe, den kurze weiße Locken umgeben. Vor die vergnügten blauen Augen setzt er abwechselnd einen Hornzwicker oder eine Brille.«

Der Vortrag sei »für solche Zuhörer, die keine enthusiastischen May-Leser sind, eine arge Geduldsprobe« gewesen: »May legt in ziemlich formloser und sprunghafter Weise seine Weltanschauung dar. Er habe immer nach oben gestrebt, in ein freieres, geistiges Reich von Edelmenschen. Er bezeichnet sich abwechselnd als Seele, Wassertropfen und mit Vorliebe als geistigen seelischen Aviatiker und greift öfters unter den Tisch nach einem der zahlreichen Bände seiner gesammelten Werke, um daraus mehr oder minder philosophische Betrachtungen, Märchen, Gleichnisse und Gedichte vorzulesen. Das Merkwürdigste an seinen Ausführungen ist der Ernst, die pathetische echte Begeisterung, die etwas von einer religiösen Begeisterung hat.«[9]

Und das FREMDENBLATT höhnte: »Die Pose des Menschheitsbefreiers bei dem Manne, der ja erwiesenermaßen nicht nur Reiseschilderungen, sondern auch aufgelegte Schundromane geschrieben hat, dieses ewige Zitieren eigener Werke, nicht etwa der amüsanten Reiseszenen, sondern solche plattester Art, dieses Vorlesen eigener Verse, die den Idealen sentimentaler Köchinnen entsprechen mögen, dieser immer wiederkehrende versteckte Hinweis darauf, daß der Vortragende selbst auf dem einzig richtigen Wege zum Edelmenschen sei, wirkte bald nicht nur peinlich, sondern tödlich langweilig.«[10]

Der junge H. jedenfalls ist laut Anonymus »sowohl vom Vortrag als auch der Person Karl Mays unermeßlich begeistert«. Bei den Diskussionen im Männerheim nimmt er für den angegriffenen May Partei, nennt ihn einen »prächtigen, vollkommenen Menschen, da er so einzigartig, wie es nur möglich ist, Länder und Leute aus den entferntesten Erdteilen wahrhaftig schildern konnte. Ihm gefiel auch, daß Mays Schriften dem Empfinden junger Leute so nahe waren.« Auf die Einwände des Kollegen, daß May ja nie den Schauplatz seiner Romane gesehen habe, antwortet H., »daß eben dies eher für Mays Genialität spreche, weil seine Schilderungen trotzdem naturgetreu sind und noch viel realistischer als die von allen anderen Forschern und Reisenden«.

Die Kontroverse über den Vater des Winnetou wurde noch größer, als May zehn Tage nach dem Wiener Vortrag plötzlich starb. »Empor ins Reich der Edelmenschen« wurde damit zu seinem Vermächtnis. Der junge H. sei durch Mays Tod »sehr getroffen und bedauerte ihn ganz aufrichtig«, berichtet der Anonymus. H.s May-Kult überstand unbeschadet die Zeiten. Noch als Reichskanzler soll er sich die Zeit genommen haben, sämtliche (!) Bände Mays zu lesen.[11] 1943 ließ er trotz Papierknappheit 300 000 Winnetou-Exemplare als Feldlektüre für die Soldaten drucken[12] – und dies trotz der nicht wegzuleugnenden Tatsache, daß Mays Helden »fremdrassig« waren, nämlich »Rothäute«, Indianer.

547

Mays Bücher, so schrieb Albert Speer, »richteten ihn [H.] innerlich auf, wie andere Menschen ein philosophischer Text oder ältere Leute die Bibel«. Laut Speer diente May H. »als Beweis für alles Mögliche«: »daß es nicht notwendig sei, die Wüste zu kennen, um die Truppen auf dem afrikanischen Schauplatz zu dirigieren; daß einem, Phantasie und Einfühlungsgabe vorausgesetzt, ein Volk gänzlich fremd sein könne, so fremd wie Karl May die Beduinen oder Indianer, und man doch von ihnen, ihrer Seele, ihren Gebräuchen und Lebensumständen mehr wissen könne als ein Völkerpsychologe, irgendein Geograph, der das alles an Ort und Stelle studiert habe. Karl May beweise, daß es nicht notwendig sei zu reisen, um die Welt zu kennen.«

Speer riet den Historikern, gerade bei der Darstellung des Feldherrn H. den Einfluß Mays zu beachten und hier vor allem die Gestalt Winnetous: H. habe ihn als »Musterbeispiel eines Kompanieführers« angesehen und als »Vorbild eines edlen Menschen«. An dieser »Heldengestalt« könnte die Jugend »die richtigen Begriffe von Edelmut« lernen.[13]

Pazifismus und Aufrüstung

Aber selbst May konnte den jungen H. nicht für den Pazifismus begeistern, ebensowenig wie die meisten Wiener vor 1914. Die Pazifisten galten in dieser Zeit hektischer Aufrüstung und ständiger Balkankrisen als Narren, Vaterlandsverräter und »Judenknechte«. Vor allem die Pionierin des k.u.k. Pazifismus, Bertha von Suttner, Autorin des Erfolgsromans DIE WAFFEN NIEDER!, Friedensnobelpreisträgerin von 1905 und unermüdliche Mahnerin für Verständigung, galt als lächerliche Figur und gab höchst beliebten Stoff für Karikaturisten ab. Als Suttners Mitkämpfer Alfred Hermann Fried im Dezember 1911 ebenfalls den Friedensnobelpreis erhielt, wurde dies von der Wiener Presse so gut wie totgeschwiegen. Wenn Fried erwähnt wurde, dann höchstens deshalb, weil er Jude war und somit angeblich die Theorie bestätigte, daß »die Juden« Pazifisten seien, kein Vaterlandsgefühl hätten und im Sold des »internationalen Judentums« stünden.[14]

Zwar konnte man der als Gräfin Kinsky geborenen Baronin Suttner, Gründerin der Österreichischen, Deutschen und Ungarischen

Friedensgesellschaft, nichts »Jüdisches« nachsagen. Aber sie wurde zu den »Judenknechten« gezählt, da sie sich auch jahrelang im Verein zur Abwehr des Antisemitismus engagiert hatte.

Die BRIGITTENAUER BEZIRKS-NACHRICHTEN meinten, die Pazifisten seien von der internationalen Hochfinanz, der »Mammonarchie«, finanziert, die sich auf raffinierte Weise zur »Herrin über Krieg und Frieden« machen wolle: »Sie droht, jedem Kriege den Kredit zu versagen und so die Völker zu ewigem Frieden zu zwingen. Das klingt recht versöhnlich, nur dürfte dieser Frieden leicht zu einem Friedhofsfrieden werden, bei welchem die entmannten Völker in ewiger Knechtschaft ihren neuen Zwingherren frohnden müssen. Um die Ehre und Freiheit der Völker wird es dabei geschehen sein.«[15]

In der OSTARA-Reihe verbreitete sich der H. wohlbekannte reichsdeutsche Schriftsteller Adolf Harpf über »Die Zeit des ewigen Friedens, eine Apologie des Krieges als Kultur- und Rassenauffrischer« und polemisierte gegen »unsere modernen internationalen Friedensduseler«, das »widerliche Friedensgesäusel der modernen internationalen Völkervermenger« und »die blutleeren Ideale allgemeinen Völkerunterganges im Internationalismus«. Der von den Pazifisten erträumte ewige Friede sei eine »über alles traurige goldene Zeit der allgemeinen Fäulnis aus ›Faulheit‹... eine Zeit allgemeiner Lebensermüdung, allgemeinen, freiwilligen Sterbens aus Kultur- und Lebensüberdruß«. Die »ethische Triebkraft im Kulturmenschen unserer Rasse« werde damit einem »Allerwelts-Einheitsgebilde« weichen. Auch hier wird Moltke zitiert: »Der Krieg ist ein Element der von Gott eingesetzten Weltordnung. Die edelsten Tugenden des Menschen entfalten sich daselbst: der Mut und die Entsagung, die treue Pflichterfüllung und der Geist der Aufopferung. Der Soldat gibt sein Leben hin. Ohne den Krieg würde die Welt in Fäulnis geraten und sich im Materialismus verlieren.«[16]

In ganz Europa, das sich auf den sicher scheinenden »Zukunftskrieg« vorbereitete, wurden Patriotismus und Wehrbereitschaft der Bevölkerung nach Kräften gefördert. Da wurden Kriegsfahnen gestickt, für den Flottenverein gesammelt, der Soldatenstand verherrlicht und auf die Feinde – und auf die immer kleiner werdende Schar der Pazifisten geschimpft. Kaum jemand traute sich noch, sich zu den »Friedensfurien« zu bekennen. Die Vortragsabende der

Friedensfreunde blieben fast ohne Zuhörer, Suttner und Fried hatten Schwierigkeiten, ihre Artikel in den Zeitungen unterzubringen. Als die Österreichische Friedensgesellschaft um Spenden für den Druck von Flugblättern bat, kamen 60 Kronen zusammen. Der Hohn über dieses magere Ergebnis folgte auf dem Fuße.

H. bezieht sich in MEIN KAMPF eindeutig auf die »Friedensbertha«, als er seinen Frieden von dem der Pazifisten abgrenzt: *Ein Friede, gestützt nicht durch die Palmwedel tränenreicher pazifistischer Klageweiber, sondern begründet durch das siegreiche Schwert eines die Welt in den Dienst einer höheren Kultur nehmenden Herrenvolkes.*[17] In einer Rede 1929 in München meint er, *Kriege sind zu allen Zeiten eine Entspannung der Lage gewesen. Die ganze Weltabrüstungsidee aber ist keine Idee des Friedens, sondern eine Vorbereitung zum Kriege. Früher wurden Kriege vorbereitet durch Rüstungen, heute durch Verleitung eines der Gegner zum Abrüsten.*[18] Und im Zusammenhang mit der Paneuropa-Bewegung des Grafen Richard Coudenhove-Kalergi, der ebenfalls der Friedensbewegung nahestand, meint H.: *Es ist der wurzellose Geist der alten Reichshauptstadt Wien, jener Mischlingsstadt von Orient und Okzident, der dabei zu uns spricht.*[19]

Heftiger als gegen diesen schwachen bürgerlichen Pazifismus wurde in Wien vor 1914 gegen die Friedensarbeit der Sozialdemokraten polemisiert. Sie waren die einzige Partei, die versuchte, der wachsenden Kriegsbegeisterung entgegenzuwirken. Das Internationale Sozialistische Büro in Brüssel veröffentlichte im Oktober 1912, kurz nach Ausbruch des ersten Balkankrieges, auf Viktor Adlers Vorschlag ein Manifest gegen den Krieg und rief die Arbeiter aller Länder auf, sich den kriegerischen Plänen »mit aller Kraft zu widersetzen«.[20] In Wien organisierten die Sozialdemokraten am 10. November 1912 eine Kundgebung gegen die Ausdehnung des Balkankonfliktes. Wilhelm Ellenbogen stellte klar: »Wer im Sandschak, wer im Kosovo, wer in Albanien, wer in Mazedonien herrschen soll, ist für uns eine ganz gleichgültige Frage. Österreichs Interessen am Balkan erfordern nicht bewaffnete Einmengung in die Balkanwirren, sondern nur die Abschließung guter Handelsverträge mit den Balkanstaaten.«[21]

Die christlichsozialen BRIGITTENAUER BEZIRKS-NACHRICHTEN unterstellten daraufhin den Sozialdemokraten, sie benutzten nach den Teuerungsdemonstrationen nun »ihre Spekulation um den billigen Schlager vom Frieden, indem sie kalkulieren, daß doch mindestens neun Zehntel der Menschheit für den Frieden und gegen den Krieg ist... Was sie vor Augen haben, ist das Parteigeschäft, die Revolutionierung der Massen gegen das verhaßte Österreich-Ungarn... Gestützt auf die sozialdemokratischen Verleumdungen wird die ganze öffentliche Meinung gegen den angeblichen Friedensstörer Österreich-Ungarn, das doch in Wahrheit noch niemals und niemandem ein Wässerchen getrübt hat, mobilisiert und daraus kann schließlich wirklich ein Angriffskrieg auf unsere Monarchie entstehen.«[22]

Adler trat auch beim außerordentlichen Sozialistenkongreß in Basel neben dem französischen Friedenskämpfer Jean Jaurès auf und sagte, die k.u.k. Völker brauchten »Kultur, Bildung, Spitäler, Schulen. Alles das haben wir bisher nur im kümmerlichsten Maße. Wir brauchen Bildung, ein wenig Freiheit, und ein ganz klein wenig Verstand bei den Obersten unseres Landes. Tapferkeit im Felde, Ehrgeiz in der Politik können uns nichts einbringen.« Selbst ein siegreicher Krieg bringe Massenelend und bedeute »für das Staatsgefüge Österreichs den Anfang vom Ende«: »Österreich hat in der Welt nichts mehr zu erobern, nichts mehr zu gewinnen, ohne daß es zersprengt wird, eine Gefahr, der es jetzt schon bedenklich nahe ist.«[23]

Doch die Sozialdemokraten wurden wie die Pazifisten beschuldigt, im Sold der Juden zu stehen, durch Kriegsverweigerung den Ruin der Staaten herbeizuführen und damit der »jüdischen Weltverschwörung« in die Hände zu spielen. Und die Aufrüstung ging in hektischen Schüben voran, gleichzeitig mit der Teuerung und sozialer Not. Von 1899 bis 1909 stiegen die Kosten des k.u.k. Staatshaushaltes von 1500 auf 2300 Millionen Kronen jährlich. Die Annexion Bosniens verschlang 167 Millionen, die Entschädigung an die Türkei 54 Millionen. 1909 kosteten Großkampfschiffe, die Dreadnoughts, rund 235 Millionen Kronen, dazu kam eine hohe Summe für Panzerkreuzer und eine Torpedoflottille.[24] Im April 1910 mußte eine Staatsanleihe von 220 Millionen Kronen aufgelegt werden.[25]

Das Flugzeug als neue Waffe

Nach 1900 erfaßte die Faszination der neuen »Flugmaschinen« ganz Europa, natürlich auch Wien. Zeitungen richteten Extraspalten ein, um stets über die neuen Entwicklungen und Ereignisse zu informieren. Daß sich auch der junge H. für die Luftfahrt interessiert, zeigt seine Ansichtskarte mit dem Zeppelin-Luftschiff, die er im Sommer 1908 an August Kubizek schickt.[26] Der Flugpionier Ferdinand Graf von Zeppelin stieg am 1. Juli 1908 zu seiner berühmten zwölfstündigen Fahrt über der Schweiz auf. Die europäischen Zeitungen feierten ihn als Helden. Nur wenige Wochen später, am 4. August, zerstörte eine Explosion das Zeppelin-Luftschiff Nr. 4 am Boden.

Über die Gründe des spektakulären Unfalls wurde in Wien viel diskutiert, über das Für und Wider der Konstruktion sogar in Tageszeitungen gestritten, nicht viel anders als nach dem spektakulären Brand eines solchen Luftschiffs in Lakehurst 1937. Es dürfte ein Nachhall dieser Diskussionen sein, wenn H. 1942 über die Erfolglosigkeit Zeppelins meinte: »Auch für die Luftfahrt gelte der Grundsatz, daß richtig nur das sei, was den Vorgängen der Natur entspreche. Eine total verrückte Konstruktion sei deshalb der ›Zeppelin‹. Daß das Prinzip, auf das seine Konstruktion sich gründe, das Prinzip des ›leichter als Luft‹, falsch sei, beweise allein schon die Tatsache, daß die Natur keinen einzigen Vogel mit einer Blase ausgestattet habe, wie wir sie wohl bei Fischen kennten.« Deshalb lehne er, H., es auch ab, jemals in einem Zeppelin zu fliegen, während er vor Flugzeugen auch bei schlechtem Wetter keine Angst habe.[27] Tatsächlich war H. einer der ersten Politiker, der das Flugzeug vor allem in Wahlkämpfen intensiv benutzte. Er erweckte gerne den Eindruck einer Allgegenwart, wenn er an einem Tag an mehreren weit voneinander entfernten Orten auftrat.

Sein besonderes Interesse an Flugtechnik ist vielfach bezeugt – und begann schon in seiner Wiener Zeit, als die Aeronautik die Massen bewegte. Im März 1909 strömten die Wiener in eine »Aeroplan-Ausstellung« auf der Ringstraße. Im Oktober 1909 erlebten 300 000 Zuschauer, darunter der Kaiser, das Schaufliegen des französischen Flugpioniers Louis Blériot auf der Simmeringer Haide am Wiener Stadtrand. Im März 1910 probte die Flugmaschine »Etrich-Taube« den Flug von Wien nach Wiener Neustadt. Die größte Flugsensation war im Juni 1912 der Wettfernflug von elf reichsdeutschen und österreichischen Fliegern von Berlin über Breslau nach Wien. Einige Teilnehmer verirrten sich, andere mußten notlanden, gerieten in

Gewitter oder stürzten ab. Sieger wurde ein Deutscher mit einer Flugzeit von 5 Stunden 39 Minuten.

Starke Impulse für die Flugtechnik kamen vom Militär, wo sich nun zusätzlich zur Armee und Seeflotte eine dritte Dimension der Kriegführung entwickelte: die Luftwaffe. Auf dem neuen Wiener Militärflughafen wurden Bombenabwürfe mit Sandsäcken geprobt. Die beschwörenden Appelle der Pazifisten, die neue Waffe unter Kontrolle des Haager Schiedsgerichtshofes zu stellen, erwiesen sich als wirkungslos. Die Erste Haager Friedenskonferenz 1899 setzte zwar noch das Verbot durch, aus Ballons Bomben abzuwerfen. Aber dieses Verbot wurde fünf Jahre später, als die Verlängerung anstand, stillschweigend aufgehoben. Bei der Zweiten Haager Friedenskonferenz 1907 kam das heikle Thema gar nicht erst auf die Tagesordnung.

Alle europäischen Staaten arbeiteten mehr oder minder geheim an der militärischen Entwicklung und Erprobung von Luftschiffen. Im Tripoliskrieg 1911 wurden zum erstenmal Bomben aus der Luft abgeworfen. Mit dem Hinweis, der Feind besitze bereits ein geheimes Luftheer und plane einen Angriff, forderten und erhielten die Militärs immer höhere Summen für das »Luftheer«.

Was die neue Flugtechnik vor allem für die Kriegführung bedeutete, malten Schriftsteller in Schreckensvisionen aus. So erschien 1908 im PALL MALL MAGAZINE ein Artikel mit »Kriegsphantasien« über einen deutschen Angriff auf die wehrlose amerikanische Flotte, hier übersetzt für die Leser des DEUTSCHEN VOLKSBLATTES: »Von dem Luftschiffe löst sich eine Anzahl ›Drachenflieger‹ los, kleine flinkgehende Aeroplane mit breiten flachen Schwingen und einem großen viereckigen kastenartigen Vorderteile, die je von einem Manne gesteuert werden. Sie schweben hernieder wie ein Schwarm Vögel und bestreuen die Schiffe in der Tiefe mit Bomben von außerordentlicher Explosionskraft.« Dann folgt der Angriff der »Luftschiffer«, »bis alles in einem Meere von Feuer, Rauch, giftigen Gasen und umhersplitternden Eisenteilen versinkt. Die amerikanische Flotte ist zerstört und nun nehmen die Luftschiffe geradewegs Kurs auf New York.«[28]

1912 brachte das NEUE WIENER JOURNAL einen ähnlichen Artikel einer großen Pariser Zeitung, die einen deutschen Luftangriff auf Paris ausmalte: »Im Augenblick der Kriegserklärung werden auf ein gegebenes Signal alle diese Flieger aufsteigen und mit Hilfe des abgepaßten günstigen Windes mit einer Schnelligkeit von 160 Kilometern in der Stunde Kurs auf Paris nehmen. Auf diese Weise werden sie nur wenige Stunden brauchen, um den Eiffelturm zu erreichen. Und in höchstens einer halben Stunde haben sie über unserer Hauptstadt 10 000 Kilogramm Sprengstoffe ausgegossen. Jeder Apparat trägt vierzig Kilo dieser Explosivstoffe.«[29] Solche Artikel endeten fast immer mit dem dringenden Appell, angesichts dieser Bedrohung so rasch wie möglich das nationale »Luftheer« auszubauen.

Auch die Wiener Pazifisten malten Szenarien zukünftiger Luftkriege – allerdings um eindringlich davor zu warnen: Kein Krieg der Vergangenheit sei mit der Schrecklichkeit dieser »Zukunftskriege« vergleichbar, und Politiker wie Militärs wie Presse und Öffentlichkeit müßten alle Kraft dafür einsetzen, solch mörderische Katastrophen zu verhindern. Der Luftkrieg setze alle bisherigen Kriegsregeln außer Kraft, unterscheide bei einem Angriff nicht zwischen Militärs und Zivilisten, kenne keinen Sieger, sondern nur Verlierer.

Bertha von Suttner zog in ihrer 1912 erschienenen Broschüre DIE BARBARISIERUNG DER LUFT einen Vergleich mit Schachspielern, die erklären: »Wir wollen alle alten Spielregeln gelten lassen: der Bauer macht immer nur einen Schritt, die Rössel springen wie zuvor..., aber eine neue Regel fügen wir hinzu: jeder von uns darf von oben etwas auf das Brett fallen lassen und sämtliche Figuren umwerfen.«[30] Die voraussehbare Folge eines Luftkriegs sei nicht nur das Ende des Wohlstands, sondern ein sozialer Zusammenbruch mit Arbeitslosigkeit, Hunger und Seuchen: »Die großen Nationen und Reiche sind zu bloßen Namen im Munde der Leute geworden. Überall Ruinen, unbeerdigte Tote, verwitterte, bleichgesichtige Überlebende in tödlicher Apathie... All die schöne Ordnung und der Wohlstand der Erde sind zusammengeschrumpft wie eine zerplatzte Luftblase.«[31]

Balkanwirren

Unbeeindruckt von Warnungen ging das Zündeln weiter: Nach der Annexion Bosniens und der Herzegowina durch Österreich-Ungarn holte sich im September 1911 auch Italien gewaltsam einen

Teil des zerfallenden türkischen Reiches und überfiel ohne Absprache mit den Dreibundpartnern die türkische Provinz Libyen. Die Aufregung darüber war in Wien ungeheuer und lieferte willkommenen Anlaß, um das ungeliebte Italien wieder einmal des Verrats und der Falschheit zu verdächtigen und seine Bündnistreue im Ernstfall anzuzweifeln.

Der Tripoliskrieg dauerte länger als ein Jahr und regte die Habgier der Balkanfürsten an. Mit der Parole »Der Balkan den Balkanvölkern!« verbündeten sich Montenegro, Serbien, Bulgarien und Griechenland im »Balkanbund« und erklärten am 8. Oktober 1912 der Türkei den Krieg, mit dem Ziel, die europäische Türkei unter sich aufzuteilen. So begann der erste Balkankrieg.

Die am Balkan involvierten Mächte Österreich-Ungarn und Rußland waren in höchster Alarmbereitschaft. Schon drei Tage nach Kriegsausbruch forderte die k.u.k. Armee zusätzlich 82 Millionen Kronen Rüstungskredite, die gegen die Stimmen der Sozialdemokraten bewilligt wurden.

Die Türkei wurde rasch geschlagen, aber die Sieger stritten bald über die Aufteilung der Beute, vor allem über die Gebiete für den neu gegründeten Staat Albanien. Fürst Nikita von Montenegro beanspruchte Skutari, das Albanien zugesprochen war, besetzte es militärisch und ließ sich auch nicht abschrecken, als nach geraumer Zeit eine internationale Flotte unter englischem Befehl an der Küste Montenegros auftauchte. Titel einer Wiener Zeitung: »Das Unglaubliche ist geschehen! Montenegro hat die Kühnheit, ganz Europa den Fehdehandschuh hinzuwerfen.«[32] Oder: »Der Verbrecher als montenegrinischer Fürst.«[33]

Ausgerechnet dieser Balkanfürst aber sicherte sich politisch höchst geschickt ab, indem er je eine Tochter an den russischen und den italienischen Hof verheiratete. Helene wurde sogar Königin von Italien. Mit Wiener Geschichten über Nikita, den »Hammeldieb«, unterhielt H. noch 1943 seine Zuhörer: *Ja, im bürgerlichen Leben würde es natürlich sehr schwierig sein, eine Tochter zu verheiraten, wenn der Papa Hammeldieb ist und x-mal eingesperrt; aber im höfischen Leben ist das keine Schande, sondern eine große Ehre: da reißen sich die Fürsten um die Prinzessinnen. Wo doch auch der gute Nikita tatsächlich nichts anderes gewesen ist, als ein von Österreich ausgerückter Strolch, der die ganze Zeit nur eine Erpressung nach der anderen verübt hat und der die beiden immer gegeneinander ausgespielt hat, Italien und Österreich.*[34]

Der balkanische Duodezfürst, der den internationalen Mächten trotzte, machte die Ohnmacht und Wehrlosigkeit der Großmächte gegenüber den Wirren am Balkan offenbar. Der Ruf nach »Ordnungmachen« und einem gewaltsamen Eingreifen Österreich-Ungarns am Balkan wurde in Wien lauter. Man habe nun schon viel zu lange Geduld gezeigt, vor allem gegenüber Serbien, und könne sich nicht zum Narren machen lassen.

An Plänen, den Balkan auf politischem Weg zugunsten der Donaumonarchie zu »ordnen«, arbeitete der Thronfolger Franz Ferdinand, ein schroffer Gegner der Serben, Ungarn und Italiener. Er strebte einen Umbau des k.u.k. Dualismus in einen Trialismus an mit einem relativ eigenständigen südslawischen Reich unter habsburgischer Hoheit. Dieses Reich sollte Anziehungskraft auf alle Südslawen am Balkan ausüben und damit den Bestrebungen des Königreichs Serbien entgegenwirken, das alle Südslawen unter seinem Zepter einigen wollte. Hauptstreitpunkt zwischen Österreich-Ungarn und Serbien waren die stark gemischten Länder Bosnien und die Herzegowina.

Dieser Plan stieß innenpolitisch nicht nur auf den Widerstand der Ungarn, die einen solchen Machtverlust nicht hinnehmen wollten, sondern auch auf den vieler anderer Nationalitäten der Vielvölkermonarchie. Die Alldeutschen sahen in Franz Ferdinand einen Feind der Deutschen und einen »Slawenfreund«, der die Slawisierung Österreichs auf Kosten der Deutschen vorantreiben wolle. Die Tschechen, seit Jahrhunderten die dritte Macht der Donaumonarchie neben den Deutschen und Ungarn, waren seit 1867 eindeutig minderberechtigt und hatten nun allen Grund, auch für sich eine eigenständige Lösung zu fordern – und nicht auch noch von den Südslawen überholt zu werden. Tomáš G. Masaryk erinnerte sehr deutlich im Parlament an den »historischen Trialismus«, nämlich jenen mit Böhmen. Es gehe nicht an, ausgerechnet den Südslawen ein eigenes Reich zu geben. Vielmehr müsse eine neue Gesamtkonzeption der Vielvölkermonarchie gefunden werden. Aus dem »historisch ererbten Konglomerate« müsse endlich etwas grundsätzlich Neues gemacht werden, »im Interesse der Nationen und des ganzen Staates«.[35]

Auch die Polen hätten sich kaum mit einer Bevorzugung der Südslawen abgefunden. Auch sie forderten einen ähnlichen Status für sich. Die Italiener hätten gerne die Gelegenheit benutzt, um sich zu Italien zu bekennen. Und so fort. Wieder einmal zeigte sich, daß die geringste Änderung im Gefüge der Donaumonarchie das ganze komplizierte Gebäude gefährdete. Der Trialismus hätte unausweichlich eine Aufspaltung des Reiches in Nationalstaaten zur Folge gehabt und damit wohl den Anfang des Zerfalls bedeutet.

Die Geschichte von der österreichischen Geduld.

»Konflikt«   Affront   Ultimatum   Unerwarteter Friede.«

Andererseits heizte die öffentliche Diskussion über die ja eindeutig gegen Serbien gerichteten Trialismuspläne den Haß der Serben gegen die Habsburgermonarchie und speziell den Thronfolger an.

Es war die allgemeine Meinung, was H. dann auch in MEIN KAMPF schrieb: *Österreich war damals wie ein altes Mosaikbild, dessen Kitt, der die einzelnen Steinchen zusammenbindet, alt und bröcklig geworden; solange das Kunstwerk nicht berührt wird, vermag es noch sein Dasein weiter vorzutäuschen, sowie es jedoch einen Stoß erhält, bricht es in tausend Scherbchen auseinander.*[36]

Präventivkriegspläne

Seit der Annexionskrise 1908 kursierten in Wien Gerüchte über einen angeblich nötigen Präventivkrieg Österreich-Ungarns vor allem gegen Serbien. Der k.u.k. Generalstabschef Franz Conrad von Hötzendorf arbeitete intensiv an solchen Plänen und gewann immer mehr Anhänger, auch außerhalb der Armee. Er argumentierte mit der raschen Aufrüstung Rußlands. Je früher und überraschender man losschlage, desto geringer sei die Gefahr eines »großen« Krieges und desto größer die Chance auf einen begrenzten Krieg. Unter den zivilen Befürwortern eines Präventivschlags waren auch viele, die sich von einer solchen Aktion eine wenigstens zeitweise innenpolitische Beruhigung erhofften, vor allem, was die Nationalitätenkämpfe betraf.

Die Armee stand ohnehin mehrheitlich auf Conrads Seite, jedenfalls soweit sie deutschsprachig war. Die Aufrüstung wurde mit hohen Kosten und unter großem Zeitdruck vorangetrieben. »Serbien muß sterbien« wurde zum allgegenwärtigen Schlagwort in Wien. Die Wiener Presse beteiligte sich heftig an der Hetze gegen Serbien.

1909 überschrieb eine prominente Wiener Militärzeitung ihren Leitartikel mit »Vor dem Kriege«: »Die Stunde ist gekommen. Der Krieg ist unausbleiblich. Nie gab es einen gerechteren. Und nie noch war unsere Zuversicht auf einen siegreichen Ausgang fester gegründet. Wir werden in den Krieg gezwungen: Rußland zwingt uns, Italien zwingt uns, Serbien und Montenegro zwingen uns und die Türkei zwingt uns.« Und: »Voll Kampfesfreude harrt das Heer der Aufgaben, die sich ihm bieten... Wir gehen mit dem Bewußtsein in den Kampf, daß von uns die Zukunft des Reiches abhängt... Unser Blut wallt, wir vermögen uns kaum zu zügeln. Rufe uns, Kaiser!«[37] Doch der alte Kaiser zögerte. Es gelang ihm 1909 noch, den Frieden zu bewahren.

Conrad, der Österreich-Ungarn von Feinden umzingelt sah, befürwortete 1907, dann wieder 1909 und vor allem während des Tripoliskrieges auch einen angeblich nötigen Präventivschlag gegen den ungeliebten Bündnispartner Italien. Tatsächlich hatte sich der Nationalitätenhaß zwischen Italienern und Deutschen innerhalb der Monarchie immer weiter aufgeladen: im Jubiläumsjahr, während der Krawalle an der Wiener Universität, bei den ständigen Spannungen in Triest.

Die Volksmeinung in Wien jedenfalls traute den »Katzelmachern« nicht über den Weg und mißtraute der italienischen Bündnistreue. Rom warte nur auf den Zerfall der Monarchie, um sich Triest, das Trentino und Südtirol einzuverleiben, hieß es. Der Dreibund schien vielen ein eher hinderliches, da unverläßliches Bündnis, wie auch H. in MEIN KAMPF meint: *Daß man überhaupt auch nur eine*

Minute an die Möglichkeit eines solchen Wunders... zu glauben wagte, nämlich an das Wunder, daß Italien mit Österreich gemeinsam kämpfen würde, konnte jedem eben nicht mit diplomatischer Blindheit Geschlagenen nur einfach unverständlich sein. Allein die Dinge lagen ja in Österreich selber um kein Haar anders.[38]

Wenn man also ohnehin nicht mit einem treuen Bündnispartner rechnen könne, müsse man einen günstigen Moment ausnutzen, um sich dieses gefährlichen Feindes zu entledigen, so der k.u.k. Generalstabschef Conrad.

Der alte Kaiser widersetzte sich energisch allen Präventivkriegsplänen. Tatsächlich lag ein heimtückischer Überfall auf einen Bündnispartner, dem er stets offiziell Treue schwor, für Franz Joseph außerhalb seines Rechtsverständnisses. Er entließ Conrad nach einem heftigen Auftritt 1911. Dieser jedoch kehrte 1912 auf Wunsch des Thronfolgers Franz Ferdinand in sein Amt zurück, ohne seine Meinung über Serbien, Italien und den Präventivkrieg geändert zu haben.

H., der als Politiker daran interessiert war, ein gutes Verhältnis zu Italien zu haben, befaßte sich später ausführlich mit den stark belasteten Beziehungen zwischen Österreich-Ungarn und Italien und zeigte Verständnis für Italiens mangelnde Liebe zum Habsburgerstaat: *Italien wäre ja eher zu einem Vulkan geworden, ehe eine Regie-*

rung es hätte wagen dürfen, dem so fanatisch verhaßten Habsburgerstaate aber auch nur einen einzigen Italiener auf das Schlachtfeld zu stellen, außer als Feind... Was das Haus Habsburg an der italienischen Freiheit und Unabhängigkeit im Laufe der Jahrhunderte gesündigt hatte, war zu groß, als daß man dies hätte vergessen können, auch wenn der Wille dazu vorhanden gewesen wäre. Er war aber gar nicht vorhanden; weder im Volke noch bei der italienischen Regierung. Für Italien habe es damals nur zwei Möglichkeiten gegeben: entweder Bündnis oder Krieg. Indem man das erstere wählte, vermochte man sich in Ruhe zum zweiten vorzubereiten.[39] Auch H. unterstellte also Italien, daß es nur auf den rechten Moment warte, um das Bündnis zu brechen und einen Krieg gegen Österreich-Ungarn zu beginnen – ganz so, wie es Conrad mutmaßte.

Viele Privatbriefe und Tagebücher dieser Zeit belegen die wachsende Bereitschaft aller Bevölkerungsschichten zum Krieg. Sogar die 40jährige Kaisertochter Erzherzogin Marie Valerie schrieb in ihr Tagebuch: »Kriegsgerüchte dauern an... Ist der Gedanke Unrecht, daß ein großes Aufrütteln, wie es eben ein solcher Krieg wäre, auch manches Gute mit sich brächte... wieder Charaktere bilden würde, wie sie in unserer Zeit so sehr fehlen?«[40]

Einen baldigen Krieg erhofften auch die Alldeutschen, wenn auch aus anderen Motiven. Sie erwarteten im Kriegsfall den raschen Zerfall der Vielvölkermonarchie und damit den Anschluß Deutschösterreichs an das Deutsche Reich. Der Zweibund zwischen Deutschland und Österreich-Ungarn sei, so die Alldeutschen, ein Fehler. Berlin lasse sich, ahnungslos über die wahren Zustände in der Habsburgermonarchie, von dieser in den Untergang ziehen. Das ALLDEUTSCHE TAGBLATT appellierte ständig an Berlin, das Habsburgerreich dem unausweichlichen Untergang zu überlassen und nicht ruhig zuzusehen, »wenn man unmittelbar an seinen Reichsgrenzen 10 Millionen Deutsche national vernichtet und dadurch ein mächtiges deutschfeindliches Staatswesen schafft«.[41]

Diese Meinung vertrat auch H. zeitlebens mit identischen Argumenten. Die deutsche Regierung habe *keine Ahnung von den Vorgängen und Zuständen im Innern ihres Bundesgenossen* gehabt[42] und hätte seiner Meinung nach Österreich-Ungarn die Bündnistreue aufkündigen müssen: *Ich gestehe feierlichst, wäre damals Deutschland ein nationalsozialistischer Staat gewesen, dann hätte ich als Staatsmann*

*Österreich fallen lassen. Ich hätte nicht die Millionen zur Schlacht geführt, um einen Staatskadaver zu retten.*⁴³ Der Krieg hätte viel früher stattfinden müssen: *Allein dies war ja der Fluch der deutschen sowohl als auch der österreichischen Diplomatie, daß sie eben immer schon versucht hatte, die unausbleibliche Abrechnung hinauszuschieben, bis sie endlich gezwungen war, zu der unglücklichsten Stunde loszuschlagen.*⁴⁴

Bei all seiner Kritik an der Habsburgermonarchie und dem k.u.k. Heer nahm H. stets einen General aus und zollte ihm Anerkennung: Franz Conrad von Hötzendorf, und zwar eindeutig auch wegen dessen Präventivkriegsplänen und der geplanten Mißachtung der Bündnistreue im Dreibund – zugunsten einer rigorosen Machtpolitik und aus angeblicher militärischer Notwendigkeit. In einem Monolog über die Heerführung im Ersten Weltkrieg meinte H. 1941: *Der geistreichste der Heerführer des Weltkriegs war doch vielleicht Conrad von Hötzendorf. Er hat klar die politischen und militärischen Notwendigkeiten erkannt, gefehlt hat ihm nur das rechte Instrument.*⁴⁵ Mit diesem »Instrument« meinte H. die k.u.k. Armee.

Am 12. März 1939, dem Heldengedenktag, ließ der Führer des Großdeutschen Reiches drei Kränze als Zeichen seiner Verehrung niederlegen: am Grab Hindenburgs in Tannenberg, am Grab Ludendorffs in Tutzing – und am Grab Conrad von Hötzendorfs auf dem Hietzinger Friedhof in Wien.⁴⁶

Angesichts seiner gründlichen Kenntnisse auf dem Gebiet der Militärgeschichte wird man glauben können, was H. 1921 in einem Brief schreibt: *Seit meinem 22. Jahr warf ich mich mit besonderem Feuereifer über militärpolitische Schriften und unterließ die ganzen Jahre niemals, mich in sehr eindringlicher Weise mit der allgemeinen Weltgeschichte zu beschäftigen.*⁴⁷

Seine Kenntnisse sind deutlich von den alldeutschen Schriften geprägt und betreffen besonders die deutsche und deutschösterreichische Geschichte, wie sie Professor Poetsch schon in der Linzer Realschule lehrte, aber auch wie sie in den Wiener alldeutschen Geschichtsrunden behandelt wurde: Schlachten und Strategien von den Cheruskern über die Befreiungskriege, das Jahr 1848, Königgrätz bis zur Krönung der deutschnationalen Kriegsgeschichte, dem Sieg der deutschen Truppen über Frankreich 1870/71 als Voraussetzung für die Gründung des Deutschen Kaiserreichs.

1912 besitzt H. laut Brünner Anonymus nur noch ein einziges Buch: die zweibändige ILLUSTRIERTE GESCHICHTE DES DEUTSCH-FRANZÖSISCHEN KRIEGES VON 1870/71, ein »treu bewachter Schatz« wohl deshalb, weil es als einstiges Lieblingsbuch des Vaters eine Erinnerung und ein Zeichen der gemeinsamen Verehrung von Vater und Sohn für das deutsche Nationalreich Bismarckscher Prägung darstellt.

Der Anonymus: »Hitler sprach sehr gern über Personen und Themen dieses Krieges und zeigte große Kenntnisse. Gleiche Bewunderung und gleiche Kenntnisse hatte er für den Krieg von 1866. Er kannte alle Heerführer dieses Krieges. Die größte Bewunderung und Verehrung hatte er für Moltke und vor allem für Bismarck. Den machte er zu seinem größten Idol.« Laut Anonymus nimmt H. nur einen Hohenzollern in seiner Verehrung aus, auch hier ganz im Einklang mit den Schönerianern, nämlich Wilhelm II.: *Dieser politische Säugling erlaubte sich, Bismarck vor die Tür zu setzen! Dabei war all seine Macht nur Bismarcks Werk.* H. nennt Wilhelm abfällig *einen eingebildeten Schwätzer, der für Denkmäler posiere*, wie Hanisch berichtet.

Aus seinem Fundus an Faktenwissen schöpfte H. später gerne, um alles das, was er gerade beweisen wollte, mit passenden Einzelheiten aus der Geschichte zu belegen. In der katastrophalen Kriegslage nach Stalingrad erinnerte er in einem Gespräch mit dem ungarischen Reichsverweser Miklós Horthy an die Schlacht von Königgrätz: *Im Krieg wisse man immer nur genau, wie schlecht es einem selbst gehe, aber nie, wie schwierig die Lage des Gegners sei... Wenn der Verlierer gewußt hätte, wie schlecht es auf der anderen Seite bestellt war, hätte er durchgehalten und seinerseits den Sieg davongetragen.* In Königgrätz sei die Lage der Preußen gegen vier Uhr nachmittags äußerst kritisch gewesen. *Davon aber hätten die Österreicher nichts gemerkt, und so hätten schließlich die besseren Nerven der Preußen gesiegt. Um 6 Uhr nachmittags konnte sich Moltke seine berühmte Zigarre anzünden, da die Krise überstanden war. Diese Erwägungen gelten auch für die jetzige Lage.*[48]

Über Schlachtenverläufe hinaus muß sich H. aber auch mit strategischen Problemen beschäftigt haben. Über Inhalt und Probleme des Zweibund- und Dreibundvertrags zum Beispiel war er gut informiert, was in MEIN KAMPF wie im ZWEITEN BUCH in langen Passagen nachzulesen ist. Ein Präventivkrieg selbst gegen einen Bündnispartner jedenfalls war für ihn nie eine moralische Frage, sondern stets nur eine strategische und machtpolitische.

Versuchte Stellungsflucht

Um angesichts der andauernden Kriegsgefahr die Wehrkraft der k.u.k. Armee zu erhöhen, kämpfte die Regierung 1912 für die Durchsetzung eines neuen Wehrgesetzes. Das Gesetz brachte insofern eine Erleichterung, als es die Präsenzpflicht auf zwei Jahre verkürzte mit zehnjähriger Reservedienstzeit. Aber die Zahl der Rekruten wurde stark erhöht. Bisher waren es pro Jahr 103 100 Mann, für 1912 jedoch 136 000, für 1913 154 000, für 1914 159 500 Mann, davon aus der westlichen Reichshälfte 91 482.[49] Monatelange Diskussionen gingen diesem Gesetz voraus, auch im Männerheim, wie der Brünner Anonymus überliefert.

Nach langem Ringen erreichte die Regierung, daß fast alle deutschen Parteien für diese Wehrvorlage stimmten. Die Alldeutschen freilich stimmten dagegen, und dies, obwohl reichsdeutsche Offiziere sie beschworen hatten, im Interesse des Zweibundes für eine Verstärkung der Armee zu stimmen.[50] Das ALLDEUTSCHE TAGBLATT ereiferte sich gegen das Wehrgesetz: »Ist denn der Staat, dessen Lenker gegen uns regieren, noch unser Staat, ist die Armee insofern <u>unsere</u> Armee, als sie berufen wäre, <u>unseren</u> nationalen Interessen zu dienen?«[51]

Tatsächlich hatten die Deutschen im k.u.k. Heer nach alter Tradition eine immer noch starke, deutlich privilegierte Stellung inne. Von 17 552 aktiven Offizieren waren 1900 in Cisleithanien 14 581, also 83,1 Prozent, Deutsche, bei der Mannschaft dagegen nur 35,7 Prozent. Noch im Kriegsjahr 1915 waren 761 von 1000 Offizieren Deutsche, von den Reserveoffizieren 568, von der Mannschaft dagegen nur 248 von 1000.[52]

Diese Privilegierung nannten nun die Alldeutschen eine überhöhte »Blutsteuer« für den Vielvölkerstaat, der ihrer Meinung nach die Interessen der Deutschen nicht vertrat. Die alldeutschen Zeitungen brachten ständig Meldungen über Mißstände in der k.u.k. Armee und über die Leiden der deutschen Rekruten im multinationalen »Moloch Militär«. Es müsse jeden Vater mit »Furcht und Grauen erfüllen, wenn sein Sohn von dem Unglücke getroffen wird, die Blutsteuer zu leisten«.⁵³ Es stehe ein Krieg bevor, »der nicht nur mit dem Gelde der österreichischen Deutschen, sondern auch mit ihrem Blute geführt werden muß, denn die tschechischen Regimenter traut man sich nicht zu verwenden und die polnischen bleiben zu Hause, man will sie schonen«.⁵⁴

Die Alldeutschen riefen ihre Sympathisanten auf, dem »undeutschen« Staat diesen »Blutzoll« zu verweigern, »diese überbittere schwerstlastende Steuer der ständigen Hinopferung just der schönsten und kräftigsten Mannesjahre jedes ihrer gesunden Volkszugehörigen an die Armee, einer Hinopferung, die voll und ganz ein reines Mußleisten an einen Mischmasch innerlich verschiedenster und nur durch äußerliche Zwangsbänder zusammengehaltener Völker und Volkssplitter bedeutet, nie und nimmer aber in dem edlen Glutfeuer der Begeisterung des Glaubens an ein tatsächliches geliebtes und wiederliebendes ›Vaterland‹ ihre Heiligung und Rechtfertigung findet.«⁵⁵

Diese alldeutsche Propaganda gegen die Vielvölkerarmee muß bei dem jungen H. auf fruchtbaren Boden gefallen sein. Er erwähnt auch in MEIN KAMPF die Rolle des deutschen Soldaten in der k.u.k. Armee: *Schon die Dienstzeit beim Heere warf ihn über die engen Grenzen der Heimat weit hinaus. Der deutschösterreichische Rekrut rückte wohl vielleicht bei einem deutschen Regiment ein, allein das Regiment selber konnte ebensogut in der Herzegowina liegen wie in Wien oder Galizien.*⁵⁶ Und offensichtlich wollte der junge H. nicht in Galizien oder Bosnien oder einem sonstigen nichtdeutschen Kronland dienen.

Jedenfalls bemühte er sich nach Kräften, dem Wehrdienst zu entgehen. Im Herbst 1909 wurde sein Jahrgang 1889 in Zeitungen wie Plakaten aufgerufen, sich in das Register für die Hauptstellung im Frühjahr 1910 eintragen zu lassen. Die Liste wurde in der jeweiligen Heimatgemeinde geführt, für H. also in Linz. Dort wurde jedoch bis 1913 dreimal eingetragen: »Ungerechtfertigt abwesend, weil der Aufenthalt nicht erforscht werden konnte.«⁵⁷

Später rechtfertigte sich H. damit, er sei zwar nicht im Herbst 1909, wohl aber im Februar 1910 seiner versäumten Stellungspflicht im Konskriptionsamt im Wiener Rathaus nachgekommen. Der Rathausbeamte habe ihn jedoch in seinen damaligen Wohnbezirk, die Brigittenau, verwiesen. *Ich bat dort, mich in Wien stellen zu dürfen, mußte ein Protokol oder Gesuch unterschreiben eine Krone zahlen, und habe im übrigen nie mehr etwas davon gehört.*[58]

Nachprüfbar ist diese Aussage nicht, denn ein solches Schriftstück tauchte nie auf – und H. wurde in Wien nie vorgeladen. Jedenfalls hütet er sich, es ein weiteres Mal zu versuchen, also für die vorgeschriebenen Nachmusterungen 1911 und 1912. Immerhin aber muß festgehalten werden, daß er in der ganzen Zeit – also mehr als drei Jahre lang – polizeilich im Männerheim gemeldet war. Die Behörden hätten ihn durchaus finden können, wenn sie gewollt hätten.

Daß er aber tatsächlich nicht daran denkt, seine Wehrpflicht in Österreich-Ungarn zu leisten, zeigen H.s Auswanderungspläne. Nur ein wichtiges Hindernis steht dieser Auswanderung noch im Wege: Das väterliche Erbteil, das er dringend braucht, um auswandern zu können, wird erst nach Vollendung seines 24. Lebensjahres ausgezahlt, also nach dem 20. April 1913.

Schon lange vorher ist der junge H. in Wien in Aufbruchstimmung. Er beschäftigt sich intensiv mit der Baugeschichte Münchens, spricht seit Jahren, so 1910 gegenüber Hanisch und Neumann und 1912 gegenüber dem Anonymus, begeistert von Deutschland und besonders von München, das er später die *deutscheste der deutschen Städte* nennt. Dorthin wolle er auswandern.[59]

Der Anonymus: »Über diese Stadt war er nur voll des Lobes. Dabei vergaß er nicht über große Galerien, Bierkneipen, Rettiche usw. zu sprechen.« Über Österreich habe H. sehr abfällig gesprochen: »Hier habe man angeblich nie etwas anderes gekannt, als die Talente aus Konkurrenzneid und Bürokratismus zu unterdrücken. Immer wenn ein neues Talent aufgetaucht ist, habe dies der österreichische Amtsschimmel sofort niedergetreten. Jedem begabten Menschen würden in Österreich Probleme gemacht, damit er in Not gerate. Alle talentierten Leute, alle Erfinder Österreichs hätten nur im Ausland Anerkennung gefunden, dort sind sie bekannt und geehrt worden. In Österreich – Hitler hat immer den Ausdruck Klösterreich verwendet – habe nur Protektion und vornehme Herkunft Gültigkeit.« »Klösterreich« war eine antiklerikale Vokabel, die die Schönerianer gerne gebrauchten.[60]

Dagegen habe H. laut Anonymus die *amerikanische Wettbewerbsfreiheit* und die *norddeutsche Genauigkeit* gelobt. Stets habe er geklagt: *Wenn ich doch nur möglichst bald zu einer besseren Kleidung kommen könnte. Ich kann es nicht mehr erwarten, bis ich den Staub dieses Landes loswerde, besonders weil ich womöglich bald zur Musterung muß. Aber ich will auf keinen Fall dem österreichischen Heer dienen.*

Rudolf Häusler

In dieser Zeit des Wartens, laut Meldeamt am 4. Februar 1913, zieht ein 19jähriger Drogerielehrling im Männerheim ein: Rudolf Häusler. Er stammt aus einer bürgerlichen Wiener Familie. Sein Vater ist Finanzwacheoberkommissar bei der Zollstation Sievering, der ältere Bruder studiert. Rudolf ist das schwarze Schaf der Familie. Wegen eines derben Bubenstreiches wurde er aus der Schule geworfen und an seinem 18. Geburtstag vom despotischen Vater auch aus dem Elternhaus verbannt. Seit dieser Zeit wohnt er in verschiedenen Wiener Heimen.[61]

Im Lesezimmer des Männerheims Meldemannstraße lernt er den um vier Jahre älteren H. kennen, den er als ruhigen, fleißigen Mann in auffallend altmodischer Kleidung beschrieb. H. sitzt wie gewöhnlich über seiner Malerei, und da auch Häusler gerne zeichnet, kommen sie ins Gespräch. Mit der Zeit nimmt sich der Ältere des Jüngeren an, der durch schlechte Augen und einen dicken Zwicker behindert ist. H., bald von seinem Schützling »Adi« gerufen, nimmt Anteil an »Rudis« Geschichte, die der seinen sehr ähnlich ist. Auch Häusler hat unter dem strengen, dominanten Vater zu leiden, der überdies den gleichen Beruf wie Alois Hitler hat.

Auch Häusler hat eine enge Mutterbindung. Da der Vater ihm das Haus verboten hat, besucht er die Mutter heimlich immer dann, wenn der Vater nicht zu Hause ist. Als Zeichen, daß er kommen darf, stellt Ida Häusler dem Sohn ein Licht in ein bestimmtes Fenster der Wohnung. Die Mutter versorgt ihn mit allem, was er braucht, vor allem mit Essen und Wäsche.

Bald nimmt Häusler seinen Freund Adi mit zur Mutter und den drei jüngeren Geschwistern in die Döblinger Sommergasse. Die damals 50jährige Ida Häusler, eine selbstbewußte, gebildete Frau aus gutem Haus, ist froh, daß ihr wilder Sohn einen gut erzogenen älteren Freund gefunden hat, faßt Vertrauen zu H. und fördert die

Freundschaft. Außerdem bewirtet sie den offenkundig notleidenden H. großzügig und versorgt auch ihn mit dem Nötigsten. Häuslers 17jährige Schwester Milli schwärmt bald für Adi. Diesem wiederum gefällt die behagliche, saubere, bürgerliche Atmosphäre im Haus Häusler, denn sie ähnelt der in der Linzer Blütengasse. Vater Häusler bleibt unsichtbar.

Häusler erzählte seiner Familie später immer wieder – und zwar bevor er wußte, daß sein Freund eine politische Karriere in Deutschland machte –, daß er von Adi viel gelernt habe. Dieser habe ihm von den Büchern gesprochen, die er gerade las, und ihm vor allem das Werk Richard Wagners erschlossen. In der einzigen schriftlichen Äußerung über seine Beziehung zu H. meinte Häusler 1939, daß H. sich seiner annahm, »mich politisch aufklärte und so in mir den Grundstock für meine politische und allgemeine Bildung legte«.[62] Der 19jährige sieht in dem 23jährigen H. offenbar eine Art Vaterersatz. H. hat wieder einen Zuhörer für seine Redeübungen.

Rudolf Häusler *Ida Häusler*

Gerne erzählte Häusler später vom ersten Opernbesuch seines Lebens, als Freund Adi ihn in Wagners TRISTAN UND ISOLDE mitnahm. Es war immer noch die inzwischen etwas modifizierte und gekürzte Mahler/Roller-Inszenierung, und auch die Besetzung war in den Hauptpartien noch dieselbe wie bei H.s erstem Wiener

TRISTAN vom 8. Mai 1906: Erik Schmedes sang den Tristan und Anna Bahr-Mildenburg die Isolde.[63]

Gegen 14 Uhr hätten sie sich bereits an der Kasse angestellt, so Häusler, und dann auf Stehplätzen den langen Abend verbracht. H. sei an diesem Abend sehr aufgeregt gewesen und habe ihm auch während der Vorstellung ständig die verschiedenen musikalischen Motive erklärt. Häusler jedoch, von seiner Familie als sehr ungeduldiger Mensch beschrieben, übersteht den Abend nur mit Mühe, da er nicht nur übermüdet, sondern auch von großem Hunger geplagt ist. Die Vorstellung dauert laut Spielplan von 19 bis 23.30 Uhr, und so kehren die beiden erst weit nach Mitternacht ins Männerheim zurück. Immerhin erreicht H. mit seinen Bildungsversuchen, daß Häusler sein Leben lang Wagner-Musik liebte und seiner Musik studierenden Tochter mit Vorliebe Klavierauszüge von Wagner-Opern schenkte.

Der junge H. schwärmt auch Häusler von Deutschland vor. Das Datum der Abreise rückt näher, und H. überredet den Freund, mit ihm nach München zu gehen, ganz so, wie er 1907 seinen Linzer Freund Kubizek überredete, ihn nach Wien zu begleiten. Wie er damals Kubizeks widerstrebende Eltern überzeugte, so tut er dies nun auch bei Ida Häusler. Rudi hat gerade seine Drogerielehre abgeschlossen und will nun auch von Wien weg nach Deutschland, das ihm sein Freund in so leuchtenden Farben schildert.

Am 16. Mai 1913 verfügt das k.k. Bezirksgericht Linz die Auszahlung des väterlichen Erbteils an den »Kunstmaler« Adolf H. in Wien, Meldemannstraße, mit der Bemerkung: »Die Barschaft wird durch die Post übersendet.«[64] Der Betrag ist von 652 Kronen im Jahr 1903 durch Zinsen auf 819 Kronen 98 Heller angewachsen, stellt also eine stattliche Summe dar.

H. begleitet Rudi zum Abschiedsbesuch bei der Mutter, die den Sohn reichlich mit Wäsche und Kleidung versorgt. H. verspricht ihr, in München auf Rudolf aufzupassen. Ida Häusler vertraut dem älteren Freund ihres Sohnes vollkommen.

Am Samstag, dem 24. Mai 1913, melden sich H. und Häusler ordnungsgemäß bei der Polizei ab, geben aber nicht an, wohin sie reisen. H.s Meldedokument gibt als neuen Wohnort »Unbekannt« an. Honisch und andere Kollegen aus dem Männerheim geben den beiden Auswanderern am Sonntag, dem 25. Mai 1913, »ein Stück Weges das

Geleite« zum Westbahnhof. *Ich hatte diese Stadt einst betreten als halber Junge noch und verließ sie als still und ernst gewordener Mensch*, schreibt H. in MEIN KAMPF.⁶⁵ Er hat bei seiner Abreise aus Wien deutlich weniger Gepäck als bei seiner Ankunft. Damals erwähnte Kubizek vier schwere Koffer mit vielen Büchern, nun hat er laut Honisch nur »ein schmales Köfferchen« bei sich. Darin müssen sich auch einige Aquarelle mit Wienansichten befunden haben, jene besonders sorgfältig gemalten Bilder, die H. nicht verkaufte, sondern lebenslang bei sich behielt.⁶⁶

H. kleidet sich vor der Reise komplett neu ein. Denn während noch Honisch über H.s »abgetragenen« Anzug im Männerheim berichtet, lernen H.s Münchner Vermieter kurze Zeit später einen penibel gut angezogenen, sauberen jungen Mann kennen, den sie als Untermieter sofort akzeptieren: H. habe damals, so der Schneidermeister Popp und seine Frau, kein einziges abgetragenes Kleidungsstück getragen, sein Frack, seine Anzüge, Mäntel und Unterwäsche seien in ordentlichem und gepflegtem Zustand gewesen.⁶⁷

H. verläßt also Wien, wie er es sieben Jahre vorher betreten hat: als ordentlicher Bürgersohn, der von seinem Vater Geld geerbt hat und nun in München, der Stadt seiner Träume, Architekt werden will. *Mit herzlicher Freude bin ich nach München; drei Jahre wollte ich noch lernen; mit 28 Jahren dachte ich als Zeichner zu Heilmann & Littmann zu gehen; bei der ersten Konkurrenz würde ich mich beteiligt haben, und da, sagte ich mir, würden die Leute sehen, der Kerl kann etwas. Ich hatte mich bei allen damaligen Konkurrenzen privat beteiligt, und als die Entwürfe zum Bau der Oper in Berlin publiziert wurden, hat mir das Herz geklopft, wenn ich mir sagen mußte, viel schlechter als das, was du selbst geplant hast! Auf das Theatergebiet hatte ich mich spezialisiert.*[68] H. über München in MEIN KAMPF: *Eine deutsche Stadt! Welch ein Unterschied gegen Wien! Mir wurde schlecht, wenn ich an dieses Rassenbabylon auch nur zurückdachte.*[69]

H. und Häusler beziehen als Untermieter ein gemeinsames Zimmer beim Schneidermeister Popp in der Schleißheimer Straße 34. Bei der polizeilichen Anmeldung weist Häusler seinen Wiener Heimatschein vor,[70] H. jedoch gibt fälschlicherweise an, staatenlos zu sein. Dies geschah mit Sicherheit in der Absicht, eine Meldung nach Österreich zu vermeiden und einem Verfahren als Stellungsflüchtling zu entgehen. Als Beruf gibt er Kunstmaler an, ändert das aber später in »Schriftsteller lt. Paß«.[71]

Der Anfang in München sei, so erzählte Häusler später, sehr schwer gewesen. H.s Geld ist rasch verbraucht. Beide Männer finden keine Anstellung. H. muß wieder seine Postkartenbilder malen. Der gewandte und aktive Häusler versucht, die Bilder zu verkaufen, die Einkünfte seien aber gering gewesen. So hätten sie häufig gehungert und jeden auch noch so kleinen Auftrag angenommen. Für ein nahes Milchgeschäft etwa hätten sie für Milch und Brot Schilder gemalt: »Gestockte Milch«, »Geschlossen«, »Komme gleich« und ähnliches. Häusler, der gut basteln kann, versucht sich auch im Anfertigen von Bilderrahmen.

Der Kontakt zu Wien und den Männerheimkollegen schläft bald ein. Honisch: »Dann kam noch zwei oder dreimal ein Brief oder eine Ansichtskarte aus München. Dann hörte ich lange nichts von ihm.«

Ida Häusler, die lange vergeblich auf ein Lebenszeichen ihres Sohnes aus München wartet, wendet sich schließlich an H. mit der

Bitte, ihr zu schreiben, wie es dem Sohn gehe. Er antwortet in einem zweiseitigen beruhigenden Brief. In dem Bruchstück, das sich von diesem Brief in Photographie erhalten hat – der unteren Hälfte der ersten Seite –, heißt es: ... *aller denklichen Bemühungen einen auch nur halbwegs anständigen Posten zu finden, so wird ihm dies hier sicher nicht schwerer fallen; eher leichter. Die Lebensmöglichkeiten sind im Deutschen Reich mit seinen fast fünfzig über hunderttausend Einwohner-Städten, seinem gewaltigen Welthandel doch wohl bedeutend besser als in Österreich. Ich kann wohl behaupten, es brauche ihm nicht leid zu tun hier zu sein auch wenn er sich nicht emporarbeiten könnte, denn, dann ginge es ihm in Österreich eben noch schlechter. Ich glaube aber dies überhaupt nicht. In einem Staat...*[72]

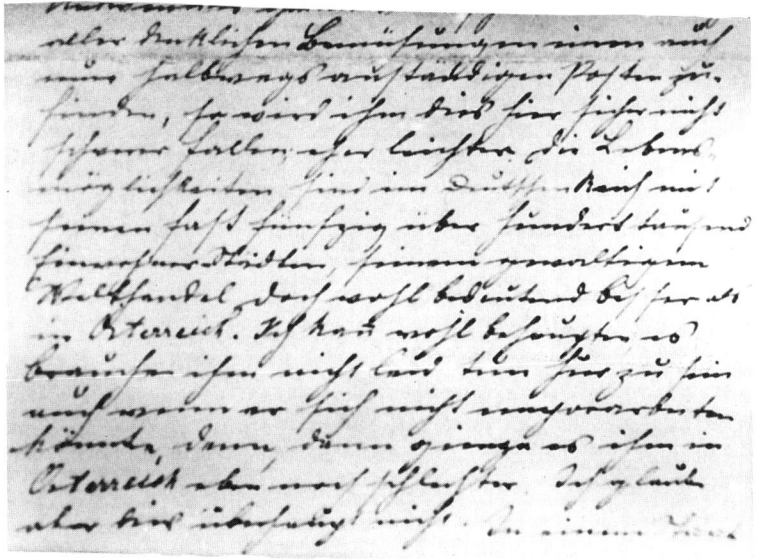

Erhaltenes Bruchstück von H.s Brief an Ida Häusler aus München 1913

An diesem Brieffragment läßt sich auch erkennen, wie sehr sich H.s Schrift in den Wiener Jahren entwickelt hat. Die Rechtschreibung ist nun korrekt, wohl das Ergebnis intensiver Lektüre.

Gemeinsam entdecken die beiden Männer München. Häusler erzählte später lachend, wie sie einmal im »Bürgerbräu« saßen und hörten, wie die Leute am Nebentisch über Österreich schimpften.

H. sei wütend aufgesprungen, habe sich zornig in das Gespräch eingemischt und Österreich verteidigt. Häusler, der H.s Haßtiraden über Österreich zur Genüge kennt, fragt baß erstaunt, warum H. auf einmal seine Meinung geändert habe. Dieser aber habe nur kurz gemeint, er dürfe als Österreicher sein Land kritisieren, nicht aber ein Fremder, der keine Ahnung habe.

Ähnlich reagierte H. auch später häufig, wenn seine Zuhörer sich allzu verständnislos über die komplizierten Verhältnisse im Vielvölkerstaat zeigten. So meinte er etwa 1942: *Die Leute vom Altreich haben von Nationalitäten keinen Schimmer; sie sind aufgewachsen, umgeben von einer Wolke von Dummheit. Keine Ahnung vom Problem Österreich! Daß es sich hier nicht um einen Staat in unserem Sinn, sondern um ein Gemengsel handelte, haben sie nicht begriffen! Divisionen hatte Österreich nicht, Österreich hatte Tschechen, Kroaten, Serben! Heilige Einfalt, hier ist alles vergeblich.*[73]

Häusler ist weit selbstbewußter und energischer als einst Kubizek und lehnt sich mehr und mehr gegen die Dominanz des Älteren auf, vor allem gegen dessen Jähzorn und Rechthaberei. Er zeigt sich auch immer unwilliger, nächtelang H.s aufgeregte Monologe anzuhören. Es sei äußerst schwer gewesen, H.s feuchten Redefluß zu bremsen, erzählte Häusler später seiner Familie. Er, Häusler, habe es zunächst mit dem Spruch versucht: »Geh Adi, hör endlich mit dem Spucken auf! Sonst hol ich den Schirm!«

Über häufigen Streit der beiden Männer erzählten Münchner Nachbarn 1952 dem Journalisten Thomas Orr, der in der NEUEN REVUE den bisher unbekannten H.-Freund Häusler zum erstenmal erwähnte. Häusler habe nachts schlafen wollen, »während Hitler oft bis drei und vier Uhr morgens die Petroleumlampe brennen ließ und über dicken Büchern saß«. Außerdem hätten sie über Politik gestritten, denn Häusler sei Sozialist gewesen.[74] Als der inzwischen 60jährige Häusler die Illustrierte in Wien in die Hand bekam, wurde er nach Aussage seiner Tochter wütend und schwor sich, auch weiterhin sein Schweigen über seine Beziehungen zu H. zu bewahren, vor allem gegenüber Journalisten. Denn Häusler war keineswegs Sozialist, sondern Deutschnationaler wie sein politischer Lehrmeister Adi.

H. ist im Januar 1914 in einer höchst bedrängten Lage. Denn die k.u.k. Behörden sind dem Stellungsflüchtling auf die Spur gekommen. Am 12. Januar 1914 wird er mit einem amtlichen Schreiben aus Linz aufgefordert, sich unverzüglich einer Musterung zu stellen. Widrigenfalls sei mit einer strengen Arreststrafe von vier Wochen bis zu einem Jahr und einer Geldstrafe bis 2000 Kronen zu rechnen.

H. antwortet mit einem langen Rechtfertigungsbrief, beteuert seine Unschuld, schildert seine Wiener Leidensjahre und seine Anständigkeit: *Trotz größter Not, inmitten einer oft mehr als zweifelhaften Umgebung, habe ich meinen Namen stets anständig erhalten, bin ganz unbescholten vor dem Gesetz und rein vor meinem Gewissen bis auf jene unterlassene Militärmeldung, die ich damals nicht einmal kannte.* Aus Kostengründen bittet er, zur Musterung nicht nach Linz, sondern in das nähere Salzburg reisen zu dürfen.[75]

Das wird ihm erlaubt, und so reist H. Mitte Februar nach Salzburg. Hier wird er am 15. Februar 1914 untersucht und wegen körperlicher Schwäche für untauglich erklärt. So entgeht er dem k.u.k. Militärdienst und einem Strafverfahren wegen »Vergehens der Entziehung von der Stellungspflicht«.

Am selben Tag, als H. in Salzburg vor der Musterungskommission steht, nutzt Häusler Adis Abwesenheit und zieht nach immerhin fast neunmonatigem Zusammenleben aus dem gemeinsamen Zimmer aus. Er nimmt sich ein eigenes Zimmer, wo er nachts nicht durch politische Vorträge um den Schlaf gebracht wird. H. bleibt nichts anderes übrig, als bei seiner Rückkehr diese Entscheidung zu akzeptieren. Immerhin aber bleibt Häusler in seiner Nähe, lebt zeitweise sogar im selben Haus und im selben Stockwerk.[76] Weiterhin verkauft er H.s Bilder und lebt von Gelegenheitsarbeiten.

Das Attentat auf den habsburgischen Thronfolger Ende Juni 1914 in Sarajewo vermag H.s österreichischen Patriotismus nicht zu beleben, im Gegenteil: er fühlt Genugtuung. Es sei *die Faust der Göttin ewigen Rechtes und unerbittlicher Vergeltung, die den tödlichsten Feind des österreichischen Deutschtums, Erzherzog Franz Ferdinand, gerade durch die Kugeln fallen ließ, die er selber mithalf zu gießen. War er doch der Patronatsherr der von oben herunter betätigten Slawisierung Österreichs.*[77] Wie die Schönerianer haßt der junge H. laut Hanisch diesen Habsburger, dessen Thronbesteigung seiner Meinung nach *den Niedergang der Deutschen in Österreich bringen würde.*[78]

H. erhofft einen großen Krieg und den Zusammenbruch Österreich-Ungarns als *Beginn der Erlösung der deutschen Nation*.[79] Und: *für mich stritt nicht Österreich für irgendeine serbische Genugtuung, sondern Deutschland um seinen Bestand, die deutsche Nation um Sein oder Nichtsein, um Freiheit und Zukunft*.[80]

Am 3. August 1914 meldet sich H. freiwillig in die deutsche Armee und erklärt diesen Schritt in MEIN KAMPF: *Aus politischen Gründen hatte ich Österreich in erster Linie verlassen; was war aber selbstverständlicher, als daß ich nun, da der Kampf begann, dieser Gesinnung erst recht Rechnung tragen mußte! Ich wollte nicht für den habsburgischen Staat fechten, war aber bereit, für mein Volk und das dieses verkörpernde Reich zu sterben*.[81] Häusler dagegen reist an diesem 3. August nach Wien zurück, um sich dort für das k.u.k. Heer zu melden. Der Kontakt zwischen den beiden Männern bricht damit ab.

Da H. im Heer des deutschen Bundesbruders kämpft, braucht er seiner baldigen Einberufung zum k.k. Landsturm nicht Folge zu leisten. Der Vorgang wurde 1932 vom österreichischen Kriegsarchiv und anderen staatlichen Stellen eingehend geprüft. Diese Prüfung ergab, daß H. tatsächlich nicht als stellungsflüchtig bezeichnet werden konnte, da er keine entsprechende Vorstrafe hatte.[82]

Als 1924 die Frage seiner Staatsbürgerschaft diskutiert wurde, ließ H. eine öffentliche Erklärung drucken, datiert Landsberg, 16. Oktober 1924: *Ich empfinde den Verlust der österreichischen Staatsbürgerschaft nicht als schmerzlich, da ich mich nie als österreichischer Staatsbürger, sondern immer nur als Deutscher gefühlt habe... In dieser Gesinnung habe ich einst die letzte Folgerung gezogen und den Heeresdienst in der deutschen Armee geleistet*.[83]

Am 7. April 1925 suchte der damals knapp 36jährige H. um Entlassung aus der österreichischen Staatsbürgerschaft an, die ihm am 30. April 1925 gegen eine Gebühr von 7,50 Schilling gewährt wurde.[84] Damit war er staatenlos. Deutscher Staatsbürger wurde H. erst 1932, ein Jahr vor seiner »Machtübernahme«. Seinen Heimatschein, ausgestellt in Linz am 21. Februar 1906, hob er ebenso wie seinen alten österreichischen Paß sorgfältig auf.[85]

Eine für unmöglich gehaltene politische Karriere

Häusler wie Hanisch, Dr. Bloch, Kubizek und Samuel Morgenstern, die einstigen Männerheimkollegen wie die Linzer Schulkollegen staunten über die politische Karriere, die H. ab 1919 in Deutschland machte. Kein einziger von ihnen hätte so etwas für möglich gehalten. Und daß derselbe Mensch, der sich mit Juden besonders gut verstand, nun plötzlich ein führender deutscher Antisemit sein sollte, ging den Kollegen von einst erst recht nicht in den Kopf.

Adolf Hitler, wie sie ihn kannten, fiel im grauen Heer der Wiener Gelegenheitsarbeiter und Arbeitslosen nicht weiter auf, weder durch besondere Begabung noch durch Skrupellosigkeit, einen Hang zum Verbrecherischen oder gar Dämonischen. Der junge H. war ein körperlich schwacher Sonderling, der regelmäßiger Arbeit auswich, sich in eigentümliche Theorien über die Entstehung der Welt vertiefte und das »deutsche Volk« vergötterte, ein jähzorniger »Streithansel«, der immer Recht haben wollte und seine Gesprächspartner niederredete.

Auffällig waren bei ihm am ehesten seine Starrheit im Denken, seine Unflexibilität und Verklemmtheit, seine Angst vor Frauen, seine Unfähigkeit zu Heiterkeit und Geselligkeit. Der bewundernde Kubizek: »Ein unbekümmertes Sichgehenlassen, ein In-den-Tag-hinein-Leben, mit dem glücklichen Gedanken ›Kommt's wie's kommt!‹, oder gar Über-die-Schnur-Hauen, ein derbes Ausgelassensein! Nein, das gab es bei ihm niemals.« Und: »der Typ des Wieners war ihm in der Seele zuwider. Schon diese weiche, an sich sehr melodiöse Sprechweise konnte er nicht vertragen. Vor allem aber haßte er die Nachgiebigkeit, die dumpfe Gleichgültigkeit der Wiener, dieses ewige Fortwursteln, dieses bedenkenlose Von-einem-Tag-in-den-andern-Leben. Sein eigener Charakter war diesem Wesenszuge der Wiener völlig konträr.«[86]

Nie war in Wien die Rede davon, daß H. Politiker werden wolle, wenn auch sein Interesse an Politik unübersehbar heftig war. Sein Lebensziel war es, Baumeister zu sein.

Auch nach den Kriterien des künstlerischen und intellektuellen Wien der Jahrhundertwende war ein Mann wie H. uninteressant. Er hatte so gar nichts Genialisches an sich, war spießbürgerlich, angepaßt an den landläufigen Geschmack der »kleinen Leute«, mit seinem stolzen Hervorkehren, daß sein Vater Beamter gewesen sei. Er hatte keine originellen Einfälle, war unkreativ, nicht witzig, und wenn er redete, dann sprach er in angelesenen Phrasen, die er aus Zeitungen, sektiererischen Broschüren und Büchern auswendig gelernt hatte. Das vielzitierte Wort von Karl Kraus, zu H. falle ihm nichts ein, illustriert die völlige Ratlosigkeit über die Karriere ausgerechnet dieses Österreichers in Deutschland. Wo denn hätte ein Kraus bei diesem schlichten Mann mit den verbohrten Ideen seinen Spott ansetzen sollen? Es lagen Welten zwischen dem Wiener Fin de siècle und dem »Künstler« Adolf Hitler.

Niemand bemerkte auch H.s später sprichwörtlich gewordene »zwingende Kraft« seiner blauen Augen oder eine andere suggestive Kraft. Der Verdacht liegt nahe, daß H., der bei einem Schauspieler Redeunterricht nahm, seine Gebärden vor dem Spiegel einstudierte und photographisch festhalten ließ, um sie verbessern zu können, auch diese angeblich so unwiderstehliche Suggestivkraft seiner Augen trainierte. Er wollte, daß sein Gegenüber einen direkten Blick als Kraftübertragung deutete, und setzte dieses ganz bewußt als Waffe ein. Schwer zu entscheiden, ob es reine Ironie oder doch auch Ernst war, wenn H. etwa in einer Lagebesprechung am 27. Januar 1945 vor dem Treffen mit dem norwegischen Regierungschef meinte: »Ich habe heute noch eine unangenehme Arbeit. Ich muß den Quisling heute noch ›hypnotisieren‹.«[87]

Zu diesen bewußt antrainierten Fertigkeiten muß dann noch ein bedeutendes Maß an Selbstsuggestion hinzugekommen sein, ein fanatischer Glaube an sich selbst – außerdem eine perfekte, intensiv eingeübte Selbstinszenierung in einer bühnenmäßig gestalteten Kulisse mit allem verfügbaren Theaterzauber, Lichteffekten und Musik, Fahnen und Fackeln, unterstrichen und zur Weihestimmung hochstilisiert. All dies muß sich zu dem Eindruck summiert haben: er sei ein Mann mit suggestiver Kraft, eben der »Unbesiegbare«, der Retter des deutschen Volkes.

Aus den Wiener Verhältnissen läßt sich H.s Karriere jedenfalls nicht ableiten und schon gar nicht begreifen. Im Deutschland der Weimarer Republik erst machte dieser Österreicher Karriere. Nach Österreich kam er im März 1938 als bis dahin zweifellos erfolgreicher deutscher Reichskanzler zurück.

Gerne und voll Pathos betonte der »Führer«, wie schwer es gewesen sei, *als einsamer Wanderer den Weg anzutreten vom Nichts bis an die Spitze der deutschen Nation* – so am 12. September 1936 in einer Feierstunde der Hitlerjugend. Und am Tag darauf vor einer Kampfformation der NSDAP: *Das ist das Wunder unserer Zeit, daß ihr mich gefunden habt, daß ihr mich gefunden habt unter so vielen Millionen! Und daß ich euch gefunden habe, das ist Deutschlands Glück!*[88]

Was H. aus Wien in sein neues Leben mitnahm, stilisierte er später gerne so: *Wien aber war und blieb für mich die schwerste, wenn auch gründlichste Schule meines Lebens... Ich erhielt in ihr die Grundlagen für eine Weltanschauung im großen und eine politische Betrachtungsweise im kleinen, die ich später nur noch im einzelnen zu ergänzen brauchte, die mich aber nie mehr verließen.*

H. schreibt diesen vielzitierten Satz im Zusammenhang mit seinen Wiener Leiden: *Nur wer selber am eigenen Leibe fühlt, was es heißt, Deutscher zu sein, ohne dem lieben Vaterlande angehören zu dürfen, vermag die tiefe Sehnsucht zu ermessen, die zu allen Zeiten im Herzen der vom Mutterlande getrennten Kinder brennt.*[89]

Mit seiner übersteigerten, maßlosen Liebe zum »Deutschtum« und seiner Mißachtung der »nichtdeutschen« Völker brachte er auch seinen Haß gegen Parlamentarismus, Demokratie, Gleichheit vor dem Gesetz und internationale Organisationen mit, denn dies alles war mit dem Vorrang der Deutschen nicht zu vereinen. Er nahm alle möglichen angelesenen Theorien mit, die kaum einer so ernst und realistisch auffaßte wie er: von der Verderblichkeit der Rassenmischungen etwa und der wieder zu gewinnenden Reinheit des Blutes als Voraussetzung für die germanische Weltherrschaft, die nur im Kampf gegen die das gleiche Ziel anstrebenden Juden erreichbar sei.

Seine prägenden politischen Erfahrungen stammten aus Wien: Bei Dr. Karl Lueger lernte er die Taktik eines Volkstribunen kennen, der die Massen zu Gefühlsstürmen bewegt, der sich für seine Anhänger, die »kleinen Leute«, aufopfert und ihr Selbstgefühl steigert, indem er eine Minderheit ausgrenzt und dem Hohn preisgibt. Der Volkstribun ist persönlich anspruchslos, bescheiden, ohne Familie. Er weiht sich wie ein Priester nur seinem »Volk«.

Bei Georg Schönerer lernte H. das nationale Ziel eines »Alldeutschland« kennen, das endlich auch die österreichischen Deutschen umfassen sollte, also den »Anschluß« der deutschen Teile Österreichs einschließlich der Sudetenländer anstrebte.

Bei Franz Stein konnte er die Aggressivität der außerparlamentarischen Opposition studieren und das politische Ziel, den deutschen Arbeiter den »internationalen« Sozialdemokraten abzujagen und ihn in die »Gemeinschaft des deutschen Volkes« zurückzubringen.

Bei Karl Hermann Wolf lernte er den unermüdlichen kämpferischen Einsatz für das Deutschtum. Hier muß er auch erkannt haben, wie ohnmächtig ein großer Machtapparat einer fanatisierten terroristischen Minderheit ausgeliefert sein kann. Am abschreckenden Beispiel der untereinander streitenden deutschnationalen Parteien der Habsburgermonarchie erkannte H. aber auch die Notwendigkeit, soziale wie politische Grenzen innerhalb des »Edelvolkes« zu überwinden, um überhaupt eine Chance auf Erfolg zu haben.

H. nahm eine Menge von Einzelwissen mit, Daten und Zahlen, ob es sich um die Länge und Breite der Donau, die Lebensdaten der Ringstraßenarchitekten, detaillierte Pläne historischer Bauten mit genauen Abmessungen, Wagners Werke, Raffinessen der Bühnentechnik, die Schlachtpläne von Königgrätz oder germanische Heldengeschichte handelte – aber auch den »Heil«-Gruß der Schönerianer, das Hakenkreuz der List-Jünger, den Germanenkult, den Zuchtgedanken, auch Karl Iros Vorschlag, Kontrolle über die Zigeuner zu bekommen, indem man ihnen eine Nummer in den Unterarm tätowieren solle, und manches andere.

Aber es waren zusammengelesene Bruchstücke, mit denen er 1913 Wien verließ, ein Sammelsurium, bewahrt von einem exzellenten Gedächtnis. Erst in Deutschland ordneten sich all diese Stücke wie auf einem Magnetfeld in eine »Weltanschauung« auf der Grundlage des Rassenantisemitismus.

Der Politiker H. trat ausdrücklich nicht mit einem Parteiprogramm, sondern als Führer einer »Bewegung«, als Verkünder seiner Weltanschauung in die Öffentlichkeit. Er wolle *in den Herzen* seiner Anhänger *die heilige Überzeugung* wecken, daß mit seiner Bewegung *dem politischen Leben nicht eine neue Wahlperiode oktroyiert, sondern eine neue Weltanschauung von prinzipieller Bedeutung vorangestellt werden solle.*[90]

Damit machte er den Nationalsozialismus zur kämpferischen Glaubensgemeinschaft mit dem Ziel der »germanischen Weltherrschaft« auf der zu schaffenden Grundlage einer durch »Zuchtwahl« erstarkten, von »nichtdeutschen Elementen« »gereinigten« »arischen Rasse«. Die im Wiener Fin de siècle so belächelten wirren Ideen deutschvölkischer Sektierer verbanden sich 30 Jahre später im krisengeschüttelten Deutschland mit politischer Macht und wurden zur gefährlichen Munition, die Unheil über die Welt brachte.

ANHANG

Anmerkungen

1 Aus der Provinz in die Hauptstadt

1 Hermann Giesler, Ein anderer Hitler, Leoni ²1977, 480 u. 96ff.
2 Adolf Hitler, Monologe im Führerhauptquartier 1941–1944, hg. v. Werner Jochmann, Hamburg 1980, 405, 25.6.1943.
3 Giesler (wie Anm. 1), 216.
4 Monologe, 74, 1.10.1941; Albert Speer, Spandauer Tagebücher, Berlin 1975, 258.
5 Linz OÖLA, politische Akten, Schachtel 49. Gedächtnisprotokoll des Gauleiters Eigruber über Vorträge bei Hitler 1941–1943; hier auch die übrigen Einzelheiten über den geplanten Ausbau von Linz.
6 Ebd., 27.4.1942.
7 Näheres bei: Evan Burr Bukey, Patenstadt des Führers. Eine Politik- und Sozialgeschichte von Linz 1908–1945, Frankfurt a. M. 1993.
8 Goebbels, Tagebücher, Teil I, Bd. 4, 537, 13.3.1941.
9 Adolf Hitlers drei Testamente, hg. v. Gert Sudholt, Leoni o. J.
10 Klaus Backes, Hitler und die bildenden Künste, Köln 1988, 103.
11 Goebbels, Tagebücher, Teil I, Bd. 4, 652, 17.5.1941.
12 Eigruber-Protokolle, s. Anm. 5.
13 Henry Picker, Hitlers Tischgespräche im Führerhauptquartier, Frankfurt a. M. 1951, 244f., 26.4.1942.
14 Giesler, 99.
15 Albert Speer, Erinnerungen, Frankfurt a. M. 1969, 113.
16 Zitiert aus dem Linzer Ratsherrenprotokoll vom 20.11.1943 bei: Ingo Sarley, Hitlers Linz. Die Stadtplanung von Linz an der Donau 1938–1945, masch. Diss. TU Graz 1985, 38.
17 Picker, 339, 29.5.1942.
18 Speer, Tagebücher, 142.
19 Goebbels, Tagebücher, Teil I, Bd. 4, 537, 13.3.1941.
20 NWB-Kalender für das Jahr 1909, 38.
21 MK, 1.
22 Franz Jetzinger, Hitlers Jugend, Wien 1956, 81, zitiert eine Augenzeugin, Johanna sei eine »spinnerte Bucklige« gewesen.
23 Washington NA. Hitler Source Book. Interview mit William Patrick Hitler am 10.9.1943 in New York.
24 MK, 135.
25 Monologe, 324, 3.8.1942.

26 Hitler aus nächster Nähe. Aufzeichnungen eines Vertrauten 1929–1932, hg. v. H. A. Turner, Berlin 1978, zit.: Wagener, 425. Die stark heruntergekommene Schule wurde 1939 von H. gekauft, renoviert und zum Heim der Hitlerjugend gemacht.
27 MK, 4.
28 Albert Zoller, Hitler privat, Düsseldorf 1949, 190.
29 H. am 20.5.1938 zum Adjutanten Engel, in: Heeresadjutant bei Hitler 1938–1943. Aufzeichnungen des Majors Engel, hg. v. Hildegard von Kotze, Stuttgart 1974, 22.
30 Jetzinger, 69.
31 Goebbels, Tagebücher, Teil I, Bd. 3, 488, 22.7.1938.
32 Eberhard Jäckel / Axel Kuhn, Hitler. Sämtliche Aufzeichnungen 1905–1924, Stuttgart 1980, 1038, in Brief an Fritz Seidl, 16.10.1923.
33 MK, 173.
34 Jetzinger, 92.
35 Christa Schroeder, Er war mein Chef, München 1985, 64.
36 Erwin A. Schmidl, Österreicher im Burenkrieg, masch. Diss. Wien 1980, 117ff.
37 MK, 172f.
38 Jäckel/Kuhn, 885, Rede am 13.4.1923 in München.
39 Eleonore Kandl, Hitlers Österreichbild, masch. Diss. Wien 1963, XXXIX, Aussage Commenda.
40 WSMZ, 18.9.1933.
41 MK, 4.
42 Jetzinger, 72.
43 Alfred Zerlik, Adolf Hitler in den Schulprotokollen der Realschule, Jahresbericht des Bundesrealgymnasiums Linz 1974/75, 36ff.
44 Jetzinger, 105.
45 Monologe, 281.
46 Speer, Tagebücher, 259.
47 Kandl, XXXIX, Aussage Commenda.
48 Picker, 277, 10.5.1942.
49 München, IfZ. ED 100, 42.
50 MK, 6.
51 Goebbels, Tagebücher, Teil I, Bd. 2, 681, 9.8.1932.
52 Hans Frank, Im Angesicht des Galgens, München 1953, 332.
53 Aussage Josef Mayrhofer jun. im Film von Georg Stefan Troller und Axel Corti: Ein junger Mann aus dem Innviertel.
54 WSMZ, 18.9.1933.
55 MK, 54.
56 MK, 10.
57 Kandl, XXVIII, Aussage Anton Estermann.
58 MK, 13.
59 Kandl, XXIIIf., Aussage Ing. Josef Keplinger.
60 Ebd., 25 ff.

61 Ernst Koref, Die Gezeiten meines Lebens, Wien 1980, 226.
62 Kandl, 33, zitiert Poetsch, Vortragszyklus über das Nibelungenlied.
63 Max Domarus, Hitler. Reden und Proklamationen 1932–1945, München 1965, 836, Rede am 25.3.1938 in Königsberg, ähnlich auch in München am 2.4.1938; auch im Zusammenhang mit dem Ersten Weltkrieg gebraucht, zum Beispiel: Hitler, Reden, III. Teil, 1, 213.
64 Monologe, 185, 8./9.1.1942. Andere Schulstreiche bei: Schroeder, 61ff.
65 Kandl, 17.
66 MK, 10f.
67 MK, 13.
68 Jetzinger, 108. Eine Nachfrage beim Bibliothekar des Stiftes Wilhering brachte keine Bestätigung, aber auch keine Widerlegung dieses Vorgangs.
69 Ebd.
70 Brian McGuinness, Wittgensteins frühe Jahre, Frankfurt a. M. 1988, 97f.
71 Kandl, XXXI, Aussage Estermann.
72 Linz StA, Rechenschafts-Bericht des Gemeinderates für 1903.
73 MK, 55.
74 Michael John, Die jüdische Bevölkerung in Linz, in: HJStL 1991, Linz 1992, 115.
75 Harry Slapnicka, Oberösterreich unter Kaiser Franz Joseph, Linz 1982, 296. Laut Aufstellung der Kultusgemeinde.
76 Linz StA, hss. Tagebuch des Archivars Ferdinand Krackowizer.
77 Linz StA, Rechenschafts-Bericht des Gemeinderates für 1905. Zum 25. Jahresjubiläum des Vereins 1905 spendete die Gemeinde nicht weniger als 1000 Kronen. Außerdem erhielten der Schutzverein Südmark 100 Kronen und der Verein »Freie Schule« 400 Kronen.
78 Linzer Fliegende, 24.11.1907.
79 Kandl, XXIXff., Aussage Estermann.
80 Ebd., XXIV, Aussage Keplinger.
81 Speer, 112.
82 Hitler, Reden, III. Teil, 2, 248. Aussage vor dem Amtsgericht München am 7.5.1929.
83 Linz StA, Rechenschafts-Bericht des Gemeinderates für 1903.
84 Harry Slapnicka, Linz, Oberösterreich und die »Tschechische Frage«, in: HJStL 1977, 209ff.
85 Wien AVA MdI Präsidium 2026, Kt. 22 P. Nr. 13814/1909 Dezember 1908.
86 Kandl, 57, Aussage Keplinger. Auch Interview im Film von Troller/Corti (wie Anm. 53).
87 Koblenz BA NS 26/65/84, Kopie aus dem Sterbebuch Leonding.
88 Jetzinger, 73.
89 Jetzinger, 70.

Anm. zu S. 24–31

90 Schroeder, 63.
91 Goebbels, Tagebücher, Teil I, Bd. 3, 447, 3.6.1938.
92 Monologe, 64, 21.9.1941. Ähnlich in den Aufzeichnungen des ebenfalls anwesenden SA-Standartenführers Fr. Werner Koeppen. IfZ München Fa 514, 23 u. MK, 173.
93 Jetzinger, 116.
94 Monologe, 288, 20./21.2.1942.
95 Monologe, 377, 29.8.1942.
96 MK, 16.
97 Bradley F. Smith, Adolf Hitler, His Family, Childhood and Youth, Stanford 1967, 97f.
98 Dies und das folgende: Eduard Bloch, My Patient Hitler, Collier's, 15.3.1941.
99 Koref (wie Anm. 61), 225.
100 Bloch (wie Anm. 98).
101 Jetzinger, 125ff.
102 MK, 16 u. 20.
103 Monologe, 190, 8./9.1.1942.
104 Helga Embacher, Von liberal zu national. Das Linzer Vereinswesen 1848–1938, in: HJStL 1991, Linz 1992, 83f.
105 Linzer Fliegende, 22. Julmond 1907.
106 Krackowizer, 16.10.1907.
107 Koblenz BA. NS 26/17a, »Notizen für die Kartei«, 8.12.1938.
108 Krackowizer, 4.4.1905.
109 Krackowizer.
110 Alles nach Krackowizer.
111 Hitler, Reden, III, 2, 249. Aussage vor dem Amtsgericht München am 7.5.1929.
112 Gerhart Marckhgott, »... Von der Hohlheit des gemächlichen Lebens«. Neues Material über die Familie Hitler in Linz, in: Jahrbuch des Oberösterreichischen Musealvereins, Bd. 138/I, Linz 1993, 273f.
113 Krackowizer, 3.1.1905.
114 Jetzinger, 131f.
115 Koblenz BA. NS 26/17a, Bericht Renato Bleibtreus am 1.11.1938.
116 Laut freundlicher Mitteilung von Kubizeks Schwiegertochter, Frau Margarete Kubizek, im September 1994.
117 Kubizek, 133–142.
118 Friedrich Engels, Cola di Rienzi, Wuppertal 1974.
119 Martin Gregor-Dellin, Richard Wagner. Sein Leben – Sein Werk – Sein Jahrhundert, München 1991, 130.
120 Nach Aussage von Kubizeks Witwe Paula im Film von Troller/Corti (wie Anm. 53).
121 Kubizek, 36.
122 Linz OÖLA, Materialien Jetzinger, Brief Kubizeks vom 28.6.1949.

123 Kubizek, 23.
124 Kubizek, 35.
125 Linz OÖLA, Materialien Jetzinger, Brief Kubizeks vom 28.6.1949.
126 Jetzinger, 143ff., legt den Beginn der einseitigen Liebesgeschichte auf den November 1906 in der Absicht, Kubizek unglaubwürdig zu machen; das Schuljahr endete damals zu Ostern.
127 Linz OÖLA, Materialien Jetzinger, Briefe Kubizeks vom 28. u. 19.6.1949; Kubizek, 76–89.
128 SJSW für 1907, Wien 1909.
129 SJSW für 1908, Wien 1910, 206.
130 Krackowizer, 29.3.1905.
131 Koblenz BA. NS 26/17a. Berufsangabe laut Taufschein von Gustav Hitler von 1885 und Wien StLA Meldearchiv.
132 Kubizek, 175.
133 MK, 18.
134 Kubizek, 146–149, mit Reproduktionen, originale Rechtschreibung bei Jetzinger, 152.
135 Wien ThM, Programme der k.k. Hoftheater.
136 Kubizek, 146ff.
137 Laut freundlicher Auskunft von Prof. Dr. Franz Willnauer, Autor des Standardbuchs: Gustav Mahler und die Wiener Oper, Wien 1979.
138 MK, 18.
139 Kubizek, 145.
140 Alles bei Krackowizer, Mai bis Oktober 1906.
141 Persönliche Mitteilung von Frau Marlene Exner, 1943/44 H.s Diätköchin in der Wolfsschanze, an die Autorin 1993.
142 Koblenz BA. NS 26/65, Aussage Josef Wendt/Pewratskys am 17.11.1938. Der Unterricht dauerte laut Schülerbuch vom 2.10.1906 bis 31.1.1907.
143 Koblenz BA NS 26/65/38.
144 Linz OÖLA, Einschreibbuch der Familie Hitler aus dem Jahr 1908: »Hanitante Zins gezahlt für Mai u. August 175k 60h«, darunter »49,21« und »48,71« k.; dazu: Marckhgott (wie Anm. 112), 272.
145 Linz StA, »Adreßbuch der Städte Linz und Urfahr 1909«.
146 Koblenz BA, NS 26/65. Das Kassabuch wurde zuerst von Rudolf Binion, »... daß ihr mich gefunden habt«. Hitler und die Deutschen, Stuttgart 1978, 14f., ausgewertet.
147 MK, 20f.
148 Jetzinger, 144. Interview mit Frau Stefanie Rabatsch im Film von Troller/Corti (wie Anm. 53). Das höchst primitiv gezeichnete Porträt mit Brief an ein Fräulein Agnes in Linz (Billy Price, Adolf Hitler als Maler und Zeichner, Zug 1983, 63; Jäckel/Kuhn, 1255) vom 4.3.1908 stammt von Kujau.
149 Jetzinger, 143.

Anm. zu S. 41–48

150 Wien StLA, Meldeamt. Maria Zakreys wohnte seit 1893 in der Stumpergasse. Sie starb 1928 im Versorgungsheim der Gemeinde Wien in Lainz.
151 Die Adresse Stumpergasse 29 geht auf einen Fehler Kubizeks zurück.
152 Kubizek, 310 u. 187.
153 Kubizek, 187.
154 SJSW für 1908, Wien 1910, 34. Die Mieten in städtischen Zinshäusern. Diese waren gegenüber anderen Mietshäusern eher billiger als teurer.
155 Ebd., 502.
156 Oskar Kokoschka, Mein Leben, München 1971, 49.
157 SJSW für 1908, Wien 1910, 380.
158 MK, 18. Die bei Price Nr. 40–43 angeführten Prüfungsarbeiten sind wahrscheinlich nicht echt (Günther Picker, Der Fall Kujau, Frankfurt a. M. 1992, 18), ebenso wie der bei Price, 105, und Jäckel/Kuhn, 1254, abgedruckte Kommentar.
159 Laut Wiener Adreßbuch von 1910 war der Sitz der Schule in der Gurkgasse 11. Klassifikationslisten der Hochschule für Bildende Künste sowie Lehrer- und Schülerzahlen laut SJSW für das Jahr 1908, Wien 1910.
160 Der volle Text der Aufgaben bei: Werner Maser, Adolf Hitler, München 1971, 76.
161 Wien AHBK, mit herzlichem Dank an den Archivar, Herrn Ferdinand Gutschi.
162 Ludwig Walther Regele, Akademieaspirant Hitler und Alois Delug, in: Katalog Alois Delug, hg. v. Museumsverein Bozen 1990, 41.
163 J. Sidney Jones, Hitlers Weg begann in Wien, Wiesbaden 1980, 317, behauptet fälschlicherweise, vier der sieben Akademieprofessoren seien Juden gewesen.
164 Heinz Schöny, Wiener Künstlerahnen, Bd. 2, Wien 1975, 147ff.
165 MK, 19.
166 Der im Goebbels-Tagebuch vom 7. und 8.10.1928 erwähnte eben verstorbene Andersen ist nicht mit R. Ch. Andersen identisch, der erst 1969 starb. Das Interimsregister von Elke Fröhlich, München 1987, ist hier zu korrigieren. Auch die offensichtlich hierauf zurückgehende Erzählung bei Charles de Jaeger, Das Führermuseum. Sonderauftrag Linz, München 1988, 20, ist höchst unglaubwürdig und stimmt allzu auffallend mit Kubizeks Bericht, 195, überein.
167 Picker, 276, 10.5.1942.
168 Picker, 149, 27.3.1942. Auch Kubizek, 199.
169 München IfZ ED 100, S. 43.
170 Koblenz BA NS 26/65, Kopie des Kassabuches Dr. Blochs.
171 Kubizek, 166f.
172 Koblenz BA NS 26/65, Kassabuch Dr. Blochs.

Anm. zu S. 49–54

173 Bloch, Collier's, 15. u. 22.3.1941. Diese im Exil gedruckten Erinnerungen Blochs decken sich durchwegs mit jenen, die Bloch am 7.11.1938 für das Parteiarchiv der NSDAP schrieb (Koblenz BA, NS 26/65). Im folgenden wird stets aus der Collier's-Fassung zitiert.
174 Kubizek, 152.
175 Archiv Schloß Senftenegg, Nachlaß Karl Friedrich von Franks.
176 Laut Linzer Tageszeitungen, Krackowizer wie Kubizek, 170. Die Behauptung von Marlis Steinert, Hitler, München 1994, 37, an diesem Tag habe heftiges Schneegestöber geherrscht, und deshalb habe H. »in späteren Jahren eine Abneigung gegen Schnee« entwickelt, ist ein Beispiel dafür, wie aus falschen Fakten falsche Hypothesen entwickelt werden.
177 Kubizek, 169f.
178 Die bei Price, 50–52, angeführten Zeichnungen »Vaters Grabstein« und »Kirche von Leonding« stammen von Kujau, ebenso wie der bei Jäckel/Kuhn, 1253, abgedruckte Brief vom 4.8.1907 an Mutter und Schwester.
179 MK, 223.
180 Koblenz BA NS 26/65/39.
181 Koblenz BA NS 26/65/39.
182 Diese Hypothese wurde von Rudolph Binion aufgestellt.
183 In ihrem Brief an den Spiegel (Nr. 7/1978) widersprach Frau Kren auch energisch Rudolf Binions Vorwürfen gegen Dr. Bloch, er habe H.s Mutter mit einer falschen und zu teuren Behandlung gequält. Frau Kren betonte, wie sehr H. ihrem Vater nach 1938 »alle zulässigen Erleichterungen« gewährt habe. Für den Hinweis auf den Leserbrief danke ich Herrn Prof. Dr. Günter Kahle.
184 Koblenz BA NS 26/17a, »Notizen für die Kartei«, 8.12.1938.
185 Bloch. Die beiden 1938 noch in Blochs Besitz befindlichen H.-Autographe wurden dem Arzt 1938 entschädigungslos abgenommen (Koblenz BA NS 26/17a).
186 Koblenz BA NS 26/65, 7.11.1938, ähnlich im Brief an Renato Bleibtreu vom 16.11.1938 und in Collier's.
187 Ebd. Der Brief ist an Renato Bleibtreu gerichtet, einen Beauftragten der Wiener Dienststelle des Parteiarchivs der NSDAP. Bloch bedauerte in Collier's, daß dieser von ihm sehr geschätzte Mann später in ein KZ gekommen sei.
188 Jetzinger, 182f.
189 Krackowizer.
190 Jäckel/Kuhn, 525, Brief München, 29.11.1921.
191 Maser, 81.
192 Koblenz BA. NS 26/174, Abschrift des Artikels »A. H. in Urfahr« in den Mitteilungen des deutschvölkischen Turnvereins Urfahr, Folge 67, März, 12. Jg.

Anm. zu S. 54–58

193 Kopie der Briefe im IfZ München (F 19/19) als Grundlage eines Gutachtens von Dr. Wolfgang Benz 1968. Der Briefwechsel wurde 1941 im Nachlaß Johanna Motlochs gefunden und von der Gestapo beschlagnahmt (Brief der Stapo-Leitstelle Wien an das Reichssicherheitshauptamt in Berlin vom 30.12.1941). Nachdem er H. eine Kopie der Briefe vorgelegt hatte, schrieb Bormann am 14.10.1942 an Himmler: »Der Führer war in der Erinnerung an die ihm natürlich bekannten Vorgänge sehr gerührt« (Koblenz BA, NS 19/1261).
194 Die falsche Jahreszahl 1909 ist offenbar der Aufregung des jungen Mannes zuzuschreiben. Laut Poststempel ging der Brief eindeutig am 11.2.1908 ab und wurde am 12.2.1908 in Wien zugestellt.
195 Jetzinger, 187.
196 Jetzinger, 190.
197 Linz OÖLA, Mat. Jetzinger, Brief Kubizeks vom 24.6.1949.
198 Kubizek, 182f.
199 Linz StA, Einschreibbuch der Familie Hitler ab 12.2.1908. Laut Adreßbuch der Städte Linz und Urfahr von 1909 war Johanna Pölzl noch 1909 in Linz gemeldet. Spätestens im Sommer 1910 kehrte sie krank ins Waldviertel zurück, und Paula zog zu der inzwischen verwitweten Angela Raubal.
200 München, IfZ ED 100, 44. Verhör Paula Hitlers durch die Amerikaner in Berchtesgaden am 26.5.1945.

Exkurs: Hitlers Vorfahren im Waldviertel

1 Zum Beispiel: Oscar Robert Achenbach, Aus Adolf Hitlers Heimat, München 1933, 6 ff. – Das Standardwerk »Die alte Heimat, Beschreibung des Waldviertels um Döllersheim«, hg. v. d. Deutschen Ansiedlungsgesellschaft, Berlin 1942.
2 Bei: Frank, Ahnentafeln; Werner Maser, Frühgeschichte der NSDAP, unveränderte Neuauflage Düsseldorf 1994, 51.
3 Jetzinger, 20.
4 Jetzinger, 45ff.
5 Original im Notariatsarchiv des Kreisgerichtes Krems, Kopien und erste Klärung der verwickelten Angelegenheit bei: Karl Merinsky, Das Ende des Zweiten Weltkrieges und die Besatzungszeit im Raum von Zwettl in Niederösterreich, masch. Diss. Wien 1966.
6 Ebd., Anhang Nr. 21.
7 Anfrage an das bischöfliche Ordinariat in St. Pölten 1876 und Briefwechsel zwischen Ordinariat und Pfarramt bei: ebd., Anhang Nr. 22 A–D. Dort auch (Anhang Nr. 23) ein juristisches Gutachten von Prof. Dr. Winfried Kralik von der Universität Wien.
8 Kubizek, 59.
9 Smith, 31.

10 München IfZ ED 100, 42; Verhör Paula Hitlers in Berchtesgaden 26.5.1945.
11 Archiv Schloß Senftenegg, NÖ.
12 WSMB, 8.4.1932.
13 Monatsblatt der Heraldisch-Genealogischen Gesellschaft »ADLER«, XI. Bd., Nr. 16/17, Mai 1932, 146–148.
14 Archiv Schloß Senftenegg, NÖ.
15 Ebd.
16 Ebd., Typoskript Franks.
17 München BHStA; Zeitungsausschnitte in der Slg Rehse.
18 Karl Friedrich von Frank, Adolf Hitler, in: Ahnentafeln berühmter Deutscher. Neue Folge, Leipzig 1933.
19 Konrad Heiden, Hitler. Das Leben eines Diktators, Zürich 1936, 14, und die späteren Ausgaben bis zu der 1944 in Boston erschienenen: ders., Der Fuehrer. Hitler's Rise to Power, 40ff.
20 Rudolf Koppensteiner, Die Ahnentafel des Führers, in: Ahnentafeln berühmter Deutscher, Leipzig 1937.
21 Pfarre Rastenfeld, maschinschriftliche Arbeit: Pfarrer Johannes Müllner, Die entweihte Heimat. Die Sakralbauten auf dem Gebiet des Truppenübungsplatzes Döllersheim einst und jetzt, 1982, 12; mit herzlichem Dank an Graf Philipp Thurn-Valsassina, Rastenberg.
22 Beatrice u. Helmut Heiber, Die Rückseite des Hakenkreuzes, München 1993, 63.
23 Ebd., 61, BA R43 II 266.
24 Müllner (wie Anm. 21), 7.
25 Die frühen Döllersheimer Taufbücher, auch die von 1837, befinden sich heute im Diözesanarchiv in St. Pölten.
26 Monologe, 357. 21.8.1942.
27 Hans Frank, Im Angesicht des Galgens, München 1953, 330f. Auf offenkundige Verwechslungen Franks wird hier nicht eigens eingegangen, um die Dinge nicht noch mehr zu verwirren.
28 Nikolaus von Preradovich, Adolf Hitler – Mischling zweiten Grades?, in: Deutsche Monatshefte, April 1989, 6ff.
29 Paris-Soir, 5.8.1939, 4f.: Patrick Hitler, Mon oncle Adolf; schon bei Maser, 19.
30 Washington NA, Hitler Source Book, Interview mit William Patrick Hitler am 10.9.1943 in New York.
31 Look Magazine, Jan. 1939.
32 So New York Herald Tribune, 25.6.1941, »Irish Wife of Der Führer's Half-Brother Glad to Do Her Bit to Defeat Nazis«.
33 Wie Anm. 30.
34 The Memoirs of Bridget Hitler, hg. v. Michael Unger, London 1979.
35 Jetzinger, 32.
36 Mit freundlicher Hilfe der Pariser Bibliothèque Nationale.

Anm. zu S. 68–77

37 Preradovich (wie Anm. 28); unergiebig: Anton Adalbert Klein, Hitlers dunkler Punkt in Graz, in: HJStG, Graz 1970, 7–30.
38 Maser, 24ff. u. 44f.

Exkurs: Kubizek und Jetzinger als Quellen

1 Kubizek, 319ff.
2 Kubizek, 322.
3 Kubizek, 325.
4 Kubizek, 328ff. Die drei Kubizek-Söhne wurden Lehrer und Musiker. Augustin Kubizek ist ein bekannter Chordirigent und Komponist.
5 Kubizek, 338.
6 Kubizek, 343.
7 Kubizek, 345ff.
8 Koblenz BA, Neue Reichskanzlei R 43 II, Brief Eigruber an Reichsstatthalter Oberdonau, Linz, 3.5.1943. Zustimmung durch Reichsfinanzminister Berlin, 28.6.1943: »Höherstufung einer Stelle eines Gemeindebeamten«.
9 Eigruber-Protokolle (wie Anm. 5 zu Kap. 1), 577, 3.5.1943.
10 Linz OÖLA, Jetzinger-Materialien, Brief Kubizeks vom 19.6.1949.
11 Linz OÖLA, Jetzinger-Materialien, Kubizek, Erinnerungen, Bd. 2 – Wien, 22.
12 Ebd., 43.
13 Ebd., 47.
14 Jetzingers Behauptung, 134, diese erste Fassung habe nur aus zwei dünnen Notizbücheln bestanden, »die kaum fünfzehn Druckseiten ergeben würden«, stimmt nicht. In Jetzingers eigener Dokumentation im Linzer OÖLA beläuft sich der vorliegende Wiener Teil von Kubizeks erstem Entwurf allein auf 50 engzeilige Schreibmaschinenseiten. Das läßt für den gesamten Text, in der Annahme, daß der Linzer Teil ebenso stark wie der Wiener Teil war, auf mindestens 150 Druckseiten schließen.
15 A. Joachimsthaler, Korrektur einer Biographie. Adolf Hitler 1908–1920, München 1989, 260.
16 Linz OÖLA, Jetzinger-Materialien, Brief Kubizeks vom 19.6.1949.
17 Ebd., Brief Kubizeks vom 24.6.1949.
18 Ebd.
19 Kubizek, 298ff.
20 Kubizek, 349.
21 Kubizek, 301.
22 Jetzinger, 137f.
23 Jetzinger, 136.
24 Kubizek, 75.
25 Jetzinger, 141.

26 Jetzinger, 176 u. 179.
27 Smith, 112.
28 Erich Fromm, Anatomie der menschlichen Destruktivität, Stuttgart 1974.
29 Joachim C. Fest, Hitler, Frankfurt a. M. 1973, 50.
30 Jetzinger, 129.
31 Jetzinger, 126. Faksimile des Dokuments »Ausfolgung des in der gemeinschaftlichen Waisenkasse erliegenden Vermögens« 1913, ohne jeden Kommentar, bei: Werner Maser, Frühgeschichte der NSDAP, Düsseldorf 1994, 80f.
32 Jetzinger, 231f.
33 Maser, 81.
34 Das Buch von Hugo Rabitsch, Jugend-Erinnerungen eines zeitgenössischen Linzer Realschülers, München 1938, ist ohne jeden Informationswert, da der Autor weder den jungen H. kannte noch irgendwelche Beiträge zu seiner Biographie bringt.

2 Das Wien der Moderne

1 Alfred E. Frauenfeld, Der Weg zur Bühne, Berlin 1940, 273f.
2 Monologe, 200, 15./16.1.1942.
3 Picker, 276. 10.5.1942.
4 Berlin BA. Bericht Alfred Rollers über seine Reise nach Bayreuth und Berlin im Februar 1934.
5 Frauenfelds Bericht wurde der Autorin auch von Rollers ältestem Sohn, Prof. Dr. Dietrich Roller, im März 1994 bestätigt. Die bei Price Nr. 115–121 reproduzierten Zeichnungen, die H. angeblich Roller und Panholzer zur Begutachtung vorlegte, sind Kujau-Fälschungen.
6 Kubizek, 187 u. 191.
7 Kubizek, 188.
8 H.s Bewunderung für Leo Slezak übertrug sich später trotz ihrer nicht ganz »arischen« Abstammung auf dessen Tochter Gretel. Die bei Price Nr. 11 abgedruckten Gretel-Porträts von 1932 mit Text sind Kujau-Fälschungen.
9 Wien ThM, Spielpläne der Hoftheater. Das angeblich für Kubizek 1908 gezeichnete auffallend primitive Wagner-Porträt und die Abschrift des Lobliedes des Hans Sachs bei Price Nr. 56, Jäckel/Kuhn, 1254, sind Kujau-Fälschungen.
10 Kubizek, 234. H.s hervorragende Wagner-Kenntnisse bestätigten spätere Zeugen, so zum Beispiel: Ernst Hanfstaengl, Zwischen Weißem und Braunem Haus. Memoiren eines politischen Außenseiters, München 1970, 55.

Anm. zu S. 84–90

11 Goebbels, Tagebücher Teil I. Bd. 2, 731. 19.11.1935.
12 Kubizek, 233.
13 Kubizek, 233.
14 Kubizek, 101.
15 Monologe, 294. 22./23.2.1942.
16 Kubizek, 230f.
17 Kubizek berichtet, daß »man in den Straßen Wiens jeden Abend beobachten konnte, daß die Passanten alle zu laufen begannen, um das häusliche Haustor noch vor der 10 Uhr-Sperre zu erreichen«; Linz OÖLA, Materialien Jetzinger, Kubizek, 1. Fassung,19.
18 Kubizek, 232.
19 München IfZ, F 19/19.
20 IWEB, 26.2.1908.
21 Picker, 251, Berghof 30.4.1942, und Aussage von Prof. Otto Strasser gegenüber der Autorin 1994.
22 AdT, 12.2.1908.
23 AdT, 20.6.1908.
24 Kubizek, 1. Fassung, 31.
25 Kubizek, 229.
26 Kubizek, 1. Fassung, 24.
27 München IfZ, ZS 2242, von Prof. Marcel Prawy der Autorin aus Gesprächen mit Wagners Schwiegertochter bestätigt.
28 AdT, 5.12.1909.
29 Der Kampf, 1.7.1908, 466–470.
30 Kubizek, 239.
31 Kubizek, 1. Fassung, 43ff.
32 Kubizek, 246.
33 Laut Schirach im Gespräch mit Speer. Speer, Tagebücher, 154f. Abbildungen von Entwürfen für »Turandot«, »Julius Cäsar« und »Lohengrin« bei: Albert Zoller, Hitler privat, Düsseldorf 1949, Nr. 5–7.
34 Kubizek, 1. Fassung, 32f.
35 Monologe, 198, 13./14.1.1942.
36 Kubizek, 1. Fassung, 32.
37 Kubizek, 1. Fassung, 38.
38 Giesler, 242.
39 Hitler Reden III, Teil 2, 146, 3.4.1929.
40 Speer, 54, ähnlich Monologe, 198f.
41 MK, 83.
42 Speer, 54; auch bei Hanisch.
43 Linz OÖLA, Jetzinger-Materialien, Erinnerungen Wilhelm Hagmüllers.
44 Goebbels Tagebücher 31.8.1940.
45 Kubizek, 1. Fassung, 5.
46 Kubizek, 206f.
47 Kubizek, 221.

48 Kubizek, 195f.
49 Kubizek, 1. Fassung, 4.
50 Koblenz BA, NS 26/36; Kopie einer Gesprächsaufzeichnung vom 12.3.1944 auf dem Obersalzberg.
51 Speer, 89.
52 Giesler, 242; auch Speer, 89.
53 Giesler, 242.
54 Picker, 283, 13.5.1942.
55 Kubizek, 222.
56 Kubizek, 228.
57 Kubizek, 1. Fassung, 12.
58 Heinrich Hoffmann, Hitler wie ich ihn sah, München 1974, 29.
59 Oskar Kokoschka, Mein Leben, München 1971, 60.
60 Monologe, 386f.
61 Kokoschka, 55.
62 Katalog der Ausstellung »Alfred Roller und seine Zeit« im Österreichischen Theatermuseum Wien 1991, 14.
63 Wiener Allgemeine Zeitung 7.7.1908.
64 Kokoschka, 65ff.
65 Peter Altenberg, Ashantee, Wien 1897. Von Altenberg kommentiertes Foto des Mädchens bei Hans Bisanz, Peter Altenberg. Mein äußerstes Ideal, Wien 1987, 70f.
66 Picker, 146, 27.3.1942.
67 Zitiert aus der Rede zum Parteitag 1935 bei Klaus Backes, Hitler und die bildenden Künste, Köln 1988, 52.
68 Kubizek, 227.
69 AdT 7.11.1909.
70 Kubizek, 227.
71 ÖNB ThM, Spielplan der Hoftheater.
72 Kubizek 227ff.
73 Willi Reich, Alban Berg. Leben und Werk, München 1985, 21.
74 Katalog der Richard-Strauss-Ausstellung, Österreichische Nationalbibliothek Wien 1964, 149.
75 Nike Wagner, Geist und Geschlecht. Karl Kraus und die Erotik der Wiener Moderne, Frankfurt a. M. 1982, 165.
76 UDW Ostermond 1908, 27.
77 P. Heinrich Abel SJ, Zurück zum praktischen Christentum! Broschüre der Reichspost, Wien 1895, 97.
78 Rudolf Vrba, Die Revolution in Rußland, Bd. I, Prag 1906, 329.
79 Richard von Krafft-Ebing, Psychopathia sexualis. Neuauflage München 1984.
80 AdT, 24.6.1908, »Das Tschechentum in Wien«.
81 Kubizek, 115.
82 Kubizek, 293.
83 Wagner, Gesammelte Werke, Bd. 8. 111.

Anm. zu S. 101–112

84 Hans Tietze, Die Juden Wiens, Wien 1933, 206.
85 AdT 18.4.1908.
86 AdT 18.4.1908.
87 AdT 28.3.1909.
88 StP HdA, 13.2.1890.
89 Kubizek, 1. Fassung, 23. u. 34f.
90 Kubizek, 1. Fassung, 24.
91 Kubizek, 1. Fassung, 37ff.
92 Picker, 146f., 27.3.1942.
93 Hitler Reden Bd. III, Teil 2, München 1994, 177f. Rede am 9.4.1929 vor NSDAP-Versammlung in München.
94 H.-Artikel im »Illustrierter Beobachter«, 13.4.1929, in: Hitler Reden III, 2. Teil, 200.
95 Hitler Reden III, 2. Teil, 152 u. 155 München 3.4.1929.
96 Heeresadjutant bei Hitler 1938–1943. Aufzeichnungen des Majors Engel, hg. v. Hildegard von Kotze, Stuttgart 1974, 46, Juni 1939.
97 Domarus 442, Rede in Hamburg 17.8.1934.
98 Otto Dietrich, 12 Jahre mit Hitler, München 1955, 157.
99 Die Fackel, Nr. 372/373, 1.4.1913, 11.
100 Ebd., Nr. 305/306, 20.7.1910, 52f.
101 Ebd., Nr. 311/312, 23.11.1910, 36.
102 Wien ThM, N. Roller, 23.1.1930; Direktor Eduard Leisching an Roller über die Kontroverse im Januar oder Februar 1914.
103 MK, 279.

Exkurs: Der Begriff »entartet«

1 Meyers Konversations-Lexikon, Leipzig 1888.
2 Max Nordau, Entartung, Bd. II, Berlin 1893, 498.
3 Ebd., 469, 471, 493.
4 Ebd., 502.
5 Ebd., 500.
6 Ebd., 504.
7 Ebd., 505.
8 Ebd., Bd. I, 267, 281 u. 282.
9 Ebd., Bd. II, 501.
10 Guido List, Der Unbesiegbare, Wien 1898, 29.
11 Deutsches Wiener Tagblatt, 7.9.1907, Anthropologische Politik.
12 Fr. Siebert, Alldeutsches zur Frauenbewegung, UDW Ostermond 1911, Titel.
13 Deutsche Hochschul-Stimmen aus der Ostmark, 18.12.1909, »Zur Rassenästhetik«, auch: ODR, 18.4.1909, »Kleidung und Rasse«. Beide beziehen sich auf entsprechende Arbeiten Adolf Harpfs.
14 Der deutsche Eisenbahner, 10. u. 20.11.1908, »Zur Judenfrage«.
15 UDW, Ostermond 1908, 25, Theodor Fritsch, Frauen-Frage II.

16 Monologe, 128f., 5.11.1941.
17 Domarus, 709; Rede zur Einweihung des »Hauses Deutscher Kunst« in München am 13.7.1937.
18 Zit. bei: Klaus Backes, Hitler und die bildenden Künste, Köln 1988, 53, vom Parteitag 1937.

3 Die Kaiserstadt

1 Picker, 339f., 29.5.1942.
2 Monologe, 74f., 1.10.1941.
3 Monologe, 264f., 4.2.1942.
4 Picker, 339, 29.5.1942.
5 Monologe, 404f., 25.6.1943.
6 Goebbels, Tagebücher, Teil II, Bd. 7, 608, 21.3.1943.
7 Goebbels, Tagebücher, Teil II, Bd. 8, 540, 25.6.1943.
8 Goebbels, Tagebücher, Teil II, Bd. 15, 692.
9 Monologe, 74f., 1.10.1941.
10 Zit. bei: Hans Mommsen, Die Sozialdemokratie und die Nationalitätenfrage im habsburgischen Vielvölkerstaat, Wien 1963, 123.
11 Der Lesefehler »schlechten« wurde korrigiert. »Schlicht« war die übliche Charakterisierung für den Kaiser, der sich als »vir simplex et justus« empfand. Goebbels, Tagebücher, Teil I, Bd. 3, 612, 17.10.1939.
12 Joseph M. Baernreither, Fragmente eines politischen Tagebuches, Berlin 1928, 210.
13 Felix Somary, Erinnerungen aus meinem Leben, Zürich o. J., 28f. u. 25.
14 Stefan Zweig, Die Welt von gestern, Hamburg 1965, 33.
15 MK, 174f.
16 Monologe, 27.2.1942, 304.
17 Kubizek, 201.
18 Kubizek, 1. Fassung, 14.
19 Albert Freiherr von Margutti, Kaiser Franz Joseph, Wien 1924, 190ff.
20 Ebd., 174.
21 Monologe, 390f., 5.9.1942.
22 Heinrich Hoffmann, Hitler, wie ich ihn sah, München 1974, 162.
23 Monologe, 380, 1.9.1942.
24 Koeppen-Protokoll, 5.10.1941, S. 39f.
25 Bonn PA, Österreich 86, Nr. 1.
26 Margutti (wie Anm. 19), 228f.
27 Bonn PA, Österreich 86, Nr. 1, geheim; Bericht des deutschen Botschafters in St. Petersburg an Reichskanzler von Bülow.

Anm. zu S. 123–139

28 Ebd.
29 Franz Brandl, Kaiser, Politiker und Menschen. Erinnerungen eines Wiener Polizeipräsidenten, Wien 1936, 170.
30 Elisabeth Grossegger, Der Kaiserhuldigungsfestzug, Wien 1992, 30.
31 Ein anonymer Brief an Bürgermeister Lueger, in: Grossegger 25.
32 NWB, 7.6.1908.
33 Die Fackel, Nr. 248, 24.3.1908, 17, Der Festzug.
34 Bonn PA, R 8722, Deutsche Botschaft in Wien an das Auswärtige Amt in Berlin, Tel. 7.6.1907.
35 Budapesti Hirlap, 31.5.1908, Leitartikel: »Opposition und Patriotismus« (ungarisch).
36 DVB, 7.4.1908, 10.
37 StP HdA, 10.4.1908; Grossegger, 163.
38 DVB, 8.4.1908, 9.
39 Grossegger (wie Anm. 34), 164.
40 Zweites Buch, 96, und MK, 142.
41 In den Zeitungen am 11.6.1908, zum Beispiel ODR.
42 AdT, 6.6.1908.
43 NWB, 14.6.1908.
44 NIK, 13.10.1909, Zeugenaussage des Grafen Wilczek im Prozeß.
45 ODR, 14.6.1908.
46 Grossegger (wie Anm. 34), 160.
47 NFP, 13.6.1908; Grossegger, ebd., 176f.
48 NWB, 14.6.1908.
49 ODR, 14.6.1908.
50 Die Fackel, 19.6.1908.
51 Grossegger (wie Anm. 34), 167.
52 Peter Urbanitsch, Die Deutschen in Österreich, in: Die Habsburgermonarchie 1848–1918, Bd. III, Wien 1980, 77.
53 Die Fackel, 19.6.1908.
54 Paul Stefan, Das Grab in Wien. Eine Chronik 1903–1911, Berlin 1913, 105.
55 Adolf Loos, sämtliche schriften, 1. Bd.: ornament und verbrechen, Wien 1963.
56 Simplicissimus, 15.6.1908, Zeichner Eduard Thöny.
57 StP HdA, 20.6.1908.
58 Brigitte Hamann, Bertha von Suttner. Ein Leben für den Frieden, München 1986, 466.
59 VB, 28.5.1938, 13.
60 IWE, 12.6.1908. Allgemein zum Thema: Wolfgang Hartmann, Der historische Festzug, München 1976.
61 Bonn PA, Österreich 101, Tschirschky an Bülow, 9.12.1908. Ganz vertraulich.
62 NIK, 11.12.1908.

63 AdT, 18.1.1909, »Der deutsche Standpunkt in der bosnischen Frage«.
64 AdT, 6.1.1909, als ein Beispiel für viele.
65 StP HdA, 17.12.1908, 8129ff.
66 Julius Sylvester, Vom toten Parlament und seinen letzen Trägern, Wien 1928, 31.
67 Bonn PA, Österreich 101, Ratibor an Bülow, 10.12.1908.
68 Bonn PA, Österreich 101, Beilage zu Bericht Nr. 128, Badische Presse, Karlsruhe, 11.12.1908.
69 NWT, 2.12.1908.
70 StP HdA, 17.12.1908, 8162.
71 Die Große Politik der Europäischen Kabinette 1871–1914, 26. Bd., 2. Teil, Berlin 1925, 722.
72 Washington NA, American Embassy Nr. 853, Wien, 15.5.1909.
73 Jäckel/Kuhn, 330, 6.3.1921.
74 MK, 155.
75 MK, 14.
76 MK, 140.
77 Picker, 392, 29.6.1942.
78 Picker, 319, 20.5.1942.
79 Goebbels, Tagebücher, Teil II, Bd. 7, 515, 9.3.1943.
80 Frank, 422.
81 Monologe, 335, 9.8.1942.
82 Monologe, 374, 29.8.1942.
83 Domarus, 524f., Rede in Nürnberg am 10.9.1935.
84 Pichl, VI, 532.
85 Harald Arjuna Grävell von Jostenoode, Die Reichskleinodien zurück nach dem Reich!, in: Ostara, Juli 1906, 3–6.
86 MK, 11.
87 Domarus, 732, Rede in Nürnberg am 13.9.1937.

Exkurs: Märztage und Heldenplatz

1 AdT, 20.3.1908.
2 Zum Beispiel: AZ, 9.3.1910: »Die Märztage der Arbeiter«.
3 Hanisch.
4 Domarus, 841, Rede in Frankfurt am 30.3.1938; und VB, 1.4.1938.
5 Auch MK, 77f.
6 AdT, 10.1.1909.
7 Zeitgenössischer Zeitweiser für 1909.
8 Moriz Schlesinger, Das verlorene Paradies. Ein improvisiertes Leben in Wien um 1900, Wien 1993, 79f.
9 NWT, 25.2.1908.
10 Kronprinz Rudolf. Majestät ich warne Sie... Geheime und private Schriften, hg. v. Brigitte Hamann, Wien 1979, Diskussion über Kai-

ser Joseph II., 235–255, bes. 245. Zur postumen Rolle Josefs siehe: Brigitte Hamann, Rudolf. Kronprinz und Rebell, Wien 1978, 60ff.
11 Picker, 203, 7.4.1942.
12 Monologe, 123, 2.11.1941.
13 MK, 79.
14 Goebbels, Tagebücher, Teil I, Bd. 4, 42, 6.2.1940.
15 Kubizek, 307f.
16 Kubizek, 207.
17 VB, 16.3.1938.

4 Im Parlament

1 Fritz Freund, Das österreichische Abgeordnetenhaus, Wien 1907.
2 Walter Kleindel, Österreich. Daten zur Geschichte und Kultur, Wien 1979, 295.
3 AdT, 19.2.1909.
4 StP HdA, 16.12.1907, 3511ff.
5 Freundliche Mitteilung von Dr. Günther Schefbeck, Leiter des Parlamentsarchivs in Wien.
6 (Anonym), Wien und die Wiener. Schilderungen eines fahrenden Gesellen, Berlin 1893, 137.
7 MK, 81.
8 Kubizek, 289.
9 MK, 81f.
10 MK, 83f.
11 Kubizek, 223.
12 Kubizek, 291.
13 Kubizek, 290.
14 IKZ, 5.12.1908.
15 Der alldeutsche Abgeordnete Malik am 26.11.1908, StP HdA, 7656.
16 Albert Freiherr von Margutti, Kaiser Franz Joseph, Wien 1924, 218.
17 Richard Charmatz, Österreichs äußere und innere Politik von 1895 bis 1914, Leipzig 1918, 81f.
18 Prager Tagblatt, 3.2.1909.
19 Ebd., Abendausgabe, 3.2.1909.
20 Prager Tagblatt, 5.2.1909.
21 IKZ, 6.2.1909.
22 Prager Tagblatt, 5.2.1909.
23 Die Friedens-Warte, Februar 1909, 30f.
24 W. Ellenbogen, Volksparlament und Geschäftsordnung, in: Der Kampf, 1.2.1909, 196–202.
25 StP HdA, 113, 3.12.1908, 7690 f.
26 Freund (wie Anm. 1).

Anm. zu S. 165–181

27 Joseph Scheicher, Erlebnisse und Erinnerungen, Wien o. J., VI, 55.
28 Ebd., 93.
29 Ebd., IV, 19.
30 Bonn PA, Österreich 91, Tschirschky an Bülow, 18.3.1909.
31 Bonn PA, Österreich 70, Brockdorff-Rantzau an Bethmannn-Hollweg, 17.8.1909.
32 IKZ, 15.11.1909.
33 Reichspost, 16.12.1909.
34 Washington NA, Wien, 17.12.1909.
35 Bonn PA, Österreich 70, Wien, 20.12.1909.
36 Reichspost, 19.12.1909.
37 Bonn PA, Österreich 70, 20.12.1909.
38 Der Hammer, 15. Heuerts 1907, »Unsere nationale Zukunft«.
39 Zum Beispiel: Der Hammer, 15.2.1909.
40 AdT, 11.2.1908.
41 StP HdA, 26.11.1909, 486.
42 MK, 80.
43 MK, 101.
44 MK, 160.
45 Monologe, 374, 29.8.1942.
46 Rede des Abgeordneten Karl Iro am 2.6.1908 im Reichsrat, abgedruckt auf der Titelseite des AdT, 4.6.1908.
47 MK, 114.
48 MK, 111f.
49 MK, 39.
50 Koeppen, 34, Abendessen mit Heydrich am 2.10.1941.
51 StP HdA, 5.6.1908, 9833ff.
52 MK, 84 u. 100.
53 MK, 84f.
54 MK, 92.
55 MK, 95.
56 MK, 86.
57 MK, 99 u. 97.
58 Hitler, Reden Schriften, Bd. III, Teil 1, München 1994, 197. Rede auf NSDAP-Versammlung in München am 29.10.1928.

5 Die soziale Frage

1 Jetzinger, 203. Kubizek erwähnt zwar alle diese Briefe zum erstenmal, schreibt sie aber nicht korrekt ab. Die Datierung ist absichtlich weder von Kubizek noch von Jetzinger übernommen, da sie ohne Vorlage der Originale nicht zu klären ist.
2 Jetzinger, 204ff.

3 Jetzinger, 205.
4 Jetzinger, 202.
5 Linz OÖLA, Hitler-Materialien, Einschreibbuch; dazu: Gerhart Marckhgott, »...Von der Hohlheit des gemächlichen Lebens«. Neues Material über die Familie Hitler in Linz, in: Jahrbuch des Oberösterreichischen Musealvereins, Bd. 138/I, Linz 1993, 112.
6 Jetzinger, 206.
7 Jetzinger, 275.
8 Monologe, 115, 29.10.1941.
9 Kubizek, 314f.
10 Jetzinger, 165.
11 OÖLA Linz, Archiv des Musealvereins, Kassabuch-Eintragung. Freundlicher Hinweis von Oberarchivrat Dr. Georg Heilingsetzer.
12 MK, 20.
13 Monologe, 72, 27./28.9.1941.
14 Wien, AHBK, Bemerkungen in den Klassifikationslisten der Jahre 1907 und 1908.
15 Wiener Adreßbuch, Lehmann 1908.
16 IKZ, 14.7.1910, 10.
17 IKZ, 31.10.1910.
18 IKZ, 16.11.1909.
19 Jetzinger, 210, beschuldigt Kubizek zu Unrecht der Lüge, indem er behauptet, es habe zur fraglichen Zeit gar keine Demonstration in Wien gegeben. Es gab zwischen Februar und Juli 1908 sogar eine ganze Reihe höchst unterschiedlicher Demonstrationen in Wien, wobei sich die der Arbeitslosen vom 26.2.1908 bis in Einzelheiten mit Kubizeks Angaben deckt.
20 Neues Wiener Abendblatt, 27.2.1908.
21 Kubizek, 294f.
22 Kubizek, 295f.
23 AdT, 20.9.1910.
24 NWT, 29.12.1910.
25 Kikeriki 1910, Nr. 51.
26 AZ 3.6.1910,5.
27 Michael John, Wohnverhältnisse sozialer Unterschichten im Wien Kaiser Franz Josephs, Wien 1984, 15.
28 Kubizek, 210.
29 Kubizek, 205.
30 Kubizek, 210.
31 Kubizek, 216.
32 15. Jahresbericht der Kaiser Franz Joseph Jubiläumsstiftung für ... 1910, Wien 1911, 149.
33 Julius Deutsch, Ein weiter Weg, Wien 1960, 37f.
34 Monologe, 379, 1.9.1942.
35 Picker, 343, 30.5.1942.

36 G. M. Gilbert, Nürnberger Tagebuch, Frankfurt a. M. 1962, 279.
37 Koblenz BA, NS 26/17a.
38 Zum Beispiel: NWB, 20.3.1938.
39 Wie die Ostmark ihre Befreiung erlebte, hg. v. Heinrich Hoffmann, o. O. o. J. (1940), 15.
40 Laut Nachfrage im Bezirksmuseum Alsergrund ist auch dort nur bekannt, daß in der Hitler-Zeit behauptet wurde, H. habe einst in diesem Haus »unerkannt« gewohnt.
41 MK, 40.
42 MK, 25.
43 Jäckel/Kuhn, 525f., 29.11.1921.
44 Domarus, 267, 10.5.1933.
45 Max Winter, Höhlenbewohner in Wien. Brigittenauer Wohn- und Sittenbilder aus der Luegerzeit, Wien 1927, 16f. (2. Auflage des 1904 erschienenen Buches »Im dunkelsten Wien«).
46 Smith, 93.
47 MK, 392.
48 MK, 42.
49 MK, 42.
50 BBN, 11.4.1912, 7.
51 BBN, 4.4.1912, 1, »Die Sünden der Sozialdemokratie«.
52 In allen Wiener Zeitungen, hier: NWT, 19. u. 20.5.1913.
53 Freundliche Auskunft von Hofrat Dr. Kugler, Direktor der Gemäldesammlung des Kunsthistorischen Museums, im September 1995.
54 Otto Thomae, Die Propaganda-Maschinerie, Berlin 1978, 161.
55 Jetzinger, 263.
56 IKZ, 17.2.1906.
57 BBN, 11.4.1912, 6, »Sozialdemokratie und Großkapital«, siehe auch BBN, 21.7.1912, 4, »Die Sozialdemokratie als Judenschutztruppe« mit der Aufzählung Dutzender von Namen.
58 Jetzinger, 220.
59 Wiener Bilder, 21.11.1906.
60 SJSW für 1908, Wien 1910, 840.
61 Emil Kläger, Durch die Quartiere der Not und des Verbrechens, Wien 1908, 98ff.
62 IWB, 25.12.1910, Im Asyl für Obdachlose.
63 Kläger, 101f.
64 MK, 23f.
65 MK, 30.
66 MK, 24.
67 Winter (wie Anm. 45), 47, 49 u. 70.
68 Kläger (wie Anm. 61), 140ff.
69 Kubizek, 203.
70 Kubizek, 210.
71 Kubizek, 310.

Anm. zu S. 206–217

72 MK, 33.
73 IWE, 18.1.1908.
74 SJSW für 1908, Wien 1910, 855.
75 MK, 22f.
76 Monologe, 126, Führerhauptquartier, 5.11,1941.
77 Max Winter, Im unterirdischen Wien. Großstadt-Dokumente, Bd. 13, Berlin o. J., 58.
78 Otruba, 236.
79 AZ, 9.4.1910, 4.
80 NNZ, 26.2.1909.
81 Ostara Nr. 18, Dezember 1907, 6f., 9 u. 15.
82 Blätter für das Armenwesen der Stadt Wien, Wien 1912, 5f.
83 IKZ, 14.7.1910.
84 StP HdA, 15.12.1908, 8012.
85 AZ, 7.4.1910, »Revolution vor dem Asyl«.
86 Wien StLA, Meldeamt.
87 Smith, 163.
88 Hanisch wird stets, wenn nicht anders angegeben, zitiert nach: The New Republic, 5., 12. u. 19.4. 1939.
89 AZ, 5.4.1910, 5.
90 IWE, 21.9.1910.

6 Als Maler im Männerheim

1 SJSW für 1911, Wien 1913, 45.
2 10. Jahresbericht der Kaiser Franz Joseph I. Jubiläumsstiftung ... über das Jahr 1905, Wien 1906, 8.
3 SJSW für 1908, Wien 1910, 206.
4 10. Jahresbericht (wie Anm. 2), 13.
5 Eine Nachfrage bei der jetzigen Leitung des Männerheims ergab, daß weder Exemplare dieser ersten Bibliothek existieren noch Unterlagen über die Zusammensetzung. Das Heim wurde in den letzten 90 Jahren mehrfach umgebaut. Eine neue Bibliothek ist erst im Aufbau.
6 9. Jahresbericht ... über das Jahr 1904, Wien 1905, 1–10.
7 15. Jahresbericht ... über das Jahr 1910, Wien 1911, 1–16.
8 16. Jahresbericht ... über das Jahr 1911, Wien 1912, 10. Da es nur eine Statistik über das Heim in der Wurlitzergasse, nicht aber der Meldemannstraße gibt, die beiden einander sehr ähnlich sind, ist hier die über die Wurlitzergasse zitiert.
9 AZ, 16.8.1909.
10 Wien StLA, Meldearchiv.
11 15. Jahresbericht (wie Anm. 7), 16.

12 16. Jahresbericht (wie Anm. 8), 6.
13 Wagener, 462.
14 Hanisch, in: The New Republic.
15 Billy Price, Adolf Hitler als Maler und Zeichner, Zug 1983, Nr. 128 u. 129. Da hier Originale und Fälschungen vermischt sind, ist Vorsicht geboten. Sämtliche Bilder der Provenienz »USA 2« sind eingestandene Fälschungen Konrad Kujaus. Eine wissenschaftliche Aufarbeitung der alten Fälschungen, vor allem der von Reinhold Hanisch, steht noch aus. Sie sind bei Price reichlich vertreten.
16 Über Adele Heller-Binder, geb. Altenberg, die nach London emigrierte: Maurice Samuelson, Post von Hitler, in: Die Presse, Wien, 14.5.1994, Spectrum IV.
17 Koblenz BA, NS 26/36, Kopie einer Gesprächsaufzeichnung vom 12.3.1944 auf dem Obersalzberg.
18 Koblenz BA, NS 26/24.
19 Wien StLA, Meldeamt. Diese Nachweise schon bei Joachimsthaler, 67ff.
20 Laut Auskunft des Österreichischen Filmarchivs wurden die Aufnahmen in Berlin 1914 begonnen, durch den Krieg unterbrochen und 1915 dann mit neuem Konzept abgeschlossen. Auch der dem Film zugrundeliegende gleichnamige Bestsellerroman Bernhard Kellermanns erschien erst 1913. Wenn Albert Speer erwähnt, daß H. oft »von Kellermanns Tunnel, ebenfalls der Geschichte eines Demagogen, als einem seiner großen jugendlichen Leseeindrücke schwärmte«, so ist dies eher in H.s Münchner Zeit zu versetzen. Speer, Tagebücher, 460.
21 Jäckel/Kuhn, 889; VB, 15./16.4.1923.
22 Einzelheiten bei: Brigitte Hamann, Elisabeth. Kaiserin wider Willen, Wien 1981, 492f.
23 Monologe, 317, 11./12.3.1942.
24 Otto Dietrich, 12 Jahre mit Hitler, München 1955, 164: »Hitler las sehr viel, meist spät in der Nacht, wenn er sich zurückgezogen hatte und nicht einschlafen konnte.«
25 MK, 35.
26 Felix Salten, Wurstelprater, Wien 1973, 72, 76 u. 81.
27 Kubizek, 203f.
28 Price Nr. 92, 111 u. 123. Eine eindeutige Klärung der Echtheitsfrage ist allerdings nur anhand der Originale möglich.
29 Samuelson (wie Anm. 16).
30 Es handelt sich um das Bild bei Price Nr. 248 mit dem Vermerk »aus dem Besitz von Franz Feiler, Innsbruck«, das 1946 in den Besitz des Ministers Rodolfo Siviero nach Florenz gelangte und bei der Florentiner Ausstellung »Die Aquarelle Hitlers« 1984 als Nr. 4 zu sehen war. Siehe: Hermann Weiß, Die Hitler zugeschriebenen Aquarelle im Nachlaß Siviero/Florenz, Florenz 1984, 73ff.

Anm. zu S. 234–246

31 Joachimsthaler, 72.
32 Jetzinger, 224.
33 Koblenz BA, NS 26/64, Erklärung vom Mai 1933.
34 Brünner Anonymus, in: Moravský ilustrovany zpravodaj, 1935, Nr. 40, 10f. (tschechisch).
35 Jakob Altenbergs Schwiegertochter Senta Altenberg erzählte der Autorin im Januar 1994, H. habe die Bilder stets persönlich gebracht, wie sie von ihrem Mann wisse.
36 Nach Aussage von Frau Senta Altenberg fanden sich nach dem »Anschluß« noch zwei unverkaufte H.-Bilder im Geschäftslager und mußten für einen geringen Betrag an das Hauptarchiv der NSDAP verkauft werden. Jakob Altenberg entging wegen seiner arischen Frau der Deportation. Seine Geschäfte wurden bis auf eines »arisiert«, das Vermögen bis auf eine Minimalrente beschlagnahmt. Er starb 1944 in Wien. Sein Sohn Jakob (Jacques) führte seine Geschäfte in kleinem Umfang weiter.
37 Samuelson (wie Anm. 16).
38 Freundliche Auskunft von Pater Bertrand Baumann vom Stift Zwettl.
39 Jetzinger, 226ff.
40 München IfZ, Paula Hitler ED 100.
41 Bonn BA PA, Österreich 91, 22.6.1911.
42 Washington NA, Diplomatischer Bericht aus Wien, 22.7.1911.
43 Zum Beispiel sein begeisterter Artikel »Richard Wagner«, in: Österreichischer Arbeiter-Kalender, 1908, 53–58.
44 Robert Ehrhart, Im Dienste des alten Österreich, Wien 1958, 227.
45 Die Zeit, 14.6.1911, 3.
46 Ebd., 3 u. 7, auch: AZ, 14.6.1911, 6.
47 Washington NA, Diplomatischer Bericht aus Wien, 22.7.1911.
48 Wien AAK, Mappe Anton David; AZ, 23.4.1914.
49 MK, 42f.
50 NIK, 19.9.1911.
51 DVB, 18.9.1911.
52 Wiener Bilder, 20.9.1911.
53 MK, 43.
54 MK, 65f.
55 BBN, 10.11.1912, 3.
56 BBN, 4.4.1912, 2, »Die Sünden der Sozialdemokratie«.
57 BBN, 11.4.1912, 6, »Sozialdemokratie und Großkapital«.
58 BBN, 14.3.1912, 4, »Der Kampf um die Macht!«.
59 BBN, 4f.
60 Jäckel/Kuhn, 404ff., München, 22.5.1920, Aufsatz.
61 Otto Strasser, Aufbau des Deutschen Sozialismus, Prag 1936, 122.
62 MK, 30.
63 MK, 66.

Anm. zu S. 247–263

64 MK, 73.
65 Kubizek, 296.
66 Kubizek, 203.
67 Kubizek, 296f.
68 Wagener, 348.
69 Jäckel/Kuhn, 165, München, 27.7.1920.

Exkurs: Die Quellen zur Männerheimzeit

1 The New Republic, 5., 12. u. 19.4.1939. Mit freundlicher Hilfe der Library of Congress in Washington. Der Nachlaß des 1966 in New York gestorbenen Heiden wird im Münchner IfZ, ED 209, Bd. 1–56, verwahrt. Leider befinden sich dort keine Unterlagen über die Zeit vor 1945 und auch keine Briefe oder sonstige Hinweise auf Hanisch. Ein kleinerer Bestand aus Heidens Nachlaß, vor allem über seine Jugend, befindet sich in der Zentralbibliothek in Zürich.
2 Konrad Heiden, Adolf Hitler, 2 Bde., Zürich 1936/37.
3 Koblenz BA, NS 26/64. Der Quellenwert des zweiseitigen Hanisch-Berichtes »Meine Begegnung mit Hitler!«, datiert mit »Mai 1933«, entspricht im wesentlichen dem weit ausführlicheren in »The New Republic«. Zu betonen ist, daß dieser Text keineswegs, wie oft behauptet, eine Auftragsarbeit für das Parteiarchiv darstellt.
4 Feiler, geboren 1914, gestorben 1992 in Aldrans (Tirol), Auskunft des Standesamtes Sistrans. Feilers viel jüngere Witwe erklärte auf telephonisches Befragen 1994, nichts über diese Angelegenheit zu wissen.
5 Koblenz BA, NS 26/64.
6 Sämtliche von Price reproduzierten Blumenbilder dürften von Hanisch angefertigt worden sein.
7 Koblenz BA, NS 26/64, Hanisch an Feiler.
8 Maurice Samuelson, Post von Hitler, in: Die Presse, 14.5.1994.
9 Hinweis auf die Broschüre bei Smith, 163.
10 Koblenz BA, NS 26/64.
11 Aussage Feilers im Prozeß laut Reichspost, 6.7.1933.
12 Zum Beispiel: Reichspost, 6.7.1933.
13 Rudolf Olden, Hitler, New York 1936.
14 Koblenz BA, NS 26/64, Brief Hanisch an Feiler.
15 Koblenz BA, NS 26.
16 Smith, 163f.
17 Wien StLA, Meldeamt.
18 Wien StLA, Todfallaufnahme Hanisch. Auf dem Meldezettel ist als Sterbedatum der 2.2.1937 angegeben. In einem Aktenvermerk vom 22.4.1944 meint Martin Bormann noch ahnungslos, Hanisch habe sich »nach der Übernahme Österreichs« erhängt. Koblenz BA, NS 19/51/11.

Anm. zu S. 263–270

19 Maser, 89, liest dieses Datum fälschlich als Hanischs Sterbedatum und knüpft daran falsche Folgerungen, die ihrerseits zum beliebten Wanderfehler wurden.
20 Koblenz BA, NS 26/64.
21 Koblenz BA, NS 19 neu, Nr. 2411; auch Berlin BA, Ordner 4874–4941.
22 Nr. 40, 10f.
23 Koblenz BA, NS 26/17a, Honisch-Protokoll, 12.5.1939.
24 Wien StLA, Meldeamt. Anfragen beim Meldearchiv in Brünn blieben ergebnislos.
25 Wien StLA, Meldeamt.
26 Faksimile der beiden Münchner Meldezettel zuerst bei: Joachimsthaler, 17f.; seine Angaben sind hier ergänzt durch die Aussagen von Häuslers Tochter Marianne Koppler.
27 Erster Nachweis bei: Joachimsthaler, 258 u. 80f.
28 Berlin BA, Personalakten, und Marianne Koppler.
29 Wien AdR, Gauakten Nr. 345. Demnach wurde ihm mehrmals, zuletzt 1944, die beantragte Mitgliedschaft zur NSDAP verwehrt mit Hinweis auf einen Vorfall von 1937: Damals soll Häusler als Pächter der Gastwirtschaft Bischofskoppe in der Tschechoslowakei zwei seiner Kellner veranlaßt haben, einen deutschen Staatsbürger in sein Gasthaus zu locken, der dann von tschechischen Polizisten verhaftet und schließlich zu einer hohen Strafe verurteilt worden sei.
30 Josef Greiner, Das Ende des Hitler-Mythos, Wien 1947, 135.
31 Ebd., 72ff.
32 Ebd., 75.
33 Ebd., 76f.
34 Ebd., 54–67.
35 Ebd., 66 u. 130; auch Simon Wiesenthal nimmt eine solche Infektion als Ursache für H.s Antisemitismus an: Alan Levy, Die Akte Wiesenthal, Wien 1995, 15ff.
36 Maser, 377.
37 Greiner (wie Anm. 30), 342.
38 Ebd., 283–298.
39 Wien AdR, BMdI Nr. 52.043-2/56; dort auch ähnliche Parteiunterlagen wie im BA in Berlin.
40 München IfZ, Ms. 82, Franz Jetzinger, Das Hitler-Buch Greiners.
41 Die Schrift befindet sich im Archiv des Amalthea-Verlages in Wien. Für die Benutzungsbewilligung danke ich Herrn Dr. Herbert Fleissner und Frau Helga Ermacora.
42 Josef Greiner, Sein Kampf und Sieg, Wien 1938, 29.
43 München IfZ, Ms. 82, Jetzinger, 30 u. 68.
44 Berlin BA. Antrag auf Aufnahme in die NSDAP 1.3.1940, Antwort 26.5.1940, schon bei Joachimsthaler, 76.

45 Joseph Wulf, Literatur und Dichtung im Dritten Reich, Gütersloh 1963, 354 passim.
46 Heinrich Hoffmann, Hitler, wie ich ihn sah, München 1974, 29f.
47 Henriette von Schirach, Der Preis der Herrlichkeit, Wiesbaden 1956, 220.
48 Marco Pozzetto, Max Fabiani. Ein Architekt der Moderne, Wien 1983, 16.
49 La Nazione, Florenz, 2.6.1966, zit. bei: Pozzetto, ebd., 30.
50 The Memoirs of Bridget Hitler, hg. v. Michael Unger, London 1979, 22ff.
51 Rosa Albach-Retty, So kurz sind hundert Jahre, München 1979, 171f.

7 Rassentheoretiker und Welterklärer

Privatstudium

1 MK, 20f.
2 Kubizek, 226.
3 MK, 93.
4 Wagener, 149.
5 MK, 36.
6 Kubizek, 225.
7 Albert Zoller, Hitler privat, Düsseldorf 1949, 40.
8 Ebd., 40f.
9 Houston Stewart Chamberlain, Die Grundlagen des 19. Jahrhunderts, München 1899, Bd. I, 278f.
10 Wiener Deutsches Tagblatt, 10.9.1907.
11 UDW, Ostermond 1908, 25, »Frauen-Frage«.
12 Eduard Pichl, Georg Schönerer, Bd. VI, Oldenburg o. J. (1938), 533.
13 Florian Albrecht, Der Kampf gegen das Deutschtum in der Ostmark. Flugschrift des AdT, Wien 1908, 4f., 7, 12f., 15 u. 16.
14 Wien AVA, N. Pichl. Kt. 74, Flugblatt »Der Verein Südmark und seine Gegner«.
15 Aurelius Polzer, in: Jahrbuch für Deutsche Frauen und Mädchen, hg. v. Karl Iro, Wien 1904, 72.
16 AdT, Ostermond (April) 1908, »Bismarck und Schönerer«.
17 Harald Grävell van Jostenoode, Das Ariertum und seine Feinde, in: Ostara, Wien 1908.
18 Harald Arjuna Grävell van Jostenoode, Germanisches Zwölftafelgesetz, in: Ostara, Wien 1906, 7.

Anm. zu S. 281–293

Guido von List

1 Pichl, VI, 534.
2 Guido List, Die Namen der Völkerstämme Germaniens und deren Deutung, Wien 1909, 17.
3 Johannes Balzli, Guido v. List. Der Wiederentdecker Uralter Arischer Weisheit, Leipzig 1917, 53f.
4 Linzer Fliegende, 14. Heuert (Juli) 1907.
5 In: List (wie Anm. 2), 112f.
6 UDW, Hornung 1909/2022 n. N., H. Chr. Heinrich Mayer, Die Rita der Ariogermanen von Guido List, 201–208.
7 Guido List, Die Armanenschaft der Ario-Germanen, Bd. II, Wien 1911, 86.
8 AA, II, 71.
9 Guido List, Die Rita der Ario-Germanen, Wien 1908, 175f.
10 Wie Anm. 6.
11 List, Armanenschaft (wie Anm. 7), 107.
12 Guido List, Übergang vom Wuotanstum zum Christentum, 106.
13 Guido von List und die Bodenrechtsfrage, in: UDW, Lenzmond 1911, 234–237.
14 Guido List, Die Bilderschrift der Ario-Germanen, Wien 1910, 7f.
15 Ebd., 361.
16 Linz OÖLA, Mat. Jetzinger, Brief Kubizeks, 6.5.1949.
17 Jäckel/Kuhn, 186.
18 MK, 557.
19 Reginald H. Phelps, Die Hitler-Bibliothek, in: Deutsche Rundschau 80, 1954, 925. Die Bücher befinden sich in der Library of Congress in Washington.
20 Nicholas Goodrick-Clarke, The Occult Roots of Nazism, London 1992, 199.
21 Elsa Schmidt-Falk zu Prof. Dr. Wilfried Daim; freundliche Auskunft Prof. Daims.
22 Hinweise auf Wannieck in den Schriften der List-Gesellschaft.
23 Wien, Privatarchiv Daim. Eine unbekannt gebliebene Zeugin zu Dr. Hans Brunschlik, laut Brief an Prof. Daim am 12.2.1995.
24 Jäckel/Kuhn, 187 u. 186, Hofbräuhaus in München, 13.8.1920. Ähnliche Aussage gegenüber Otto Strasser: »daß es sich bei Chinesen, Ägyptern usw. gar nicht um einheitliche Völker handelt, sondern daß dort auf einem niederrassigen Volkskörper ein nordischer Kopf saß, der allein jene Meisterwerke schuf, die wir heute als chinesische und ägyptische Kunst bewundern. Als dann diese dünne nordische Oberschicht verschwand, z. B. die Mandschus, war es mit der dortigen Kunst zu Ende.« Otto Strasser, Aufbau des Deutschen Sozialismus, Prag 1936, 118.
25 List (wie Anm. 2), 5.

26 MK, 421.
27 Domarus, 533, Rede in Nürnberg, 14.9.1935.
28 Hitler, Reden, III. Teil 2, 487 u. 480. Rede auf NSDAP-Versammlung in München, 29.11.1929.
29 Jäckel/Kuhn, 908f., München, 20.4.1923.
30 Gerhard Bredel, Der Führer über die Juden, München 1943, 64.
31 Guido List, Der Wiederaufbau von Carnuntum, Wien 1900.
32 Alle diese Aussagen von Elsa Schmidt-Falk laut Gedächtnisprotokoll von Prof. Dr. Wilfried Daim über eine Unterredung am 22.2.1959 in Rosenheim; Privatarchiv Daim, Wien.
33 Wilfried Daim, Der Mann, der Hitler die Ideen gab, Wien ³1994, 288.
34 München, Amtsgericht, Spruchkammerakten, Klageschrift Elsa Schmidt-Falk, 25.3.1947. Diese Nachforschungen stammen von Herrn Dr. Hans Brunschlik aus Ottobrunn in Bayern, der sie für Prof. Daim machte. Herrn Prof. Daim bin ich für die Information und die großzügige Erlaubnis zur Einsichtnahme dieser ihm zugedachten Akten zu Dank verpflichtet.
35 Berlin BA, Personalakten der Reichschrifttumskammer.
36 Guido List, Der Unbesiegbare, Wien 1898, 23.
37 Ebd., 12.
38 Ebd., 7.
39 Ebd., 9f.
40 Ebd., 19f.
41 Fritz Wiedemann, Der Mann, der Feldherr werden wollte, Velbert 1964, 205.
42 MK, 73.
43 Domarus, 606, Rede in München, 14.3.1936.
44 Domarus, 700, Rede in Regensburg, 6.6.1937.
45 Domarus, 704, Rede in Würzburg, 27.6.1937.
46 List (wie Anm. 7), 179.
47 Gustave Le Bon, Psychologie der Massen, Leipzig 1908, 84.
48 Otto Dietrich, 12 Jahre mit Hitler, München 1955, 58.
49 Domarus, 568f., Rede in Berlin, 25.1.1936.

Lanz von Liebenfels

1 Ekkehard Hieronimus, Lanz von Liebenfels. Eine Bibliographie, Toppenstedt 1991, 12.
2 Guido List, Die Bilderschrift der Ario-Germanen, Wien 1910, 285 u. Abb. 376.
3 Die Familie Hoffenreich war laut Meldearchiv katholisch, aber laut Auskunft eines Verwandten, Herrn Georg Fischer, nach den Rassegesetzen des Dritten Reiches »nicht arisch«.
4 Wien StLA, Meldeakten.

5 AdT, 1.4.1908, »Bismarck und Schönerer«.
6 Zum Beispiel: Katholizismus wider Jesuitismus, Frankfurt a. M. 1903, 84 S.
7 AdT, 17.1.1909.
8 AdT, 30.1.1909.
9 AdT, 17.1.1909.
10 Guido von List, Die Namen der Völkerstämme Germaniens und deren Deutung, Wien 1909.
11 Hieronimus (wie Anm. 1), 14.
12 J. Lanz-Liebenfels, Charakterbeurteilung nach der Schädelform, in: Ostara, 1910, 7.
13 Hieronimus (wie Anm. 1), 36f.
14 Lanz von Liebenfels, Die geheime Prostitution der »Anständigen«..., in: Deutsche Hochschul-Stimmen aus der Ostmark, 23.4.1910, 4ff.
15 J. Lanz-Liebenfels, Über das Wesen der Rasse, in: Deutsche Hochschulstimmen aus der Ostmark, 15.1.1910, 3f.
16 J. Lanz-Liebenfels, Der Gefangene von Potsdam, in: AdT, 17.8.1911, 1f.
17 J. Lanz-Liebenfels, Die deutsche Studentenschaft und das deutsche Weib, in: Deutsche Hochschul-Stimmen aus der Ostmark, 11.12.1909, 3.
18 J. Lanz-Liebenfels, Die rassenwirtschaftliche Lösung des sexuellen Problems, in: Ostara, 1909, 1.
19 J. Lanz-Liebenfels, Die Komik der Frauenrechtlerei, eine heitere Chronik der Weiberwirtschaft, in: Ostara Nr. 44, Rodaun 1911, 2.
20 J. Lanz-Liebenfels, Rasse und Weib und seine Vorliebe für den Mann der minderen Artung, in: Ostara Nr. 21, März 1908, 15.
21 Deutsche Hochschul-Stimmen aus der Ostmark, 5.2.1910, 3f.
22 UDW, Hartung 1912, 187ff.
23 J. Lanz-Liebenfels, Die Blonden als Schöpfer der Sprachen, in: Ostara, 1911.
24 Die Fackel, Sept. 1913, 44–46.
25 Daim, 151.
26 Die Fackel, 29.10.1913, 6f.
27 Washington, Library of Congress, Hitler Library, laut verfilmtem Bestandsverzeichnis in München IfZ.
28 Peter Emil Becker, Zur Geschichte der Rassenhygiene. Wege ins Dritte Reich, Stuttgart 1988, 384.
29 F. Dietrich, Jörg Lanz v. Liebenfels – 60 Jahre, Wien 1932, 143.
30 Wien, Privatarchiv Fischer; Schreiben Luigi Hoffenreichs am 3.8.1966 über seinen Vater Ludwig Hoffenreich und Georg Lanz.
31 Daim, 27f.
32 Daim, 279.
33 Dr. Brunschliks Brief vom 12.1.1995 in Wien, Privatarchiv Daim.

34 So der Titel des Buches von Daim.
35 MK, 357.
36 Jäckel/Kuhn, 531, 16.12.1921.
37 MK, 396ff.
38 München IfZ, MA 744, Probenummer der Zeitung »Leib und Leben«.
39 Reinhard Spitzy, So haben wir das Reich verspielt, München 1986, 131.

Hans Goldzier

1 Wagener, 466.
2 Th. Newest (Hans Goldzier), Einige Weltprobleme, 7. Teil: Abgründe der Wissenschaft, Wien 1911, 9.
3 Th. Newest, Einige Weltprobleme, 4. Teil: Vom Kometentrug zur Wirklichkeit der letzten Dinge, Wien 1906, 12.
4 Th. Newest, Weltprobleme, 6. Teil: Vom Zweck zum Ursprung des organischen Lebens, Wien 1908, 136f.
5 Ebd., 138.
6 München IfZ, ED 60/2, Otto Wagener, Heft 9, 528.
7 Newest (wie Anm. 4), 141ff. u. 192.
8 Wien StLA, Meldeamt. Im Meldeamt Baden waren keine Eintragungen über Goldzier zu finden.
9 Wagener, 468.

Hanns Hörbiger und die Welteislehre

1 Hörbigers Glazial-Kosmogonie. Eine neue Entwicklungsgeschichte des Weltalls und des Sonnensystems, hg. v. Philipp Fauth, Kaiserslautern 1913, VII u. XI.
2 Rudolf John Gorsleben, Welteislehre und Edda. Der Schlüssel zu Weltgeschehen, in: Zeitschrift für Freunde des Welteislehre, 1926, 209f.
3 Monologe, 233, 25./26.1.1942.
4 Egon Friedell, Kulturgeschichte der Neuzeit, Erstauflage ab 1927, Neuauflage München 1974, 1500f.
5 Monologe, 233, 25./26.1.1942.
6 Monologe, 285ff., 20./21.2.1942.
7 Linz OÖLA, Politische Akten, Schachtel 49, Protokolle des Gauleiters Eigruber über Vorträge bei Hitler 1941–43, 27.4.1942 in München.
8 Brigitte Nagel, Die Welteislehre. Ihre Geschichte und ihre Bedeutung im Dritten Reich, in: Medizin, Naturwissenschaft, Technik und Nationalsozialismus, hg. v. Christoph Meinel u. Peter Voswinckel, Stuttgart 1994, 166–172.

Anm. zu S. 317–321

9 Otto Strasser, Der Aufbau des Deutschen Sozialismus, Prag ²1936, 132.
10 Laut freundlicher Auskunft von Hörbigers Enkelin Elisabeth Orth.

Otto Weininger

1 Otto Weininger, Geschlecht und Charakter, Wien ³1905, 418.
2 Ebd., 451f.
3 Ebd., 454.
4 Ebd., 428ff.
5 Jacques Le Rider, Otto Weininger als Anti-Freud, in: Katalog Traum und Wirklichkeit, Wien 1985, 248ff.
6 Weininger (wie Anm. 1), 320.
7 Ebd., 403f.
8 Ebd., 112.
9 Ebd., 411.
10 Ebd., 460f.
11 Arthur Trebitsch, Geist und Judentum, Wien 1919, 209.
12 Die Fackel, 17.10.1903.
13 Monologe, 148, 1./2.12.1941.
14 Frank, 313.
15 Jäckel/Kuhn, 199, 13.8.1920.

Arthur Trebitsch

1 Richard Wagner, Das Kunstwerk der Zukunft, in: ders., Ges. Werke, 157.
2 Walter Warlimont, Im Hauptquartier der deutschen Wehrmacht 1939 bis 1945, Frankfurt a. M. 1964, 401.
3 NNZ, 1909, Nr. 4, 9.
4 Arthur Trebitsch, Geist und Judentum, Wien 1919, 174.
5 Die Fackel, 8.5.1913, 44f.
6 Roderich Müller-Guttenbrunn, Der brennende Mensch. Das geistige Vermächtnis von Arthur Trebitsch, Leipzig 1930, 132.
7 Ebd., 189.
8 Trebitsch (wie Anm. 4), 238f.
9 Theodor Lessing, Der jüdische Selbsthaß, Berlin 1930, 119f.; neu zum Thema: Sander L. Gilman, Jüdischer Selbsthaß. Antisemitismus und die verborgene Sprache der Juden, Frankfurt a. M. 1993.
10 Müller-Guttenbrunn (wie Anm. 6), 322f.
11 München IfZ, ED 209/34, N. Heiden, Manuskript S. 17.
12 Dietrich Eckart, Der Bolschewismus von Moses bis Lenin, München 1925, 31 u. 54.
13 Friedrich Heer, Der Glaube des Adolf Hitler, München 1968, 167f., nach einem Brief des Freiherrn Falk von Gagern an Heer vom

10.1.1968. Der 1912 geborene Freiherr bestätigte gegenüber der Autorin im Dezember 1995, daß sein Vater Friedrich ein enger Trebitsch-Freund war. Trebitsch sei noch 1926 in München gewesen und habe sich nachher äußerst kritisch über H.s Umgebung, vor allem über Gregor Strasser, geäußert und sie gefährlich, weil »verjudet« genannt.

Wiener Beiträge zu Hitlers Weltanschauung

1 Chamberlain, I. Bd., VIII ff.
2 Speer, Tagebücher, 95.
3 MK, 371.
4 MK, 201.
5 Jäckel/Kuhn, 887, Rede in München, 15.4.1923.
6 Goebbels, Tagebücher, Teil II, Bd. 7, München 1993, 295f., 8.2.1943.

8 Politische Leitbilder

Georg Schönerer – der Führer

1 MK, 106.
2 AdT, 17.7.1909.
3 AdT, 21.7.1909.
4 Wien AK, Sondernummer 100. Geburtstag 1942.
5 Pichl I; (Herwig), Georg Schönerer, Wien 1912, 70, Rede am 18.12.1878.
6 Wien NöLA, N. Mescerny von Tsoor/Schönerer Kt. 20, Zwettl, 7.1.1879.
7 Ebd., Ottenschlag, 6.1.1879.
8 Ebd., Wien, 8.1.1879.
9 Ebd., Wien, 14.1.1879.
10 (Anonym), Wien und die Wiener. Schilderungen eines fahrenden Gesellen, Berlin 1893, 135.
11 Pichl, I, 162.
12 Pichl, II, 240ff.
13 Pichl, IV, 586f.
14 StP HdA, 12. 2. 1884.
15 N. Stein, Flugblatt mit antisemitischen Zitaten berühmter Männer.
16 Pichl, II, 2, 28.4.1887.
17 Eduard Frauenfeld über Schönerer, in: Wiener Neueste Nachrichten, 26.9.1942, 2.
18 Arthur Schnitzler, Jugend in Wien, München 1971, 138.

Anm. zu S. 334–346

19 AdT, 11.4.1908, 1, »Ein bedeutsames Gedenkfest«.
20 1898 in Bodenbach; Pichl, VI, 198.
21 Pichl, VI, 196.
22 Georg Schönerer, Die deutsche Selbstentmannung. Rede im Reichsrat am 5.11.1906, Sonderdruck.
23 Zit. bei: A. Ciller, Deutscher Sozialismus in den Sudetenländern und der Ostmark, Hamburg ²1943, 53.
24 Pichl, V, 153.
25 Deutsche Hochschul-Stimmen aus der Ostmark, 1.1.1910, 8.
26 Viktor Lischka im AdT anläßlich des Ausschlusses von Karl Iro 1913; Pichl, V, 332.
27 UDW, 16.1.1893, Briefkasten.
28 Pichl, II, 429.
29 Oft wiederholtes Zitat auf antisemitischen Flugblättern und alldeutschen Kalendern.
30 Pichl, II, 31.
31 Wien AAK, Stichwort Schönerer: kopierter Aufsatz von Eduard Pichl, Schönerer und Wien, 1942.
32 Georg Ritter von Schönerer, Rede über die Presse, 24.2.1888, Sonderdruck Wien 1888.
33 NWT, 19.11.1884; Brigitte Hamann, Rudolf. Kronprinz und Rebell, Wien 1978, 405.
34 Ebd., 191.
35 Ebd.
36 MK, 56f.
37 Pichl, I, 145, Rede im Reichsrat, 18.3.1887.
38 Scheicher, Bd. IV, 371.
39 Hamann (wie Anm. 33), 408ff.
40 NWT, 24.11.1897.
41 Schönerer-Aufruf im November 1898; UDW, 16. Nebelungs 1898, vielfach zitiert, auch: AdT, 17. Hartungs 1909.
42 Pichl, IV, 93.
43 Walter Ferber, Die Vorgeschichte der NSDAP in Österreich, Konstanz 1954, 22.
44 AdT, 17. Hartungs 1909.
45 Pichl, V, 385.
46 Ferber (wie Anm. 43), 22f.
47 Pichl, VI, 195.
48 MK, 127f.
49 MK, 133.
50 Kubizek, 1. Fassung, 42f.
51 Hitler an Fritz Schäffer, 7.12.1929, in: Hitler Reden, Bd. III, Teil 2, 510.
52 AdT, 8.1.1909, 2.
53 MK, 116ff.

Anm. zu S. 346–361

54 MK, 103f.
55 MK, 106f.
56 MK, 99.
57 Jäckel/Kuhn, 999, Rede am 5.9.1923 in München.
58 MK, 128.
59 Helmut Heiber, Walter Frank und sein Reichsinstitut für Geschichte des neuen Deutschlands, Stuttgart 1966, 356. Die ersten vier Bände erschienen bis 1923 unter dem Autorenpseudonym »Herwig«.
60 Harald Tichy, Franz Stein ein großdeutscher Kämpfer, Krems 1942, 13f.
61 N. Stein, Privatbesitz.
62 N. Stein, Flugblatt zur Ausstellung.

Franz Stein und die alldeutsche Arbeiterbewegung

1 AdT, 1.4.1888.
2 Die Quellenlage zu Stein ist desolat. Es gibt so gut wie keine Literatur über ihn. Sein Nachlaß wurde in den achtziger Jahren zersplittert. Der Autorin gelang es lediglich, einen kleinen Teil, bestehend aus persönlichen Papieren, einigen Korrespondenzen und Photos, bei einem Wiener Altwarenhändler zu finden. Hier zitiert als N. Stein.
3 Hammer-Jahrbuch für 1911, hg. v. Franz Stein, 178.
4 Pichl, VI, 230.
5 N. Stein, Typoskript der Erinnerungen, undatiert, 11ff.
6 München IfZ, Fa 88/Fsz. 166, Aufzeichnungen Eugen Haugs.
7 MK, 9.
8 Ständig zitiert im »Hammer« sowie im »Hammer-Jahrbuch«.
9 Zit. bei: Alois Ciller, Deutscher Sozialismus in den Sudentenländern und der Ostmark, Hamburg 1943, 62.
10 Rede am 7.12.1905, abgedruckt in: AdT, 10.12.1905, und in Sonderdrucken.
11 Ebd.
12 Pichl, V, 192, Rede 27.4.1906.
13 Wien AVA, N. Pichl, Kt. 75; Franz Stein, Die Unterschiede zwischen den Anschauungen der deutschvölkischen und sozialdemokratischen Arbeiterschaft. Nachdruck der Rede im sudetendeutschen Gablonz 1899.
14 AZ, 18.3.1908.
15 Hammer-Jahrbuch 1913, 113.
16 Der Hammer, 15. Nebelungs (November) 1909.
17 StP HdA, 7.12.1905, abgedruckt in: AdT, 10.12.1905, und in zahlreichen auch späteren Sonderdrucken.
18 Picker, 206, 8.4.1942.
19 Ciller (wie Anm. 9), 30.

20 DAP-Parteiprogramm von 1904 bei Ciller, 135.
21 Ciller (wie Anm. 9), 78.
22 Andrew G. Whiteside, Nationaler Sozialismus in Österreich vor 1918, in: VjZg 1961, 340ff.
23 Reginald H. Phelps, Die Hitler-Bibliothek, in: Deutsche Rundschau, Baden-Baden 1954, 928.
24 Wien AdR, Bürckel-Korrespondenz 99/183.
25 Koblenz BA, NS 10, 14.4.1937.
26 Berlin BA, Personalakten Stein; auch in: N. Stein.
27 NWT, 24.7.1943.

Karl Hermann Wolf – der Deutschradikale

1 NWT, 18.6.1941, bei: Clemens Weber, Karl Hermann Wolf, masch. Diss. Wien 1975, 357.
2 Koblenz BA, NS 26/64, »Meine Begegnung mit Hitler«.
3 VB, 18.6.1941.
4 Domarus, 1724.
5 Deutsche Wacht, 8.8.1886, bei: Weber (wie Anm. 1), 23.
6 Max von Millenkovich-Morold, Vom Abend zum Morgen. Aus dem alten Österreich ins neue Deutschland, Leipzig 1940, 145.
7 Robert Ehrhart, Im Dienste des alten Österreich, Wien 1958, 85.
8 Weber (wie Anm. 1), 133.
9 ODR, 13.7.1897; Weber (wie Anm. 1), 132.
10 Ehrhart (wie Anm. 7), 85.
11 Friedrich Austerlitz, Von Schwarzrotgold bis Schwarzgelb, Wien 1911, 10.
12 Engelbert Pernerstorfer, Von Schönerer bis Wolf, in: Der Kampf, 1.6.1911.
13 DVB für Galizien, 2.12.1910, 1f.
14 NWT, 13.5.1913.
15 Weber (wie Anm. 1), 233f.
16 AZ, 16.10.1908, 3.
17 Zit. bei Pulzer, 174.
18 Deutsche Volks-Zeitung (Reichenberg), 29.10.1886; Weber (wie Anm. 1), 34.
19 Prälat Scheicher im NöL am 28.4.1893; StP NöL, 444.
20 DVB für Galizien, 24.9.1909, 1f.
21 StP HdA, 363. Sitzung, 11.12.1905, 32869–32873.
22 Sitzung des HdA am 4.11.1897; Weber (wie Anm. 1), 105.
23 ODR, 28.1.1894, »Gründet deutschnationale Tischgesellschaften!«.
24 ODR, 31.5.1908.
25 Aufruf des Vereins »Deutsche Volksgenossen«; Privatbesitz.
26 NWJ, 2.12.1908.

27 StP HdA, 22.1.1909, 8446ff.
28 AdT, 23.2.1908.
29 NIK, 24.11.1908.
30 StP HdA, 3.12.1908, 7688.
31 Somary, 24.
32 Stefan Zweig, Die Welt von gestern, Hamburg 1965, 68f.

Dr. Karl Lueger – der Volkstribun

1 MK, 58.
2 Franz Stauracz, Dr. Karl Lueger. 10 Jahre Bürgermeister, Wien 1907, 189.
3 MK, 58.
4 MK, 58.
5 Monologe, 153, 17.12.1941.
6 DVB, 4.7.1908, 1, Wien und die Tschechen.
7 AZ, 11.3.1910, Austerlitz, Nachruf Lueger.
8 Monologe, 153, 17.12.1941.
9 MK, 74.
10 MK, 133.
11 Monologe, 153, 17.12.1941.
12 Picker, 300.
13 Erich Graf Kielmansegg, Kaiserhaus, Staatsmänner und Politiker, Wien 1966, 390.
14 Hitler, Reden, III, Teil 2, 146, Rede am 3.4.1929.
15 Kielmansegg, 391.
16 Scheicher, IV, 410.
17 Scheicher, IV, 414.
18 Scheicher, IV, 417.
19 Austerlitz, in: AZ, 11.3.1910.
20 MK, 109.
21 Aufstellung im IWE, 4.1.1908.
22 Stauracz (wie Anm. 2), 77.
23 Monologe, 153, 17.12.1941.
24 WSMZ, 6.4.1908.
25 NIK, 12.9.1908.
26 NIK, 29.11.1908.
27 NWT, 27.10.1908.
28 Wien hatte und hat keinen »Oberbürgermeister«, sondern einen »Bürgermeister« – ein Fehler, der sicher nicht auf H., sondern den Protokollanten zurückgeht.
29 Picker, 300, 15.4.1942.
30 Kielmansegg, 365.
31 MK, 130.
32 Koblenz BA, R 18/5018, Franz Stein, Schönerer und Lueger.

Anm. zu S. 390–405

33 StP HdA, 13.2.1890, 13385 u. 13388.
34 Paul von Pacher am 15.10.1896, zit. bei: Clemens WeberKarl Hermann Wolf, masch. Diss. Wien 1975, 103.
35 Friedrich Funder, Vom Gestern ins Heute, Wien 1952, 145.
36 NFP, 2.4.1895.
37 Felix Salten, Das österreichische Antlitz, Berlin o. J. (1909), 135f.
38 Ebd., 137.
39 Hugo von Hofmannsthal, Buch der Freunde, Leipzig 1922, 74.
40 Marianne Beskiba, Aus meinen Erinnerungen an Dr. Karl Lueger, Wien o. J., 6f.
41 Salten, 132f.
42 Max von Millenkovich-Morold, Vom Abend zum Morgen, Leipzig 1940, 227f.
43 Felix Salten, in: NFP, 19.9.1926, Denkmalenthüllung in Wien.
44 MK, 116.
45 MK, 107.
46 MK, 197f.
47 MK, 52.
48 MK, 534.
49 Alfred Stein, Adolf Hitler und Gustave le Bon, in: Geschichte in Wissenschaft und Unterricht, Stuttgart 1955, 362–368.
50 Theodor Herzl, Zionistisches Tagebuch, Berlin 1983, 65. Die Zusammensicht des »österreichischen Trios« Schönerer, Lueger und Herzl bei: Carl E. Schorske, Wien. Geist und Gesellschaft im Fin de siècle, Frankfurt a. M. 1982, vor allem 155.
51 StP HdA, 13.2.1890, 13391.
52 Kielmansegg, 401.
53 StP NöL, 28.4.1893, 447, Abgeordneter Ernst Schneider.
54 Dr. Karl Lueger, Reden, gehalten in Wien am 20.7.1899, St. Pölten 1899, 25f.
55 StP HdA, 26.5.1894, 14622f.
56 Salten, 132.
57 StP HdA, 6.5.1898.
58 Rudolf Kuppe, Karl Lueger und seine Zeit, Wien 1933, 216f.
59 Ein Beispiel in Kolin, in: WSMZ, 21.4.1913, 4.
60 StP HdA, 13.2.1890, 13386–13393.
61 Ebd.
62 Scheicher, Bd. V, 141f.
63 Scheicher, Bd. IV, 153.
64 Felix Braun, Das Licht der Welt, Wien 1949, 135.
65 Bukowinaer Volksblatt, 12.7.1908, zit. von: Dr. Straucher, StP HdA, 15.7.1908, 11788f.
66 Kielmansegg, 382.
67 Sigmund Mayer, Die Wiener Juden, Wien 1917, 475.
68 Sigmund Mayer, Ein jüdischer Kaufmann, Leipzig 1911, 296 u. 298f.

69 Arthur Schnitzler, Jugend in Wien, München 1971, 129. Bezeichnenderweise gibt es bis heute keine wissenschaftlich-kritische deutschsprachige Lueger-Biographie. Das nach Quellen erarbeitete Werk: Richard S. Geehr, Mayor of fin de siècle Vienna, Detroit 1990, ist nicht übersetzt.
70 Monologe, 152f., 17.12.1941.
71 MK, 131f.
72 Gemeindezeitung, 8.1.1889, zit. bei: Brigitte Hamann, Rudolf. Kronprinz und Rebell, Wien 1978, 413.
73 MK, 108ff.
74 MK, 130.
75 Kielmansegg, 386.
76 P. Heinrich Abel, SJ, »Wetterleuchten. Meteorologische Schwankungen in der religiös-politischen Atmosphäre Österreichs«, Wien 1909.
77 Peter G. J. Pulzer, Die Entstehung des politischen Antisemitismus in Deutschland und Österreich 1867–1914, Gütersloh 1966, 58.
78 P. Abel, SJ, Wiener Männerwallfahrten nach Mariazell, Wien 1907, 219, Festpredigt Juli 1906.
79 P. Heinrich Abel, SJ, Zurück zum praktischen Christenthum!, Broschüre der Reichspost, Wien 1895, 87.
80 Geehr (wie Anm. 69), 291f.
81 Brigitte Hamann, Eduard Sueß als liberaler Politiker, in: Sitzungsberichte der Österreichischen Akademie der Wissenschaften, Philosophisch-historische Klasse, 422. Bd., Wien 1983, 79–100, hier 94.
82 Ein Leben für Kunst und Volksbildung. Erinnerungen Eduard Leischings, hg. v. Robert Kann u. Peter Leisching, Wien 1978, 66f. u. 138.
83 Joseph Scheicher, Aus dem Jahre 1920. Ein Traum, St. Pölten 1900, 63.
84 Ebd., 76.
85 Ebd., 88.
86 Ebd.
87 Ebd., 41.
88 Ebd., 61f.
89 AZ, 5.6.1908, 3.
90 DVB, 8.12.1905, 8.
91 WSMZ, 6.4.1908.
92 MK, 107.
93 Reden, St Pölten 1899, 32.
94 DVB, 19.1.1908, 5.
95 IKZ, 31.1.1909.
96 Kielmansegg, 380, auch 403.
97 So zum Beispiel: AZ, 18.6.1911, 21.
98 DVB, 1.6.1911, 4.

Anm. zu S. 418–427

99 BBN, 21.7.1912, 5.
100 SJSW für 1908, Wien 1910, 832.
101 Monologe, 73f., 1.10.1941.
102 Kokoschka, 59.
103 Monika Glettler, Die Wiener Tschechen um 1900, Wien 1972, 293ff.
104 Reichspost, 19.10.1909, 2.
105 Zit. bei: Glettler, 311.
106 MK, 59.
107 Bonn PA, Österreich 70, Tschirschky an Bülow, 11.2.1909.
108 Franz Stauracz, Dr. Karl Lueger. Zehn Jahre Bürgermeister, Wien 1907.
109 Bonn PA, Österreich 86, Nr. 2, 15.3.1910.
110 MK, 132f.
111 AZ, 11.3.1910.
112 MK, 133f.
113 MK, 110.
114 MK, 106.
115 Monologe, 153, 17.12.1941.
116 Kubizek, 114.
117 Kubizek, 297.
118 Hitler, Zweites Buch, 95f.
119 MK, 129.
120 Goebbels, Tagebücher, Teil II, Bd. 3, München 1994, 473, 15.3.1942.

9 Tschechen in Wien

1 Urbanitsch, 90.
2 NWB-Kalender 1913, 64.
3 Urbanitsch, 54.
4 Friedrich Prinz, Geschichte Böhmens 1848–1948, Frankfurt a. M. 1991, 221.
5 Bonn AA PA, Österreich 70, Streng vertraulich, Brockdorff-Rantzau, 26.8.1909.
6 Urbanitsch, Tabelle 1.
7 MK, 101.
8 Anton Schubert, Das Deutschtum im Wirtschaftshaushalte Österreichs, Teil II, Reichenberg 1906, 220.
9 Ebd., 235.
10 UDW, 19.3. u. 1.4.1908.
11 Koeppen, 34. Es muß »k.k.« heißen, da H. eindeutig nur Cisleithanien ohne Ungarn meinte.
12 Laut Picker, 198, 5.4.1942, waren es »von 1880 k.u.k. Hofbeamten... 1630 Tschechen und nur noch 170 Deutsche«.

Anm. zu S. 427–440

13 Zit. bei: Michael John, Albert Lichtblau, Schmelztiegel Wien einst und jetzt, Wien 1990, 19.
14 Otruba, 237.
15 Eduard Sueß, Erinnerungen, Leipzig 1916, 38.
16 Monika Glettler, Die Wiener Tschechen um 1900, Wien 1972, 41ff.
17 AdT, 17.8.1909.
18 BBN, 28.7.1912, 2, »Der deutsche Charakter Wiens bedroht«.
19 Der Hammer, 15.10.1909.
20 Glettler, 341.
21 IKZ, 22.8.1909.
22 AdT, 17.6.1908.
23 AdT, 16.1.1909, »Der deutsche Charakter Wiens«.
24 Wien AVA, MdI Präs. N.Öst. 1909–1910, Karton 22, Nr. 2824/7, 13.8.1909.
25 StP NÖL, 9.10.1909.
26 StP HdA, 26.11.1909, 493.
27 Prager Tagblatt, 25.9.1909.
28 Reichspost, 9.10.1909.
29 IKZ, 12.8.1909.
30 AZ, 13.8.1909.
31 IKZ, 14.8.1909.
32 IKZ, 13.8.1909.
33 AdT, 17.8.1909.
34 AdT, 17.8.1909.
35 VB, 10.4.1938, Beilage, 10f.
36 Glettler, 298.
37 Glettler, 306.
38 DVB, 19.1.1911, 1.
39 NFP, 9.8.1909; AdT, 10.8.1909.
40 NFP, 9.8.1909.
41 DVB für Galizien, 1.7.1910, 4.
42 Glettler, 302.
43 StP NÖL, 16.9.1909, 308; Karl Seitz war 1923–34 Bürgermeister von Wien.
44 Nowa Reforma, 9.10.1909, zit. in: DVB für Galizien, 5.11.1909, 1.
45 AZ, 15.8.1909.
46 IKZ, 8.10.1909.
47 Die verwickelte Angelegenheit dokumentiert bei: Glettler, 338ff.
48 Viktor Adler, Briefwechsel mit August Bebel und Karl Kautsky, Wien 1954, 508.
49 Bonn AA PA, Österreich 91, A 17109, Wien, 10.10.1911.
50 Ludwig Brügel, Geschichte der österreichischen Sozialdemokratie, 5. Bd., Wien 1925, 41.
51 BBN, 7.3.1912, 1–3.

Anm. zu S. 440–458

52 Hans Mommsen, Die Sozialdemokratie und die Nationalitätenfrage im habsburgischen Vielvölkerstaat, Wien 1963, 413.
53 Adler (wie Anm. 48), 352, Wien, 1.6.1901.
54 Aus dem Nachlaß Kautsky zitiert bei: Mommsen, 110, 15.8.1911.
55 Geschichte des Sozialismus, hg. v. Jacques Droz, Bd. IV, Frankfurt a. M. 1975, 124.
56 Der Hammer, 16.2.1909.
57 Brief Hermann Bahrs bei: Brigitte Hamann, Bertha von Suttner. Ein Leben für den Frieden, München 1986, 473f.
58 StP HdA, 4.2.1909, 8583ff.
59 StP HdA, 17.12.1908, 8183f.
60 Deutsche Hochschul-Stimmen aus der Ostmark, 27.11.1909, 4.
61 AdT, 10.8.1910, 3.
62 Freundliche Mitteilung von Karl Fürst Schwarzenberg.
63 Monologe, 216, 22.1.1942.
64 Heiber, 228f., Bormann an Lammers, 28.1.1941.
65 MK, 119.
66 Urbanitsch, 67.
67 Deutsche Hochschul-Stimmen aus der Ostmark, 20.11.1909.
68 Kubizek, 297f.
69 Guido List, Die Bilderschrift der Ario-Germanen, Wien 1910, 49.
70 Kubizek, 188.
71 Monologe, 227f., 25.1.1942.
72 Koeppen, 43, 6.10.1941.
73 Monologe, 216, Wolfsschanze, 22.1.1942.
74 MK, 428.
75 Koeppen, 6.10.1941.
76 Heiber, 219; laut Bericht an das Auswärtige Amt, 5.10.1940.
77 Picker, 321f., 20.5.1942.
78 Koeppen, 31, 1.10.1941.
79 Monologe, 405, 25.6.1943.

10 Juden in Wien

1 DVB, 17.9.1895, 7.
2 Urbanitsch, 57.
3 Rudolf Vrba, Die Revolution in Rußland, Prag 1906, Bd. I, 316.
4 Jakob Wassermann, Mein Weg als Deutscher und Jude, Berlin 1921, 102f.
5 Leo Goldhammer, Die Juden Wiens. Eine statistische Studie, Wien 1927, 37f.
6 Jakob Thon, Die Juden in Österreich, hg. v. Bureau für Statistik der Juden, Berlin 1908, 102.

7 Goldhammer (wie Anm. 5), 40.
8 Hans Tietze, Die Juden Wiens, Wien 1933, 212.
9 R. Granichstaedten-Cerva / J. Mentschl / G. Otruba, Altösterreichische Unternehmer, Wien 1969, 40f.
10 Hermann Bahr, Austriaca, Wien 1911, 123.
11 Alfred Roller, Die Bildnisse Gustav Mahlers, Leipzig 1922, 25.
12 Goldhammer (wie Anm. 5), 17f.
13 StP HdA, 20.6.1908.
14 NNZ, 15.1.1909.
15 Theodor Billroth, Über das Lehren und Lernen der medizinischen Wissenschaften an den Universitäten der deutschen Nation, Wien 1876, 153f. – Billroth, der von der Wucht des von ihm ausgelösten Antisemitismus überrascht war, distanzierte sich vergeblich und wurde später Mitglied des Vereins zur Abwehr des Antisemitismus.
16 N. Stein, Zitatsammlung zur Vorbereitung der Schönerer-Ausstellung 1942.
17 Klaus Hödl, Als Bettler in die Leopoldstadt, Wien 1994, 39.
18 NWJ, 2.12.1908, 3.
19 Eintragung im Tagebuch der Erzherzogin am 28.7.1887, zit. bei: Brigitte Hamann, Rudolf. Kronprinz und Rebell, Wien 1978, 404f.
20 BBN, 22.12.1912, 1.
21 (Anonym), Wien und die Wiener. Schilderungen eines fahrenden Gesellen, Berlin 1893, 128.
22 ÖVP, 7.8.1910, 1, »Das Hausierverbot und die Judenpresse«.
23 MK, 59.
24 Jahrbuch für deutsche Frauen und Mädchen, hg. v. Karl Iro, Wien 1904, 78.
25 Sigmund Mayer, Ein jüdischer Kaufmann, Leipzig 1911, 343.
26 Hödl (wie Anm. 17), 68.
27 Anna Staudacher, Die Aktion ›Girondo‹. Zur Geschichte der internationalen Mädchenhandels in Österreich-Ungarn um 1885, in: Das Weib existiert nicht für sich, hg. v. Heide Dienst u. Edith Saurer, Wien 1990, 97ff.
28 Josef Schrank, Der Mädchenhandel und seine Bekämpfung, Wien 1904, 71.
29 Ebd., 37f.
30 Zit. bei: Hödl (wie Anm. 17), 68.
31 NNZ, 1.1.1909.
32 Hödl (wie Anm. 17), 91.
33 Bertha Pappenheim / Sara Rabinowitsch, Zur Lage der jüdischen Bevölkerung in Galizien. Reise-Eindrücke und Vorschläge zur Besserung der Verhältnisse, Frankfurt a. M. 1904.
34 Mayer (wie Anm. 25), 326ff.
35 MK, 63.

Anm. zu S. 470–479

36 StP HdA, 20.6.1908, 6119.
37 StP HdA, 20.6.1908, zit. bei: Brigitte Hamann, Der Verein zur Abwehr des Antisemitismus, in: Die Macht der Bilder. Katalog, hg. v. Jüdischen Museum der Stadt Wien, Wien 1995, 253ff.
38 Anton Schubert, Das Deutschtum im Wirtschaftshaushalte Österreichs, II. Teil: Die Abgabenleistungen der Deutschen in Österreich an den Staat, Reichenberg 1906, 208.
39 StP HdA, 91, 20.6.1908, 6127.
40 Hitler, Reden III, 2. Teil, 520. Schreiben an Fritz Schäffer, VB, 7.12.1929 u. Anmerkung.
41 NNZ, 3.7.1908
42 Hödl (wie Anm. 17), 121.
43 Wassermann, 107f.
44 Wassermann, 119.
45 Joseph Roth, Juden auf Wanderschaft. Vorrede zur neuen Auflage 1937, Köln 1976, 75f.
46 Max Nordau, Der Zionismus und seine Gegner, in: Die Welt, Wien, 20.5.1898, 1.
47 Wassermann, 110.
48 Roth (wie Anm. 45), 17.
49 Max Nordau, Zionismus und Antisemitismus, in: Die Welt, Juli 1899, Nr. 30, 4.
50 Nordau (wie Anm. 46), 1f.
51 Gerald Stourzh, Die Gleichberechtigung der Volksstämme als Verfassungsprinzip 1848–1918, in: Urbanitsch, 1037.
52 Nordau (wie Anm. 50).
53 Karl Kraus, Eine Krone für Zion, Wien 1898.
54 Nordau (wie Anm. 50).
55 MK, 60f.
56 Vrba, 338.
57 Vrba, 344.
58 Vrba, 314f.
59 Helga Riesinger, Leben und Werk des österreichischen Politikers Wilhelm Ellenbogen, masch. Diss. Wien 1969, 32f.
60 DVB, 6.12.1905, 1.
61 DVB, 6.12.1905, 6.
62 DVB, 8.12.1905, 2.
63 DVB, 8.12.1905, 3.
64 StP HdA, 27.3.1906, 35688f.
65 Vrba, 216.
66 Vrba, 238.
67 Vrba, 210.
68 Vrba, 211.
69 Vrba, 222.
70 Vrba, 330.

71 Laut VB, 15./16.4.1923, Jäckel 888.
72 DVB, 9.1.1908, 1.
73 Ludwig Brügel, Geschichte der österreichischen Sozialdemokratie, 5. Bd., Wien 1925, 97.
74 Walther Rathenau in der NFP, 25.12.1909.
75 BBN, 10.5.1912, 4f.
76 ODR, 4.7.1908.
77 Zur Judenfrage, in: Der deutsche Eisenbahner, 10.11.1908, 4f.
78 Domarus, 1868, 26.4.1942, in der letzten Sitzung des Großdeutschen Reichstags.
79 MK, 70.
80 MK, 46.
81 Speer, Tagebücher, 530.
82 MK, 69.
83 MK, 59.
84 MK, 59f.
85 MK, 60.
86 MK, 64.
87 Aussage Marianne Koppler.
88 Dr. Eduard Bloch, as told to J. D. Ratcliff, My Patient, Hitler. II, Colliers, 22.3.1941, 69.
89 Speer, 112.
90 Smith, 150.
91 Wagener, 343.
92 Wagener, 144.
93 MK, 69.
94 Speer, Tagebücher, 531.
95 Adolf Hitlers drei Testamente, hg. v. Gert Sudholt, Leoni o. J., 10.
96 MK, 781.
97 MK, 225.

Exkurs: Zwei Beispiele

1 Kubizek, 285f. Die von Kubizek ebenfalls genannten Familien Graf und Grieser konnten wegen der Häufigkeit der Namen und mangels weiterer Angaben nicht gefunden werden.
2 Wien StLA, Pläne von Heiligenstadt und Grundkataster.
3 Aussagen Prof. Dr. Marie Jahodas im Gespräch mit der Autorin 1994 in Sussex mit herzlichem Dank für die Gastfreundschaft.
4 Wien StLA, Meldearchiv.
5 Kubizek, 285.
6 Kubizek, 286.
7 Wien StLA; laut Verlassenschaftsabhandlung starb er ohne Vermögen.

Anm. zu S. 491–506

8 München BHStA, Slg. Personen 12.659.
9 Wien AdR MfF, Vermögensverkehrsstelle, Arisierung Morgenstern.
10 München BHStA, Slg. Personen 12.659, Gedächtnisprotokoll am 24.3.1937 bei Rechtsanwalt Dr. Arthur Kulka.
11 Auch die Tapezierersgattin Pichler wußte, daß H. vor allem an Juden lieferte. Als das Zentralarchiv der NSDAP 1938 sie um Hilfe bei der Suche nach weiteren H.-Bildern bat, wies sie auf die Schwierigkeit hin: »Es ist nur sehr unangenehm, daß die jetzigen Besitzer Juden sein dürften« (Koblenz BA, NS 26/20).
12 Dr. Feingold war laut Meldeamt 1878 in Wien geboren, mosaisch, verheiratet. Laut Lehmanns Wohnungskalender von 1910 wohnte er damals noch in der Leopoldstadt (Kleine Schiffgasse 5), seine Kanzlei war in der Rauhensteingasse 5. Vor seiner Emigration nach Frankreich 1938 wohnte er im 3. Bezirk, Beatrixgasse 6/1/9.
13 Als in den dreißiger Jahren die Suche nach H.-Bildern begann, hatte Feingold keines mehr: Er habe sie wegen der Verkleinerung seiner Kanzlei nicht mehr gebrauchen können und sie verschenkt, vier allein an die Tochter seines Friseurs, die Sympathien für die Nationalsozialisten zeigte. Laut Auskunft des Friseurs Mock an das NSDAP-Archiv 1936 handelte es sich um Ansichten des alten Schönbrunner Tores, des Ratzenstadls, des Palais Auersperg und des alten Burgtheaters, signiert mit »A. Hitler« (Koblenz BA, NS 26/28). Über den jungen H. erzählte Feingold dem wißbegierigen Interviewer nichts. Laut Meldeamt verließ er Wien am 4.8.1938 mit dem Ziel Frankreich.
14 Wien AdR FMin, Vermögensverkehrsstelle, Gew. 2.755, Kt. 216, Arisierungsakten Samuel Morgenstern.
15 Ebd.
16 Kubizek, 329.
17 Wien AStW, Meldeamt.
18 Wien AdR FMin, Vermögensverkehrsstelle.
19 Oskar Rosenfeld, Wozu noch Welt. Aufzeichnungen aus dem Getto Lodz, Frankfurt a. M. 1994, 19f.
20 MK, 59f.
21 Wien StLA, Protokoll der gerichtlichen Todeserklärung von Samuel Morgenstern, 29.11.1945.
22 Wien StLA, Protokoll der gerichtlichen Todeserklärung von Emma Morgenstern.
23 Lucjan Dobroszycki, Die Juden von Wien im Getto von Lodz 1941–1944, in: Jüdisches Echo, Wien 1984, 133ff.
24 Wien StLA, Todeserklärung Emma Morgenstern.

11 Der junge Hitler und die Frauen

1 Kubizek, 130.
2 Kubizek, 278.
3 Kubizek, 275.
4 Monologe, 231, 25./26.1.1942.
5 Kubizek laut Jetzinger, 239.
6 Kubizek, 189f. In Kubizeks erstem Entwurf ist diese Episode weit knapper und zurückhaltender geschildert.
7 Kubizek, 230.
8 Kubizek, 285.
9 Kubizek, 194f.
10 Kubizek, 276.
11 Kubizek, 284.
12 Aussage Marianne Koppler.
13 Reinhold Hanisch, I was Hitler's Buddy, in: The New Republic, 19.4.1939, 297.
14 Maurice Samuelson, Post von Hitler, in: Die Presse, 14.5.1994.
15 Aussage Marianne Koppler.
16 Schroeder, 152–156.
17 Wien StLA, Meldearchiv.
18 Aussagen Marianne Koppler.
19 Maser, 310.
20 Zweig, 84f.
21 Zweig, 84.
22 Zweig, 89.
23 H. Montane, Die Prostitution in Wien, Wien 1925, 170ff.
24 Kubizek, 282f.
25 Linz OÖLA, Materialien Jetzinger, Brief Kubizeks vom 6.5.1949.
26 Kubizek, 278.
27 E. Peters, Ist die Prostitution eine gesundheitliche Notwendigkeit?, in: UDW, Brachmond 1911, Heft 3, 47ff.
28 Lanz-Liebenfels, Die geheime Prostitution der ›Anständigen‹, 2. Teil, in: Deutsche Hochschul-Stimmen aus der Ostmark, 30. Ostermond (April) 1910, 3ff.
29 Kubizek, 286.
30 Friedrich Funder, Vom Gestern ins Heute, Wien 1952, 111.
31 Harriet Anderson, »Mir wird immer unmöglicher, die Männer als Feinde der Frauensache zu betrachten«, in: Das Weib existiert nicht für sich, hg. v. Heide Dienst u. Edith Saurer, Wien 1990 (Österreichische Texte zur Gesellschaftskritik, Bd. 48), 197.
32 UDW, Ostermond 1908, Nr. 25 u. 24, Theodor Fritsch, Frauen-Frage II. u. I. Teil.
33 UDW, Ostermond 1909, Heft 1, 15.

Anm. zu S. 513–526

34 Der Hammer, 1. Herbstmond 1908, »Frauenarbeit! – Männerarbeit!«.
35 Die Frauen und die Politik, in: Der Hammer, 1. Heuerts (Juli) 1912, 97ff.
36 Harald Arjuna Grävell van Jostenoode, Völkische Richtlinien für unsere Zukunft, in: Ostara, Juli 1906, 11.
37 Domarus, 531f., Rede in Nürnberg am 13.9.1935.
38 Jahrbuch für deutsche Frauen und Mädchen, hg. v. Karl Iro, Wien 1904, 76: Über Mädchen-Turnen; auch 94: Fort mit dem Korsett!.
39 Jörg Lanz von Liebenfels, Rassenbewußtlose und rassenbewußte Lebens- und Liebeskunst, ein Brevier für die reife blonde Jugend, in: Ostara, Rodaun 1912.
40 MK, 458.
41 Ein Wörtlein zur deutschen Mädchenerziehung, in: UDW, Hartung 1911, Heft 10, 190f.
42 Die Zeit, 15.6.1911, 3.
43 Waltraud Heindl, Zur Entwicklung des Frauenstudiums in Österreich, in: Durch Erkenntnis zu Freiheit und Glück, hg. v. Waltraud Heindl u. Marina Tichy, Wien 1990 (Schriftenreihe des Universitätsarchivs Universität Wien, 5. Bd.), 17–26.
44 Waltraud Heindl, Die konfessionellen Verhältnisse. Jüdische und katholische Studentinnen, in: ebd., 140.
45 Uto von Melzer, Deutsches Frauenleben, in: Jahrbuch (wie Anm. 38), 74f.
46 Jörg Lanz von Liebenfels, Die Komik der Frauenrechtlerei, in: Ostara 44, Rodaun 1911, 2.
47 Lanz von Liebenfels, Die deutsche Studentenschaft und das deutsche Weib, in: Deutsche Hochschul-Stimmen aus der Ostmark, 11.12.1909, 3.
48 Die Frauen und die Politik, in: Der Hammer, 1. Heuerts (Juli) 1912, 99f.
49 Domarus, 450, Rede vom 5.9.1934.
50 Domarus, 451, 8.9.1934.
51 Fr. Siebert, Alldeutsches zur Frauenbewegung, in: UDW, Ostermond 1911, 2.
52 ÖVP, 12.3.1911, 2.
53 BBN, 1.6.1912, 3.
54 Der Hammer, 15. Brachmond (Juni) 1912, 93.
55 A. Lichtenstettiner, Ein Beitrag zur Frauenwahlrechtsfrage, in: Der Hammer, 15.6.1912, Titel 1ff.
56 UDW, Ostermond 1908, 24.
57 Picker, 205f., 8.4.1942.
58 MK, 460.
59 AZ, 4.6.1908, 4.
60 Siebert (wie Anm. 51), 1ff.

61 Jahrbuch für deutsche Frauen und Mädchen, hg. v. Karl Iro, Wien 1904, 82.
62 Domarus, 451, Rede vor der NS-Frauenschaft, 8.9.1934.
63 MK, 275.
64 Franz Stauracz, Dr. Karl Lueger, Wien 1907, 5f.
65 Marianne Beskiba, Aus meinen Erinnerungen an Dr. Karl Lueger, Selbstverlag, Wien o. J. (1911), 77.
66 Ebd., 24f.
67 Schroeder, 152.
68 Hans Severus Ziegler, Adolf Hitler aus dem Erleben dargestellt, Göttingen 1965, 10.
69 Zum Beispiel H.s Kammerdiener: Karl-Wilhelm Krause, Zehn Jahre Tag und Nacht, Hamburg o. J. (1949), 35; Friedelind Wagner, Nacht über Bayreuth, Köln 1946, 195; und andere.
70 Krause, ebd., 52f.
71 Monologe, 316, 10./11.3.1942.

12 Vor dem großen Krieg

1 (Anonymus), Mein Freund Hitler, in: Moravsky ilustrovany zpravodaj, 1935, Nr. 40 (tschechisch).
2 Wien StLA, Meldearchiv.
3 18. Jahresbericht ... für 1913, Wien 1914, 3 u. 6.
4 Karl Honisch, Protokoll; Koblenz BA NS26/17a.
5 Hansotto Hatzig, Bertha von Suttner und Karl May, in: Jahrbuch der Karl-May-Gesellschaft 1971, 252.
6 Brigitte Hamann, Bertha von Suttner. Ein Leben für den Frieden, München 1986, 485f.
7 Ekkehard Bartsch, Karl Mays Wiener Rede, in: Jahrbuch der Karl-May-Gesellschaft 1970, 50f. u. 55ff.
8 Bertha von Suttner, Einige Worte über Karl May, in: Die Zeit, 5.4.1912.
9 NFP, 23.3.1912.
10 Fremdenblatt, 23.3.1912.
11 Otto Dietrich, Zwölf Jahre mit Hitler, München 1955, 164.
12 Hans Severus Ziegler, Adolf Hitler aus dem Erleben dargestellt, Göttingen 1965, 77.
13 Speer, 523f.
14 Brigitte Hamann, Bertha von Suttner und Alfred Hermann Fried, in: The Nobel Peace Prize and the Laureates. The Meaning and Acceptance of the Nobel Peace Prize in the Prize Winners' Countries, hg. v. Karl Holl u. Anne C. Kjelling, Frankfurt 1994, 83–93.
15 BBN, 10.5.1912.

Anm. zu S. 536–549

16 Adolf Harpf, Die Zeit des ewigen Friedens..., in: Ostara, Wien 1908, 4ff., 7 u. 11.
17 MK, 438.
18 Hitler, Reden Schriften Anordnungen Februar 1925 bis Januar 1933, Bd. III, Teil 2, 195, 29.10.1929.
19 Zweites Buch, 132.
20 Ludwig Brügel, Geschichte der österreichischen Sozialdemokratie, 5. Bd., Wien 1925, 119.
21 Helga Riesinger, Leben und Werk des österreichischen Politikers Wilhelm Ellenbogen, masch. Diss. Wien 1969, 74.
22 BBN, 10.11.1912, 2f.
23 Brügel (wie Anm. 20), 121.
24 DVB für Galizien, 8.10.1909, 4.
25 Charmatz, 107f.
26 Kubizek, 307, liest den 19.7.1909, Jetzinger, 205, den 19.8.1908.
27 Picker, 347, 2.6.1942.
28 DVB, 2.7.1908, »Kriegsphantasien«.
29 NWJ, 3.3.1912, »Der Luftkoller«, aus der Zeitung »Excelsior« übersetzt und kommentiert von Bertha von Suttner.
30 Bertha von Suttner, Die Barbarisierung der Luft, Berlin 1912, 7.
31 Ebd., 12.
32 WSMZ, 7.4.1913.
33 AZ, 20.1.1910, weiteres auch bei: Kandl, 119.
34 Lagebesprechungen im Führerhauptquartier, hg. v. Helmut Heiber, München 1963, 235f., 20.5.1943.
35 StP HdA, 17.12.1908, 8183f.
36 MK, 135.
37 Danzer's Armee-Zeitung, 7.1.1909.
38 MK, 141.
39 MK, 142f.
40 München BHStA, Hss. N. Sexau, Abschrift 21.3.1909.
41 AdT, 3.5.1912.
42 Zweites Buch, 91.
43 Hitler, Reden Bd. III, 2. Teil, 254, vor dem Amtsgericht München am 7.5.1929.
44 MK, 175.
45 Monologe, 77, 10./11.10.1941.
46 Domarus, 1090.
47 Jäckel/Kuhn, 526, Brief vom 29.11.1921.
48 Staatsmänner und Diplomaten bei Hitler, hg. v. Andreas Hillgruber, 2. Teil, Frankfurt a. M. 1970, 260, Gespräch mit Horthy am 17.4.1943 in Schloß Kleßheim bei Salzburg.
49 Hammer-Jahrbuch 1913, 134ff.
50 Paul Molisch, Geschichte der deutschnationalen Bewegung in Österreich, Jena 1926, 230.

51 Pichl, V, 357, zitiert Viktor Lischka im AdT.
52 Urbanitsch, 109f.
53 AdT, 10. Hornungs 1909, »Leiden eines k.u.k. Soldaten«.
54 AdT, 28.3.1909.
55 (Anton Schubert), Das Deutschtum im Wirtschaftshaushalte Österreichs, 2. Teil: Die Abgabenleistungen der Deutschen in Österreich an den Staat, Reichenberg 1906, 209.
56 MK, 75.
57 Der ganze Vorgang zum erstenmal nach Akten dargestellt bei: Jetzinger, 254ff.
58 Jäckel/Kuhn, 54, Brief München, 21.1.1914, an den Linzer Magistrat. Der Vorgang wurde bestätigt durch die Nachforschungen der Wiener Bundespolizeidirektion im Auftrag des Bundeskanzleramtes vom 13.3.1932; Koblenz BA, NS 26/18.
59 Hitler, Reden, Bd. III, Teil 2, 150, München, 3.4.1929.
60 Zum Beispiel: AdT, 227, März 1908, »Aus dem Schuldbuche des Zölibats«.
61 Wien StLA, Meldeakten Häusler. Häuslers hier zitierte Aussagen stammen alle von seiner Tochter Marianne Koppler gegenüber der Autorin am 21.1.1996. Herrn Prof. Dr. Peter Csendes gebührt mein Dank für rasche Hilfe, als meine recht komplizierte Suche nach Häuslers Tochter zu versanden drohte.
62 Aus Häuslers Personal-Fragebogen der DAF vom 9.10.1939, zit. bei: Joachimsthaler, 81.
63 Wien ThM Hofoper, Spielpläne Mai 1913. Es muß sich wohl um die Aufführung vom Montag, dem 5.5.1913, gehandelt haben.
64 Faksimile bei: Werner Maser, Sturm auf die Republik, Düsseldorf 1994, 81f. Das Dokument stammt aus dem 1971 versteigerten Nachlaß von H.s Haushälterin Anny Winter, die den Inhalt von H.s Münchner Schreibtisch 1945 an sich nahm (Maser 546, Anm. 12).
65 MK, 137.
66 Diese Bilder befanden sich 1945 unter jenen persönlichen Wertgegenständen, die am Berghof untergebracht waren und dann auf sechs Lastwagen Richtung Bozen gebracht wurden, von Frau Bormann und deren zwölf Kindern begleitet. Als Frau Bormann 1946 in Bozen starb, verlor sich die Spur der Bilder (München IfZ, ZS 2238). 18 Bilder tauchten 1984 bei einer Ausstellung in Florenz aus dem Nachlaß des italienischen Ministers Siviero wieder auf.
67 Maser, 92.
68 Monologe, 115, 29.10.1941.
69 MK, 138.
70 Joachimsthaler, 18.
71 Koblenz BA, NS 26/17a.
72 Privatarchiv Marianne Koppler.
73 Monologe, 25.1.1942, 227.

Anm. zu S. 563–572

74 Joachimsthaler, 80. Erst 1966 erwähnte auch Josef Popp gegenüber Maser, 118, seinen zweiten Untermieter, allerdings ohne Häuslers Namen zu nennen. Es habe jeden Abend politische Diskussionen der beiden gegeben, und dieser andere Untermieter sei ausgezogen, weil er dies nicht mehr vertragen habe.
75 Jetzinger, 258, mit Abbildung des Gesuches vom 19.1.1914.
76 Joachimsthaler, 81.
77 MK, 13.
78 Hanisch.
79 MK, 135f.
80 MK, 178.
81 MK, 179.
82 Wien AdR, BMfI Zl. 204.787–33/68. Kopie des Aktes aus dem Österreichischen Kriegsarchiv, MS Allg. 483. Anlaß der Prüfung war ein von H. angestrengter Beleidigungsprozeß gegen zwei Redakteure, die ihn als stellungsflüchtig bezeichnet hatten.
83 München BHStA, Slg. Rehse Nr. 1124.
84 Abbildung des Gesuches bei: Jetzinger, 273.
85 München BHStA, N. Hitler.
86 Kubizek, 43 u. 203.
87 Lagebesprechungen (wie Anm. 34), 862.
88 Domarus, 641 u. 643.
89 MK, 136f.
90 MK, 409.

Abkürzungsverzeichnis

AdT	Alldeutsches Tagblatt (alldeutsch)
AHBK	Archiv der Hochschule für Bildende Kunst
AVA	Allgemeines Verwaltungsarchiv, Wien
AZ	Arbeiterzeitung (sozialdemokratisch)
BA	Bundesarchiv
BBN	Brigittenauer Bezirks-Nachrichten (christlichsozial)
DVB	Deutsches Volksblatt (christlichsozial-deutschnational)
HdA	Haus der Abgeordneten
HJStG	Historisches Jahrbuch der Stadt Graz
HJStL	Historisches Jahrbuch der Stadt Linz
hss.	handschriftlich
IKZ	Illustrierte Kronen-Zeitung
IWE	Illustriertes Wiener Extrablatt überparteilich)
masch. Diss.	maschinschriftliche Dissertation
MK	Adolf Hitler, Mein Kampf, zitiert nach der einbändigen Volksausgabe
N.	Nachlaß
NA	National Archives
NFP	Neue Freie Presse (liberal)
NIK	Neue Illustrirte Kronenzeitung (unabhängiger Boulevard)
NNZ	Neue National-Zeitung (zionistisch)
NÖL	Niederösterreichischer Landtag
NWB	Neuigkeitsweltblatt
NWJ	Neues Wiener Journal (liberal)
NWT	Neues Wiener Tagblatt (liberal)
ODR	Ostdeutsche Rundschau (ab 1902 deutschradikal)
OÖLA	Oberösterreichisches Landesarchiv
ÖVP	Österreichische Volks-Presse
SJSW	Statistisches Jahrbuch der Stadt Wien
StA	Stadtarchiv
StLA	Stadt- und Landesarchiv
StP	Stenographische Protokolle

UDW	Unverfälschte Deutsche Worte (alldeutsch)
VB	Völkischer Beobachter
VjZg	Vierteljahreshefte für Zeitgeschichte
WSMZ	Wiener Sonn- und Montagszeitung (liberal)

Archivverzeichnis

Berlin BA	Bundesarchiv, ehemals Berlin Document Center, diverse Personalakten
Bonn BA PA	Bundesarchiv, Archiv des Auswärtigen Amtes, Politisches Archiv, Berichte der Deutschen Botschaft in Wien u.a.
Koblenz BA	Bundesarchiv, Akten des Parteiarchivs der NSDAP (NS 26) u.a.
Linz OÖLA	Oberösterreichisches Landesarchiv, Materialien Jetzinger, Eigruber-Protokolle u.a.
Linz StA	Stadtarchiv, Tagebuch des Archivars Ferdinand Krackowizer, Gemeinderats-Berichte u.a.
München BHStA	Bayerisches Hauptstaatsarchiv, Nachlaß Hitler, Reste der Sammlung Rehse u.a.
München IfZ	Archiv des Instituts für Zeitgeschichte, verschiedene Augenzeugenberichte, Koeppen-Protokoll u.a.
Senftenegg	Schloßarchiv Senftenegg, Niederösterreich, Nachlaß Karl Friedrich von Frank
Washington NA	National Archives, Berichte der amerikanischen Gesandtschaft in Wien, Hitler Source Book u.a.
Wien AAK	Archiv der Arbeiterkammer Wien, diverse Personalia
Wien AdR	Archiv der Republik, Finanzministerium, Arisierungsakten, Bürckel-Korrespondenz
Wien AHBK	Archiv der Hochschule für Bildende Künste
Wien AVA	Allgemeines Verwaltungsarchiv, MdI Ministerium des Inneren, Präsidialakten N. Pichl (Schönerer) u.a.
Wien StLA	Stadt- und Landesarchiv Wien, Meldearchiv, Todfallaufnahmen u.a.
Wien ThM	Theatermuseum, Spielpläne, Nachlaß Roller u.a

Verzeichnis der häufiger verwendeten Quellen und Literatur

Anonymus	Mein Freund Hitler. In: Moravsky ilustrovany zpravodaj (Mährischer illustrierter Beobachter), 1935, Nr. 40, S. 10f. (tschechisch)
Binion	Rudolph Binion, »... daß ihr mich gefunden habt«. Hitler und die Deutschen, Stuttgart 1978
Bloch	Dr. Eduard Bloch, as told to J. D. Ratcliff, My Patient Hitler, in: Collier's 15. u. 22.3 .1941
Daim	Wilfried Daim, Der Mann, der Hitler die Ideen gab. Jörg Lanz von Liebenfels, geänderte Neuauflage Wien 1994
Domarus	Max Domarus, Hitler, Reden und Proklamationen 1932–1945, München 1962
Frank	Hans Frank, Im Angesicht des Galgens, München 1953
Giesler	Hermann Giesler, Ein anderer Hitler, Leoni ²1977
Glettler	Monika Glettler, Die Wiener Tschechen um 1900. Strukturanalyse einer nationalen Minderheit in der Großstadt, Wien 1972
Goebbels Tagebücher	Die Tagebücher von Joseph Goebbels. Im Auftrag des Instituts für Zeitgeschichte und in Verbindung mit dem Bundesarchiv hg. v. Elke Fröhlich. Teil I: Sämtliche Fragmente. 4 Bände, München 1987ff.
Goebbels Tagebücher	Die Tagebücher von Joseph Goebbels. Im Auftrag des Instituts für Zeitgeschichte und mit Unterstützung des Staatliches Archivdienstes Rußlands hg. v. Elke Fröhlich. Teil II: Diktate 1941–1945, München 1993ff.
Häusler	Aussagen von Häuslers Tochter Marianne Koppler gegenüber der Autorin
Hamann, Rudolf	Brigitte Hamann, Rudolf. Kronprinz und Rebell, Wien 1978
Hamann, Suttner	Brigitte Hamann, Bertha von Suttner. Ein Leben für den Frieden, München 1986

Hanisch	Reinhold Hanisch, I was Hitler's Buddy, in: The New Republic, 5., 12. u. 19.4.1939
Heiber	Beatrice u. Helmut Heiber, Die Rückseite des Hakenkreuzes, München 1993
Heiden	Konrad Heiden, Adolf Hitler, 2 Bde., Zürich 1936/37
Hitler, Reden	Adolf Hitler, Reden Schriften, Anordnungen, hg. v. Institut für Zeitgeschichte, München 1993ff.
Honisch	Karl Honisch, Protokoll vom 12.5.1939, Koblenz BA, NS 26/17a
Jäckel/Kuhn	Hitler. Sämtliche Aufzeichnungen 1905–1924, hg. v. Eberhard Jäckel u. Axel Kuhn, Stuttgart 1980 (Quellen und Darstellungen zur Zeitgeschichte, Bd. 21)
Jetzinger	Franz Jetzinger, Hitlers Jugend, Wien 1956
Joachimsthaler	A. Joachimsthaler, Korrektur einer Biographie. Adolf Hitler 1908–1920, München 1989
Kandl	Eleonore Kandl, Hitlers Österreichbild, masch. Diss. Wien 1963
Kielmansegg	Erich Graf Kielmansegg, Kaiserhaus, Staatsmänner und Politiker, Wien 1966
Koeppen	Aufzeichnungen des SA-Standartenführers Fr. Werner Koeppen, München IfZ, Fa 514
Kokoschka	Oskar Kokoschka, Mein Leben, München 1971
Krackowizer	Ferdinand Krackowizer, hss. Tagebuch, Linz StA
Kubizek	August Kubizek, Adolf Hitler, Mein Jugendfreund, Graz ²1953
Kubizek 1. Fassung	Linz OÖLA, Materialien Jetzinger, masch. 1. Fassung der Kubizek-Erinnerungen
Maser	Werner Maser, Adolf Hitler, München 1971
Mommsen	Hans Mommsen, Die Sozialdemokratie und die Nationalitätenfrage im habsburgischen Vielvölkerstaat 1867–1907, Wien 1963 (Veröffentlichungen der Arbeitsgemeinschaft für Geschichte der Arbeiterbewegung in Österreich 1)
Monologe	Adolf Hitler. Monologe im Führerhauptquartier 1941–1944. Die Aufzeichnungen Heinrich Heims, hg. v. Werner Jochmann, Hamburg 1980

Otruba	Gustav Otruba / Ludwig Rutschka / Sigfrid Ludwig, Die Herkunft der Wiener Bevölkerung, in: Jahrbuch des Vereins der Geschichte der Stadt Wien, Bd. 13, Wien 1957
Pichl	Eduard Pichl, Georg Schönerer, 6 Bde; Bd. 1–4 erschienen unter dem Pseudonym »Herwig« 1912, 1913, 1914 und 1923 in Wien, Bd. 5 und 6 unter dem korrekten Autorennamen Eduard Pichl in Oldenburg o. J. (1938)
Picker	Henry Picker, Hitlers Tischgespräche im Führerhauptquartier, Frankfurt/Berlin 1951, Neuauflage 1993
Price	Billy Price, Adolf Hitler als Maler und Zeichner, Zug 1983
Pulzer	Peter G. J. Pulzer, Die Entstehung des politischen Antisemitismus in Deutschland und Österreich 1867–1914, Gütersloh 1966
Salten	Felix Salten, Das österreichische Antlitz, Berlin o. J. (1909)
Scheicher	Josef Scheicher, Erlebnisse und Erinnerungen, 6 Bde., Wien o. J.
Schroeder	Christa Schroeder, Er war mein Chef, München 1985
Smith	Bradley F. Smith, Adolf Hitler. His Family, Childhood and Youth, Stanford 1967
Somary	Felix Somary, Erinnerungen aus meinem Leben, Zürich o. J. (1955)
Speer	Albert Speer, Erinnerungen, Frankfurt a. M. 1969
Speer, Tagebücher	Albert Speer, Spandauer Tagebücher, Berlin 1975
Urbanitsch	Peter Urbanitsch, Die Deutschen in Österreich, in: Die Habsburgermonarchie 1948–1918, hg. v. Adam Wandruszka u. Peter Urbanitsch. Bd. III: Die Völker des Reiches, Wien 1980, 33–153
Vrba	Rudolf Vrba, Die Revolution in Rußland, Prag 1906
Wagener	Hitler aus nächster Nähe. Aufzeichnungen eines Vertrauten 1929–1932, hg. v. H. A. Turner, Berlin 1978
Wassermann	Jakob Wassermann, Mein Weg als Deutscher und Jude, Berlin 1921
Weininger	Otto Weininger, Geschlecht und Charakter, Wien $^{3}1905$

Zweig	Stefan Zweig, Die Welt von gestern, Hamburg 1965
Zweites Buch	Hitlers Zweites Buch. Ein Dokument aus dem Jahr 1928, Stuttgart 1961 (Quellen und Darstellungen zur Zeitgeschichte, Bd.)

Personenregister

Abel, Heinrich 110, 406, 420–423, 525
Abeles, Wilhelm 511f.
Abrahamowicz, David von 380
Adler, Friedrich 459
Adler, Viktor 129, 183, 252f., 258–260, 343, 346, 355, 372, 455, 458f., 489f., 493, 533, 550f.
Albach-Retty, Rosa 108, 282f.
Albert, Eugen d' 60, 92, 334
Albrecht, Florian 290f.
Alexander II., Zar und Kaiser von Rußland 473
Allemand, Siegmund l' 52f., 196
Alt, Rudolf von 103, 267, 508
Altenberg, Adele 249f., 268, 516
Altenberg, Jakob 236, 246, 249f., 261, 267f., 470, 500, 516, 542, 606
Altenberg (jun.), Jakob (Jacques) 249, 606
Altenberg, Moses 249
Altenberg, Peter 106, 110
Altenberg, Sarah 249
Altenberg, Senta 606
Andersen, Robin Christian 53, 588
»Anonymus« →Brünner Anonymus
Anzengruber, Ludwig 44
Arent, Benno von 97
Arminius →Hermann der Cherusker
Arneth, Alfred von 423
Auersperg, Carl Fürst 229
Auguste Viktoria, Deutsche Kaiserin 138
Austerlitz, Friedrich 258, 260f., 383, 396f., 432

Bacher, Rudolf 52
Badeni, Kasimir Graf 154, 183, 355, 378–381, 405f.
Baernreither, Joseph 131
Bahr, Hermann 460, 470
Bahr-Mildenburg, Anna 43, 568
Baudelaire, Charles 120
Bauer, Otto 388
Bebel, August 455
Beck, Max Wladimir Freiherr von 171
Beethoven, Ludwig van 98, 328, 375, 505
Bekessi, Hans (Pseud. Hans Habe) 68, 70
Bellegarde, Franz Graf 131
Berg, Alban 108, 113
Bernhard, Thomas 328
Beskiba, Marianne 408, 537f.
Bielohlawek, Hermann 387, 445f., 535
Bienerth-Schmerling, Richard Graf 171, 178
Bilinski, Leon von 430
Billroth, Theodor 472f., 625
Bismarck, Otto Fürst von 20, 23, 162f., 168, 309, 315, 337, 339f., 352, 357, 361f., 364–367, 372, 388, 410, 452, 562
Bleibtreu, Renato 589
Blériot, Louis 552
Bloch, Eduard 33f., 46–48, 53–57, 84, 498, 508, 575
Bloch, Emilie (geb. Kafka) 34, 57
Bloch, Trude (verh. Kren) 34, 56
Bormann, Martin 80, 590
Brahms, Johannes 113, 505
Braun, Eva 14, 463, 517, 538
Braun, Felix 415
Bruckner, Anton 12, 98

»Brünner Anonymus« 271f., 358, 498, 541–544, 547, 562f., 565
Bülow, Bernhard Fürst von 155
Bulwer-Lytton, Edward George 40
Burival, František 176
Burschofsky, Ferdinand 367, 373

Calvin, Johannes 279
Canetti, Elias 328
Caruso, Enrico 90
Casals, Pablo 113
Chamberlain, Eva →Wagner, Eva
Chamberlain, Houston Stewart 288f., 313, 329, 333f., 347, 352
Choc, Václav 176
Chopin, Frédéric 505
Ciller, Alois 373
Conrad von Hötzendorf, Franz Graf 557–561
Coudenhove-Kalergi, Richard Graf 550

Daim, Wilfried 302, 317, 610f.
Dante Alighieri 106
Darwin, Charles 119–122, 148, 287f., 313, 320, 333, 335, 544
David, Anton 255f., 258–260
Deckert, Joseph 413, 423
Delug, Alois 52
Deutsch, Julius 205
Diamant, Max 486
Dietrich, Otto 307
Disney, Walt 110
Dollfuß, Engelbert 88
Dschingis-Khan 305
Dühring, Eugen 333, 344, 347, 473
Dvořák, Antonín 111
Dvořák, Max 462
Dyck, Anthonis van 111
Dzieduszycki, Adalbert Graf 131

Eckart, Dietrich 328, 332, 502f.
Eigruber, August 12, 324
Einstein, Albert 325
Elisabeth, Kaiserin von Österreich 15, 23, 130f., 136, 239, 265

Ellenbogen, Wilhelm 95, 180, 252–255, 258–260, 372, 489, 493, 550
Engels, Friedrich 40, 260
Epstein, Baron 213
Ernst Ludwig, Großherzog von Hessen 137
Ernst, Otto (eigtl. O. E. Schmidt) 107
Eugen, Prinz von Savoyen 102, 157, 166
Eyck, Hubert van 13
Eyck, Jan van 13

Fabiani, Max 282
Feiler, Franz 266–268, 270f., 607
Feingold, Josef 500, 508, 628
Fernkorn, Anton 102
Feuerbach, Anselm 51, 53, 103
Förster-Nietzsche, Elisabeth 538
Frank, Hans 22, 73–75, 77, 158, 328, 332
Frank, Karl Friedrich von 68–70
Frankenberger 74f., 77
Frankenreiter, Franz 77
Franz II./I., Kaiser 168
Franz Ferdinand, Erzherzog-Thronfolger 118, 354, 357, 421, 556, 559, 573
Franz Joseph I., Kaiser von Österreich und König von Ungarn 18, 23, 26, 99, 127f., 130–139, 141f., 145, 149, 151, 155, 164, 177, 189, 191, 229, 239, 256, 353, 366, 380, 398, 405f., 422, 431, 474, 552, 558f.
Frauenfeld, Alfred Eduard 87
Fresl, Václav 176
Freud, Sigmund 109, 111, 326, 331, 470, 479, 507
Fried, Alfred Hermann 149, 548, 550
Friedell, Egon 323
Friedjung, Heinrich 343, 346
Friedmann, Moriz 28
Friedrich I. (Barbarossa), Kaiser 159
Friedrich II., Kaiser 158
Friedrich III., Kaiser 101

Friedrich II., König von Preußen 150, 164f., 308, 330
Friedrich August III., König von Sachsen 137
Friedrich August, Großherzog von Oldenburg 137
Friedrich Franz IV., Großherzog von Mecklenburg-Schwerin 137
Fritsch, Theodor 367
Fromm, Erich 84f.
Fürstenberg, Landgrafen 64, 196

Gagern, Falk Freiherr von 614f.
Gagern, Friedrich Freiherr von 615
Galilei, Galileo 321f.
Ganghofer, Ludwig 107
Gauguin, Paul 105, 119
Gautsch von Frankenthurn, Paul 171
Geiger, Emil 352
Georg, Fürst zu Schaumburg-Lippe 137
Gerngross, Alfred 470
Gessmann, Albert 417
Giesler, Hermann 11, 101, 324
Glassl, Anna → Hitler, Anna
Gluck, Christoph Willibald 98
Gobineau, Joseph Arthur Graf von 288, 292
Goebbels, Joseph 13, 15, 18, 22, 32, 90, 126, 130, 158, 165, 245, 280, 336, 435
Goethe, Johann Wolfgang von 106, 110f.
Goldmann, Max → Reinhardt, Max
Goldzier, Hans (Pseud. Th. Newest) 122, 319–322, 324, 333f.
Göllerich, August 39
Göring, Hermann 206, 280
Gounod, Charles 98
Graf 627
Grävell von Jostenoode, Harald Arjuna 159f., 292f.
Gregori, Ferdinand 330
Gregorig, Josef 412
Greiner, Josef 265, 275–280
Grieg, Edvard 98

Griepenkerl, Christian 52
Grieser 627
Grützner, Eduard von 56, 103
Güdemann, Moriz 94, 474
Gutmann 229

Habe, Hans → Bekessi, Hans
Hacha, Emil 465
Hagenhofer 355
Hagmüller, Wilhelm 35, 39, 83
Hajn, Anton 176
Hamberger, Maria 69
Hamberger, Paul 69
Hamerling, Robert 340
Hanisch, Magdalena 48, 59, 61
Hanisch, Reinhold (Pseud. Friedrich/Fritz Walter) 225–227, 231, 234, 236–243, 245–249, 261f., 264–271, 277–279, 285, 358, 376, 421, 427, 431, 433f., 499f., 515f., 541f., 565, 573, 575, 607
Hanitante → Pölzl, Johanna
Hansen, Theophil 51, 53, 99, 169
Harpf, Adolf 312, 549
Hasse, Ernst 292
Häusler, Emilie (»Milli«) 274, 517–519, 567f.
Häusler, Ida 274, 518, 566–568, 570f.
Häusler, Marianne (verh. Koppler) 274f., 498, 516, 518, 572
Häusler, Rudolf 265, 274f., 286, 300, 498, 515–518, 541, 566–568, 570–575, 609
Haussmann, Georges Eugène 101
Heiden, Konrad 71, 265f., 269f., 277, 279, 607
Heine, Heinrich 239, 316, 499
Helene, Königin von Italien 555
Herbeck, Johann 94
Herder, Johann Gottfried von 460
Hermann der Cherusker (Arminius) 161, 388
Herzl, Theodor 346, 410, 485f., 488
Heydrich, Reinhard 440
Hiedler, Johann Georg (auch G. Hitler) 65–67, 69f.

645

Hiedler, Johann Nepomuk 65–67
Hiedler, Johanna (verh. Pölzl) 65, 85
Hiedler, Maria Anna (geb. Schicklgruber) 65–67, 69, 71, 73–75
Hilsner, Leopold 240
Himmler, Heinrich 271, 319, 464
Hindenburg, Paul von 340, 561
Hirsch, Moriz 410, 479
Hitler, Abraham 69
Hitler, Alois (geb. Schicklgruber) 12, 16–18, 20–22, 24, 26, 31, 34, 48, 52, 54, 64f., 68f., 71, 73–75, 360, 539, 562, 566, 576
Hitler (jun.), Alois 16f., 75f., 282
Hitler, Angela → Raubal, Angela
Hitler, Anna (geb. Glassl) 17
Hitler, Bridget 17, 75–77, 282
Hitler, Edmund 16–18, 20
Hitler, Franziska (geb. Matzelsberger) 17, 76
Hitler, Gustav 17
Hitler, Ida 17
Hitler, Georg → Hiedler, Johann Georg
Hitler, Klara (geb. Pölzl) 12, 15–18, 20f., 31–35, 39, 41, 43, 46–48, 54–58, 64f., 67, 70, 84f., 195, 269, 276, 498, 538
Hitler, Klara (verh. Pölzl) 70
Hitler, Otto 17
Hitler, Paula 17f., 20, 22, 34f., 47, 53f., 58–61, 63, 68, 84f., 195, 197, 227f., 250f., 590
Hitler, Rosalie 70
Hitler, William Patrick 17, 75–77, 282
Hofer, Andreas 145
Hoffenreich, Katharina → Lanz, Katharina
Hoffenreich, Luigi 317
Hoffmann, Heinrich 103, 236, 281
Hoffmann, Josef 104, 113
Hofmann, Isaak Löw 113
Hofmannsthal, Hugo von 113, 118, 407
Honisch, Karl 265, 272f., 358, 499, 541, 543, 568f.

Hörbiger, Attila 322
Hörbiger, Hanns 322–325
Hörbiger, Paul 322
Horthy, Miklós 562
Huemer 21
Hus, Jan 279

Ibsen, Henrik 108
Ingwer 372
Iro, Karl 179, 188, 190–192, 338, 367, 578

Jahn, Friedrich Ludwig 38
Jahn, Peter 507
Jahoda, Adele (verh. Rankl) 504, 506f.
Jahoda, Edmund 504
Jahoda, Emil 504
Jahoda, Georg 504f.
Jahoda, Karl 504
Jahoda, Klara 504, 506f.
Jahoda, Marie 504–506
Jahoda, Pina 504–506
Jahoda, Rudolf 499, 504–507
Jaurès, Jean 551
Jesus Christus 321, 332
Jetzinger, Franz 77, 81–86, 277f.
Johann, Erzherzog 161
Josef II., Kaiser 74, 101, 162–164, 168
Jung, Rudolf 374
Jungmann, Josef 460

Kafka, Emilie → Bloch, Emilie
Kafka, Franz 328, 470
Kainz, Josef 108
Kanya, Johann 233
Karl der Große, Kaiser 158, 297, 358
Karl I., Kaiser 521
Karl IV., Kaiser 161
Karl, Erzherzog 167
Karta 385
Katidja 106
Kautsky, Karl 458f.
Kellermann, Bernhard 605
Keplinger, Josef 31
Kielmansegg, Erich Graf 403, 411, 417, 419, 427, 457

Kinsky, Bertha Gräfin →Suttner, Bertha Baronin von
Kläger, Emil 214, 216, 230f.
Klimt, Gustav 52, 103f., 109f., 113f.
Knappertsbusch, Hans 92
Knirsch, Hans 367f., 373f.
Kokoschka, Oskar 51, 103–105, 113, 428
Kolb, Viktor 420
Konfuzius 321
Königswarter, Baron 213, 226
Kopernikus, Nikolaus 324
Koppensteiner, Rudolf 71
Koppler, Marianne →Häusler, Marianne
Koref, Ernst 24, 34
Körner, Theodor 25
Kozlowski-Bolesta, Wladimir Ritter von 131
Krackowizer, Ferdinand 38f., 46f., 58, 195
Krafft-Ebing, Richard 111
Kramař, Karel 153f., 185f., 380
Kraus, Karl 110, 115, 118, 141, 147, 315f., 328, 488, 505, 576
Krause, Karl-Wilhelm 538f.
Krebs, Hans 376
Kren, Franz 48, 56
Kren, Trude →Bloch, Trude
Kroy, Otto 374
Kubelík, Jan 30
Kubizek, August 39–44, 47, 49, 53f., 63, 67, 77–86, 89–91, 94–98, 100f., 106–109, 112, 114f., 134, 167, 174f., 192, 195–197, 199–203, 217, 238, 243f., 263–265, 272, 274, 276, 285f., 299, 358, 434, 462f., 498f., 500, 504–506, 510, 513–515, 522–524, 552, 568f., 572
Kubizek, Augustin 592
Kujau, Konrad 266
Künast 223
Kunschak, Leopold 210
Kunschak, Paul 210

Lanckoroński, Karl Graf 13
Landau, Saul Raphael 482
Landsberger 500
Lanz, Fritz 317
Lanz, Heinrich 317
Lanz, Johann 308f.
Lanz, Katharina (geb. Hoffenreich) 308f.
Lanz von Liebenfels, Adolf Georg (Jörg) Baron (eigtl. Joseph Adolf Lanz) 36, 220f., 291f., 294, 298, 308–320, 322, 324, 327f., 446, 500, 524, 528, 531
Lassalle, Ferdinand 260
Le Bon, Gustave 307, 333, 409
Lefler, Heinrich 52
Lehár, Franz 46, 282
Leidenroth, Karl 249, 266, 268, 271
Leisching, Eduard 596
Lenin, Wladimir Iljitsch 317
Leo XIII., Papst 405
Leopold I., Kaiser 467
Leopold IV., Fürst zur Lippe-Biesterfeld 137
Lessing, Gotthold Ephraim 106, 239, 499
Lessing, Theodor 331
Lexa von Aehrenthal, Aloys Graf 152f.
Ley, Robert 332
Lischka, Viktor 290
List, Guido von 36, 122, 293–311, 313, 317, 320, 322–325, 332, 335, 347, 463, 500, 503
Lisy, Vinzenz 176, 184
Liszt, Franz 92, 98, 267
Litzmann, Karl 511
Löffner, Siegfried 242, 246f., 249, 261, 498f.
Loos, Adolf 102, 104, 113, 148
Lothar, Rudolf 92
Lubomirski, Andreas Fürst 131
Lucheni, Luigi 130
Ludendorff, Erich 561
Ludwig I., König von Bayern 101
Ludwig II., König von Bayern 267
Lueger, Hildegard 435, 537

647

Lueger, Karl 114, 134, 142, 176, 199, 203, 238, 252, 262, 294, 334, 343, 355, 357, 366, 374, 381, 383, 393–435, 445, 451, 455, 464, 467, 474f., 489f., 497, 525, 534, 536–538, 577
Lueger, Rosa 537
Luitpold, Prinzregent von Bayern 137
Lukian 110
Luther, Martin 279, 315, 331, 356, 358

Mahler, Gustav 44, 46, 59, 91, 93–95, 109, 113, 117f., 147, 470f., 499, 567
Makart, Hans 13, 59, 103, 136, 521
Malik, Vinzenz 187, 445, 449, 452
Mandl, Ignaz 402–404, 410
Mandl, Wilhelm 233
Mann, Thomas 330
Margarita Teresa, Kaiserin 467
Margutti, Albert von 134, 138
Maria Theresia, Kaiserin 102, 162, 240
Marie Antoinette, Königin von Frankreich 164
Marie Valerie, Erzherzogin 214, 406, 474, 560
Markow, Dimitri 172
Marx, Karl 260, 533
Masaryk, Tomáš G. 153, 155, 178, 240, 424, 460f., 465, 556
Matzelsberger, Franziska →Hitler, Franziska
Maximilian I., Kaiser 74, 145
Maximilian d'Este, Erzherzog 30
May, Karl 21, 238, 334, 544–548
Mayer, Sigmund 417
Mayr, Richard 43
Mayrhofer, Josef 22, 31, 42, 228, 250f.
Mendelssohn-Bartholdy, Felix 240, 499
Metternich, Klemens Wenzel Fürst 160
Mildenburg, Anna von →Bahr-Mildenburg, Anna

Militza, Großfürstin von Rußland 555
Millöcker, Karl 223
Mohammed 321
Moltke, Helmuth Graf von 36, 549, 562
Morgenstern, Emma (geb. Pragan) 507–512
Morgenstern, Samuel 236, 250, 261, 470, 500, 507–511, 575
Moser, Kolo(man) 104, 114
Motloch, Johanna 59–61, 91, 590
Mozart, Wolfgang Amadeus 38, 98, 163, 243, 318, 505
Musil, Robert 109, 136, 328
Mussolini, Benito 280, 328

Napoleon I., Kaiser der Franzosen 25, 159, 166f., 287, 475
Neumann, Josef 237, 240–242, 245f., 249, 261, 499, 565
Newest, Th. →Goldzier, Hans
Newton, Isaac 319
Nietzsche, Friedrich 106, 121, 283, 292, 333, 538
Nikita, Fürst von Montenegro 555
Nikolaus II., Kaiser von Rußland 489
Nobile, Peter von 166
Nordau, Max 120f., 410, 484, 486–488
Nüll, Eduard van der 99

Oberlechner, Antonia 206
Obertymski, Kasimir Ritter von 131
Offenbach, Jacques 240, 499
Ofner, Julius 315, 482
Olden, Rudolf 269
Onciul, Aurel Ritter von 131
Orr, Thomas 572
Oskar II., König von Schweden 139
Otto, Erzherzog 521
Ottokar Przemysl 143

Palacký, František 460
Panholzer, Rudolf 52

Pappenheim, Bertha   478f.
Pastor, Leo   482
Pernerstorfer, Engelbert   343, 383
Pichl, Eduard   338, 363f.
Pichler, Karl   234, 249
Platter, Emilie   420, 525
Pochwalski, Kasimir   52
Poetsch, Leopold   24, 26f., 37, 39, 162, 299, 561
Polzer, Aurelius   291
Pölzl, Johanna (»Hanitante«)   16, 35, 47, 59, 63, 65, 85, 195–197, 227, 245f., 250, 590
Pölzl, Johanna →Hiedler, Johanna
Pölzl, Klara →Hitler, Klara
Pölzl, Theresia →Schmidt, Theresia
Popp   274, 569f.
Pragan, Emma →Morgenstern, Emma
Pragan, Max   512
Presemayer   58f.
Prinz, Johann   43, 77
Prinz, Johanna   77
Prochazka, Julius   481f.
Ptolemäus, Claudius   324
Puccini, Giacomo   114

Rabatsch, Stefanie   41, 44, 48, 82f., 516f.
Radetzky, Joseph Wenzel Graf   143
Raffael   111
Rainer, Wenzel   248
Rankl, Adele →Jahoda, Adele
Rankl, Karl   506
Raubal, Angela (geb. Hitler)   16f., 47, 54, 57f., 63, 68, 195, 197, 227f., 250, 539, 590
Raubal, Angelika (»Geli«)   17, 54, 57, 539
Redlich, Josef   462
Redlich, Rudolf   273, 499
Reichenbach, Carl von   311, 313, 320
Reinhardt, Max (eigtl. M. Goldmann)   108, 117f.
Rembrandt   13
Renner, Karl   152f., 388
Reumann, Jakob   426
Riedl, Helene   196

Riehl, Walter   374
Rienzi, Cola di   40
Robinson, Simon   242, 261, 499
Rohling, August   413
Roller, Alfred   44, 52, 59–61, 87–89, 91–93, 95, 97, 103f., 109, 113, 117f., 141, 471, 506, 567
Roller, Ulrich   88
Rommeder, Walburga   85
Rosegger, Peter   107
Rosenberg, Alfred   332f.
Roth, Joseph   484, 486
Rothschild, Nathaniel Baron   13, 213, 229, 240, 345, 403
Rubens, Peter Paul   59
Rudolf I., Kaiser   143
Rudolf, Kronprinz von Österreich-Ungarn   130, 164, 353, 355
Rumpler, Franz   52

Sacher-Masoch, Leopold von   109
Salomon, Johann   69
Salomon, Katharina   69
Salten, Felix   110, 244, 406, 408f., 412
Savonarola, Girolamo   279
Schaffer, Robert   233
Schalk, Franz   92
Scheicher, Joseph   181, 354, 397, 415, 423f.
Schicklgruber, Alois →Hitler, Alois
Schicklgruber, Alois   66, 71
Schicklgruber, Maria Anna →Hiedler, Maria Anna
Schiele, Egon   105, 109, 113
Schikaneder, Emanuel   318
Schiller, Friedrich von   39, 106f., 296, 333, 470
Schirach, Baldur von   281, 375f.
Schirach, Henriette von   281
Schlesinger, Walter →Walter, Bruno
Schmedes, Erik   43, 92, 568
Schmidt, Otto Ernst →Ernst, Otto
Schmidt, Theresia (geb. Pölzl)   196, 227
Schmidt-Falk, Elsa   302f., 317, 611
Schneider, Ernest   412
Schneider, Romy   282

Schnitzler, Arthur   109, 111, 346, 418, 470, 485
Schön   273
Schönberg, Arnold   328, 506
Schönborn, Friedrich Graf   405
Schönerer, Georg Ritter von   22, 29, 36, 50, 95, 110, 123, 163f., 169, 187, 238, 253, 259, 289, 292, 309, 337–367, 373–381, 383f., 393f., 402–407, 409f., 418, 426, 433–435, 474, 496, 532, 534, 542, 578
Schopenhauer, Arthur   106, 238, 286, 333f.
Schrank, Josef   478
Schratt, Katharina   405
Schroeder, Christa   286, 517f.
Schubert, Anton   439f., 481
Schubert, Franz   267, 376, 505
Schuhmeier, Franz   210, 410, 448
Schulte-Strathaus, Ernst   271
Schumann, Clara   113
Schuschnigg, Kurt   271
Schütz   236
Schwarz   25
Schwarzenberg, Fürst   461
Seitz, Karl   453
Semper, Gottfried   100, 161, 167, 238, 267
Seyß-Inquart, Arthur   157
Shakespeare, William   142
Siccard von Siccardsburg, August   99
Sieghart, Rudolf   417
Singer, Moritz   213
Siviero, Rodolfo   605
Slezak, Gretel   593
Slezak, Leo   46, 89f., 593
Smetana, Bedřich   98
Somary, Felix   132, 392
Sonnenfels, Joseph von   240
Sophokles   118
Speer, Albert   14, 29, 97, 101, 334, 496, 501, 548
Stalin, Iossif Wissarionowitsch   277
Stauracz, Franz   423, 431, 536
Stefan, Paul   147
Stefanie →Rabatsch, Stefanie

Stein, Franz   36, 187, 201, 287, 338, 356, 364–377, 379, 383, 386, 404, 435, 459, 496, 526, 533f., 578, 617
Steininger, Babette   300
Stekel, Wilhelm   201
Sternberg, Adalbert Graf   131
Stifter, Adalbert   64, 106
Stonborough, Margarete (geb. Wittgenstein)   114
Stoß, Veit   13
Stransky, Eduard von   220, 479f.
Strasser, Gregor   332, 615
Strasser, Otto   92
Straucher, Benno   149, 416, 471, 479–482
Strauß, Johann   38
Strauss, Richard   88, 109, 113, 118
Streicher, Julius   332, 373
Strindberg, August   39, 328
Stürgkh, Karl Reichsgraf   171, 186
Sturmlechner   33
Sueß, Eduard   422
Suttner, Bertha Baronin von (geb. Gräfin Kinsky)   149, 179, 240, 460, 544, 546, 548–550, 554
Szeps, Moriz   353

Tacitus   36
Tagore, Rabindranath   300
Tausky   268
Thun-Hohenstein, Jaroslaw Graf   131
Trakl, Georg   328
Trebitsch, Arthur   289, 322, 328–333, 485, 615
Trebitsch, Siegfried   329f.
Trotzki, Leo   493
Tschaikowski, Pjotr Iljitsch   98

Udržal, František   181, 392
Ulfilas →Wulfila
Unger, Josef   487

Verdi, Giuseppe   90
Verkauf   372
Vetsera, Mary Baronesse   130
Vetter, Graf   355

Viktoria, Königin von Großbritannien und Irland 136
Vrba, Rudolf 111, 491
Vrputofatel, Emanuel →Weidenhoffer, Emanuel

Wagener, Otto 285, 319–322, 500
Wagner, Eva (verh. Chamberlain) 289
Wagner, Otto 51, 102, 113, 399
Wagner, Richard 39f., 43f., 46, 59, 79f., 88–98, 106, 111f., 119–121, 161, 195, 243, 253, 267, 285, 326, 330, 344, 365, 410, 470, 499, 505, 567f., 578
Wagner, Wieland 79
Wagner, Winifred 79, 95
Wahrmund, Adolf 422
Walter, Bruno (eigtl. W. Schlesinger) 113, 116f.
Walter, Friedrich/Fritz →Hanisch, Reinhold
Wannieck, Oskar 300
Wassermann, Jakob 469, 483–485
Wassilko, Nikolaj Ritter von 131
Wedekind, Frank 108f., 522
Weidenhoffer, Emanuel (eigtl. E. Vrputofatel) 446
Weingartner, Felix 91–93
Weininger, Otto 122, 289, 313, 322, 325–329, 331f., 334, 485
Weiss, Jacques 270
Werfel, Franz 470

Wilczek, Hans Graf 144
Wilde, Oscar 109
Wilhelm Ernst, Großherzog von Sachsen-Weimar 137
Wilhelm I., Deutscher Kaiser 354
Wilhelm II., Deutscher Kaiser 136–138, 155, 186, 239, 503, 562
Wilhelm II., König von Württemberg 137
Wilhering, Balduin von 19
Winter, Max 208, 215, 219
Wisinger-Florian, Olga 267, 294
Wittgenstein, Karl 27, 113
Wittgenstein, Ludwig 27f., 113, 328
Wittgenstein, Margarete →Stonborough, Margarete
Wolf, Karl Hermann 29, 146, 238, 253, 360, 367, 373–393, 494, 496, 534, 578
Wolf, Lucien 139
Wolzogen, Ernst Freiherr von 294
Wulfila (Ulfilas) 311

Zahnschirm 66
Zahradnik, Isidor 192
Zakreys, Maria 49, 82, 89, 195–197, 213, 215, 217, 276, 463
Zeppelin, Ferdinand Graf von 552
Zweig, Stefan 133, 328, 393, 470, 520f.
Zwingli, Ulrich 279

Bildnachweis

Archiv der Republik Österreich, Wien, Arisierungsakt Morgenstern: S. 510
Amalthea-Verlag, Wien: S. 279
Bayerisches Hauptstaatsarchiv, München, Nachlaß Hitler: S. 463
Bundesarchiv Koblenz, NS 26: S. 55, 57, 235, 507, 569
Marianne Koppler: S. 567, 571
Institut für Zeitgeschichte, München: S. 60, 62
Österreichische Nationalbibliothek, Wien, Druckschriftensammlung: S. 299, 304, 306, 311, 313, 314
Österreichische Nationalbibliothek, Wien, Porträtsammlung: S. 88, 136, 165, 252, 260, 295, 395

Brigittenauer Bezirks-Nachrichten: S. 166, 495
Illustrierte Kronen-Zeitung: S. 140, 391, 399, 449
Kikeriki: S. 93, 116, 176, 180, 203, 441, 444, 457, 472, 481, 492, 530, 533, 557
Linzer Fliegende: S. 36
Österreichisches Abendblatt: S. 70
Simplicissimus: S. 148

Die alte Heimat. Beschreibung des Waldviertels um Döllersheim, hg. v. der Deutschen Ansiedlungsgesellschaft, Berlin 1942: S. 72
Hermann Giesler, Ein anderer Hitler, [2]Leoni 1977: S. 12
Die Habsburgermonarchie 1848–1918, hg. v. Adam Wandruszka u. Peter Urbanitsch, Band III, Wien 1980, Tafel 1: S. 129
Jahrbuch für deutsche Frauen und Mädchen, hg. v. Karl Iro, Wien 1904: S. 348, 526, 528
Emil Kläger, Durch die Quartiere der Not und des Verbrechens, Wien 1908: S. 216
August Kubizek, Adolf Hitler. Mein Jugendfreund, Graz [2]1953: S. 33, 79, 517
Albert Zoller, Hitler privat, Düsseldorf 1949: S. 96

Autorin: 17, 19, 20/2, 25, 45, 65, 100, 107, 163, 185, 207, 212, 222, 223, 233, 244, 255, 310, 339, 341, 351, 357, 359, 363, 369, 371, 382, 388, 414, 421, 452, 475, 520, 527, 545, 559

Biographien

Brigitte Hamann
Elisabeth
Kaiserin wider Willen. 660 Seiten mit 57 Fotos. SP 2990

Das übliche süße Sisi-Klischee wird man in diesem Buch vergeblich suchen: Elisabeth. Kaiserin von Österreich. Königin von Ungarn, war eine der gebildetsten und interessantesten Frauen ihrer Zeit; eine Königin, die sich von den Vorurteilen ihres Standes zu befreien vermochte. Häufig entfloh sie der verhaßten Wiener »Kerkerburg«, weil sie nicht bereit war, sich von den Menschen »immer anglotzen« zulassen. Statt dessen war sie monatelang auf Reisen, lernte Sprachen und trieb – im Rittersaal der Hofburg! – Sport. Schon vor dem Attentat war sie eine legendäre Figur geworden.

Meine liebe, gute Freundin!
Die Briefe Kaiser Franz Josephs an Katharina Schratt aus dem Besitz der Österreichischen Nationalbibliothek. Herausgegeben und kommentiert von Brigitte Hamann. 560 Seiten mit zahlreichen Abbildungen. SP 2228

Rudolf
Kronprinz und Rebell. 534 Seiten mit 35 Abbildungen. SP 800

»... ein Buch, das keineswegs nur historisch interessierte Leser fesseln kann, sondern auch eine reiche Fundgrube für psychologisch Intersssierte bedeutet, weil Rudolfs späteres unglückliches Schicksal hier ganz klar und eindeutig aus den katastrophalen äußeren Umständen seiner Kindheit und Erziehung erklärt wird.«
Wochenpresse, Wien

Kronprinz Rudolf *»Majestät, ich warne Sie...«*
Geheime und private Schriften. Herausgegeben von Brigitte Hamann. 448 Seiten. SP 824

Berta von Suttner
Ein Leben für den Frieden
552 Seiten mit 52 Abbildungen. SP 922

Mit Kaiser Max in Mexiko
Aus dem Tagebuch des Fürsten Carl Khevenhüller 1864–1867
336 Seiten mit zahlreichen Abbildungen. SP 3154

Politik und Zeitgeschichte

Joachim C. Fest
Das Gesicht des Dritten Reiches
Profile einer totalitären Herrschaft. 516 Seiten.
SP 1842

Joachim C. Fests psychologisch-biographisch angelegte Porträts der führenden Figuren des Dritten Reiches sind längst zum Standardwerk geworden. Das Buch beabsichtigt nicht die umfassende, systematische Erläuterung von Herrschaftsstrukturen: vielmehr zielt es, ausgehend vom individuellen Hintergrund, auf die Exponenten des nationalsozialistischen Deutschland, geht jedoch in zwei Richtungen über eine reine Geschichte der Personen hinaus: Immer nämlich sind diese Personen ja auch Repräsentanten ihrer sozialen Herkunft, der Motive, Affekte und Verhaltensweisen der sozialen Schicht, der sie entstammen: zum anderen stehen sie für einen bestimmten Bereich der Politik des Nationalsozialismus. So beleuchtet zum Beispiel die Studie über Ribbentrop auch die Außenpolitik, die über Goebbels auch die Propaganda dieser Periode der deutschen Geschichte. Fest ergänzt seine Darstellung durch Gruppenporträts über das Offizierskorps, über die Intellektuellen und die Rolle der Frauen im Dritten Reich.

Das Dritte Reich im Überblick

Chronik · Ereignisse · Zusammenhänge. Herausgegeben von Martin Broszat und Norbert Frei in Verbindung mit Wolfgang Benz, Manfred Funke, Hermann Graml, Lothar Gruchmann, Ludolf Herbst, Hartmut Mehringer, Günter Plum, Werner Röder, Albrecht Tyrell.
335 Seiten. SP 1091

Dieser Band ist Nachschlagewerk und Gesamtdarstellung in einem: in zwölf prägnanten Essays beschreiben ausgewiesene Sachkenner die einzelnen Phasen und die wichtigsten Aspekte des nationalsozialistischen Herrschaftssystems, seine Zielsetzungen, die Innen- wie die Außenpolitik. Kernstück des Buches ist eine ausführliche Chronik aller wesentlichen Daten und Fakten des Dritten Reiches.